Andreas Kosch
Delphi 3 Datenbankentwicklung

Andreas Kosch

Delphi 3
Datenbankentwicklung

Grundlagen relationaler Datenbanken – Wertpapierverwaltungsprogramm
Schritt für Schritt entwickeln – Einfache Reports mit „TQuickReport" SQL-
Grundlagen und Workshop „InterBase SQL Server for Windows 95/NT"
im praktischen Einsatz – Client/Server Datenbankentwicklung

Mit 245 Abbildungen und 135 Tabellen

Die Deutsche Bibliothek – CIP-Einheitsaufnahme

Delphi 3-Datenbankentwicklung : Grundlagen relationaler Datenbanken - Wertpapierverwaltungsprogramm Schritt für Schritt entwickeln - einfache Reports mit „TQuickReport" SQL- Grundlagen und Workshop „InterBase SQL Server for Windows 95/NT" im praktischen Einsatz - Client/Server-Datenbankentwicklung ; mit 135 Tabellen / Andreas Kosch. - Feldkirchen : Franzis, 1997
ISBN 3-7723-4033-4

© 1997 Franzis-Verlag GmbH, 85622 Feldkirchen

Alle Rechte vorbehalten, auch die der fotomechanischen Wiedergabe und der Speicherung in elektronischen Medien.
Die meisten Produktbezeichnungen von Hard- und Software sowie Firmennamen und Firmenlogos, die in diesem Werk genannt werden, sind in der Regel gleichzeitig auch eingetragene Warenzeichen und sollten als solche betrachtet werden. Der Verlag folgt bei den Produktbezeichnungen im wesentlichen den Schreibweisen der Hersteller.

Satz: Journalsatz GmbH, 85622 Feldkirchen
Druck: Wiener Verlag, A-2325 Himberg
Printed in Austria - Imprimé en Autriche

ISBN 3-7723-4033-4

Vorwort

Delphi geht in die nächste Runde. Wiederum nach einem Jahr betritt die nächste Generation von Delphi die Bühne und wird sich in der Programmiererzunft genauso wie *Windows 95* und *Windows NT* durchsetzen. Und dies, obwohl das neue Delphi rein äußerlich scheinbar nicht viel Neues mitbringt. Der erste Eindruck täuscht – es sind die inneren Werte, auf die sich Borland konzentriert hat. Schließlich war nach der eiligen Einführung von *Delphi 2* genug Zeit, sich um die Feinheiten zu kümmern. Von *Borland* wird erwartet, daß die Entwicklerwerkzeuge einfach effektiver und cleverer sind als die von Mitkonkurrenten. Auf diese neuen Bequemlichkeiten gehe ich themenbezogen später noch ein.

Delphi 3 bringt 50 neue Technologien mit, die alle im wesentlichen ein Ziel haben: Der Entwickler soll seine Arbeit noch schneller und noch besser machen können.

Delphi ist seit seinem Erscheinen das Produkt mit der schnellsten Verbreitungsrate im Markt. Bis zum Frühjahr des Jahres 1997 hat Borland über 600 000 Kopien von Delphi verkauft. Ein Beitrag zu diesem Erfolg war sicherlich die offene Architektur von Delphi – viele Drittanbieter stellen mittlerweile Komponenten und Erweiterungen für Delphi zur Verfügung. Diese sind auch notwendig, niemand wird wohl heute noch eine Softwareanwendung entwickeln, ohne irgendwelche Klassenbibliotheken oder Komponenten einzusetzen. Für die Zukunft gilt dies um so mehr, da neue und anspruchsvollere Aufgaben anstehen. Borland selbst bezeichnet *Delphi 3.0* als Brücke zwischen der bisherigen Client/Server-Architektur und dem *Internet* mit seiner Multi-Tier-Architektur. Sie werden es ahnen – die Softwareentwicklung wird damit komplexer, dies gilt auch für den Datenbankbereich. Besonders deutlich wird dies, wenn Sie sich einmal die neueste Errungenschaft von Delphi anschauen – den sogenannten „Distributed Data Access". Bei dieser Multi-Tier-Architektur startet der zwischengeschaltete *Applikations-Server* eine SQL-Abfrage auf dem *SQL-Server* und stellt die Datenmenge dem Client-Anwendungsprogramm über die *Borland Database Engine* zur Verfügung. Keine Bange – Sie müssen nicht derartig komplexe Lösungen entwickeln, es ist aber beruhigend zu wissen, daß die Entwicklungsumgebung so etwas kann. Diese technische Vielfalt hat auch Auswirkungen auf dieses Buch – es kann nicht mehr alle von Delphi unterstützten Aspekte abdecken.

Aber auch die Programmiersprache an sich – Object Pascal – wurde von Borland neu überarbeitet. Falls Sie von *Delphi 2* upgraden, ist Ihre Einarbeitung in diese Erweiterungen schnell erledigt. Umsteiger vom 16-bittigen-Delphi 1 haben es da schwerer, entgegen aller Prognosen aus früheren Jahren arbeiten noch relativ viele Entwickler mit und für Windows 3.x-Systeme. Im Buch finden Sie daher auch die Teile, die sich speziell dem Umstieg von 16-Bit auf 32-Bit widmen. Damit das Neue jedoch nicht zu kurz kommt, ist die neue Ausgabe vom Umfang her dicker geworden. Außerdem ist diese Ausgabe zudem weniger bebildert und auch die umfangreichen Listings finden Sie nur noch auf der CD-ROM zum Buch.

Was Sie ebenfalls nicht in diesem Buch finden, sind Ausführungen über die Installation, die ersten Schritte sowie eine grundlegende Einführung in die Produktbedienung. Ich gehe davon aus, daß Sie sich bereits mit den Handbüchern von Delphi beschäftigt haben.

Borland als konsequenter Verfechter der objektorientierten Programmierung (OOP) hat den Delphi-Vertrieb komplett auf „OOP" umgestellt. Polymorphie (Vielgestaltigkeit) ist ja ein Kernbestandteil der objektorientierten Programmierung, Sie können deshalb Delphi 3.0 auch in drei Gestalten (Versionen) erwerben. Im Wesentlichen beziehe ich mich im Buch auf die Professional-Version. Alle datenbankinteressierten Entwickler werden zumindestens diese Version verwenden. Um den Anschluß an die Client/Server-Welt nicht ganz zu verlieren, gehe ich weiterhin immer dann auf die „große" Client/Server-Suite ein, wenn damit ein bestimmtes Problem gelöst werden kann. Damit hängt es von Ihrer Delphi-Version ab, ob Sie alle vorgestellten Beispielprojekte auch nachvollziehen können (*Borland* liefert einige der verwendeten Komponenten nur mit der *Client/Server-Suite* aus).

Vorbereitungen

Um sofort alle Beispiel-Lösungen nachvollziehen zu können, sind nur einige wenige Vorbereitung notwendig. Soweit es geht, verwende ich für Beispielanwendungen die Datenbanken von *Delphi 3.0* beziehungsweise vom *InterBase SQL Server for Windows95/NT*. Bei der Installation von Delphi 3.0 werden diese Dateien mit kopiert, auch der Alias „DBDEMOS" sollte dann bereits vorhanden sein. Alle anderen im Buch verwendeten Datenbanken müssen Sie auf Ihren Rechner installieren. Zum ersten sollten Sie dazu alle Datenbankdateien von der CD-ROM auf ein beschreibbares Speichermedium kopieren. Und zum anderen richten Sie bitte fünf *Alias*-Bezeichner für die Datenbankverzeichnisse ein.

Alias	Verzeichnis
Franzis	Pfad auf die Beispieldatenbankdateien, die nicht zum Projekt »Shareman« gehören. Auf der CD-ROM finden Sie diese Datenbankdateien im Verzeichnis „Database".
FranzisArtikel	Pfad auf die Beispieldatenbank „Artikelverwaltung" für das Kapitel 8. Auf der CD-ROM finden Sie diese Datenbankdateien im Verzeichnis „Database\Artikel"
FranzisShareman	Pfad auf die Wertpapierdatenbank. Auf der CD-ROM finden Sie diese Datenbankdateien im Verzeichnis »DATABASE\Shareman«.
FranzisIB95	Pfad auf die Beispieldatenbank „franzis.gdb" für den InterBase SQL-Server for Windows95/NT. Auf der beiliegenden CD-ROM finden Sie diese Datenbankdateien im Verzeichnis „Database\IBS95".
SM	Pfad auf die Beispieldatenbank „sm.gdb" für den InterBase SQL-Server for Windows95/NT. Auf der beiliegenden CD-ROM finden Sie diese Datenbankdateien im Verzeichnis „Database\IBS95".

Falls Sie noch nicht genau wissen, wie unter *Delphi 3.0* ein Alias eingerichtet wird, schlagen Sie bitte am Anfang des dritten Kapitels nach.

Begriffsverwendung

Um Mißverständnissen gleich aus dem Weg zu gehen, gebe ich hier noch den folgenden Hinweis. Im Buch verwende ich die Begriffe Objekt, Klasse, Komponente und Instanz für ein und die selbe Sache. Damit muß ich nicht immer die gleichen Begriffe für die Erklärungen der Hintergründe mehrmals im Satz verwenden. Legen Sie daher bitte nicht jedes Wort auf die Goldwaage, ich erhebe nicht den Anspruch, daß dieses Buch ein Lehrbuch für die objektorientierte Programmierung sein soll.

Ebenfalls unterscheide ich bei Funktionen und Prozeduren nicht zwischen Argumenten und Parametern, sollten diese Begriffe im Text vorkommen, meine ich ebenfalls immer das gleiche.

Inhalt

1	**Datenbanken**	15
1.1	*Datenbank – was ist das ?*	15
1.2	*Anforderungen an eine Datenbank*	16
1.3	*Relationales Datenbankmanagementsystem*	17
1.3.1	Systemtabellen	18
1.3.2	Transaktionen	18
1.3.3	Transaktionsmodelle	21
1.4	*Relationale Datenbank*	22
1.4.1	Relationale Operatoren	27
1.4.2	Codd's „Zwölf Gebote"	28
1.4.3	SQL – Structured Query Language	29
1.5	*Desktop-Datenbank oder Client/Server-Lösung ?*	30
1.5.1	Vergleich der beiden Prinzipien	32
1.5.2	Two-tier oder Multi-tier ?	33
1.5.3	Delphi 3 und die Multi-Tier Distributed Application Services	35
1.5.4	Entscheidungsrichtlinien	37
1.6	*Datenbankformate – Delphis reiche Auswahl*	38
1.6.1	dBASE-Datenbanktabellen	41
1.6.2	Das Paradox-Tabellenformat	48
1.6.3	FoxPro-Tabellenformat	62
1.6.4	Access-Tabellenformat	69
1.6.5	OLE DB	70
1.6.6	Delphi's Local Interbase Server	72
1.6.7	Delphi's InterBase SQL Server for Windows 95/NT	73
1.6.8	Borland's InterBase Workgroup Server	73
1.6.9	Zugriff auf Fremdformate	80
1.7	*Borland Database Engine – ein Blick hinter die Kulissen*	85
1.7.1	Die Architektur der BDE	86
1.7.2	Leistungsmerkmale der BDE	87
1.7.3	IDAPI – Aufbau und Verwendung	88
1.8	*Resümee*	97
2	**Datenbankdesign**	98
2.1	*Theoretische Grundlagen*	99
2.1.1	Eintabellen- versus Multitabellen-Datenbanken	100
2.1.2	Normalisierung einer Datenbank	100

2.2	Praktische Umsetzung am Beispiel „ShareMan"	102
2.2.1	Problemanalyse	102
2.2.2	Entity-Relationship-Modellierung	106
2.2.3	Datenmodell in Datenbanktabellen umsetzen	111
2.3	*Datenbank-Dictionary*	*118*
2.4	*Resümee*	*120*
3	**Anwendung Schritt für Schritt entwickeln**	**121**
3.1	*Schritt 1 : Alias für die Datenbank anlegen*	*123*
3.2	*Schritt 2 : Tabellen in der Datenbankoberfläche erzeugen*	*124*
3.2.1	Quick Info's zur Datenbankoberfläche	124
3.2.2	Tabellen der Datenbank „ShareMan" konfigurieren	126
3.2.3	Datenbankinventur	130
3.3	*Schritt 3: Hauptformular in Delphi gestalten*	*131*
3.3.1	Formular	133
3.3.2	Statuszeile unter Windows 95	139
3.3.3	TPageControl und TTabSheet	140
3.3.4	Windows 95 like	141
3.4	*Schritt 4: Datenbankanbindung über ein Datenmodul*	*145*
3.4.1	TDataSet – das Fundament von TTable und TQuery	147
3.4.2	Datenmodul – der lang ersehnte Komponentencontainer	147
3.4.3	Datenbankzugriffskomponenten	150
3.4.4	Programmimplementierung im Datenmodul	157
3.4.5	Neue datensensitive Dialogelemente im Hauptformular	173
3.4.6	Änderungen im Hauptformular	176
3.4.7	Wie lösche ich ein Datum?	183
3.4.8	Der erweiterte BDE-Fehlerdialog	186
3.5	*Schritt 5: SQL-Abfrage in einem eigenen Thread*	*190*
3.5.1	Der Aufruf	190
3.5.2	Die Implementierung	192
3.5.3	Der Hintergrund	194
3.6	*Schritt 6: TChartFX bzw. TChart zeigt den Kursverlauf an*	*197*
3.6.1	OCX-Grundlagen – die Kurzfassung	198
3.6.2	Die Implementierung mit TChartFX	199
3.6.3	Die Implementierung mit TChart	200
3.7	*Schritt 7: Wertpapiere kaufen und verkaufen*	*202*
3.7.1	Erweiterungen im Datenmodul	203
3.7.2	Erweiterungen im Hauptformular von „ShareMan"	204
3.8	*Schritt 8: Das Kontobuch wird implementiert*	*210*
3.8.1	Kontobuch-Formular „sm_konto.pas"	210
3.8.2	Einzahlungs- und Auszahlungsformular „sm_betr.pas"	213
3.8.3	QuickReport-Formular „sm_repko.pas"	216

3.9	Schritt 9: Kursdaten eines Jahrgangs löschen	220
3.9.1	Aufruf im Hauptformular	220
3.9.2	Der Löschdialog	221
3.10	Schritt 10: Datenbank-Backup	224
3.10.1	Änderung im Hauptformular	224
3.10.2	Das Backup-Formular	225
3.11	Schritt 11: Auswertungen im Datenbestand	228
3.11.1	Überblick über die aktuellen Aktienkurse	228
3.11.2	Aktueller Stand im eigenen Wertpapierportfolio	230
3.11.3	Chronologischer Kursverlauf einer Aktie	233
3.11.4	Portfolio-Rendite auf einen Blick	236
3.12	Schritt 12 : SQL-Rechercheformular	240
3.12.1	Komponentengröße und Position dynamisch anpassen	241
3.12.2	TQuery – die SQL-Engine	242
3.12.3	TBatchMove – das Arbeitspferd	244
3.12.4	BDE-Callback: Der Datenbank-Informationsdienst	246
3.12.5	Das Datenbankstrukturfenster	251
3.12.6	SQL-Befehle speichern und einlesen	252
3.13	Schritt 13: Datenexport in eine dBASE-Datei	253
3.13.1	Änderungen im Hauptformular	253
3.13.2	Das Exportformular „FormExport"	254
3.14	Schritt 14 : Splash – die Programmvisitenkarte	256
3.14.1	Änderung in der Projektdatei	256
3.14.2	Das Splash-Formular	259
3.15	Resümee	259
4	**Delphi ruft MS Word**	**260**
4.1	Der direkte Ausdruck aus dem Programm heraus	260
4.1.1	Daten aus TQuery drucken	261
4.1.2	Die Tool-Unit „prnstuff.pas"	264
4.2	Serienbriefgenerator	266
4.2.1	Die Adreßdatenbank	266
4.2.2	Das Serienbriefformular für die Kurzmitteilungen	267
4.3	Dokument über globales Makro beim Start erzeugen	275
4.3.1	Konfiguration des Delphi-Anwendungsprogramms	276
4.3.2	Konfiguration von MS Word 95	278
4.4	Die DDE-Lösung	280
4.5	Die OLE-Lösungen	285
4.5.1	OLE-Grundlagen	285
4.5.2	„oletest1.dpr" – OLE-Container für Word für Windows	287
4.5.3	„oletest2.dpr" – OLE-Automation mit *Microsoft Word*	289
4.6	Resümee	290

5	InstallShield – das Installationsprogramm	292
5.1	Die Aufgabe	293
5.2	Die Lösung	293
5.2.1	Schritt 1: Visuelles Design	293
5.2.2	Schritt 2: Die eigenen Programmdateien	294
5.2.3	Schritt 3: Die Datenbankdateien	295
5.2.4	Schritt 4: Die OCX-Controls	296
5.2.5	Schritt 5: Komponenten der Benutzerschnittstelle wählen	298
5.2.6	Schritt 6: InstallShield-Objekte für Delphi	298
5.2.7	Schritt 7: Ordner und Symbole festlegen	299
5.2.8	Schritt 8: Der Diskettengenerator	300
5.2.9	Schritt 9: Der Test	300
5.3	Resümee	300
6	Hilfe zum Programm	302
6.1	Das Windows95-Hilfesystem	304
6.2	Aufbau eines Hilfeprojektes	305
6.2.1	Die Projektdatei *.HPJ	305
6.2.2	Die Hilfetextdatei im RTF-Format	307
6.3	Die Hilfedatei Schritt für Schritt erstellen	309
6.3.1	Schritt 1 : Die Projektdatei »artikel.hpj« vorbereiten	309
6.3.2	Schritt 2 : Die RTF-Datei „artikel.rtf" anlegen	310
6.3.3	Schritt 3 : Suchsequenzen für ein Thema definieren	314
6.3.4	Schritt 4 : Definitionen zur Begriffserläuterung festlegen	316
6.3.5	Schritt 5: Die Inhaltsübersicht zusammenstellen	317
6.4	Hilfedatei aus dem Delphi-Programm heraus aufrufen	318
6.4.1	TApplication.HelpCommand	318
6.4.2	TApplication.HelpContext	319
6.4.3	TApplication.HelpJump	320
6.4.4	Windows-API-Funktion WinHelp	320
6.4.5	Aufruf über die F1-Taste	321
6.4.6	Die Direkthilfe von Windows 95	321
6.5	Resümee	322
7	SQL – eine unterschätzte Toolbox	323
7.1	Was ist SQL ?	323
7.1.1	Warum wird SQL verwendet?	324
7.1.2	Wie wird SQL verwendet?	325
7.1.3	Wer verwendet SQL?	325
7.2	SQL-Kommandoklassen	326
7.2.1	Data Definition Language – DDL	326

7.2.2	Data Manipulation Language – DML	326
7.2.3	Data Query Language – DQL	327
7.2.4	Transaction Control Language – TCL	327
7.2.5	Database Administration Language – DAL	327
7.3	*Wie verwaltet SQL Daten ?*	328
7.4	*SQL-Befehlsausführung*	331
7.4.1	Aufbau eines SQL-Befehls	332
7.5	*SQL-Elemente*	332
7.5.1	Namen	332
7.5.2	Datentypen	334
7.5.3	System-Schlüsselwörter	336
7.5.4	Ausdrücke	336
7.5.5	Auswahlbedingungen	337
7.5.6	Operatoren	339
7.5.7	Aggregatfunktionen	341
7.5.8	Zeilen gruppieren	342
7.5.9	Joins – Daten aus mehreren Tabellen abfragen	344
7.5.10	CAST – die Typumwandlung in SQL	349
7.6	*Die SELECT-Anweisung*	350
7.7	*Step by Step – ein Exkurs in die SQL-Welt*	351
7.7.1	Tabellen anlegen , füllen und auswerten	352
7.7.2	Tabelleninhalte ändern	357
7.7.3	Daten auswerten	358
7.7.4	Daten löschen und Tabellen umstrukturieren	359
7.8	*Tips & Tricks zum Thema SQL und Delphi*	360
7.8.1	Besonderheiten der Borland Database Engine	360
7.8.2	Lange, Leerzeichen enthaltende Tabellenspaltennamen	360
7.8.3	Parametisierte SQL-Abfragen	361
7.8.4	SQL-Abfrage sortieren	363
7.8.5	DOS-Jokerzeichen versus SQL-Jokerzeichen	363
7.8.6	SQL und Sonderzeichen	364
7.9	*Resümee*	365
8	**Tips & Tricks zu Datenbanken**	366
8.1	*Datenbanktabellen vom Programm anlegen lassen*	366
8.1.1	Datenbanktabellen zur Programmlaufzeit generieren	366
8.1.2	Datenbank aus den Programm-Ressourcen heraus kopieren	371
8.2	*Alias*	375
8.2.1	Alias beim Programmstart prüfen	375
8.2.2	Alias im Programm anlegen	375
8.2.3	Daten zu einem bestimmten Alias auslesen	378
8.3	*Datenbanktabellen*	379
8.3.1	Datenbankverzeichnis ermitteln	379

8.3.2	Zugriff auf paßwortgeschützte Paradox-Tabellen	380
8.3.3	Paßwort einer Paradox-Tabelle programmgesteuert ändern	381
8.3.4	Referenzintegrität und kaskadiertes Löschen der Datensätze	382
8.3.5	Gelöschte Datensätze in einer dBASE-Tabelle anzeigen	385
8.3.6	Packen, Reorganisieren und Regenerieren	387
8.3.7	Daten in eine ASCII-Datei exportieren	390
8.3.8	Tabellenstruktur anzeigen und ausdrucken	392
8.3.9	Tabellen sperren und umbenennen	395
8.3.10	Tabelleninhalt generieren und löschen	396
8.3.11	Memory-Tabellen im Arbeitsspeicher	398
8.3.12	KeyViolation-Error abfangen	402
8.3.13	Tabelleneigenschaften auslesen	403
8.3.14	BDE-Tabellenpuffer programmgesteuert zurückschreiben	405
8.4	***Datensätze suchen und filtern***	**408**
8.4.1	Tabellendatensätze filtern	408
8.4.2	Suche in indizierten Tabellenspalten	413
8.4.3	Suche in nichtindizierten Tabellenspalten	414
8.4.4	Locate	420
8.4.5	Soundex – die unscharfe Suche	421
8.5	***Datenbank, SQL und Multithreading***	**425**
8.5.1	Der einfache Weg	425
8.5.2	Der offizielle Weg	427
8.5.3	Der effektive Weg	429
8.6	***Datenbank-Komponenten***	**432**
8.6.1	DBNavigatorfunktionen über das Menü aufrufen	432
8.6.2	TMemoField-Inhalt im DBGrid anzeigen	433
8.6.3	TQuery-Beispiele	435
8.6.4	Lookup-Felder	438
8.6.5	SQL-Abfrage via TQuery abbrechen	439
8.6.6	TInPlaceEdit	441
8.7	***BDE***	**442**
8.7.1	BDE-Fehlermeldungen nachschlagen	442
8.7.2	Informationen in der Registry	443
8.8	**DLL und Datenbank**	**445**
8.8.1	Zugriff auf lokale Tabellen	445
8.8.2	Zugriff auf SQL-Server	447
9	**Client/Server-Datenbankanwendungen**	**448**
9.1	***Was ist an Client/Server so anders?***	**448**
9.1.1	Technische Unterschiede	448
9.1.2	Logistische Unterschiede	449
9.1.3	Delphi-Professional oder Client/Server-Suite?	450
9.2	***TTable versus TQuery versus TStoredProc***	**450**
9.2.1	Eine Tabelle auf dem SQL-Server wird über TTable geöffnet	451

9.2.2	Datensätze über TTable suchen	453
9.2.3	Nachteile von TQuery	454
9.2.4	Entscheidungsrichtlinien	455
9.3	*Delphi's InterBase SQL Server for Windows 95/NT*	*457*
9.3.1	InterBase Registry Configuration	457
9.3.2	Communication Diagnostic Tool – der IBS95-TÜV	458
9.3.3	InterBase Server Manager – das IBS95-Regiezentrum	458
9.4	*Client/Server Step by Step*	*460*
9.4.1	Neue Datenbank im IBS95 einrichten	460
9.4.2	Beispieltabelle „person" anlegen	463
9.4.3	Borland Database Engine konfigurieren	466
9.4.4	Das erste Delphi-Beispielprojekt	467
9.4.5	Das zweite Beispiel – TQuery als Datenquelle	468
9.4.6	Das dritte Beispiel: TQuery als „lebendige" Datenmenge	471
9.4.7	Beispiel 4: Delphi's Transaktionskontrolle	471
9.4.8	Luxus schafft Probleme !	474
9.4.9	Resümee	475
9.5	*InterBase – ein Blick hinter die Kulissen*	*475*
9.5.1	InterBase-Transaktionen	475
9.5.2	InterBase Transaction Isolation Level	476
9.5.3	SQLPASSTHRU-Mode	481
9.5.4	Delphi's UpdateMode-Varianten	487
9.5.5	Deadlocks	488
9.5.6	Garbage collection	490
9.5.7	Bedeutung von OIT und OAT	490
9.5.8	InterBase Sweeping	492
9.5.9	Der Optimizer des InterBase SQL Servers	493
9.5.10	InterBase UDF's – die User Defined Functions	498
9.6	*Design einer InterBase-Datenbank*	*505*
9.6.1	Der schnelle Weg über den Data Pump Expert	505
9.6.2	Der mühsame Weg des eigenen Designs	506
9.6.3	Domains	507
9.6.4	Generatoren	508
9.6.5	Trigger	509
9.6.6	Stored Procedure	513
9.6.7	Events	516
9.6.8	Exceptions	516
9.7	*Tips & Tricks zum Thema Client/Server*	*517*
9.7.1	Eine InterBase-Datenbank programmgesteuert anlegen	517
9.7.2	InterBase-Versioning in der Praxis	521
9.7.3	InterBase und die Fließkommazahlen	522
9.7.4	InterBase CHAR vs VARCHAR vs BLOB	523
9.7.5	Datenbank-Constraint's über mehrere Spalten	525
9.7.6	Datenbank-Benutzer auflisten	525

9.8	*Performance Tips*	526
9.8.1	Allgemeine Hinweise zur BDE	526
9.8.2	InterBase-Optimierung	527
9.8.3	Logische Datenbankstruktur	528
9.8.4	Kurzzeitige Transaktionen	528
9.8.5	Datenbankpflege	529
9.9	*Resümee*	531

Anhang 532

Sachverzeichnis 537

1 Datenbanken

Mit Delphi wurde alles anders und vor allem einfacher. Mit Delphi steht eine Entwicklungsumgebung für Windows zur Verfügung, in der mächtige Datenbankfunktionen vollständig integriert sind. Dies ist auch der Grund dafür, daß immer mehr Anwender Datenbankanwendungen mit Delphi entwickeln. Dabei betritt Delphi gar kein Neuland, am Markt waren auch vor Delphi einige Windows-basierende Datenbankentwicklungssysteme vorhanden. Was ist an Delphi nun so anders oder andersherum gefragt, warum ist Delphi so erfolgreich? Delphi ist keine reine Spartenanwendung, die nur auf das Entwickeln von Datenbankanwendungen fixiert ist. Mit Delphi steht Ihnen eine komplette Windows-Entwicklungsumgebung zur Verfügung, die nahtlos auch Datenbankentwicklung in hervorragender Weise unterstützt. Das Design von Delphi wurde von Borland so ausgelegt, daß die Leistungsfähigkeit nicht zu Lasten der Beherrschbarkeit der Entwicklungsumgebung führt. Der Entwickler kann selbst den Schwierigkeitsgrad wählen. Am Anfang bieten die Datenbankkomponenten einen einfachen und intuitiven Einstieg an, ohne große Hürden aufzutürmen. Sie werden erstaunt sein, wie schnell eine visuell ansprechende Anwendung entwickelt werden kann. Die interaktiven Tutoren von Delphi tragen ihren Anteil an der Bedienerfreundlichkeit bei. Sobald die ersten Erfahrungen mit den Komponenten gesammelt sind, werden Sie einige Funktionen vermissen, die sich in Ihrer Anwendung gut machen würden. Denn die VCL-Datenbankkomponenten als universelle Schnittstelle zu den verschiedensten Datenbanksystemen decken nur die Bereiche ab, die allen potentiellen Datenbanken gemeinsam sind. Alle Besonderheiten und Eigenheiten eines Datenbankformats müssen bei diesem Konzept unberücksichtigt bleiben. Dies ist der Punkt, eine Ebene tiefer in die Datenbankwelt von Delphi einzutauchen. Hinter dem Stichwort IDAPI und *InterBase-API* verbirgt sich eine anscheinend unerschöpfliche Datenbankfunktionalität, die von Delphi heraus eingebunden werden kann. Damit bietet Delphi eine Option an, die von den meisten der Mitkonkurrenten nicht geboten wird. Sie als Entwickler einer Datenbankanwendung können mit den VCL-Komponenten und der *Borland Database Engine* (BDE) arbeiten, aber Sie müssen es nicht unbedingt tun. Der große Vorteil dieser Flexibilität in Bezug auf die Programmiertechnik liegt jedoch darin, daß Sie nicht gezwungen werden, sich gleich am Anfang auf eine dieser Techniken festzulegen. Alle Techniken können problemlos in einem Projekt kombiniert werden, wenn die Aufgabenstellung es erfordert. Dazu ist jedoch eines unbedingt erforderlich – das nötige Hintergrundwissen. Bei der Entwicklung einer Datenbankanwendung spielt neben der programmiertechnischen Seite noch ein anderer Faktor eine wichtige Rolle – die Eigenschaften und das Verhalten der Datenbank selbst. Um hier immer die richtigen Entscheidungen treffen zu können, sind einige theoretische Vorbemerkungen unerläßlich. Keine Sorge – dies hier ist ein Lösungsbuch, der theoretische Teil beschränkt sich wirklich nur auf das Nötigste.

1.1 Datenbank – was ist das ?

Eine Datenbank ist eine geordnete Sammlung von Informationen, die auf irgendwelche Weise miteinander in Beziehungen stehen. Für den Begriff Informationen kann auch das Wort Daten eingesetzt werden. Mit dieser begrifflichen Definition ist auch Ihr privates Telefonverzeichnis eine Datenbank.

Wenn Sie dieses Exemplar einmal etwas genauer anschauen, werden Sie die Strukturierung der vielen Informationen in bestimmte Kategorien erkennen.

Diese grundlegenden Faktoren gelten selbstverständlich auch für die auf einen Computer basierenden Datenbanken. Dabei können die Informationsstrukturen auf die verschiedenste Art und Weise in der Datenbank abgebildet werden. In der Welt der Datenbanken existieren mehrere Datenbankarchitekturen. Neben den allgegenwärtigen relationalen Datenbanken nehmen die anderen Typen jedoch nur Nischenplätze ein. Im PC-Bereich gehören alle namhaften Vertreter der Gattung der relationalen Datenbanken an, Delphi macht da keine Ausnahme. Allerdings gibt es dann doch auch bei den relationalen Datenbanken gewisse Unterschiede. Auf die Frage „Was ist eine Datenbank" erhalten Sie von einem Datenbankadministrator für eine unternehmensweite *SQL-Datenbank* eine völlig andere Auskunft als von einem Anwender, der seine Daten mit Hilfe von „Access" aus dem *Microsoft Office*-Paket verwaltet. Das Grundprinzip ist das gleiche und auch die Beurteilungskriterien sollten die gleichen sein – es wird also Zeit, den Schleier vom Themenkomplex „RDBMS" und „SQL-Server" zu lüften. Dieses Hintergrundwissen erklärt so manche „Eigenheit" der VCL-Komponenten für den Datenbankzugriff.

1.2 Anforderungen an eine Datenbank

Eine Datenbank speichert Informationen. Die Brauchbarkeit einer Datenbank steht und fällt mit der Fähigkeit, bestimmte Informationen sicher zu speichern und bei Bedarf wieder zur Verfügung zu stellen. In diesem Zusammenhang tauchen drei Begriffe auf, die die Anforderungen an eine Datenbank in den wesentlichen Zügen beschreiben.

Datenzugriff

In den meisten Anwendungsfällen werden in der Praxis immer mehrere Anwender auf den Datenbestand gleichzeitig zugreifen. Dabei muß es sich nicht um eine Client/Server-Lösung handeln, auch eine Desktop-Datenbank auf einem *LAN-Fileserver* oder in einem *Peer-To-Peer-Netzwerk* wird gemeinsam verwendet. Immer dann, wenn mehrere Benutzer mit den gleichen Daten arbeiten, muß die Datenbank einen Mechanismus vorsehen, um eine gegenseitige störende Beeinflussung zu verhindern.

Datensicherheit

Das Thema *Datenschutz* dürfte wohl jedem Datenbankentwickler bekannt sein. Auf den Bereich *Hardware* und *Systemstabilität* hat er in der Regel keinen Einfluß – bevor er ins Spiel kommt ist das Kind bereits in den Brunnen gefallen (d.h. die PC's und Betriebssysteme wurden bereits angeschafft). Ihm bleibt nur noch die Auswahl eines geeigneten Backup-Verfahrens, um die Daten vor Verlust zu schützen. Für den Teil *Zugangsschutz* gilt dies jedoch nicht – hier ist der Anwendungsentwickler gefordert, entsprechende Zugriffsbeschränkungen in seiner Anwendung vorzusehen, beziehungsweise die von der Datenbank bereitgestellten Optionen zu nutzen.

Datenintegrität

Der ungestörte Datenzugriff auf die am besten geschützten Daten ist sinnlos, wenn die Datenbank nicht die Integrität der gespeicherten Information gewährleistet. Die Daten in der Datenbank müssen in einem konsistenten, d.h. widerspruchsfreien Zustand sein. Für Datenbanken können Sie drei Integritätsarten als Prüfkriterien anlegen.

Tabelle 1.1: Arten der Datenintegrität

Integritätsart	Beschreibung
Semantische Integrität	Die Datenbank soll im Idealfall die Bedingungen der realen Welt widerspiegeln. Die *semantische Integrität* fordert die Widerspruchsfreiheit zwischen der realen Welt und dem Datenbankzustand. Zum Beispiel läßt das Finanzamt (reale Welt) die Lohnsteuerklassen 1 bis 5 zu. Damit darf auch eine Datenbank in einem derartigen Feld keine anderen Werte zulassen. Falls Sie einmal mit den Begriffen *Domain-Integrität* und *Wertebereichsintegrität* konfrontiert werden, handelt es sich um ein und dieselbe Sache. Beispiele: ● SQL-Datenbank: CHECK-Klausel; NOT NULL usw. ● Paradox: Gültigkeitsprüfungen usw.
Relationale Integrität	In einer relationalen Datenbank werden die Informationen in mehreren, miteinander logisch verknüpften Tabellen gespeichert. Die *relationale Integrität* muß sicherstellen, daß die logische Verknüpfung zwischen den Tabellen exakt eingehalten wird. Beispiele: ● Primärschlüssel, Fremdschlüssel ● referenzielle Integrität
Operationale Integrität	Der „operative" Betrieb einer Datenbank besteht in der Nutzung. Diese Integrität beschreibt die Anforderungen an eine Datenbank hinsichtlich der Fehlertoleranz, der Stabilität sowie dem konkurrierenden Zugriff in einer Mehrbenutzerumgebung.

1.3 Relationales Datenbankmanagementsystem

Ich vereinfache bewußt den Begriff relationale Datenbank. Bei einer exakten Betrachtung muß zusätzlich zwischen einem Relationalen Datenbank-Management-System (RDBMS) und den im PC-Bereich üblichen relationalen Datenbankprogrammen unterschieden werden. Ein „echtes" *RDBMS* (das oftmals auch als *SQL-Server* bezeichnet wird) besteht nicht nur aus einigen miteinander verknüpften Tabellen auf der Festplatte. Statt dessen wird zwischen der *Datenbank* als Speicherort für die Daten und dem *Datenbankverwaltungssystem* unterschieden.

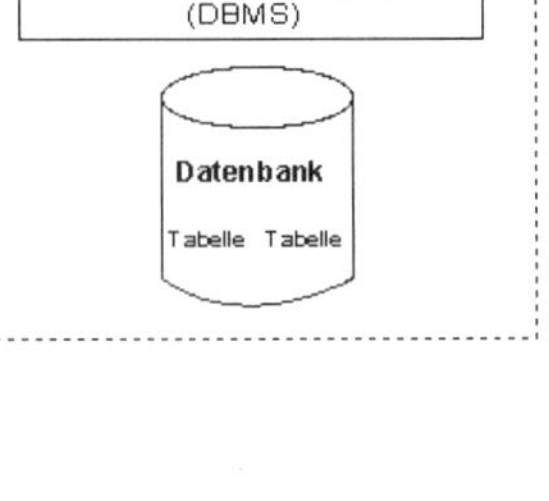

Das Datenbankmanagementsystem (DBMS) besteht aus einer Vielzahl von Tools, die zur Lösung der gestellten Aufgaben benötigt werden. Neben der Definition des Datenmodells muß der Entwickler beziehungsweise der Anwender auch in der Lage

Abb. 1.1: Bestandteile eines Datenbanksystems im herkömmlichen Sinn

sein, Daten einzugeben, abzufragen oder wieder zu löschen. Die Implementierung dieser Aufgaben ist dabei ausschließlich Sache des *DBMS*, nur das Datenbankverwaltungssystem selbst darf auf die physikalischen Daten auf der Festplatte zugreifen. Ein Benutzer der Datenbank oder auch ein Anwendungsprogramm kommuniziert über die standardisierte Datenbanksprache *SQL* (engl. *Structured Query Language*) mit dem DBMS. Dies ist auch der Grund dafür, daß sich für die RDBMS's auch das Synonym *SQL-Server* eingebürgert hat. Dabei bezeichnet der Begriff *SQL-Server* in diesem Zusammenhang nur ein beliebiges DBMS, das nicht unbedingt auf einem separaten Rechner (Server) laufen muß. Auch der lokal auf dem gleichen Rechner zu installierende *Local InterBase Server* (LIBS) erfüllt die Aufgaben eines SQL-Servers.

Diese Aufgabenteilung zwischen dem Anwendungsprogramm und dem DBMS bildet auch Delphi über die *Borland Database Engine* nach. Unabhängig davon, ob Sie im Programm mit *dBASE*-, *Paradox*- oder *Access*-Tabellen arbeiten, erhalten Sie über die VCL-Komponenten beziehungsweise auch über die direkten *IDAPI*-Funktionen keinen Zugriff auf die physikalischen Dateien der Datenbank.

Auch wenn nur die wenigsten unter den Delphi-Anwendern ein echtes RDBMS verwenden, sollten Sie die Anforderungen an ein RDBMS ruhig als Prüfstein bei der Entscheidung für ein Datenbankformat heranziehen. Aber es gibt noch einen Grund, sich etwas intensiver mit den „großen" RDBMS zu beschäftigen. Delphi's Väter bei *Borland* haben sich gerade beim Design der Datenbank-VCL-Komponenten eng an die Eigenschaften und Besonderheiten der RDBMS angelehnt. Mit dem Hintergrundwissen über die RDBMS erleichtern Sie sich oftmals die Suche nach einer Problemlösung.

1.3.1 Systemtabellen

Wenn Sie sich einmal den mit Delphi installierten Local InterBase-Server (abgekürzt *LIBS*) oder den neu hinzugekommenen *InterBase SQL Server for Windows 95/NT* anschauen, werden Sie feststellen, daß eine Datenbank nur aus einer großen Datei besteht. In dieser Datei sind die Tabellen enthalten, wobei Sie dort außer den vom Programm verwendeten Tabellen zusätzliche Systemtabellen vorfinden. In diesen Systemtabellen beschreibt das RDBMS den Aufbau der Datenbank. Das implementierte Datenmodell, alle Verknüpfungen, festgelegte Regeln zur referenziellen Integrität sowie die Zugriffsrechte für den einzelnen Benutzer der Datenbank werden hier verwaltet. Mit diesem Aufwand soll natürlich ein bestimmtes Ziel erreicht werden, die Verantwortung für die Datensicherheit und die Datenintegrität liegt beim RDBMS und nicht beim Anwendungsprogramm. Ein „böswilliger" Anwender kann daher auch nicht durch den direkten Zugriff über *SQL* die festgelegten Regeln umgehen, bei einer *dBASE*-Tabelle ist das hingegen möglich. Dort liegen die Einschränkungen oftmals nur in dem speziellen Anwendungsprogramm vor, greift der Benutzer über einen externen Datenbankeditor auf die Tabellen zu, lassen sich unerwünschte Manipulationen nicht verhindern. Das *Paradox*-Tabellenformat ist hier flexibler, sowohl die Zugangskontrolle über Tabellenpaßwörter als auch die *referenzielle Integrität* zwischen den Tabellen einer Datenbank wird unterstützt.

1.3.2 Transaktionen

Eine Transaktion ist eine Sequenz von einer oder mehreren Datenbankaktionen, die eine logische Einheit bilden und voneinander abhängig sind. Eine Transaktion wirkt auf eine oder mehrere Datenbanken und kann entweder mit den Daten arbeiten (*INSERT, UPDATE, DELETE* oder *SELECT*) oder gar die Datenbankstruktur ändern. Durch Transaktionen wird die Datenkonsistenz sichergestellt, da immer gewährleistet wird, daß entweder alle Aktionen einer Transaktion erfolgreich ausgeführt werden oder gar keine. Der Begriff *Transaktion* ist ein Kunstwort, der Ursprung soll in der englischen Phrase „Transformation Action" liegen. Damit ist eine Transaktion ein Datenbankaktion oder eine Serie von Datenbankaktionen, die das Datenbanksystem von einem konsistenten Zustand in einen anderen konsistenten Zustand überführt. In diesem Zusammenhang tauchen auch die sogenannten *ACID-Eigenschaften* einer *Transaktion* auf:

Tabelle 1.2: ACID-Eigenschaften einer Transaktion

Eigenschaft	Bedeutung
Atomicity (Unteilbarkeit)	Umschreibt die „Alles oder nichts"-Methode. Entweder es werden alle Aktionen im Datenbestand erfolgreich abgearbeitet oder gar keine. Tritt irgendwo ein Fehler auf, muß die Datenbank den Zustand wiederherstellen, der zu Beginn vorlag.
Consistency (Konsistenzerhaltung)	Eine Transaktion muß das Datenbanksystem von einem konsistenten Zustand in einen anderen konsistenten Zustand überführen. Ihre Aufgabe als Anwendungsentwickler besteht darin, der Datenbank die anzuwendenden Regeln (engl. *Business Rules*) bekanntzumachen.
Isolation	Obwohl mehrere Transaktionen zur gleichen Zeit zulässig sind, muß jede Transaktion völlig unabhängig von anderen ablaufen können. Das System muß sich aus der Sicht einer Transaktion so verhalten, als wäre diese Transaktion der einzige Vorgang.
Durability (Dauerhaftigkeit)	Jede über die *COMMIT*-Anweisung bestätigte Transaktion muß permanent im Datenbestand der Datenbank gespeichert werden. Ein späterer Systemabsturz darf diese Daten nicht beschädigen.

Das klassische Beispiel für die Verwendung von *Transaktionen* bildet die Kontenverwaltung bei einer fiktiven Bank. Angenommen, von Ihrem Girokonto soll eine Rechnung überwiesen werden. Dieser Vorgang besteht aus mindestens zwei getrennten Vorgängen. Zum einen wird Ihr Konto belastet und zum anderen wird beim Empfängerkonto der Betrag gutgeschrieben. Was passiert nun, wenn unmittelbar nach der Lastschrift auf Ihr Girokonto die Datenbank abstürzt? Zu diesem Zeitpunkt ist zwar das Geld abgebucht, aber noch nicht beim Empfänger gutgeschrieben. Die Transaktionsverwaltung stellt in diesem Fall sicher, daß beim Wiederanfahren der Datenbank der alte Zustand vorliegt – das Geld befindet sich noch auf Ihrem Konto.

Transaktionen bilden in der Welt der *SQL-Server* seit Jahren eine Selbstverständlichkeit, im Gegensatz zu den Desktop-Datenbanken. Die Tabellen einer *dBASE*- oder *Paradox*-Datenbank an sich können mit einer Transaktion nichts anfangen – neben dem DBMS fehlt auch die Unterstützung im internen Aufbau der Tabellen. Trotz dieser Unterschiede stellt Delphi eine einheitliche Schnittstelle zur Verfügung, unabhängig davon, ob ein SQL-Server oder eine Desktop-Datenbank angesprochen wird. Immer dann, wenn Delphi eine Desktop-Datenbank erkennt, simuliert die *Borland Database Engine* den Transaktionsmechanismus.

Transaktionen eines SQL-Servers

Eine *Transaktion* bezieht sich dabei automatisch auf alle SQL-Anweisungen, die zwischen den Befehlen *Commit* oder *Rollback* liegen. Mit dem *Commit*-Aufruf werden alle SQL-Statements der Transaktion gemeinsam bestätigt, so daß anschließend eine neue Transaktion beginnt. Tritt bei irgend einem SQL-Befehl ein Fehler auf oder möchte der Anwender die aufgerufene Funktion widerrufen, so führt der *Rollback*-Befehl dazu, daß alle SQL-Statements rückgängig gemacht werden. Auch dann beginnt eine neue Transaktion.

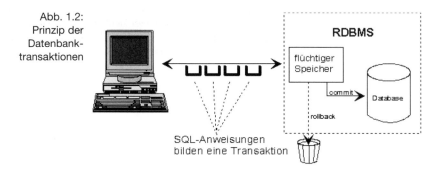

Abb. 1.2: Prinzip der Datenbanktransaktionen

Die Transaktionen werden nicht nur durch explizite Aufrufe von *Commit* und *Rollback* aus dem Anwendungsprogramm heraus beziehungsweise durch den Anwender abgeschlossen. Auch immer dann, wenn ein Anwendungsprogramm auf normalem Weg beendet wird, bildet der *Commit*-Aufruf das Schlußlicht in der Kette. Demgegenüber bekommt der SQL-Server ein *Rollback* zugestellt, wenn das Anwendungsprogramm abstürzt. Dies bedeutet, daß wenn zum Beispiel über einen längeren Zeitraum viele Daten eingefügt werden, ohne dies durch ein *Commit* abzusichern, daß diese Daten bei einer Störung mit hoher Wahrscheinlichkeit abhanden kommen. Dabei muß nicht unbedingt ein Programmfehler vorliegen, eine einfache Netzwerkstörung, ein Windows-Fehler oder ein simpler Netzausfall reicht schon völlig aus.

BDE-Transaktionen für Desktop-Datenbanken

Dank der Fähigkeiten der 32-Bit-Version der *Borland Database Engine* (BDE) unterstützt Delphi sogar für Desktopdatenbanken wie *dBASE* oder *Paradox* das Prinzip der Transaktionen. Erreicht wird dies durch eine Simulation, echte Transaktionen und damit ein hoher Sicherheitsstandard bleiben auch weiterhin den *SQL-Servern* vorbehalten. Immer dann, wenn Sie Transaktionsfunktionen für den Zugriff auf eine Paradox-Tabelle aufrufen, puffert die BDE alle Aktionen solange im Arbeitsspeicher, bis der *Commit*-Aufruf erfolgt. Für Sie als Anwendungsentwickler spielt es dabei keine Rolle, ob ein SQL-Server oder eine Paradox-Tabelle als Datenbank fungiert. Für die beiden so unterschiedlichen Datenbanken verwenden Sie im Programm die gleichen Aufrufe.

Delphi's Transaktionsverwaltung

Eine Delphi-Datenbankanwendung kann Transaktionen in zwei prinzipiell unterschiedlichen Wirkungsweisen einsetzen. Zum einen bietet die implizite Transaktionsverwaltung den Vorteil, daß sich der Entwickler um nichts mehr zu kümmern braucht, jeden Datenzugriff kapselt Delphi eigenständig in eine Transaktion. Ist dieses Standardverhalten unerwünscht, so kann der Entwickler jederzeit bei Bedarf kurzzeitig auf die explizite Transaktionsverwaltung umschalten. In diesem Fall muß der Entwickler im Programm die Aufrufe von *Commit* und *Rollback* sicherstellen, um eine Transaktion zu beenden.

Damit die Sache nicht zu einfach wird, darf der Entwickler bei der expliziten Transaktionskontrolle auch noch aus zwei unterschiedlichen Betriebsarten auswählen.

Navigational Updates
Im Normalfall wird jede explizite Transaktion sofort zum SQL-Server übertragen. Damit ist die eigene Anwendung sehr eng mit dem Inhalt der Datenbank verbunden, für die Datenintegrität zwischen *SQL-Server* und dem *Client* stellt dies den optimalen Zustand dar. Jede Änderung eines Benutzers wird nach dem Transaktionsende sofort für alle anderen Benutzer sichtbar. Leider ist damit auch ein Nachteil verbunden, die Belastung des SQL-Servers sowie die Netzbelastung steigt, da ja jede einzelne Transaktion über das Netzwerk zum SQL-Server geschickt werden muß.

Cached Updates
Die mit *Delphi 2.0* neu eingeführte Betriebsart baut auf den „alten" Navigational Updates auf. Nur mit dem Unterschied, daß nicht jede einzelne Transaktion sofort zum SQL-Server geschickt wird. Statt dessen sammelt der Client einige Aufträge und schickt diese als Paket über das Netzwerk zum Server. Das hat immer dann Vorteile, wenn sehr viele Anwender Änderungen an der Datenbank vornehmen. In diesem Fall verringern die Cached Updates die Wartezeit für die Anwender, da der SQL-Server nicht mehr ständig Aufträge abarbeiten muß. Nicht nur das, auch die Anzahl der vom SQL-Server gesperrten Datenseiten verringert sich drastisch. Und zum dritten wird auch die Netzwerkbelastung verringert, da viele einzelne Verbindungen zu einer (langen) Verbindung zusammengefaßt werden. Bei allen Vorteilen müssen Cached Updates auch Nachteile haben. Der Grund dafür liegt in der losen Kopplung an den Datenbestand auf dem SQL-Server. Da nicht jede Änderung sofort im Datenbestand für andere Anwender sichtbar wird, steigt die Wahrscheinlichkeit, daß die vorgenommenen Änderungen nicht zurückgeschrieben werden können, weil bereits ein anderer Benutzer der Datenbank den gleichen Datensatz geändert hat. Hier muß also jeder Entwickler entscheiden, welchen Mechanismus er verwendet. Da diese Entscheidung zudem stark vom Datenbankaufbau sowie vom Workflow der Datenbankbenutzer abhängt, ist keine allgemeingültige Aussage zu diesem Thema möglich.

Im *Client/Server-Kapitel* gehe ich noch detaillierter auf die Transaktionsbehandlung ein. Leider ist es in der Praxis doch noch etwas komplizierter, als es sich hier anhört.

1.3.3 Transaktionsmodelle

Nachdem nun klar ist, wie *Transaktionen* in Datenbanksystemen arbeiten, muß nur noch geklärt werden, welche Aufgaben über die Transaktionen abgearbeitet werden sollen. Das Verhalten eines Datenbanksystems hängt auch davon ab, für welchen Einsatzfall es verwendet wird. Dabei werden generell drei verschiedene *Modelle* zur Beschreibung des Einsatzfalls verwendet.

OLTP

Eine Datenbankanwendung der *OLTP*-Kategorie (engl. *On Line Transaction Processing*) wird dadurch gekennzeichnet, daß der Anwender häufig kleine, nur kurzzeitig wirkende Transaktionen startet. Zum Beispiel trifft dies für die nachträgliche Belegerfassung zu, die Datenbank muß überwiegend neue Datensätze einfügen. Umfangreiche, und damit langandauernde Abfragen und Berichte finden außerhalb der Bürostunden in der Nacht statt, damit die Datenerfassung tagsüber nicht behindert wird.

DSS

Eine Datenbankanwendung der *DSS*-Kategorie (engl. *Decision Support Systems*) ist speziell dafür ausgelegt, langandauernde Transaktionen für umfangreiche Reporte oder statistische Auswertungen zu unterstützen. Damit wird vorausgesetzt, daß die Datenbank über einen längeren Zeitraum nicht geändert wird, d.h. Schreibzugriffe anderer Benutzer sind für die Dauer der Abfrage-Transaktion nicht zulässig. Ein praktisches Einsatzbeispiel ist die Berichts-Datenbank für das Management einer Firma. Im Gegensatz zum OLTP-Modell wird diese Datenbank außerhalb der Bürostunden mit den Daten gefüllt.

OLCP

Das *OLCP*-Modell (engl. *On Line Complex Processing*) ist eine Mischung der beiden anderen Modelle. Bei diesem Modell wird Wert darauf gelegt, daß die Datenbank universell für alle Aufgaben geeignet ist. Das Datenbanksystem muß höheren Anforderungen genügen:

- Hohe Leistung der Datenbank.
- Hohe Verfügbarkeit des Datenbanksystems.
- Fähigkeit zum On-Line-Backup bei laufenden Betrieb.
- Langandauernde Abfrage-Transaktionen dürfen die Datenerfassung nicht behindern.
- Die Datenerfassung darf den schnellen Zugriff auf komplexe Informationen nicht behindern.

Auch wenn diese unterschiedlichen Modelle in erster Linie nur für die Entscheidung für oder gegen einen *SQL-Server* benötigt werden, beschreiben sie doch anschaulich die Probleme, die die *BDE* als universelle Plattform für die unterschiedlichsten Datenbankformate handhaben muß.

 Borland's InterBase SQL Server ist gerade für Datenbanken der OLCP-Kategorie gut geeignet, d.h. er kann universell eingesetzt werden. Der Grund dafür ist auf sein Alleinstellungsmerkmal zurückzuführen – der Multigenerationenarchitektur.

1.4 Relationale Datenbank

Nachdem das Datenbankmanagementsystem vorgestellt wurde, kommt nun das Wichtigste an die Reihe – die Datenbank. Eine *relationale Datenbank* verwaltet die Dateneinheiten in Tabellen, den Relationen. Tabellen sind zweidimensional in Zeilen (engl. *Row*) und Spalten (engl. *Column*) gegliedert und lassen sich damit sehr gut visuell darstellen. Dieser für den Anwender vertraute Aufbau mag keine unerhebliche Rolle für den Erfolg dieser Datenbanksysteme gehabt haben. Von den Vorteilen der visuellen Darstellung mache ich nun auch Gebrauch, die folgenden Tabellen stammen aus der Beispieldatenbank „employee.gdb", die vom Installationsprogramm zusammen mit Delphi installiert wird.

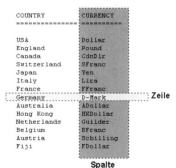

Abb. 1.3: Ablegen von Informationen in Tabellenform

Für das in der Abb. 1.3 gezeigte Beispiel bedeutet dies, daß je eine Spalte für das Land und die Währungsart in der Tabelle verwendet wird. Für jeden Eintrag in der Tabelle werden die gleichen Informationsarten in einer Zeile verwaltet. Die Tabelle als Ganzes stellt somit Daten zu einem bestimmten Objekt dar, die in Form von Zeilen und Spalten organisiert sind. Eine Zeile enthält dabei Informationen über ein Objekt, das auch als Tupel bezeichnet wird. Die Spalten enthalten die Datenwerte, welche die Eigenschaften des Objektes beschreiben. Die Eigenschaften werden oftmals auch als Attribute eines Objekts bezeichnet. Im Gegensatz zu den Zeilen unterscheiden sich die Spalten in einem weiteren Punkt, sie haben eindeutige Namen. Eine Zelle in der Tabelle ist die Schnittstelle zwischen einer Zeile und einer Spalte und kennzeichnet damit als Feld ein einzelnes Datenelement. Im Beispiel der Abb. 1.3 bildet zum Beispiel das Feld „D-Mark" die Schnittstelle zwischen der Spalte „Currency" und der Zeile für das Land „Germany".

Tabelle 1.3: Begriffsgegenüberstellung

Relationale Datenbank	Mengenlehre	Konventionelle Datenspeicherung
Tabelle (engl. *Table*)	Relation	Datei (engl. *File*)
Zeile (engl. *Row*)	Tupel (engl. *Tuple*)	Datensatz (engl. *Record*)
Spalte (engl. *Column*)	Attribute +Domain	Feld (engl. *Field*)

Damit sind die Vorteile von relationalen Datenbanken jedoch bei weitem nicht erschöpft. Die benötigten Informationen können nicht nur in einer Tabelle, sondern in mehreren, miteinander verknüpften Tabellen verwaltet werden. Gerade dies ist ein wichtiges Leistungsmerkmal von relationalen Datenbanken. Den Beweis für diese Behauptung trete ich später an, wenn das Datenmodell für die Beispielanwendung entwickelt wird. Vorerst soll eine einfache Betrachtung der Situation reichen. Zum Beispiel kann eine Tabelle zum Verwalten von Kundendaten die folgenden Felder enthalten.

Abb. 1.4:
Tabelle
„Customer" mit
der Spalte
„Country"

```
CUST_NO CUSTOMER                   CITY                  COUNTRY
======= ========================== ===================== ================
   1001 Signature Design           San Diego             USA
   1002 Dallas Technologies        Dallas                USA
   1003 Buttle, Griffith and Co.   Boston                USA
   1004 Central Bank               Manchester            England
   1005 DT Systems, LTD.           Central Hong Kong     Hong Kong
   1006 DataServe International    Ottawa                Canada
   1007 Mrs. Beauvais              Pebble Beach          USA
   1008 Anini Vacation Rentals     Lihue                 USA
   1009 Max                        Turtle Island         Fiji
   1010 MPM Corporation            Tokyo                 Japan
   1011 Dynamic Intelligence Corp  Zurich                Switzerland
   1012 3D-Pad Corp.               Paris                 France
   1013 Lorenzi Export, Ltd.       Milan                 Italy
   1014 Dyno Consulting            Brussels              Belgium
   1015 GeoTech Inc.               Den Haag              Netherlands
```

Zu jedem Kunden wird in einer Spalte das Herkunftsland vermerkt. Nun kann es Situationen geben, wo der Datenbankanwender auch noch Informationen über die Heimatwährung der Kunden benötigt. Auch dafür existiert in der Datenbank eine separate Tabelle. Die Beziehungen zwischen den einzelnen Tabellen werden über die sogenannten Schlüssel hergestellt, die selbst Bestandteil der Tabellen sind. In der Abb. 1.5 wird die Verknüpfung zwischen der Tabelle „Customer" und der Tabelle „Country" deutlich sichtbar, beide Tabellen verwenden die Spalte „Country" für das Herkunftsland des Kunden. In einer Abfrage kann somit die zusätzliche Information über die Währung im Heimatland des Kunden abgefordert werden. Beachten Sie dabei, daß diese Zuordnung nicht statisch zwischen den Tabellen eingerichtet werden muß, sondern bei Bedarf dynamisch gebildet werden kann. Damit lassen sich aus den relationalen Datenbanken auch dann Informationen abrufen, wenn der Aufbau der Informationsstruktur zum Zeitpunkt der Entwicklung noch nicht absehbar war.

Abb. 1.5: Verknüpfung der Tabellen „Customer" und „Country"

Die Beziehungen zwischen den Daten beziehungsweise Tabellen werden dynamisch festgelegt, im Gegensatz zu den anderen Datenbankarchitekturen liegt somit kein statischer Aufbau vor. Eine nachträgliche Änderung der Datenstruktur ist mit relativ geringem Aufwand machbar. Relationale Datenbanken sind auch universeller einsetzbar, da so ziemlich jede Form von Datenstruktur abgebildet werden kann. Ein weiterer Vorteil von relationalen Datenbanken liegt darin, daß redundante Datenspeicherung vermieden werden kann. Neben dem eingesparten Festplattenspeicherbedarf vereinfacht dies vor allem das Updaten von Datenbeständen, außerdem wird das Ändern von Beziehungen zwischen den Tabellen erleichtert. Diesen allgemein gültigen Vorteilen stehen natürlich auch Nachteile gegenüber. Zum einen sind relationale Datenbanken den speziell angepaßten hierarchischen- beziehungsweise Netzwerk-Datenbanken[1] in der Leistungsfähigkeit unterlegen. Und zum anderen fordert der dynamische Beziehungsaufbau bei der Verknüpfung der einzelnen Tabellen auch seinen Tribut in Form einer hohen Rechnerbelastung. Sie werden dies spätestens dann feststellen, wenn Sie mit der *TQuery*-Komponente eine SQL-Abfrage starten.

Bislang hatte diese Leistungsfähigkeit auch für den Entwickler von Datenbankanwendungen seinen Preis. Der Aufwand für die Implementierung der benötigten Funktionen war entsprechend hoch. Mit Delphi hat sich das grundlegend geändert. Zum einen stehen hilfreiche Tools wie zum Beispiel die Datenbankoberfläche oder der *Datenbank-Explorer* bereit und zum anderen gehört das Zugreifen auf verknüpfte Tabellen zu Delphi's Standardfähigkeiten. Es gibt dafür sogar spezielle Komponenten mit genau diesen Eigenschaften, die immer dann problemlos eingesetzt werden können, wenn die Tabellenstruktur in der Datenbank den Anforderungen genügt. Damit schließt sich der Kreis wieder zu den theoretischen Vorbetrachtungen.

In der Welt der relationalen Datenbanken tauchen immer wieder bestimmte Begriffe auf, die auch in diesem Buch verwendet werden. Auf die einzelne Bedeutung gehe ich dabei erst dann ein, wenn das entsprechende Thema an der Reihe ist. Dabei läßt es sich nicht vermeiden, daß diese Begriffe bereits vorher in den Kapiteln verwendet werden, ich stelle daher eine kurze Begriffsbestimmung hier vor.

Tabelle 1.4: Begriffe in der Welt der relationalen Datenbanken

Begriff	Erläuterung
Primärschlüssel	Ein *Primärschlüssel* (engl. *Primary Key*) ist eine Spalte bzw. eine Spaltenkombination in einer Tabelle, die eindeutig jede Zeile der Tabelle identifiziert. Jede Tabelle kann nur einen Primärschlüssel haben. Ein Primärschlüssel kann als sekundärer Schlüssel vererbt werden, d.h. er wird in der abhängigen Tabelle zum Fremdschlüssel. Alternativ kann jedoch ein Primärschlüssel auch als primärer Schlüssel vererbt werden, d.h. er wird dann in der abhängigen Tabelle sowohl zum Primärschlüssel als auch zum Fremdschlüssel.

---

[1] Netzwerk-Datenbanken bilden neben den relationalen Datenbanken eine weitere Datenbankarchitektur. Bitte verwechseln Sie diesen Begriff nicht mit der Datenspeicherung in einem Netzwerk (LAN/WAN).

Fremdschlüssel	Ein *Fremdschlüssel* (engl. *Foreign Key*) stellt sicher, daß aufgrund der Entsprechungen zu den Werten im Primärschlüssel einer anderen Tabelle die in mehreren Tabellen gespeicherten Daten wieder zusammengeführt werden können. Ein Fremdschlüssel referenziert (er bezieht sich) auf einen Primärschlüssel in der selben oder in einer anderen Tabelle, wobei die Tabelle in jedem Fall zur gleichen Datenbank gehören muß. Eine Tabellenspalte kann gleichzeitig Primär- und Fremdschlüssel sein. In einer Tabelle sind mehrere Fremdschlüssel erlaubt. Der Fremdschlüssel muß die gleiche Anzahl Spalten mit dem gleichen Datentyp wie der referenzierte Primärschlüssel aufweisen.
Referenzielle Integrität	Die *Referenzielle Integrität* gewährleistet die Konsistenz der Daten. Sie stellt sicher, daß ein Spaltenwert oder eine Gruppe von Spaltenwerten mit den Werten im Schlüssel einer anderen Tabelle übereinstimmt. Weiterhin können für den Fall, daß ein Datensatz in der übergeordneten Tabelle gelöscht wird, zusätzliche Bedingungen definiert werden. In einem Datenbanksystem sollte die referenzielle Integrität vom Datenbanksystem selbst und nicht vom Anwendungsprogramm sichergestellt werden. Ein Sonderfall der referenziellen Integrität liegt dann vor, wenn ein Spaltenwert sich auf den Schlüssel der eigenen Tabelle bezieht. In diesem Fall spricht man auch von einer selbstreferenzierenden Tabelle (engl. *self referencing table*).
Index	Der *Index* einer Datenbanktabelle ist einem Index in einem Buch gleichzusetzen. Im Index werden die Werte bestimmter Spalten einer Tabelle aufgeführt, damit ist ein schneller Zugriff auf eine gewünschte Zeile möglich. Je nach Datenbanksystem wird der Index unterschiedlich gehandhabt. Im Gegensatz zu den klassischen Desktopdatenbanken wie dBASE bzw. Paradox verwalten SQL-Datenbanken vorhandene Indizies völlig transparent, d.h. der SQL-Server entscheidet, ob ein bzw. welcher Index verwendet wird. Als zweiten Aspekt werden Indizies verwendet, um eindeutige Datensätze (genauer gesagt um eindeutige Werte in der Indexspalte) sicherzustellen.
Primärindex	Ein Index, der auf den Schlüsselfeldern einer Tabelle beruht. Der *Primärindex* ermöglicht die Verwendung einer Tabelle als Detailtabelle in einer Multitabellenverbindung.
1-1-Verbindung	Diese *Eins-zu-Eins-Verbindung* stellt eine Beziehung zwischen verbundenen Tabellen dar, bei der für jeden Datensatz (Zeile) einer Tabelle ein entsprechender Datensatz in einer anderen Tabelle existiert.
1-n-Verbindung	Bei einer *Eins-zu-n-Beziehung* zwischen verbundenen Tabellen kann für einen Datensatz (Zeile) einer Tabelle ein oder mehrere entsprechende Datensätze in einer anderen Tabelle existieren.
Haupttabelle	Die *Haupttabelle* ist einer in Multitabellenverbindung die grundlegende (primäre) Tabelle des Datenmodells.

Übergeordnete Tabelle	Bei Verwendung der referenziellen Integrität ist die *übergeordnete Tabelle* die Tabelle, dessen Primärschlüssel Daten enthält, die in eine andere Tabelle (die untergeordnete Tabelle) übernommen werden.
Untergeordnete Tabelle	Bei Verwendung der referenziellen Integrität ist die *untergeordnete Tabelle* die Tabelle, die ihren Wert aus dem Primärschlüssel einer anderen Tabelle (der übergeordneten Tabelle) bezieht.
Detailtabelle	Der Haupttabelle untergeordnete Tabelle in einer Multitabellenverbindung
Normalisierung	Eine normalisierte Tabelle enthält nur Informationen zu einem einzigen Thema. In der Theorie der relationalen Datenbanken entspricht die normalisierte Datenstruktur einer Anordnung von Daten in Tabellen, bei der jeder Datensatz (Zeile) über die kleinstmögliche Anzahl von Feldern verfügt, die gerade noch eine eindeutige Zuordnung erlaubt. Normalisierte Tabellen verteilen die Informationen über eine größere Anzahl von Tabellenzeilen, verwenden dabei allerdings Tabellen mit weniger Spalten. Obwohl der Entwicklungsaufwand steigt, bieten normalisierte Datenmodelle große Vorteile in Bezug auf Flexibilität bei der Datenauswertung beziehungsweise Aktualisierung.
Denormalisierung	Das Gegenstück zur *Normalisierung* ist ein Tribut an die technischen Möglichkeiten. Die Normalisierung wird aus Sicht der mathematischen Grundlagen betrachtet, in der Praxis ist eine hochgradige Normalisierung nicht immer die beste Lösung. Das Aufteilen der Informationen auf viele Tabellen führt zu Performanceverlusten beim Datenbankzugriff. Die Denormalisierung versucht diesen Nachteil zu mindern, indem bestimmte Informationen wieder zusammengefaßt werden. Dieser Schritt ist jedoch abhängig vom verwendeten Datenbanksystem und ergibt sich in der Praxis als Ergebnis vieler Tests.
Entität	Als *Entität* wird ein identifizierbares Objekt der realen Welt oder aus unserer Vorstellung bezeichnet, daß durch bestimmte Merkmale gekennzeichnet werden kann. Jede Entität hat eine feste, bekannte Menge von Eigenschaften. Diese Eigenschaften werden auch als Attribute bezeichnet. Beispiel: Entität Kunde
Attribut	*Attribute* sind die beschreibenden Eigenschaften eines Entitätstyps. Beispiel: Kundennummer, Name, Telefonnummer
Beziehungen	Die *Beziehung* (engl. *Relationsship*) zeigt auf, wie die einzelnen Entitäten miteinander in Beziehung stehen. In der Datenbank erfolgt dies, indem eine Entität durch die Referenzierung auf den Schlüssel einer anderen Entität die Beziehung herstellt.

1.4.1 Relationale Operatoren

In den relationalen Datenbanken nehmen drei relationale Operatoren eine Schlüsselrolle ein, die Selektion, die Projektion und der Join. Mit Hilfe dieser Operatoren werden Daten aus der Datenbank abgefragt.

Selektion

Mit Hilfe einer Selektion werden alle Zeilen einer Tabelle als Ergebnismenge zurückgeliefert, die den definierten Suchkriterien entsprechen.

```
SELECT cust_no, customer, contact_first, contact_last FROM customer
CUST_NO  CUSTOMER                      CONTACT_FIRST  CONTACT_LAST
=======  ============================  =============  ================
1001     Signature Design              Dale J.        Little
1002     Dallas Technologies           Glen           Brown
1003     Buttle, Griffith and Co.      James          Buttle
1004     Central Bank                  Elizabeth      Brocket
1005     DT Systems, LTD.              Tai            Wu
1006     DataServe International       Tomas          Bright
1007     Mrs. Beauvais                 <null>         Mrs. Beauvais
1008     Anini Vacation Rentals        Leilani        Briggs
1009     Max                           Max            <null>
1010     MPM Corporation               Miwako         Miyamoto
┌────────────────────────────────────────────────────────────────────┐
│1011     Dynamic Intelligence Corp    Victor         Granges        │
│1012     3D-Pad Corp.                 Michelle       Roche          │
│1013     Lorenzi Export, Ltd.         Andreas        Lorenzi        │
│1014     Dyno Consulting              Greta          Hessels        │
│1015     GeoTech Inc.                 K.M.           Neppelnbroek   │
│                                                                    │
│SELECT cust_no, customer, contact_first, contact_last FROM customer │
│WHERE cust_no > 1010                                                │
└────────────────────────────────────────────────────────────────────┘
```

Abb. 1.6 Eine Selektion wählt einige Zeilen der Datenmenge aus

Die in der Abb. 1.6 dargestellte Situation stammt aus der Tabelle „customer" der Delphi-Beispieldatenbank „EMPLOYEE.GDB". Durch die im *WHERE*-Abschnitt des SQL-Befehls deklarierte Selektion liefert der SQL-Server nur noch die Datensätze aus der Datenmenge zurück, bei denen der Eintrag im Feld „cust_no" den Wert 1010 übersteigt.

Projektion

Eine Projektion liefert eine oder mehrere Spalten einer Tabelle in frei definierbarer Reihenfolge als Ergebnismenge zurück.

```
SELECT cust_no, customer, contact_first, contact_last FROM customer
┌──────────────────────────────────────┐                ┌─────────────────────────────────┐
│CUST_NO  CUSTOMER                     │  CONTACT_FIRST │ CONTACT_LAST                    │
│=======  ===========================  │  ============= │ ================                │
│1001     Signature Design             │  Dale J.       │ Little                          │
│1002     Dallas Technologies          │  Glen          │ Brown                           │
│1003     Buttle, Griffith and Co.     │  James         │ Buttle                          │
│1004     Central Bank                 │  Elizabeth     │ Brocket                         │
│1005     DT Systems, LTD.             │  Tai           │ Wu                              │
│1006     DataServe International      │  Tomas         │ Bright                          │
│1007     Mrs. Beauvais                │  <null>        │ Mrs. Beauvais                   │
│1008     Anini Vacation Rentals       │  Leilani       │ Briggs                          │
│1009     Max                          │  Max           │ <null>                          │
│1010     MPM Corporation              │  Miwako        │ Miyamoto                        │
│1011     Dynamic Intelligence Corp    │  Victor        │ Granges                         │
│1012     3D-Pad Corp.                 │  Michelle      │ Roche                           │
│1013     Lorenzi Export, Ltd.         │  Andreas       │ Lorenzi                         │
│1014     Dyno Consulting              │  Greta         │ Hessels                         │
│1015     GeoTech Inc.                 │  K.M.          │ Neppelnbroek                    │
└──────────────────────────────────────┘                └─────────────────────────────────┘

SELECT cust_no, customer FROM customer
```

Abb. 1.7 Eine Projektion wählt einige Spalten einer Datenmenge aus

Die aus relationalen Datenbanken abrufbaren Informationen sind nicht statisch aufgebaut, sondern werden erst zur Programmlaufzeit dynamisch generiert. Damit liefert eine Projektion nur die Spalten der Tabelle zurück, deren Namen nach der *SELECT*-Anweisung aufgeführt werden. Mehrere Benutzer der gleichen Tabelle können damit eine unterschiedliche Sicht auf die gespeicherten Daten zugeteilt bekommen.

Join

Mit Hilfe eines Join werden Spalten aus verschiedenen Tabellen als Ergebnismenge zurückgeliefert, wenn der Wert in einer bestimmten Spalte bei den beteiligten Tabellen gleich ist. Diese Verknüpfungsmöglichkeit zwischen mehreren Tabellen ist extrem leistungsfähig und nur mit relationalen Datenbanken möglich.

Das in der Abb. 1.8 gewählte Beispiel greift auf die Beispieldatenbank „MASTAPP.GDB" zurück. Um die Aufstellung der Auftragssumme aller Bestellungen für die einzelnen Kunden zu erhalten, müssen Informationen aus zwei Tabellen miteinander verknüpft werden. In der Tabelle „customer" wird der Firmenname mit der Kundennummer gespeichert. Über diese Kundennummer lassen sich die jeweiligen Aufträge dieser Firma in der Tabelle „orders" zuordnen. Falls Sie sich nun fragen, warum diese Aufteilung in zwei unterschiedliche Tabellen überhaupt erst vorgenommen wird, muß ich Sie auf die noch folgenden Abschnitte im Buch verweisen. Diese Aufteilung hat enorme Vorteile, auch wenn der Programmentwickler der Leidtragende ist.

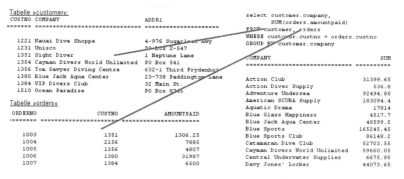

Abb. 1.8 Ein Join verbindet die Informationen aus verschiedenen Tabellen

Auf alle drei relationalen Operatoren gehe ich ausführlicher im *SQL*-Kapitel dieses Buches ein. Zum Überblick soll diese kurze Definition reichen.

1.4.2 Codd's „Zwölf Gebote"

Von dem US-Amerikaner E.F. Codd, dem „Erfinder" des Relationsmodells, wurden in den siebziger Jahren die sogenannten „Zwölf Gebote" einer relationalen Datenbank zusammengestellt:

1. **Informationsregel**
   In einer relationalen Datenbank müssen alle Informationen auf der logischen Ebene ausschließlich in Form von *Tabellen* darstellbar sein.

2. **Regel des garantierten Zugriffs**
   Auf jeden Wert in der Datenbank muß mit Hilfe einer Kombination aus dem *Tabellennamen*, dem *Spaltennamen* und dem *Schlüssel* ein logischer Zugriff möglich sein.

3. **Regel zu fehlenden Werten**
   Indikatoren für fehlende Werte dürfen nicht aus leeren Zeichenketten, Leerzeichen oder Nullen bestehen. Statt dessen müssen auf der logischen Ebene *Nullwerte* vom Datenbanksystem definiert werden.
4. **Regel zum Systemkatalog**
   Die Beschreibung der Datenbank selbst muß ebenso wie normale Daten erfolgen, so daß der Anwender auf die gleiche Art und Weise auf den *Systemkatalog* zugreifen kann.
5. **Regel zum Sprachumfang**
   Es muß mindestens einen *Sprachstandard* (SQL) geben, der den Zugriff auf die Datenbank ermöglicht. Daneben sind weitere Sprachen bzw. spezifische Erweiterungen zulässig.
6. **Regel zur Datenaktualisierung**
   Das Datenbanksystem muß über Mechanismen verfügen, mit denen *Zugriffsrechte* für Schreibzugriffe beziehungsweise Änderungen kontrolliert werden. Dieser Mechanismus muß Bestandteil des Systemkatalogs sein.
7. **Regel zur Modifikation von Tabellen**
   Mit Hilfe von auf ganze Tabellen wirkenden Befehlen muß auch das Einfügen, Ändern bzw. Löschen von Daten möglich sein. Mit einer SQL-Schreibanweisung muß sich mehr als eine Zeile einer Tabelle manipulieren lassen.
8. **Regel zur physikalischen Datenunabhängigkeit**
   Der physikalische Zugriff auf die Datenbank muß *unabhängig* vom Anwendungsprogramm erfolgen.
9. **Regel zur logischen Datenunabhängigkeit**
   Das Anwendungsprogramm braucht nicht geändert zu werden, wenn das *Datenmodell* der Basistabellen geändert wird und kein Informationsverlust dabei auftritt.
10. **Regel zur Wahrung der Integrität**
    Bedingungen zur Wahrung der *Datenintegrität* werden nicht im Anwendungsprogramm programmiert, sondern von dem Datenbanksystem selbst verwaltet. Die Bedingungen müssen durch die Standarddatenbanksprache (SQL) definiert werden können.
11. **Regel zur Verteilung der Daten aus einer Datenbank**
    Anwendungen dürfen sich nicht ändern, wenn die Daten aus einer Datenbank auf unterschiedliche Computer aufgeteilt oder wieder zusammengeführt werden.
12. **Regel zur Unversehrtheit**
    Wenn das Datenbanksystem eine prozedurale Programmiersprache bereitstellt, so darf diese Sprache nicht dazu geeignet sein, durch die Standarddatenbankspache festgelegte Integritätsregeln zu umgehen beziehungsweise zu verletzen.

Damit umschreiben diese zwölf Regeln exakt die Anforderungen an ein Datenbanksystem. Bei Ihrer Entscheidung für oder gegen ein bestimmtes Datenbankformat sollten Sie auch diese Regeln zur Beurteilung heranziehen.

1.4.3 SQL – Structured Query Language

Delphi bietet für den Zugriff auf relationale Datenbanken eine extrem leistungsfähige Option an, indem mit der universellen Datenbanksprache SQL (engl. *Structured Query Language*) gearbeitet werden kann. Dabei steht SQL nicht nur für den Zugriff auf „echte" *SQL-Server* zur Verfügung, die Borland Database Engine kann ebenso auch auf konventionelle Tabellen über SQL zugreifen.

- Auf *Paradox-*, *dBASE-*, *FoxPro-* oder *Access*-Tabellen unter Verwendung des lokalen SQL. Die verfügbaren Befehle bilden eine Untermenge des *ANSI-Standard-SQL*, wobei die grundsätzlichen *SELECT-*, *INSERT-*, *UPDATE-* und *DELETE*-Anweisungen von der *BDE* unterstützt werden..
- Auf Datenbanken auf dem *lokalen* InterBase Server (LIBS). Jede Anweisung des *InterBase-SQL* ist zulässig, allerdings gilt die Einschränkung auf eine Verbindung zur Datenbank.
- Auf Datenbanken auf dem *InterBase SQL Server for Windows 95/NT*. Die zur Verfügung stehenden 4 Benutzerlizenzen reichen aus, um einen konkurrierenden Datenzugriff in einer Mehrbenutzerumgebung bzw. den Zugriff über mehrere Threads zu simulieren.
- Auf Datenbanken auf entfernten *SQL-Servern*. Diese Option kann ohne Zusatztools nur mit der *Client/Server-Suite* genutzt werden. Der Grund für diese Einschränkung liegt darin, daß für den Zugriff auf einen SQL-Server die sogenannten SQL Links auf dem Arbeitsplatzrechner installiert werden müssen.

SQL stellt einen kompletten Befehlssatz für den Zugriff auf eine relationale Datenbank bereit und ist das Standardinterface für eine Vielzahl von relationalen Datenbanken. Eine einfache Befehlsstruktur erleichtert Operationen zur Datendefinition, Datenabfrage und Datenmanipulation. SQL ist mengenorientiert, ein Befehl kann zur gleichen Zeit eine Menge von Zeilen beziehungsweise Spalten in einer Tabelle betreffen.

SQL wurde entwickelt, um aus einer Programmiersprache heraus aufgerufen zu werden. Der Standardbefehlsumfang unterstützt keine Befehle für interaktive Dialoge mit dem Anwender oder für eine speziell formatierte Ausgabe. Das heißt nicht, daß der Anwender nicht direkt SQL verwenden kann. Dies ist selbstverständlich möglich, auch Delphi stellt dafür mit dem Windows-Programm InterBase Interactive SQL ein Werkzeug zum direkten Zugriff auf den InterBase-Server zur Verfügung. Weiterhin kann Delphi über die *TQuery*-Komponente SQL-Befehle direkt vom Anwender zur Datenbank schicken. Bei allen diesen Optionen darf jedoch kein Komfort oder keine elegante Formatierung der zurückgelieferten Ergebnisse erwartet werden.

Dem Thema *SQL* wird in diesem Buch in einem eigenen Kapitel der gebührende Platz eingeräumt.

1.5 Desktop-Datenbank oder Client/Server-Lösung?

Zusammen mit dem Begriff *Client/Server* wurden im Datenbankbereich auch zwei weitere Begriffe eingeführt – *Upsizing* und *Downsizing*. Beide Begriffe stehen für das Umstellen vorhandener Anwendungen auf das Client/Server-Prinzip – allerdings von einer jeweils anderen Ausgangslage. Beim *Upsizing* geht es darum, aus althergebrachten Desktop-Datenbanken wie zum Beispiel *dBASE*, *Paradox* oder *MS Access* eine Client/Server-Lösung abzuleiten. Bei einer Desktop-Datenbank findet die *Datenverarbeitung* auf dem lokalen PC statt, wo die Daten gespeichert werden spielt dabei keine Rolle. Im Gegensatz zum Upsizing geht es beim *Downsizing* darum, eine auf einem Großrechner laufende Anwendung auf eine kleinere Client/Server-Lösung umzustellen. Die Rechenleistung der neuen Plattform ist kleiner als die vom Großrechner, warum dann diese Umstellung? Der Grund für das *Downsizing* wird auch erst dann deutlich, wenn man den IT-Bereich als Ganzes betrachtet. Bevor eine Anwendung zum ersten Mal gestartet werden kann, muß sie zuerst entwickelt werden. Und da liegt auch bei den Mainframe-

Großrechnern das Problem, die Software-Entwicklung ist einfach zu langsam und unbeweglich. Durch das Downsizing auf die PC-Technik versprechen sich die Firmen eine deutliche Effektivitätssteigerung bzw. eine größere Flexibilität beim Reagieren auf neue Anforderungen.

Borland bezeichnet die große Ausführung von Delphi als „Client/Server-Suite". Diese Bezeichnung drückt aus, für welche Zielgruppe das Produkt primär vorgesehen ist. Damit ist jedoch nicht gesagt, daß jede mit Delphi erstellte Anwendung eine Client/Server-Anwendung ist. Aber sogar für den Fall, daß zum Beispiel eine Datenbankanwendung tatsächlich auf einen SQL-Server zugreift, muß das nicht zwangsläufig eine echte Client/Server-Anwendung sein! Sie sehen schon – das einfache Einordnen anhand einiger Kriterien reicht hier nicht aus. Der Grund für diese Misere liegt darin, daß *Client/Server* weniger eine Technologie als vielmehr eine Philosophie darstellt. Das Grundprinzip besteht darin, daß eine Aufgabenteilung zwischen *Front-end* und *Back-end* stattfindet. Als *Front-end* wird das Anwendungsprogramm bezeichnet, das auf dem PC des Anwenders – sprich dem *Client* – arbeitet. Den *Back-end*-Part übernimmt das *Datenbankmanagementsystem* auf der Server-Seite, welches oftmals auch als *SQL-Server* bezeichnet wird. Dabei besteht zwischen den beiden Bestandteilen eine Aufgabenteilung. Der Client übergibt Aufgaben und Anfragen in Form von SQL-Anweisungen an den Server, der in eigener Regie für die Erledigung zuständig ist. Dem Client selbst ist ein Zugriff auf die Daten des Server auf direktem Weg nicht möglich! Dies ist dann auch das markanteste Unterscheidungsmerkmal zu klassischen PC-Datenbankanwendungen, die nur die Datenbankdatei für den gemeinsamen Zugriff auf einem File-Server speichern.

Die verschiedenen Architekturen spiegeln sich auch im Markt der Datenbankprogramme und Tabellenformate wieder. Historisch bedingt haben die reinen Desktop-Datenbanken wie dBASE, Paradox und Access eine sehr weite Verbreitung gefunden. Als Desktop-Datenbank bezeichne ich alle die Datenbanken, bei denen die Datenverarbeitung vor Ort auf dem Rechner erfolgt. Dabei spielt es keine Rolle, wo die Daten selbst gespeichert werden, entscheidend ist vielmehr, wo die Daten verarbeitet werden. Alle diese Datenbanksysteme haben eine Gemeinsamkeit, die Herkunft als reine Einzelplatzlösungen. In der heutigen Zeit treten die reinen Einzelplatzlösungen mehr und mehr in den Hintergrund – durch die Vernetzung in einem *LAN* oder gar in einem *WAN* ist der sogenannte Multiuserbetrieb gefordert. Der Begriff *multiuserfähige Datenbank* soll die Situation kennzeichnen, bei der mehrere Anwender mit dem gleichen Datenbestand arbeiten.

Auch für den Fall, daß die Datenbanktabellen zur gemeinsamen Nutzung zum Beispiel auf einem *Novell-Fileserver* gespeichert werden, liegt das Desktop-Datenbankprinzip zugrunde. Die Trennung zwischen physikalischen Datenzugriff und Datenbanklogik war ja eine der Forderungen an ein Datenbanksystem. Für eine Datenabfrage muß bei einer Desktopdatenbank immer der komplette Datenbestand vom Datenbankprogramm ausgewertet werden, gerade beim Zugriff über ein Netzwerk auf gemeinsam verwaltete Daten führt das zu Problemen.

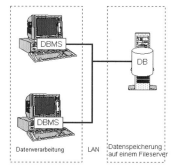

Abb. 1.9: Mehrbenutzer-Desktop-Datenbanken im LAN

In der in der Abb. 1.9 dargestellten Situation wird der Server über das LAN nur als sogenannter Fileserver verwendet, das heißt er speichert nur die gemeinsam verwendeten Dateien.

Demgegenüber verwenden Client/Server-Datenbanken ein völlig anderes Prinzip. Neben der Aufgabe der Datenspeicherung übt der SQL-Server auch die Funktionen der Datenverarbeitung aus. Der Arbeitsplatzrechner – sprich der Client – übermittelt die Aufgabenstellung an den SQL-Server. Der SQL-Server arbeitet diese Aufgabenstellung ab und überträgt nur das Resultat über das LAN zum Arbeitsplatzrechner. Als Verständigungsprache zwischen Client und Server dient dabei die standardisierte Datenbanksprache SQL.

Das Zusammenspiel aller beteiligten Bausteine einer Client/Server-Lösung können Sie der Abb. 1.10 entnehmen. Das unter Delphi entwickelte Client-Programm ist nur ein Teil von vielen – das Zusammenspielen aller Teile ist entscheidend. Zusätzlich zur *Borland Database Engine,* die auch bei Desktop-Datenbankanwendungen benötigt wird, kommt bei einer Client/Server-Lösung noch die Anbindung zum SQL-Server hinzu. Dieser Aufgabenteil unterteilt sich nochmals in die Treiber zur Anbindung an den SQL-Server (*SQL-Links*) sowie in das Netzwerkprotokoll (zum Beispiel *TCP/IP*). Auf dem Server läuft das *Relationale Datenbankmanagementsystem* (RDBMS), das alternativ dazu auch als *SQL-Server* bezeichnet wird. Der Datenbank-Client verwendet zur Kommunikation mit dem Datenbank-Server die standardisierte Datenbanksprache *SQL*.

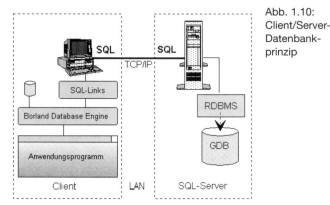

Abb. 1.10: Client/Server-Datenbankprinzip

Der SQL-Kanal ist eine Server-unabhängige Verbindung, d.h. auch dann, wenn ein anderer SQL-Server verwendet wird, kann die Client-Software noch verwendet werden.

1.5.1 Vergleich der beiden Prinzipien

Beurteilungskriterium Netzwerkbelastung

Den Hauptvorteil dieses Prinzips werden Sie erkennen, wenn Sie einmal die folgende Situation durchdenken. Angenommen, ein Mitarbeiter eines namhaftes Telekommunikationsunternehmens möchte alle Hamburger Fernsprechteilnehmer ermitteln, deren monatliche Telefongebühren einen bestimmten Betrag übersteigt. Für eine Datenbank kein Problem, alles nur eine Frage der Zeit. In einer Client/Server-Umgebung wird die Anforderung zum Server geschickt, worauf dieser mit der internen Abfrage beginnt. Da nur der Server tatsächlich die Anfrage bearbeiten muß, wird nur ein Rechner (der Server) mit besonders leistungsfähiger Hardware bestückt. Nach Beendigung der Abfrage werden die Treffer – also die Daten der gefundenen Kunden – zum Client-Rechner übertragen. Auf dem Netzwerk tauchen nur zweimal Daten zu diesem Vorgang auf, das erste Mal beim Stellen der Aufgabe und das zweite Mal beim Zurückliefern des Ergebnisses.

Völlig anders sieht es hingegen bei einer mehrbenutzerfähigen Desktop-Datenbank aus. Die Datenverarbeitung erfolgt dabei auf dem Arbeitsplatzrechner. Dazu müssen alle Datensätze über das *LAN* zum Arbeitsplatzrechner geschaufelt werden, erst dort findet die gewünschte Selektion statt. Damit die Abfrage zügig bearbeitet werden kann, müssen alle in Frage kommenden Arbeitsplatzrechner mit der leistungsfähigen Hardware ausgestattet werden. In jedem Fall bleibt ein gravierender Nachteil, die immense Netzbelastung des LAN.

Beurteilungskriterium Datensicherung/Datenintegrität

Ein zweiter – nicht weniger gravierender Nachteil betrifft das Thema *Datensicherheit* und *Datenintegrität*. Bei einem Desktop-Datenbankprogramm ist ausschließlich das Anwendungsprogramm selbst für die Datensicherung und -integrität zuständig. Alle Einschränkungen, Vorbelegungen und Plausibilitätsprüfungen hat der Entwickler im Anwendungsprogramm implementiert. Je gebräuchlicher das verwendete Datenbankformat ist, um so mehr Probleme treten dabei auf. Zum Beispiel kann der Anwender auf eine *dBASE*-Tabelle auch über normale Office-Anwendungen zugreifen, *Microsoft Excel* ist nur ein Beispiel. Wie wird sichergestellt, daß auch dann die festgelegten Regeln in der Datenbank eingehalten werden? Und was passiert, wenn zum Beispiel eine andere Abteilung der Firma nun auch einen Zugriff auf diese Daten wünscht. Dort läuft ein anderes Anwendungsprogramm, daß selbstverständlich entsprechend erweitert werden kann. Alle benötigten Einschränkungen, Vorbelegungen und Plausibilitätsprüfungen müssen jedoch auch in dieses Programm übernommen werden. Sind dann auch noch unterschiedliche Entwickler für die einzelnen Anwendungen zuständig, muß die Anpassung mit hohem Aufwand koordiniert werden. Damit verzögert sich die Softwareentwicklung, ein schnelles Reagieren auf neue Aufgaben wird erschwert. Client/Server löst auch dieses Datensicherheits- und Integritätsproblem. Das *Datenbankmanagementsystem* ist in eigener Regie für die Datenverarbeitung zuständig, das schließt auch die Zugangskontrolle zum Datenbestand ein. Jeder Benutzer muß sich legitimieren, dabei spielt es keine Rolle, über welches Programm auf die Daten zugegriffen werden soll. Alle benötigten Einschränkungen, Vorbelegungen und Plausibilitätsprüfungen können auf der Server-Seite implementiert werden. Damit gelten diese sogenannten *Business Rules* auch dann, wenn der Anwender mit einem anderen Tool oder direkt via SQL auf die Daten zugreift. Das Anwendungsprogramm einer anderen Abteilung der Firma kann einfach erweitert werden, ohne daß bestimmte Einschränkungen, Vorbelegungen und Plausibilitätsprüfungen beachtet werden müssen. Eine exakte Abstimmung der Entwickler ist nicht unbedingt notwendig – damit stellt sich dem schnellen Reagieren auf neue Aufgaben kein Hindernis entgegen.

Auch wenn es sinnvoll ist, alle benötigten Einschränkungen, Vorbelegungen und Plausibilitätsprüfungen (also die *Business Rules*) auf dem SQL-Server zu implementieren, ist dies für eine Client/Server-Lösung nicht zwingend vorgeschrieben. Um die Vorzüge von Delphi auszuschöpfen, teilt sich in vielen Fällen der Client die *Business Rules* mit dem SQL-Server.

Beurteilungskriterium DV-Aufwand

Neben der verbesserten Leistung sowie der größeren Datensicherheit/Datenintegrität hat die Client/Server-Lösung noch weitere Vorteile. Angenommen, die Datenbankstruktur oder auch nur die *Business Rules* haben sich geändert. Kein Problem, der Entwickler kann das Projekt anpassen. Ohne weiteren Mehraufwand trifft dies nur für die Client/Server-Lösung zu, wenn alle Änderungen nur die Server-Seite betreffen. Bei einer Desktop-Datenbank steckt die komplette Programmlogik im Anwendungsprogramm. Damit müssen diese Programme selbst bei jeder Änderung upgedatet werden. Bei einer großen Firma mit vielen Anwendern beziehungsweise mit Außendienstlern, die via Laptop arbeiten, kommt da ein nicht zu unterschätzendes logistisches Problem auf die IT-Abteilung zu. Bei einer geänderten Datenstruktur bzw. geänderten *Business Rules* müssen alle Anwender zudem zeitgleich updaten.

1.5.2 Two-tier oder Multi-tier ?

Bislang wurde nur von der Client/Server-Lösung gesprochen. Dies ist nicht ganz exakt, denn strenggenommen muß zwischen zwei prinzipiell unterschiedlichen Technologien unterschieden werden. Das *Two-tier-Modell* entspricht dabei dem, was man sich normalerweise unter einer Client/Server-

Lösung vorstellt. Das Datenbankmanagementsystem sowie die Daten selbst befinden sich auf dem Server, auf den der Anwender über seine Client-Software zugreift. Die sogenannten *Business Rules* befinden sich entweder nur auf dem Server oder verteilt auf beiden Komponenten.

Demgegenüber besteht das *Three-tier-Modell* (das oftmals auch als *Multi-tier-Modell* bezeichnet wird) aus mindestens drei Komponenten:

- Tier 1 bildet die *graphische Oberfläche*, also das Anwendungsprogramm.
- Tier 2 implementiert die *Programmlogik*.
- Tier 3 besteht aus dem *Datenbanksystem*.

Von der Theorie her kann jede einzelne Schicht auf einen eigenen Rechner aufgesetzt werden, dies ist jedoch nicht zwingend notwendig. Strenggenommen ist eine *Client/Server*-Lösung, die *Stored Procedures* auf dem *SQL-Server* einsetzt, bereits eine *Three-tier*-Lösung. Diese „gespeicherten Prozeduren" implementieren einen Teil der Programmlogik unabhängig vom Client-Anwendungsprogramm. Damit ist *Tier 2* teilweise von *Tier 1* getrennt, auch wenn *Tier 2* und *Tier 3* auf einem System laufen. Normalerweise wird jedoch auch *Tier 2* auf einen separaten Rechner implementiert.

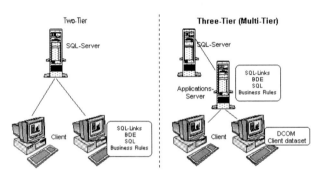

Abb. 1.11 Prinzipieller Aufbau der beiden Modelle am Beispiel der C/S-Datenbank

Zwischen den *Client* und den *Server* wird also eine Zwischenstation geschaltet – der sogenannte *Applications-Server*. Auf dieser mittleren Schicht werden die *Business Rules* abgebildet.

Das *Three-Tier-Modell* kommt immer dann zum Einsatz, wenn besondere Anforderungen erfüllt werden müssen:

- Es dürfen keine feste Bindungen zwischen *Front-end* und *Back-end* auftreten. Angenommen, ein Delphi-Anwendungsprogramm greift über die *BDE* auf einen *SQL-Server* zu, wobei ein *Alias* die Verbindung herstellt. Nun fällt der SQL-Server aus, so daß die IT-Abteilung auf einen in Reserve bereitgehaltenen SQL-Server wechselt. Bei einer klassischen *Two-Tier*-Lösung muß jeder Client (!) seine *Alias*-Konfiguration anpassen – ein nicht unerheblicher Aufwand. Eine *Three-Tier*-Lösung verzichtet auf die lokale BDE, der Client greift auf einen auf dem Applikations-Server installierten Service zu, so daß der Client keine (!) Änderungen vornehmen muß, um auf den Reserve-SQL-Server zuzugreifen.

- Im Interesse einer sichergestellten *Datenintegrität* sowie einer höheren *Datensicherheit* sollen die Datenbankregeln – sogenannten *Business Rules* – an zentraler Stelle und unabhängig von den Client-Anwendungsprogrammen verwaltet werden. Derartige Prüfungen sind oftmals so komplex, daß die Datenbanksprache *SQL* dafür nicht ausreicht. Zwischen dem SQL-Server und dem Client-Anwendungsprogramm muß also eine dritte Ebene zwischengeschaltet werden, die derartige Prüfungen zentral verwalten kann.

- Der Anwender muß völlig transparent auf Daten aus unterschiedlichen Quellen zugreifen können.
- Es wird ein *Firewall* gegen unberechtigte Zugriffe auf die Daten benötigt. Der *Applications-Server* wacht darüber, daß Außenstehende keinen direkten, unberechtigten Zugriff auf das interne Netzwerk erhalten.
- Der Anwender soll über einen Client bestimmte Prozesse starten können, ohne daß diese Prozesse näher in der Client-Anwendung definiert werden müssen. Statt dessen stößt der Client nur die Aktion des *Applications*-Servers an, wobei durch die Übergabe von Parametern bzw. durch das Übermitteln von Rückgabewerten eine lose Interaktion unterstützt wird.

Mit Sicherheit hatten Sie bereits mit mindestens einer *Three-tier*-Anwendung zu tun – dem *Internet*. Eine vorher nicht näher definierbare Anzahl von Anwendern greift mit den verschiedensten Programmen und Rechner-Plattformen auf ständig wechselnde Daten zu. Dieses Problem ist mit Desktopdatenbanken beziehungsweise den klassischen Two-tier-Lösungen nicht zu lösen – stellen Sie sich einmal das Update-Chaos vor, wenn die Client-Programme aktualisiert werden müßten. Aber auch die *SQL-Server* sind hier überfordert, keiner der zur Zeit am Markt angebotenen Server ist dem Login-Problem gewachsen. Der *Applications-Server* als universelle Schnittstellen zwischen den verschiedenen Rechner-Welten übernimmt hier die Funktion des multifunktionalen Übersetzers.

Sollten Sie jetzt der Meinung sein, daß dies Sie nicht betrifft, liegen Sie vermutlich früher als später voll daneben. Schauen Sie sich einmal im *Internet* um, bei wie vielen Firmen der potentielle Kunde bereits jetzt schon via *Internet-Browser* im Warenbestand blättern kann. Zum Beispiel unterstützen die großen PC-Versender das Zusammenstellen kompletter Rechner aus den vorhandenen Einzelkomponenten. In einer Umfrage waren sogar 43% der IT-Verantwortlichen in den USA der Auffassung, daß Internet-Browser in naher Zukunft die primäre Benutzeroberfläche für neue Anwendungsprogramme bilden!

Dies ist vielleicht auch eine Erklärung dafür, warum die mit dem neuen *Delphi 3.0* entwickelten Client-Anwendungsprogramme das *Three-Tier-Modell* unterstützen. Es muß jedoch nicht immer gleich das *Internet* sein, dem *Intranet* – also den firmeninternen Netzen mit dem Internet-Prinzip – werden noch stärkere Wachstumsraten prognostiziert.

1.5.3 Delphi 3 und die Multi-Tier Distributed Application Services

Das klassische *Two-Tier*-Modell stellt für Client/Server-Datenbankanwendungen nicht die optimale Lösung dar. Aus diesem Grund stellt *Borland* mit *Delphi 3* eine Option zur Verfügung, mit der die direkte Verbindung zwischen der *Borland Database Engine* des Clients und dem SQL-Server unterbrochen wird. Der Client greift damit nicht mehr direkt auf den SQL-Server zu, sondern wickelt alle Zugriffe über einen speziellen *Service* – dem *DataBroker* – ab. Dieser Umweg ist nur dann sinnvoll, wenn der *DataBroker* auf einem dazwischengeschalteten Rechner läuft und damit zum *Remote DataBroker* wird. Die zweite Säule bildet der *ConstraintBroker* – er kümmert sich um die Datenintegrität und Datensicherheit an zentraler Stelle.

Die Vorteile dieser Lösung fasse ich nochmals kurz in Stichpunkten zusammen:

- Auf dem Client-Rechner muß die *Borland Database Engine* nicht mehr installiert werden.
- Mit dem Verzicht auf die *BDE* benötigt der Client auch keinen *Alias* mehr für den Datenbankzugriff.

- Der *Remote DataBroker* kann seine Datenquelle (SQL-Server) wechseln, ohne daß davon der Client betroffen ist.

- Das System ist nicht mehr an die Einschränkungen der Benutzerverwaltung der *SQL-Server* gebunden, da auch die Zugriffskontrolle auf die Daten über die *Remote DataBroker* abgewickelt werden kann.

- Das Client-Anwendungsprogramm muß nicht mehr alle Plausibilitätsprüfungen selbst vornehmen, sondern delegiert diese Aufgabe an den zentralen *Remote DataBroker*. Damit vereinfacht sich die Entwicklung der Client-Anwendungen.

Remote Dataset

Die technischen Voraussetzungen für derartige Lösungen schafft *Delphi 3* mit den sogenannten *Remote Datasets*. Diese neuen Komponenten ähneln von dem Leistungsumfang sowie der Handhabung her den *TTable*- oder *TQuery*-Komponenten. Der Unterschied besteht dabei im wesentlichen darin, daß ein *Remote Dataset* keine lokale *Borland Database Engine* benötigt. Die Komponente „zapft" statt dessen den *Remote DataBroker* auf dem *Applications*-Server an. Damit beschränkt sich die Installation des Client-Anwendungsprogramm auf das reine Installieren der Programmdateien – die Datenbankanbindung selbst muß nicht mehr auf dem Client konfiguriert werden.

MIDAS – Multi-Tier Distributed Application Services

Die gerade vorgestellten Techniken hat *Borland* zum Begriff *MIDAS* zusammengefaßt. Der Käufer der *Delphi 3 Client/Server Suite* erhält nur die sogenannte *Development License* von MIDAS, damit sind die MIDAS-Komponenten *Remote DataBroker* und *ConstraintBroker* für die Client-Seite gemeint.

Demgegenüber benötigt die Anwendung jedoch die entsprechenden Module für den *Applications*-Server, wobei diese separat von *Borland* erworben werden müssen:

Tabelle 1.5: Bestandteile der MIDAS-Suite

MIDAS-Komponente	Verwendung
Business ObjectBroker	Verteilt die Server-Belastung in großen *Multi-Tier*-Umgebungen. Diese für die einsetzenden Firmen kritischen Anwendungen in 24x7-Umgebungen (24 Stunden an 7 Tagen) greifen zur Fehlerabsicherung auf mehrere Server parallel zu. Der *Business ObjectBroker* sorgt dabei dafür, daß alle beteiligten Server von den Clients gleichmäßig ausgelastet werden.
Remote DataBroker	Stellt für die Client-Anwendung die benötigten Daten zur Verfügung und ermöglicht damit die Verringerung des Aufwands für die Client-Konfiguration und Installation. Damit unterstützt *Borland* die sogenannten *Thin-Clients*, die nur noch rudimentär die unbedingt notwendigen Funktionen implementieren. Der Datenzugriff sowie der überwiegende Teil der Programmlogik wird auf die dritte Ebene – den Applikations-Server verlagert. Der Client verwendet zum Zugriff auf diesen Applikations-Server *DCOM* oder *OLEnterprise*, im günstigsten Fall ist nur eine 150kByte große DLL für die Anbindung an den Applikations-Server notwendig.

1.5 Desktop-Datenbank oder Client/Server-Lösung?

ConstraintBroker	Stellt dem Client-Anwendungsprogramm automatisch alle direkt in der Datenbank formulierten Datenintegritäts-Regeln zur Verfügung. Diese Plausibilitätsprüfungen muß der Entwickler nicht mehr im Client implementieren, da der *ConstraintBroker* automatisch dafür sorgt. Damit stößt der Client nur noch die Aktionen an, die auch tatsächlich den Regeln auf dem SQL-Server entsprechen. Der Vorteil liegt in der geringeren Netzwerk- und Server-Belastung, da unkorrekte Datenbankaktionen erst gar nicht vom Client ausgelöst werden.

Das Thema *MIDAS* kommt in den folgenden Buchkapiteln nicht mehr vor – obwohl die Vorteile offensichtlich auf der Hand liegen. Dafür gibt es drei handfeste Gründe:

1. Sie benötigen die *Client/Server-Suite* von Delphi 3.
2. Zusätzlich müssen Sie immer dann mindestens eine Lizenz für die *MIDAS-Suite* erwerben, wenn Sie die Multi-Tier-Komponenten (*TClientDataSet*, *TProvider* usw) zusammen mit DBCLIENT.DLL und IDPROV.DLL auf der Client-Seite verwenden wollen. Der Preis pro Server (!) beträgt ca. 5000 US$.
3. MIDAS setzt auf dem *DCOM-Modell* auf und erfordert daher eine Applications-Server unter dem Betriebssystem *Windows NT*. Um zum Beispiel den *Remote DataBroker* auf einem zweiten Rechner unter Windows 95 verwenden zu können, müssen Sie sich von *Microsoft* die Erweiterung *DCOM for Windows 95* besorgen.

Ich gehe davon aus, daß nur ein Bruchteil der Leser diese drei Bedingungen erfüllt – für die überwältigende Mehrheit wären alle Erläuterungen nicht verwendbar.

1.5.4 Entscheidungsrichtlinien

Obwohl eine Client/Server-Lösung unbestritten die leistungsstärkere Alternative ist, bedeutet dies nicht, daß Client/Server in jedem Fall die richtige Wahl ist. Der alles entscheidende Punkt ist das Gesamtkonzept, alle relevanten Kriterien müssen als Ganzes bewertet werden. Den Vorteilen einer Client/Server-Lösung stehen auch Nachteile gegenüber. Zum einen muß die vorhandene Hardware den Anforderungen genügen beziehungsweise es müssen die Mittel für Neuanschaffungen vorhanden sein. Auf der anderen Seite ist die Programmentwicklung komplexer sowie unhandlicher – und damit ebenfalls teurer. Aber auch dann, wenn die Lösung in den Wirkbetrieb geht, kommen Zusatzkosten auf Sie zu. Eine Client/Server-Datenbank ist nicht so pflegeleicht wie eine Desktop-Datenbank, auch die anspruchsloseren Vertreter der SQL-Server erwarten die Einhaltung regelmäßiger Wartungstermine. Es verhält sich genau so wie im richtigen Leben, ein Formel-I-Bolide ist unbestritten ein leistungsfähiges Auto. Trotzdem käme niemand auf die Idee, dieses Teil für den Familienausflug oder zum Wochenendeinkauf zu verwenden.

Es ist somit sinnvoll, nur dann eine Anwendung als Client/Server zu implementieren, wenn es keine andere brauchbare Lösung gibt. SQL-Datenbanken verfügen über Alleinstellungsmerkmale, die von keiner Desktop-Datenbank erfüllt werden. Das Stichwort *Datenbanktransaktionen* soll an dieser Stelle genügen. In vielen Fällen erfüllt aber zum Beispiel das leistungsfähige *Paradox*-Datenbankformat alle Anforderungen an die Datenbankanwendung.

Aber auch dann, wenn bereits zum Projektanfang feststeht, daß nur eine Client/Server-Lösung in Frage kommt, ist der Start über einen Paradox-Prototypen sinnvoll. Im Gegensatz zu SQL-Datenbanken können Sie bei den Paradox-Tabellen während der Programmentwicklung die Datenstruktur der Datenbank problemlos und schnell ändern. Die trotzdem notwendige vorherige Planung des Datenmodells der Anwendung muß dann nicht unbedingt exakt sein. Außerdem bilden für *Paradox*-Tabellen die *TTable*-Komponenten die richtige Datenquelle, in diesem Fall spielt Delphi seine Stärken als *RAD*-Tool (engl. *Rapid Application Development*) vollständig aus. Erst dann, wenn der Prototyp seine erste Bewährungsprobe im Feldtest bestanden hat, ist die Umstellung der Anwendung auf Client/Server sinnvoll. Borland spricht in diesem Zusammenhang gerne von einer *skalierbaren* Datenbankenwicklungsumgebung. Die VCL-Komponenten für den Datenbankzugriff sind prinzipiell von dem zugrundeliegendem Datenbankprinzip unabhängig. Wie Borland in einer Delphi-Beispielanwendung demonstriert, reicht das einfache Austauschen eines Alias-Namens aus, um eine Datenbankanwendung von *Paradox* nach *InterBase* zu portieren. Leider gibt es da einen Wermutstropfen, obwohl unbestritten ein SQL-Server angesprochen wird, handelt es sich nicht wirklich um eine echte Client/Server-Lösung. Das entscheidende Kriterium bilden die bereits schon mehrfach erwähnten *Business Rules*, solange diese Regeln nicht auf der Server-Seite implementiert werden, spielt der SQL-Server seine Vorteile nicht vollständig aus.

Hier müssen Sie als Entwickler einer Datenbankanwendung die erste Entscheidung treffen. Die Entscheidung für eine Client/Server-Datenbank bedeutet einen höheren Aufwand für den Anwendungsentwickler sowie auch für den Datenbankbetreiber. Außerdem wird der Zugriff auf den Datenbestand aus Drittprodukten heraus erschwert, als Beispiel sollen die bekannten Office-Programme wie Microsoft Word und Microsoft Excel dienen. Diese Programme stellen eine problemlosen Zugriff auf *dBASE*-Datenbanktabellen bereit, ein SQL-Server ist da nicht vorgesehen. Auch die Option *ODBC*-Treiber hilft da prinzipiell nicht weiter, da Datenbanken auf einem SQL-Server in der Regel normalisiert sind und sich ohne genaue Kenntnis der Datenstruktur nicht mehr so einfach ansprechen lassen.

Doch auch dann, wenn eine Desktop-Datenbanklösung entwickelt werden soll, hat der Entwickler die Qual der Wahl zwischen verschiedenen Tabellenformaten. Dabei muß das bekannte nicht immer das Beste sein, als Entscheidungshilfe soll die nun folgende Vorstellung der von Delphi unterstützten Datenbankformate dienen.

1.6 Datenbankformate – Delphis reiche Auswahl

Delphi ist auch im Hinblick auf das Tabellenformat recht flexibel. Der Grund dafür liegt in den Eigenschaften der Borland Database Engine – oder abgekürzt der BDE. Warum ist das so?
Alle Delphi-Datenbankanwendungen greifen nur über die *Borland Database Engine* (BDE) auf Datenbanktabellen zu.

> *Dieser Satz gilt uneingeschränkt nur noch für lokale und Two-Tier-Datenbankanwendungen. Durch die abstrakte Klasse TDataSet stellt Delphi 3 eine definierte Schnittstelle für Datenzugriffe ohne die BDE zur Verfügung. Damit wären in Zukunft auch ganz normale Anwendungen denkbar, die ohne die BDE auskommen.*

Neben den Borland-Anwendungsprogrammen Paradox für Windows und Quattro Pro konnten seit Jahren auch C/C++-Entwickler von der BDE profitieren. Die BDE mußte damals allerdings noch separat für teures Geld erworben werden. Mit Delphi greift der Entwickler quasi zum Nulltarif auf die Fähigkeiten der BDE zurück. Und nicht nur das, er darf sogar die *BDE* selbst ohne weitere Lizenzgebühren zusammen mit seinen Datenbankanwendungen weitergeben. Nicht ohne Grund hat *Borland* dabei nur eine Einschränkungen in die Lizenzbedingungen zu Delphi aufgenommen – die BDE darf nur von einem zertifizierten Installationsprogramm auf den Rechnern installiert werden. Dabei kam es Borland weniger darauf an, das eigene Markenzeichen zu Werbungszwecken einzublenden. Vielmehr will Borland in jedem Fall sicherstellen, daß bereits auf dem PC installierte Produkte, die die BDE verwenden, auch nach der neuen Installation der Delphi-Datenbankanwendung problemlos laufen. Nur aus diesem Grund müssen alle BDE-Dateien auf dem PC installiert werden, auch wenn das selbst erstellte Delphi-Datenbankprogramm die anderen Treiber gar nicht benötigt. Das umfangreiche Thema der Programminstallation wird in diesem Buch ebenfalls in einem eigenen Kapitel behandelt.

Borland hat die *BDE* vom Design her objektorientiert angelegt. Die BDE selbst greift auf die verschiedenen Tabellen mit Hilfe von speziellen Treibern im DLL-Format zu. Dabei muß nicht für jede Formatversion ein externer Treiber vorhanden sein, in einer Treiber-DLL wird in der Regel eine komplette Formatfamilie für die verschiedenen Versionen untergebracht. Der Zugriff auf ein zusätzliches Tabellenformat wird bereitgestellt, indem einfach eine neue DLL eingebunden wird.

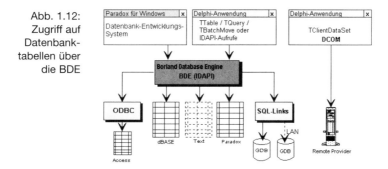

Abb. 1.12: Zugriff auf Datenbanktabellen über die BDE

In der Abb. 1.12 wird der Zugriffsmechanismus visuell dargestellt. Nun können Sie auch die Begriffe ODBC und SQL Links besser einordnen. Die von Borland als *SQL Links* bezeichneten Treiber stellen die Verbindung zu den verschiedenen SQL-Servern bereit.

Die *Borland Database Engine* unterscheidet generell zwischen zwei Zugriffsmechanismen. Zum einen der Zugriff über die sogenannten nativen Treiber, die zusammen mit Delphi ausgeliefert werden. Diese Treiber wurden von Borland speziell an die BDE angepaßt und zeichnen sich daher durch eine hohe Leistungsfähigkeit aus. Alle anderen Datenbankformate, für die keine nativen Treiber zur Verfügung stehen, brauchen einen Dolmetscher zwischen der BDE und der physikalischen Datenbanktabelle. Es leuchtet ein, daß dabei die Leistungsfähigkeit Einbußen erleidet. Von Haus aus kann die *BDE* auf fünf Formate zugreifen – das *dBASE*, *Paradox-*, *FoxPro-*, *Access-* und das Text-Format. Letzteres stellt eine Option dar, die im Normalfall nicht in Frage kommt. Wohl niemand wird eine Datenbank vollständig im Text-Format implementieren. Anders sieht die Sache aus, wenn das Thema Datenimport oder Datenexport auf die Tagesordnung kommt. Hier ist das Textformat unter Umständen wieder sinnvoll.

Es bleiben daher nur vier Alternativen übrig, alle diese Datenbankformate erfüllen in einem Delphi-Programm eine der Anforderungen an ein Datenbank-Management-System. Auf die physikalische

Tabelle wird ausschließlich von der *BDE* aus zugegriffen. Solange Sie Delphi-Komponenten beziehungsweise *IDAPI*-Aufrufe verwenden, wird dieses Kriterium erfüllt.

Tabelle 1.6: Begriffsbestimmungen

Begriff	Bedeutung
Datenbank-Komponenten	Die *VCL*-Komponenten für den Datenbankzugriff bilden eine logische Schicht zwischen dem Datenbankformat und dem Anwendungsprogramm. Dabei spielt das verwendete Datenbankformat prinzipiell keine Rolle. Dies ist jedoch aber dann auch der Grund dafür, daß die Komponenten nur die Eigenschaften abbilden, die allen Datenbankformaten gemeinsam sind. So stellt zum Beispiel die *TTable*-Komponente keine Methode zum Packen einer *dBASE*-Tabelle bereit, da das Entfernen von Datensätzen mit einer Löschmarkierung ausschließlich beim *dBASE*-Tabellenformat benötigt wird.
BDE	Mit Hilfe der *Borland Database Engine* (BDE) greifen Delphi's Datenbankkomponenten auf Datenquellen der unterschiedlichsten Formate zu. Der Zugriff auf die physikalischen Datenbankdateien sowie der Verwaltung ist ausschließlich Sache der BDE. Aus diesem Grund muß die BDE auch auf jedem Rechner installiert werden, der die Datenbankfunktionen aus einem Delphi-Programm heraus verwenden will. Die Bezeichnung *Borland Database Engine* bezieht sich dabei als Verpackungsname auf die Kernbestandteile *IDAPI*, *IDAPI-Datenbanktreiber*, *SQL-Engine* und *ODBC-Socket*-Schnittstelle.
IDAPI	Dieses *Integrated Database Application Program Interface* ist die programmierseitige Schnittstelle zur BDE, d.h. umgangssprachlich bezeichnet die Programmiersprache der BDE. Es bietet alle Funktionen an, die zum Zugriff auf die Datenbanken notwendig sind. Die *IDAPI*-Funktionen werden Sie als Anwendungsentwickler immer dann benötigten, wenn datenbankspezifische Aufgaben implementiert werden müssen. Das Packen einer *dBASE*-Tabelle ist ein gutes Beispiel für eine derartige Aufgabe. Neben dieser Bedeutung als *API* wird die Bezeichnung *IDAPI* oftmals auch für die komplette zugrundeliegende Technologie verwendet.
InterBase-API	Dieses Gegenstück zu *IDAPI* ist die programmierseitige Schnittstelle zum *InterBase SQL Server* von Borland. Die Funktionen des InterBase-API gestatten einen direkten Zugriff auf den InterBase-Server, wobei die *VCL*-Komponenten für den Datenbankzugriff und auch die BDE nicht benötigt werden. Im Gegensatz zum *IDAPI* wird das *InterBase-API* unter Delphi nur sehr selten benötigt. Einen sinnvollen Einsatzfall – das programmgesteuerte Anlegen einer neuen Datenbank auf dem SQL-Server – stelle ich in diesem Buch noch vor.
ODBC	Ein von Microsoft geschaffener Standard, um eine universelle Datenbankschnittstelle anzubieten. Mittels ODBC-Treiber verwaltet zum Beispiel Visual Basic Datenbanken. Ein Delphi-Programm kann zum Beispiel mit Hilfe der ODBC-Treiber auf fremde Datenbankformate zugreifen.

1.6.1 dBASE-Datenbanktabellen

Das *dBASE*-Tabellenformat ist im PC-Bereich das älteste Datenbankformat, das eine Marktbedeutung erreicht hat. In den Anfangstagen wurden die Grundlagen in einer amerikanischen Garage gelegt, damals waren dBASE-Datenbanken noch unter dem Namen „Vulcan" bekannt.

Tabelle 1.7: Entwicklungsschritte von »dBASE«

Jahr	Entwicklungsschritt
1974	C. Wayne Ratcliff entwickelt im Alleingang das Datenbankprogramm „Vulcan"
1981	Die Firma *Ashton Tate* kauft das noch unter »CP/M« laufende Programm auf und vertreibt es unter dem Namen *dBASE II*. Ashton Tate war zum damaligen Zeitpunkt mehr eine Vertriebsgesellschaft als ein Softwarehaus.
1984	Die Version *dBASE III* erscheint am Markt.
1986	Die Version *dBASE III+* wird ausgeliefert, mittlerweile ist das Datenbankprogramm sehr weit verbreitet (zumindestens was die IBM-kompatiblen Rechner angeht).
1989	Die wegen ihrer Programmfehler berüchtigte Version *dBASE IV* wird ausgeliefert.
1991	Borland übernimmt Ashton Tate und zeichnet nun auch für die Weiterentwicklung von dBASE verantwortlich.

Erst der Aufkauf durch *Ashton Tate* (können Sie sich an diese Firma noch erinnern?) machte das nunmehr als dBASE bezeichnete Datenbankprogramm zu dem Datenbank-Klassiker im PC-Bereich an sich. Daraus ergibt sich sowohl der größte Vorteil als auch der größte Nachteil des dBASE-Tabellenformats. Der Vorteil liegt in der Verbereitung, hier führt dBASE ungeschlagen die Hitliste an. Fast jedes Textverarbeitungsprogramm bzw. die meisten Tabellenkalkulationsprogramme können dBASE-Dateien lesen oder importieren. Bei der Entscheidung für dBASE treten unter diesem Aspekt keine Probleme auf. Der größte Nachteil von dBASE hat seine Wurzeln im Alter dieses Datenbankprogrammes. Es liegt auf der Hand, daß moderne Techniken hier keine Berücksichtigung finden. Im Laufe der Zeit wurde zwar auch das dBASE-Tabellenformat immer weiter entwickelt, aus Kompatibilitätsgründen sind allerdings gravierende Mängel bis heute erhalten geblieben. Bei der Begriffsdefinition *Datenbank* habe ich die Datenbank-Management-Systeme kurz angesprochen und auf deren Eigenschaften verwiesen. Eine „gute" Datenbank sollte unabhängig vom Anwendungsprogramm eigenverantwortlich Datensicherheit und Datenintegrität sicherstellen. Dies bedeutet, daß alle Regeln und Einschränkungen in der Datenbank selbst deklariert sein müssen. dBASE ist hier überfordert und damit in technischer Hinsicht klar dem moderneren *Paradox*-Tabellenformat unterlegen. Eine Paradox-Datenbank erfüllt viele dieser Anforderungen an ein Datenbank-Management-System auch im PC-Bereich.

dBASE-Versionen

Delphi – oder genauer gesagt die BDE – unterstützt gleich drei dBASE-Versionen, *dBASE III+*, *dBASE IV* und das aktuelle *dBASE für Windows* beziehungsweise *Visual dBASE*. Für Sie als Entwickler spielt das auch normalerweise keine Rolle, beim Zugriff auf eine bereits bestehende Tabelle verwendet die BDE eigenständig die richtige Treiberversion. Auch dann, wenn Sie eine neue Tabelle in der Datenbankoberfläche anlegen, kann nichts falsch gemacht werden. Die Datenbankoberfläche entscheidet je nach den verwendeten Feldtypen, in welchem Format die Tabelle angelegt wird. Aus diesem Grund stelle ich auch nur das leistungsfähigere *Visual dBASE*-Format vor.

dBASE-Feldtypen

In einer dBASE-Tabelle können die folgenden Feldtypen verwendet werden:

Tabelle 1.8: Zulässige Feldtypen in Visual dBASE

Kürzel	Feldtyp	Beschreibung
B	Binär	Binärfelder werden zur Speicherung binärer Daten, wie Klang oder Grafik, verwendet. Binärfelder benötigen keine Größenvorgabe (werden intern als 10stellige DBT-Blocknummer gespeichert).
C	Zeichen	Der wohl am häufigsten verwendete Zeichenfeldtyp speichert druckbare Zeichen mit einer frei wählbaren Feldlänge zwischen 1 bis 254 Zeichen.
D	Datum	Ein Datumsfeld enthält Zahlen und Separatorzeichen zur Trennung zwischen Tag, Monat und Jahr (abhängig von den Windows-Einstellungen). Die Feldlänge wird automatisch vorgegeben.
F	Fließzahl	In einem Gleitkommafeld können Sie die Zahlen 0-9 sowie die Separatorzeichen »-« und ».« ablegen. Ein Gleitkommafeld enthält numerische Daten mit gleitendem Dezimalkomma bei einer Feldgröße von 1 bis 20. Die Anzahl der Nachkommastellen kann definiert werden. Zusätzlich zu den Zahlen sind die Separatorzeichen »-« und ».« zulässig. Verwenden Sie den Gleitkommatyp für Felder, mit denen keine genauen Berechnungen durchgeführt werden müssen, da während der Berechnung Werte gerundet und abgeschnitten werden können. Die Nutzung von Gleitkommafeldern ist vorteilhaft für ganze Zahlen und Zahlen mit bis zu zwei Dezimalstellen.
N	Numerisch	Numerische Felder speichern numerische Daten in einem BCD-Format und sollten immer dann verwendet werden, wenn präzise Berechnungen durchgeführt werden müssen. Die Berechnungen mit numerischen Feldern sind zwar zeitintensiver, dafür aber exakter als mit Gleitkommawerten. Zusätzlich zu den Zahlen sind die Separatorzeichen »-« und ».« zulässig.
L	Logisch	Logische Felder enthalten Werte, die entweder Wahr oder Falsch sind und benötigen den Speicherplatz von einem Zeichen. Dabei sind die Zeichen »Y«, »y«, »N«, »n«, »T«, »t«, »F«, »f« sowie »?« als Feldinhalte zulässig. Das Fragezeichen kennzeichnet ein nicht zugewiesenes Feld.
M	Memo	In den Memo-Feldern können Inhalte abgespeichert werden, die für normale Zeichenfelder zu groß sind. In der Tabelle legt die BDE nur eine 10stellige DBT-Blocknummer ab, die als Referenz auf die Memo-Datei verwendet wird.
O	OLE	OLE-Felder werden zur Speicherung verschiedener Datenarten, wie Bilder, Klänge, Dokumente etc. genutzt. OLE-Felder bieten die Möglichkeit, diese Daten direkt in dBASE auswerten zu können.

Um eine *dBASE*-Tabelle anzulegen, stehen unter Delphi prinzipiell zwei Alternativen zur Verfügung. Zum einen kann im Delphi-Programm selbst die Tabelle zur Programmlaufzeit erstellt werden, indem eine *TTable* oder auch die *TQuery*-Komponente entsprechend konfiguriert wird. Die zweite – wahrscheinlich häufiger eingesetzte – Alternative bietet das Delphi-Tool Datenbankoberfläche. Mit der Datenbankoberfläche lassen sich alle *dBASE*-Feldtypen verwenden, aber anzeigen und bearbeiten können Sie nur die Daten von Zeichen-, Gleitkomma-, Zahlen-, Datums- und logischen Feldern.

Sie können es sich natürlich ganz einfach machen, und alle Felder Ihrer Tabelle als reine Zeichenfelder deklarieren. In den meisten Fällen werden Sie jedoch damit zu einem späteren Zeitpunkt unnötigen Mehraufwand provozieren. Angenommen, Sie benötigen ein Feld, um die Anzahl eines bestimmten Artikels eintragen zu können. Als Zeichenfeld gibt es bei der Dateneingabe keine Probleme. Zu einem späteren Zeitpunkt soll jedoch eine Auswertung im Programm implementiert werden, bei der die Summe aller Eintragungen in diesem Feld benötigt wird. Das Ermitteln der Summe ist für Delphi dank SQL keine Hürde, es reicht ein einfacher SQL-Befehl aus. Allerdings nur dann, wenn die Zahlen nicht in einem Zeichenfeld, sondern in einem numerischen Feld vorliegen!

Ein anderes Beispiel ist das Problem, das beim Verwalten der fünfstelligen Postleitzahlen auftritt. Vom technischen Standpunkt aus gesehen sollten die Postleitzahlen als numerisches Feld angelegt werden (es sind ja auch nur Zahlen). Ärger gibt es dann mit Adressen im Bundesland Sachsen – die führende Null wird von der *BDE* unterschlagen, so daß hier im Ergebnis ein Zeichenfeld verwendet wird. Sie sehen also, die Entscheidung für einen bestimmten Feldtyp hängt auch von den Anforderungen ab, die an das Anwendungsprogramm gestellt werden.

Der beim Einrichten der Tabelle festgelegte Feldtyp ist nicht endgültig, Sie können jederzeit mit der Datenbankoberfläche eine Tabelle umstrukturieren und den Feldtyp wechseln. Auf einen eventuellen Datenverlust werden Sie von der Datenbankoberfläche immer dann hingewiesen, wenn der alte Feldtyp nicht problemlos konvertiert werden kann.

dBASE-Feldnamen

Eine weitere Anforderung an eine Datenbanksystem besteht darin, daß dem Anwender der Zugriff auf die gespeicherten Informationen über aussagefähige Spaltennamen der Tabellen ermöglicht wird. Auch in dieser Hinsicht hat das *dBASE*-Tabellenformat Defizite, weil einschneidende Einschränkungen zu beachten sind.

● Ein Feldname darf 10 Zeichen nicht überschreiten.

● Ein Feldname darf keine Leerzeichen enthalten.

● Jeder Feldname einer Tabelle muß eindeutig sein, zwei identische Namen werden von der BDE mit einer Fehlermeldung bestraft.

● Es wird nicht zwischen der Groß-/Kleinschreibung unterschieden, die Datenbankoberfläche wandelt alle eingetragenen Zeichen in Großbuchstaben um.

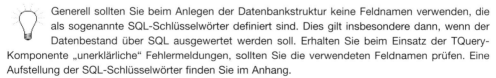

Generell sollten Sie beim Anlegen der Datenbankstruktur keine Feldnamen verwenden, die als sogenannte SQL-Schlüsselwörter definiert sind. Dies gilt insbesondere dann, wenn der Datenbestand über SQL ausgewertet werden soll. Erhalten Sie beim Einsatz der TQuery-Komponente „unerklärliche" Fehlermeldungen, sollten Sie die verwendeten Feldnamen prüfen. Eine Aufstellung der SQL-Schlüsselwörter finden Sie im Anhang.

dBASE-Besonderheiten

Eine *dBASE*-Tabelle mit der Dateiendung „DBF" beginnt mit dem Tabellenheader. In diesem Bereich legt die BDE alle benötigten Information über die dBASE-Version, die Tabellenstruktur, das Datum der letzten Änderung, den verwendeten Indexdateien, des Zeichensatzes und der in einer Mehrbenutzerumgebung benötigten Informationen ab. Alle Datensätze schließen sich dem Tabellenheader an. Dabei hat jeder Datensatz die Länge, die im Dateiheader definiert wurde. Werden in einem Datensatz nicht alle Felder ausgefüllt, speichert die BDE trotzdem den leeren Bereich in der Datei ab. Aus diesem Grund sollten Sie beim Festlegen der Feldlänge für die einzelnen Felder in der Tabelle nicht allzu großzügig sein. Unternehmen Sie einmal das Experiment, eine dBASE-Tabelle mit einem Komprimierungsprogramm zu packen. Die erzielte Platzeinsparung ist beachtlich, den Grund dafür kennen Sie ja nun.

Das *dBASE*-Tabellenformat entfernt gelöschte Datensätze (Zeilen in einer Tabelle) nicht sofort aus der physischen Datei. Statt dessen wird ein gelöschter Datensatz über ein spezielles Flag gekennzeichnet. In der Voreinstellung ignoriert die *BDE* derartige Datensätze, so daß der Anwender gelöschte Datensätze nicht mehr zu Gesicht bekommt. Über *IDAPI*-Funktionen kann dieses Verhalten geändert werden, die BDE zeigt dann alle Datensätze an. Um gelöschte Datensätze endgültig aus der Tabelle zu entfernen, muß die Tabelle komprimiert werden. Dies geht zum einen in der Datenbankoberfläche und zum anderen direkt im Delphi-Anwendungsprogramm.

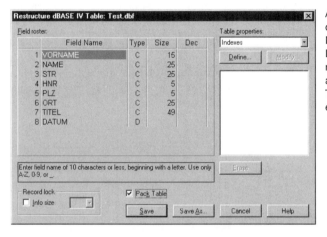

Abb. 1.13: dBASE-Datensätze mit Löschmarkierung aus der Tabelle entfernen

In der *Datenbankoberfläche* wird dazu der Dialog zum Umstrukturieren einer Tabelle aufgerufen, die gewünschte Funktion verbirgt sich in der deutschen Version hinter dem unscheinbaren Auswahlfeld „Komprimieren". Die US-Version verwendet die gebräuchlichere Bezeichnung „Pack Table".

Delphi's VCL-Datenbankkomponenten sollen unabhängig vom verwendeten Datenbankformat sein, daher ist klar, daß die Komponenten leider die gewünschte Pack-Funktion nicht bereitstellen können. Sie müssen hier auf IDAPI zurückgreifen. Das Komprimieren einer *dBASE*-Tabelle sollte immer dann regelmäßig aufgerufen werden, wenn Anwender häufig Datensätze löschen. Ohne Komprimieren nimmt die Größe der DBF-Datei ständig zu. Und je größer die Datei ist, um so länger dauern auch die Datenbankzugriffe auf diese Datei.

 Im Kapitel „Tips und Tricks zu Datenbanken" finden Sie je einen Lösungsvorschlag, wie im Programm eine dBASE-Tabelle über IDAPI gepackt werden kann beziehungsweise wie „gelöschte" Datensätze für den Anwender sichtbar werden.

Nicht alle Felder legt die *BDE* in der DBF-Datei ab, entscheidend ist der verwendete Feldtyp. *Binär-*, *Memo-* und *OLE*-Felder werden in einer zugeordneten DBT-Tabelle gespeichert. In der eigentlichen Datenbanktabelle mit der Endung „DBF" steht im jeweiligen Feld nur die Nummer des Blocks in der „DBT"-Datei, in dem die Daten für dieses Feld von der BDE abgelegt wurden. Enthält ein Datensatz keine Daten für dieses Feld, kennzeichnet ein Leerzeichen im Feld diesen Zustand. Mit diesem Mechanismus wird die eigentliche Tabellendatei in einem kompakten Zustand gehalten.

Selbstverständlich kann *dBASE* auch sogenannte Indizes verwenden. Ein Index bestimmt die Reihenfolge für den Zugriff auf die Datensätze einer Tabelle, die Reihenfolge der einzelnen Datensätze in einer dBASE-Datei bleiben ungeändert. Der Vorteil eines Index liegt in der schnellen Zugriffsmöglichkeit auf die Datensätze in der Tabelle. Das Prinzip entspricht dabei dem Index hier in diesem Buch. Wenn Sie einen bestimmten Begriff suchen, schlagen Sie doch auch auf den letzen Buchseiten nach. Anhand der dort zugeordneten Seitennummer wird die gewünschte Seite schnell gefunden, ein Durchblättern des kompletten Buches zur Suche nach einem Begriff ist nicht mehr notwendig. *dBASE* unterscheidet dabei generell zwischen zwei Index-Typen, den „NDX"- und den „MDX"-Indexdateien. Diese Unterscheidung ist mehr historisch bedingt, da in der Praxis nur der moderne MDX-Indextyp sinnvoll ist. Indexdateien mit der Dateiendung „MDX" werden als Hauptindex bezeichnet, bei jeder Datenbankoperation aktualisiert die BDE den Index. Die älteren NDX-Indexdateien werden hingegen nicht automatisch aktualisiert, sondern müssen vom Anwendungsprogramm dazu aufgefordert werden. Aufgrund dieses Nachteiles ignoriere ich diesen Indextyp in diesem Buch.

Warum gehe ich so detailliert auf diese Besonderheiten ein? Sie als Entwickler müssen nicht unbedingt wissen, was sich hinter den Dateien mit der Endung *DBF*, *DBT* oder *MDX* verbirgt. Nur die BDE greift auf diese Dateien zu. Das läuft auch alles problemlos ab, solange Sie nicht über das Betriebssystem die Dateinamen manuell ändern. Im Verzeichnis „RenameDBF" auf der CD-ROM finden Sie die *dBASE*-Datenbank „original" mit zugeordneter DBT- und MDX-Datei.

- Original.dbf ist die Datenbanktabelle.
- Original.dbt ist die Memo-Datei für die Datenbanktabelle.
- Original.mdx ist die Index-Datei für die Datenbanktabelle.
- Über das Betriebssystem benennen Sie anschließend jede einzelne Datei um, so daß sich das in der Abb. 1.14 dargestellte Bild ergibt.

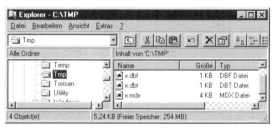

Abb. 1.14: Manuell umbenannte Datenbankdateien

Jetzt könnte man annehmen, daß sich die Datenbank problemlos öffnen läßt. Jede beteiligte Datei verwendet den gleichen Namen „x", wobei die entsprechende Dateiendung in jedem Fall beibehalten wurde. Bei ersten Zugriff auf die Tabelle „x.dbf" erhalten sie jedoch eine Fehlermeldung, die Tabelle kann nicht geöffnet werden.

Nur in dem Delphi-Tool Datenbankoberfläche ist überhaupt ein Zugriff auf die Tabelle möglich, ein Delphi-Anwendungsprogramm hingegen öffnet die Tabelle erst gar nicht. Die *BDE* bemängelt einen fehlerhaften Tabellenheader.

Der Grund für dieses Verhalten liegt darin, daß der Name der Indexdatei im Tabellenheader vermerkt wird, ein einfaches Umbenennen der Tabelle über das Betriebssystem ist daher nicht erfolgreich. In jedem Fall muß auch das Umbenennen über die BDE abgewickelt werden, die dann den entsprechenden Eintrag im Tabellenheader aktualisiert. Die entsprechende Funktion dafür werden Sie bestimmt schon in der Datenbankoberfläche gefunden haben.

Mehrbenutzerzugriff auf eine dBASE-Datenbank

Das Delphi-Datenbankanwendungsprogramm greift nicht direkt auf die physikalischen Datenbanktabellen zu, dies obliegt ausschließlich der Borland Database Engine. Aus diesem Grund werden Sie auch nicht gezwungen, sich mit den verschiedenen Zugriffsarten beim Öffnen einer Datei in einer Netzwerkumgebung auseinanderzusetzen. Das zweite Problem in einer Mehrbenutzerumgebung taucht dann auf, wenn mehrere Anwender den gleichen Datensatz zur Bearbeitung öffnen. Der Erste möchte zum Beispiel nur die Telefonnummer ändern und der Zweite den falsch geschriebenen Straßennamen korrigieren. Je nachdem, welcher von den beiden zuletzt die Änderungen speichert, geht mindestens eine neue Information verloren. Diese Situation darf in einer Mehrbenutzerumgebung unter keinen Umständen auftreten. Für den Delphi-Anwender ist diese Forderung leicht zu erfüllen, die *Borland Database Engine* ist von Haus aus dazu in der Lage. Ihre einzige Aufgabe beschränkt sich darauf, der *BDE* den Raum für Verwaltungsinformationen in der *dBASE*-Datenbanktabelle zu schaffen. Die Mehrbenutzerfähigkeit stellen Sie her, indem die Datenbankstruktur entsprechend definiert wird. Die BDE selbst verwaltet dann ein zusätzliches „unsichtbares" Datenfeld mit dem Namen „_DBASELOCK" in der dBASE-Tabelle. Sobald ein Benutzer diesen Datensatz editiert, speichert die BDE seinen Benutzernamen soweit möglich in diesem Feld ab. Ein anderer Anwender kann dann den betreffenden Datensatz so lange nicht bearbeiten, bis der erste seine Eingabe beendet hat. Auf diese Weise wird der Benutzer daran gehindert, unabsichtlich die Arbeit eines anderen zu überschreiben. Ein Lesezugriff ist jedoch in jedem Fall möglich.

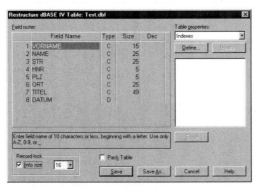

Abb. 1.15: dBASE-Tabelle für den Mehrbenutzerbetrieb konfigurieren

Um diesen Mechanismus für *dBASE*-Tabellen zu aktivieren, müssen Sie nur beim Anlegen beziehungsweise Modifizieren der Tabellenstruktur in der deutschen Version der Datenbankoberfläche das unscheinbare Auswahlfeld „Datensatzsperre" markieren.

Dateinamenerweiterung

Der Begriff Datenbank kennzeichnet für *dBASE*-Datenbanken nur das Verzeichnis, in dem die Dateien für diese Datenbank gespeichert sind. Im Gegensatz zu Paradox kommt eine *dBASE*-Datenbank mit wenigen Dateien aus.. Anhand der Dateiendung können Sie dabei jeder einzelnen Datei das Aufgabengebiet zuordnen.

Tabelle 1.9: Dateierweiterungen für dBASE-Datenbankdateien

Dateinamenerweiterung	Verwendung
DBF	dBASE-Tabelle
DBT	Memo/BLOB-Datei für eine dBASE-Tabelle. In diese Datei legt die BDE immer dann den Inhalt eines Memo- bzw. BLOB-Feldes ab, wenn dieses nicht leer ist.
MDX	Indexdatei der dBASE-Tabelle

Lokale Transaktionen in einer dBASE-Tabelle

Der *STANDARD*-Treiber der *BDE* für *dBASE*- und *Paradox*-Tabellen unterstützt auch Transaktionen für eine dBASE-Tabelle. Sobald bei einer aktivierten Transaktion ein Datensatz geändert wird, sperrt die BDE diesen Datensatz und protokolliert den alten Datensatzinhalt in einer temporären Log-Tabelle mit. Die Bestätigung der Transaktion über den *Commit*-Aufruf entfernt die gesetzte Datensatzsperre wieder. Beim *Rollback* wird zuerst der geänderte Datensatz gelöscht (d.h. mit der Löschmarkierung versehen) und anschließend der alte Datensatzinhalt aus der Log-Tabelle wieder eingefügt.

Einschränkungen für lokale Transaktionen in einer dBASE-Tabelle
Im Gegensatz zu den „echten" Transaktionen der SQL-Server unterstützt die BDE für dBASE-Tabellen keine automatisierte Wiederherstellung bei einem Systemabsturz (engl. *crash recovery*).

Außerdem können SQL-Anweisungen aus der Rubrik *DDL* (engl. *Data Definition Language*) nicht über ein Rollback widerrufen werden. Dazu gehört zum Beispiel das Anlegen, Löschen und Umstrukturieren von Tabellen und Indizes.

Einschränkungen für dBASE-Tabellen

Die *Borland Database Engine* setzt gewissen Grenzen, die mit dem *dBASE*-Tabellenformat nicht überschritten werden können. Nur in den seltensten Fällen dürften für Sie diese Einschränkungen ein Problem darstellen, denn bei derart großen Datenbanken stellt sich die Frage, ob doch nicht besser auf einen SQL-Server zurückgegriffen wird.

Tabelle 1.10: Einschränkungen für das dBASE-Tabellenformat (Visual dBASE)

Kriterium	max. zulässiger Wert
Datensätze pro DBF-Datei	Eine Billion
Spalten in einer Tabelle	1024
Zeichen in einem Feld	245
Byte pro Datensatz	32 767
Indizies pro DBF-Datei	47
Geöffnete Hauptindizies	10
Datensatzsperren in einer Tabelle	100

Resümee

Das *dBASE*-Tabellenformat hat aus der Sicht eines Datenbanksystems betrachtet nur Nachteile. Viele der Anforderungen werden nicht erfüllt, die bei der Vorstellung der Datenbanken als Prüfsteine zusammengefaßt wurden. Zudem hat die Entscheidung für dBASE auch die Konsequenz, daß bestimmte Eigenschaften der Delphi-Komponenten überhaupt nicht genutzt werden können. Der große Vorteil einer dBASE-Tabelle liegt darin, daß dBASE auch heutzutage quasi der Standard überhaupt ist. Eine Vielzahl von Programm stellen eine Schnittstelle für den Zugriff auf dBASE-Tabellen zur Verfügung. Für Ihre Datenbankanwendung kann ich Ihnen nur einen Rat geben, implementieren Sie die Datenbank in einem anderen Format und stellen Sie Export-Funktionen in das dBASE-Format bereit.

1.6.2 Das Paradox-Tabellenformat

Das *Paradox*-Tabellenformat ist aus der Sicht eines Desktop-Datenbanksystems die erste Wahl. Viele Anforderungen, die an ein RDBMS gestellt werden, deckt *Paradox* auch im PC-Bereich ab. Neben den umfangreichen zur Auswahl stehenden Feldtypen meine ich dabei mehr die inneren Werte. In einer Paradox-Tabelle können Regeln zur referenziellen Integrität aufgestellt werden, das Festlegen von Pflichtfeldern und Eingabemasken wird unterstützt. Außerdem kann der Entwickler bei Bedarf eine Zugriffskontrolle aktivieren, bei der sich jeder Anwender per Paßwort bei der Datenbank (Tabelle) anmelden muß. Alle diese Mechanismen liegen direkt in der Tabelle vor, und gelten damit unabhängig davon, mit welchem Programm die Datenbank (Tabelle) geöffnet wird.

Paradox-Versionen

Auch das Paradox-Tabellenformat ist schon seit Jahren am Markt – es verwundert daher nicht, daß auch hier verschiedene Versionen auswählbar sind. Dabei sind jedoch nicht alle Versionen untereinander kompatibel, wobei ein Lesezugriff immer unterstützt wird

Tabelle 1.11: Unterschiede der Paradox-Versionen

Paradox-Version	Einschränkungen
1.0 ... 3.5	keine
4.0	Die Version 4.0 unterstützt BLOB's als neuen Datentyp sowie Sekundärindizies. Ein Zugriff aus älteren Paradox-Versionen heraus hat die (falsche) Fehlermeldung „Paßwortgeschützte Tabelle" zur Folge.
5.0	Die Version 5.0 fügt eine Reihe neuer Datentypen hinzu (Long Integer; Time, TimeStamp, Logical, Autoincrement, BCD und Bytes).
7.0	Die Version 7.0 unterstützt nun auch absteigend sortierte Sekundärindizies.

Beim Neuanlegen einer Datenbank wird wohl die modernste Version „Paradox 7.0" verwendet, ich gehe daher auch nur auf diese Version ein.

Auch wenn Sie in der Datenbankoberfläche die Paradox-Version „7" auswählen, bedeutet dies nicht, daß die Tabelle auch tatsächlich in dieser Struktur angelegt wird. Die BDE verwendet automatisch die niedrigste Version, über die die Tabelleneigenschaften implementiert werden können. Der Vorgabewert ist dabei die Version „4". Treten später in einem Delphi-Programm beim Umstrukturieren einer Tabelle Fehler auf, sollten Sie auch den Tabellentyp ändern.

Im *BDE-Administrator* können Sie dazu die Eigenschaft Level für den Paradox-Treiber ändern:

Tabelle 1.12: Optionen für den Paradox-Treiber-Parameter „Level"

Level	Von der BDE generierte Tabellen (gilt auch für interne temporäre Tabellen)
3	Erzeugt eine zu Paradox 3.5 (und früher) kompatible Tabellenstruktur.
4	Dieser als Vorgabewert verwendete Level generiert Tabellen im Paradox-4-Format.
5	Erzeugt Tabellen im Paradox-5-Format.
7	Erzeugt Tabellen im Format der 32-bittigen Paradox für Windows-Version

Paradox-Feldtypen

In einer „Paradox 7.0"-Tabelle können die folgenden Feldtypen verwendet werden.

Tabelle 1.13: Feldtypen von Paradox 7.0

Kürzel	Feldtyp	Beschreibung
A	Alphanumerisch	In einem Feld von diesem Typ können Sie alle druckbaren Zeichen ablegen, als Feldlänge sind dabei 1 bis 255 Zeichen zulässig.
N	Numerisch (Zahl)	Numerische Felder enthalten Zahlen im Bereich von -10307 bis 10308 und können bis zu 15 Stellen umfassen. Dieser Feldtyp sollte immer dann verwendet werden, wenn mit den Werten Berechnungen durchzuführen sind.
$	Währung	Umfaßt den gleichen Zahlenbereich wie ein numerisches Feld, die Daten werden jedoch per Voreinstellung gleich als Währung formatiert. Bei internen Berechnungen werden unabhängig von der Anzeige nur bis zu sechs Dezimalstellen berücksichtigt.
S	Short	Short-Felder in Paradox sind spezielle Zahlenfelder, die nur ganze Zahlen aus dem Bereich -32.767 bis 32.767 enthalten. Short-Felder benötigen weniger Speicherplatz als einfache Zahlenfelder und sind nur in Paradox-Tabellen verfügbar.
I	Long Integer	Paradox-Felder vom Typ Long Integer sind 32-Bit-Ganzzahlen mit Vorzeichen (keine Brüche), die genau in einem Bereich von -2.147.483.648 bis 2.147.483 liegen.
#	BCD	BCD-Felder in Paradox enthalten numerische Daten im BCD-Format (Binary Coded Decimal). Für genauere Berechnungen als bei anderen numerischen Feldern verwenden Sie BCD-Felder. Berechnungen in BCD-Feldern werden nicht so schnell wie in anderen numerischen Feldern durchgeführt. Der BCD-Feldtyp

		sorgt in erster Linie für die Kompatibilität mit anderen Anwendungen, die BCD-Daten verwenden. Paradox interpretiert BCD-Daten von anderen Anwendungen, die ebenfalls BCD-Typen verwenden. Führt Paradox Berechnungen mit BCD-Daten durch, werden die Daten in einen numerischen Gleitkommatyp und das Resultat zurück in das BCD-Format konvertiert.
D	Datum	Es werden nur gültige Eintragungen für ein Datum angenommen.
T	Zeit	Die Uhrzeit wird als Zahl für die ab 0 Uhr verstrichenen Millisekunden abgelegt.
@	Zeitstempel	Zeitstempelfelder in Paradox enthalten sowohl Datums- als auch Zeitwerte.
M	Memo	Memofelder enthalten Text mit variabler Länge, der für normale Alphanumerische Felder zu lang ist. Die Textlänge ist praktisch unbegrenzt, zusätzlich kann eine Feldlänge definiert werden, diese bezieht sich jedoch nur auf die Zeichenanzahl, die direkt in der DB-Tabelle gespeichert wird. Der komplette Text wird außerhalb der Tabelle in einer MB-Datei abgelegt.
F	Formatiertes Memo	Formatierte Memofelder in Paradox entsprechen Memofeldern, mit Ausnahme der Möglichkeit der Textformatierung. Paradox erkennt Texteigenschaften (Schriftart, Stil, Farbe und Größe) und speichert diese mit dem Text.
G	Grafik	Ablage von Bildern.
O	OLE	Verwenden Sie OLE-Felder, um Daten verschiedenen Typs, wie Bilder, Klang, Dokumente etc., zu speichern.
L	Logisch	Logische Felder in Paradox enthalten Werte, die Wahr oder Falsch (ja oder nein) darstellen.
+	Selbstinkrementierend	Selbstinkrementierende Felder in Paradox enthalten Long Integer, schreibgeschützte (nicht editierbare) Werte. Paradox beginnt mit Nummer 1 für den ersten Datensatz und erhöht diesen Wert für jeden weiteren Datensatz der Tabelle. Das Löschen eines Datensatzes ändert die Feldwerte der anderen Datensätze nicht.
B	Binär	Speichern von Daten in jeglicher Form (zum Beispiel WAV-Dateien etc). Die Daten selbst werden in einer »MB«-Datei abgelegt.
Y	Bytes	Allgemein werden Bytefelder zur Speicherung von Strichcodes oder Magnetstreifen genutzt. Im Gegensatz zu Binärfeldern werden Bytefelder in der Paradox-Tabelle gespeichert (mehr als in einer .MB-Datei), um einen schnelleren Zugriff zu ermöglichen.

1.6 Datenbankformate – Delphis reiche Auswahl

Bei den zur Auswahl stehenden Feldtypen läßt Paradox keine Wünsche offen. Mit dem Feldtyp *Selbstinkrementierend* (engl. *Autoincrement*) wird eine Option angeboten, die sogar in der Welt der großen SQL-Server nicht selbstverständlich ist. Immer dann, wenn in Ihrem Datenmodell „1:n"-beziehungsweise „n:m"-Tabellen verwendet werden, stellen selbstinkrementierende Felder eine willkommene Option dar.

Paradox-Feldnamen

Paradox-Tabellen können die Forderung nach aussagefähigen Spaltennamen für die in der Datenbank verwendeten Tabellen problemlos erfüllen. Die Feldnamen sind nicht nur reichlicher bemessen, auch die Unterscheidung nach Groß- und Kleinbuchstaben und das Zulassen von Leerzeichen im Feldnamen trägt zur besseren Übersicht bei.

- Die Maximallänge eines Feldnamens beträgt 25 Zeichen.
- Ein Feldname darf nicht mit einem Leerzeichen beginnen, aber er kann Leerzeichen enthalten.
- Ein Feldname sollte die Zeichen »[«, »]«, »{«, »}«, »(«, »)«, »|«, »,«, »!« und »>« nicht enthalten. Weiterhin sollte ein Feldname nicht nur aus dem Zeichen »#« bestehen.
- Jeder Feldname einer Tabelle muß eindeutig sein, die BDE selbst wacht über die Einhaltung dieser Regel, so daß Sie hier keine Fehler begehen können.
- SQL-Schlüsselwörter wie zum Beispiel *SELECT*, *COUNT* und *USER* sollten nicht als Feldnamen verwendet werden.

Generell sollten Sie beim Anlegen der Datenbankstruktur keine Feldnamen verwenden, die als sogenannte SQL-Schlüsselwörter definiert sind. Dies gilt insbesondere dann, wenn der Datenbestand über SQL ausgewertet werden soll. Erhalten Sie beim Einsatz der TQuery-Komponente „unerklärliche" Fehlermeldungen, sollten Sie die verwendeten Feldnamen prüfen. Eine Aufstellung der SQL-Schlüsselwörter finden Sie im Anhang.

Dateinamenerweiterung

Der Begriff *Datenbank* kennzeichnet für Paradox-Datenbanken nur das Verzeichnis, in dem die Dateien für diese Datenbank gespeichert sind. Im Gegensatz zu *dBASE* verwendet eine *Paradox*-Datenbank, die alle Leistungsmöglichkeiten ausschöpft, eine Vielzahl von Einzeldateien. Anhand der Dateiendung können Sie dabei jeder einzelnen Datei das Aufgabengebiet zuordnen.

Tabelle 1.14: Dateinamenerweiterungen in einer Paradox-Datenbank

Dateinamenerweiterung	Verwendung
DB	Paradox-Tabelle.
MB	Memodatei für eine Paradox-Tabelle. In diese Datei legt die BDE immer dann den Inhalt eines Memo-Feldes ab, wenn dieses nicht leer ist.
PX	Primärindex einer Paradox-Tabelle.
VAL	Gültigkeitsprüfungen, Standardvorgaben und Regeln zur referentiellen Integrität für eine Paradox-Tabelle.
Xnn, Ynn	Einfacher Sekundärindex für eine Paradox-Tabelle, der nur an einer Spalte gebildet wird. Mehrere Sekundärindizies werden durchnummeriert (nn).

XGn, YGn	Zusammengesetzter Sekundärindex für eine Paradox-Tabelle, der aus mehreren Spalten gebildet wird. Mehrere Sekundärindizies werden durchnummeriert (n).
TV	Die in der Datenbankoberfläche abgespeicherten Anzeigeeigenschaften für diese Tabelle (engl. *Table View properties*). Die TV-Datei gehört nicht zur Datenbank und kann jederzeit gefahrlos gelöscht werden.

Lange Dateinamen

Auch wenn *Windows 95* als Betriebssystem lange Pfad- und Dateinamen unterstützt, so muß dies nicht zwangsläufig auch für die Datenbanken gelten. Die *Borland Database Engine* selbst kann mit bis zu 260 Zeichen langen Dateinamen umgehen, die auch Leerzeichen enthalten dürfen. Für *Paradox*-Datenbanktabellen gilt dies jedoch nur, wenn die folgenden Einschränkungen beachtet werden:

- Es muß die *Paradox-Version 7* beim Anlegen der Tabelle ausgewählt werden.

- Alle die Tabellen, die als *Nachschlagetabellen* verwendet werden oder die für die *referenzielle Integrität* eingebunden wurden, sind auf einen maximal 79 Zeichen langen Pfadnamen beschränkt.

- Wird ein langer, Leerzeichen enthaltener Dateiname in einem SQL-Befehl verwendet, so muß der Dateiname in doppelten Anführungszeichen gesetzt werden.

Lokale Transaktionen in einer Paradox-Tabelle

Der *STANDARD*-Treiber der *BDE* für *dBASE*- und *Paradox*-Tabellen unterstützt auch Transaktionen für eine Paradox-Tabelle. Sobald bei einer aktivierten Transaktion ein Datensatz geändert wird, sperrt die BDE diesen Datensatz und protokolliert den alten Datensatzinhalt in einer temporären Log-Tabelle mit. Die Bestätigung der Transaktion über den *Commit*-Aufruf entfernt die gesetzte Datensatzsperre wieder. Beim *Rollback* wird zuerst der alte Datensatzinhalt aus der Log-Tabelle wieder eingefügt und anschließend die Datensatzsperre entfernt.

Einschränkungen für lokale Transaktionen in einer Paradox-Tabelle
Eine Paradox-Tabelle muß einen gültigen *Index* verwendet. Im Gegensatz zu den „echten" Transaktionen der SQL-Server unterstützt die BDE für dBASE-Tabellen keine automatisierte Wiederherstellung bei einem Systemabsturz (engl. *crash recovery*).

Außerdem können SQL-Anweisungen aus der Rubrik *DDL* (engl. *Data Definition Language*) nicht über ein Rollback widerrufen werden. Dazu gehört zum Beispiel das Anlegen, Löschen und Umstrukturieren von Tabellen und Indizes.

Paradox-Besonderheiten

Der Abschnitt über die Besonderheiten fällt bei den Paradox-Tabellen etwas reichlicher aus, irgendwo müssen die Leistungsmerkmale ja beschrieben werden.

Schlüssel einer Paradox-Tabelle
Der Schlüssel oder Primärindex einer Paradox-Tabelle ist ein Feld oder eine Gruppe von Feldern, das beziehungsweise die jeden Datensatz in einer Tabelle eindeutig kennzeichnen. Der Wert einer Zelle in der Schlüsselspalte einer Tabelle muß eindeutig sein, daß heißt sie darf nur einen Wert enthalten,

der in dieser Spalte nur einmal vorkommt. Damit darf auch nur ein Datensatz in der Tabelle im Schlüsselwert einen leeren Wert verwenden. Ohne daß Sie in Ihrem Anwendungsprogramm eine einzige Zeile programmiert haben, stellt Paradox sicher, daß keine doppelten Datensätze in die Tabelle aufgenommen werden können, die gleiche Werte im Schlüsselfeld verwenden. Schlüsselfelder sind damit automatisch für den Anwender Pflichtfelder, die er unbedingt ausfüllen muß. Eine Ausnahme bilden die selbstinkrementierenden Felder, hier trägt die BDE selbst eine fortlaufende Numerierung ein.

In einer Paradox-Tabelle bestimmt der Schlüssel auch die voreingestellte Sortierreihenfolge der Tabelle. Wenn der Anwender zum Beispiel mit der *TDBNavigator*-Komponente durch die Datensätze einer Tabelle blättert, werden die Datensätze als Voreinstellung nach dem Schlüssel sortiert angezeigt. Der Schlüssel in einer Tabelle kann aus einer Spalte oder aus mehreren Spalten bestehen. Im letzteren Fall spricht man auch von einem zusammengesetzten Schlüssel. Im zusammengesetzten Schlüssel muß die Kombination aller verwendeten Spalten einmalig sein, doppelte Werte in einer Teilspalte sind hingegen zulässig. Im Beispiel des Adreßverzeichnisses ist ein Schlüssel für den Nachnamen unzweckmäßig, mit hoher Wahrscheinlichkeit werden doppelte Namen vorkommen, die dann nicht in der Tabelle gespeichert werden können. Wird der Schlüssel aus den Tabellenspalten „Vorname" und „Nachname" gebildet, sinkt die Wahrscheinlichkeit von Duplikaten. Reicht das immer noch nicht aus, wird eben ein weiteres Feld in den Schlüssel aufgenommen.

Indizes
Ein Index bestimmt die Reihenfolge für den Zugriff auf die Datensätze einer Tabelle, die physikalische Anordnung der Datensätze in der Tabelle wird damit nicht beeinflußt. In einer Paradox-Tabelle kann sowohl ein Primärindex (der Schlüssel) als auch ein Sekundärindex verwendet werden. Sekundärindizes werden unter anderem benötigt, um einen Fremdschlüssel einrichten zu können. Weiterhin gestatten Sekundärindizes, eine andere Sortierreihenfolge anstelle des Primärindexes auszuwählen. Im Gegensatz zu dem immer gewarteten Primärindex bietet Paradox gewartete und nicht gewartete Sekundärindexe an. Bei einem gewarteten Index aktualisiert die BDE die Indexdateien, sobald Änderungen am Datenbestand erfolgen.

Auch ein Sekundärindex darf aus mehreren Spalten bestehen, in diesem Fall spricht man von einem zusammengesetzten Sekundärindex.

Referenzintegrität
Die Referenzintegrität stellt sicher, daß ein Feld in einer untergeordneten Tabelle mit den Werten im Schlüsselfeld einer übergeordneten Tabelle übereinstimmt. Der Wert in der untergeordneten Tabelle, der dem Schlüssel in der übergeordneten Tabelle entspricht, wird Fremdschlüssel (engl. *foreign key*) genannt. Ein Benutzer kann in der untergeordneten Tabelle nur einen Wert eintragen, der in der übergeordneten Tabelle auch enthalten ist. Das Unterstützen der referenziellen Integrität ist eine der Hauptforderungen an ein Relationales Datenbank-Management-System (RDBMS). Mit Delphi und einer Paradox-Datenbank erfüllen Sie dieses wichtige Kriterium.

Um die referenzielle Integrität in der eigenen Datenbankanwendung einsetzen zu können, sind nur zwei Voraussetzungen zu erfüllen.

1. Beide Tabellen verwenden einen Primärschlüssel.
2. Beide Tabellen müssen aus der gleichen Datenbank stammen. Für Paradox bedeutet dies, sie müssen sich im gleichen Verzeichnis befinden. Da in den meisten Fällen sowieso über einen *Alias* auf die Datenbanktabellen zugegriffen wird, ist diese Voraussetzung fast immer automatisch erfüllt.

Auch hier soll auf die Vorteile der visuellen Darstellung des Sachverhalts zurückgegriffen werden, als Beispiel ziehe ich zwei Tabellen aus einer fiktiven Auftragsverwaltung heran. In der ersten Tabelle „Kunden" werden die Kundenanschriften und Telefonnummern verwaltet. Jeder Kunde bekommt eine eindeutige Kundennummer, diese Feld ist somit als Schlüsselfeld für die Tabelle sehr gut geeignet.

In einer zweiten Tabelle mit dem Namen „Auftrag" werden alle Aufträge verwaltet. Auch hier hat jeder Auftrag eine eindeutige Auftragsnummer, so daß auch für die Tabellenspalte

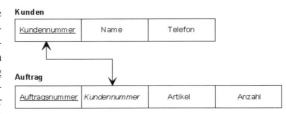

Abb. 1.16: Referenzielle Integrität in der fiktiven Auftragsverwaltung

„Auftragsnummer" der Schlüssel zugewiesen wurde. In der Tabelle „Auftrag" muß eine Beziehung zum Kunden hergestellt werden, in einer normalisierten Datenbank werden die Kundendaten dazu nicht in der Auftragstabelle gespeichert, sondern nur ein Verweis auf die Kundentabelle. Damit die Datenkonsistenz in jedem Fall gewährleistet bleibt, müssen zwei Aspekte berücksichtigt werden.

1. Wird ein neuer Datensatz in der Tabelle „Auftrag" angelegt, darf nur eine Kundennummer verwendet werden, zu der es in der Tabelle „Kunden" auch tatsächlich einen Datensatz gibt. Aufträge ohne zugeordneten Kunden sind nicht zulässig.

2. Ein Datensatz in der Kundentabelle darf erst dann gelöscht werden, wenn für diesen Kunden auch kein Datensatz in der Auftragstabelle mehr vorhanden ist. Anderenfalls liegt im Datenbestand ein Auftrag vor, der niemandem zugeordnet werden kann.

Im Beispiel der Abb. 1.16 wird daher in der Tabelle „Auftrag" die Spalte „Kundennummer" als *Sekundärindex* angelegt. Ein Sekundärindex kann nur dann angelegt werden, wenn auch ein *Schlüssel* (Primärindex) für die Tabelle existiert. Diese Forderung ist hier erfüllt, da die Spalte „Auftragsnummer" als Schlüsselfeld eine eindeutige Auftragsnummer sicherstellt. Über die Datenbankoberfläche kann nun beim Festlegen der Tabellenstruktur von „Auftrag" die referenzielle Integrität zwischen den beiden Tabellen eingerichtet werden. Damit werden die beiden oben genannten Aspekte erfüllt.

Ein Sonderfall der referenziellen Integrität soll hier an dieser Stelle nicht unterschlagen werden – die sogenannte selbstreferenzierende Tabelle (engl. *self referencing table*). Bei dieser Unterart bezieht sich die referenzielle Integrität auf zwei Spalten in der selben Tabelle.

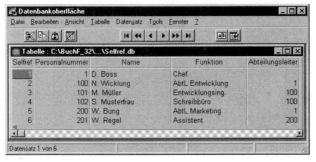

Abb. 1.17: Beispiel für eine Selbstreferenzierende Tabelle

Im Abb. 1.17 gezeigten Beispiel sind die Angestellten einer fiktiven Firma in einer *Paradox*-Tabelle gespeichert. Jeder Angestellte hat eine eindeutige Personalnummer, die Tabellenspalte „Personalnummer" bildet daher den *Primärindex* (Schlüsselfeld) der Tabelle. Jeder Angestellte (mit einer Ausnahme) ist einem Abteilungsleiter zugeordnet, der ebenfalls als Angestellter eine eigene Personalnummer haben muß.

Abb. 1.18: Selbstreferenzierende Integrität in einer Tabelle einrichten

Der Wert im Tabellenfeld „Personalnummer" bildet als Primärindex den übergeordneten Schlüssel. Wird die Tabellenspalte „Abteilungsleiter" als untergeordnetes Feld gekennzeichnet, so kann für einen Datensatz in der Tabelle nur ein Wert eingetragen werden, der auch tatsächlich in der Spalte „Personalnummer" vorkommt.

Im Verzeichnis „DataBase" finden Sie auf der CD-ROM die Paradox-Tabelle „selfref.db". Versuchen Sie einmal, den Datensatz mit der Personalnummer „100" zu löschen. Die *Datenbankoberfläche* wird dies mit einer Fehlermeldung in der Statuszeile zurückweisen. Zu dieser Personalnummer liegen noch zugeordnete Detaildatensätze vor, die den Wert „100" in der Spalte „Abteilungsleiter" verwenden.

Gültigkeitsprüfungen
Mit der Gültigkeitsprüfung werden beim Einrichten der Tabellenstruktur bereits Bedingungen festgelegt, die beim Anlegen eines neuen Datensatzes beziehungsweise beim Ändern eines bestehenden Datensatzes erfüllt werden müssen. Damit unterstützt das Paradox-Tabellenformat auch eine weitere Forderung an ein DBMS, indem die sogenannten *Business Rules* bereits in der Datenbank gespeichert werden. Auf die Einhaltung dieser Regeln wacht die BDE auch dann, wenn mit einem anderen Programm (wie zum Beispiel der Datenbankoberfläche) auf den Datenbestand zugegriffen wird. Die ist ein wesentlicher Vorteil gegenüber dem dBASE-Format, dort wird der Entwickler gezwungen, die *Business Rules* im Anwendungsprogramm zu definieren.

Zum Beispiel kann ein Feld als Pflichtfeld deklariert werden, bei dem der Anwender einen Wert zuweisen muß. Für Zahlenfelder besteht zum Beispiel zusätzlich die Option, einen Minimalwert und Maximalwert für die Eintragung festzulegen. Gültigkeitsprüfungen der Minimum- und Maximumwerte sind für alle Feldtypen mit Ausnahme von *Memo*, *Formatiertes Memo*, *Grafik*, *OLE* und *Binär* zulässig.

Anwenderfreundlich sind auch die Eingabemasken, die immer wiederkehrende Formatierungen der Eingabe automatisieren.

Vorbelegungen

Einer Tabellenspalte können Sie *Vorgabewerte* zuordnen, die von der *BDE* immer dann automatisch in die Spalte eingetragen werden, wenn das Anwendungsprogramm selbst dieser Spalte keinen eigenen Wert zuweist. Damit implementieren Sie sehr schnell eine „Zeitstempelfunktion", die zum Beispiel Datum und Uhrzeit beim Anlegen eines neuen Datensatzes automatisch mitprotokolliert.

Im Verzeichnis „Kapitel 1" finden Sie auf der CD-ROM die Paradox-Tabelle „now_test.db". Bei dieser Tabelle wurde dem Feld *Zeitstempel* vom Typ „@" (DateTime) der Vorgabewert „NOW" in der Eingabezeile *Default Value* zugewiesen. Damit belegt die BDE automatisch beim Einfügen eines neuen (leeren) Datensatzes dieses Feld mit dem aktuellen Datum und der aktuellen Uhrzeit. In der *Datenbank-Oberfläche* wird dieser Mechanismus gut sichtbar. Beim Eintragen eines neuen Datensatzes zeigt die Tabellenspalte *Zeitstempel* bereits den aktuellen Wert an. Die Spalte *ID* hingegen als Primärschlüssel vom Typ *Autoincrement* bleibt solange leer, bis der Datensatz gespeichert wird.

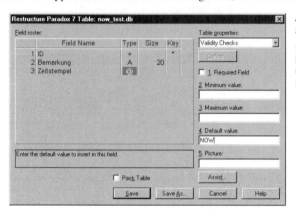

Abb. 1.19: Das Schlüsselwort „NOW" stempelt Datum und Zeit in das Feld

Paßwortschutz

Paradox-Datenbanken können direkt auf Tabellenebene mit einem Paßwortschutz versehen werden. Dieser Schutz liegt direkt in der Tabelle vor, es spielt daher keine Rolle, ob der Zugriff aus dem Delphi-Datenbankanwendungsprogramm heraus erfolgt oder aus einem externen Datenbankeditor. Auch die Paßwörter werden beim Anlegen der Tabellenstruktur angelegt oder können nachträglich beim Umstrukturieren der Tabelle hinzugefügt werden.

 Das Einrichten von Paßwörter für eine Tabelle führt nicht nur dazu, daß der Zugriff auf die Tabelle erst nach der Legitimierung über das Paßwort gestattet wird. Zusätzlich verschlüsselt die BDE den Inhalt der Datenbankdateien, so daß auch der Einsatz eines Binäreditor (wie zum Beispiel Word 7) keine Sicherheitslücke darstellt. Allerdings kostet diese Verschlüsselung Rechenzeit. Dies werden Sie immer dann merken, wenn ein Programm große Memofelder in der Datenbanktabelle durchsuchen muß. Als weitere Nebenwirkung fällt auf, daß sich paßwortgeschützte Tabellen infolge der Verschlüsselung nicht gut komprimieren lassen.

Ein Paßwort besteht aus 1 bis 15 Zeichen und darf Leerzeichen enthalten. Bei Paßwörtern wird zudem zwischen der Groß- und Kleinschreibung unterschieden.

Der Paßwortschutz beschränkt sich nicht nur auf den Zugriff auf die Tabelle an sich. Unter Paradox kann jedem Benutzerpaßwort ein eigenes Zugriffsprofil zugewiesen werden. Dabei gelten diese Einschränkungen nicht automatisch für die komplette Tabelle, auch das Unterteilen der Zugriffsrechte auf einzelne Tabellenspalten wird von Paradox unterstützt. Für jede Spalte können Sie die folgenden Rechte einem Benutzerpaßwort zuweisen:

Tabelle 1.15: Zugriffsbeschränkungen auf paßwortgeschützte Paradox-Tabellen

Paßwortrechte	Bedeutung
Alle Rechte	Der Benutzer hat alle Rechte für alle Tabellenfunktionen, einschließlich der Möglichkeit, eine Tabelle umzustrukturieren oder zu löschen. Die einzige verbotene Operation ist die Änderung des Master-Paßworts.
Einfügen / Löschen	Der Benutzer hat das Recht, Datensätze einzufügen oder zu löschen. Die Tabelle selbst kann jedoch nicht gelöscht werden.
Dateneingabe	Der Benutzer hat das Recht, Daten in die Tabelle einzugeben. Er kann jedoch keine Datensätze löschen oder die Tabelle entleeren, beziehungsweise umstrukturieren.
Aktualisieren	Der Benutzer hat das Recht, Tabellen zu betrachten und Nicht-Schlüsselfelder zu ändern. Das Einfügen oder Löschen von Datensätzen wird jedoch verhindert.
Nur lesen	Der Benutzer hat nur das Recht, die Tabelle zu betrachten.

Beachten Sie dabei, daß der Paßwortschutz unabhängig davon, mit welchem Programm auf die geschützte Tabelle zugegriffen wird, in jedem Fall aktiv ist.

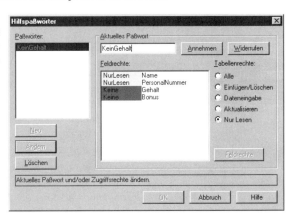

Abb. 1.20: Hilfspaßwort mit eingeschränkten Rechten einrichten

Im Verzeichnis „DataBase" finden Sie auf der CD-ROM dazu das folgende Beispiel. Die Tabelle „secret.db" ist mit zwei eingerichteten Paßwörtern geschützt. Das Hauptpaßwort „geheim" hat alle Rechte auf die Tabelle. Das zweite eingerichtete Paßwort „KeinGehalt" sorgt dafür, daß der Anwender nur einige Tabellenspalten zu Gesicht bekommt.

Nur beim ersten Zugriff während der aktuellen Session wird der Paßwortdialog von der Borland Database Engine angezeigt. Solange das Programm beziehungsweise die Datenbankoberfläche nicht geschlossen wird, kann der Anwender die Tabelle ohne nochmalige Abfrage erneut öffnen.

Abb. 1.21: Von den vier Tabellenspalten sind nur zwei sichtbar

Sie sehen also – ohne eine Zeile im Programm programmieren zu müssen, bietet das *Paradox*-Tabellenformat von Haus aus einen eleganten Zugriffsschutz. Je nach dem, mit welchem Paßwort sich der Anwender bei der *BDE* anmeldet, wird der Zugriff auf die Tabelle freigeben. Die Abb. 1.22 zeigt die Situation auf, wenn das Hauptpaßwort „geheim" angegeben wird. Der Anwender hat dann alle Spalten der Tabelle „secret.db" im Zugriff.

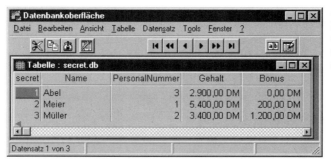

Abb. 1.22: Das Paßwort »geheim« gibt alle Rechte auf die Tabelle frei

Sollte Ihnen die Datenbankoberfläche den Zugriff auf die Tabelle verwehren, liegt es vermutlich an der Schreibweise des Paßwortes. Hier unterscheidet die *BDE* zwischen der Groß- und Kleinschreibung!

 Auch wenn der Paßwortschutz einer Paradox-Tabelle in den meisten Fällen seinen Zweck erfüllt, sollten Sie niemals auf die Vertraulichkeit einer paßwortgeschützten Tabelle bauen. Die Borland Database Engine läßt eine „Hintertür" in Form eines universellen Paßwortes offen. Dieses sechsstellige „Super-Paßwort" öffnet jede beliebige paßwortgeschützte Paradox-Tabelle, so daß Sie im Fall der Fälle trotzdem noch an den Datenbestand kommen.

Paradox-Datenblöcke
Paradox speichert Ihre Eingabedaten in Tabellen. Die *BDE* legt diese Daten in Dateien mit der Endung „.DB" ab, wobei die Datensätze in den Dateien selbst in den sogenannten Blöcken abgelegt werden. Eine Paradox-Tabelle kann maximal 65 536 Blöcke verwalten. Obwohl die BDE eine Standard-Blockgröße von 2 kByte verwendet, darf ein Block maximal 32 kByte groß werden – damit ergibt sich die Obergrenze für Paradox-Tabellen von 2 GByte! Die Blockgröße wird im BDE-Konfigurationsprogramm festgelegt (Eintrag in der Spalte *BLOCK SIZE*).

Wenn also Datensätze in den Blöcken abgelegt werden und nur vollständige Datensätze in einem Block gespeichert werden können, reicht ein einfacher Rechenvorgang aus, um die Anzahl der mög-

lichen Datensätze in einem Block bestimmen zu können. Wozu soll das notwendig sein? Nun, auch wenn Sie nicht schottischer Abstammung sind, muß eine Speicherplatzverschwendung an dieser Stelle nicht sein. Sie können dazu auch die folgende Rechnung aufmachen:
Gegeben sind

- Eine Blockgröße von 2048 Byte, davon werden 6 Byte für interne Verwaltungsaufgaben benötigt, so daß 2042 Byte zur Speicherung der Datensätze zur Verfügung stehen.
- Eine Datensatzgröße von a) 110 Byte im ersten Rechenbeispiel und von b) 107 Byte im zweiten.

Damit ergibt sich die folgende Rechnung:

Tabelle 1.16: Blockausnutzung bei unterschiedlicher Datensatzgröße

Datensatzgröße	Anzahl der Datensätze pro Block	Ungenutzter Bereich pro Block
110 Byte	18	62 Byte
107 Byte	19	9 Byte

Nur durch die geringfügige Änderung an der Datenstruktur paßt ein Datensatz mehr in einen Block. Zusätzlich gehen 53 Byte pro Block weniger „verloren".

Damit auch Sie bei Bedarf einmal die Effizienz der gewählten Tabellenstruktur untersuchen können, stelle ich den Platzbedarf der einzelnen Datenfelder für eine Paradox-Tabelle in der folgenden Tabelle zusammen.

Tabelle 1.17: Speicherplatzbedarf zur Berechnung der Recordgröße

Feldtyp	Typbezeichnung	belegter Speicherplatz in Byte
Alphanumerisch	An	Feldgröße
Numerisch	N	8
Währung	$	8
Integer kurz	S	2
Integer lang	I	4
BCD	#	17
Datum	D	4
Zeit	T	4
Datum/Zeit	@	8
Memo	Mn	Feldgröße + 10
Formatiertes Memo	Fn	Feldgröße + 10
Logisch	L	1
Autoincrement	+	4

Einschränkungen

Ein Wort noch zu der maximalen Datensatzgröße für Paradox-Tabellen. Dieser Wert hängt davon ob, ob die Tabelle indiziert ist oder nicht. Außerdem spielt noch die Versionsnummer eine Rolle.

Tabelle 1.18: Einschränkungen für Paradox-Tabellen

Kriterium	Paradox 4.0	Paradox 5.0 / 7.0
Bytes pro Datensatz (indizierte Tabelle)	1350	10 800
Byte pro Datensatz (nicht indizierte Tabelle)	4000	32 000
Felder pro Datensatz		255
Zusammengesetzter Primärindex		16 Spalten
Anzahl der unterstützten Sekundärindizes		127
Anzahl der unterstützten Validierungsregeln		255
Datensatzsperren pro gemeinsam genutzte Tabelle		255

In einer normalisierten Datenbank sollten auch diese Begrenzungen für eine einzelne Tabelle völlig ausreichen.

Table is Full – nichts geht mehr!
Eine *Paradox*-Tabelle kann maximal 65 536 Blöcke verwalten. Bei der Standard-Blockgröße von 2048 Byte ergibt sich damit aus der Datensatzlänge die Anzahl der speicherbaren Datensätze. Sollten Sie irgendwann einmal die unangenehme Fehlermeldung für eine überfüllte Tabelle erhalten, so hilft nur die Vergrößerung der Blockgröße weiter. Im BDE-Konfigurationsprogramm legen Sie diesen Wert für den Paradox-Treiber im Eingabefeld „BLOCK SIZE" fest. Je größer der Block gewählt wird, um so mehr Datensätze passen in einen Block. Die bereits bestehende Tabelle muß jetzt nur noch an die neue Blockgröße angepaßt werden. Dies erledigen Sie im Umstrukturierungsdialog in der Datenbankoberfläche. Damit die Tabelle auch die Daten in die neuen Blöcke packt, muß die Checkbox „Komprimieren" markiert werden.

Sollte die BDE trotz dieser Operationen immer noch auf die Fehlermeldung „Table is Full" bestehen, so hilft nur die harte Tour weiter:

1. Neue Tabelle nach der Vergrößerung des Wertes für die Blockgröße anlegen (dabei können Sie die Struktur aus der alten einlesen). Eine neu angelegte Tabelle verwendet in jedem Fall die zugewiesene Blockgröße.

2. Datensätze aus der alten Tabelle in die neue kopieren (Datenbankoberfläche oder TBatchMove).

Mehrbenutzerzugriff auf eine Paradox-Datenbank

Analog zum *dBASE*-Tabellenformat ist auch bei einer *Paradox*-Tabelle ausschließlich die *Borland Database Engine* für den Zugriff auf die Dateien der Datenbank verantwortlich. Borland geht mit Paradox in diesem Punkt einen wesentlich eleganteren Weg. Anstatt die Netzwerksperre in ein zusätzliches, in jeder Datenbanktabelle benötigtes Feld zu legen, verwendet die Paradox-Tabelle – oder genauer gesagt die BDE – die sogenannte Netzwerkkontrolldatei. Diese Datei wird von der BDE immer dann benötigt, wenn die Datenbanktabellen zum gemeinsamen Zugriff auf einem File-Server (z.Bsp. auf einem Novell-Server) gespeichert werden. In der Netzwerkkontrolldatei verwaltet die BDE die folgenden Informationen:

- Anzahl der Nutzer der Tabellen (Datenbankunabhängig)
- Aktivierte Sperren für die Tabellen (Datenbankunabhängig)
- Aktuelle Datensatzsperren für einzelne Datensätze

Während der Initialisierung der *Borland Database Engine* versucht die *BDE*, auf die Netzwerksperrdatei zuzugreifen. Gelingt dies nicht, weil die Datei nicht vorhanden ist, so legt die BDE eine neue Netzwerksperrdatei mit dem Dateinamen „pdoxusrs.net" an. Wird die Datei vorgefunden, so prüft die BDE nach, ob alle eventuell bereits aktiven Benutzer den gleichen Zugriffspfad für die Netzwerksperrdatei verwenden. Ist dies nicht der Fall, so löst die BDE eine Exception mit dem Hinweistext „Multiple net files in use" aus und stellt die Arbeit ein.

Um das Laufwerk für diese Netzwerkkontrolldatei festzulegen, stehen Ihnen als Entwickler zwei Wege offen. Da die Sperrdatei automatisch für alle auf dem Rechner laufenden Datenbanken gilt, kann das BDE-Konfigurationsprogramm selbst aufgerufen werden, um diese Option einzuschalten und das Netzlaufwerk zu definieren.

Die zweite Alternative besteht darin, den Pfad für die Netzwerkkontrolldatei aus Ihrem Programm heraus festzulegen. Dabei wird eine eventuell zusätzlich im BDE-Konfigurationsprogramm enthaltene Vorgabe ignoriert.

Vorsicht! Falls Sie sich für die zweite Alternative entscheiden, muß trotzdem sichergestellt werden, daß alle Anwender im Netzwerk die gleiche Einstellung verwenden. Immer dann, wenn Sie Probleme beim gleichzeitigen Zugriff auf eine Paradox-Tabelle bekommen, sollten Sie die Einstellungen aller Benutzer prüfen. Erhält ein Benutzer beim Starten der Anwendung die Fehlermeldung „Error 0x2C06" oder „11270", so suchen Sie am besten nach mehrfach vorhandenen Netzwerksperrdateien (zu Erkennen am Dateinamen „PDOXUSRS.NET"). Die älteste Version kann immer dann gefahrlos gelöscht werden, wenn mit Sicherheit kein Benutzer die in Frage kommenden Datenbanken aktuell verwendet.

Netzwerkkontrolldatei per „BDE-Administrator" festlegen
Auf der Seite „Config" wird für alle Datenzugriffe, die mit Hilfe des Treibers „PARADOX" erfolgen, das Verzeichnis für die Netzwerkkontrolldatei in der Zeile „NET DIR" festgelegt. In diesem Verzeichnis verwaltet die BDE die Paradox-Netzwerkkontrolldatei „pdoxusrs.net". Alle Anwender in einer Netzwerkumgebung müssen auf diesem Verzeichnis Schreibrechte besitzen (genauer gesagt müssen die Rechte Lesen/Schreiben/Erzeugen für jeden Benutzer eingerichtet sein). Erhalten Sie „merkwürdige" Fehlermeldungen beim Starten einer Delphi-Datenbankapplikation, die auf im Netzwerk gespeicherte Daten zugreift, sollten Sie als erstes diese Eintragungen bei **allen** Benutzern im Netzwerk prüfen, die via *BDE* auf Tabellen zugreifen.

Abb. 1.23: Verzeichnis für die Netzwerkkontrolldatei festlegen

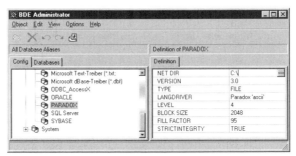

Die zweite Alternative besteht im Zuweisen eines neuen Verzeichnisses aus dem eigenen Programm heraus. Beachten Sie dabei bitte, daß damit die Gefahr von potentiellen Problemen anwächst, wenn mehrere Benutzer im Netzwerk auf mehrere Datenbanken zugreifen. Sie müssen immer dann mit Problemen rechnen, wenn nicht alle das gleiche Verzeichnis für die Netzwerkkontrolldatei zuweisen.

Netzwerkkontrolldatei aus dem eigenen Programm festlegen
Diese Aufgabe ist schnell erledigt, Sie müssen nur eine Instanz der *TSession*-Komponente im Formular plazieren. Seit *Delphi 2.0* ist diese Komponente zumindestens für den Entwickler sichtbar geworden.

Über die Eigenschaft *NetFileDir* legen Sie im *Objektinspektor* den Pfad für die Netzwerkkontrolldatei fest. Eine Zuweisung an dieser Stelle überschreibt für das Programm die BDE-Voreinstellung. Sie müssen dann jedoch auch genau diese TSession-Instanz für alle anderen Datenbankkomponenten auswählen.

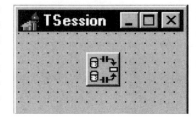

Abb. 1.24: TSession ist für den Entwickler sichtbar

Sonderfall »Peer-To-Peer-Netzwerk«
Als *Peer-To-Peer-Netzwerk* wird die Konfiguration bezeichnet, bei der alle vernetzten PC's gleichzeitig als Client und auch als Server fungieren. Alle Mitglieder dieses Netzwerkes teilen sich somit die vorhandenen Ressourcen. Bekannte Vertreter dieser Gattung sind zum Beispiel *Windows 95*, *Windows NT*, *Lantastic* sowie Novell's *Netware Lite*. Leider verhalten sich Datenbanken in einem Peer-To-Peer-Netzwerk anders als auf einem File-Server. Die BDE kann im Peer-To-Peer-Netzwerk nicht erkennen, ob eine Datei geändert wurde oder sogar gesperrt ist. Damit trotzdem auf die Datenbanken eines anderen Rechners zugegriffen werden kann, erwartet die BDE zwei Vorbedingungen:

- Der Eintrag *LOCAL SHARE* muß im *BDE-Administrator* auf „TRUE" gesetzt werden (für Datenbanken auf einem Novell-Fileserver ist dies nicht notwendig).

- Sowohl für das Datenbankverzeichnis als auch für das Verzeichnis der Netzwerksperrdatei muß der Verzeichnisname in der sogenannten *UNC*-Konvention eingetragen werden. Ein UNC-Verzeichnisname (z. Bsp. „\\AndyPC\DelphiApp\DataBase") bindet den Rechnername mit ein, damit entfällt die Notwendigkeit, einen Laufwerksbuchstaben zu mappen.

Die BDE legt in der *Paradox-Netzwerkkontrolldatei* „pdoxusrs.net" auch den Zugriffspfad auf diese Datei ab. Dabei muß jeder Benutzer den gleichen Zugriffspfad (Laufwerksbuchstabe und Verzeichnisname) verwenden – daß ist immer dann problematisch, wenn im Peer-to-Peer-Netzwerk andere Benutzer das Datenbankverzeichnis über einen Laufwerksbuchstaben mappen.

„Lock file has grown too large"-Fehler
Falls Sie irgendwann einmal mit dieser Fehlermeldung konfrontiert werden, so hilft eine kurze Checkliste weiter:

1. Befindet sich die Datenbank im gleichen Verzeichnis wie die ausführbare Programmdatei? Wenn ja, sollte das nach Möglichkeit geändert werden (es ist allein schon für ein vernünftiges Backup eine gute Idee, die Datenbankdateien in ein separates Verzeichnis abzulegen).

2. Verwendet das Anwendungsprogramm ein definiertes privates Verzeichnis für die BDE? Wenn nicht, so initialisieren Sie die *TSession*-Eigenschaft *PrivateDir* beim Programmstart mit einem tatsächlich auch verfügbaren Verzeichnisnamen.

3. Prüfen Sie die Konfiguration für die Netzwerksperrdatei (siehe die vorherigen Ausführungen).
4. Wurde der BDE-Parameter *LOCAL SHARE* im BDE-Administrator auf „TRUE" gesetzt? Wenn ja, sollten Sie immer dann den Eintrag „False" auswählen, wenn die Share-Funktion nicht benötigt wird (siehe Peer-to-peer-Netzwerk).

Sperr-Mechanismus für Paradox-Tabellen

Jedes Delphi-Datenbankanwendungprogramm greift nur über die *Borland Database Engine* auf die Tabellen der Datenbank zu. Damit ist auch ausschließlich die *BDE* für so wesentliche Dinge wie eine Datensatz- oder Tabellensperre zuständig. Für den Fall, daß auch noch ältere Paradox-Programme auf die Datenbanktabellen zugreifen oder nicht alle Anwendungen die gleiche Netzwerksperrdatei verwenden, werden Sie mit dem *Locking-Protokoll* von Paradox konfrontiert.

Alle heutzutage anzutreffenden Paradox-Versionen und auch die *Borland Database Engine* verwenden das sogenannte *Paradox-4-Sperrprotokoll*.

Verzeichnis-Sperren

Die BDE verwendet sowohl ein *Arbeitsverzeichnis* als auch ein *privates Verzeichnis* für den Zugriff auf die Paradox-Datenbanktabellen. Das Arbeitsverzeichnis ist dabei das gemeinsam genutzte Verzeichnis, in dem die Datenbanktabellen vorgefunden werden. Alle temporären Tabellen, die zur Programmlaufzeit von der BDE zur Zwischenspeicherung benötigt werden, finden sich im privaten Verzeichnis wieder. Wie der Name bereits suggeriert, sollte jeder Datenbankbenutzer sein eigenes privates Verzeichnis verwenden.

Während der Initialisierung der *Borland Database Engine* versucht die BDE, auf die *Netzwerksperrdatei* „pdoxusrs.net" zuzugreifen. Wird die Datei vorgefunden, so prüft die BDE nach, ob alle eventuell bereits aktiven Benutzer den gleichen Zugriffspfad für die Netzwerksperrdatei verwenden. Der verwendete Zugriffspfad des Benutzers wird von der BDE in der Netzwerksperrdatei gespeichert, so daß dieser Wert bei einer vorgefundenen Datei ausgelesen und ausgewertet wird. Ist dies (gleicher Zugriffspfad) nicht der Fall, so löst die BDE eine Exception mit dem Hinweistext „Multiple net files in use" aus und stellt die Arbeit ein. Ansonsten versucht die BDE, das private Verzeichnis über eine exklusive Sperre mit der Sperrdatei „paradox.lck" zu schützen. Gelingt dies nicht, weil bereits ein anderer Benutzer dieses Verzeichnis als privates Verzeichnis verwendet oder weil der andere Benutzer eine andere Netzwerksperrdatei verwendet, so zieht sich die BDE auch hier ebenfalls selbst aus dem Verkehr. Konnte die exklusive Sperre gesetzt werden, so entfernt die BDE die Sperre wieder.

Sperrdatei „pdoxusrs.lck"

Der *Paradox 4 Sperrmechanismus* legt in einer Mehrbenutzerumgebung die Sperrdatei „pdoxusrs.lck" in das Datenbankverzeichnis ab. Diese gemeinsam von mehreren Benutzer genutzte Datei regelt den konkurrierenden Zugriff auf alle Tabellen in diesem Verzeichnis. Da sich „pdoxusrs.lck" auch auf die *Netzwerksperrdatei* „pdoxusrs.net" bezieht, muß jeder Benutzer die gleiche Netzwerksperrdatei verwenden. Befinden sich die Datenbanktabellen auf einen Netzlaufwerk (LAN File-Server), so plaziert die BDE ebenfalls eine Datei mit dem Namen „paradox.lck" in dieses Verzeichnis. Bei einem Netzlaufwerk kann die lokal auf dem PC installierte BDE niemals die absolute Kontrolle über die Datenbankdateien übernehmen, so daß die Sperrdatei „paradox.lck" als Verzeichnissperre vorsorglich angelegt wird. Die *BDE* selbst benötigt diese Datei nicht – sie dient nur dazu, den Zugriff über ältere (DOS etc.) Programmversionen auf die Tabellen zu verhindern.

Abb. 1.25: Die beiden Sperrdateien der BDE

In der Abb. 1.25 sind die beiden Sperrdateien der *Borland Database Engine* zu sehen. Diese Dateien tauchen auf einem Netzlaufwerk immer dann auf, wenn eine Tabelle aus diesem Verzeichnis über die *Datenbankoberfläche* oder von einem Delphi-Programm geöffnet wird.

Problem: Datenbanken auf einer CD-ROM
Für den Fall, daß auf Datenbanktabellen auf einer *CD-ROM* zugegriffen werden soll, hilft ein kleiner Trick weiter. Ein Verzeichnis auf einer CD-ROM ist in jedem Fall *Read-Only*, damit ist auch die Datenbank automatisch schreibgeschützt. Ein Problem taucht in diesem Fall immer dann auf, wenn der Paradox-Sperrmechanismus versucht, in diesem Verzeichnis auf der CD-ROM eine Sperrdatei anzulegen. Sie müssen dafür sorgen, daß auf der CD-ROM bereits eine Verzeichnissperre vorhanden ist, dann versucht es die BDE erst gar nicht.

Die *IDAPI*-Funktion *DbiAcqPersistTableLock* ist in der Lage, eine Sperre „auf Verdacht" auch für eine noch gar nicht vorhandene Tabelle zu erzeugen.

```
Check(DbiAcqPersistTableLock(Database1.Handle,
                    'NoTable1.DB', szPARADOX));
```

Haben Sie dann einmal eine Sperrdatei erzeugt, so kann Sie auf den Masterdatenträger für die CD-ROM-Datenbank kopiert werden.

Neben dem Einsatzfall CD-ROM gibt es noch eine Aufgabe für die IDAPI-Funktion DbiAcqPersistTableLock. Immer dann, wenn das eigene Programm die Tabellen mehrfach öffnet und schließt, können Sie gleich vorab eine eigene Sperrdatei im Verzeichnis plazieren. Damit wird der BDE das ständige Neuanlegen und Entfernen der Sperrdatei erspart. Denken Sie aber in diesem Fall daran, die so plazierte Sperre auch zum Programmende über DbiRelPersistTableLock wieder zu entfernen.

Reparatur von beschädigten Paradox-Tabellen

Im praktischen Datenbankbetrieb muß immer damit gerechnet werden, daß eine Datenbanktabelle beschädigt wird. Eine Delphi-Datenbankanwendung läuft unter Windows – wie in jeder Multitaskingumgebung lauern dort viele Gefahren. Der Zugriff des eigenen Programms auf die Datenbanktabellen läuft über die Borland Database Engine, die BDE selbst ist sehr stabil und zuverlässig. Es bleiben jedoch Faktoren übrig, die sich völlig Ihrer Kontrolle als Entwickler entziehen.

Tabelle 1.19: Ursachen für eine Beschädigung der Datenbanktabellen

Ursachen für beschädigte Datenbankdateien
Bedienungsfehler – jeder Netzwerksupervisor wird mir zustimmen, daß ein gewisser Prozentsatz von Anwendern *Windows* generell über den Netzschalter am Rechner bei laufenden Programmen beendet. Hingegen ist es ein Gerücht, daß immer noch User getreu ihrer *C64*-Erfahrungen jedesmal die Reset-Taste am Rechner drücken, um ein anderes Programm zu laden. Wie auch immer – gerade Datenbankanwendungen puffern viel über den Arbeitsspeicher, so daß zum Zeitpunkt des Ausschaltens noch nicht alle Daten auf nichtflüchtige Speichermedien geschrieben sein müssen.
Speichermedienfehler – auch wenn die Zuverlässigkeit der modernen Festplatten beachtlich ist, mit derartigen Fehlern sollte immer gerechnet werden. In die gleiche Kategorie fallen die vom Festplattenkontroller verursachten Fehler.
Auch wenn es nur zum empfehlen ist – die wenigsten Rechner werden an einer unterbrechungsfreien Stromversorgung (UPS) betrieben. Dabei sind nicht einmal so sehr die kompletten Stromausfälle kritisch, diese werden vom Anwender in der Regel bemerkt. Kritischer sind die Netzschwankungen beziehungsweise die Störimpulse auf dem Stromnetz. Neben den *Spikes* (kurzzeitig hohe Spannungsspitzen) sind auch die *Dips* (kurzzeitige Spannungseinbrüche) gefürchtet.
RAM-Probleme. Das Thema Parity-Prüfung ist regelmäßig Gesprächsstoff in allen Computerzeitschriften.
Netzwerkprobleme – wenn keine Verbindung mehr zum Server besteht, ist das kontrollierte Beenden der Datenbankanwendung nur sehr schwer möglich.
Windows – auch mit aktuellen Windowsversionen ist das Zeitalter der allgemeinen Schutzverletzungen beziehungsweise den eingefrorenen Desktops noch nicht vorbei.

*T*Mir persönlich ist solch ein Fall noch nicht passiert, es ist jedoch beruhigend zu wissen, daß im Fall der Fälle nicht alles verloren ist. Die *BDE* ist in der Lage, beschädigte Tabellen reparieren zu können, wenn eine API-Erweiterung in Form einer DLL zur Verfügung steht. Als Entwickler stehen Ihnen – wie fast immer – verschiedene Optionen offen.

Abb. 1.26:
Tabellendiagnose bzw.
Reparatur
aus Paradox 7
heraus

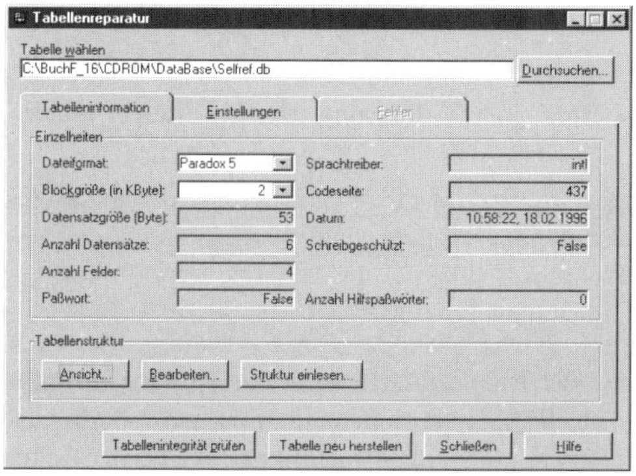

Paradox 7
Wollen Sie in jedem Fall auf die Tabellendiagnose beziehungsweise Reparatur nicht verzichten, so ist es eine gute Idee, Borland's Datenbankprogramm Paradox 7 zu erwerben. Dies kann ich Ihnen zudem auch dann nur empfehlen, wenn Sie das technisch bessere Paradox-Tabellenformat dem *dBASE*-Format vorziehen. Paradox 7 unterstützt den Entwickler auch beim Entwerfen des Datenmodells durch eine ansprechende grafische Darstellung.

TUtil32

Sollte für Sie der Kauf des Datenbankprogramms „Paradox 7" aus welchen Gründen auch immer nicht in Frage kommen, so bleibt als Alternative ein Tool aus Borland's Web-Seiten übrig.

Nachdem die zu untersuchende Tabelle entweder über den Aliasnamen oder über das Verzeichnis ausgewählt wurde, steht sowohl die Prüfung als auch die Wiederherstellung einer beschädigten Tabelle zur Auswahl. Das Tool finden Sie zusammen mit den Delphi-Projektdateien als Quelltext im Verzeichnis „Kapitel 1\TUtility" auf dem CD-ROM zum Buch.

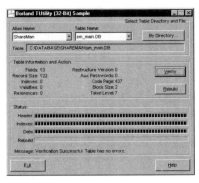

Abb. 1.27: Das Diagnoseprogramm von Borland hat keine Fehler gefunden

 Vorsicht! Für die unterschiedlichen BDE-Versionen existieren ebenfalls unterschiedliche TUTILITY-DLLs. Ein Blick auf Borland's WWW-Homepage kann nie schaden, dort liegen auch die jeweils aktuellsten Versionen zum Download bereit. Sie sollten zudem jede Version erst an einer Test-Datenbanktabelle prüfen.

What I need is speed – oder wie tune ich Paradox?

Für den Fall, daß Sie sich wirklich bis hierher durchgelesen haben, werden Sie sicherlich von der Leistungsfähigkeit des Paradox-Tabellenformats beeindruckt sein. Aber jede Medaille hat ihre zwei Seiten – auch in der Welt der Datenbanken ist nichts für umsonst zu haben. Eine Paradox-Datenbank, die viele der angebotenen Optionen ausnutzt, verhält sich natürlich träger als ein einfach konfiguriertes Gegenstück. Dies werden Sie immer dann bemerken, wenn umfangreiche Daten in die Datenbank zu importieren sind. Für den Fall, daß der Import von Tausenden Datensätzen zu Ihren wiederkehrenden Aufgaben gehört, helfen oftmals die folgenden Ratschläge weiter:

1. Die Anzahl der *Sekundärindizes* sollte so gering wie möglich gehalten werden. Vor dem Import großer Datenbestände ist es oftmals sinnvoll, die Indizis zu löschen und erst am Ende einmal neu aufzubauen (diese Technik wird in abgewandelter Form auch bei den „großen" SQL-Servern verwendet!).

2. Immer dann, wenn die Tabelle im *Exclusiv-Modus* geöffnet wird, erspart sich die *BDE* unnötigen Aufwand für die Datensatzsperren, indem die komplette Tabelle für andere Benutzer gesperrt wird.

3. Anstelle die Daten über eine Schleife Satz für Satz zu importieren, sollten Sie auf die besonderen Fähigkeiten von *TBatchMove* oder *SQL* zurückgreifen.

Resümee

Auch beim kritischen Hinterfragen der Eigenschaften stellt das Paradox-Datenbankformat die erste Wahl dar. Im direkten Vergleich zu dBASE werden wesentlich mehr Bedingungen erfüllt, die als Prüfsteine für ein *Relationales Datenbank-Management-System* (RDBMS) aufgestellt wurden.

1.6.3 FoxPro-Tabellenformat

Beim Vorstellen des *dBASE*-Tabellenformats kamen bereits die Nachteile dieses Formats zur Sprache. Nicht ohne Grund tauchten im Laufe der Zeit parallel zum *dBASE*-Format weitere Vertreter der sogenannten *xBASE*-Gattung auf. Das *FoxPro*-Format gehört dazu und ist somit im Grundaufbau dem *dBASE*-Format sehr ähnlich. Allerdings unterstützt *FoxPro* viele zusätzliche Features, mit denen die Nachteile des *dBASE*-Formats beseitigt werden:

- Views
- Validierungen (Eingabeüberprüfungen)
- Referenzielle Integrität
- Trigger

Aufgrund dieser (vererbten) Ähnlichkeiten verwendet die *Borland Database Engine* beim Zugriff auf *FoxPro*-Tabellen den gleichen Treiber wie für *dBASE*-Tabellen. Damit kann die BDE Tabellen im *FoxPro*-Format 2.5 öffnen und erstellen. Die *CDX*-Dateien für komprimierte Indizes der *FoxPro*-Versionen 2.0, 2.5 und 2.6 werden dabei genau so unterstützt wie die *FPT*-Dateien für BLOB-Daten. Eine *FoxPro*-Tabelle kann einen bis zu 128 Zeichen langen Namen erhalten, Sie sehen schon daran, wie weit sich die konkrete Implementierung dann doch vom dBASE-Standard entfernt.

Beachten Sie dabei bitte, daß die *BDE* nur die inzwischen veraltete Version 2.5 für das Erstellen neuer Tabellen unterstützt. Der Einsatz beschränkt sich daher wohl nur auf den Zugriff auf bereits vorhandene Daten, beziehungsweise auf die Erweiterung von bereits bestehenden Anwendungen.

Außerdem hat sich ein *Bug* in die VCL eingeschlichen. Soll zur Laufzeit eine *FoxPro*-Tabelle erzeugt werden, beschwert sich die BDE mit dem *EDBEngine*-Fehler „Invalid Field Descriptor". Die Ursache dafür liegt in der Eigenschaft *TableLevel* – um eine *FoxPro*-Tabelle zu erzeugen, muß der Wert „25" zugewiesen werden. An dieser Aufgabe scheint die aktuelle Implementierung der Prozedur *TTable.CreateTable* (zu finden in der Unit „DBTables.pas") zu scheitern.

 Falls Sie zur Bug-Beseitigung selbst Hand anlegen wollen, müssen Sie die Zeile LvlFldDesc.iLen := StrLen(Level); durch die korrigierte Fassung LvlFldDesc.iLen := StrLen(Level) + 1; ersetzen. Sicherer ist natürlich, auf einen Bug-Fix zu warten (der bestimmt demnächst auf dem Delphi 3-Homepage von Borland bereitgestellt wird).

Tabelle 1.20: Feldtpyen von FoxPro

Feldtyp	Größe	Beschreibung
Character	1..254 Byte	Alphanumerische Zeichen
Currency	8 Byte	Währung
Numeric	1..20 Byte	Dezimalzahlen
Float	1..20 Byte	Dezimalzahlen
Date	8 Byte	Datum (Monat/Tag/Jahr)
DateTime	8 Byte	Datum (Monat/Tag/Jahr) und Uhrzeit (Stunde/Minute/Sekunde)
Double	8 Byte	Zahl mit hoher Genauigkeit

Integer	4 Byte	Ganzzahl
Logical	1 Byte	Boolscher Wert (Wahr oder Falsch)
Memo	4 Byte	Alphanumerischer Text von unbestimmter Länge
General	4 Byte	OLE-Daten
Character (Binary)	1..254 Byte	Alphanumerisches Feld, dessen Inhalt nicht in den aktuellen Zeichensatz konvertiert wird (zum Beispiel für Paßwort-Tabellen, die in verschiedenen Ländern eingesetzt werden sollen).
Memo (Binary)	4 Byte	Alphanumerischer Text von unbestimmter Länge, dessen Inhalt nicht in den aktuellen Zeichensatz konvertiert wird (zum Beispiel für Logonscript-Tabellen, die in verschiedenen Ländern eingesetzt werden sollen).

Index-Typen

Für eine FoxPro-Tabelle stehen vier verschiedene Index-Typen zur Verfügung:

Tabelle 1.21: Indizis für eine FoxPro-Tabelle

Index-Typ	Bedeutung
Primary	Ein Primary-Index stellt sicher, daß nur eindeutige Werte in der indizierten Spalte gespeichert werden können, wobei zugleich die Anzeigereihenfolge der Datensätze festgelegt wird. Jede Tabelle kann nur einen Primary-Index verwenden.
Candidate	Ein Candidate-Index arbeitet wie ein Primary-Index, allerdings mit dem Unterschied, daß mehrere Candidate-Indizis für eine Tabelle angelegt werden können.
Regular	Ein Regular-Index legt nur die Anzeigereihenfolge der Datensätze in der Tabelle fest. Es werden mehrere Indizies von diesem Typ für eine Tabelle unterstützt.
Unique	Dieser Typ dient nur zur Kompatibilität zu früheren Versionen. Der Index liefert jeweils eindeutige Datensätze zurück, indem nur die erste Fundstelle für einen Wert berücksichtigt wird.

Datei-Typen

Im Gegensatz zum *dBASE*-Format unterstützt eine *FoxPro*-Datenbank eine Vielzahl von speziellen Datei-Typen:

Tabelle 1.22: Dateitypen einer FoxPro-Datenbank

Typ	Verwendung
CDX	Zusammengesetzter Index
DBC	Datenbank
DBF	Tabelle
DCT	Datenbank-Memo
DCX	Datenbank-Index
FMT	Format-Datei
FPT	Tabellen-Memodatei
FRT	Report-Memodatei
IDX	Komprimierter Index
TBK	Memo-Backup
VUE	View

1.6.4 Access-Tabellenformat

Die *Borland Database Engine* verwendet einen eigenen Treiber für Tabellen im *Microsoft Access*-Format – allerdings nur für das *Access 95*-Format. Um diesen Treiber einsetzen zu können, benötigen Sie eine bereits installierte Version der *Microsoft DAO-Engine*. Die *DAO-Engine* wird zum Beispiel von den *Microsoft*-Anwendungsprogrammen *Office 95, MS Access 95 (Version 7)* oder *Visual FoxPro* installiert, so daß Sie deren Verbindung mit nutzen. Beachten Sie dabei bitte, daß der Treiber mit der DAO-Version von Microsoft *Access 97* nicht funktioniert.

Der DAO 3.0-Treiber „überlebt" ein Upgrade von Access 95 (DAP 3.0) auf Access 97 (DAO 3.5), so daß Delphi trotzdem auf die Tabellen im Access95-Format zugreifen kann.

Einschränkungen

Obwohl *Borland* den *MSACCESS*-Treiber als nativen Datenbanktreiber bezeichnet, gibt es doch gravierende Einschränkungen. Mit diesen Einschränkungen ist es nicht sinnvoll, eine Datenbankanwendung auf dieses Datenbankformat aufzubauen. Etwas anderes ist der Datenimport aus einer anderen Datenbank – hier erfüllt *MSACCESS* die Anforderungen an derartige Aufgaben.

DAO oder nicht DAO – das ist hier die Frage!
Sollten Sie beim Versuch, eine *Access*-Datenbank öffnen zu wollen, die BDE-Fehlermeldung „Cannot load an IDAPI service library" erhalten, schauen Sie am besten gleich in der *Registry* nach, ob *DAO* auf Ihrem Rechner installiert ist. Unter dem Schlüssel

`HKEY_LOCAL_MACHINE\SOFTWARE\Microsoft\Shared Tools\DAO`

sollte der Eintrag „Path" mit dem kompletten Pfadnamen für die *DAO*-DLL „DAO3032.DLL" vorhanden sein. Ist das der Fall, vergewissern Sie sich, ob diese Datei tatsächlich unter diesem Pfad gefunden werden kann. Trifft auch dies zu, ist vermutlich eine andere DLL „verlorengegangen", die von „DAO2032.DLL" genutzt wird.

Ist dieser Registry-Eintrag nicht vorhanden, aber auf Ihrem Rechner wurde *DAO* installiert, so müssen Sie diesen Registry-Eintrag von Hand nachholen. Die Ursache für dieses Problem liegt darin, daß die *BDE* über diesen Registry-Eintrag nach der *DAO*-DLL „DAO3032.DLL" sucht. Aber nur die Installationsprogramme von *Microsoft Office* beziehungsweise *Microsoft Access* legen den Registry-Eintrag an. Installieren Sie jedoch DAO direkt, so fehlt der Eintrag und damit kann auch die BDE nicht darauf zugreifen.

Ein weiteres Problem taucht auf, wenn Ihre Anwendung zum Kunden weitergegeben werden soll. Sie dürfen zwar den BDE-Accesstreiber „IDDAO32.DLL" frei verteilen, doch allein ist diese DLL nutzlos. Erst in Verbindung mit dem *Microsoft*-DAO-Treiber funktioniert der Datenzugriff. Sie müssen daher außer Delphi noch eine andere Entwicklungsplattform kaufen, die Ihnen das Recht gibt, *DAO 3.0* frei mit Ihrer Anwendung zu verteilen.

Optimist oder Pessimist?
Der *Access*-Treiberaufsatz der *BDE* für *DAO* verwendet das optimistische Sperrverfahren. Damit wird ein Datensatz nur unmittelbar für die Zeitdauer des physikalischen Datenzugriffs gesperrt. Dies hat zur Folge, daß die Benutzer auch dann auf einen Datensatz zugreifen können, wenn ein Benutzer diesen gerade editiert. Leider besteht zur Zeit keine Möglichkeit dieses Verhalten zu ändern, Sie können nicht ohne direkten Zugriff auf *DAO* einen bestimmten Datensatz für die Bearbeitung sperren. Laut *Borland* soll eine spätere *BDE*-Version die Fähigkeiten für ein pessimistisches Sperrverfahren besitzen.

No more Threads
Der von *Microsoft* zur Verfügung gestellte *DAO*-Treiber ist nicht threadsicher. Damit dürfen Sie eine Datenbankverbindung über den *MSACCESS*-Treiber von Delphi nur aus dem primären Thread der Anwendung heraus öffnen.

Andere Einschränkungen
Der *MSACCESS*-Treiber unterstützt nicht alle Möglichkeiten, die das *Access 95*-Datenbankformat so bietet. Bevor Sie neue Access-Tabellen anlegen, informieren Sie sich besser in der Delphi-Hilfe beziehungsweise in der aktuellsten Readme-Datei, die Sie auf der Delphi-CDROM finden können.

1.6.5 OLE DB

Die *Borland Database Engine* erkennt selbständig alle im System registrierten *OLE DB*-Anbieter und zeigt diese als auswählbare Treiber im *BDE-Administrator* an. Was verbirgt sich aber nun hinter dem Begriff *OLE DB*?

Der Begriff *OLE DB* kennzeichnet eine *OLE*-Schnittstelle, die verschiedenen Anwendungen einen gleichartigen Zugriff auf Daten aus unterschiedlichen Quellen bietet. Dabei übernehmen diese OLE-Schnittstellen die Aufgaben des *DBMS* für das jeweilige Datenformat. Die gemeinsam zu nutzenden Daten müssen dazu noch nicht einmal in einer Datenbank vorliegen, *OLE DB* unterstützt auch den Zugriff auf externe Daten (wie zum Beispiel Dateisystem, e-mail's, Spreadsheets, Projektmanagement-Tools usw.). Der Vorteil dieser Technologie liegt dabei darin, daß Anwendungen universell und gemeinsam auf die unterschiedlichsten Daten zugreifen können, ohne daß jeweils eine eigene Schnittstelle sowie die dann erforderliche Anpassung notwendig wird. *OLE DB* verwendet das *OLE Component Object Model (COM)*, Delphi 97 unterstützt mittlerweile auch das COM-Interface.

Component Database Management Systems

Beim Einsatz eines klassischen *DBMS* (engl. Database Management Systems) ist die Entscheidung für ein bestimmtes Produkt mit dem Nachteil verbunden, daß der Anwender mit all den Vor- und Nachteilen dieses Produkts leben muß. Oftmals benötigt er gar nicht alle der angebotenen Features, so daß ein erheblicher Overhead ungenutzt bleibt. Außerdem werden in der Praxis nicht alle Daten in einem DBMS gespeichert, viele Informationen liegen in einem anderen Format vor. Eine eMail-Datei oder eine Spreadsheet-Tabelle ist ein gutes Beispiel dafür.

Ein *Component Database Management Systems* kapselt nun frei wählbare und erweiterbare Teile der DBMS-Funktionalität ein. Damit besteht eine *OLE DB* zum Beispiel aus einem *Datencontainer*, einen *Abfrage-Generator* und einem *Transaktions-Koordinator*, die alle eine einheitliche Schnittstelle für den Zugriff auf die unterschiedlichsten Datenquellen bereitstellen und auch über ein einheitliches Interface angesprochen werden.

Consumer und Provider

Der *Consumer* nutzt die Fähigkeiten eines *OLE DB*-Objektes aus. Der *Provider* hingegen ist die Software, die eine *OLE DB*-Schnittstelle zur Verfügung stellt. Allerdings muß dabei zwischen zwei verschiedenen Provider-Arten unterschieden werden:

Tabelle 1.23: Arten der OLE DB-Provider

Provider-Art	Verwendung
Data Provider	Ein *Data Provider* verwaltet selbst die Daten und stellt diese als Datenmenge in Tabellenform zur Verfügung. Neben den DBMS kann auch ein Spreadsheet-Tabelle o.a. als Datenquelle dienen.
Service Provider	Ein *Service Provider* verwaltet selbst keine Daten, sondern stellt nur zusätzliche Dienste für den Datenzugriff zur Verfügung. Damit ist ein Service Provider strengbetrachtet sowohl *Consumer* als auch *Provider*, da er seine Daten von einem anderen OLE DB-Provider bezieht.

OLE DB-Komponenten

Eine *OLE DB* besteht aus verschiedenen Komponenten, die ihrerseits wieder *OLE COM*-Objekte sind:

Tabelle 1.24: Komponenten einer OLE DB

Komponente	Verwendung
Enumerators	Die *Enumeratoren* suchen nach auswertbaren Datenquellen. Damit muß ein *Consumer* nicht unbedingt auf eine bestimmte Datenquelle ausgelegt werden.
Data Source Objects	Die *Data Source Objekte* implementieren die Fähigkeit, auf die Daten einer Datenquelle zugreifen zu können. Sie sind die Grundlage für die *Sessions*.
Sessions	Die Sessions stellen einen Rahmen für die Datenbanktransaktionen zur Verfügung. Ein *Data Source Objekt* kann verschiedene *Sessions* verwalten.
Transactions	Die *Transactions*-Objekte verwalten die Transaktionen.
Commands	Die *Commands* führen einen verbal formulierten Text wie zum Beispiel einen *SQL*-Befehl aus. Liefert dieser Befehl eine Datenmenge zurück, so bilden die *Commands* die Grundlage für die *Rowsets*.

Rowsets	Die *Rowsets* stellen die Daten in tabellarischer Form als Datenmenge bereit. Ein Rowset hat einen Ursprung entweder in einem *Session*-Objekt oder in einem *Command*.
Errors	Ein *Error*-Objekt kann von jedem OLE DB-Objekt erzeugt werden und dient der Fehlerbehandlung.

Eine *OLE DB* verwendet die standardmäßig von *OLE* und *Windows* unterstützten Datentypen. Bevor ich hier jedoch alle Typen in einer seitenlangen Auflistung vorstelle, verweise ich lieber auch auf das von *Microsoft* angebotene „OLE DB Software Development Kit (SDK)". Es ist zudem nicht sinnvoll, hier allzu weit ins Detail zu gehen.

1.6.6 Delphi's Local Interbase Server

Der Local InterBase Server (LIBS) ist eine auf Windows basierende Einbenutzerversion des Inter-Base-Workgroup-Servers von Borland. Der InterBase-Server ist ein „echtes" Relationales-Datenbank-Management-System (RDBMS) und erschließt dem Delphi-Anwender die Welt der SQL-Datenbanken. So erfüllt er zum Beispiel die Auflagen des SQL-Standards SQL-92 und stellt zusätzliche, nicht durch den Standard abgedeckte Features bereit. Über den *LIBS* gibt es im Prinzip nur drei negative Punkte zu berichten. Erstens wird der LIBS nur mit der Professional-Version und der Client/Server-Suite von Delphi ausgeliefert. Gravierender ist der zweite Nachteil – der LIBS darf nicht zusammen mit eigenen Datenbankanwendungen weitergeben werden. Es wird in jedem Fall eine zusätzliche Lizenzvereinbarung mit Borland benötigt. Last – but not least – der dritte Nachteil, der LIBS unterstützt nur eine Benutzerlizenz. Damit können Sie keine Multithreading-Zugriffe auf den LIBS testen – bei jedem Versuch erhalten Sie via Dialogfenster die Ermahnung, sich um weitere Lizenzen zu kümmern.

Im Festplatten-Verzeichnis „borland\interbase\bin" finden Sie für den *LIBS* auch die zuständige Programmdatei „ibserver.exe". Falls Sie das Programm starten,

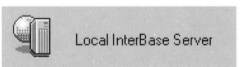

Abb. 1.28: Das Icon für den Local Inter-Base Server

passiert scheinbar nichts. Nur in der Taskleiste von Windows 95 ist ein neues Symbol neben der Uhrzeitanzeige aufgetaucht. Mit einem rechten Mausklick auf das Symbol erscheint ein Popup-Menü mit drei Einträgen. Über den Menüpunkt Shutdown wird der LIBS heruntergefahren, das bedeutet, alle noch bestehenden Verbindungen werden getrennt und das Programm entfernt sich aus dem Arbeitsspeicher. Der andere angebotene Menüeintrag mit dem Titel Properties zeigt den Konfigurationsdialog an.

Der Local InterBase-Server kann prinzipiell auf drei verschiedenen Wegen verwendet werden.

1. Als eine Möglichkeit, sofort auf dem Entwicklungsrechner ein Upsizing durchzuführen, das heißt den Datenbestand von einer *Desktop-Datenbank* auf den *InterBase-Server* zu überführen.

2. Als Einzelplatzdatenbank-Engine, auf die mit Hilfe von SQL und/oder Delphi-Datenbankanwendungen zugegriffen wird. Delphianwendungen können mit Hilfe der Borland Database Engine (BDE) auf den Local InterBase Server zugreifen. Gerade Laptop-Benutzer werden dies zu schätzen wissen.

3. Als lokale Entwicklungsumgebung für die Entwicklung von Client/Server-Datenbankanwendungen. Anstelle mit echten Wirkdaten auf dem SQL-Server zu arbeiten, wird die Programmentwicklung in einer lokalen Umgebung vorgenommen.

1.6.7 Delphi's InterBase SQL Server for Windows 95/NT

Unter *Delphi 1.0* genügte der *LIBS* noch allen Ansprüchen, die an ein kostenlos zu Testzwecken zur Verfügung gestelltes Produkt gestellt werden. Mit *Delphi 2.0* war das allerdings nicht mehr der Fall, der *LIBS* bot nur einen eingeschränkten Betrieb an. Jeder Versuch, aus einer Anwendung über einen zweiten Thread heraus den LIBS anzusprechen, war zum Scheitern verurteilt.

Auf diesen Mißstand hat Borland mit *Delphi 3.0* reagiert – neben dem LIBS finden Sie einen weiteren Vertreter der InterBase-Familie auf der Delphi-CD-ROM. Der neue *InterBase SQL Server for Windows 95/NT* ist multiuserfähig. Bis zu vier Anwender können gleichzeitig auf die Datenbank zugreifen, wobei die Anzahl der konfigurierbaren Benutzer nicht beschränkt ist. Dazu greifen Sie entweder lokal über mehrere Instanzen des Anwendungsprogramms beziehungsweise über mehrere *Threads* zu oder Sie setzen den SQL-Server in einem *Peer-To-Peer-Netzwerk* ein.

Abb. 1.29: Der neue multiuserfähige SQL-Server

Diese gebotene Vielfalt hat dann auch dazu geführt, daß Borland die Installationsroutine für Delphi geändert hat. Die SQL-Server müssen nun von einem eigenen Installationsprogramm installiert werden – in der Praxis stellt sich das als eine gute Neuigkeit heraus.

Es macht keinen Sinn, sowohl den LIBS als auch den neuen InterBase SQL Server for Windows 95/NT auf dem gleichen Rechner zu installieren. Alle Versionen der Produktfamilie InterBase verwenden das gleiche API und auch die gleiche Technologie. Greifen Sie am besten gleich zum „großen Bruder".

1.6.8 Borland's InterBase Workgroup Server

Ein mit Delphi entwickeltes Client/Server-Anwendungsprogramm kann die verschiedensten *Backends* – sprich SQL-Server – ansprechen. Die Sprache *SQL* ist nur mehr oder weniger standardisiert, so daß neben den unterschiedlichen SQL-Dialekten auch die unterschiedlichen Eigenschaften der SQL-Server berücksichtigt werden müssen. Damit erreicht eine Client/Server-Lösung in der Praxis niemals die theoretisch vorhandene Unabhängigkeit vom verwendeten Back-end. Dies muß kein Nachteil sein, solange Sie selbst mit einem SQL-Server auskommen. Ab der Professional-Version von Delphi liefert Borland den *Local InterBase-Server* (LIBS) mit aus, der für die ersten Versuche vollständig ausreicht. Mit dem neuen *Delphi 3.0* erhält der *LIBS* als Einzelplatzlösung Verstärkung in Form des *InterBase-Servers für Windows 95*, über den vier Anwender gleichzeitig auf den Datenbestand zugreifen können. Reicht dies nicht aus, ist Borland's *InterBase Workgroup Server* die richtige Wahl. Dieses *RDBMS* unterstützt die vollständige Leistungspalette eines SQL-Servers.

Ein kurzer Rückblick

Der *InterBase SQL Server* erblickte erstmals im Jahre 1985 das Licht der Welt. Die Vaterschaft übernahm gleich eine Gruppe von ehemaligen Angestellten der bekannten Firma *DEC* (Digital Equipment Corporation). Das Ziel dieser Pioniere bestand darin, ein Datenbanksystem zu entwickeln, daß im Vergleich zu den damals etablierten Systemen wesentliche Vorteile aufwies. Das Ergebnis dieser Arbeit war so gut, daß die Firma *Ashton Tate* (dBASE – Sie erinnern sich?) den Server schlichtweg aufkaufte. Mit der Übernahme von *Ashton Tate* im Jahre 1991 gelangte der *InterBase SQL Server* in den Besitz von *Borland*. Es ist ein Gerücht, daß er dort jahrelang einen Dornröschenschlaf verbrachte. Allerdings wurden erst mit der Auslieferung von *Delphi 1.0* viele Entwickler von Datenbankanwendungen auf den *InterBase SQL Server* aufmerksam.

Vergleich zu anderen System

Warum aber ausgerechnet Borland's *InterBase-Server*? Andere Produkte – wie zum Beispiel der Firmen *Oracle* beziehungsweise *Microsoft* – haben doch eine stärkere Marktbedeutung und auch einen besseren Ruf? Welche Alleinstellungsmerkmale sprechen für den InterBase-Server? Im Wesentlichen sind es drei:

- Delphi unterstützt den eigenen SQL-Server gut (angepaßte VCL-Komponenten).
- Der InterBase-Server ist robust und pflegeleicht.
- Der InterBase-Server verwendet als einziger SQL-Server das sogenannte *Versioning* für Mehrbenutzerzugriffe (wird auch als *Multi-Generational Architecture* bezeichnet).

Das letzte Argument nimmt dann auch die Schlüsselrolle ein. Ein SQL-Server soll als *Back-end* die Anforderungen vieler Clients abarbeiten. Dabei dürfen diese einzelnen *Transaktionen* der unterschiedlichen Benutzer die *Datenintegrität* nicht gefährden. Der SQL-Server kann dies sicherstellen, indem bestimmte Datenbankobjekte gesperrt werden. Erst dann, wenn eine Transaktion beendet wird, entfernt er diese Sperre wieder. Dieser Sperrmechanismus verbraucht Rechenzeit. Um nun die Systemleistung nicht allzu sehr zu verschlechtern, sperren die meisten SQL-Server nicht einzelne Datensätze, sondern die nächstgrößere Speichereinheit *Seite*. Wird eine Tabellenseite gesperrt, sind damit alle Datensätze gesperrt, die diese Seite tangieren. Sobald eine bestimmte Anzahl von Seiten einer Tabelle gesperrt wurde, sperren die meisten SQL-Server die komplette Tabelle. Sie sehen – dieses *pessimistische Sperren* ist nicht immer eine gute Wahl. Alternativ dazu kann das *optimistische Sperren* verwendet werden, hier ist die Sperre tatsächlich nur solange gültig, wie ein Schreibzugriff auf die Datenbank erfolgt. Der Vorteil liegt darin, daß die anderen Benutzer ungestörter auf den Datenbestand zugreifen können. Der *InterBase SQL Server* verwendet durch das *Versioning* den *optimistischen Sperrmechanismus*.

Leider ist die Praxis noch komplizierter, das Thema Datenbank-Sperren reicht nicht aus. Das *RDBMS* arbeitet die Aufgaben in *Transaktionen* ab. Jede Transaktion besteht aus drei Schritten und ist vollständig unabhängig von anderen Transaktionen. Im ersten Schritt definiert der Client den Beginn einer Transaktion. Alle daraufffolgenden Aktionen des Clients betrachtet das RDBMS als eine zusammengehörende Aufgabe. Der Client kann dabei im zweiten Schritt durchaus mehrere Datensätze aus mehreren Datenbanktabellen modifizieren oder löschen. Erst wenn der dritte Schritt erfolgt – der Client bestätigt über das *Commit*-Kommando alle Aktionen oder verwirft sie über das *Rollback*-Kommando – übernimmt das RDBMS alle zuammengehörenden Aktionen nur dann in den Datenbestand, wenn die Transaktion über das *Commit*-Kommando beendet wurde. Erkennt das RDBMS hingegen ein *Rollback*, stellt es die Ausgangssituation wieder her (dies ist einfacher als es sich anhört, weil die meisten RDBMS die Aktionen erst ins Unreine, sprich in eine spezielle Log-Datei schreiben). Das beste Beispiel für den sinnvollen Einsatz von Transaktionen ist die fiktive Bank, die Umbuchungen von einem Konto zum anderen vornimmt. Erst dann, wenn sowohl die Lastschrift als auch die Gutschrift fehlerlos abgearbeitet wurde, bestätigt der Client alle Aktionen der Transaktion via *Commit*. Sie fänden es bestimmt nicht gut, wenn zwar das Geld von Ihrem Girokonto abgebucht wurde, aber beim Empfänger der Rechnungsbetrag trotzdem nicht eingeht.

Was passiert aber, wenn Sie zum Beispiel zwei Überweisungen in Auftrag gegeben haben und diese beiden Aufträge von zwei unterschiedlichen Benutzern abgearbeitet werden. Beide lesen den gleichen Kontostand auf Ihrem Girokonto ein und starten jeweils eine eigene *Transaktion*. Einer der Clients ist zuerst fertig und bestätigt die Buchung, damit wird das Girokonto belastet. Für den Fall, daß die erste Buchung das Limit des eingeräumten Dispo-Kredits überzieht, dürfte die zweite Buchung nicht ausgeführt werden. Die Lösung für dieses Problem liegt in den sogenannten *Transaction Isolation Level (TIL)*.

Isolation Level

Ein *RDBMS* kennt verschiedene Betriebsarten, wie der Mehrbenutzerzugriff auf die gleichen Daten gehandhabt werden soll. Auch hierbei geht jeder SQL-Server seine eigenen Wege, allen gemeinsam sind die drei prinzipiellen Isolation-Level:

- *Dirty Read* – ein Benutzer liest auch die ins Unreine geschriebenen, d.h. die nicht bestätigten Aktionen einer Transaktion.
- *Read Committed* – ein Benutzer liest ausschließlich die via *Commit* bestätigten Aktionen.
- *Repeatable Read* – der Benutzer macht einen Schnappschuß der Datenbank. Er liest die Datensätze in einem Zustand, der zum Zeitpunkt des Schnappschusses vorlag. Weder bestätigte noch unbestätigte nachfolgende Änderungen werden erkannt.

Diese *Isolation Level* können Sie einer *TDatabase*-Komponente zuweisen, womit aber nicht gesagt ist, daß der verwendete SQL-Server dies auch so unterstützt. Welcher *Isolation Level* ist aber wann sinnvoll? Dazu ein weiteres Beispiel.

Angenommen, Sie sind als Entwickler für ein Warenwirtschaftssystem eines großen Kaufhauses zuständig. In regelmäßigen Zeitabschnitten soll die Datenbank eine Inventur aller Waren getrennt nach Abteilungen vornehmen. Da es sich um ein großes Kaufhaus handelt, nimmt diese Daten-Inventur den SQL-Server einige Zeit in Anspruch. Kurz nach dem Start – die Abteilung Wareneingang wurde bereits bearbeitet – bucht ein Mitarbeiter vom Wareneingang eine Palette Fernsehgeräte in die TV-Abteilung. Das *RDBMS* verringert in einer Transaktion den Warenbestand beim Eingang und erhöht ihn für die TV-Abteilung. Nach dem *Commit* erreicht die Inventur-Transaktion die Daten für die TV-Abteilung und findet dort u.a. eine Palette Fernsehgeräte vor. Im schlimmsten Fall wird diese Palette gleich zwei Mal gezählt, da die Inventur-Transaktion keine Kenntnisse von allen anderen Transaktionen erhält. Um dieses Problem zu lösen, muß die Inventur-Transaktion im *Isolation Level* „Repeatable Read" ausgeführt werden. Damit ist die Datenintegrität sichergestellt, die Inventur entspricht dem tatsächlichen Warenbestand. Mit dem InterBase-Server hat dies keine weiteren Nebenwirkungen, er verwendet das *Versioning* für Mehrbenutzerzugriffe. Andere SQL-Server haben Nachteile, weil der Betriebszustand *Repeatable Read* dort durch das Sperren von Tabellen implementiert wird. Für unser Warenhausbeispiel bedeutet dies, daß beim Einsatz des InterBase-Servers alle anderen Benutzer trotz Inventur weiterarbeiten können. Haben Sie sich aber für einen anderen SQL-Server entschieden, kann kein Benutzer irgendwelche Änderungen an den bereits eingelesenen Daten vornehmen, solange die Inventur nicht via *Commit* abgeschlossen wird.

Versioning

Wie funktioniert diese Wunderwaffe *Versioning*? Um gleich klare Fronten zu schaffen sollte gesagt werden, daß dies kein allgemeingültiges Allheilmittel ist. Borland's *InterBase-Server* spielt immer dann seine Stärken aus, wenn in der Mehrbenutzerpraxis sowohl Update-Transaktionen als auch lange Auswertungs-Transaktionen vorkommen (dazu später mehr).

Hinter dem Begriff *Versioning* verbirgt sich das mehrfache Abspeichern eines Datensatzes. Jede *Transaktion* legt eine neue Version (also eine Kopie) des Datensatzes an, wobei interne Kennzeichnungsfelder eine Zuordnung gewährleisten.

Es wird nicht eine hundertprozentige Kopie angelegt, sondern nur ein Verzeichnis aller Änderungen gegenüber der letzten gültigen Version. Damit belegt die neue „Version" in der Regel nur einen Bruchteil des Speicherplatzes des vollständigen Datensatzes.

Damit wird auch klar, warum im Beispiel der Warenhausinventur der exakte Datenbankzustand ermittelt wird. Auch wenn in der Zwischenzeit ein Datensatz geändert wurde, liegt noch der Zustand zur Auswertung vor, der zum Zeitpunkt des Starts der Lese-Transaktion gültig war. Im Gegensatz dazu überschreiben die anderen SQL-Server einen geänderten Datensatz, so daß der ursprüngliche Wert unwiederbringlich verloren ist.

Damit die Datenbankgröße beim InterBase nicht ins unermeßliche steigt, sorgen interne Verwaltungsprozesse für das Recyclen der nicht mehr relevanten Versionen. Außerdem wächst auch der Festplattenspeicherbedarf der anderen SQL-Server. Zwar bleibt die Datenbankdatei bei Änderungen relativ konstant, dafür „wachsen" die Log-Dateien auf beachtliche Größen.

Bevor ich näher auf die internen Versioning-Mechanismus eingehe, soll ein weiterer Vorteil des Inter-Base-Server nicht verschwiegen werden. Ein wesentlicher Punkt beim Bewerten eines SQL-Servers ist seine *Recovery*-Fähigkeit, d.h. die Fähigkeit, nach einem Systemabsturz so schnell wie möglich den normalen Betrieb wieder aufzunehmen. SQL-Server anderer Hersteller müssen dazu die umfangreichen Log-Dateien auswerten und alle dort vorgefundenen Transaktionen in den Datenbestand übernehmen. Je nach Datenbankgröße kann dies einen längeren Zeitraum in Anspruch nehmen. Der InterBase-Server kennt keine Log-Dateien, alle benötigten Informationen liegen bereits in der Datenbank vor! Nur eine der internen Systemtabellen muß überarbeitet werden, dazu setzt der *InterBase Server* den Zustand aller nicht abgeschlossenen Transaktionen auf *Rollback*. Damit dauert es nur einige Sekunden, bis der InterBase-Server wieder am Netz ist – er ist in der Tat robust und pflegeleicht.

Prinzip des Versioning

Jede *Transaktion* wird mit einer eindeutigen, sequentiellen Transaktionsnummer verbunden. Ergänzend dazu verwaltet der InterBase-Server ein Verzeichnis aller aktiven Transaktionen. In diesem Verzeichnis wird vermerkt, ob eine Transaktion noch aktiv ist, über *Commit* abgeschlossen wurde oder über *Rollback* verworfen werden kann. Wird eine Änderung an einem Datensatz über *Commit* bestätigt, prüft der Server nach, ob eine Transaktion mit einer niedrigeren Transaktionsnummer noch aktiv ist. Trifft dies zu, so wird eine neue Version dieses Datensatzes mit den aktualisierten Daten angelegt. Diese neue Version enthält die neue Transaktionsnummer.

Wird eine Abfrage-Transaktion gestartet, so merkt sich der Server die nächste Transaktionsnummer sowie eine Kopie des Transaktions-Verzeichnisses mit dem aktuellen Zustand aller anderen Transaktionen. Für jeden Datensatz der Abfrage-Transaktion prüft der Server, ob die Transaktionsnummer für die letzte (aktuellste) Version größer ist als die beim Start gemerkte Nummer. Außerdem wird geprüft, ob diese Version zum Zeitpunkt des Abfragestarts noch nicht über *Commit* bestätigt war. Trifft eines der beiden Kriterien zu, geht der Server so lange zur nächsten zurückliegenden Version, bis er eine via *Commit* bestätigte und damit gültige Version findet, deren Transaktionsnummer kleiner ist als die Abfragetransaktionsnummer.

Nichts erklärt besser als ein Beispiel, dazu soll erneut das eingeführte Beispiel des Kaufhauswarenwirtschaftssystems dienen. Die Inventur-Abfrage bekam beim Start die nächste freie Nummer 1000 zugeteilt. Damit liegen von vornherein alle späteren Änderungen außerhalb des Blickfelds, da diese Transaktionen jeweils eine eindeutige Nummer größer 1000 erhalten. Wird so zum Beispiel die Palette Fernsehgeräte zur TV-Abteilung gebucht, erhält die neue Datensatzversion der TV-Abteilung die Nummer 1001. Erreicht die Abfrage-Transaktion der Inventur nun diesen Datensatz, so erkennt der Server, daß die aktuellste Version mit der Transaktionsnummer 1001 nicht verwendet werden darf. Statt dessen geht er zum unmittelbaren Vorgänger zurück. Diese Version hat zum Beispiel die Transaktionsnummer 950 mit dem Status *Rollback*. Der Datensatz wurde via *Rollback* verworfen und darf ebenfalls nicht verwendet werden. Damit die Suche aber nicht für umsonst war, markiert der Server diese nunmehr überflüssige Version, so daß der verbrauchte Speicherplatz in der Tabelle bei nächster Gelegenheit recycelt wird. Da aber immer noch keine gültige Version vorliegt, sucht der Server den nächsten Vorgänger, der über *Commit* bestätigt wurde.

Abb. 1.30: Beispielsituation für das Versioning

Doch wie behandelt der *InterBase-Server* das Beispiel der Umbuchung vom Girokonto? Beide Benutzer lesen nacheinander den gleichen Datensatz ein und bekommen dabei jeweils eine eigene Transaktionsnummer. Im Beispiel werden die Werte 79 und 80 angenommen, neben den Nummern speichert der Server auch den Anlaß der Vergabe. Der Benutzer mit der Transaktionsnummer 79 bestätigt seine Änderungen mit *Commit*, so daß der Server einen neuen Datensatz mit der Transaktionsnummer 100 anlegt. Versucht nun der zweite Benutzer ebenfalls seine Änderungen in die Datenbank zu schreiben, so erkennt der Server, daß für diesen Datensatz bereits eine über Commit bestätigte neuere Version vorliegt. Damit bekommt der zweite Benutzer eine entsprechende Hinweismeldung zu sehen und der Server setzt automatisch den Status auf *Rollback*.

Jede Medaille hat ihre zwei Seiten und so hat auch das *Versioning* einige Eigenheiten, die im Vergleich zu anderen SQL-Servern nachteilig sind. Dazu wieder ein Beispiel. Sowohl die Wareneingangsabteilung als auch die TV-Abteilung soll die Artikelnummer für die gelieferten Fernsehgeräte aktualisieren. Beide Benutzer wollen sich die Arbeit erleichtern, indem sie jeweils den Wert des anderen aktualisieren. Dazu wird eine Transaktion gestartet, der eigene Wert ausgelesen, der Wert in den Datensatz des anderen geschrieben und die Transaktion beendet:

- Eingang liest die Artikelnummer von Eingang
- TV liest die Artikelnummer von TV
- Eingang setzt den TV-Wert auf den eigenen
- TV setzt den Eingangs-Wert auf den eigenen

Dank dem *InterBase-Versioning* tauschen beide völlig ungestört jeweils ihre Werte aus, dies ist aber nicht das, was beabsichtigt wurde! Wie kann man nun dafür sorgen, daß der zweite Benutzer von der Änderung in Kenntnis gesetzt wird? Vergleichen Sie dazu die folgenden Aktionen:

- Eingang liest die Artikelnummer von Eingang
- TV liest die Artikelnummer von TV
- Eingang setzt den TV-Wert auf den eigenen
- Eingang setzt den Eingangs-Wert auf den eigenen
- TV will den Eingangs-Wert auf den eigenen setzen, was nicht gelingt, da eine neuere Version existiert.

In diesem Fall sorgt die Eingangsabteilung dafür, daß die Artikelnummer in beiden Datensätzen aktualisiert wird. Damit legt der Server auch für Eingang eine neue Version mit einer höheren Transaktionsnummer an, so daß die TV-Abteilung den Wert von Eingang nicht mehr ändern kann, da zu Beginn (d.h. vor dem Auslesen des eigenen Wertes) eine niedrigere Transaktionsnummer zugewiesen wurde. Der Benutzer aus der TV-Abteilung muß nun den Vorgang wiederholen, d.h. den eigenen Wert neu einlesen, wobei nun der aktualisierte Wert zurückgeliefert wird. Auch dann, wenn er diesen Wert trotzdem in den Eingang-Datensatz schreibt, bleibt die Datenintegrität gewahrt.

Auf dieses Thema komme ich später noch im Zusammenhang mit den Begriffen *SQLPASSTROUHT-Modus* und *UpdateMode* im Client/Server-Kapitel zurück.

Server-Plattform

Angenommen, Sie haben sich nun für den *InterBase SQL Server* entschieden. Aber auf welcher Plattform soll der Server laufen und welches Netzwerkprotokoll kommt zum Einsatz? Unterschätzen Sie dieses Thema nicht, eine vorschnelle Entscheidung an dieser Stelle kann spätere Probleme bei der Programmimplementierung provozieren. Borland bietet den *InterBase Server* für die marktbeherrschenden Rechner-Plattformen an. Damit läuft der SQL-Server sowohl auf einer *UNIX*-Maschine als auch auf einem altgedienten *Novell*-Server. Widerstehen Sie der scheinbar preiswerten Novell-Lösung und setzen Sie die als Komplettsystem betrachtet günstigste Plattform ein – *Windows NT*. Warum ausgerechnet NT? Nun – das hat den Vorteil, daß sowohl der SQL-Server als auch die Client-Anwendung unter einem *Win32*-Betriebssystem läuft. Diesen Vorteil nutzen Sie aus, wenn Sie die spärlichen Zusatzfunktionen des InterBase-Servers erweitern wollen. Andere SQL-Server kennen dutzende Zusatzfunktionen, die über den SQL-Standard hinausgehen. Diese Funktionen decken viele Aufgaben aus den Bereichen Finanzen, Mathematik sowie Datum und Uhrzeit ab. Beim *InterBase Server* suchen Sie eine derartige Fülle an vordefinierten Funktionen vergebens. Allerdings bietet der InterBase Server eine Option an, die wiederum andere SQL-Server nicht unterstützen – die sogenannten *User Definition Functions* (UDF). Sie selbst können den Sprachumfang des InterBase Server erweitern, indem Sie spezielle, auf Ihre Bedürfnisse angepaßte Funktionen hinzufügen. Die einzige Forderung dabei besteht darin, daß diese Funktionen in einer DLL implementiert werden müssen, die auf dem Server-PC läuft. Und hier schließt sich die Argumentation für *Windows NT*. Mit Delphi 97 entwickeln Sie Anwendungen oder DLL's für die *Win32*-Plattform, damit läuft Ihre eigene Delphi-DLL auch unter *Windows NT*. Damit deckt Delphi als Client/Server-Entwicklungsplattform sowohl die Server- als auch die Client-Seite ab, diese Leistungsfähigkeit ist für Client/Server-Entwicklungsumgebungen einmalig (der Rivale *C++* zählt nicht zu dieser Kategorie). Diesen Vorteil verspielen Sie, wenn der *InterBase Server* auf einer anderen Plattform läuft. Unter *Novell Netware* müßten die UDF's in NLM-Modulen untergebracht werden, aber auch eine *UNIX*-Maschine kann nichts mit einer Delphi-DLL anfangen.

Dazu auch ein praktisches Beispiel. Angenommen, Sie möchten aus einem *Trigger* oder aus einer *Stored Procedure* heraus automatisch den aktuellen Monat als Integerzahl in eine Protokolltabelle übernehmen. Derartige Datumsfunktionen sind im InterBase Server nicht vorhanden. Also schreiben Sie sich selbst die Funktion in *Object Pascal* und lassen Delphi das Compilat als DLL verpacken. Nachdem Sie diese DLL in das InterBase-Verzeichnis des Servers kopiert haben, muß die neue Funktion nur einmalig in der Datenbank angemeldet werden.

```
CONNECT "C:\IntrBase\EXAMPLES\Employee.gdb"
   USER "SYSDBA" PASSWORD "masterkey";
DECLARE EXTERNAL FUNCTION MONTH Date
   RETURNS Integer BY VALUE
   ENTRY_POINT "UDF_month"
   MODULE_NAME "MYUDF.DLL";
```

Nach dem Anmelden kann die neue Funktion in allen SQL-Befehlen verwendet werden, die UDF's zulassen.

 Die Begriffe „Trigger", „Stored Procedure" und „UDF" werden im Client/Server-Kapitel des Buchs noch näher erläutert. Betrachten Sie die Ausführung hier nur als Appetitanreger.

Systemsicherheit

Die Themen *Systemsicherheit* und *Zugriffsschutz* spielen bei der Entscheidung für eine bestimmte Client/Server-Lösung oftmals eine wichtige Rolle. Auch wenn alle Hersteller ihren eigenen SQL-Server in den höchsten Tönen loben, gibt es kein absolut sicheres System. Die potentiell in allen Systemen vorhandenen Schwachstellen werden nur dann problematisch, wenn nicht das System als Ganzes geschützt wird. Der *SQL-Server* gibt nur dann den Zugriff auf die Serverkonfiguration sowie auf Datenbanken frei, wenn sich ein Anwender legitimiert hat. Dies bedeutet jedoch auch, daß der SQL-Server die gültigen Benutzernamen mit den Paßwörtern irgendwo speichern muß. Bei den Datenbanken selbst ist das nicht so tragisch, die angemeldeten Benutzer stehen in den Systemtabellen der Datenbank. Der Zugriff auf den Server selbst ist da kritischer, dazu einige Beispiele:

Tabelle 1.25: Sicherheitsprobleme bei SQL-Servern

SQL-Server	Verwaltung der Zugriffsrechte auf den SQL-Server (nicht der Datenbank)
SQL-Base (Centura)	Der Server-Paßwort wird **unverschlüsselt** (!) in die Konfigurationsdatei „SQL.INI" im Serververzeichnis eingetragen. Jedermann, der Leserechte auf dieses Verzeichnis hat, kann das Paßwort im Klartext auslesen.
InterBase SQL Server (Borland)	Die Zugangsberechtigung für den *InterBase SQL Server* wird in der speziellen Sicherheitsdatenbank „ISC4.GDB" verwaltet. Das Paßwort kann somit nicht so einfach ausgelesen werden. Allerdings beschwert sich der *InterBase SQL Server nicht*, wenn Sie ihm eine fremde Kopie von „ISC4.GDB" unterschieben. Das Sicherheitsproblem tritt damit nur dann auf, wenn der Eindringling auch Schreibrechte auf das Server-Verzeichnis hat.

Sie sehen – es gibt keine absolute Sicherheit, wenn nicht das restliche System ebenfalls entsprechend der technischen Möglichkeiten abgeschottet wird.

1.6.9 Zugriff auf Fremdformate

Unter der Bezeichnung Datenbank-Fremdformate fasse ich alle die Datenbanken zusammen, für die Delphi beziehungsweise die *Borland Database Engine* keine nativen Treiber zur direkten Zugriff auf die Tabellen bereitstellt.

Die eine Gruppe der Fremdformate betrifft die SQL-Server. In einer Client/Server-Umgebung läuft das *RDBMS* auf dem Server-Rechner, die Bezeichnung SQL-Server kennzeichnet dabei die Datenbanksoftware sowie die physikalische Datenbank auf der Serverfestplatte. Um auf derartige SQL-Server von Delphi heraus zugreifen zu können, sind neben den SQL Links von Borland auch Treiber für eine Netzwerkverbindung zum Server notwendig. Es wird von Borland allerdings nicht für alle am Markt befindlichen SQL-Server auch ein *SQL Link*-Treiber bereitgestellt. In diesem Fall bleibt nichts anderes übrig, als die Verbindung über einen ODBC-Treiber zum SQL-Server herzustellen. Verwenden Sie zum Beispiel Centura's SQLBase-Server, haben Sie zu dem *ODBC*-Treiber, der von Centura (*ehemals* GUPTA) zusammen mit der *SQLBase* ausgeliefert wird, erst gar keine Alternative. Die zweite Gruppe der Fremdformate umfaßt die normalen Desktop-Datenbanken, die nicht dem *dBASE*-Standard entsprechen. Der namhafteste Vertreter aus diesem Bereich stellt wohl das Datenbankformat Access von Microsoft dar.

> Obwohl Delphi 3.0 mittlerweile einen eigenen nativen Treiber (MSACCESS) für Access-Datenbanken bereitstellt, demonstriere ich hier den alternativen Zugriff über einen ODBC-Treiber. Damit können Sie flexibel die verschiedensten Versionen von Access-Datenbanken ansprechen, solange ein ODBC-Treiber für diese Version vorhanden ist.

Der Zugriff aus einem Delphi-Datenbankprogramm erfolgt auch hier über die *Borland Database Engine*, nur mit dem Unterschied, daß zwischen BDE und Tabelle noch ein Treiber geschleift wird – ODBC. Die von *Delphi 3* verwendete *BDE 4.0* kann mit ODBC-Treibern der Version 3.x oder früher zusammenarbeiten. Der benötigte ODBC-Treiber zum Zugriff auf eine *Access*-Datenbank muß im System bereits vorhanden sein. Wurde auf dem PC das Datenbankprogramm *Access* installiert, so ist dies auch der Fall. Alternativ richtet auch das Setup-Programm von Microsoft Word beziehungsweise Microsoft Excel die gewünschten ODBC-Treiber ein.

Um aus einem Delphi-Datenbankprogramm heraus eine *Access*-Tabelle ansprechen zu können, muß das System an zwei verschiedenen Stellen konfiguriert werden. Vom Standpunkt der *Access*-Datenbankdatei betrachtet kommt zuerst der *ODBC*-Treiber zum Zuge und erst danach die *Borland Database Engine*. Ich verwende ebenfalls diese Reihenfolge, um die ODBC-Datenquelle in den folgenden Beispielen einzurichten.

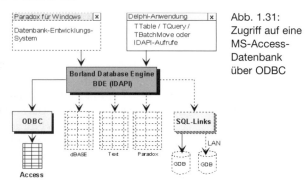

Abb. 1.31: Zugriff auf eine MS-Access-Datenbank über ODBC

Die alte, universelle Tour

Im Verzeichnis „Kapitel 1\ODBC" finden Sie ein Beispielprogramm für den Zugriff auf eine *MS Access 7.0*-Datenbanktabelle. Das Programm wurde komplett visuell entwickelt. Im folgenden wird davon ausgegangen, daß sich die Access-Datenbanktabelle „accessdb.mdb" im Festplattenverzeichnis „C:\BUCH\BUDEL3DB\CDROM\DATABASE" befindet. Dieser Pfadname ist entsprechend Ihrer Konfiguration in den einzelnen Arbeitsschritten anzupassen. Weiterhin wird davon ausgegangen, daß der Microsoft-ODBC-Treiber für Access bereits auf Ihrem Rechner installiert ist. Zusammen mit Delphi wird zwar der *ODBC-Manager* mit ausgeliefert, die einzelnen ODBC-Treiber jedoch nicht. Diese muß der Anwender separat erwerben. Einzelne Treiber werden auch von den Installationsprogrammen mancher Applikationen automatisch mit installiert.

> *Nicht immer ist ein ODBC-Treiber auch ein vollständiger ODBC-Treiber. Viele Programme installieren nur eine abgerüstete Version mit eingeschränkten Funktionen (Microsoft's Office-Programme gehören zu dieser Gattung). Immer dann, wenn Sie aus einer Delphi-Anwendung nicht alle Datenbankaktionen fehlerfrei aufrufen können, sollten Sie zum Test einmal einen anderen ODBC-Treiber für das verwendete Datenbankformat installieren.*

Damit die BDE auf eine ODBC-Datenquelle zugreifen kann, sind drei Voraussetzungen nötig:

1. Ein installierter bzw. mitgelieferter ODBC-Treiber.
2. Die ODBC-Treiberverwaltung von Windows 95.

Ein für die ODBC-Verbindung eingerichteter Alias (wird von der BDE automatisch erledigt). Nachfolgend stelle ich Ihnen ausführlich Schritt für Schritt alle notwendigen Arbeitsschritte vor.

ODBC-Treiber konfigurieren

Windows verwaltet die ODBC-Treiber systemweit. Unter Windows 95 ist in der Systemsteuerung das entsprechende Icon „32-Bit-ODBC" vorhanden.

Abb. 1.32: ODBC-Icon in der Systemsteuerung von Windows 95

Die ODBC-Treiberverwaltung ist neben den ODBC-Treibern auch für die Datenquelle selbst zuständig. Für unseren ODBC-Treiber für die Access-Datenbank bedeutet dies, daß die Datenquelle speziell für die eine Access-Datenbank „accessdb.mdb" eingerichtet werden muß. Eine *ODBC-Datenquelle* ähnelt damit einem *BDE-Alias*.

Abb. 1.33: Anzeige der Ausgangslage

Nach dem Doppelklick auf das *ODBC*-Icon in der Systemsteuerung informiert das Dialogfenster Datenquellen über die zur Zeit eingerichteten *ODBC-Datenquellen*. Um eine neue Datenquelle aufzunehmen, wird über die Schaltfläche „Hinzufügen..." das nächste Dialogfenster Datenquelle hinzufügen geöffnet.

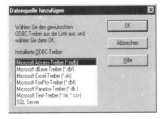

Abb. 1.34: ODBC-Treiber für die neue Datenquelle auswählen

Im Dialogfenster Datenquelle hinzufügen listet Windows alle im System installierten ODBC-Treiber auf. Wird bei Ihnen hier kein Access-Treiber angezeigt, so können Sie leider die folgenden Arbeitsschritte nicht nachvollziehen. Sie werden sicherlich Verständnis dafür aufbringen, daß ich aus lizenzrechtlichen Gründen den ODBC-Treiber für MS Access nicht mit auf die CD-ROM gepackt habe.

Erscheint der Treiber in der Liste, so wählen Sie ihn bitte aus. Über die „OK"-Schaltfläche gelangen Sie in das nächste Dialogfenster ODBC Microsoft Access 7.0 Setup. Dieses Dialogfenster wird nicht mehr vom ODBC-Manager selbst angezeigt, sondern bereits vom dem im vorherigen Schritt ausgewählten ODBC-Treiber.

In diesem Fenster tragen Sie einen frei wählbaren Datenquellenname ein. Die Beschreibung im nächsten Eingabefeld dient nur als Gedächtnisstütze, für welche Datenbank diese Datenquelle eingerichtet wurde.

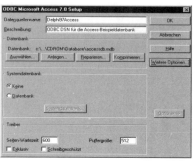

Abb. 1.35: Verzeichnis für die Access-Datenbank zuordnen

Über die Schaltfläche „Datenbank auswählen..." müssen Sie im nächsten Arbeitsschritt dem Datenquellennamen ein Verzeichnis sowie eine Access-Datenbankdatei zuordnen. Alternativ dazu legen Sie über den „Anlegen..."-Button eine neue (leere) Access-Datenbankdatei an. Die beiden anderen Schaltflächen aktivieren die wohl am häufigsten benötigten Funktionen in einer Access-Datenbank.

Im Dialogfenster „Datenbank auswählen" wählen Sie bitte das Verzeichnis aus, in welches Sie die Access-Datenbankdatei „accessdb.mdb" von der CD-ROM kopiert haben. Auch die MDB-Datei selbst muß angegeben werden, für jede Access-Datenbank benötigen Sie daher eine eigene ODBC-Datenquelle. Das Prinzip entspricht dem eines BDE-Aliases. Auch dort müssen Sie ja für jedes Verzeichnis einen eigenen Alias-Namen einrichten.

Über die „OK"-Schaltfläche wird das Dialogfenster „Datenbank auswählen" wieder geschlossen. Über die Schaltfläche „Weitere Optionen..." rufen Sie das nächste Dialogfenster auf. Obwohl hier vorerst keine Eintragungen vorgenommen werden müssen, bietet das Dialogfenster einen informativen Einblick in die Datenbankeigenschaften. Unter anderen wird der standardmäßig vorbelegte Benutzername für die Access-Datenbank angezeigt.

Sobald Sie die vorher geöffneten Dialogfenster wieder schließen, sehen Sie wieder das Dialogfenster vom ODBC-Manager. Wenn alles geklappt hat, taucht nun ein neuer Eintrag auf – die Zeile „Delphi97Access".

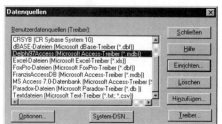

Abb. 1.36: Anfangsbild nach dem Hinzufügen der neuen Datenquelle

Da nunmehr alle Einstellungen vorgenommen wurden, schließen Sie den ODBC-Manager über die Schaltfläche „Schließen". Das Ergebnis dieser Bemühungen finden Sie unter Windows 95 an zwei verschiedenen Stellen. Zum einen in der Konfigurationsdatei „odbc.ini" im Windowsverzeichnis und zum anderen in der sogenannten Registry. Die Registrierdatenbank spielt dabei die entscheidende Rolle, während die von Windows 3.x gewohnten INI-Dateien nur noch aus Kompatibilitätsgründen parallel von Windows 95 gepflegt werden.

In der „odbc.ini" sind vor allem zwei Abschnitte von Interesse, die nachfolgend aufgeführt werden. Hier wird sowohl die neue eingerichtete ODBC-Datenquelle als auch der dazu verwendete ODBC-Treiber aufgelistet.

1.6 Datenbankformate – Delphis reiche Auswahl

```
[ODBC 32 bit Data Sources]
...
Delphi97Access=Microsoft Access-Treiber (*.mdb) (32 bit)
[Delphi97Access]
Driver32=C:\WINDOWS\SYSTEM\odbcjt32.dll
```

Im Abschnitt „[Delphi97Access]" ist die DLL vermerkt, die für den Zugriff auf die Access-Datenbank verwendet werden soll. Aus dem *Windows-Explorer* heraus können Sie sich einmal die Eigenschaften dieser DLL anzeigen lassen.

Abb. 1.37: Der benötigte ODBC-Treiber für MS Access-Datenbanken

Über den Aufruf von „regedit.exe" steht auch das Werkzeug zur Verfügung, um die Registrierdatenbank direkt untersuchen zu können. Obwohl hier problemlos Änderungen vorgenommen werden könnten, sollten Sie auf manuelle Eingriffe verzichten.

Früher – also unter *Delphi 1.0* und *Delphi 2.0* – war hier gerade erst die erste Hälfte der Wegstrecke geschafft. Es mußte noch ein BDE-Datenbanktreiber für die ODBC-Datenquelle sowie ein BDE-Alias für die ODBC-Verbindung mühsam eingerichtet werden. Die dazu notwendigen Arbeitsschritte waren nicht für jeden einleuchtend. Mit *Delphi 97* haben Sie es einfacher, mit dem Einrichten der ODBC-Datenquelle ist Ihr Arbeitspensum erledigt.

Abb. 1.38: Die eingerichtete ODBC-Datenquelle in der Windows-Registry

Mit dem Start des *BDE-Administrator* können Sie sich davon überzeugen. Auf der Seite „Databases" sollte die gerade neu angelegte ODBC-Datenquelle „Delphi97Access" mit in der Liste erscheinen.

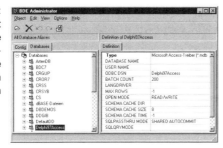

Abb. 1.39: Die BDE hat die neue ODBC-Datenquelle automatisch übernommen

Mit einem Doppelklick auf den Eintrag „Delphi97Access" testen Sie gleich diese neue Verbindung. Dazu zeigt die *BDE* zuerst das Login-Fenster an, um dem Anwender die Chance zu geben, ein eventuell benötigtes Paßwort für die Datenbank anzugeben.

Das ist bei der hier verwendeten Beispieldatenbank nicht notwendig, so daß Sie das Dialogfenster ohne eine Eintragung vorzunehmen gleich über den „OK"-Button schließen. Die *BDE* hat nun über den ODBC-Treiber die Access-Datenbankdatei geöffnet. Der über das Eingabefeld für SQL-Befehle abgeschickte SQL-Befehl „SELECT * FROM buch" ruft nun alle Datensätze aus der Tabelle „buch" in der Access-Datenbank ab.

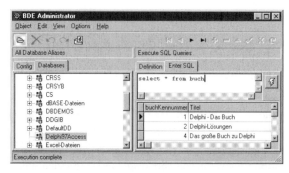

Abb. 1.40:
Der erfolgreiche erste Funktionstest

Damit ist der Test erfolgreich abgeschlossen, der ODBC-Treiber hat seine Funktion unter Beweis gestellt. Alle Datenbankfunktionen, die Sie über den *BDE Administrator* abarbeiten können, stehen auch für ein Delphi-Datenbankprogramm zur Verfügung.

Zugriff aus dem Delphi-Programm heraus
Ab diesen Zeitpunkt ist die Entwicklung eines Datenbankprogramms für den Zugriff auf eine *MS-Access*-Tabelle wie von Delphi gewohnt wieder einfach und schnell. Sie plazieren eine *TTable*-Komponente im Formular und weisen der Eigenschaft *DatabaseName* den neuen Alias-Namen für die ODBC-Treiberverbindung zu.

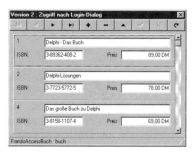

Abb. 1.41: Beispielanwendung »odbctest.exe«

Das Beispielprogramm finden Sie im Verzeichnis „Kapitel 1\odbc".

Die neue, einfache Tour

Im Gegensatz zu Delphi 2 ist bei *Delphi 3.0* nicht in jedem Fall die „alte harte Tour" notwendig, um auf eine *MS Access*-Tabelle zugreifen zu können. Die Betonung liegt dabei auf „nicht in jedem Fall". Der Weg über den ODBC-Treiber ist in jedem Fall der universellste, da Sie auf alle Datenbankformate zugreifen können, für die Sie einen ODBC-Treiber auftreiben.

Der einfache Weg von *Delphi 97* besteht darin, den eigenen nativen Treiber *MSACCESS* zu verwenden. Aber auch die *Datenbankoberfläche* nimmt diesen Treiber zur Kenntnis, Sie dürfen durchaus eine neue Tabelle in einer Access-Datenbank anlegen.

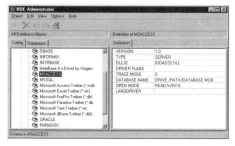

Abb. 1.42:
Delphi's neuer Treiber für MS Access

 Das ODBC auch heutzutage nicht überholt ist, sehen Sie allein schon daran, daß die BDE 4.0 zwei neue IDAPI-Funktionen für den einfacheren Zugriff auf ODBC-Treiber zur Verfügung stellt: DbiAddDriver und DbiDeleteDriver.

1.7 Borland Database Engine – ein Blick hinter die Kulissen

Das Herzstück jeder Delphi-Datenbankanwendung liegt überraschenderweise nicht in Delphi selbst, sondern in der *Borland Database Engine (BDE)*. Dieser Datenbankmotor stellt eine einheitliche Schnittstelle für den Zugriff auf lokale und entfernte Datenbanken bereit und zeichnet sich durch die folgenden Vorteile aus:

- Erprobte Datenbanktechnologie, auf der seit Jahren viele Datenbankanwendungen (Borland *C++*, *Paradox*, *Quattro Pro*, *dBASE*, *Report Smith* und natürlich *Delphi*) aufbauen. Jeder Entwicklungsumgebung, die DLL's einbinden kann, steht der Zugriff auf die *BDE* zur Verfügung.

- Stellt eine skalierbare Plattform zur Verfügung, die sowohl Desktop-Datenbanken als auch SQL-Server über eine einheitliche Schnittstelle bedient. Im günstigsten Fall reicht es schon aus, einen neuen BDE-Treiber für das Datenbankformat zu installieren sowie den Alias anzupassen – Änderungen an der Datenbankanwendung selbst sind nicht zwingend notwendig.

- Gestattet den direkten Zugriff über API-Funktionen auf Desktop-Datenbanken (zum Beispiel *IDAPI*) ebenso wie auf SQL-Server (zum Beispiel *InterBase-API*).

- Stellt eine für den Anwender transparente Schnittstelle zu ODBC-kompatiblen Datenbanken bereit.

- Darf ohne weitere Lizenzkosten zusammen mit der eigenen Anwendung verteilt werden.

- Enthält bereits „eingebaute" Funktionen zum Sortieren von Datenbeständen.

- Gestattet Datenbankzugriffe über mehrere Threads aus einer Anwendung heraus. Selbstverständlich dürfen mehrere Anwendungen gleichzeitig auch auf die selbe Datenbank zugreifen.

- Unterstützt sowohl lange Dateinamen als auch die sogenannte *Universal Naming Convention* (UNC)

- Trennt die „Datenbanksprache" vom zugrundeliegenden Dateiformat beziehungsweise vom unmittelbaren Datenzugriff. Analog zu den großen *RDBMS* hat damit ein Anwendungsprogramm keinen direkten Zugriff mehr auf die physikalischen Datenbankdateien.

- Vermeidet durch die Unterstützung verschiedener Datenbankformate in der Praxis umständliche Import- und Exportfunktionen.

- Vereinfacht die Entwicklung von Anwendungsprogrammen mit Datenbankzugriff.

Strenggenommen ist die Bezeichnung *Borland Database Engine* nur der Verpackungsname für die verwendete Technologie, der erst zu einem späteren Zeitpunkt von den Marketing-Leuten ins Leben gerufen wurde. Die eigentlichen Funktionen verbergen sich hinter den Kernbestandteilen *IDAPI*, *IDAPI-Datenbanktreiber*, *SQL-Engine* und *ODBC-Socket*. Die Entwicklung der zugrundeliegenden Technologie begann Anfang 1990, wobei die erste Version im September des Jahres 1992 zusammen mit dem Borland-Produkt „Quattro Pro for Windows 1.0" ausgeliefert wurde. Damals trug das Kind noch den Namen *ODAPI* (engl. *Open Database API*). Auch das Anfang 1993 vorgestellter Borland-Produkt „Paradox for Windows 1.0" verwendete die gleiche ODAPI 1.0-Engine.

Der nächste Meilenstein wurde von Borland 1994 in den Acker gerammt – die neue „Borland Database Engine 2.0" wird vorgestellt. Die Namensänderung war dabei nicht zufällig – inzwischen gab es da ein *IDAPI technical committee,* in dem Vertreter der Firmen *Borland*, *IBM*, *Novell* und *WordPerfect* an einer Konkurrenzschnittstelle zu *Microsoft's ODBC*-Bemühungen arbeiteten. Die BDE Version 2.0 gestattete den SQL-Zugriff auf *dBASE-* und *Paradox*-Tabellen und richtete einen *ODBC-*Schnittstelle ein, über die ein beliebiger OCBC-Treiber zu einem IDAPI-Treiber wird.

Im Februar des Jahres 1995 letztendlich begann die Delphi-Ära im Datenbankbereich. Inzwischen hat sich die BDE-Entwicklung in die beiden Plattformen 16-Bit und 32-Bit gespaltet. Die aktuellste (Stand Januar 1997) BDE-Version für 16-Bit trägt die Versionsnummer 2.52, im Gegensatz dazu trägt die 32-Bit-Version für Delphi 2 die Nummer „3.x" und die neueste BDE-Version für Delphi 97 hat es bereits schon zur Nummer „4.0" geschafft.

1.7.1 Die Architektur der BDE

Die *BDE* wird von Borland selbst als Hochleistungsengine für die Datenbankproduktlinie verwendet. In diesem internationalen Markt hat Borland mit *dBASE*, *Paradox* und dem *InterBase SQL Server* gleich drei „Rennpferde" im Stall, auch wenn eines (*Paradox*) davon zwischenzeitlich ausgeliehen wurde. Die *BDE* muß damit gleich mehreren Ansprüchen genügen. Zum einen ist eine universelle Schnittstelle auf die verschiedenen Datenbankformate gefragt und zum anderen muß die BDE auf den internationalen Markt Rücksicht neben. Die DLLs der *Borland Database Engine* stellen dazu mehr als 50 Sprachtreiber zur Verfügung. Neben den Statusmeldungen in der Landessprache ist hier vor allem der entsprechende Zeichensatz sowie die Sortierreihenfolge gefragt.

 Bei Bedarf können Sie jeder Datenbanksitzung – also jeder TSession-Verbindung – einen eigenen Sprachtreiber zuordnen!

Eine weiteren Schwerpunkt innerhalb der BDE bildet die *SQL-Engine*. Diese Engine wurde speziell dafür optimiert, über *SQL* sowohl die datensatzorientierten Desktop-Datenbanken als auch die mengenorientierten SQL-Datenbanken effektiv und einheitlich ansprechen zu können. Die *SQL-Engine* entspricht den Anforderungen aus dem Standard „SQL 92". Aufgrund der Forderung nach der Einheitlichkeit muß die BDE zum Beispiel auch Transaktionen für Desktop-Datenbanken unterstützen.

Die sogenannten *Shared System Services* stellen Mechanismen für den Datenzugriff, den Netzwerkzugriff, die Datenpufferung, das Speicher-Management, für das Sortieren und Filtern von Daten, den *BLOB-Cache* sowie für Batch-Funktionen zur Verfügung. Die BDE puffert Zwischenergebnisse beziehungsweise das *Result Set* einer SQL-Abfrage je nach Systemzustand automatisch im Arbeitsspeicher oder auf der Festplatte. Außerdem nimmt die BDE in eigener Regie die Umwandlung in geeignete Datenformate vor, unabhängig davon, ob diese Daten von einem SQL-Server unter *Windows NT* oder von einer *UNIX*-Maschine stammen. Zudem kapselt ein eigener *OS Service* alle plattformspezifischen Bestandteile ein, so daß die BDE alle Voraussetzungen für einfache Portierbarkeit auf andere Rechnerplattformen mitbringt.

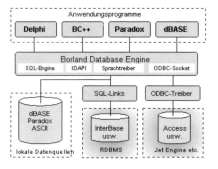

Abb. 1.43: Architektur der Borland Database Engine

Es ist kein Zufall, daß in der Abbildung die *ODBC*-Treiberverbindung gleich neben der SQL-Links-Verbindung dargestellt wird. Im Gegensatz zu den nativen *dBASE-* und *Paradox-*Treibern verwendet jede ODBC-Verbindung die *SQL Driver Services* der

BDE. Damit wird jede via ODBC-Treiber angesprochene Datenbank wie eine SQL-Datenbank behandelt, d.h. die BDE simuliert den *navigierenden Datenbankzugriff* (darauf komme ich noch zu sprechen).

Die BDE ist vom Design her objektorientiert ausgerichtet, damit wird auch das nachträgliche Einbinden weiterer Treiber für bestimmte Datenbankformate unterstützt.

1.7.2 Leistungsmerkmale der BDE

Die zusammen mit *Delphi 3.0* ausgelieferte 32-Bit-Version 4.0 der *Borland Database Engine* zeichnet sich gegenüber dem 16-Bit-Pendant der Version 2.5x durch die folgenden Leistungsmerkmale aus.

Tabelle 1.26: Leistungsmerkmale der Borland Database Engine

Bereich	Merkmale
Betriebssystem	Unterstützt *Multithreading* aus einer einzelnen Anwendung heraus. Weiterhin können mehrere Anwendungen auf die gleiche Datenbank simultan zugreifen. Die *BDE* unterstützt bis zu 260 Zeichen lange Dateinamen inklusive Leerzeichen (allerdings schränken einige Datenbankformate selbst dies teilweise wieder ein) sowie die *UNC*-Namenskonvention..
SQL-Abfrage Engine	Unterstützt die DDL-Befehle für *VIEW's* und *CONSTRAINT's*; erweitert die Fähigkeiten in Bezug auf *updatebare SQL-Abfragen*; unterstützt vollständig den SQL92-Standard für INSERT-, DELETE- und UPDATE-Befehle. Sowohl der *UNION*-Befehl als auch sogenannte Subqueries im *WHERE* und *HAVING*-Abschnitt werden unterstützt.
Transaktionen bei *dBASE*- und *Paradox*-Tabellen	Der *STANDARD*-Datenbanktreiber für *dBASE*- und *Paradox*-Tabellen unterstützt simulierte *Transaktionen* für diese Tabellen, indem Updates am Datenbestand über *Rollback* zurückgenommen beziehungsweise über *Commit* bestätigt werden. Die BDE protokolliert jede Änderung am Datenbestand in einer temporären Tabelle mit. Jeder Datensatz in dieser Log-Tabelle speichert den alten Datensatzinhalt, bevor die Änderung in die Tabelle geschrieben wird. Solange im Anwendungsprogramm die Transaktion nicht über *Rollback/Commit* beendet wird, hält die BDE eine Datensatzsperre für jeden geänderten Datensatz in der geänderten Tabelle. Ein Commit-Aufruf entfernt diese Datensatzsperren wieder. Beim Rollback wird zuerst der alte Datensatzinhalt aus der Log-Tabelle zurückgeschrieben, bevor auch dann die Datensatzsperre entfernt wird. Im Gegensatz zu den „echten" Transaktionen der SQL-Server unterstützt die BDE für lokale Transaktionen kein sogenanntes *Crash recovery*, d.h. beim Absturz des Rechners geht die Transaktion verloren.
Cached Updates	Die *Cached Updates* sind speziell beim Zugriff auf SQL-Server interessant, da die BDE alle Änderungen des Datenbestandes über einen längeren Zeitraum in einen lokalen Cache ablegt. Über einen speziellen Update-Aufruf werden diese Änderungen gemeinsam zum SQL-Server geschickt. Der Vorteil der Cached Updates liegt darin, daß sowohl die Netzwerkbelastung verringert wird als auch die gegenseitigen Störungen im Mehrbenutzerbetrieb verringert werden.

1.7.3 IDAPI – Aufbau und Verwendung

Die Bezeichnung *IDAPI* (engl. *Integrated Database Application Program Interface*) kennzeichnet bei genauer Betrachtung sowohl die verwendete Technologie als auch die programmierseitige Schnittstelle zur BDE, d.h. umgangssprachlich bezeichnet, die Programmiersprache der BDE. Eine wesentliche Grundlage von IDAPI bildet das abstrakte *Cursor-Modell* für den navigierenden Datenbankzugriff. Beim navigierenden Datenbankzugriff darf sich der Cursor in der Datenmenge in beiden Richtungen bewegen. Diese Fähigkeiten sind zum Beispiel für die tabellarische Darstellung in einem *TDBGrid* sehr wichtig.

Nicht alle der „großen" SQL-Server am Markt unterstützen von Haus aus den navigierenden Datenbankzugriff. Die BDE implementiert in diesen Fällen diese Fähigkeit in eigener Regie – eine nicht zu unterschätzende Fähigkeit!

Eine weitere Abstraktion dank *IDAPI* verbirgt sich hinter den sogenannten *Bookmarks*. Diese Lesezeichen haben sich ihren Namen redlich verdient, denn *BDE-Bookmarks* (nicht zu Verwechseln mit den VCL-Bookmarks) einer Verbindung dürfen in einer anderen Verbindung weiter verwendet werden. Damit können Sie zum Beispiel heute am Feierabend ein Lesezeichen in einer Tabelle setzen und morgen früh nach dem Einschalten des PC's an der gleichen Stelle weitermachen (das Lesezeichen ist immer noch gültig).

Das dritte – und letzte – Beispiel für die Vereinheitlichung durch das *IDAPI* betrifft den Sperr-Mechanismus einer Datenbank. Nicht alle Datenbankformate unterstützen das Sperren eines einzelnen Datensatzes. Trotzdem stellt IDAPI in jedem Fall die Fähigkeit zum Sperren eines einzelnen Datensatzes zur Verfügung, indem immer dann eine Sperre simuliert wird, wenn das zugrundeliegende Datenbanksystem ein satzweises Sperren nicht zuläßt.

Das Cursor-Modell wird sowohl beim Zugriff auf die *datensatzorientierten* Desktop-Datenbanken als auch für die *mengenorientierten* SQL-Datenbanken verwendet. Wenn also unabhängig vom Datenbankformat immer ein Cursor verwendet wird, so kann der Entwickler auch unabhängig vom Format immer mit den gleichen Funktionen auf den Datenbestand zugreifen.

IDAPI bietet alle Funktionen an, die zum Zugriff auf die Datenbanken notwendig sind. Diese IDAPI-Funktionen werden Sie als Anwendungsentwickler immer dann benötigen, wenn datenbankspezifische Aufgaben implementiert werden müssen. Das Packen einer *dBASE*-Tabelle oder die Anzeige der aktuellen Datensatznummer in einer *dBASE*- oder *Paradox*-Tabelle sind häufig verwendete Beispiele für eine derartige Aufgabe.

Die *IDAPI*-Zugriffe bilden keine Fremdkörper in einem Delphi-Quelltext, da auch Delphi intern über die Datenbankkomponenten alle Datenbankfunktionen über IDAPI abwickelt. Das IDAPI bildet die Programmierschnittstelle zur Borland Database Engine. Borland verwendet IDAPI als universelle Datenbankschnittstelle, um von mehreren Anwendungsprogrammen heraus auf Datenbanken zuzugreifen. Neben Delphi betrifft dies auch Paradox und Visual dBASE. Wenn alle diese Programme über IDAPI ihre Programmfunktionen abdecken, so bedeutet dies, daß auch Delphi alle Programmfunktionen dieser Anwendungen im Datenbankbereich abdecken kann. So komprimieren Sie zum Beispiel in Paradox beziehungsweise in der Datenbankoberfläche Datenbanktabellen im *dBASE*- oder *Paradox*-Format. Die Standardkomponenten von Delphi bieten die Funktion nicht an, über IDAPI gleichen Sie jedoch dieses Manko aus. Die einzige Hürde bestand bisher in der Delphi-Dokumentation. Im Lieferumfang von Delphi 1.0 war leider nicht viel zu diesem Thema zu finden, Sie mußten schon bei Borland gegen Aufpreis ein weiteres Handbuch ordern, die „Borland Database Engine for Windows User's Guide[2]". Obwohl dieses Buch auch jedem Delphi-Anwender empfohlen werden kann, ist es nun nicht mehr unbedingt notwendig. Delphi „kennt" nunmehr auch in den Hilfedateien die IDAPI-Funktionen, wobei dieser Komfort allerdings erst ab der Professional-Version geboten wird.

IDAPI-Objekte

Die BDE ist vom Design her objektorientiert ausgerichtet, damit folgt auch *IDAPI* einem objektorientieren Aufbau. Jedes IDAPI-Objekt hat Eigenschaften und stellt Methoden zum Setzen bzw. zum Auslesen dieser Eigenschaften bereit. Auch wenn es nicht unbedingt notwendig ist, daß zugrundeliegende Prinzip beim Einsatz von IDAPI-Funktionen zu verstehen, hat dieses Wissen jedoch nach meinem Kenntnisstand noch keinem geschadet.

System

Das globale *System-Objekt* verwaltet und registriert alle Zugriffe durch Client-Anwendungen. Das System initialisiert sich dabei mit den Einstellungen aus dem BDE-Konfigurationsprogramm und ist für das Nachladen der benötigten Datenbanktreiber zuständig.

Clients

Die *Clients* sind die „Kunden" des Systems, die über eine oder mehrere *Sessions* auf die BDE zugreifen. Jedes Delphi-Datenbankprogramm registriert sich per impliziten *DbiInit*-Aufruf als Client, wobei dieser Schritt durch die automatisch von Delphi angelegte TSession-Instanz mit dem Namen „Default" abgearbeitet wird. Bei einem Delphi-Datenbankprogramm können somit die Begriffe *Client* und *Anwendungsprogramm* untereinander ausgetauscht werden.

Sessions

Alles das, was ein *Client* in der Datenbank machen kann, findet immer im Kontext einer *Session* statt. Der Begriff „Datenbanksitzung" stammt historisch aus der Welt der Großrechnerdatenbanken, wo in der Tat jeder Benutzer vor dem Terminal seine Arbeit „aussitzen" mußte. Ein Anwendungsprogramm (also ein *Client*) kann beliebig viele *Sessions* starten. Aus der Sicht der Datenbank betrachtet, wird jede *Session* als ein eigenständiger Benutzer behandelt. Damit können Sie sich im eigenen Programm durch unglückliche Aktionen – die Datensatzsperren verursachen – selbst in die Quere kommen. Im Client/Server-Kapitel stelle ich ihnen ein derartiges Beispielprogramm vor.

Jede *Session* kann völlig unabhängig von allen anderen konfiguriert werden. Die gilt zum Beispiel für den verwendeten *Sprachtreiber*, für *BDE-Callback-Funktionen* oder für die standardmäßig verwendeten Anzeigeformate.

Bevor ein Datenbankzugriff aus einer *Session* heraus erfolgen kann, muß mindestens eine *Datenbank* geöffnet werden. Die Anzahl der gleichzeitigen Datenbankverbindungen einer Session ist theoretisch nicht begrenzt.

Datenbank und Alias

Eine Datenbank kann entweder eine klassische Desktop-Datenbank sein (STANDARD-Treiber) oder ein echter SQL-Server. Über den *Alias* verwaltet die BDE diese beiden unterschiedlichen Prinzipien über einen gemeinsamen Mechanismus. Bezieht sich ein Alias auf den STANDARD-Treiber für *dBASE-* beziehungsweise *Paradox*-Datenbanken, so wird ein kompletter Pfadname zur Kennzeichnung der Datenbank erwartet. Der *Alias* muß also alle benötigten Informationen zur Verfügung stellen, damit die BDE die physikalische Datenbankdatei auch korrekt ansprechen kann.

Eine aktive Datenbank kann einen oder mehrere *Cursors* verwenden.

---

[2] Borland International Inc. »Borland Database Engine Version 2.0 – User's Guide«; 1994; BOR7680

Cursor

Ein sehr wichtiges und grundlegendes BDE-Objekt ist der *Cursor*, der auf drei verschiedenen Wegen generiert werden kann:

1. Eine Tabelle wird geöffnet.
2. Die SQL-Engine führt eine SQL-Abfrage beziehungsweise eine QBE-Abfrage (eng. *Query By Example*) aus, die ein *Result Set* als Ergebnismenge zurückliefern.
3. Es werden bestimmte IDAPI-Funktionen aufgerufen, um auf die Eigenschaften eines bestimmten Objekts zuzugreifen.

Sobald der *Cursor* generiert wurde, kann das Programm in der gleichen Art und Weise auf alle drei Varianten zugreifen. Cursor bilden damit die Voraussetzung für die gemeinsame Behandlung der datensatzorientierten sowie der mengenorientierten Datenbanken. Bereits schon hier schafft die *BDE* also die Grundlagen dafür, daß Delphi eine *TTable*- und *TQuery*-Komponente in der gleichen Art und Weise verwenden kann.

Die folgende Prozedur demonstriert die dritte Variante – die IDAPI-Funktion *DbiOpenFieldTypesList* liefert als fiktive Datenbanktabelle alle unterstützten Feldtypen eines als Parameter angegebenen Treibertyps zurück. Da die BDE auch hier einen *Cursor* anlegt, darf der Client über den wiederholten Aufruf von *DbiGetNextRecord* die fiktive Tabelle Satz für Satz auslesen.

```
procedure fDbiOpenFieldTypesList(FieldTypeList: TStringList;
                          DrvType, TblType: string);
var
  TmpCursor : hDbiCur;
  FieldType : FLDType;
  result    : dbiResult;
begin
  Check(DbiOpenFieldTypesList(PChar(DrvType), PChar(TblType),
        TmpCursor));
  FieldTypeList.Clear;
  repeat
    result:= DbiGetNextRecord(TmpCursor, dbiNOLOCK,
                          @FieldType, nil);
    if (result <> DBIERR_EOF) then
      with FieldType do
        FieldTypeList.Add(Format('%s (%s)', [szName,szText]));
  until Result <> DBIERR_NONE;
  Check(DbiCloseCursor(TmpCursor));
end;
```

Betrachten Sie diese Prozedur nur als Vorgriff auf die nachfolgenden Buchabschnitte.

Mit Hilfe der *Cursor* stellt die BDE den Zugriff auf Datenbanktabellen beziehungsweise Abfrageresultate zur Verfügung. Alle Operationen, sei es die Datensatzpositionierung oder das Einfügen, Ändern und Löschen von Datensätzen, erfolgen über einen Cursor. Eine wichtige Eigenschaft eines Cursors ist dabei die *aktuelle Position*. Mit Hilfe dieses Cursors liegen sowohl die in der Tabelle selbst enthaltenen Daten als auch die Eigenschaften beziehungsweise Merkmale der Tabelle selbst im Zugriff. Aber auch ein Cursor kann bestimmte Eigenschaften annehmen – so verursacht jeder Schreibversuch über einen als *Read-Only* deklarierten Cursor eine Fehlermeldung der BDE. Einen

Sonderfall stellen die sogenannten *linked Cursors* dar, über diese verknüpften Cursor bildet die BDE die *Master-Detail-Beziehung* zwischen verschiedenen Tabellen nach.

Queries
Immer dann, wenn der Client eine *SQL-* oder *QBE*-Abfrage über die BDE ausführen läßt, generiert die BDE ein *Query-Objekt*. Analog zum *Cursor* kann der Client auch dem Query-Objekt bestimmte Eigenschaften zuweisen. Zum Beispiel sorgt die Eigenschaft „Live Answer" dafür, daß die BDE vom Client am *Result Set* vorgenommenen Änderungen in die Ursprungstabelle zurückschreiben kann.

Bookmarks
Die *Bookmarks* stellen einen allgemeingültigen Mechanismus zur Verfügung, um die aktuelle Position eines Cursor in der Datenmenge zu speichern. Damit kann der Client eine einmal gespeicherte Position zu jeder Zeit wieder aktivieren.

Einsatzbeispiel „DriverExplorer"

Um aus dem eigenen Programm heraus auf *IDAPI*-Funktionen zugreifen zu können, müssen Sie die IDAPI-Unit „BDE" von Hand in die Uses-Klausel aufnehmen.

```
implementation
uses mainform, BDE;
```

In der Delphi-Unit „bde.pas" werden die IDAPI-Datenstrukturen und Funktionen deklariert und Konstanten definiert. Prinzipiell gilt, daß vor dem ersten Aufruf einer IDAPI-Funktion die Verbindung zur BDE erst initialisiert werden muß. Die entsprechende Funktion trägt den Namen *DbiInit* und muß nur dann aufgerufen werden, wenn im Programm keine *Datenbankzugriffskomponenten* aktiv sind. Solange eine *TTable*- beziehungsweise *TQuery*-Komponente geöffnet ist, darf unbesorgt über IDAPI auf die *Borland Database Engine* zugegriffen werden.

Das Beispielprogramm „DriverExplorer" zeichnet sich durch zwei Besonderheiten aus – zum einen werden keine Datenbankzugriffskomponenten verwendet und zum andern wird *DbiInit* aufgerufen, um die *BDE* zu initialisieren.

Sie finden das Projekt „DriverExplorer" im Verzeichnis „Kapitel 1\DriverExplorer" auf der CDROM.

Abb. 1.44: Der STANDARD-Treiber für dBASE-Tabellen wird untersucht

Trotz dieser spärlichen Komponentenbestückung ermittelt das Programm interessante Daten. Für einen ausgewählten Datenbanktreiber listet der DriverExplorer alle unterstützten Tabellenformate auf. Doch nicht nur das, auch die zur Verfügung stehenden Datentypen sowie die unterstützten Indextypen werden angezeigt.

Im folgenden Abdruck der Projektdateien habe ich alle Kommentarzeilen entfernt (ein Zugeständnis an den begrenzten Umfang dieses Buches). Im Originalprojekt auf der CD-ROM liegen die Units selbstverständlich in einer gut kommentierten Fassung vor.

```pascal
procedure TForm1.FormCreate(Sender: TObject);
var
  DriverList : TStringList;
  iIdx       : Integer;
begin
  Check(dbiInit(nil));
  DriverList := TStringList.Create;
  try
    fDbiOpenDriverList(DriverList);
    for iIdx := 0 to DriverList.Count - 1 do
      ComboBoxDriver.Items.Add(DriverList.Strings[iIDx]);
  finally
    DriverList.Free;
  end;
end;

procedure TForm1.ComboBoxDriverChange(Sender: TObject);
var
  TblTypeList, TmpTypeList  : TStringList;
  iIdx, iIdx2, iPos1, iPos2 : Integer;
  Node, Node2               : TTreeNode;
  sDrvType, sTblType        : String;
begin
  TreeViewTable.Items.Clear;
  TblTypeList := TStringList.Create;
  sDrvType := ComboBoxDriver.Items[ComboBoxDriver.ItemIndex];
  try
    fDbiOpenTableTypesList(TblTypeList, sDrvType);
    with TreeViewTable do begin
      for iIdx := 0 to TblTypeList.Count - 1 do begin
        sTblType := TblTypeList.Strings[iIdx];
        Node := Items.AddChild(nil, sTblType);
        Node2 := Items.AddChild(Node, 'Feldtypen');
        TmpTypeList := TStringList.Create;
        try
          iPos1 := Pos('(',sTblType);
          iPos2 := Pos(')',sTblType);
          sTblType := Copy(sTblType,iPos1 + 1,iPos2 - iPos1 - 1);
          fDbiOpenFieldTypesList(TmpTypeList, sDrvType, sTblType);
          for iIdx2 := 0 to TmpTypeList.Count - 1 do begin
            Items.AddChild(Node2, TmpTypeList.Strings[iIDx2]);
          end;
        finally
          TmpTypeList.Free;
        end;
        Node2 := Items.AddChild(Node, 'Indextypen');
        TmpTypeList := TStringList.Create;
        try
```

```
            fDbiOpenIndexTypesList(TmpTypeList, sDrvType);
            for iIdx2 := 0 to TmpTypeList.Count - 1 do begin
              Items.AddChild(Node2, TmpTypeList.Strings[iIDx2]);
            end;
          finally
            TmpTypeList.Free;
          end;
        end;
      end;
    finally
      TblTypeList.Free;
    end;
end;
```

Das Programm ruft die eigene globale Funktion *fDbiOpenDriverList* auf, um alle in der BDE installierten *Datenbanktreiber* ermitteln zu können. Im Ergebnis dieses Funktionsaufrufs generiert die BDE einen *Cursor* auf die Ergebnistabelle. Der Client – also das Programm „DriverExplorer" – ist anschließend in eigener Regie für das Auslesen dieser Ergebnistabelle zuständig. Die Implementierung dazu finden Sie in der formularlosen Unit „DrvCaps".

```
procedure fDbiOpenDriverList(var DriverList: TStringList);
var
  TmpCursor : hdbicur;
  Driver    : DRVType;
  rslt      : dbiResult;
begin
  Check(DbiOpenDriverList(TmpCursor));
  DriverList.Clear;
  repeat
    rslt:= DbiGetNextRecord(TmpCursor, dbiNOLOCK, @Driver, nil);
    if (rslt <> DBIERR_EOF) then
       DriverList.Add(StrPas(Driver.szType))
  until rslt <> DBIERR_NONE;
  Check(DbiCloseCursor(TmpCursor));
end;
```

Bevor Sie nun vor Ehrfurcht erschauern sei verraten, daß diese Prozedur komplett via Zwischenablage aus der Delphi-Hilfedatei „bde32.hlp" kopiert wurde. Sie sehen – das Stöbern in den Hilfedateien macht sich wirklich bezahlt. Die *IDAPI*-Funktion *DbiOpenDriverList* bekommt nur einen Parameter mit auf den Weg, indem die *BDE* das Cursor-Handle auf die Ergebnistabelle ablegt. In einer Repeat-Schleife liest nur die Funktion alle Datensätze der Ergebnistabelle über die IDAPI-Funktion *DbiGetNextRecord* aus und verpackt die ausgelesenen Daten in einer *TStringList*-Instanz. Im Ergebnis dieses Zusammenspiels füllt der nochmals auszugsweise aufgeführte Konstrukt

```
fDbiOpenDriverList(DriverList);
for iIdx := 0 to DriverList.Count - 1 do
  ComboBoxDriver.Items.Add(DriverList.Strings[iIDx]);
```

die ComboBox mit den Namen für die installierten Datenbanktreiber. Auf die prinzipiell gleiche Art und Weise implementiert „DriverExplorer" auch die zweite Aufgabe für das Auslesen der Eigenschaften eines ausgewählten Datenbanktreibers. Die verwendete *TTreeView*-Komponente steht seit *Delphi 2.0* zur Verfügung und muß daher in einem *Delphi 3.0*-Datenbankbuch nicht näher erläutert werden. Falls Sie doch Probleme haben, schauen Sie sich am besten die kommentierte Originalfassung von „DriverExplorer" auf der CD-ROM an.

Einsatzbeispiel Datensatznummernanzeige

Im Verzeichnis „Kapitel 1\Datensatznummer"« der CD-ROM finden Sie zwei Beispielprogramme für die Implementierung einer Datensatznummernanzeige. Für den Anwender des Datenbankprogramms ist es sehr hilfreich, wenn er einen Überblick darüber hat, wo er sich gerade im Datenbestand befindet. Gerade beim Durchblättern des Datenbestandes ist eine Anzeige wie „Datensatz 120 von 124" sehr nützlich, da der Anwender jederzeit über die aktuelle Position informiert ist. Um die Anzahl aller Datensätze zu ermitteln, stellt Delphi über die Komponenten eine entsprechende Eigenschaft bereit. Dies gilt leider nicht für die aktuelle Position, hier ist Handarbeit angesagt.

Auch auf die Gefahr hin, daß ich mich zu oft wiederhole, derart datenbankspezifische Aufgaben darf eine TTable- beziehungsweise TQuery-Komponente nicht berücksichtigen. Die Designer der VCL-Klassenbibliothek haben an dieser Stelle also nichts vergessen!

Variante 1
Die Formular-Unit „mainfrm1.pas" des Projektes „version1.dpr" unterstützt nur Tabellen im *Paradox*-Tabellenformat. Zwar können Sie ohne eine Fehlermeldung zu provozieren auch eine *dBASE*-Tabelle ansprechen, das Resultat der Positionsanzeige läßt dann jedoch stark zu wünschen übrig.

```
procedure TFormMain.DataSourceArtikelDataChange(Sender: TObject;
                                                Field: TField);
var
  lRecordNumber : LongInt;
begin
  if TableArtikel.State = dsInactive then begin
    MessageBeep(0);
    Exit
  end;
  TableArtikel.UpdateCursorPos;
  DbiGetSeqNo(TableArtikel.Handle, lRecordNumber);
  Panel1.Caption := Format('Datensatz %d von %d',
                    [lRecordNumber, TableArtikel.Recordcount])
end;
```

Die erste Besonderheit ist die zweite *Uses*-Klausel gleich hinter *Implementation*. Die Delphi-Unit „BDE" wird benötigt, um dem Compiler die *IDAPI*-Datenstrukturen beziehungsweise Funktionen bekanntzumachen. Als zweite Besonderheit wird im Formular eine Ereignisbehandlungsmethode für das *OnDataChange*-Ereignis der *TDataSource*-Instanz implementiert. Bei jeder Datensatzänderung wird dieses Ereignis von Delphi generiert, so daß die Methode die Statuszeilenanzeige aktualisieren kann.

Der Aufruf von *DbiInit* ist im Gegensatz zum Beispielprojekt „DriverExplorer" nicht notwendig, da bereits vor dem ersten Aufruf einer IDAPI-Funktion eine *Datenbankzugriffskomponente* („TableArtikel") geöffnet ist. Somit hat der *Client* die *BDE* bereits initialisiert.

In der Methode *DataSourceArtikelDataChange* wird gleich am Anfang geprüft, ob die Tabelle (sprich die *TTable*-Komponente) geöffnet ist. Strenggenommen ist in diesem Beispiel diese Prüfung überflüssig, da bei deaktivierter Tabelle auch die Navigatorkomponente nicht aktiv ist. Der folgende Aufruf von *UpdateCursorPos* synchronisiert den VCL-Komponentencursor mit dem zugrundeliegenden BDE-Tabellencursor. Diese Methode wird von *TTable* zur Verfügung gestellt und ist damit keine eigenständige IDAPI-Funktion. Die IDAPI-Funktionen beginnen alle mit der Zeichenkette „Dbi", so daß *DbiGetSeqNo* sofort zugeordnet werden kann. Diese IDAPI-Methode kann nur beim Zugriff auf eine *Paradox*-Tabelle verwendet werden. Der Grund dafür liegt im unterschiedlichen Aufbau der einzelnen Datenbankformate, mehr dazu erfahren Sie im zweiten Beispiel.

DbiGetSeqNo erwartet zwei Parameter, zum einen das *Cursor*-Handle, das beim Initialisieren der IDAPI-Verbindung generiert wurde und als zweiten Parameter einen Zeiger auf eine 32-Bit-Variable, in der die aktuelle Datensatznummer abgelegt werden kann.

Der Begriff Datensatznummer ist bei einer Paradox-Tabelle so nicht ganz korrekt, Borland spricht lieber von einer Sequenznummer. Die Sequenznummer ist die relative Position vom Beginn der Datenmenge aus betrachtet. Aus diesem Grund hängt die Sequenznummer auch vom gerade verwendeten *Index* oder *Filter* ab. Liefert ein aktiver Filter zum Beispiel nur 10 Datensätze zurück, so resultiert aus der Sequenznummer immer eine korrekte Anzeige für den ersten bis zehnten Datensatz. Bei der Datensatznummer einer *dBASE*-Tabelle ist das nicht so, so daß sich beim Umschalten auf einen anderen Index eine unschöne Anzeige ergibt.

Datensatznummernanzeige – Variante 2

Das zweite Beispiel „version2.dpr" verwendet andere IDAPI-Aufrufe. Auf den ersten Blick sieht die zweite Lösung aufwendiger und umständlicher aus. Dafür werden jedoch sowohl *dBASE*- als auch *Paradox*-Tabellen korrekt bedient. Der erste Listingteil ist mit dem Beispiel 1 identisch, so daß ich nur die Unterschiede vorstelle.

Im Programm wird zur Laufzeit eine frei wählbare Tabelle geöffnet, über das Menü können Sie sowohl eine *dBASE*- als auch *Paradox*-Tabelle aufrufen.

```
procedure TMainForm.MDOpenClick(Sender: TObject);
var
  sTableFile : String;
  sFileExt   : String;
begin
  if OpenDialog1.Execute then begin
    sTableFile := OpenDialog1.Filename;
    sFileExt := UpperCase(ExtractFileExt(sTableFile));
    if (sFileExt = '.DBF') or (sFileExt = '.DB') then begin
      with Table1 do begin
        if Active then Active := False;
        TableName := sTableFile;
        Active := True;
        DBGrid1.Visible := True
      end
    end
  end
end;
```

Auch hier wird die *TTable*-Komponente in den aktiven Zustand geschaltet, so daß ein gültiger Tabellencursor vorliegt. Die Ereignisbehandlungsmethode für *OnDataChange* sieht folgendermaßen aus.

```
procedure TMainForm.DataSource1DataChange(Sender: TObject;
                                         Field: TField);
var
  CursorProps  : CurProps;
  RecordProps  : RECProps;
  lRecNo       : LongInt;
begin
  with Table1 do begin
    Check(DBIGetCursorProps(Handle, CursorProps));
    UpdateCursorPos;
    Check(DBIGetRecord(Handle, DBINoLock, nil, @RecordProps));
    case CursorProps.iSeqNums of
      0 : lRecNo := RecordProps.iPhyRecNum; { dBase }
      1 : lRecNo := RecordProps.iSeqNum;    { Paradox }
    end
  end;
  Panel1.Caption := Format(' Datensatz %d von %d',
                           [lRecNO, Table1.RecordCount]);;
end;
```

Jede *IDAPI*-Funktion gibt einen Rückgabewert zurück, mit dessen Hilfe der erfolgreiche Aufruf der Funktion ausgewertet werden kann. Im ersten Beispiel habe ich mir die Sache vereinfacht, indem der Rückgabewert ignoriert wurde. Im zweiten Beispiel wird diese Prüfung des Rückgabewertes an die Delphi-Prozedur *Check* übertragen. Die verwendete Prozedur *Check* wird in Delphi wie folgt deklariert.

```
procedure Check(Status: Integer);
```

Die Prozedur *Check* testet *Status* – also das Ergebnis der IDAPI-Funktion – auf einen Wert ungleich Null und ruft in diesem Fall *DbiError* auf.

Zuerst muß geprüft werden, welches Tabellenformat vorliegt. Dazu dient die IDAPI-Funktion *DbiGetCursorProps*. Im Record vom Typ *CurProps* wird das Ergebnis abgelegt, diese Struktur enthält dabei mehr als 30 Felder! Nur das Feld *iSeqNums* ist für diese Aufgabe von Interesse, da mit Hilfe dieses Wertes eine dBASE-Tabelle von einer Paradox-Tabelle unterschieden werden kann.

Die IDAPI-Funktion *DbiGetRecord* liest die gewünschte Information über die Datensatznummer aus und legt die Werte für die aktuelle Datensatznummer im Record vom Typ *RECProps* ab. Der Record enthält unter anderem die folgenden Felder:

Tabelle 1.27: Ausgewählte Datenfelder des »RECProps«-Rekords

Recordfeld	Bedeutung
iSeqNum	Entspricht der Sequence-Nummer des Datensatzes. Dieses Feld wird nur in Paradox-Tabellen unterstützt.
iPhyRecNum	Entspricht der physikalischen Datensatznummer. Dieses Feld wird nur in dBASE-Tabellen unterstützt.

Jetzt wird auch ersichtlich, warum vorher das Tabellenformat sicher erkannt werden muß. Je nach Format muß die Datensatznummer aus einem anderen Feld der Struktur ausgelesen werden.

Damit die IDAPI-Funktion fehlerfrei aufgerufen werden kann, müssen die notwendigen Parameter bereitgestellt werden. Der erste – Handle – definiert das *Cursor*-Handle der zu untersuchenden Tabelle. *DbiNoLock* legt fest, daß keine Zugriffssperre für den Datensatz benötigt wird. Der *nil*-Zeiger führt dazu, daß der Datensatzinhalt nicht zurückgeliefert wird, während der letzte Parameter – „@RecordProps" – einen Zeiger auf den Record darstellt, in dem das Ergebnis abgelegt werden soll.

```
var
  RecordProps : RECProps;
```

Den benötigten Speicherplatz hat der Compiler bereits reserviert, da die lokale Variable *RecordProps* als ein *RECProps*-Typ deklariert wurde.

1.8 Resümee

Das erste Kapitel haben Sie nun geschafft. Dieses überwiegend theoretische Kapitel war notwendig, um einen gewissen fachlichen Unterbau abzusichern, bevor mit der Entwicklung der Beispiel-Datenbankanwendung dieses Buches begonnen wird. Neben einen Überblick über allgemeine Anforderungen an ein Datenbanksystem stand vor allem der Zugriff auf Tabellen über die Borland Database Engine im Mittelpunkt. Als Ergebnis der Vorstellung der verschiedenen Datenbankformate sollten Sie in der Lage sein, für Ihre Aufgaben das am besten geeignete Format auszuwählen. Sind Sie hier noch unsicher? Das macht gar nichts, ab jetzt wird im Buch eine Datenbankanwendung Schritt für Schritt entwickelt. Viele der bislang kurz angesprochenen theoretischen Aspekte erklären sich im praktischen Einsatz von selbst.

2 Datenbankdesign

Allerdings bekommen Sie auch im zweiten Kapitel noch nicht viel von Delphi zu sehen. In einer Datenbankanwendung sind immer zwei Teile beteiligt, zum einen das Anwendungsprogramm und zum anderen die Datenbank. Bevor auch nur eine Zeile des Anwendungsprogramms geschrieben wird, muß das der Anwendung zugrundeliegende Datenmodell und damit der Aufbau der Datenbank entwickelt werden. Das jahrelang in der Softwarebranche bei der Entwicklung verwendete „Wasserfallmodell" verliert immer mehr an Bedeutung. Der Grund dafür liegt darin, daß in der heutigen schnellebigen Zeit einfach die dafür benötigte Zeit nicht mehr zur Verfügung steht. Delphi wird auch nicht ohne Grund als RAD-Tool bezeichnet, der aus dem englischen stammende Begriff RAD (*Rapid Application Development*) steht für die Programmentwicklung in kürzester Zeit.

Das bisher verwendete Wasserfallmodell hat einen großen Vorteil. Durch die strikte Trennung in verschiedene Entwicklungsabschnitte bei gleichzeitiger getrennter Verantwortlichkeit liegt eine vollständige Beschreibung der Anforderungen an das Programm vor. Die Planung, die Problemanalyse, das Programmdesign und die Programmierung werden getrennt voneinander erledigt, wobei sich die Programmierer

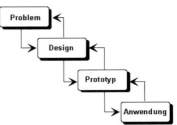

Abb. 2.1: Veraltete Softwareentwicklung als Wasserfallmodell

nur auf die vorbereiteten Unterlagen stützen. Eine direkte Interaktion mit dem Programmanwender ist in diesem Modell nicht vorgesehen. Der gravierende Nachteil dieser Herangehensweise liegt damit auf der Hand, das Wasserfallmodell bringt zwangsläufig lange Entwicklungszeiten mit sich. Bei jeder Änderung müssen sich die beteiligten Arbeitsgruppen neu abstimmen, so daß der Programmanwender lange auf die erste funktionstüchtige Programmversion warten muß. In der heutigen Zeit ist nun dies nicht mehr tragbar, so daß ein anderes Modell verwendet wird.

Das sogenannte RAD-Modell wird immer häufiger eingesetzt. Damit verkürzen sich die Entwicklungszeiten für eine Anwendung dramatisch. Die Grundidee liegt dabei darin, daß neben den entsprechenden Entwicklungswerkzeugen auch eine unmittelbare Zusammenarbeit mit dem Programmanwender einbezogen wird. Die Entwicklung verläuft nicht mehr wie beim Wasserfallmodell von oben nach unten, sondern kann in jeder Phase des Kreislaufes beginnen. Neben den erhöhten Anforderungen an den Softwareentwickler muß auch das Entwicklungswerkzeug dafür geeignet sein, ein Aspekt, der von Delphi in jedem Fall erfüllt wird.

Der Softwareentwicklungsprozeß läßt sich in mehrere Phasen unterteilen. Alle Phasen werden zeitgleich ausgeführt, das heißt, auch wenn eine Phase noch nicht abgeschlossen ist, kann mit der nächsten Phase begonnen werden. Auch der Anfang des Entwicklungsprozesses wird nicht dogmatisch festgeschrieben. Das Projekt kann so zum Beispiel mit einem funktionstüchtigen Prototyp beginnen, der erst im Nachhinein an andere Anforderungen des Endanwenders angepaßt wird. Gerade beim

Abb. 2.2: Neues Softwareentwicklungsmodell

Entwickeln des Datenmodells werden Änderungen aufgrund der beim Prototyp gewonnenen Erkenntnisse sehr wahrscheinlich. So dürfte es Ihnen wahrscheinlich auch passieren, daß Sie fehlende *Schlüssel* und *Sekundärindizes* erst dann feststellen, wenn Sie zum Beispiel eine *TDBLookupCombo*-Komponente im Formular konfigurieren. In diesem Modell sind derartige Änderungen keine Katastrophe, sondern die Normalität.

Nicht das Sie mich hier falsch verstehen, dies ist kein Plädoyer für die Anarchie in der Softwareentwicklung. Eine Planung ist immer noch notwendig, wobei allerdings der Anspruch wegfällt, in der Planungsphase alle Anforderungen und Aspekte berücksichtigen zu müssen.

2.1 Theoretische Grundlagen

Planung ist der erste Schritt, um eine Tabelle einer Datenbank zu erzeugen. Sie müssen entscheiden, was die Tabelle enthält und wie sie gestaltet werden soll. Wenn Sie eine Tabelle planen, sollten Sie die folgenden Richtlinien beachten:

- Legen Sie in jedem Feld so wenige Informationen wie möglich ab. Dies ermöglicht eine flexiblere Pflege der Daten und direktere Abfragen. Wenn Sie beispielsweise eine Adresse in separate Felder für Straße, Hausnummer und Stadt unterteilen, können Sie die einzelnen Feldwerte in einfacher Weise abfragen. Bei der Umstellung auf die fünfstelligen Postleitzahlen hatten alle diejenigen gute Karten, die dieser Richtlinie gefolgt waren.
- Achten Sie auf Vollständigkeit: Versuchen Sie, für alle benötigten Informationen Felder vorzusehen, aber überladen Sie die Tabelle nicht mit unnötigen Informationen. Bemerken Sie zu einem späteren Zeitpunkt, daß Sie ein zusätzliches Feld benötigen, können Sie dieses noch hinzufügen. Legen Sie keine Informationen in Tabellen ab, die berechnet werden können. Im Beispiel der Auftragsverwaltung bedeutet dies, wenn der Artikelpreis und die Anzahl als Spalten in der Tabelle enthalten sind, ist der Gesamtpreis überflüssig, da diese Angabe jederzeit errechnet werden kann.
- Verwenden Sie kleine Tabellen. Müssen Sie eine große Anzahl von Informationen organisieren, ist es besser, mehrere kleine Tabellen zu erstellen, die miteinander verbunden sind, als eine große, die alle Informationen enthält. Setzen Sie das *Paradox*-Tabellenformat ein? Ja – dann können Sie hier nichts falsch machen. Paradox setzt mit der maximalen Datensatzlänge ein natürliches Hindernis für ein allzu großzügiges Design.
- Halten Sie Ihre Tabellen übersichtlich. Es ist meist vorteilhaft, die Tabellen so zu erstellen, daß sie Objekten entsprechen, die Ihnen vertraut sind, beispielsweise Formulare und Dateien.
- Vermeiden Sie Redundanz. Legen Sie keine Informationen doppelt in verschiedenen Tabellen an, außer in den gemeinsamen Feldern, die zur Verknüpfung von Tabellen benötigt werden.
- Verwenden Sie aussagekräftige Spaltennamen für Ihre Tabellen.
- Dokumentieren Sie das erarbeitete Datenmodell, wobei eine graphische Übersicht während der Entwicklung der Datenbankanwendung zur Hand sein sollte.
- Wählen Sie die einzusetzende Datenbank erst dann aus, wenn das Datenmodell zusammen mit den Anforderungen an die Datenbank feststeht. Erst zu diesem Zeitpunkt liegen Ihnen Informationen über die benötigten Feldtypen sowie der anderen Anforderungen an die Datenbank vor.

2.1.1 Eintabellen- versus Multitabellen-Datenbanken

Warum dieser Aufwand, werden Sie nun vielleicht fragen. Selbstverständlich hindert Sie niemand daran, alle Informationen auch nur in einer Datenbanktabelle zu speichern, die alle benötigten Informationsfelder enthält. Als Anwendungsentwickler erleichtern Sie sich erheblich die Arbeit, da der Datenbankexperte von Delphi das Grundgerüst der Anwendung vollständig entwirft. Den „Schwarzen Peter" schieben Sie dann allerdings dem Anwender zu, denn er muß mit den sogenannten Update-Anomalien leben, die zwangsläufig bei einem Eintabellenmodell auftreten. Für das fiktive Beispiel einer Bibliotheksverwaltung treten dann die folgenden Probleme auf:

Tabelle 2.1: Update-Anomalien bei einer nicht normalisierten Datenbank

Anomalie	Beschreibung
Einfügen-Anomalie	Ein neuer Datensatz kann erst dann eingetragen werden, wenn alle Spalteninformationen für die Pflichtfelder vorliegen. Für den Fall, daß Sie nur einen neuen Leser erfassen wollen, hindert Sie das Pflichtfeld „Buch" am Abspeichern des Datensatzes.
Lösch-Anomalie	Löschen Sie den letzten Datensatz für ein ausgeliehenes Buch, so gehen auch alle Informationen zum Leser verloren. Leiht sich der Leser zu einem späteren Zeitpunkt wieder ein Buch aus, so müssen auch alle Daten zu seiner Person neu erfaßt werden..
Änderungs-Anomalie	Ändern sich zum Beispiel die Daten des Lesers, so müssen Sie alle Datensätze für die ausgeliehenen Bücher ändern. Die Ursache dafür liegt in der Datenredundanz, obwohl die Daten für den Leser nur einmal benötigt werden, enthalten alle Datensätze diese Informationen.

Um diesen Problemen von vornherein aus dem Weg zu gehen, sollten Sie die Informationen auf mehrere Tabellen aufteilen. Dieses Aufsplitten auf mehrere Datenbanktabellen wird als Normalisierung bezeichnet. Für Sie als Anwendungsentwickler steht dabei nicht die vollständig normalisierte Datenbank im Mittelpunkt, sondern die effektivste Datenbanklösung. Je mehr eine Datenbank normalisiert wird, um so mehr verschiebt sich die Waage in Richtung höherer Entwicklungsaufwand und längere Zugriffszeiten auf die Datenbank. In den meisten Fällen ist es daher gerechtfertigt, die Normalisierung abzuschließen, wenn die Datenbank bereits die gestellten Anforderungen erfüllt.

2.1.2 Normalisierung einer Datenbank

Mit dem Begriff „Normalisierung" wird eine Technik des logischen Datenbankdesigns bezeichnet. Die Datenbanktheoretiker haben dazu fünf Zustände (Formen) einer Datenbank herausgearbeitet. Von diesen fünf Stufen werden nur drei tatsächlich in fast jeder Datenbank angewendet, wobei bestimmte Umstrukturierungsarbeiten am Datenmodell zu einer höheren Stufe führen. Im Ergebnis dieser Arbeiten soll am Ende eine Datenbank vorliegen, die folgenden Anforderungen genügt:

1. Vermeiden von redundanten Informationen in der Datenbank.
2. Wirksamer Schutz gegen die bereits vorgestellten Update-Anomalien.

3. Flexible, langfristig brauchbare Datenstrukturen.
4. Einfache Wartung und Datenpflege sowie kostengünstige Erweiterungsfähigkeit.

Die beiden letzten Punkte haben in der Praxis einen hohen Stellenwert, fast jede Datenbank muß im Laufe ihres Einsatzes wohl mehr oder weniger den neuen Anforderungen angepaßt werden.
Niemand zwingt Sie, beim Entwurf einer Datenbank mit der unnormalisierten Form anzufangen und alle Schritte nacheinander abzuarbeiten. In der Regel wird der Entwickler bereits beim ersten Entwurf intuitiv eine Struktur wählen, die irgendwo zwischen erster und dritter Normalform liegt.

Tabelle 2.2: Steckbrief der Normalformen

Normalisierungsform	Beschreibung
Unnormalisierte Form	Alle Informationen befinden sich in einer Tabelle.
1. Normalform	Jede Spalte einer Tabelle enthält unteilbare Informationen. Die Datensätze verwenden keine sich wiederholenden Informationen, die nicht auch zu einer separaten Gruppe zusammengefaßt werden könnten.
2. Normalform	Alle Informationen in den Nicht-Schlüsselfeldern der Tabelle hängen nur vom verwendeten Primärschlüssel ab.
3. Normalform	Alle Informationen in den Nicht-Schlüsselfeldern der Tabelle sind untereinander vollständig unabhängig.
4. Normalform	In der gleichen Tabelle sind keine unabhängigen Entitäten vorhanden, zwischen denen eine n:m-Beziehung bestehen könnte.
5. Normalform	Die normalisierte Datenbank muß sich komplett ohne Informationsverlust in den unnormalisierten Ursprungszustand konvertieren lassen.

Beispiel

Angenommen, Sie als PKW-Händler verkaufen Neu- und Gebrauchtfahrzeuge. Jeder, der etwas auf sich hält, macht das heutzutage über ein PC-Programm. Also wird eine Datenbank gebraucht. Der erste, auf die schnelle gemachte Entwurf hat vielleicht das in der Abb. 2.3 gezeigte Aussehen. In der Darstellung werden die Schlüsselfelder der Tabellen unterstrichen.

Alle Informationen werden im Ausgangszustand über eine Tabelle verwaltet.

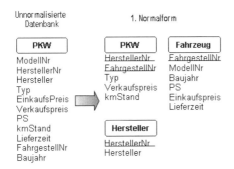

Abb. 2.3 : Der erste Normalisierungsschritt

Im ersten Schritt werden alle wiederkehrenden Informationen, die sich in eine Gruppe zusammenfassen lassen, aus der Ursprungstabelle entfernt und in eigenständige Tabelle übernommen. Jede Tabelle verwendet dazu *Primärschlüssel* für eine, beziehungsweise als zusammengesetzter Primärschlüssel, für zwei Spalten der Tabelle.

Um die Datenbank in die zweite Normalform zu bringen, muß die Tabelle „PKW" umstrukturiert werden. Die Grundregel der zweiten Normalform lautet „Alle Informationen in den Nicht-Schlüsselfeldern der Tabelle hängen nur vom verwendeten Primärschlüssel ab". Die Tabelle „PKW" verwendet einen zusammengesetzten Primärschlüssel. Aber die Eigenschaft „Typ" hängt in unserem Beispiel nur von der Fahrgestellnummer ab, aber nicht von der Herstellernummer.

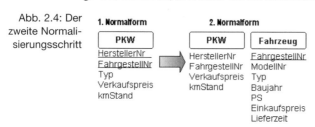

Abb. 2.4: Der zweite Normalisierungsschritt

Die Spalte „Typ" wird daher aus der Tabelle „PKW" in die Tabelle „Fahrzeug" verschoben. Um die Datenbank in die dritte Normalform umzuwandeln, muß geprüft werden, ob irgendwo die Regel „Alle Informationen in den Nicht-Schlüsselfeldern der Tabelle sind untereinander vollständig unabhängig." verletzt wird. In der Tabelle „Fahrzeug" werden wir fündig, das Nicht-Schlüsselfeld „Lieferzeit" hängt vom Nicht-Schlüsselfeld „ModellNr" ab. Die Spalten „ModellNr", „Typ", „PS" und „Lieferzeit" können in die neue Tabelle „Modell" ausgelagert werden, wobei die Modellnummer den Primärschlüssel bildet.

2.2 Praktische Umsetzung am Beispiel „ShareMan"

2.2.1 Problemanalyse

Die Schritt für Schritt zu entwickelnde Datenbankanwendung soll als Verwaltungsprogramm für Ihr hoffentlich umfangreiches Wertpapierportfolio vielseitig verwendbar sein. Eine Datenbankanwendung wird ja nicht zum Selbstzweck entwickelt und gepflegt, es ist daher ein guter Ansatzpunkt, mit dem Festlegen eines Pflichtenheftes zu beginnen. Versuchen Sie, hier alle Anforderungen zu beschreiben. Zur besseren Übersicht sind kurze, prägnante Aufzählungen der einzelnen Punkte gut geeignet.

- Erfassen der wichtigsten Kenndaten zu Aktien und Investmentfonds.
- Erfassen von Kursdaten zu den einzelnen Aktien.
- Bereitstellen von visuellen Informationen zum Kursverlauf einer ausgewählten Aktie.
- Bereitstellen von Informationen, die für eine Kauf- oder Verkaufsentscheidung benötigt werden.
- Erfassen von Informationen zum Kauf beziehungsweise Verkauf von Wertpapieren.
- Führen eines Kontobuches, über das auch alle anfallenden Zusatzkosten verwaltet werden. Über eine Druckfunktion soll dieses Kontobuch aufs Papier gebracht werden können.
- Bereitstellen von Informationen über die Rendite des Wertpapierportfolios.

Nachdem die Anforderungen an die Datenbankanwendung feststehen, werden alle benötigten Informationsfelder zu Papier gebracht. Dabei können Sie auf verschiedenen Wegen vorgehen. Eine Lösungsvariante besteht darin, alle Informationen für einen Datensatz einfach aufzulisten. Aus der verbalen Beschreibung der Anforderungen werden die einzelnen Objekte – die Entitäten – abgeleitet.

Aufstellung aller Informationen zu einem Datensatz

In Form einer Tabelle stellen Sie alle Informationen zusammen, die in einem Datensatz erfaßt werden. Um rein visuell eventuelle redundante Daten erkennen zu können, sollten dabei auch einige Datensätze mit echten Informationen ausgefüllt werden. Normalerweise bilden die Informationsfelder dabei die *Spalten* und die Datensätze die *Zeilen*. Bei umfangreichen Daten nehmen Sie dazu ein entsprechend großes Blatt Papier. Hier im Buch ist der Platz beschränkt, so daß ich ausnahmsweise bei dieser Aufstellung die Spalten vertikal und die Zeilen horizontal anordne.

Tabelle 2.3: Zusammenstellung der benötigten Informationsmenge

Information	Beispiel 1	Beispiel 2
Wertpapiername	BASF	Fielmann Vorzug
Wertpapierkennnummer	515100	577223
Nennwert	5,00 DM	5,00 DM
Börsenplatz	Frankfurt/Main	Frankfurt/Main
Datum der Hauptversammlung	09.05.1997	-
Dividente	1,40 DM	1,80 DM
Minimaler Kurswert	30,35 DM	47,40 DM
Maximaler Kurswert	61,95 DM	85,30 DM
Bemerkungen	Low-5-Depot	-
Tageskursdatum	10.01.97	10.12.97
Tageskurs	57,70 DM	53,15 DM
Tageskurs-Bemerkung		bG
Orderdatum		23.09.96
Orderart (Kauf oder Verkauf)		Kauf
Orderanzahl		40
Orderkurs		60,00 DM
Ordergebühr		16,32 DM
Datum der Kontobewegung		23.09.96
Kontovorgang		Kauf
Posten		Fielmann Vorzug
Betrag		-2416,34 DM
Kontostand		1797,36 DM

Nachdem die Beispieldatensätze auf Papier gebracht (oder auch in den Rechner eingetippt) wurden, können Sie mit der Suche nach redundanten Informationen beginnen. Weiterhin muß geprüft werden, welche Anforderungen an mögliche Feldwerte gestellt werden. Auch ist von Interesse, welchen Wertebereich einzelne Felder annehmen können.

Es ist immer von Vorteil, die Datenstruktur gut zu dokumentieren. Ich empfehle Ihnen daher, für jedes Informationsfeld eine kurze Zusammenstellung der Erkenntnisse schriftlich zusammenzustellen.

Informationsfeld „Wertpapiername"

Im Feld „Wertpapiername" legen Sie die Bezeichnung des Wertpapiers ab. Jedes amtlich an der Börse gehandeltes Papier hat einen eindeutigen Namen. Der Programmanwender wird einen bestimmten Datensatz in diesem Feld suchen. Das Feld muß alle Zeichen aufnehmen können, die maximale Textlänge wird mit 25 Zeichen angenommen. Jeder Datensatz muß einen eindeutigen Wertpapiernamen besitzen, damit sollte geprüft werden, ob dieses Feld als Schlüsselfeld einer Tabelle verwendet werden kann.

Informationsfeld „Wertpapierkennnummer"

Das numerische Feld „Wertpapierkennnummer" nimmt die eindeutige Kennummer eines amtlich an der Börse gehandelten Wertpapiers auf. Damit besteht zwischen dem Wertpapiernamen und der Wertpapierkennnummer ein unmittelbarer Zusammenhang. Da der Anwender nicht in jedem Fall sofort die Wertpapierkennnummer für eine neu zu erfassende Aktie kennt, kommt dieses Feld nicht als Schlüssel einer Tabelle in Frage.

Informationsfeld „Nennwert"

Das Feld „Nennwert" nimmt den DM-Betrag des Nennwertes eines Wertpapiers auf. Der Nennwert kennzeichnet damit den Anteil am Betriebsvermögen der Aktiengesellschaft, den ein Aktionär mit dem Kauf erwirbt. In Deutschland sind fast ausschließlich nur zwei verschiedene Nennwertbeträge üblich – entweder 50 DM oder 5 DM. Die *Eigenschaft* „Nennwert" besitzt damit einen sehr kleinen Wertebereich. Damit sollte geprüft werden, ob das Feld „Nennwert" nicht in eine eigene Tabelle ausgelagert werden kann. Eine endgültige Bewertung ist erst dann sinnvoll, wenn die Entscheidung für ein bestimmtes Datenbankformat gefallen ist. Erst dann lassen sich bei Feldern mit geringem Platzbedarf in der Tabelle Aussagen zu den Vor- und Nachteilen treffen.

Informationsfeld „Börsenplatz"

Im Feld „Börsenplatz" wird die Börse angegeben, an der das Wertpapier gehandelt wird. Obwohl eine Aktie durchaus auch an verschiedenen Börsenplätzen gehandelt werden kann, wird nur eine Angabe benötigt, die sich dann auf den umsatzstärksten Börsenplatz bezieht. In dem Zeichenfeld wird Platz für bis zu 20 Zeichen benötigt.

Bei genauerer Betrachtung der beiden Beispieldatensätze fällt auf, daß der Börsenplatz doppelt in der Tabelle gespeichert wird. Bei jedem neuen Datensatz muß der komplette Name eingetragen werden. Der Wertebereich für die Eigenschaft „Börsenplatz" ist relativ gering (Anzahl der verschiedenen Börsen), steht jedoch nicht fest, da immer mit Neueröffnungen gerechnet werden muß. Es bietet sich an, die Angaben für das mit 20 Zeichen große Feld in eine separate Tabelle zu übernehmen. Dies hat auch den Vorteil, daß sogenannte Mutationsanomalien – die durch unterschiedliche Schreibweise auftreten – verhindert werden.

Informationsfeld „Datum der Hauptversammlung"

Im Informationsfeld wird das Datum der nächsten Hauptversammlung abgelegt. Für den Aktionär ist dieses Datum aus zwei Gründen von Interesse. Zum einen dient das Feld als Terminerinnerung, falls der Anleger sein Recht auf Teilnahme an der Hauptversammlung wahrnehmen will. Und zum anderen schütten die Aktiengesellschaften zum Datum der Hauptversammlung die Dividende aus. Beim Erfassen eines neuen Wertpapiers in der Datenbank wird das Datum der nächsten Hauptversammlung nur in den wenigsten Fällen bekannt sein, damit darf dieses Feld kein Pflichtfeld sein.

Informationsfeld „Dividende"

Falls die Aktiengesellschaft eine Dividende an die Aktionäre ausschüttet, kann der Anwender diesen Betrag in diesem Feld vermerken. Damit darf auch das Feld „Dividende" kein Pflichtfeld sein. Die Informationen dienen dazu, zusätzliche Informationen zur Beurteilung der Kapitalrendite bereitzustellen.

Informationsfelder „Minimaler Kurswert" und „Maximaler Kurswert"

Bei der Beurteilung eines Wertpapiers werden variierbare Zeitrahmen zu Grunde gelegt. Die beiden Felder informieren den Aktionär über den tiefsten und höchsten Kurs in diesem Zeitrahmen. Es ist dazu nicht notwendig, daß der Aktionär diese Werte selbst ermittelt, er wird in vielen Fällen die Daten aus dem Wirtschaftsteil großer Zeitungen übernehmen.

Informationsfeld „Bemerkungen"

In diesem Feld steht der Platz für eigene Bemerkungen und Notizen zu einem Wertpapier zur Verfügung. Als Ausgangswert wird ein benötigter Platz von 20 Zeichen angenommen.

Informationsfelder „Tageskursdatum", „Tageskurs" und „Tageskurs-Bemerkung"

Der Börsenwert eines Wertpapiers unterliegt oftmals starken Schwankungen. Vor einem Kauf beziehungsweise Verkauf wird ein Aktionär den Kursverlauf sehr genau beobachten, indem er die amtlich festgestellten Tageskurse in der Datenbank erfaßt. Damit wird im ungünstigsten Fall jeden Tag ein neuer Datensatz angelegt, der nur drei variable Informationsfelder aufweist. Zum einen das Datum für den Kurswert, dann der Kurs als DM-Betrag selbst und als dritte Information den amtlich festgestellten Status.

Tabelle 2.4: Amtliche Kürzel für den Status des Kurses

Kürzel	Bedeutung
B	*Brief* – Besagt, daß zum angegebenen Kurs nur Verkaufsangebote im entsprechenden Wertpapier vorlagen, ein Umsatz mangels Nachfrage aber nicht zustande kam.
G	*Geld* – Besagt, daß zum angegebenen Kurs nur Kaufangebote im entsprechenden Wertpapier vorlagen, ein Umsatz mangels Nachfrage aber nicht zustande kam.
b	*bezahlt* – Besagt, daß zum angegebenen Kurs alle vorliegenden Aufträge abgewickelt werden konnten.
bG	*bezahlt Geld* – Besagt, daß zum angegebenen Kurs alle unlimitierten Aufträge und jene, deren Limit darunter lag vollständig, die zum festgestellten Kurs limitierten aber nur teilweise ausgeführt werden konnten, weil weitere Nachfrage bestand.
bB	*bezahlt Brief* – Besagt, daß zum angegebenen Kurs alle unlimitierten Aufträge und jene, deren Limit darunter lag, vollständig, die zum festgestellten Kurs limitierten aber nur teilweise ausgeführt werden konnten, weil weiteres Angebot vorlag.

Es ist in jedem Fall sinnvoll, diese drei Felder in eine eigenständige Tabelle auszulagern. Entschließen Sie sich nicht zu diesem Schritt, muß der Anwender für jeden neu erfaßten Kurs alle anderen Informationen jedesmal neu erfassen und speichern. Aber auch, wenn in diesem Fall die anderen Werte automatisch vom Programm übernommen werden, bleibt die Platzverschwendung in der Tabelle durch das Speichern redundanter Informationen.

Informationsfelder „Orderdatum", „Orderart", „Orderanzahl", „Orderkurs" und „Ordergebühr"

In diesen Feldern legt der Anwender alle die Informationen ab, die beim Kauf oder Verkauf eines Wertpapiers anfallen. Das Orderdatum ist ein normaler Datumswert. Für das Feld „Orderart" kommen nur zweite Werte zur Kennzeichnung eines Kaufs oder Verkaufs als Wertebereich in Frage. Das Feld muß nur ein Zeichen speichern, damit ist eine Auslagerung in eine eigenständige Nachschlagetabelle nicht sinnvoll. Die restlichen beiden Felder speichern einen Währungsbetrag, wobei die „Ordergebühr" automatisch vom Programm berechnet wird. Da sich die von der Bank erhobenen Gebührensätze im Laufe der Zeit mit hoher Wahrscheinlichkeit ändern werden, muß auch das berechnete Feld in der Datenbank gespeichert werden.

Auch hier ist es sinnvoll, diese Gruppe in eine eigenständige Tabelle auszulagern.

Informationsfelder „Datum der Kontobewegung", „Kontovorgang", „Posten", „Betrag" und „Kontostand"

Die letzten Felder verwalten die Informationen, die zum Führen des Kontobuchs benötigt werden. Neben dem Kauf und Verkauf von Wertpapieren muß der Anwender auch weitere Bewegungen wie zum Beispiel Ein- und Auszahlungen, Zinserträge, Dividendenausschüttungen und nicht zu vergessen die erhobenen Gebühren verwalten können. Das Feld „Kontostand" ist ein berechnetes Feld, das sich jederzeit ohne zusätzliche Abhängigkeiten neu berechnen läßt. Damit ist es sinnvoll, den Kontostand nicht als Spalte in der Tabelle anzulegen, sondern erst zur Programmlaufzeit neu zu berechnen.

2.2.2 Entity-Relationship-Modellierung

Eine weit verbreitete Form der Darstellung von Datenmodellen ist das sogenannte Entity-Relationsship-Modell, das auch als *ER-Modell* abgekürzt werden kann. Das Ableiten von Entitäten stellt eine Alternative dar, um Informationen in bestimmte Gruppen aufteilen zu können. Eine Entität ist ein Objekt aus der realen oder begrifflichen Welt, so daß Sie aus den zusammengestellten Informationen nach Übereinstimmung zu bekannten Objekten suchen können. Die tabellarisch zusammengestellten Beispieldatensätze lassen sich in vier Entitäten aufteilen, neben dem Wertpapier (ein greifbares Objekt) und dem Börsenplatz (auch das Börsengebäude kann man besichtigen) bilden auch die Kurswerte und das Wertpapierportfolio jeweils Objekte, nur die Vorstellungskraft wird hier etwas stärker gefordert.

Jede Entität zeichnet sich durch beschreibende Eigenschaften aus – den Attributen. Zwischen den Entitäten bestehen bestimmte Beziehungen. Auch diese Beziehungen lassen sich genau beschreiben, so daß auch in diesem Zusammenhang von Beziehungseigenschaften gesprochen wird.

Schritt 1: Zusammenstellung in Tabellenform

Um nun nicht alle bereits herausgearbeiteten Erkenntnisse nochmals zu wiederholen, führe ich die einzelnen Entitäten zusammen mit ihren Eigenschaften und Beziehungen nur auf. Dabei kennzeichne ich die losen Beziehungen durch die kursive Schreibweise.

Ein Datensatz der Entität „Aktie" kann erst dann angelegt werden, wenn die Beziehung zur Entität „Börsenort" zugewiesen wurde. Die beiden anderen Beziehungen sind nicht zwingend vorgeschrieben, sondern bilden sich erst dann, wenn ein Kurs für die Aktie erfaßt wird oder wenn der Anwender eine Order erteilt.

Tabelle 2.5: Entität „Aktie"

Eigenschaften	Beziehungen
Aktienname	Börsenort
Wertpapierkennnummer	*Kurs*
Nennwert	*Order*
Börsenplatz-ID	
Rendite	
Hauptversammlungsdatum	
Dividende	
Minimaler Kurswert	
Maximaler Kurswert	
Bemerkungen	

Tabelle 2.6: Entität „Kurs"

Eigenschaften	Beziehungen
Datum	Aktie
Kurswert	
Bemerkung	

Es kann kein Datensatz der Entität „Kurs" angelegt werden, wenn keine Zuordnung zu einem Wertpapier erfolgt.

Tabelle 2.7: Entität „Order"

Eigenschaften	Beziehungen
Datum	Aktie
Orderart	
Orderanzahl	
Orderkurs	
Ordergebühr	

Ebenso ist es nicht möglich, eine Kauf- oder Verkaufsorder zu erteilen, wenn nicht definiert wird, was überhaupt gehandelt werden soll.

Tabelle 2.8: Entität „Konto"

Eigenschaften	Beziehungen
Datum	*Aktie*
Kontovorgang	
Posten	
Betrag	
Kontostand	

Der Anwender kann durchaus einen Datensatz im Kontobuch anlegen, ohne eine Verbindung zur Entität „Aktie" herstellen zu müssen. Ein Beispiel dafür ist die erste Einzahlung bei der Eröffnung des Wertpapier-Verrechnungskontos.

Tabelle 2.9: Entität „Börsenplatz"

Eigenschaften	Beziehungen
Börsenplatz	

Nur die Entität „Börsenplatz" kann völlig für sich allein existieren.

Diese Beziehung der Entitäten untereinander müssen Sie auch in Ihrem Anwendungsprogramm nachbilden. Um einen Eintrag für den Börsenplatz in der Tabelle aufzunehmen, werden keine anderen Informationen benötigt. Es reicht ein einfaches Eintabellen-Formular aus. Anders sieht die Sache aus, wenn ein neuer Datensatz für die Entität „Kurs" angelegt werden soll. Da eine Beziehung zur Entität „Aktie" besteht, sind auch mindestens drei Tabellen beteiligt (die dritte Tabelle betrifft die Referenz zum Börsenplatz aus der Entität „Aktie" heraus).

Die Aufteilung in Entitäten soll die Wahl des richtigen Datenmodells vereinfachen und nicht den Entscheidungsprozeß unnötig komplizieren. Bei Bedarf finden Sie daher in der Literatur zu relationalen Datenbanken eine umfangreiche Wissensquelle.

Mit dem Herausarbeiten der Entitäten fallen die benötigten Datenbanktabellen quasi als Nebenprodukt mit an. Obwohl hier keine feste Bindung vorliegt, werden oftmals die Tabellen einer Datenbank nach den Entitäten mit ihren Eigenschaften strukturiert.

Doch so weit im Detail sind wir noch nicht, als das gleich die Tabellen der Datenbank festgelegt werden könnten.

Schritt 2: Die visuelle Darstellung

Visuell dargestellte Informationen kann das menschliche Gehirn besonders gut verarbeiten. Auch aus diesem Grund hat es sich eingebürgert, die Beziehungen zwischen den Entitäten der Datenbank zusätzlich als visuelles Datenmodell darzustellen. Leider existiert kein einheitlicher Standard für die Darstellungsform, so daß Sie in der Literatur gleich drei verschiedene Stile vorfinden. Ich verwende den sogenannte „Chen"-Stil, da diese Darstellung die Informationen am übersichtlichsten bereitstellt.

In dem ER-Modell wird das herausgearbeitete Datenmodell visuell dargestellt. Die dick umrandeten Entitäten sind durch *Beziehungen* untereinander verbunden. Die Raute beschreibt dabei die jeweilige *Beziehungseigenschaft*. Ein Objekt der *Entität* „Aktie" greift über die Beziehung „wird gehandelt an der" auf ein Objekt der Entität „Börse" zurück. Aus der Sicht von „Aktie" gesehen kann jedem Wertpapier nur ein Börsenplatz zugeordnet werden, dieser Zustand wird durch die „1" oberhalb der Verbindungslinie dargestellt. Anders sieht die Situation aus, wenn die Entitätsmenge „Aktie" aus der

Abb. .2.5:
Entity-
Relationsship-
Modell der
Beispieldaten-
bank

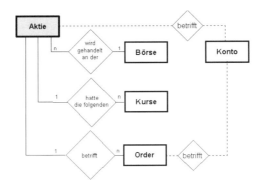

Sicht von „Börse" untersucht wird. An einem Börsenplatz können beliebig viele Aktien gehandelt werden, die verdeutlicht der Buchstabe „n".

Genau entgegengesetzt verlaufen die Beziehungen zwischen „Aktie" und „Kurs" beziehungsweise „Order". Jede Aktie kann mehreren Kurswerten und auch mehreren Ordern zugeordnet werden, wobei auch jeder Datensatz in „Kurs" oder „Order" genau einer bestimmten Aktie zuzuordnen ist.

Einen Sonderfall stellt die Entität „Konto" dar. Die Beziehungen zu den anderen Entitäten baut die Datenbank nur immer dann kurzzeitig auf, wenn bestimmte Kontobuchungen vorgenommen werden. Bei jedem Kauf und Verkauf eines Wertpapiers übernimmt „Konto" bestimmte Daten aus allen anderen Entitäten. Eine gestrichelte Linie zur Entität „Kurs" ist nicht vergessen worden, sie ist nicht notwendig. Denn über die Verbindung zu „Aktie" erreicht „Konto" auch die in „Kurs" abgelegten Informationen.

Verbindungseigenschaften

Das ER-Modell ist auch dann hilfreich, wenn die Tabellenstrukturen der Datenbank tatsächlich entwickelt werden. Die im ER-Modell erkannten Zusammenhänge müssen auch in den Tabellen berücksichtigt werden.

Bei einer *1:n-Beziehung* existieren zu jedem Datensatz in der übergeordneten Tabelle beliebig viele Datensätze in der abhängigen Tabelle. Damit die Verbindung zwischen den beiden Tabellen über die Beziehungseigenschaft „enthält" hergestellt werden kann, muß in beiden Tabellen ein gemeinsames Feld verwendet werden (zum Beispiel das Feld „Rechnungsnummer")

Abb. 2.6: Die 1:n-Beziehung

Bei der *0:1-Beziehung* existiert zu jedem Datensatz in der übergeordneten Tabelle maximal ein Datensatz in der abhängigen Tabelle. Damit die Verbindung zwischen den beiden Tabellen über die Beziehungseigenschaft „besitzt" hergestellt werden kann, muß in beiden Tabellen ein gemeinsames Feld verwendet werden (zum Beispiel das Feld „Personalnummer", falls eine fiktive Firma ihren Angestellten die Firmenyacht überhaupt ausleiht).

Abb 2.7: Die 0:1-Beziehung

Bei der *n:m-Beziehung* können auf beiden Seiten beliebig viele Datensätze vorhanden sein. Eine einzelne Person kann mehrere Zeitungen lesen, und eine Zeitung wird sicherlich von mehreren Personen gelesen. Um eine n:m-Verbindung einzurichten, reicht ein in beiden Tabellen gemeinsam verwendetes Feld nicht mehr aus. Statt dessen wird eine weitere Tabelle benötigt, die eine Verbindung zu den beiden Entitäten herstellt.

Abb. 2.8: Die n:m-Beziehung

Die *1:1-Beziehung* stellt einen Sonderfall dar. Normalerweise ist es sinnvoll, bei einer derartigen starren Bindung die Entität „Ausweisnummer" gleich als weiteres Attribut in die Entität „Person" aufzunehmen, daß heißt also, die zweite Tabelle ganz einzusparen.

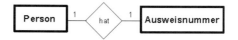

Abb. 2.9: Die 1:1-Beziehung

Es gibt aber durchaus Einsatzfälle für eine 1:1-Verbindung. Immer dann, wenn zum Beispiel aus Datenschutzgründen nicht alle Informationen für jeden sichtbar sein sollen, bietet sich die Verwendung einer zweiten Tabelle an. In Abhängigkeit vom verwendeten Datenbanksystem ist der Zugriffsschutz auf eine separate Tabelle leichter implementierbar als das Sperren eines einzelnen Feldes in der Tabelle.

Externe Datenmodell-Designer

Es gibt Zeitgenossen, die vertreten die Auffassung, daß ein gutes Datenmodell das wichtigste an einer Datenbankanwendung überhaupt ist. In der Praxis werden Sie es überwiegend nicht mit den einfachen Datenbankstrukturen zu tun haben, die gern in Büchern zu diesem Thema verwendet werden. Da das Thema zudem recht komplex ist, sind natürlich entsprechende visuelle Hilfsmittel am Markt, deren Preis allerdings ein Mehrfaches der Client/Server-Version von Delphi beträgt. Borland rüstet die Client/Server-Version von *Delphi 3.0* mit Schnittstellen zu diesen Tools aus, so daß auch Delphi von deren Vorzügen beim Implementieren des Datenmodells Nutzen ziehen kann.

2.2.3 Datenmodell in Datenbanktabellen umsetzen

Bislang spielte das Datenbanksystem selbst noch gar keine Rolle. Alle Untersuchungen hatten nur ein Ziel, ein Datenmodell zu erarbeiten, welches die objektive Umwelt so wirklichkeitsnah wie nur möglich abbildet. Nachdem das Datenmodell in den Grundzügen steht, kann mit der Suche nach einer geeigneten Datenbank begonnen werden. Die Beispieldatenbank soll nicht als Client/Server-Datenbank angelegt werden, damit bleibt nur noch ein Datenbankformat übrig, daß allen Anforderungen genügt – das *Paradox*-Tabellenformat. Nur mit diesem Format können die Vorteile der referenziellen Integrität und der Gültigkeitsprüfungen ausgenutzt werden. Außerdem unterstützt Paradox lange und aussagekräftige Feldnamen.

Für die Implementierung des Datenmodells werden fünf *Paradox*-Datenbanktabellen angelegt Auch hier ist eine visuelle Darstellung sehr hilfreich, so daß ich mit dieser Darstellungsform beginne.

Die Verknüpfungen beziehungsweise die Abhängigkeiten zwischen den einzelnen Tabellen ist in der grafischen Darstellung sehr gut erkennbar. Die unterstrichenen Felder bilden den Schlüssel (Primärindex) der jeweiligen Tabelle. Verwendete *Fremdschlüssel* sind am kursiven Spaltennamen erkennbar.

Allerdings stimmen die Tabellennamen nicht mehr mit den bislang verwendeten Entitätsbezeichnungen überein. Alle Tabellen fangen mit der Buchstabenfolge „SM" als Abkürzung für den Programmnamen „ShareMan" an. Außerdem kennzeichnet der Name „SM_MAIN.DB" die logische Haupttabelle der Datenbank. Sie brauchen sich jedoch dieser Vorgehensweise nicht anzuschließen.

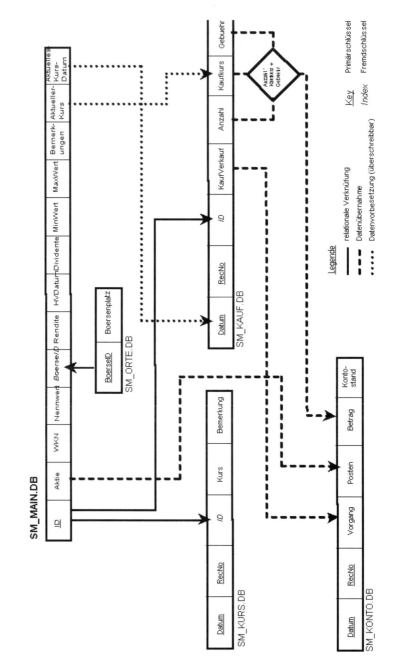

Abb. 2.10: Verknüpfungen zwischen den Tabellen der Datenbank

Wenn Sie diese Darstellung mit den zuvor erarbeiteten Entitätsbeschreibungen vergleichen, werden Sie feststellen, daß die Entität „Aktie" zwei neue Attribute bekommen hat. In diesen beiden Feldern legt die Datenbank die jeweils aktuellsten Kursdaten fest. Warum dies? Bei der hier vorgestellten Lösung werden in der Tat redundante Informationen gespeichert. Die Daten für den aktuellsten Kurs kann das Programm doch aus der Entität „Kurs" entnehmen. Die Theorie ist jedoch nur eine Seite der Sache. Jedes Ding hat im realen Leben seine zwei Seiten – neben der Normalisierung einer Datenbank existiert auch die Denormalisierung. Jedes Aufteilen in separate Tabellen verringert die Datenbankleistung bei Abfragen in der Datenbank. In der Praxis muß immer zwischen den Vor- und Nachteilen abgewägt werden. Im weiteren Verlauf beim schrittweisen Entwickeln der Anwendung werden Sie sehen, welche dramatische Verbesserung in der Ausführungsgeschwindigkeit durch diese beiden zusätzlichen Felder erzielt wird.

Das Felder „Nennwert" ist relativ klein, so daß die Platzverschwendung durch redundante Daten im vertretbaren Rahmen bleibt. Auch wenn dieses Feld mit seinem kleinen Wertebereich in eine separate Tabelle ausgelagert wird, erzielen Sie keinen Vorteil der Platzeinsparung. Damit überwiegt der Nachteil der langsameren Datenbankabfrage.

Für den Börsenplatz sieht das hingegen ganz anders aus. Die Spaltengröße von über 20 Byte würde eine Platzverschwendung bedeuten, wenn jedesmal die Informationen direkt in den Datensatz der Tabelle übernommen werden müßten.

Über die *referenzielle Integrität* wird sichergestellt, daß keine „Dateileichen" im Bestand auftreten können. „SM_ORTE" bildet dabei die sogenannten Haupttabelle für die Aktientabelle „SM_MAIN".

 Der Begriff „Haupttabelle" ist mehrdeutig. Eine Haupttabelle für die referenzielle Integrität muß nicht mit der logischen Haupttabelle des Datenmodells übereinstimmen. Aus der Sicht des Datenmodells betrachtet bildet natürlich „SM_MAIN" den Mittelpunkt.

In der Tabelle „SM_MAIN" können nur Werte für den Börsenort eingetragen werden, die auch tatsächlich in der Tabelle „SM_ORTE" vorhanden sind. Und zum anderen kann kein Datensatz aus „SM_ORTE" gelöscht werden, wenn zu diesen Datensatz noch Einträge in „SM_MAIN" bestehen.

Haupttabelle „SM_ORTE"

Die Tabelle wird von der *Borland Database Engine* als Haupttabelle für „SM_MAIN" zur Sicherstellung der *referenziellen Integrität* genutzt.

Tabelle 2.10: Tabellenstruktur von „SM_ORTE.DB"

Feldname	Feldtyp	Größe	Bedingungen
BoerseID	Autoincrement	(4 Byte)	
Boersenplatz	String	20	Eingabe erforderlich

Das Schlüsselfeld „ID" ist vom Typ „Autoincrement". Die BDE generiert damit selbst eindeutige Schlüsselwerte, indem der numerische Wert von Datensatz zu Datensatz hochgezählt wird. Für das Feld „Boersenplatz" wird die Gültigkeitsprüfung „Eingabe erforderlich" eingerichtet, damit kann der Anwender keinen leeren Datensatz anlegen.

In jedem Datensatz der Tabelle „SM_MAIN" kommt nur ein vier Byte großer numerischer Verweis auf die Tabelle „SM_ORTE" vor. Jeder Börsenort-Datensatz benötigt damit nur einmal Speicherplatz, die Länge der Spalte für den Börsenort ist damit völlig unkritisch.

Tabelle 2.11: Indizes von „SM_ORTE.DB"

Indexname	Indexfeld	Indexoption
-	BoerseID	Primärschlüssel, Eindeutig

Tabelle 2.12: Referenzielle Integritätsregeln für „SM_ORTE.DB"

Bezeichnung	Typ	Tabelle	UPDATE	DELETE	Feld	Fremdfeld
BoerseID_Ref	Master	SM_MAIN	Kaskadiert	Verhindert	BoerseID	BoerseID

Die Tabelle bildet die *Haupttabelle* (engl. *Master*) der *referenziellen Integrität* zum Feld „BoerseID" der abhängigen Tabelle „SM_MAIN". Zur Verknüpfung ist die Spalte „BoerseID" jeweils in beiden Tabellen vorhanden. Eine Änderung (Update) des Feldwertes in der Haupttabelle wird von der BDE automatisch auch in die abhängige Tabelle übernommen. Hingegen wird das Löschen eines Datensatzes der Haupttabelle verhindert, wenn noch zugeordnete Datensätze in der untergeordneten Tabelle vorhanden sind.

Das sogenannte automatische kaskadierte Löschen der Detaildatensätze beim Löschen eines Hauptdatensatzes gehört nicht zu den Pflichtaufgaben der referenziellen Integrität. Für Paradox-Tabellen müssen Sie als Anwendungsentwickler dies nachbilden – ein Beispiel dafür finden Sie im Kapitel „Tips & Tricks zu Datenbanken"

Haupttabelle „SM_MAIN"

Die Tabelle wird von der *Borland Database Engine* als Haupttabelle für „SM_KAUF" und „SM_KURS" zur Sicherstellung der *referenziellen Integrität* genutzt. Zusätzlich ist sie die abhängige Tabelle für „SM_ORTE".

Tabelle 2.13: Tabellenstruktur von „SM_MAIN.DB"

Feldname	Feldtyp	Größe	Bedingungen
BoerseID	Autoincrement	(4 Byte)	
Aktie	String	25	Eingabe erforderlich
WKN	Float		
Nennwert	Currency		
BoerseID	Integer		Eingabe erforderlich, Mindestwert 1
Rendite	Float		
HVDatum	Date		
Dividente	Currency		
MinWert	Currency		

MaxWert	Currency		
Bemerkungen	String	25	
AktuellerKurs	Currency		
AktuellesKursDatum	Date		

Tabelle 2.14: Indizes von „SM_MAIN.DB"

Indexname	Indexfeld	Indexoption
-	ID	Primärschlüssel, Eindeutig
Aktie_Idx	Aktie	Eindeutig, Groß/Kleinschreibung
BoerseID	BoerseID	

Der *Sekundärindex* „BoerseID" wird von der *BDE* automatisch angelegt, da die Tabellenspalte „BoerseID" den *Fremdschlüssel* für die *referenzielle Integrität* bildet. Dies gilt nicht für den Index „Aktie_Idx", er muß vom Entwickler aktiviert werden. Über diesen Index sorgt das Programm für die Sortierung der Anzeige nach dem Aktiennamen.

 Um später noch den Überblick zu behalten, welcher Index von Hand angelegt wurde beziehungsweise welche Indizes die BDE generiert hat, kennzeichne ich eigene Indizes durch die Schreibweise <Spaltenname>_Idx.

Tabelle 2.15: Referenzielle Integritätsregeln für „SM_MAIN.DB"

Bezeichnung	Typ	Tabelle	UPDATE	DELETE	Feld	Fremdfeld
BoerseID_Ref	Slave	SM_ORTE	Kaskadiert	Verhindert	BoerseID	BoerseID
ID_Ref	Master	SM_KAUF	Kaskadiert	Verhindert	ID	ID
ID_Ref	Master	SM_KURS	Kaskadiert	Verhindert	ID	ID

Untergeordnete Tabelle „SM_KURS"

Die Tabelle „SM_KURS.DB" enthält die erfaßten Aktienkurse zu allen Aktien der Datenbank. Über die Tabellenspalte „ID" ordnet die Datenbank dabei die Kurswerte einer bestimmten Aktie zu. Über die in der Tabelle abgelegten Bedingung „Mindestwert = 1" für die Spalte „ID" wird verhindert, daß ein Datensatz ohne Aktien-ID abgespeichert werden kann.

Tabelle 2.16: Tabellenstruktur von „SM_KURS.DB"

Feldname	Feldtyp	Größe	Bedingungen
Datum	Date		
RecNo	Autoincrement		
ID	Integer		Eingabe erforderlich, Mindestwert 1
Kurs	Currency		
Bemerkungen	String	10	

Tabelle 2.17: Indizes von „SM_KURS.DB"

Indexname	Indexfeld	Indexoption
-	Datum,RecNo	Primärschlüssel, Eindeutig
ID	ID	

Der *Sekundärindex* „ID" wird von der BDE automatisch angelegt, da die Tabellenspalte „ID" den *Fremdschlüssel* für die *referenzielle Integrität* bildet.

Tabelle 2.18: Referenzielle Integritätsregeln für „SM_KURS.DB"

Bezeichnung	Typ	Tabelle	UPDATE	DELETE	Feld	Fremdfeld
ID_Ref	Slave	SM_MAIN	Kaskadiert	Verhindert	ID	ID

Untergeordnete Tabelle „SM_KAUF"
Die Tabelle „SM_KAUF.DB" enthält die erfaßten Wertpapiertransaktionen zu alle Aktien der Datenbank. Über die Tabellenspalte „ID" ordnet die Datenbank dabei die Käufe beziehungsweise Verkäufe einer bestimmten Aktie zu. Über die in der Tabelle abgelegten Bedingung „Mindestwert = 1" für die Spalte „ID" wird verhindert, daß ein Datensatz ohne Aktien-ID abgespeichert werden kann.

Tabelle 2.19: Tabellenstruktur von „SM_KAUF.DB"

Feldname	Feldtyp	Größe	Bedingungen
Datum	Date		
RecNo	Autoincrement		
ID	Integer		Eingabe erforderlich, Mindestwert 1
KaufVerkauf	String	1	Eingabe erforderlich
Anzahl	Integer		Eingabe erforderlich
KaufKurs	Currency		Eingabe erforderlich
Gebuehr	Currency		Eingabe erforderlich

Tabelle 2.20: Indizes von „SM_KAUF.DB"

Indexname	Indexfeld	Indexoption
-	Datum,RecNo	Primärschlüssel, Eindeutig
ID	ID	

Der *Sekundärindex* „ID" wird von der BDE automatisch angelegt, da die Tabellenspalte „ID" den *Fremdschlüssel* für die *referenzielle Integrität* bildet.

Tabelle 2.21: Referenzielle Integritätsregeln für »SM_KURS.DB«

Bezeichnung	Typ	Tabelle	UPDATE	DELETE	Feld	Fremdfeld
ID_Ref	Slave	SM_MAIN	Kaskadiert	Verhindert	ID	ID

Tabelle „SM_KONTO"
Die Tabelle „SM_KONTO" implementiert das Kontobuch und ist die einzige Tabelle der Datenbank, die nicht in einer referenziellen Integritätsbeziehung eingebunden ist.

Tabelle 2.22: Tabellenstruktur von „SM_KONTO.DB"

Feldname	Feldtyp	Größe	Bedingungen
Datum	Date		
RecNo	Autoincrement		
Vorgang	String	10	
Posten	String	20	
Betrag	Currency		
Kontostand	Currency		Eingabe erforderlich

Tabelle 2.23: Indizes von „SM_KAUF.DB"

Indexname	Indexfeld	Indexoption
-	Datum,RecNo	Primärschlüssel, Eindeutig

2.3 Datenbank-Dictionary

Eine Anforderung an ein Datenbanksystem bildet die Fähigkeit, flexibel auf Änderungen und spätere Erweiterungen reagieren zu können. Delphi stellt auch für diese Aufgabe ein Hilfsmittel zur Verfügung – das *Datenbank-Dictionary*. Zugegeben, die meisten Delphi-Anwender haben sich mit Sicherheit noch nicht mit diesem Feature beschäftigt, weil es nicht zwingend benötigt wird. Am Anfang stellt das *Dictionary* sogar eine zusätzliche Hürde bereit – eine Erleichterung ist nicht sofort auf einen Blick erkennbar. Wozu dient das Teil dann?

Auch dazu ein Beispiel. Sie entwickeln eine Softwarelösung für eine mittelständische Firma. Im Rahmen der Softwarepflege werden irgendwann Erweiterungen und Umstrukturierungen fällig. Dabei kann es passieren, daß vormals getrennte Anwendungen zusammenschmelzen – dies gilt auch für den Datenbestand. Haben Sie gleich bei der Anwendungsentwicklung darauf geachtet, daß vergleichbare Felder gleiche Attribute und Eigenschaften verwenden, so ist die Umstellung kein großes Problem. Was passiert aber, wenn die eine Ursprungsdatenbank ein numerisches Feld für die Postleitzahl verwendet (bei dem das Programm für die Anzeige eine führende Null explizit dazumischt), die zweite jedoch ein fünfstelliges alphanumerisches Feld? Genau – ein Konvertierungslauf wird notwendig.

Legen Sie jedoch für jede Firma ein eigenes Datenbank-Dictionary an, in dem Felder mit dem gleichen Informationsgehalt gemeinsam verwaltet werden, können Sie späteren Strukturänderungen der Datenbank gelassen entgegensehen.

Aber auch für einzelne Programme vereinfacht das Dictionary den Programmieralltag. Ich verwende zum Beispiel oftmals für lange alphanumerische Felder (100...200 Zeichen) nicht eine *TDBEdit*-Komponente, sondern den flexibleren „großen Bruder" *TDBMemo*. Leider muß dies jedesmal von Hand konfiguriert werden, da Delphi einem normalen Zeichenfeld in der Tabelle automatisch ein *TDBEdit* zuordnet.

Wenn Sie aus dem Feldeditor alle markierten Felder auf das Formular ziehen, legt Delphi für jedes Feld die „passende" Komponente einschließlich der Feld-Beschriftung an.

Wie kann ich Delphi beibringen, daß für große alphanumerische Felder ein *TDBMemo* anstelle des *TDBEdit's* verwendet werden soll? Dazu legen Sie im *Datenbank-Explorer* ein neues *Dictionary* an (oder wählen ein bereits vorhandenes aus). Gönnen Sie dem Dictionary am besten einen eigenen *Alias* und auch ein eigenes Verzeichnis, der Datenbank-Explorer generiert dazu eine aus 13 Dateien bestehende *Paradox*-Datenbank.

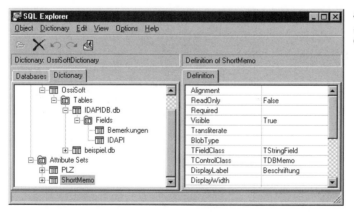

Abb. 2.11: Das Attribut „ShortMemo" kennzeichnet die großen Zeichenfelder

2.3 Datenbank-Dictionary

Jedes *Dictionary* besteht aus zwei Teilen. Zum einen enthält es die Datenbankfelder, für die es gültig sein soll. Und zum anderen speichern Sie Ihre eigenen Attribute im Zweig „Attribute Sets". Wie schon vom Alias her gewohnt, legt auch hier ein über die rechte Maustaste erreichbares lokales Menü einen neuen Eintrag für das Attribut an. Das neue Attribut mit der Bezeichnung „ShortMemo" bekommt im rechten Fensterbereich die gewünschten Eigenschaften zugewiesen. Über den Eintrag in der Spalte „TFieldClass" teilen Sie dem Dictionary mit, welcher Feldtyp zugrundeliegt. Davon unabhängig ist der Eintrag „TControlClass". Wenn ich hier den Komponenten-Namen *TDBMemo* eintrage, legt Delphi automatisch via *Drag&Drop* das gewünschte *TDBMemo*-Feld an!

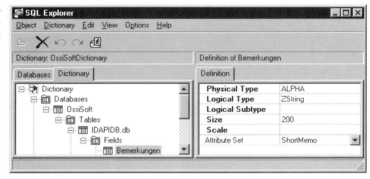

Abb. 2.12: Ein bereits bestehendes Tabellenfeld wird angepaßt

Über den Menüpunkt „Object | Apply" speichern Sie das neue Attribut ab. Mit diesen Vorarbeiten steht dem Zuweisen des neuen Attributs an ein bereits bestehendes Tabellenfeld nichts mehr im Wege. Zur Vorbereitung importieren Sie dazu über den Menüpunkt „Dictionary | Import from Database" die Struktur der zu bearbeitenden Datenbank. Keine Sorge – es wird nur die Datenstruktur kopiert, die Datenbank selbst mit allen Daten bleibt da wo Sie ist. Im Beispiel habe ich so die Tabelle „idapidb.db" importiert. Das Feld „Bemerkungen" ist ein 200 Zeichen großes alphanumerisches Feld (kein Memofeld!). Diesem bereits bestehenden und mit Daten gefüllten Feld weise ich das neue Attribut „ShortMemo" zu. Sie können das Attribut bequem aus der Auswahlliste übernehmen. Auch diese Änderung speichern Sie ab.

Sobald Sie nun in Delphi einer *TTable*-Instanz diese Tabelle zuweisen und via *Drag&Drop* aus dem *Feldeditor* die ganze Arbeit an Delphi übertragen, werden Sie für Ihre Mühen belohnt. Delphi verwendet nun automatisch die *TDBMemo*-Komponente für das alphanumerische Feld mit dem Attribut „ShortMemo".

Abb. 2.13 Delphi hat die TDB-Memo-Komponente und die Beschriftung übernommen

Neben dem Wert für „TControlClass" können Sie noch andere Eigenschaften für den Attribut-Eintrag zuweisen. Neben dem Vorgabewert für die *Beschriftung* des Datenfeldes werden hier wohl die *Eingabemasken* sehr häufig angewendet.

2.4 Resümee

Das komplette Kapitel 2 sollten Sie als Angebot verstehen, wie ein Datenmodell entwickelt werden kann. Das Kapitel erhebt keinen Anspruch auf Allgemeingültigkeit, auch bestand das Ziel nicht darin, ein Lehrbuch zu schreiben. Für Sie als Entwickler steht die Anwendungsentwicklung mit Delphi im Vordergrund, eine gesunde Portion Halbwissen zum Thema Datenbankdesign reicht da in den allermeisten Fällen schon aus.

Das erarbeitete Datenmodell ist zugegebenermaßen nicht gerade trivial aufgebaut. Zu einen legte der Verlag Wert auf eine nicht zu einfache Datenbankstruktur und zum anderen sind auch die Anforderungen in „echten" Datenbankprojekten nur in den seltensten Fällen einfach. Der Lerneffekt bei einem komplizierten Datenmodell ist dafür höher, zudem bestimmte Zusammenhänge nur da deutlich sichtbar werden.

3 Anwendung Schritt für Schritt entwickeln

Nun wird es ernst – das Datenbankanwendungsprogramm wird Schritt für Schritt entwickelt. Erst hier beginne ich mit dem Schritt 1, das Ableiten des Datenmodells bleibt außen vor. Nun fragen Sie sich vielleicht, warum dies so ist. In den allermeisten Fällen werden Sie bei den ersten Versuchen noch keinen großen Wert auf ein ausgefeiltes Datenmodell legen. Statt dessen steht die Programmentwicklung mit Delphi im Vordergrund.

Im zu entwickelnden Anwendungsprogramm dreht sich alles – wie sollte es nach der massiven Werbekampagne der *Deutschen Telekom AG* im letzten Jahr auch anders sein – um Aktien. Das Programm verwaltet Aktienkurse sowie ein eventuell vorhandenes eigenes Wertpapierportfolio. Viele Banken bieten *Online-Broking* an, wobei oftmals ausschließlich via Rechner mit der Bank kommuniziert wird. Eine Softwarelösung hilft dabei, jederzeit den Überblick zu behalten. Um Sie nun für die nächsten Schritte zu motivieren, stelle ich das Programm im fertigen Zustand einmal kurz vor.

Abb. 3.1: Das Hauptfenster von ShareMan

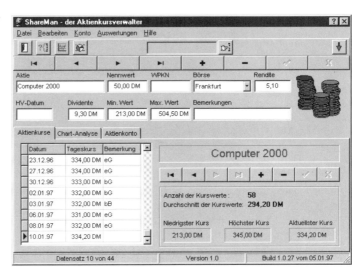

Das Hauptfenster teilt sich in zwei Bereiche auf. Im oberen Teil finden Sie die Informationen zur Aktie, die in der Tabelle „SM_MAIN.DB" gespeichert werden. Demgegenüber stellen die drei Registerseiten die Informationen aus „SM_KURS.DB" und „SM_KAUF" übersichtlich dar. Zusätzlich zum Tabelleninhalt informiert das Programm über wichtige statistische Daten, die erst zur Programmlaufzeit über SQL-Abfragen gewonnen werden.

Eine Vermögensaufstellung des kompletten Wertpapierportfolios zeigt auf einen Blick an, ob Sie sich weitere Wertpapierkäufe leisten können. Die *TTreeView*-Komponente ist für derartige Darstellungen sehr gut geeignet – auch diese Daten stammen aus der Datenbank! Übersichtlich werden die relevanten Buchungen aus dem Kontobuch ausgelesen und den einzelnen Rubriken zugeordnet. Damit sehen Sie auf einen Blick, welche Rendite erzielt wurde. Die Begriffe *Bank* und *Gebühren* sind untrennbar verbunden, daher informiert das Programm ebenso über die bisher angefallenen Kosten.

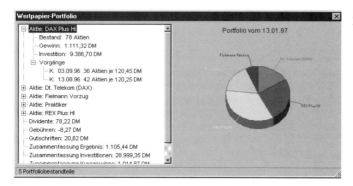

Abb. 3.2: Die Vermögensaufstellung

Bevor Sie Ihr erstes Wertpapier kaufen können, besteht die Bank auf der Einrichtung eines Verrechnungskontos. Das Kontobuch informiert über alle Buchungen auf diesem Konto, wobei ein Teil automatisch vom Programm gepflegt wird. Jeder Kauf beziehungsweise Verkauf wird hier vom Programm vermerkt. Die anderen Einträge stammen vom Anwender – er kann die monatlichen Abrechnungen der Bank in den eigenen Datenbestand übernehmen.

Abb. 3.3: Wertpapierkauf

Ein Ziel bei der Programmentwicklung bestand darin, dem Anwender auch die Simulation der Geldanlage in Aktien und Wertpapieren zu gestatten. Eine gute Simulation muß dazu die realen Bedingungen so exakt wie möglich nachbilden. Aus diesem Grund errechnet das Programm auch die jeweils in der Praxis zur Zeit anfallenden *Transaktions-* und *Provisionskosten*. Diese sind selbstverständlich von Bank zu Bank unterschiedlich. ShareMan verwendet hier die günstigste Bank – alle Gebührensätze stammen vom „Direkt Anlage Konto" der *Direkt Anlage Bank*, einer Tochter der *Hypo-Bank* mit Sitz in München. Nicht jeder wird bei dieser Bank ein Konto führen, daher kann die errechnete Gebühr von Hand überschrieben werden.

Dieser kurze Ausblick auf das restliche Kapitel soll reichen – fangen wir mit der Arbeit an!

3.1 Schritt 1: Alias für die Datenbank anlegen

Die im ersten Schritt zu absolvierende Aufgabe ist sehr leicht. Für die Datenbank wird ein Alias angelegt. Ein Alias ist für eine Paradox-Datenbank ein Synonym für ein Verzeichnis auf der lokalen Festplatte oder auf einem *File-Server*. Anhand des Alias erhält die Borland Database Engine Kenntnis über den Pfad zu den Datenbankdateien. Das Verwenden eines Alias weist gleich mehrere Vorteile auf. Zum einen muß der Entwickler zur Kennzeichnung der Datenbank nur einen kurzen Aliasnamen anstelle eines langen Pfadnamens angeben. Außerdem kann auf die Datenbank aus einem beliebigen Arbeitsverzeichnis zugegriffen werden, ohne das aktuelle Verzeichnis zu wechseln.

Aber auch der Programmanwender hat Vorteile von einem Alias. Er selbst kann entscheiden, in welchem Festplattenverzeichnis die Datenbank gespeichert wird, ohne daß eine Änderung des Anwendungsprogramms selbst notwendig wird. Oftmals liegen die gemeinsam genutzten Datenbankdateien in einem speziellen Verzeichnis auf dem *LAN*-Fileserver. Die Programmdateien hingegen bleiben auf der lokalen Festplatte. Damit erhält der Anwender schnelle Programmzugriffszeiten, ohne den Vorteil der gemeinsamen Datenhaltung zu verlieren. Zwar könnte der Programmentwickler auch einen derartigen Mechanismus über einen privaten Eintrag in der Windows-Registrierungsdatenbank abwickeln, aber diese Vorgehensweise widerspricht den Regeln eines Datenbanksystems. Nur das Datenbanksystem selbst soll alle notwendigen Informationen intern verwalten. Mit der Aliasverwaltung durch die *Borland Database Engine* wird dies sichergestellt.

Um einen Alias einzurichten, stehen mehrere Möglichkeiten beziehungsweise Delphi-Tools zur Verfügung. Zum einen kann der Alias über einen IDAPI-Funktionsaufruf direkt aus einem Delphi-Programm heraus eingerichtet werden. Ihnen als Entwickler kann ich hingegen etwas Handarbeit zumuten, aber auch dann bleiben als Alternativen die Datenbankoberfläche, der Datenbank-Explorer sowie der BDE-Administrator übrig. In der Regel werden Sie einen Alias für Paradox-Tabellen unter *Delphi 3.0* nur im *BDE-Administrator* anlegen, dieses Tool ist am komfortabelsten.

Im *BDE-Administrator* steht neben dem Menü selbstverständlich auch die rechte Maustaste für die Programmbedienung zur Verfügung. Auf der Seite „Databases" wählen Sie mit einem Klick der rechten Maustaste den Popup-Menüeintrag „Neu..." aus.

Als erstes werden Sie aufgefordert, den Treibertyp für den anzulegenden Datenbankalias auszuwählen. Bei einer dBASE- beziehungsweise Paradox-Datenbank brauchen Sie die Voreinstellung „STANDARD" nicht zu ändern. Delphi entscheidet dann selbst entsprechend der Dateiendung der Tabelle, welcher Treiber zum Datenbankzugriff verwendet wird.

Wie im „echten" Windows-Explorer auch wird der Aliasname direkt im linken Dateibaum eingetragen. Der Name muß eindeutig sein, das heißt, er darf nur einmal vorkommen. Im rechten Fenster des *BDE-Administrators* ist nur die Zeile „PATH" auszufüllen, hier tragen Sie den kompletten Pfadnamen ein, unter dem die Datenbankdateien auf der Festplatte angelegt werden sollen.

 Der neue BDE-Administrator ist an dieser Stelle etwas komfortabler. Wie vom Delphi-Objektinspektor gewohnt, erreichen Sie über einen Button am rechten Rand der Eingabezeile einen Auswahldialog für das gesuchte Verzeichnis. Der Datenbank-Explorer von Delphi 2 bot diesen Komfort noch nicht an.

Auch der *BDE-Administrator* arbeitet nach dem Transaktionsprinzip und zeigt unbestätigte Eintragungen durch ein hervorgehobenes Symbol in der *TreeView*-Anzeige an. Die Bestätigung erfolgt entweder über den Menüeintrag „[O]bjekt | Übernehmen" (engl. „Object | Apply") oder über das entsprechende Icon aus der Toolbarleiste mit dem *Hint* „Übernehmen" (engl „Apply").

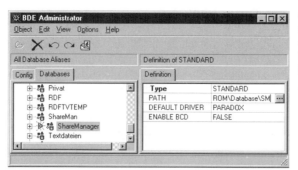

Abb. 3.4: Der neuangelegte Alias „ShareManager" muß nur noch gespeichert werden

3.2 Schritt 2: Tabellen in der Datenbankoberfläche erzeugen

Wie bereits schon mehrfach in diesem Buch gesagt wurde, führen unter Delphi mehrere Wege zum Ziel. Dies gilt auch für das Erstellen von Datenbanktabellen. Im Normalfall wird hierzu der Entwickler das Delphi-Tool Datenbankoberfläche einsetzen. Dieses Programm ist die Kompaktausführung einer relationalen Datenbank und stellt die benötigten Funktionen bereit, die zum Generieren, Bearbeiten und Abfragen von Datenbanktabellen benötigt werden. Neben der QBE-Abfrage (engl. *Query By Example*) wird auch die SQL-Abfrage von Tabellen unterstützt, wobei dies auch für Tabellen im *dBASE*- beziehungsweise *Paradox*-Format gilt.

3.2.1 Quick Info's zur Datenbankoberfläche

Die Datenbankoberfläche („dbd32.exe") finden Sie in der Delphi-Programmgruppe. Sofort nach dem Start legen Sie über den Menüpunkt „[D]atei | Arbeitsverzeichnis..." das Arbeitsverzeichnis für diese Programmsitzung fest. Alle Tabellen werden in diesem Arbeitsverzeichnis angelegt. Da auch später unter Delphi der Zugriff auf die Datenbanktabellen über einen *Alias* erfolgen soll, wird hier in der *Datenbankoberfläche* ebenfalls der Alias dazu verwendet, das Arbeitsverzeichnis zu bestimmen.

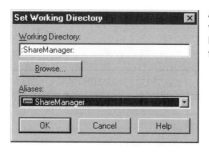

Abb. 3.5: Arbeitsverzeichnis in der Datenbankoberfläche festlegen

Über den Menüeintrag „[D]atei | Neu... | Tabelle" wird der Dialog zum Festlegen der Tabellenstruktur aufgerufen. Sie kennen doch bestimmt den Ausspruch „Wer die Wahl hat – hat die Qual". Dies gilt auch hier, die *Datenbankoberfläche* unterstützt mehrere Tabellenformate, schlägt jedoch als Vorgabewert mit „Paradox 7" das beste Tabellenformat praktischerweise gleich vor. Sie brauchen dieses Dialogfenster daher nur über die „OK"-Schaltfläche zu bestätigen.

Auch wenn hier das Paradox 7-Tabellenformat angezeigt wird, bedeutet dies nicht, daß die BDE dieses Format auch verwendet. In Abhängigkeit davon, welches Features des Paradox-Formats in der Tabelle verwendet wird, generiert die BDE die Tabelle in dem Format, das alle benötigten Funktionen bereitstellt. Das gleiche gilt sinngemäß auch für das dBASE-Format. Wundern Sie sich daher nicht, wenn andere Tools eine andere Versionsnummer für das Tabellenformat zurückliefern.

Daraufhin zeigt die *Datenbankoberfläche* ein Dialogfenster an, daß nicht mehr so einfach und übersichtlich aufgebaut ist. Je nach Benutzerauswahl ändert sich zudem das Erscheinungsbild dieses Dialogfensters, da immer nur die Elemente gerade sichtbar sind, die für die ausgewählte Funktion benötigt werden.

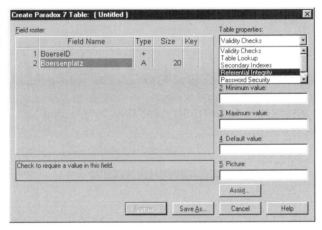

Abb. 3.6: Auswählbare Tabelleneigenschaften

In der Abb. 3.6 ist das Listenfeld für die Tabelleneigenschaften im heruntergeklappten Zustand dargestellt. Um eine bestimmte Eigenschaft in diesem Dialogfenster konfigurieren zu können, müssen Sie diese Eigenschaft aus dem Listenfeld vorher auswählen. Im darunter liegenden Dialogfensterbereich stehen die dann benötigten Eingabefelder zur Verfügung.

Über die Schaltfläche „Einlesen" (engl. *Borrow*) importieren Sie die Tabellenstruktur aus einer bereits bestehenden Tabelle.

Im unteren Dialogfensterbereich wird aufgabenbezogen einer kurzer Hinweistext eingeblendet, der gerade für den Neueinsteiger eine große Unterstützung darstellt.

Die *Datenbankoberfläche* numeriert intern die Felder durch, über diese Spalte werden auch ganze Zeilen in der Reihenfolge verschoben. Sie brauchen dazu nur die entsprechende Nummer anzuklicken und bei niedergedrückt gehaltener linker Maustaste die Zeile auf die neue Position zu schieben. Beachten Sie dabei bitte, daß das Schlüsselfeld selbst für den Primärindex immer in der ersten Zeile stehen muß. Außerdem löscht die Tastenkombination [STRG-Entf] das Feld komplett aus der Tabellenstruktur, in dem sich gerade der Eingabecursor befindet.

Über die Einfügentaste [Einfg] legt die Datenbankoberfläche eine neue (leere) Feldzeile oberhalb der Zeile an, in sich gerade der Eingabecursor befindet. Im Eingabfeld für den Datentyp rufen Sie per rechter Maustaste eine Auswahlliste mit den zur Verfügung stehenden Datentypen für das gewählte Tabellenformat auf.

3.2.2 Tabellen der Datenbank „ShareMan" konfigurieren

Alle im späteren Verlauf benötigten Tabellen finden Sie auf der CD-ROM vor, damit müssen Sie den Step 2 nicht tatsächlich nachvollziehen. Falls Sie doch selbst Hand anlegen möchten, finden Sie die benötigten Tabellenstrukturen im zweiten Kapitel. Trotzdem sollten Sie anschließend die Tabellen von der CD-ROM kopieren. Damit ersparen Sie sich die Mühe, alle Tabellen selbst mit aussagekräftigen Daten aufzufüllen.

Tabelle „SM_ORTE" anlegen

Im ersten Schritt wird die Tabelle „SM_ORT" angelegt. Zum einen ist diese Tabelle sehr übersichtlich und zum anderen müssen alle Haupttabellen für die Referenzintegrität angelegt worden sein, bevor die untergeordnete Tabelle „SM_MAIN" erzeugt wird. In der untergeordneten Tabelle definieren Sie die referenzielle Integrität, dabei prüft die Datenbankoberfläche sofort nach, ob die angegebene übergeordnete Tabelle auch tatsächlich entsprechend vorbereitet wurde.

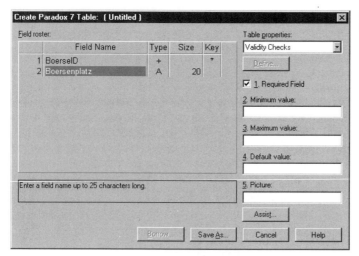

Abb. 3.7: Tabellenstruktur für „SM_ORTE.DB"

Die erste Tabellenspalte „BoerseID" wird durch einen Doppelklick in die Spalte „Key" als *Primärschlüssel* der Tabelle definiert. Für das zweite Feld legen Sie die Einschränkung „Eingabe erforderlich" fest. Damit verhindert die BDE, daß der Anwender einen Datensatz ohne einen Namen für den Börsenplatz abspeichern kann.

 Eine der Anforderungen an ein RDBMS bestand ja darin, daß das Datenbanksystem selbst für derartige Aufgaben zuständig sein soll. Der Vorteil besteht dabei darin, daß auch bei der Datenmanipulation über SQL die festgelegten Regeln gültig sind – ein wichtiger Aspekt in Sachen Datenintegrität.

Über die Schaltfläche „Speichern unter..." geben Sie der Tabelle nun einen Namen. Obwohl unter Windows normalerweise in solchen Fällen ein Standarddialog verwendet wird, ist dies in der *Datenbankoberfläche* nicht so. In dem Dialogfenster „Tabelle speichern unter" wird nicht nur der Name für die Datenbanktabelle abgefragt. Über das unscheinbare Auswahlfeld „Tabelle anzeigen" ruft die

Datenbankoberfläche nach dem Abspeichern sofort das Editorfenster für diese Tabelle auf. Dies ist unter anderem schon deshalb sehr praktisch, weil vor dem ersten Einbinden aus Delphi heraus die Tabelle mindestens mit einem Datensatz gefüllt werden sollte. Dieser Datensatz wird auch bei aktivierter *TTable*-Komponente von Delphi im Entwurfsmodus angezeigt – eine sehr leistungsfähige Option.

Abb. 3.8: Einige Datensätze in die neu erstellte Tabelle eingeben

Wenn die Tabelle geöffnet wird, befindet sich die *Datenbankoberfläche* im *Anzeigemodus*. Um die angezeigten Daten zu ändern beziehungsweise neue Datensätze anzulegen, müssen Sie in den Editiermodus umschalten. Dies erfolgt entweder über den Menüeintrag „[A]nsicht | Daten editieren" oder über das Symbol der Tabelle mit dem Bleistift in der Speedbar-Leiste. Sobald der Editiermodus aktiviert wurde, ersetzt eine Eingabe den Feldinhalt des Feldes, in dem sich der Schreibcursor befindet. Jedoch läßt die Datenbankoberfläche nicht in allen Feldtypen eine Eingabe zu, neben den *Memo*-Feldern sind auch *Grafikfelder*, *OLE*-Felder, *Binärfelder* oder die *selbstinkrementierenden* Felder von einer manuellen Eingabe ausgeschlossen.

Der Editiermodus selbst unterscheidet weiterhin zwei Betriebsarten. Mit dem Menüpunkt „[A]nsicht | Feldansicht" wird die Feldansicht ein- und ausgeschaltet. Befindet sich die Tabelle in der Feldansicht, dann erscheint der Cursor als blinkende Schreibmarke. Alle eingetragenen Zeichen werden an der Schreibmarkenposition eingefügt und überschreiben nicht den Rest des Feldes. Mit Hilfe der Cursortasten positionieren Sie die Schreibmarke innerhalb des Feldes.

Ist die *Feldsicht* ausgeschaltet, wird das ausgewählte Feld mit Hilfe der Cursortasten steuerbar. Außerdem ersetzt eine Eingabe den kompletten Inhalt des ausgewählten Feldes.
Für die weiteren Tabellen gehe ich nur noch auf die jeweiligen Besonderheiten ein.

Tabelle „SM_MAIN" anlegen

Das Feld „BoerseID" bildet einen *Fremdschlüssel* für den zugeordneten ID-Wert aus der Tabelle „SM_ORTE". Aus diesem Grund wird sowohl die Eingabeprüfung „Eingabe erforderlich" als auch die Prüfung auf einen Mindestwert von „1" aktiviert. Damit verhindert die BDE jeden Versuch, einen Datensatz abzuspeichern, dem keine Börsen-ID zugeordnet wurde.

Zusätzlich wird diese Verknüpfung auch über die *referenzielle Integrität* der BDE bekanntgemacht. Nachdem Sie aus der Listbox für die Tabelleneigenschaften den Eintrag „Referenzintegrität" ausgewählt haben, zeigt das Dialogfenster die Schaltfläche „Definieren" an. Diese Schaltfläche führt Sie zum Dialog für die referenzielle Integrität. Die Referenzintegrität gewährleistet, daß die Verbindung entsprechender Daten in verschiedenen Tabellen nicht gelöst wird. Alle beteiligten Tabellen müssen eine gemeinsame Tabellenspalte verwenden, anhand der die BDE zusammengehörende Datensätze erkennen kann. Dabei sind weniger identische Spaltenbezeichnungen gefragt, sondern ausschließlich identische Feldtypen beziehungsweise Feldgrößen. Die Felder der gerade bearbeiteten Tabelle listet das Dialogfenster in der linken Listbox auf. In der rechten Listbox wird die Tabelle ausgewählt, deren *Primärschlüsselfeld* als Gegenstück zum ausgewählten eigenen Feld verwendet werden kann.

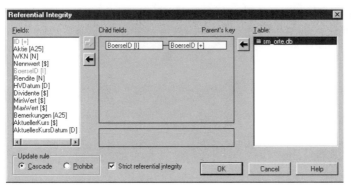

Abb. 3.9: Einrichten der Referenzintegrität

Dazu wählen Sie das Feld „BoerseID" in der untergeordneten Tabelle aus dem linken Listenfeld aus und übernehmen es über die Pfeilschaltfläche in das Anzeigefeld „Untergeordnete Felder" (engl. *Child Fields*). In der rechten Listbox passiert das gleiche für den Eintrag „sm_orte.db". Mit dem Anklicken der rechten Pfeilschaltfläche liest die Datenbankoberfläche automatisch das entsprechende Schlüsselfeld aus und übernimmt es in das Anzeigefeld „Übergeordnete Schlüssel" (engl. *Parent's Key*). Sie sehen sofort auf einen Blick, ob die beiden ausgewählten Felder zusammenpassen. Dabei ist nicht der Feldname entscheidend, sondern nur der Feldtyp und die Feldlänge.

Ist die Auswahl gültig, muß eine Aktualisierungsregel ausgewählt werden. Als Vorgabewert ist die Option „Weitergeben" (engl. *Cascade*) bereits markiert. Mit dieser Option wird jede Änderung eines Wertes im Schlüssel der übergeordneten Tabelle automatisch in die Tabelle übertragen, die mit ihr über referenzielle Integrität verknüpft ist.

Wird eine derartige synchrone Datenpflege nicht gewünscht, wählen Sie die Auswahlschaltfläche „Verhindern" (engl. *Prohibit*) aus. Bei dieser Option kann ein Wert im Schlüsselfeld der übergeordneten Tabelle nicht verändert werden, wenn Datensätze aus dem Schlüsselfeld mit dem Wert des Feldes der untergeordneten Tabelle übereinstimmen.

Das Auswahlfeld „Strikte Referenzintegrität" sollte in jedem Fall ausgewählt bleiben. Damit schützen Sie Ihre Daten vor Zerstörung durch frühere Versionen von Paradox, das heißt diese Tabelle kann nicht mit „Paradox 3.5" oder „Paradox 4.0" bearbeitet werden.

Beim Abspeichern der so zugewiesenen Referenzintegritäts-Regel fragt die Datenbankoberfläche nach einem Namen für diese Regel.

Im Eingabefeld tragen Sie dazu einen beliebigen Namen ein, ich bevorzuge eine aussagekräftige Bezeichnung, in der als Bestandteil das Verknüpfungsfeld enthalten ist. Auch wenn die Überschrift in diesem Dialogfenster etwas anderes vermuten läßt, die Referenzintegrität bekommt hier nur einen intern von der BDE verwendeten Namen. Die Datenbankoberfläche legt alle Regeln in einer externen Datei mit der Endung „.VAL" ab, die jedoch den gleichen Dateinamen wie die Datenbanktabelle trägt.

3.2 Schritt 2: Tabellen in der Datenbankoberfläche erzeugen

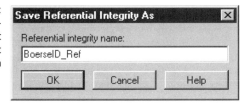

Abb. 3.10:
Jedes Datenbankobjekt bekommt seinen Namen

Zum Schluß gehe ich noch auf das Anlegen eines *Sekundärindexes* in der Tabelle ein. Als Vorgabewert sortiert die BDE eine Paradox-Tabelle nach dem Wert im Primärschlüssel. Das Programm soll jedoch die Datensätze nach dem Wertpapiernamen sortiert anzeigen. Dies gelingt nur dann, wenn im *Objektinspektor* ein tatsächlich vorhandener Sekundärindex ausgewählt werden kann.

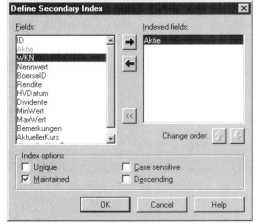

Abb. 3.11:
Sekundärindex für das Feld „Quelle" in der Tabelle „QUELLE.DB" anlegen

Das Feld, für das der *Sekundärindex* eingerichtet werden soll, wird in der linken Listbox „Felder" ausgewählt. In der Listbox wird das ausgewählte Feld farbig hervorgehoben. Felder, die Sie nicht auswählen können (weil sie bereits verwendet werden) markiert das Dialogfenster durch eine graue Schriftfarbe. Über den Pfeilbutton übernimmt die rechte Listbox „Indizierte Felder" das gewünschte Feld. Als Vorgabewert ist das Auswahlfeld „Gewartet" angekreuzt, damit aktualisiert die BDE automatisch den Index bei jeder Änderung im Datenbestand. Um einen gewarteten Index einrichten zu können ist eine Voraussetzung unbedingt notwendig – die Tabelle muß einen *Primärschlüssel* verwenden. Ein zusammengesetzter *Sekundärindex* wird angelegt, indem Sie mehrere Felder aus der linken Listbox übernehmen.

Für unsere Tabelle reicht ein einfacher Sekundärindex für ein Feld aus, das Dialogfenster wird daher über die OK-Schaltfläche geschlossen. Bevor die Datenbankoberfläche zum Ausgangsdialogfenster zurückkehrt, wird noch eine Eingabe von Ihnen erwartet. Die BDE benötigt einen Namen für den Sekundärindex. Der hier eingetragene Name ist prinzipiell frei wählbar, im Interesse der besseren Übersichtlichkeit sollten Sie jedoch einen aussagekräftigen Namen wählen. Ich persönlich hänge die Zeichenkette „_Idx" an den indizierten Feldnamen an. Dies hat auch seinen Grund, außer Ihnen legt noch jemand Sekundärindizes an – die *Datenbankoberfläche* selbst. Sie werden das beim Deklarieren der *referenziellen Integrität* beobachten können, auch für jedes davon tangierte Feld muß ein Index (Primär- oder Sekundärindex) vorhanden sein.

Die Datenbankoberfläche weist automatisch Indizes, in denen ein einziges Feld und Groß-/ Kleinschreibung berücksichtigt wird, den Feldnamen zu. Wundern Sie sich daher nicht, wenn das Dialogfenster „Index speichern unter" nicht angezeigt wird, Sie haben dann eben das Auswahlfeld Groß-/Kleinschreibung markiert.

Nach dem Speichern unter dem Namen „SM_MAIN.DB" tragen Sie auch gleich ein bis zwei Datensätze in die Tabelle ein. Dabei testen Sie am besten gleich die festgelegten Gültigkeitsprüfungen sowie eine eventuell zusätzlich hinzugefügte Eingabemaske.

Vertrauen ist gut – Kontrolle ist besser

Damit wurden alle wesentlichen Punkte angesprochen – ich erspare Ihnen und mir eine langatmige Aufzählung für die noch fehlenden Tabellen. Zur Information können Sie sich jedoch einmal die anderen, bislang noch nicht erwähnten Tabelleneigenschaften anschauen. Diese sind in einem anderen Dialog sichtbar, über den Menüpunkt „[T]ools | Tabellenoperationen | Strukturinfo[o].." erreichen Sie die Strukturanzeige für eine auswählbare Datenbanktabelle.

Im Dialogfenster Strukturinformation lassen Sie sich eine Tabellenstruktur anzeigen. Je nach dem verwendeten Tabellenformat stehen verschiedene Informationen zur Verfügung. Zu Paradox-Tabellen erhalten Sie Informationen über *Gültigkeitsprüfungen, Nachschlagetabellen, Sekundärindizes, Referenzintegrität, Sprachtreiber* und *abhängige Tabellen*. Bei dBASE-Tabellen gibt sich die *Datenbankoberfläche* weniger gesprächig, hier werden nur Informationen zu Indizes und zum Sprachtreiber vermittelt. Greifen Sie auf eine Tabelle auf einem *SQL-Server* zu, so liegen auch nur Indizes und erforderliche Felder im Zugriff.

Öffnen Sie zum Beispiel einmal die gerade erst angelegte Tabelle „SM_MAIN.DB". Sobald Sie die Tabelleneigenschaften auf den Eintrag „Sekundärindizes" umschalten, sehen Sie eine überraschende Anzeige. Im Listenfenster tauchen zwei Eintragungen auf, Sie selbst haben jedoch nur einen Sekundärindex definiert. Anhand des gewählten Namens „Aktie_Idx" ist dieser auch sofort erkennbar. Woher stammt der andere? Sie können die darunterliegende Verknüpfung abfragen, indem Sie einen Eintrag markieren und über die Schaltfläche „Detail" nähere Angaben abfordern. Bei genauerer Betrachtung fällt auf, daß für jedes Feld, welches in einer der Referenzintegritätsregeln verwendet wird, von der Datenbankoberfläche ein eigener Index angelegt wurde. Dies ist auch logisch, nur über einen Index vermag die *BDE* auf einen Feldwert schnell zuzugreifen. Haben Sie selbst eine derartige Unterstützung „vergessen", holt das die Datenbankoberfläche ohne weitere Rückfrage nach.

Schließen Sie das Dialogfenster über die Schaltfläche „Fertig" und öffnen Sie einmal die Tabelle „SM_ORTE.DB". Diese Tabelle bildet eine Haupttabelle für die untergeordnete Tabelle „SM_MAIN.DB". Auch dieser Zusammenhang wird im Strukturinfo-Dialogfenster angezeigt. Sie müssen nur die Tabelleneigenschaft „Abhängige Tabellen" auswählen. Unter dieser Option zeigt die Datenbankoberfläche alle untergeordneten Tabellen an, das heißt alle die Tabellen, mit denen eine Verbindung zur Sicherstellung der referenziellen Integrität besteht.

3.2.3 Datenbankinventur

Alle Tabellen haben Sie visuell in der Datenbankoberfläche angelegt. Von Zeit zu Zeit machte sich dabei die Festplatte durch Schreibzugriffe bemerkbar. Entwickler sind von Natur aus neugierig, so daß wir einmal kurz einen Blick in das Datenbankverzeichnis werfen sollten. Falls Sie zu den schreckhaften Zeitgenossen gehören, sollten Sie zuerst nur etwas blinzeln. Sage und schreibe 23 Dateien hat die Datenbankoberfläche im Datenbankverzeichnis abgelegt.

```
sm_kauf.DB
sm_kauf.PX
sm_kauf.X03
sm_kauf.Y03
sm_kauf.VAL
sm_konto.DB
sm_konto.PX
sm_kurs.PX
sm_kurs.X03
sm_kurs.Y03
sm_kurs.VAL
sm_kurs.DB
sm_main.DB
sm_main.PX
sm_main.X05
sm_main.XG0
sm_main.Y05
sm_main.YG0
sm_main.VAL
sm_orte.db
sm_orte.PX
sm_orte.VAL
DBWORK.INI
```

Nur die Datei „dbwork.ini" als private Konfigurationsdatei der Datenbankoberfläche gehört nicht zur Datenbank und könnte problemlos gelöscht werden. Im ersten Kapitel habe ich die Bedeutung der einzelnen Dateitypen bereits zum Thema *Paradox*-Tabellenformat vorgestellt, bei Interesse schlagen Sie bitte dort nochmals nach.

Im zweiten Schritt wurden die Datenbanktabellen mit Hilfe des Delphi-Tools *Datenbankoberfläche* generiert. Im Ergebnis dessen sind Sie nun sicherlich auch der Überzeugung, daß jede Datenbank in ein eigenes Verzeichnis gehört. Ohne diese Regel verlieren Sie einfach bei umfangreicheren Projekten den Überblick. Bevor nun die Anwendungsentwicklung mit Delphi so richtig losgeht, können Sie einige Trockenübungen mit der Datenbank absolvieren. Vor allem beim Löschen von Datensätzen, die durch die *referenzielle Integrität* geschützt werden, ist der Lerneffekt beachtlich. Mit diesen Übungen eignen Sie sich zudem Sicherheit im Umgang mit der Datenbank an, die später in der Entwicklungsphase in Delphi gut brauchbar ist.

3.3 Schritt 3: Hauptformular in Delphi gestalten

Nach dem Aufruf von Delphi wird gleich ein leeres Formular angezeigt, so daß es sofort mit der visuellen Entwicklung der Anwendung losgehen kann. Ich setze dabei voraus, daß Sie den Umgang mit Delphi zumindest in den Grundzügen beherrschen.

Vorab gleich eine schlechte Nachricht, den Datenbankformular-Experten können Sie hier für diese Aufgabe nicht einsetzen. Dazu ist zum einen das Datenmodell zu komplex und zum anderen kann der

Datenbankexperte nicht ahnen, wie die einzelnen Datendialogelemente auf den verschiedenen Arbeitsseiten im Formular plaziert werden sollen.

Das Endergebnis des dritten Schrittes soll das folgende Aussehen haben.

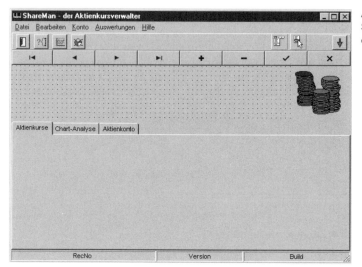

Abb. 3.12: Schritt 3: Startseite des Programms einrichten

 Alle Projektdateien finden Sie auf der CD-ROM im Unterverzeichnis »Schritt 3« von »Kapitel 3«.

Das Programm verwendet alle typischen Merkmale eines Windows 95-Programms. Neben der *Menüzeile* wird auch eine *Toolbar*-Leiste sowie eine *Statuszeile* bereitgestellt. Die einzelnen Dialogelemente zur Darstellung der Daten verteilen sich zudem auf mehreren Arbeitsseiten. Zur Programmlaufzeit werden diese Arbeitsseiten durch das Anklicken der Registerzungen mit der linken Maustaste gewechselt. Ab Delphi 2.0 ist auch in der Entwicklungsumgebung das Wechseln per einfachen Mausklick möglich, unter *Delphi 1.0* mußte ja dazu ein Popup-Menü zu Hilfe gerufen werden.

Die Stärke von Delphi liegt unter anderem darin, die Programmoberfläche schnell und vor allem unkompliziert gestalten zu können. Aber auch bei der visuellen Programmierung kommen Sie immer dann unmittelbar mit dem Programmquelltext in Berührung, wenn spezielle Aufgaben zu erledigen sind.

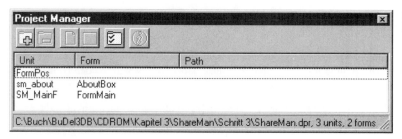

Abb. 3.13: Eingebundene Units

Das Projekt bindet im Schritt 3 drei Units ein. Neben dem Hauptformular und dem obligatorischen *Info über...*-Dialog setzt „ShareMan" eine formularlose Unit für globale, allgemeingültige Funktionen ein.

3.3.1 Formular

Das *Formular* ist der Ausgangspunkt für alles. Daher bekommt das Formular gleich einen aussagekräftigen Namen. Ich verwende dazu eine eigene Syntax, um im Objektinspektor die Instanzen im Formular gut unterscheiden zu können. Den Namen beginne ich mit der Komponentenart und hänge die Aufgabenbeschreibung an. Im Formular wird damit der Eigenschaft *Name* der Wert „FormMain" zugewiesen.

Das Formular bekommt von Delphi Standardeigenschaften mit auf den Weg. So kann der Anwender zum Beispiel die Formulargröße ändern beziehungsweise das Formular sogar auf Vollbild vergrößern. Ihre Aufgabe als Anwendungsentwickler besteht nun darin, jederzeit eine ansprechende Benutzeroberfläche zu garantieren. Das bedeutet, entweder müssen Sie bei einer Größenänderung des Programmfensters alle Komponenten anpassen, oder Sie müssen jede Änderung der Fenstergröße durch den Anwender unterbinden. Die letztere Variante ist am schnellsten erledigt und wird am häufigsten verwendet. Delphi wäre nicht Delphi, wenn es nicht mehrere Alternativen dazu bereitstellen würde.

Feste Fenstergröße – die erste Variante

Die erste geht recht schnell und einfach, dazu sind nur einige Mausklicks im Objektinspektor notwendig. Zum einen ändern Sie die Eigenschaft *BorderStyle* auf den Wert „bsSingle", damit sorgt Windows dafür, daß der Anwender die Fenstergröße nicht mehr ändern kann. Und zum anderen sperrt das Zuweisen des Wertes „biMaximize = False" für die Eigenschaft *BorderIcons* auch gleich das Icon für die Vollbilddarstellung.

Um das Zuweisen von Eigenschaften mit Hilfe des Objektinspektors im Text abzukürzen, verwende ich zum Beispiel die folgende Schreibweise „biMaximize = False". Sobald Sie auf eine derartige Schreibweise stoßen, ist das visuelle Zuweisen der Eigenschaft über den Objektinspektor gemeint.

Abb. 3.14:
Fenster mit
einem einfachen
Rand sind in der
Größe fixiert

Das Programmfenster wird von Windows nunmehr immer in der vom Entwickler vorgesehenen Größe dargestellt. Optional können Sie auch über die Eigenschaft *Position* das Fenster beim Programmstart automatisch zentrieren lassen, indem Sie dieser Eigenschaft den Wert „poScreenCenter" zuweisen.

Diese Lösung ist zwar schnell implementiert, hat jedoch einen Schönheitsfehler. Das Fenster sieht für den Anwender nicht mehr wie ein normales Fensters aus. *ShareMan* kann mit diesem Effekt gut leben – falls Sie anspruchsvoller sind, hilft die zweite Variante weiter.

Feste Fenstergröße – die zweite Variante

Die andere Alternative ist vom Erscheinungsbild eleganter, aber damit auch mit höherem Aufwand verbunden. Dabei machen Sie sich die Tatsache zunutze, daß Windows jedesmal vorher dem Programm eine Größenänderung des Fensters ankündigt. Legt das Programm daraufhin sein Veto gegen die Größenänderung ein, so kann der Anwender die Fenstergröße nicht ändern. Im Programm muß dazu die Windows-Botschaft *WM_GetMinMaxInfo* ausgewertet und eine Größenänderung des Fensters durch den Anwender verhindert werden. Damit der Anwender über diesen Vorgang auch unterrichtet wird, muß noch an anderer Stelle in die Standardbotschaftsverwaltung von Windows eingegriffen werden. Windows ändert ja selbständig immer dann den Mauszeiger in den Doppelpfeil, wenn sich die Maus über einem Fensterrahmen befindet. Durch das Abfangen der Windows-Botschaft *WM_NCHitTest* wird deshalb auch der Doppelpfeil-Mauszeiger unterdrückt, so daß der Anwender erst gar keinen Versuch unternimmt, die Fenstergröße mit der Maus ändern zu wollen.

Die folgenden Programmzeilen finden Sie im Beispielprogramm „Alternative.dpr" im Unterverzeichnis „Alternative" von „Kapitel 3\Schritt 3".

```
type
  TFormMain = class(TForm)
  ...
  private
    procedure WMGetMinMaxInfo(var Msg: TMessage);
      message WM_GetMinMaxInfo;
    procedure WMNCHitTest(var Msg: TWMNCHitTest);
      message WM_NCHitTest;
  public
    { Public-Deklarationen }
  end;
```

In der *Botschaftsbehandlungsmethode* für die eintreffenden *WM_GetMinMaxInfo*-Botschaften bekommen die Felder der Struktur „TMinMaxInfo" neue Werte zugewiesen. Über „ptMinTrackSize" werden die minimalen Werte für die Fensterbreite und -höhe zugewiesen. Dementsprechend ist „ptMaxTrackSize" für die größte Fensterausdehnung zuständig. Damit die exakten Werte nicht von Hand in den Quelltext getippt werden müssen, liest das Programm einfach die benötigten Werte aus den Formulareigenschaften *Width* und *Height* aus. Damit ändern sich bei jeder Größenänderung des Formulars zur Entwicklungszeit auch die TMinMaxInfo-Recordfelder während der Laufzeit des Programms.

```
procedure TFormMain.WMGetMinMaxInfo(var Msg: TMessage);
begin
  inherited;
  with PMinMaxInfo(MSG.lparam)^ do begin
    ptMinTrackSize := Point(FormMain.Width,FormMain.Height);
    ptMaxTrackSize := Point(FormMain.Width,FormMain.Height)
  end
end;
```

Das Einbeziehen von *inherited* innerhalb einer Botschaftsbehandlungsmethode ist der sichere Weg. Deklariert der Vorfahrentyp keine entsprechende Methode, wird zumindest die *TObjekt*-Methode DefaultHandler aufgerufen und damit die Botschaft als bearbeitet gekennzeichnet.

Typecasting – der Entwickler hat das letzte Wort
Delphi verwendet Object Pascal als Programmiersprache, eine Weiterentwicklung des guten, alten Pascal. Schon von Anfang an war die strenge Typprüfung von Pascal ein sehr großer Vorteil. Auch wenn man als Entwickler schon einmal über den strengen Compiler mit seinen „type mismatch"-Fehlern geflucht hat, im Prinzip ist diese strenge Typprüfung ein Segen. Andere Hersteller von Entwicklungssystemen sehen das genauso, nicht ohne Grund schwenken auch solche Sprachen wie C oder Basic auf die Typprüfung um (auch wenn sie dort noch abgeschaltet werden kann).

So weit so gut – aber es gibt auch Situationen, wo Sie es als Entwickler nun besser wissen. Delphi ist ein angenehmer Zeitgenosse, weil der Compiler nicht auf dem letzten Wort in dieser Sache besteht. Über das sogenannte Typecasting teilen Sie dem Compiler Ihre Gedankengänge mit, das heißt, der Compiler geht dann davon aus, daß Sie die Typenprüfung für ihn übernommen haben. Sollten Sie sich hingegen geirrt haben, übernimmt Delphi keine Gewähr für ein fehlerfrei ablaufendes Programm. Mit der gebotenen Vorsicht ist das *Typecasting* jedoch ungefährlich, Sie kommen sowieso früher oder später nicht ohne dieses Feature aus.

Zum besseren Verständnis erläutere ich den Vorgang anhand dem folgenden Konstrukt aus der Ereignisbehandlungsmethode „WMGetMinMaxInfo".

```
with PMinMaxInfo(MSG.lparam)^ do begin
   ptMinTrackSize := Point(FormMain.Width,FormMain.Height);
   ptMaxTrackSize := Point(FormMain.Width,FormMain.Height)
end
```

Der Prozedur wird als Parameter ein Botschaftsrecord vom Typ *TMessage* übergeben. Auf die Botschaftsbehandlung von Windows und Delphi gehe ich später noch genauer ein. Im Botschaftsrecord liegt die benötigte Information im Feld „lParam" vor, dabei ist das Recordfeld „lParam" vom Typ LongInt. Ein LongInt-Feld ist sehr gut geeignet, einen Zeiger (engl. Pointer) auf eine Datenstruktur zur übertragen. Über das Zeiger-Dereferenzierungssymbol „^" teilen Sie Delphi mit, daß Sie nicht so sehr an dem Zeiger interessiert sind, sondern nur an der Datenstruktur, auf die der Zeiger zeigt. Delphi kann dem 4 Byte großen LongInt-Wert in „Msg.lParam" jedoch nicht ansehen, zu welcher Datenstruktur er gehört. Hier kommen nun Sie ins Spiel, Ihnen steht das Wissen über die beabsichtigte Programmfunktion zur Verfügung, so daß Sie nachschlagen können, welcher Wert in „Msg.lParam" übergeben wird. Dem Parameter „Msg.lParam" stellen Sie vor der Dereferenzierung den Datentyp voran, so daß sich der Konstrukt „PMinMaxInfo(MSG.lparam)^" ergibt.

In der Delphi-Unit „windows.pas" wird „PMinMaxInfo" als Zeiger wie folgt deklariert.

```
type
   { Struct pointed to by WM_GETMINMAXINFO lParam }
   PMinMaxInfo = ^TMinMaxInfo;
   TMinMaxInfo = packed record
      ptReserved: TPoint;
      ptMaxSize: TPoint;
      ptMaxPosition: TPoint;
      ptMinTrackSize: TPoint;
      ptMaxTrackSize: TPoint;
   end;
```

Damit kann Delphi zumindestens prüfen, ob das Recordfeld „ptMinTrackSize" auch wirklich vorhanden ist. Anstelle der „with...do.."-Anweisung könnten Sie den Wert auch über die folgenden Programmzeilen zuweisen, hier wird dann das Bild etwas klarer.

```
PMinMaxInfo(MSG.lparam)^.ptMinTrackSize := Point(500,400);
PMinMaxInfo(MSG.lparam)^.ptMaxTrackSize := Point(520,420);
```

Obwohl in „Msg.lParam" nur ein 4 Byte großer numerischer Wert für den Zeiger auf eine Datenstruktur übergeben wird, werden die beiden Programmzeilen anstandslos compiliert.

»WM_NCHitTest« – sag mir wo ich bin
Die zweite Botschaft *WM_NCHitTest* wird von Windows jedesmal bei jeder Positionsänderung des Mauszeigers an das Fenster geschickt, um Informationen über den Bereich des Fensters zu erhalten, über dem sich der Mauszeiger gerade befindet. Überschreiben Sie hier die von Windows als Vorgabewert eingesetzten Konstanten, so beeinflussen Sie auch das Programmverhalten. In der Botschaftsbehandlungsmethode „WMNCHitTest" wird jedesmal dann die Konstante „HTNoWhere" zurückgeliefert, wenn sich der Mauszeiger im Bereich des Fensterrahmens befindet. Dadurch stellt Windows nicht mehr den Doppelpfeil-Mauszeiger dar.

```
procedure TFormMain.WMNCHitTest(var Msg: TWMNCHitTest);
begin
  inherited;
  if Msg.Result in [HTLeft, HTRight, HTBottom, HTBottomRight,
                    HTBottomLeft, HTTop, HTTopRight, HTTopLeft]
    then Msg.Result := Windows.HTNoWhere
end;
```

Weisen Sie „Msg.Result" den Wert „HTCaption" zu, so können Sie das Fenster verschieben, auch wenn sich der Mauszeiger nicht über der Titelzeile des Fensters befindet. Ihrer Experimentierlust sind hier keine Grenzen gesetzt.

Scope – der Gültigkeitsbereich von Bezeichnern unter Delphi
Gleich zum Anfang machen Sie hier an dieser Stelle mit dem Gültigkeitsbereich eines Bezeichners unter Delphi Bekanntschaft. Die Konstante „HTNoWhere" soll über diese Zuweisung vom Compiler als einen Wert vom Typ LongInt interpretiert werden. Ohne den qualifizierten Bezeichner aus dem Unit-Namen und dem Konstantennamen bemängelt der Compiler einen Fehler im Quelltext.

```
Msg.Result := Windows.HTNoWhere
```

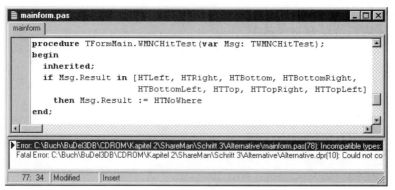

Abb. 3.15: Fehlermeldung ohne Bezeichnerqualifizierung

Sobald Sie die Bezeichnerqualifizierung „Windows." entfernen, ist Delphi der Meinung, daß der Wert „HTNoWhere" vom Typ *THitTest* nicht einem Botschaftsrecordfeld vom Typ *LongInt* zugeordnet werden darf:

Der Fehler ist auf den ersten Blick nicht verständlich, der Blick in die als Quelltext vorliegende Delphi-Unit „windows.pas" verwirrt noch mehr.

```
HTNOWHERE = 0;
```

Die Konstante *HTNOWHERE* ist als numerischer Wert deklariert und damit unter *Delphi 3.0* ein *LongInt*-Typ. Da die Schreibweise von Bezeichnern unter Delphi im Gegensatz zu C/C++ keine Rolle spielt, müßte alles in Ordnung sein. Wo kommt der Fehler her, ist das eventuell ein Delphi-Bug? Mitnichten, es hat schon alles seine logische Erklärung, auch wenn man sich über die Sinnhaftigkeit streiten kann. Borland wird sich schon etwas dabei gedacht haben. Um das Problem einzugrenzen, schauen Sie sich einmal die Uses-Klausel im Interface-Abschnitt an.

```
interface
uses
   Windows, Messages, SysUtils, Classes, Graphics, Controls, Forms,
   Dialogs,  DBCtrls, ComCtrls, ExtCtrls, Menus;
```

In diesen eingebundenen Unit-Dateien suchen Sie am besten aus dem *Windows-Explorer* heraus nach der Zeichenkette „HTNoWhere" (wobei nicht nach der exakten Schreibweise gesucht werden sollte). In der Tat finden Sie neben „windows.pas" auch noch eine weitere Fundstelle in der Delphi-Unit „comctrls.pas":

```
THitTest = (htAbove, htBelow, htNowhere, htOnItem, htOnButton,
            htOnIcon, htOnIndent, htOnLabel, htOnRight,
            htOnStateIcon, htToLeft, htToRight);
```

Der Compiler findet zuerst die Konstante in der Unit „comctrls.pas" und bemängelt damit zu Recht die nichtkompatiblen Typen. Dem Problem gehen Sie über den qualifizierten Bezeichner „Windows.HTNoWhere" aus dem Weg, da Sie damit dem Compiler exakt beschreiben, wo er die Bedeutung der Konstante nachschlagen soll. Sie sehen also – auch im Zeitalter der visuellen Programmierung kommen Sie um grundlegende Kenntnisse über die Programmiersprache und den Compiler nicht herum. Das Beispiel ist auch gut geeignet, einen Lösungsansatz aufzuzeigen, wie Sie derartigen Compiler-Fehlermeldungen auf die Schliche kommen.

Botschaftsbehandlung

Im Programm „Alternative.dpr" werden Botschaftsbehandlungsmethoden für spezielle Windows-Botschaften deklariert. Mit der Deklaration der Botschaftsbehandlungsmethode teilen Sie Delphi mit, daß Sie als Anwendungsentwickler ein Veto gegen die Standardbehandlung der Botschaft einlegen. Als Ergebnis dieser Deklaration gibt Delphi die volle Kontrolle auf die Botschaftsbehandlung frei. Botschaftsbehandelnde Methoden weisen generell vier Merkmale auf :

1. Es sind immer Prozeduren.
2. Sie werden mit der message-Anweisung deklariert.
3. Nach message wird der Botschaftswert als ganzzahlige Konstante übergeben.
4. Es ist nur ein einziger var-Parameter zulässig.

Der Name der *Botschaftsbehandlungsmethode* ist dabei frei wählbar, im Interesse eines leichter lesbaren Programmcodes sollte jedoch ein aussagefähiger Name gewählt werden. Es hat sich generell eingebürgert, für die Botschaftsbehandlungsmethode die Botschaftsbezeichnung ohne den Unterstrich nach „WM" zu verwenden. In der Klassendeklaration von „TFormMain" finden Sie deshalb auch diese Programmzeilen :

```
procedure WMGetMinMaxInfo(var Msg: TMessage); message WM_GetMinMaxInfo;
procedure WMNCHitTest(var Msg: TWMNCHitTest); message WM_NCHitTest;
```

Bei genauerer Betrachtung fällt eine Besonderheit auf. Die erste Botschaftsbehandlungsmethode verwendet eine *TMessage*-Struktur als Parameter, während die zweite Prozedur eine Variable vom Typ *TWMNCHitTest* mit auf den Weg bekommt. Die Lösung für dieses Phänomen liegt in der Tatsache, daß beiden Prozeduren immer die gleiche Datenstruktur übergeben wird. Nur die Bezeichnung beziehungsweise die logische Sichtweise auf die Datenstruktur ändert sich von Fall zu Fall. Der Grund für dieses unterschiedliche Deklarieren liegt nicht etwa darin, Ihnen das Lesen des Programmquelltextes zu erschweren. Ganz im Gegenteil – erst vor einigen Jahren kamen die Entwickler in den Genuß dieser mnemonischen Parameter. Um der Argumentation besser folgen zu können, ist wiederum ein kurzer Abstecher in die Windows-Theorie notwendig.

Windows legt die Botschaften in die Botschaftswarteschlange der Applikation als eine TMsg-Struktur ab. In der Unit „Windows" ist TMsg wie folgt deklariert :

```
TMsg = packed record
   hwnd: HWND;
   message: UINT;
   wParam: WPARAM;
   lParam: LPARAM;
   time: DWORD;
   pt: TPoint;
end;
```

Die Lebensdauer der *TMsg*-Struktur unter Windows ist recht kurz. Bereits beim Weiterleiten der Botschaften an die Fensterprozedur durch DispatchMessage werden die Felder time und pt nicht mit übertragen. In einem Delphi-Programm würde aber auch dann noch unnötiger Ballast mit herumgeschleppt. So ist zum Beispiel das Mitführen des Fensterhandles zur Kennzeichnung des Adressaten nicht nötig, da die Delphi-Objekte die Botschaftsverarbeitung in sich kapseln.

Delphi verarbeitet daher Botschaften im TMessage-Format. Der Typ *TMessage* ist der generische Botschaftsrecordtyp von Delphi und wird in der Unit *„Messages"* deklariert :

```
TMessage = record
   Msg: Cardinal;
   case Integer of
     0: (
       WParam: Longint;
       LParam: Longint;
       Result: Longint);
     1: (
       WParamLo: Word;
       WParamHi: Word;
       LParamLo: Word;
       LParamHi: Word;
       ResultLo: Word;
       ResultHi: Word);
end;
```

Als Besonderheit fällt auf, daß neben dem Feld „Msg" die restlichen Parameter in einer Recordvariante übergeben beziehungsweise ausgewertet werden können. Damit ist es möglich, zwei verschiedene Mengen von Namen für den gleichen Parametersatz zu definieren. Im Feld *Msg* wird der Botschaftswert übergeben, die Parameter wParam beziehungsweise lParam enthalten je nach Botschaftsart bestimmte Zusatzinformationen.

TMessage als generischer Botschaftsrecord hat jedoch aus Sicht des Entwicklers einen Nachteil, für alle Botschaften muß jeweils unterschiedlich auf die Parameter wParam und lParam zugegriffen werden. Inzwischen ist in der Windows-Programmierung die Verwendung der mnemonischen Parameter üblich. Je nach Botschaftsart werden dabei die Parameter wParam beziehungsweise lParam durch aussagefähigere Bezeichnungen gekennzeichnet. Und nicht nur dies, für die komplette Botschaft wird auch ein *benannter* Botschaftsrecord bereitgestellt. Dies ist dann auch die Erklärung für die im vorangegangenen Abschnitt vorgestellte Struktur *TMinMaxInfo*. In der Unit „windows.pas" finden Sie dazu die folgende Deklaration.

```
type
  { Struct pointed to by WM_GETMINMAXINFO lParam }
  PMinMaxInfo = ^TMinMaxInfo;
  TMinMaxInfo = packed record
    ptReserved: TPoint;
    ptMaxSize: TPoint;
    ptMaxPosition: TPoint;
    ptMinTrackSize: TPoint;
    ptMaxTrackSize: TPoint;
  end;
```

Es ist also nicht mehr notwendig, immer in der Online-Hilfe nachzuschlagen, in welchen Feldern der Parameter sich die gesuchten Werte befinden. Statt dessen greifen Sie über die Recordfelder auf die übergebenen Botschaftsparameter zu. Die benannten Botschaftsrecords stellen dabei nur eine Option für den Entwickler bereit. Wesentlich ist, daß alle abgeleiteten Botschaftsrecords auch über *TMessage* angesprochen werden können.

Doch nun zurück zu der im Programm *ShareMan* gewählten Implementierung.

Dynamische Positionierung

Auch wenn der Anwender die Fenstergröße nicht mehr ändern kann, Sie als Entwickler können das in der Entwicklungsumgebung jederzeit. Mit hoher Wahrscheinlichkeit sind spätere Änderungen notwendig, die sich erst dann ergeben, wenn die Programmfunktionen implementiert werden. Aus diesem Grund werden die restlichen Komponenten im Formular so konfiguriert, daß eine Formulargrößenänderung im nachhinein keine Mehrarbeit verursacht. Der Speedbarleiste „PanelSpeedBar" wird zum Beispiel die Eigenschaft „Align = alTop" zugewiesen. Damit bleibt die Komponente immer am oberen Formularrand „kleben".

Direkt unter die Speedbarleiste -Leiste wird die DBNavigator-Instanz plaziert, auch hier sorgt der Eigenschaftswert „Align = alTop" für die gewünschte Positionierung.

3.3.2 Statuszeile unter Windows 95

Unter Delphi 1.0 hat bestimmt jeder Entwickler bei jedem Projekt aufs neue eine eigene Statuszeile im Formular implementiert. Oftmals wurde zudem eine unterteilte Statuszeile verwendet, die ebenfalls dynamisch auf eine Größenänderung des Fensters reagieren mußte. *Delphi 1.0* hat diese Aufgabe vereinfacht, indem *TPanel*-Instanzen als Container andere Instanzen eingebettet haben. Die folgende Tabelle demonstriert noch einmal diese Technik, wobei alle drei eingebetteten Statusfelder dynamisch ihre Größe und Position beim Ändern der Formulargröße in der Entwicklungsumgebung anpassen.

Tabelle 3.1: Bestandteile der Statuszeile im Formular

Funktion	Komponente	Eigenschaft Align	Eingebettet in
Grundgerüst	PanelStatusBar	alBottom	FormMain
Statusfeld 1	StatusBar1	alLeft	PanelStatusBar
Statusfeld 2	StatusBar2	alClient	PanelStatusBar
Statusfeld 3	StatusBar3	alRight	PanelStatusBar

Der Trick mit dem Einbetten in ein *TPanel* funktioniert auch mit anderen Komponenten. So können Sie auch einen Button im Formular „mitschwimmen" lassen, indem Sie den Button in das Panel einbetten. Wird zudem das Elternpanel verborgen (kein Rand, gleiche Hintergrundfarbe), so kann der Anwender diese Manipulation auch nicht entdecken.

TStatusBar

Mit Windows 95 ändert sich die Situation grundlegend. Es war auch längst überfällig, daß ein so grundsätzlicher Bestandteil wie eine Statuszeile auch ein Bestandteil des Betriebssystems selbst wird. Das 32-bittige Delphi baut darauf auf und stellt dem Entwickler die *TStatusBar*-Komponente zur Verfügung. Die Standardposition einer Statusleiste ist am unteren Rand des Hauptfensters, doch durch Setzen der Eigenschaft *Align* kann sie auch an beliebiger anderer Stelle des Fensters erscheinen. Die Eigenschaft *Panels* (*TStatusPanels*) enthält eine Kollektion der einzelnen Abschnitte (*TStatusPanel*) in der Statusleiste, von denen jedes eigene Werte für die Eigenschaften *Text*, *Width*, *Style*, *Bevel* und *Alignment* besitzt. Ganz im Stil der visuellen Entwicklung werden diese Eigenschaften in einem speziellen Editorfenster bearbeitet.

Mit einem Mausklick auf die kleine Schaltfläche am rechten Rand der Eingabezeile für die Eigenschaft *Panels* rufen Sie den Konfigurationsdialog auf.

Abb. 3.16: Bereiche der Statuszeile konfigurieren

Über den Button „Neu" (engl. *Add*) fordern Sie einen neuen Abschnitt an, dessen Eigenschaften Sie dann wie gewohnt im *Objektinspektor* zuweisen.

 Genügt Ihnen nur ein Anzeigebereich, so können Sie sich die Arbeit durch das Aktivieren der Eigenschaft „SimplePanel" erleichtern. Setzen Sie diesen Wert auf „True", so kann der darzustellende Text einfach über die Eigenschaft „SimpleText" zugewiesen werden.

3.3.3 TPageControl und TTabSheet

Der Raum zwischen Speedbarleiste und Statuszeile im Formular ist noch leer, hier hinein plazieren Sie die TPageControl-Komponente (Seitensteuerelement). Diese Komponente ersetzt in Verbindung mit den *TTabSheet*-Seiten (Arbeitsseiten) die TTabbedNotebook-Komponente von Delphi 1.0 und beseitigt damit gleich die Mängel, unter denen ein Entwickler damals zu leiden hatte.

In der Standardeinstellung zeigt die *TPageControl*-Komponente keine Arbeitsseite an. Das Anwendungsprogramm benötigt jedoch drei Registerseiten. Um die einzelnen Arbeitsseiten im *TPageControl* mit der entsprechenden Beschriftung anzulegen, rufen Sie über den rechten Mausklick das lokale Popup-Menü für diese Komponente auf und wählen den Menüpunkt „Neue Seite" aus.

Jede Instanz eines PageControls ist ein Objekt mit Registerkartenseiten. Auf eine bestimmte Seite des Seitensteuerelements können Sie zugreifen, indem Sie entweder auf ihre Registerkarte klicken oder die Eigenschaft *ActivePage* setzen. Die Eigenschaft *PageIndex* von TPageControl enthält den Index der Seite im PageControl.

3.3.4 Windows 95 like

Microsoft hat mit dem Betriebssystem *Windows 95* neue Kriterien für anwenderfreundliche Programme festgelegt. Zum einen legt Windows nun viel mehr Wert auf grafische Effekte (zoomende Fenster beim Vergrößern beziehungsweise Verkleinern) und zum anderen erwartet man von einer Anwendung, daß sie beim Aufrufen die letzte Position auf dem *Desktop* automatisch wieder einnimmt. Beide Aufgaben sind mit Delphi schnell erfüllt.

Zoomendes Programmfenster

Das *Win32-API* hat speziell für die Zoomfunktion beim Öffnen und Schließen von Fenstern extra einen erweiterten Fensterklassenstil spendiert. Das ist die gute Nachricht, aber leider steht dieser neue Stil nicht im *Objektinspektor* zur Verfügung. Borland hat jedoch hier nichts vergessen, da ein Delphi-Formular nicht das Hauptfenster für Windows darstellt. Jedes Delphi-Programm führt das unsichtbare Fenster von *TApplication* mit sich, und bei einem nicht sichtbaren Fenster macht eine zoomende Funktion überhaupt keinen Sinn.

Die von Borland gewählte Aufteilung muß nur geändert werden, das Win32-API stellt dazu die Funktion *SetWindowLong* zur Verfügung. Über den Aufruf von *SetWindowLong* ersetzen Sie die über den zweiten Parameter angegebene Fenstereigenschaft durch einen eigenen Wert. Es hat sich dazu eingebürgert, daß dazu über *GetWindowLong* der alte Wert nur entsprechend modifiziert wird. In der Ereignisbehandlungsmethode für das *OnCreate*-Ereignisses des Formulars fügt das Programm den erweiterten Fensterstil *WS_Ex_AppWindow* hinzu.

```
procedure TFormMain.FormCreate(Sender: TObject);
begin
  SetWindowLong(Handle, GWL_ExStyle, GetWindowLong(Handle,
                GWL_ExStyle) or WS_EX_AppWindow);
  ShowWindow(Application.Handle, SW_Hide);
  with StatBar.Panels do begin
    Items[0].Text := '';
    Items[1].Text := 'Version ' + cSMSection;
    Items[2].Text := cBuild;
  end;
  ReadPrivateRegistry;
  LoadFormPosition(FormMain, cPrivateRegKey);
end;
```

Damit sind für Windows gleich zwei Programmfenster zugeordnet, in der *Taskleiste* tauchen auch zwei Icons auf. Nur über eines dieser beiden Icons kann der Anwender das Programm aufrufen – ein nicht tragbarer Zustand. Deshalb sorgt die folgende Zeile dafür, daß der Anwender das „falsche" Icon nie mehr zu Gesicht bekommt.

`ShowWindow(Application.Handle, SW_Hide);`

Auch *ShowWindow* ist eine Win32-API-Funktion, die das Fenster von *TApplication* über den Parameter *SW_Hide* wieder versteckt.

Direkthilfe

Die nächste zusammen mit *Windows 95* eingeführte Neuheit betrifft die *Direkthilfe*. In Dialogfenstern taucht in vielen Anwendungsprogrammen ein Fragezeichensymbol auf, über das der Anwender direkt per Mausklick Unterstützung für ein *Control* im Fenster anfordern kann. Im Programm *ShareMan* soll jedoch auch das Hauptfenster eine derartige Unterstützung anbieten. Allerdings reicht es nicht aus, im *Objektinspektor* nur den Eintrag *biHelp* für die Eigenschaft *BorderIcons* zu aktivieren.

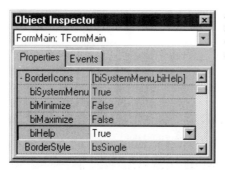

Abb. 3.17: Fragezeichen-Symbol in der Fensterzeile aktivieren

Aus irgendwelchen Gründen hat *Microsoft* entschieden, daß die beiden anderen Einträge *biMinimize* und *biMaximize* nicht aktiviert werden dürfen, wenn das Fragezeichensymbol zur Programmlaufzeit auch sichtbar sein soll. Der Anwender soll das Programmfenster aber verkleinern dürfen – was tun? Bis zur endgültigen Entscheidung hilft ein schnell eingebautes Provisorium – eine zusätzliche Schaltfläche in der Speedbarleiste.

```
procedure TFormMain.SpeedButtonMinimizeClick(Sender: TObject);
begin
```

```
    ShowWindow(Handle, sw_Minimize)
end;
```

Bei der Ereignisbehandlungsmethode für das *OnClick*-Ereignis sorgt ein weiterer *ShowWindow*-Aufruf dafür, daß Windows das Programmfenster verkleinert in der *Taskbar* ablegt.

Fensterposition speichern

Ein für *Windows 95* entwickeltes Anwendungsprogramm soll seine letzte Position auf dem Desktop sowie die Fenstergröße speichern und beim nächsten Programmstart automatisch wieder einnehmen. *Shareman* hat nur eine feste Fenstergröße, so daß die Aufgabe etwas kleiner wird.

Beim Programmstart ruft ShareMan die private Funktion *LoadFormPosition* auf. In dieser Funktion wird geprüft, ob das Programm bereits die Positionsdaten in der *Windows-Registry* abgelegt hat. Wenn ja, werden diese Daten ausgelesen und das Programmfenster wird positioniert.

```
const
    cPrivateRegKey = 'SOFTWARE\OssiSoft\ShareManager';

procedure TFormMain.FormCreate(Sender: TObject);
begin
    ...
    LoadFormPosition(FormMain, cPrivateRegKey);
end;
```

Die Funktion erwartet als Parameter zum einen das Fensterhandle für das zu positionierende Formular und zum anderen eine Zeichenkette für den Schlüssel in der *Registry*. Sie können also auch noch weitere Formulare über diese Funktion verwalten.

```
procedure TFormMain.FormClose(Sender: TObject;
                              var Action: TCloseAction);
begin
    ...
    SaveFormPosition(FormMain, cPrivateRegKey);
end;
```

Demgegenüber sorgt der Aufruf von *SaveFormPosition* dafür, daß beim Programmende die letzte Position in der Registrierdatenbank von Windows 95 gespeichert wird. Die Implementierung dieser beiden eigenen Funktionen finden Sie in der Unit „FormPos.pas".

Abb. .3.18: Die Tool-Unit „FormPos.pas" wird zum Projekt hinzugefügt

Die formularlose Unit ist universell einsetzbar und muß nur über den *Projektmanager* in das aktuelle Projekt eingebunden werden.

Unit „FormPos.pas"
...
```pascal
uses Registry;

procedure SaveFormPosition(FMainForm: TForm;
                           const sRegAppKey: String);
var
  aReg      : TRegistry;
  aFormRect : TRect;
begin
  aReg := TRegistry.Create;
  try
    aReg.RootKey := HKEY_CURRENT_USER;
    aReg.OpenKey(sRegAppKey, True);
    // Position und Größe aus dem ersten Parameter auslesen
    aFormRect.Left   := FMainForm.Left;
    aFormRect.Top    := FMainForm.Top;
    aFormRect.Right  := FMainForm.Width;
    aFormRect.Bottom := FMainForm.Height;
    // Werte in die Registry schreiben
    aReg.WriteBinaryData(FMainForm.Name, aFormRect,
                         SizeOf(aFormRect));
  finally
    aReg.Free;
  end
end;

procedure LoadFormPosition(FMainForm: TForm;
                           const sRegAppKey: String);
var
  aReg      : TRegistry;
  aFormRect : TRect;
begin
  aReg := TRegistry.Create;
  // Werte initialisieren (falls Key noch nicht vorhanden ist)
  aFormRect.Left   := FMainForm.Left;
  aFormRect.Top    := FMainForm.Top;
  aFormRect.Right  := FMainForm.Width;
  aFormRect.Bottom := FMainForm.Height;
  try
    aReg.RootKey := HKEY_CURRENT_USER;
    if aReg.OpenKey(sRegAppKey, False) then begin
      aReg.ReadBinaryData(FMainForm.Name, aFormRect,
                          SizeOf(aFormRect));
      // Formular-Eigenschaften aktualisieren
      FMainForm.Left := aFormRect.Left;
      FMainForm.Top  := aFormRect.Top;
    end;
  finally
    aReg.Free;
  end
end;
```

In der *Registrierungsdatenbank* werden die Formulareigenschaften *Left*, *Top*, *Width* und *Height* gespeichert. Dazu können Sie zum einen vier entsprechende Einträge anlegen und einzeln auslesen. Es geht allerdings auch nur mit einem Eintrag – indem die *TRegistry*-Methoden *WriteBinaryData* und *ReadBinaryData* verwendet werden. Die Hilfeseiten zu diesen Funktionen geben den wichtigen Hinweis, das sich über diese Methoden Pascal-Records speichern lassen. Der Record *TRect* vermag vier Integerwerte zu speichern und ist damit gut für unsere Aufgabe geeignet.

```
TRect = record
  case Integer of
    0: (Left, Top, Right, Bottom: Integer);
    1: (TopLeft, BottomRight: TPoint);
end;
```

Sogar die ersten beiden Recordfeldnamen stimmen mit den Formulareigenschaftsnamen überein, während das Feld *Right* die Formularbreite sowie das Feld *Bottom* die Formularhöhe speichert. Über die Zeile

```
aReg.RootKey := HKEY_CURRENT_USER;
```

legen Sie den Startpunkt im Verzeichnisbaum der Registrierungsdatenbank fest, so daß sich zusammen mit dem übergebenen Parameter der Pfad

```
HKEY_CURRENT_USER\SOFTWARE\OssiSoft\ShareManager
```

ergibt.

Abb. 3.19: Die Positionsangaben in der Registrierungsdatenbank von Windows 95

3.4 Schritt 4: Datenbankanbindung über ein Datenmodul

Erst jetzt wird es richtig Ernst – die *Datenbankkomponenten* von Delphi kommen ins Spiel. Auf den ersten Blick verwirrt die Vielzahl der Komponenten, die Delphi auf den Komponentenpalettenseiten *Datenzugriff* und *Datensteuerung* bereitstellt. Warum diese Unterscheidung und warum werden immer mehrere Komponenten gleichzeitig benötigt? Geht das nicht einfacher? Auch wenn die Fragen auf den ersten Blick berechtigt erscheinen, in der Modularität der Datenbankkomponenten von Delphi liegt die Ursache für die extreme Vielseitigkeit von Delphi. Sie als Anwendungsentwickler können die Komponenten bausteinartig zusammenschalten. Der beste bildliche Vergleich kommt aus der Elektronik, die *VCL*-Komponenten lassen sich durchaus mit integrierten Schaltkreisen vergleichen.

Die Datenbankkomponenten werden in zwei Kategorien eingeteilt, zum einen in sichtbare Komponenten und zum anderen in unsichtbare. Diese Einteilung nimmt auch die Entwicklungsumgebung so vor, alle unsichtbaren Datenbankkomponenten finden Sie auf der Komponentenpalettenseite *Datenzugriff*. Alle sichtbaren Vertreter plaziert Delphi dann logischerweise auf der Seite *Datensteuerung*. Die *TQReport*-Familie hält sich aus historischen Gründen nicht an diese Unterteilung, sondern belegt eine ganze Palettenseite für sich (*TQReport* stammt nicht von Borland, sondern wurde für Delphi 2 von Borland eingekauft).

Im folgenden Schema habe ich versucht, die Flexibilität einmal grafisch darzustellen. In einem Beispielprogramm werden drei Zugriffsarten verwendet. Zum einen das klassische Gespann *TTable* und *TDataSource*, wobei die sichtbare *TDBEdit*-Komponente einen Wert aus der Datenbanktabelle darstellt. Die *TTable*-Komponenten bildet dabei die Datenquelle (engl. *Dataset*), während die *TDataSource*-Komponente eine Schnittstelle zwischen der *Datenquelle* und dem sichtbaren Datendialogelement bereitstellt.

Das zweite – in der Bildmitte – gezeigte Beispiel verwendet eine *TQuery*-Komponente als Datenquelle, alles andere entspricht der ersten Variante. Mit der TQuery-Komponente implementieren Sie einen SQL-Zugriff auf die Datenbank, ohne das der Programmanwender das äußerlich am Erscheinungsbild erkennen kann.

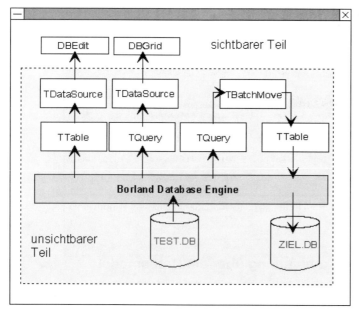

Abb. 3.20: Zusammenspiel von sichtbaren und unsichtbaren Komponenten

Eine dritte Variante – ganz rechts im Bild zu sehen – kommt vollständig ohne sichtbare Komponenten aus. Eine *TQuery*-Instanz sammelt per SQL Daten aus der Datenbank ein und gibt diese Daten an die *TBatchMove*-Komponente weiter. Für *TBatchMove* bildet *TQuery* somit die Datenquelle. Der Output von TBatchMove wird in eine weitere TTable-Komponente umgeleitet, für diese TTable-Instanz bildet TBatchMove die Datenquelle. Und über die *BDE* legt die TTable-Komponente die Daten in einer Zieltabelle in der Datenbank ab. Alle Varianten lassen sich vollständig visuell mittels *Objektinspektor* programmieren – bedarf es noch eines besseren Beweises für die gelungene Umsetzung dieses Prinzips in Delphi?

3.4.1 TDataSet – das Fundament von TTable und TQuery

Der Grund für das reibungslose Zusammenspiel von *TTable* und *TQuery* liegt im Vererbungsbaum der VCL (engl. *Visual Component Library*) verborgen. Beide Komponenten haben einen gemeinsamen Vorfahren – *TDataSet*. Damit spielt TDataSet eine Schlüsselrolle für die Datenbankfunktionalität von Delphi. In *TDataSet* werden alle Funktionen und Methoden gekapselt, die zur Implementierung einer Datenquelle in Tabellenform benötigt werden. Bereits hier werden die Methoden definiert, mit deren Hilfe der Anwender im Datenbestand navigieren kann. Dabei muß es sich nicht immer um eine physikalisch als Datei vorhandene Tabelle handeln. Auch eine nur im Arbeitsspeicher vorhandene Tabelle ist denkbar – in den folgenden Kapiteln finden Sie dazu ein Beispielprojekt.

Gegenüber Delphi 2 hat *Borland* mit Delphi 3.0 das VCL-Design an dieser Stelle gravierend geändert. Alle speziell auf die *Borland Database Engine* (BDE) zugeschnittenen Eigenschaften und Methoden wurden aus dem *TDataSet*-Objekt entfernt und dem neu hinzugekommenen *TBDEDataSet*-Objekt zugeordnet. Die davon abgeleitete Klasse *TDBDataSet* kann mit Paßwörtern umgehen und ist in der Lage, die Verbindung zu einer angegebenen Tabelle herzustellen. Mit dieser Grundlage spezialisieren sich die davon abgeleiteten Komponenten. *TTable* kennt Tabellenindizes und ist auf miteinander verbundene Tabellen vorbereitet. *TQuery* auf der anderen Seite ist in der Lage, einen SQL-Befehl abzuschicken und das zurückgelieferte Ergebnis zu verwalten.

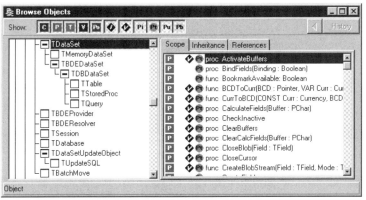

Abb. 3.21: Klassenhierarchie für TDataSet

Um die in den Komponenten schlummernden Potentiale ausnutzen zu können, ist jedoch das entsprechende Hintergrundwissen notwendig. Aus diesem Grund stelle ich während der einzelnen Schritte der Anwendungsentwicklung jede neu hinzugekommene Datenbankkomponente kurz vor. Ich erspare mir – und Ihnen – allerdings eine langatmige Aufzählung aller Methoden und Eigenschaften. Derartige Informationen erhalten Sie schneller und umfassender über die Delphi-Hilfe.

3.4.2 Datenmodul – der lang ersehnte Komponentencontainer

Bislang hatte jedes umfangreiche Projekt in *Delphi 1.0* fast immer einen für den Entwickler „unschönen" Nachteil. Im Formular lagen irgendwo alle beteiligten nichtvisuellen Datenbank-Instanzen herum, die gerade bei mehreren Arbeitsseiten einer *TTabbedNotebook*-Instanz auf einer Seite immer im Weg waren. Außerdem traten immer dann Probleme auf, wenn die Datenbankkomponenten in mehreren Formularen gemeinsam verwendet werden sollten. In diesem Fall ist ein visuelles Programmieren mit dem *Objektinspektor* nicht mehr möglich – die Zuweisung musste direkt im Quelltext vorgenommen werden.

Doch dieses kosmetische Problem war nicht der einzige Grund für Borland, das Prinzip der *Datenmodule* einzuführen. Wohl in jedem Datenbankanwendungsprogramm implementiert der Entwickler zusätzliche Plausibilitätsprüfungen, Wertzuweisungen oder andere Manipulationen am Datenbestand. Diese unter dem Begriff *business rules* zusammengefaßten Aktionen sind eng mit der darunterliegenden Datenbank verbunden. Sollen nur mehrere Anwendungsprogramme auf eine Datenbank zugreifen, müßten in jedem Anwendungsprogramm diese Regeln separat abgebildet werden. Durch die Auslagerung der Datenbankzugriffskomponenten in eine *Datenmodul-Unit* schafft Delphi die Voraussetzung, um die *business rules* in mehreren Projekten verwenden zu können. Denn die *Datenmodul-Unit* kapselt ja nicht nur die *TDataBase*-, *TTable*- oder *TQuery*-Instanzen ein, sondern nimmt auch deren *Ereignisbehandlungsmethoden* auf. Sie müssen nur dafür sorgen, daß alle Funktionen der *business rules* in diesen Ereignisbehandlungsmethoden implementiert werden. Ohne Datenmodul-Unit wären diese Funktionen in den jeweiligen programmspezifischen Formularen untergebracht – eine einfache Wiederverwendung ist damit nicht möglich.

Diese mit Delphi 2.0 eingeführte Verbesserung wird selbstverständlich auch von *Delphi 3.0* unterstützt, ohne das Sie gezwungen werden, in jedem Projekt auch das *Datenmodul* zu verwenden. Auch unter Delphi 3.0 kann es unter bestimmten Umständen sinnvoll sein, *TTable*- beziehungsweise *TQuery*-Komponenten direkt im Formular zu plazieren. Entscheidend ist immer, welche Vorgehensweise die größte Vereinfachung bei der Programmentwicklung mit sich bringt.

Über „[D]atei | Neu..| Data Module" legen Sie eine Instanz dieser neuen Unit-Art an. In dieses Datenmodul kommen alle *nichtvisuellen Datenbankkomponenten* von Delphi. Neben den *TTable*-, *TQuery*- und *TDataSource*-Instanzen betrifft dies auch TDatabase, TSession oder TBatchMove. Dabei sind nicht nur diese Komponenten selbst im Datenmodul enthalten, sondern auch die *Ereignisbehandlungsmethoden* für diese Komponenten. Gerade bei größeren Projekten, bei denen von mehreren Formularen aus auf die Datenbank zugegriffen wird, verbessert dies immens die Übersichtlichkeit und die Wiederverwendung von bereits erstellten Programmbestandteilen.

Unmittelbar nach dem Anlegen dieser neuen Unit-Art geben Sie dem Datenmodul gleich einen Namen und speichern diese Unit unter dem Dateinamen „sm_dm.pas" ab.

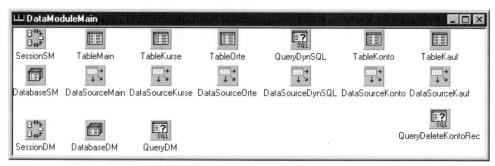

Abb. 3.22: Nicht sichtbare Datenbankkomponenten im Datenmodul ablegen

Die Datenbank verwendet fünf Tabellen, damit kommen auch fünf *TTable-* und fünf *TDataSource-*Instanzen in das Datenmodul. Alle SQL-Anweisungen werden via *TQuery*-Komponenten zur BDE geschickt, also müssen auch diese plaziert werden.

Beim genaueren Betrachten fallen aber noch weitere Symbole auf. Das Programm verwendet jeweils zwei *TSession-* und *TDataBase-*Komponenten. Dies ist bereits das Fundament für die spätere Implementierung des *Multithreading-*Datenbankzugriffs. Sobald ein zweiter Thread für den Datenzugriff eingesetzt wird, muß sowohl der *primäre Thread* des Hauptprogramms als auch der zusätzliche Thread eine eigene *TSession-*Instanz verwenden. Die *TSession-*Komponente stellt eine Verbindung zur Datenbank bereit, sollen zwei Aufgaben gleichzeitig abgearbeitet werden, müssen Sie auch zwei Verbindungen einrichten. Es ist wie im richtigen Leben mit dem Zweitwagen, mit einer Familienkutsche kann immer nur einer zur gleichen Zeit fahren. Da nun zwei *TSession-*Instanzen verwendet werden, sorgen die *TDataBase-*Komponenten dafür, daß die einzelnen *TTable-* und *TQuery-*Instanzen jeweils die ihnen zubedachte *Session* nutzen.

In jedem Delphi-Datenbankprogramm ist mindestens eine TSession- und TDataBase-Instanz vorhanden. Immer dann, wenn Sie keine eigenen einrichten, generiert Delphi zur Programmlaufzeit jeweils ein Exemplar im Hintergrund. Aus diesem Grund können Sie im Objektinspektor auch die Session „Default" jederzeit zuweisen.

Die jeweilige Zuordnung zu einen der beiden *TSession/TDataBase-*Paare zeigt die folgende Tabelle.

Tabelle 3.2: Zuordnung der einzelnen Instanzen im Datenmodul

TSession	TDatabase	TTable/TQuery	TDataSource
SessionSM	DataBaseSM	TableMain	DataSourceMain
		TableKurse	DataSourceKurse
		TableOrte	DataSourceOrte
		TableKonto	DataSourceKonto
		TableKauf	DataSourceKauf
		QueryDynSQL	DataSourceDynSQL
		QueryDeleteKontoRec	-
SessionDM	DataBaseDM	QueryDM	-

Mit Ausnahme von „QueryDM" verwenden alle anderen *TTable-* und *TQuery-*Instanzen die Verbindung über „SessionDM". Damit darf also nur „QueryDM" im zweiten Thread angesprochen werden.

Sobald das *Datenmodul* mit den benötigten Komponenten gefüllt und die Tabellen aktiviert wurden, steht dem Verbindungsaufbau zu den *sichtbaren Datendialogelementen* im Formular fast nichts mehr im Wege. Nur noch eine Hürde ist zu überwinden, noch liegen alle Instanzen im Datenmodul für das Formular im Gültigkeitsbereich einer anderen Unit. Dies bedeutet, daß aus dem Hauptformular heraus (wo die visuellen Datendialogelemente plaziert sind) die Instanzen im Datenmodul so ohne weiteres nicht angesprochen werden können. Dem Compiler muß mitgeteilt werden, wo er diese Komponenten zu suchen hat. Noch unter *Delphi 1.0* war der Entwickler gezwungen, von Hand die Uses-

Klausel im Quelltext des Hauptformulars zu ergänzen. *Delphi 2.0* hatte hier in Sachen Komfort nachgelegt und spendierte dazu sogar einen eigenen Menüpunkt, über den diese Aufgabe visuell abgearbeitet wird. Sie müssen dazu nur das Hauptformular in den Vordergrund holen (Anklicken mit der Maus), über den Menüpunkt „[D]atei | Unit verwenden.." erreichen Sie dann das spezielle Dialogfenster.

 Ganz bequeme Entwickler ersparen sich sogar auch das noch und werfen gleich den Compiler an. Delphi erkennt die fehlende Referenz für die Unit und fragt höflich nach, ob es diesen Eintrag selbst hinzufügen soll!

Sofort nach dem Einbinden der Unit „sm_dm" steht die *TDataSource*-Instanz aus dem *Datenmodul* im Objektinspektor zur Verfügung. Über einen qualifizierten Bezeichner aus dem Unit-Namen und dem Komponentennamen ist der Zugriff aus jedem Formular heraus möglich, in dem die Datenmodul-Unit eingebunden wurde.

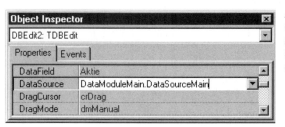

Abb. 3.23: Der Objektinspektor zeigt die TData Source-Instanz aus dem Datenmodul an

3.4.3 Datenbankzugriffskomponenten

In jeder Delphi-Datenbankanwendung greift nur die Borland Database Engine direkt auf die physikalischen Datenbanktabellen zu. Das Programm muß daher eine Schnittstelle zur BDE verwenden, um die Daten aus der Datenbank verwenden zu können. Diese Schnittstelle kann zum einen eine *TTable*- oder *TQuery*-Komponente sein. Zum anderen steht auch der direkte Zugriff auf die BDE mit Hilfe der IDAPI-Funktionen zur Verfügung. Die von Delphi zur Verfügung gestellte *TTable*-Komponente ist so leistungsfähig, daß der direkte Weg über *IDAPI* nur in den wenigsten Fällen sinnvoll ist (ich komme noch darauf zurück).

TSession

Die Komponente *TSession* stellt eine Datenbankverbindung zur Verfügung. Delphi erstellt für Datenbankanwendungen zur Laufzeit immer dann automatisch eine TSession-Komponente mit dem Namen „Default", wenn der Entwickler keine eigene TSession-Instanz zugewiesen hat. Auf diese Komponente kann während der Laufzeit über die globale Variable *Sessions* zugegriffen werden. Sie wird automatisch als Teil der Anwendungsinitialisierung erzeugt und als Teil der Anwendungsbeendigung freigegeben. Die Variable Session muß zu jeder Zeit aktiv bleiben. Sie kann nicht freigegeben und wieder erzeugt werden.

Sie als Entwickler einer Datenbankanwendung müssen nicht unbedingt mit der *TSession*-Komponente in Berührung kommen. Verzichten Sie auf Multithreading beim Datenbankzugriff und greifen Sie auch nicht auf einen *SQL-Server* als Datenbanksystem zurück, kommen Sie sehr gut mit der automatisch von Delphi angelegten TSession-Instanz aus.

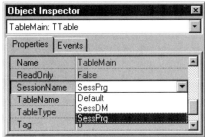

Abb. 3.24: Die automatisch generierte TSession-Instanz mit dem Namen „Default"

TDataBase

Die Komponente *TDatabase* wird für den Zugriff auf Datenbanken nicht benötigt, sie stellt jedoch zusätzliche Steuermöglichkeiten zur Verfügung, die unter anderem gerade für Client/Server-Anwendung wichtig sind. Falls Sie nicht explizit eine Komponente vom Typ *TDatabase* für eine Datenbank einrichten, wird Delphi immer dann eine temporäre (virtuelle) Komponente vom Typ *TDatabase* erzeugen, wenn eine Tabelle von der Anwendung geöffnet wird. Im Gegensatz zur TSession-Komponente werden Sie es mit einer *TDataBase* öfter zu tun haben. Immer dann, wenn einer der folgenden Gründe vorliegt, greifen Sie auf TDataBase zurück:

- Die Datenbankverbindung soll während der kompletten Programmlaufzeit bestehen bleiben, d.h. auch dann, wenn die Tabellen geschlossen werden.
- Sie wollen einen eigenen Anmeldemechanismus für die Datenbank implementieren.
- Das Programm definiert eigene Datenbank-*Transaktionen*.
- Das Programm verwendet keinen *BDE-Alias*, sondern richtet selbst einen temporären Alias ein, der nur während der Programmlaufzeit gültig ist.

Damit ist die *TDataBase*-Komponente immer dann ein unbedingtes Muß, wenn zum einen ein *SQL-Server* als Datenbank angesprochen wird und die Transaktionsfähigkeiten des SQL-Servers ausgenutzt werden.

Während der Programmentwicklung stehen Ihnen für die Konfigurierung der Komponente drei unterschiedliche Wege offen. Zum einen stellt auch *TDataBase* im *Objektinspektor* eigene Eigenschaften und Ereignisse zur Verfügung.

Die Alternative zum *Objektinspektor* bekommen Sie immer dann zu Gesicht, wenn Sie auf das *TDataBase*-Icon im *Datenmodul* doppelklicken. Das in diesem Fall erscheinende Dialogfenster ist primär dazu gedacht, eine Verbindung zu einem *SQL-Server* zu konfigurieren. Aber auch für Desktop-Datenbanken wie *Paradox* oder *Access* kann es sinnvoll verwendet werden. Über die „Default"-Schaltfläche laden Sie dazu alle manipulierbaren Datenbankeigenschaften in das Eingabefeld, die für den verwendeten Datenbanktreiber relevant sind.

Last – but not least – rufen Sie als dritte Option direkt aus dem *Objektinspektor* für die Eigenschaft *Params* einen eigenen Dialog für die Datenbankparameter auf.

Damit können Sie über eine *TDataBase*-Instanz viele der im *BDE-Administrator* für diesen Treibertyp zugewiesenen Eigenschaften überschreiben.

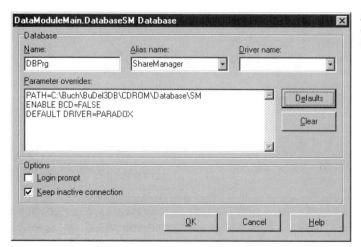

Abb. 3.25: Eigenschaften des Datenbanktreibers konfigurieren

 Immer dann, wenn Sie über TDataBase einen applikationsspezifischen Alias definieren, müssen Sie die Erstellungsreihenfolge der einzelnen Komponenten im Auge behalten. Ärgert Sie Delphi mit „merkwürdigen" Fehlermeldungen, überzeugen Sie sich am besten über den Menüpunkt „Edit | Creation Order" davon, daß TDataBase auch vor den TTable- beziehungsweise TQuery-Komponenten erzeugt wird.

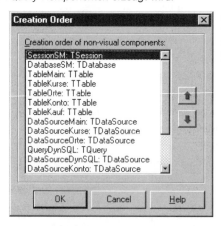

Abb. 3.26: Die Reihenfolge beim Erzeugen der einzelnen Instanzen ist wichtig!

In der Abb. 3.26 ist die Situation für das *Datenmodul* für „ShareMan" dargestellt. Unmittelbar nach der *TSession*-Komponente „SessionSM" für die Datenbankzugriffskomponenten des primären Threads wird beim Programmstart die dazugehörige *TDataBase*-Instanz erzeugt.

TDatabase-Eigenschaft „TransIsolation"

Ein *RDBMS* kennt verschiedene Betriebsarten, wie der Mehrbenutzerzugriff auf die gleichen Daten gehandhabt werden soll. Auch hierbei geht jeder *SQL-Server* seine eigenen Wege, allen gemeinsam sind die drei prinzipiellen *Isolation-Level*:

- *Dirty Read* (TransIsolation-Wert „tiDirtyRead") – ein Benutzer liest auch die ins Unreine geschriebenen, d.h. die nicht bestätigten Aktionen einer Transaktion. Damit besteht die Gefahr, daß Daten gelesen werden, die ein anderer Benutzer über einen *Rollback*-Aufruf wieder verwirft.

- *Read Committed* (TransIsolation-Wert „tiReadCommitted") – ein Benutzer liest ausschließlich die via *Commit* bestätigten Aktionen. Als Voreinstellung verwendet Delphi diesen Isolation Level, der einen guten Kompromiß zwischen den Faktoren *Datenkonsistenz* und problemlosen *Mehrbenutzerzugriff* bildet.

- *Repeatable Read* (TransIsolation-Wert „tiRepeatableRead") – der Benutzer macht einen Schnappschuß der Datenbank. Er liest die Datensätze in einem Zustand, der zum Zeitpunkt des Schnappschusses vorlag. Weder bestätigte noch unbestätigte nachfolgende Änderungen werden erkannt. Allerdings verhindert der Server, daß andere Benutzer diese Daten ändern können.

Diese *Isolation Level* können Sie einer *TDatabase*-Komponente zuweisen, womit aber nicht gesagt ist, daß der verwendete *SQL-Server* dies auch so unterstützt. Welcher *Isolation Level* ist aber wann sinnvoll? Dazu ein weiteres Beispiel.

Angenommen, Sie sind als Entwickler für ein Warenwirtschaftssystem eines großen Kaufhauses zuständig. In regelmäßigen Zeitabschnitten soll die Datenbank eine Inventur aller Waren getrennt nach Abteilungen vornehmen. Da es sich um ein großes Kaufhaus handelt, nimmt diese Dateninventur den SQL-Server einige Zeit in Anspruch. Kurz nach dem Start – die Abteilung Wareneingang wurde bereits bearbeitet – bucht ein Mitarbeiter vom Wareneingang eine Palette Fernsehgeräte in die TV-Abteilung. Das RDBMS verringert in einer Transaktion den Warenbestand beim Eingang und erhöht ihn für die TV-Abteilung. Nach dem *Commit* erreicht die Inventurtransaktion die Daten für die TV-Abteilung und findet dort u.a. eine Palette Fernsehgeräte vor. Im schlimmsten Fall wird diese Palette gleich zwei Mal gezählt. Um dieses Problem zu lösen, muß die Inventurtransaktion im Isolation Level *Repeatable Read* ausgeführt werden. Damit ist die Datenintegrität sichergestellt, die Inventur entspricht dem tatsächlichen Warenbestand. Mit dem *InterBase SQL Server* hat dies keine weiteren Nebenwirkungen, er verwendet das *Versioning* für Mehrbenutzerzugriffe. Andere SQL-Server haben Nachteile, weil der Betriebszustand *Repeatable Read* durch das Sperren von Tabellen implementiert wird. Für unser Warenhausbeispiel bedeutet dies, das beim Einsatz des *InterBase SQL Servers* alle anderen Benutzer trotz Inventur weiterarbeiten können. Haben Sie sich aber für einen anderen SQL-Server entschieden, kann kein Benutzer irgendwelche Änderungen vornehmen, solange die Inventur nicht via *Commit* abgeschlossen wird.

Im Client/Server-Kapitel komme ich auf dieses Thema nochmals zurück.

TTable

Die *TTable*-Komponente bildet eine Datenbanktabelle als Datenquelle ab. Dabei ist das jeweilige Tabellenformat nicht von Belang, egal ob es sich um eine *dBASE*-, *Paradox*-, *InterBase*- oder gar um eine *Access*-Tabelle handelt. Gerade die beiden Beispiele *dBASE*- und *InterBase*-Tabelle machen den großen Unterschied deutlich, den die *TTable*-Komponente überbrücken muß. Dabei berücksichtigt die Komponente nur die Eigenschaften und Funktionen, die unabhängig vom Tabellenformat für alle gelten. Aus diesem Grund kennt *TTable* auch keine Funktion zum Packen einer *dBASE*-Tabelle (unter *dBASE* müssen Datensätze mit einer Löschmarkierung explizit aus der Tabelle entfernt werden). Die Pack-Funktion wird ausschließlich für *dBASE*-Tabellen benötigt und hat demnach nichts in *TTable* zu suchen.

Für den Fall, daß Sie sehr oft dBASE-Tabellen verwenden, stehen Ihnen zwei Optionen offen. Zum einen können Sie eine TdBASETable-Komponente als Erbe von TTable implementieren, die eine Pack-Funktion bereitstellt. Oder Sie fügen die für eine Pack-Funktion benötigte Handvoll Programmzeilen jedesmal neu in ein Projekt ein.

Die TTable-Komponente stellt eine Unmenge von Eigenschaften, Methoden und Ereignissen bereit. Durch das Zurückgreifen auf diese vordefinierten Ereignisse lösen sich so manche Probleme wie von selbst. Ein Beispiel gefällig? Angenommen, Sie möchten die BDE-Fehlermeldung abfangen, die immer dann erscheint, wenn der Anwender einen bereits vorhandenen Schlüsselwert in einem neuen Datensatz verwendet (jeder Wert im Schlüsselfeld = *Primärindex* einer Tabelle muß eindeutig sein). Durch eine Ereignisbehandlungsmethode für das *OnPostError*-Ereignis ist die folgende Lösung denkbar.

```
procedure TFormMain.TableKeyViolPostError(DataSet: TDataSet;
                E: EDatabaseError; var Action: TDataAction);
begin
  if E is EDBEngineError then
    with E as EDBEngineError do begin
      // DBIERR_KEYVIOL ist Konstante aus »bde.pas«
      if Errors[0].ErrorCode = DBIERR_KEYVIOL then begin
        ShowMessage('Doppelter Wert im Schlüsselfeld');
        Action := daAbort;    // Post abbrechen
        DataSet.Cancel        // statt dessen Cancel aufrufen
      end
    end
end;
```

Über das Zuweisen von „Action := daAbort" wird der *Post*-Vorgang für die fehlerhafte Eingabe abgebrochen. Das Beispielprogramm dazu finden Sie im CD-ROM-Verzeichnis „Kapitel 3\OnPostError", das Projekt „KeyViol.dpr" greift dazu über den Alias *DBDEMOS* auf die Delphi-Beispieldatenbanktabelle „COUNTRY.DB" zu.

Datenquelle aktivieren

Sobald die *DatabaseName*-Eigenschaft feststeht, zeigt die Eigenschaft *TableName* alle in dieser Datenbank vorhandenen Tabellen an. Auch der Tabellenname kann somit aus einem Listenfeld zugewiesen werden. Zuletzt bleibt nur noch eines zu tun – die Datenquelle *TTable* wird aktiviert, indem Sie die Eigenschaft *Active* auf „True" ändern. In diesem Moment greift auch die Borland Database Engine auf die ausgewählte Datenbanktabelle zu.

TQuery

Neben *TTable* bildet auch die *TQuery*-Komponente eine Datenquelle. Im Gegensatz zu der für Desktop-Datenbanken wie *dBASE* oder *Paradox* angepaßten *TTable*-Komponente fühlt sich *TQuery* bei den SQL-Servern heimisch. Dies bedeutet nicht, daß „ShareMan" als *Paradox*-Datenbank auf die *TQuery's* verzichten muß, daß Gegenteil ist der Fall. Dank den Fähigkeiten der *Borland Database Engine* steht auch für Tabellen einer Desktop-Datenbank die Datenbanksprache *SQL* zur Verfügung. Allerdings muß der Entwickler hier Einschränkungen und eigene Sprachdialekte der *BDE* berücksichtigen, Sie finden dazu Hinweise im SQL-Kapitel dieses Buches sowie in der Delphi-Hilfedatei „LOCALSQL.HLP".

Die *TQuery*-Komponente teilt sich viele Eigenschaften und Ereignisse mit der *TTable*-Komponente, so daß ich im folgenden nur auf die prinzipiellen Grundlagen sowie die wesentlichen Unterschiede eingehe (jedes Buch kann es sowieso nicht mit der Wissensfülle der Delphi-Hilfe aufnehmen).

TQuery versus TTable

Eine Desktop-Datenbank wie *dBASE* oder *Paradox* ist *Datensatzorientiert*. Die Datenquelle bildet eine zugrundeliegende Tabelle in Form einer physikalischen Datei, in der der Datensatzzeiger frei positioniert werden kann. Entwickler mit Desktop-Datenbankhintergrund erwarten einfach die Funktionen *erster*, *letzter*, *nächster* und *vorheriger* Datensatz. In einer Delphi-Datenbankanwendung für eine Desktop-Datenbank wird völlig zu Recht die *TTable*-Komponente als Standard-Datenquelle verwendet. Die *TTable*-Komponente bildet das *VCL*-Gegenstück für datensatzorientierte Datenquellen.

Im Unterschied dazu ist eine Client/Server-Datenbank *Mengenorientiert*. Das vom *SQL-Server* zurückgelieferte Ergebnis (engl. *Result Set*) ist eine Untermenge der in der Datenbank gespeicherten Daten. Diesem Result Set liegt nicht immer eine Tabelle zugrunde, sondern immer eine SQL-Abfrage, die sich durchaus auf mehrere, miteinander verknüpfte Tabellen beziehen kann. Außerdem ist es üblich, daß der *Client* nicht sofort alle Daten des *Result Set's* vom Server zurückgeliefert bekommt. Statt dessen hält der SQL-Server die Daten solange vor, bis der Client die restlichen Daten anfordert. Damit wird klar, daß die Funktionen *erster*, *letzter*, *nächster* und *vorheriger* Datensatz in einer Client/Server-Datenbank völlig deplaziert sind. Die verschiedenen SQL-Server verhalten sich hier unterschiedlich, einige gestatten zum Beispiel das Rückwärtsblättern im *Result Set* und andere nicht. Auch wenn der *InterBase SQL Server* in Verbindung mit der *Borland Database Engine* derartige Funktionen unterstützt, so bedeutet dies nicht, daß derartige Funktionen in einem Client-Anwendungsprogramm sinnvoll sind. Bedenken Sie immer, daß jede Aktion Delphi-intern in SQL-Anweisungen umgesetzt werden muß. Das heißt, auch wenn Sie eine *TTable*-Instanz im Formular verwenden, übersetzt die *Borland Database Engine* alles in die für den SQL-Server verständliche Sprache *SQL*. Wie bei automatischen Übersetzungsprogrammen üblich ist, kann die automatisierte Übersetzung oftmals nicht so effizient arbeiten wie explizit formulierte SQL-Statements, die der Programmautor den *TQuery*-Instanzen von Hand zugewiesen hat. Sicherlich kennen Sie auch einen Entwickler, der sich furchtbar über das Schneckentempo beim Öffnen einer *TTable*-Verbindung zum SQL-Server aufregt. Als Therapie „verordne" ich in solchen Fällen eine Debug-Sitzung mit Hilfe des *SQL-Monitors*. Erst nachdem man einmal mitverfolgt hat, welchen Verwaltungsoverhead *TTable* beim Zugriff auf eine Tabelle auf dem *SQL-Server* unnötigerweise abarbeiten muß, greift man lieber gleich zur *TQuery*. Allerdings darf der Entscheidung *TTable* oder *TQuery* kein Automatismus zugrunde liegen. Auch in einer Client/Server-Anwendung gibt es durchaus Aufgaben, die am sinnvollsten mit einer TTable-Instanz erledigt werden. Zum Beispiel werden kleinere Tabellen der Datenbank einfach und elegant über TTable verwaltet. Möchten Sie *TDBLookupCombo*-Komponenten im Formular verwenden, bleibt sogar keine Wahl. Allerdings gilt auch hier die Einschränkung auf kleinere Tabellen. Wird die Antwortzeit zu lange, verzichten Sie besser auf TDBLookupCombo und setzen statt dessen normale Comboboxen ein, deren Inhalt „von Hand" via TQuery zugewiesen wird.

Die Datenbanksprache *SQL* ist derart leistungsfähig, daß die Beschränkung von *TQuery* auf SQL-Datenbanken sehr kurzsichtig wäre. Im Gegensatz zu den SQL-Servern bildet die *TQuery*-Komponente jedoch keinen Ersatz für *TTable*, sondern fungiert in Desktop-Datenbanken als Plattform für spezielle SQL-Abfragen im Datenbestand.

Open versus ExecSQL

Generell unterscheidet *TQuery* zwischen zwei Aufrufen. Immer dann, wenn der auszuführende SQL-Befehl eine *Ergebnismenge* (engl. *Result Set*) zurückliefert, wird *TQuery* über die Methode *Open* aktiviert. Zum Beispiel erhalten Sie über das SQL-Statement

```
SELECT * FROM sm_orte
```

eine Aufstellung aller erfaßten Börsenplätze zurückgeliefert. Aber nicht alle SQL-Befehle liefern eine Ergebnismenge zurück. Der folgende SQL-Befehl

```
UPDATE sm_orte SET boersenplatz = 'Frankfurt/Main'
WHERE boersenplatz = 'Frankfurt'
```

würde beim Abschicken über die TQuery-Methode *Open* nur eine Fehlermeldung provozieren, da kein Ergebnis zurückgeliefert wird. *Open* versucht jedoch, auf die nicht vorhandene Datenmenge zuzugreifen – was dann auch eine Fehlermeldung provoziert. Um trotzdem SQL-Befehle dieser Kategorie einsetzen zu können, müssen Sie die Aufrufalternative *ExecSQL* verwenden.

RequestLive versus Read Only DataSet

Stark vereinfacht ausgedrückt besteht im Ergebnis zwischen einer *TTable*- und einer *TQuery*-Komponente kein Unterschied. Zum Beispiel kann ein *TDBGrid* über eine *TDataSource* auf beide Datenquellen zugreifen, wobei prinzipiell beide Varianten die im TDBGrid vorgenommenen Änderungen in die verbundene Datenbanktabelle zurückschreiben können.

Die Fähigkeit von TQuery, eine via SQL-Abfrage gewonnene Datenmenge von Haus aus updaten zu können, ist bemerkenswert. Diese Leistung bekommen Sie bei den meisten anderen Client/Server-Entwicklungsplattformen nicht geboten. Immer dann, wenn auf einen SQL-Server zugegriffen wird, muß TQuery in diesen Fällen Schwerstarbeit leisten, wobei bestimmte Vorbedingungen erfüllt sein müssen!

Damit *TQuery* eine Datenmenge *live* oder anders ausgedrückt *updatebar* bereitstellen kann, müssen bestimmte Vorbedingungen erfüllt sein.

Schaut man sich diese Kriterien einmal genauer an, fällt auf, daß alle Einschränkungen eine Gemeinsamkeit haben. Die SQL-Abfragen würden eine oder mehrere temporäre Tabellen benötigen, die von der *BDE* beziehungsweise vom *SQL-Server* für Zwischenergebnisse angelegt werden. Sobald derartige Tabellen ins Spiel kommen, müssen Sie auf updatebare TQuery's verzichten. Die Anwendung „ShareMan" wird davon nicht betroffen, da im Programm keine TQuery's als updatebare Datenquellen verwendet werden. Für Desktop-Datenbanken erfüllt TTable diese Aufgabe wesentlich besser.

TDataSource

Die *TDataSource*-Komponente stellt die Verbindung zwischen der Datenquelle (TTable-Komponente) und den für den Programmanwender sichtbaren Datendialogelementen her. *TTable* und *TQuery* aktivieren zwar Verbindungen zu einer Datenbanktabelle über die *BDE*, Datenbankinformationen können sie allerdings nicht anzeigen. Die für den Programmanwender sichtbaren Datendialogkomponenten stellen eine visuelle Benutzeroberfläche zur Verfügung, können aber nicht selbst direkt auf eine Datenbanktabelle zugreifen. Die TDataSource-Komponente fungiert damit als Schnittstelle zwischen der Datenquelle und den sichtbaren Datendialogelementen.

Tabelle 3.3: Einschränkungen für updatebare SQL-Abfragen

Vorbedingungen für Local SQL	Vorbedingungen für SQL-Server
● Die Syntax von *Local SQL* muß eingehalten werden.	● Die Syntax von *Local SQL* muß eingehalten werden.
● Es dürfen nur eine Tabelle beziehungsweise in einem *Join* maximal zwei Tabellen in der Abfrage angesprochen werden. Für einen Join gelten zusätzliche Einschränkungen.	● Es darf nur eine Tabelle angesprochen werden (gilt für den SQLPASSTHRUModus).
● Eine *ORDER BY*-Klausel im SQL-Befehl ist nur dann zulässig, wenn für das Feld ein Index zur Verfügung steht.	● Sogenannte *Aggregat*-Funktionen im SQL-Befehl sind nicht zulässig.
● Sogenannte *Aggregat*-Funktionen im SQL-Befehl sind nicht zulässig.	● Die Abfrage darf keine *GROUP BY*- oder *HAVING*-Klauseln enthalten.
● Die Abfrage darf keine *GROUP BY*- oder *HAVING*-Klauseln enthalten.	
● Die Abfrage darf keine *Subqueries* verwenden.	
● In der *WHERE*-Klausel sind nicht alle Aktionen zulässig. Sie dürfen nur Tabellenspalten mit konstanten Werten vergleichen.	

3.4.4 Programmimplementierung im Datenmodul

Wie im richtigen Leben muß der Softwareentwickler vor der ersten codierten Programmzeile auch einen mehr oder weniger umfangreichen Theorieteil über sich ergehen lassen. Betrachten Sie daher alle bisherigen Ausführungen als Fundament für die folgenden Erläuterungen. Alle Besonderheiten des *Datenmoduls* kommen nun zur Sprache.

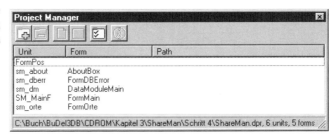

Abbildung 3.27
Im Schritt 4
verwendete Units

Um die Programmfunktion richtig verstehen zu können, reicht es nicht aus, nur den Quelltext im Datenmodul „sm_dm.pas" zu untersuchen. Dank Delphi finden wesentliche Teile der Programmimplementierung nur visuell im *Objektinspektor* statt. Damit stehe ich als Buchautor vor einem Problem. Entweder ich zeige alle Bilder der visuellen Entwicklung und riskiere damit, ein „Bilderbuch" abzuliefern, oder ich stelle so viel wie möglich in Tabellenform dar. Als Kompromiß verwende ich den goldenen Mittelweg.

Master-Detail-Verbindung

In der nachfolgenden Tabelle habe ich alle die Einstellungen aufgeführt, über die das Programm die *Master-Detail-Beziehungen* zwischen der Haupttabelle „sm_main.db" sowie der Tabelle „sm_kurs.db" für die Kursdaten implementiert.

Tabelle 3.4. Master-Detail-Anbindung von „TableKurse"

Eigenschaft	Zuweisung
DatabaseName	DBPrg
IndexName	ID
MasterFields	ID
MasterSource	DataSourceMain
Name	TableKurse
SessionName	SessPrg
TableName	sm_kurs.db

Delphi wäre jedoch nicht Delphi, wenn Sie diese Einträge in eigener Regie vornehmen müßten. Statt dessen nimmt den größten Teil dieser Aufgabe ein spezieller Dialog ab. Sobald Sie im *Objektinspektor* die Eigenschaft *MasterFields* editieren, taucht die bekannte Schaltfläche für einen speziellen Eigenschaftseditor am rechten Rand der Eingabezeile auf. Der so aufgerufene *Field Link Designer (Feldverbindungs-Designer)* analysiert Ihre bisherigen Eintragungen und stellt anschließend alle relevanten Daten in Auswahlfenstern bereit. Dazu benötigt er jedoch eine Angabe von Ihnen – der Eigenschaft *MasterSource* müssen Sie einen Bezug auf die zu verknüpfende Tabelle zuweisen. Der Eintrag „DataSourceMain" zeigt auf die mit der Tabelle „sm_main.db" verbundene *TDataSource*-Instanz im Datenmodul. Der zusammengesetzte *Primärschlüssel* für „sm_kurs.db" ist für die Verknüpfung nicht brauchbar, statt dessen verwendet die Tabelle den Sekundärindex „ID". Sie müssen daher auch im *Feldverbindungs-Designer* auf diesen Index umschalten.

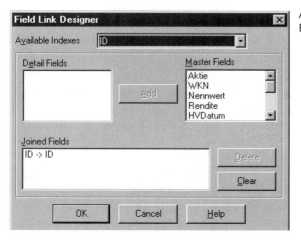

Abb. 3.28 Master-Detail-Beziehung herstellen

Danach informiert der Dialog über alle zur Auswahl stehenden Alternativen. Sie müssen für die Tabelle „sm_kurs.db" das Feld „ID" aus der Listbox *Detail Fields* auswählen. Dieses Feld wird ebenso in der rechten Listbox für die Felder der Mastertabelle angezeigt, daher wählen Sie dieses Feld auch dort aus. Über die Schaltfläche *Add* verbinden Sie beide Felder, das Ergebnis listet der Dialog im Anzeigefeld *Joindes Fields* auf.

 Die zu verknüpfenden Felder müssen nicht immer den gleichen Namen tragen – für die BDE ist es nur wichtig, daß kompatible Feldtypen angegeben werden. Trotzdem vereinfacht die übereinstimmende Bezeichnung der Felder die Entwicklung.

TFields

Die unsichtbaren *TField*-Komponenten korrespondieren mit den Spalten einer Tabelle. TFields sind in einem Delphi-Datenbankprogramm immer vorhanden, wobei zwischen zwei unterschiedlichen Arten unterschieden werden muß. Definiert der Entwickler nicht explizit die *TFields* für eine Tabelle, so erstellt Delphi diese zur Programmlaufzeit selbst. Das hört sich nur auf den ersten Blick gut an, bei genauerer Betrachtung ist das manuelle Einrichten der TFields die weitaus bessere Lösung. Manuell vom Entwickler eingerichtete TFields werden auch als persistente TFields bezeichnet. Dieser während der Programmentwicklung gemachte „Schnappschuß" der Tabelleneigenschaften wird bei jedem Programmstart mit den aktuellen Tabelleneigenschaften verglichen. Sobald dabei eine Strukturänderung der Tabelle festgestellt wird, sorgt ein Fehlerfenster der BDE für eine entsprechende Information des Anwenders. Damit vermeiden Sie „unschöne" Programmfehlermeldungen, die spätestens dann auftreten, wenn irgend etwas in die veränderte Tabellenstruktur zurückgeschrieben werden soll.

Doch auch Sie als Anwendungsentwickler kommen in den Genuß der TFields. Es kommt nicht selten vor, daß im Programm selbst Tabellenspaltenwerte neu gesetzt werden müssen. Ohne *persistente TFields* sähe ein Zugriff auf eine Tabellenfeld so aus :

```
Table1.Edit;
Table1.Fields[5].Value := 'Mustermann';
Table1.Post;
```

Alternativ dazu kann das Feld auch über den Namen gesucht werden:

```
Table1.Edit;
Table1.FieldByName('Name').Value := 'Mustermann';
Table1.Post;
```

In der ersten Variante wird auf das automatisch beim Programmstart erstellte *TField* zurückgegriffen, da der Komponentenname nicht definiert ist, bleibt als einziger Ausweg der Zugriff über die Spaltenposition in der Tabelle übrig. Dieser Weg ist für den Entwickler unübersichtlich und daher auch fehleranfällig. Die zweite Alternative ist zwar übersichtlicher, da das gewünschte Feld über den Tabellenspaltennamen angesprochen wird. Dafür ist der Zugriff über den Feldnamen nicht gerade effizient – die Performance leidet darunter.

Die im Designmodus vom Entwickler eingerichteten *persistenten TFields* beseitigen diese Nachteile. Ein möglicher Zugriff im Programm sieht dann entsprechend so aus:

```
Table1.Edit;
Table1Name.Value := 'Mustermann';
Table1.Post;
```

Jedes TField bekommt zur Entwicklungszeit vom Feldeditor einen eindeutigen Namen zugewiesen, über den der Zugriff aus dem Programm heraus erfolgt. Der Feldeditor selbst wird per Doppelklick auf die *TTable*-Instanz im Datenmodul aufgerufen (oder über das per rechten Mausklick erreichbare Kontextmenü).

„ShowFld" – ein Beispielprogramm zu TField

Im Verzeichnis „Kapitel 3\ShowField" finden Sie auf der CD-ROM das folgende Beispielprogramm. Zur Programmlaufzeit wird über den „Öffnen"-Button die Tabellenstruktur in der Listbox angezeigt. Sobald Sie mit der Maus auf eine Listboxzeile klicken, informiert Sie das Fenster über den jeweiligen Inhalt der ausgewählten Tabellenspalte.

Sobald Sie das Projekt in Delphi öffnen, werden Sie erstaunt feststellen, daß im Formular nur eine *TTable*-Komponente vorhanden ist. Die ansonsten doch obligatorische *TDataSource*-Instanz fehlt ganz. Über die Schaltfläche „Öffnen" wird jedoch zur Programmlaufzeit die Tabellenstruktur von „sm_main.db" ausgelesen. Bei jedem Klick auf einen Eintrag in der Listbox zeigt ein *TLabel* zudem den Inhalt des entsprechenden Feldes an. Wer stellt diesen Inhalt dar, wo doch keine *TDataSource*-Komponente als visuelles Interface vorhanden ist?

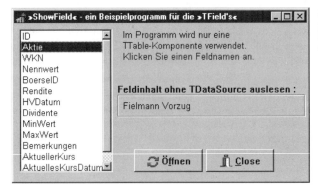

Abb. 3.29: Beispielprogramm zeigt die Verwendung von TFields

Die Auflösung dieses Rätsels verbirgt sich in den beiden Ereignisbehandlungsmethoden im Programm. Die erste reagiert auf das Anklicken der „Öffnen"-Schaltfläche.

```
procedure TFormMain.BitBtnOpenClick(Sender: TObject);
var
  iCnt : Integer;
begin
  ListBoxFields.Clear;
  for iCnt := 0 to TableQuelle.FieldCount - 1 do
    ListBoxFields.Items.Add(TableQuelle.Fields[iCnt].FieldName)
end;
```

Über die Fields-Eigenschaft der *TTable*-Komponente liest das Programm alle Spalten der zugrundeliegenden Datenbanktabelle aus und setzt diese in die Listbox ein. Die Anzahl der auszulesenden Tabellenspalten wird der TTable-Eigenschaft *FieldCount* entnommen. Der erste Fields-Eintrag verwendet den Index „0", so daß der von *FieldCount* erhaltene Wert um eins verringert werden muß. Sobald nun der Anwender einen Eintrag in der Listbox mit der Maus anklickt, so wird die zweite Ereignisbehandlungsmethode für die Listbox aktiviert.

```
procedure TFormMain.ListBoxFieldsClick(Sender: TObject);
begin
 with ListboxFields do
  LabelFieldValue.Caption:=TableQuelle.Fields[ItemIndex].AsString
end;
```

Das Programm verwendet keine *persistenten TFields*, damit können Sie nur über den Index auf das Fields-Array zugreifen.

DefaultExpression
Wird der *TField*-Eigenschaft *DefaultExpression* ein Wert zugewiesen, so belegt die Delphi beim Anlegen eines neuen Datensatzes dieses Feld mit dem angegebenen Wert vor. Am bequemsten geht diese Zuweisung über den *Objektinspektor*, soll jedoch ein String übergeben werden, müssen Sie die Hochkommas mit eintragen. Soll der Text erst zur Programmlaufzeit im Quellcode definiert werden, gilt dieser Sonderfall selbstverständlich auch hier:

```
Table1Nachname.DefaultExpression := '''Vorbelegung''';
```

Delphi interpretiert diesen Hochkomma-3er-Block am Anfang und Ende des Strings als einen in Hochkommas eingeklammerten String.

TFields in „ShareMan" verwenden

Doch zurück zum Beispielprojekt, hier werden die persistenten TField-Vertreter verwendet. Da damit die *TFields* bereits zur Entwicklungszeit feststehen, können Sie diesen TFields auch entsprechende Eigenschaften mit auf den Weg geben.

Tabelle 3.5: Wichtige Eigenschaften der TField-Komponente

Eigenschaft	Beschreibung
Alignment	Darstellungsart des Tabellenwertes für diese Spalte (linksbündig, zentriert oder rechtsbündig).
Calculated	Wird hier der Wert „True" aktiviert, so wird der darzustellende Wert berechnet. Sie als Entwickler müssen dazu in der zuständigen Ereignisbehandlungsmethode *OnCalcFields* den Wert zuweisen.
DefaultExpression	Vorbelegung der Tabellenspalte beim Einfügen eines neuen Datensatzes.
DisplayLabel	Überschrift der Tabellenspalte im DBGrid für diesen Wert.
DisplayWidth	Anzuzeigende Spaltenbreite in der Tabellenspalte im DBGrid.
DisplayFormat	Anzuzeigende Formatierungen des Tabellenwertes.
EditMask	Die Eigenschaft *EditMask* stellt die Maske dar, die die Daten einschränkt, die in ein maskiertes Editierfeld oder ein Datenfeld eingegeben werden können. Damit schränkt die Maske die Zeichen, die ein Anwender eingeben kann, auf gültige Zeichen und Formate ein. Versucht ein Anwender, ein unzulässiges Zeichen einzugeben, wird dieses vom Editierfeld nicht angenommen.
FieldName	Der Name der zugrundeliegenden Spalte (Feld) in der Datenbanktabelle.
Index	Kennzeichnet die logische Position der Spalte (Feld) in der Datenbanktabelle.

Name	Delphi generiert diesen Namen, wobei der erste Teil die Datenquelle kennzeichnet und der zweite Teil die Tabellenspalte.
ReadOnly	Wird hier der Wert „True" aktiviert, so können die angezeigten Werte beziehungsweise die Daten für diese Tabellenspalte nicht geändert werden.
Size	Feldgröße in der Datenbanktabelle.
Visible	Legt fest, ob die Tabellenspalte sichtbar sein soll. Wird hier der Wert „False" zugewiesen, so verbirgt zum Beispiel die TDBGrid-Komponente die Tabellenspalte.

Wie werden nun diese *persistenten TField*-Komponenten angelegt? Auch das ist mit Delphi ganz einfach – per Doppelklick auf die TTable-Komponente wird der Feldeditor aufgerufen. Das Fenster ist im Gegensatz zur Delphi-Version 1.0 sehr aufgeräumt – sprich vollständig leer. Erst per rechtem Mausklick (Menüpunkt „Add Fields..") rufen Sie das gewohnte Dialogfenster auf.

Abb. 3.30: Alle Felder der Tabellenstruktur zuweisen

Als Vorgabewert hat Delphi bereits alle Tabellenspalten markiert, so daß Sie diesen Vorschlag nur über die „OK"-Schaltfläche bestätigen müssen. Der zweite Menüeintrag des lokalen Popup-Menü dient hingegen dazu, ein neues Feld anzulegen, dem keine Tabellenspalte zugrundeliegt. Dies ist immer dann nützlich, wenn ein berechnetes Feld oder ein Lookupfeld benötigt wird.

Das Programm „ShareMan" verwendet für die Tabelle „sm_kauf.db" tatsächlich auch ein berechnetes Feld, um die Kosten eines Wertpapierkaufs beziehungsweise Verkaufs anzeigen zu können.

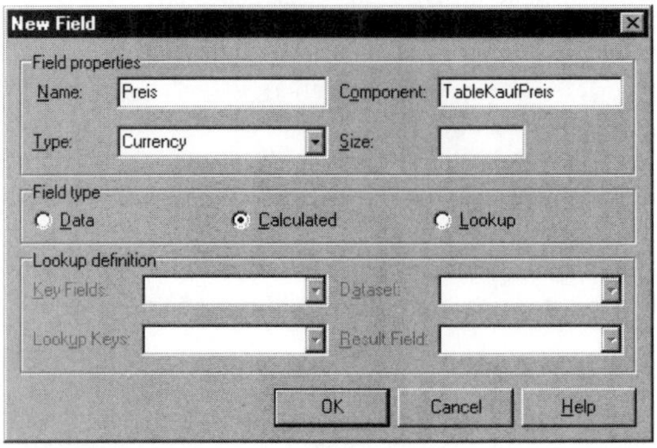

Abb. 3.31: Das berechnete Feld „Preis" wird für die Tabelle „sm_kauf.DB" angelegt

Im Eingabefeld *Name* bekommt das berechnete Feld einen aussagekräftigen Namen, wobei Delphi den Komponentennamen automatisch generiert. Allerdings stellt die Zeichenkette im Eingabefeld *Component* nur einen Vorschlag dar, Sie können diese Bezeichnung überschreiben, solange der Komponentenname eindeutig bleibt. Wichtiger ist die dritte Eingabe – Sie müssen den Datentyp für das berechnete Feld angeben. Der Preis soll als DM-Wert angezeigt werden, also ist der Datentyp *Currency* die richtige Auswahl. Wird zudem der TTable-Komponente „TableKauf" der Wert „True" für die Eigenschaft *AutoCalcFields* zugewiesen, sind alle Vorbereitungen abgeschlossen. Bei jeder Positionsänderung des Datensatzzeigers bekommt „TableKauf" nun ein *OnCalcField*-Ereignis zugestellt. In der Ereignisbehandlungsmethode für dieses Ereignis wird der Preis berechnet – doch dazu später mehr.

OnCreate

Das *Datenmodul* „sm_dm" enthält alle Datenbankzugriffskomponenten, die eine Verbindung zu den Tabellen der Datenbank herstellen. Damit liegt es auch in der Verantwortung des Datenmoduls, Vorkehrungen für den Fall zu treffen, daß die Datenbanktabellen nicht erreicht werden. Die wohl wahrscheinlichste Ursache dafür ist ein nicht (mehr) vorhandener *Alias* für die Datenbank. Aus diesem Grund greift das Programm auf die von *TSession* geerbten Fähigkeiten zurück, indem die TSession-Methode *IsAlias* aufgerufen wird. Als Parameter wird dabei der Aliasname übergeben, den Sie im *Objektinspektor* der *TDataBase*-Instanz im Datenmodul zugewiesen haben. Bestätigt TSession nicht die Gültigkeit des verwendeten Aliasnamens, so ist die Programmausführung an dieser Stelle schon beendet. Der Anwender wird nur noch über ein Hinweisfenster darüber informiert, warum er nicht mit dem Programm arbeiten darf. Damit bekommt der Anwender nicht das „häßliche" Exception-Fenster zu sehen, welches ohne die vorherige Prüfung von Delphi in derartigen Fällen aufgerufen wird.

```
procedure TDataModuleMain.DataModuleMainCreate(Sender: TObject);
begin
   if not SessionDM.IsAlias(DatabaseDM.AliasName) then begin
      MessageDlg(Format('Der Alias %s ist nicht vorhanden.' +
            #10#13 + 'Das Programm kann nicht gestartet werden.' +
            #10#13 + 'Installieren Sie das Programm neu!',
            [TableMain.DatabaseName]), mtError, [mbYes], 0);
      // Programm beenden
      Application.Terminate;
   end;
   // Programmstart : 1. Datensatz wird "manuell" aufgerufen
   FormMain.ShowNewValues
end;
```

Ein Wort noch zur vorletzten Programmzeile. Über den Aufruf „FormMain.ShowNewValues" wird aus dem Datenmodul heraus eine private Methode des Hauptformulars aufgerufen. Diese Methode aktualisiert die Anzeige im Hauptformular. Nun könnte man dies auch hier im Datenmodul erledigen, allerdings sollte das Datenmodul so weit wie möglich den reinen nichtvisuellen Datenbankteil von der visuellen Benutzeroberfläche abschirmen.

Ereignisbehandlungsmethoden für die Tabelle „sm_main.db"

OnDataChange – Ereignis aktualisiert die angezeigten Daten

Neben den nichtvisuellen Datenbankkomponenten kapselt das *Datenmodul* auch alle *Ereignisbehandlungsmethoden* dieser Instanzen im *Datenmodul* ein. Eine für Desktop-Datenbanken wohl sehr häufig implementierte Anzeige bildet die Darstellung der aktuellen Position im Datenbestand. Diese Anzeige muß bei jeder Datensatzänderung aktualisiert werden – das Ereignis *OnDataChange* der TDataSource-Instanz im Datenmodul ist genau der richtige Ansatzpunkt dafür. Mit einem Doppelklick im Objektinspektor legt Delphi auch gleich das Grundgerüst für diese Ereignisbehandlungsmethode an.

Doch neben der Anzeige der Datensatzposition in der Tabelle erledigt die Methode noch weitere Aufgaben. Immer dann, wenn der Anwender zu einem anderen Aktiendatensatz wechselt, soll das Programm dies akustisch untermalen (der Anwender kann die Soundausgabe über einen Menüeintrag auch deaktivieren). Außerdem muß die Funktion sicherstellen, daß der Anwender immer dann, wenn er einen Aktiendatensatz neu anlegt oder ändert, nicht während dieser Eingabe bereits einen Detaildatensatz anlegen kann. Ob gerade ein Datensatz editiert wird, ermittelt die Methode aus der Eigenschaft *State* der verwendeten *TDataSource*-Instanz für die Aktientabelle. Der Grund für diese Einschränkung liegt in der verwendeten referenziellen Integrität. Erst wenn der *Primärschlüssel* der Aktie feststeht, darf ein neuer Datensatz in der Detailtabelle angelegt werden, da in dieser Tabelle ja ein Bezug auf den Primärschlüssel der Aktientabelle gespeichert wird. Die Tabellenspalte für den Primärschlüssel von „SM_MAIN" ist ein selbstinkrementierendes Feld, damit bekommt dieses Feld erst beim Speichern von der BDE einen eindeutigen Wert zugewiesen.

```
procedure TDataModuleMain.DataSourceMainDataChange(
                   Sender: TObject;
                   Field: TField);
var
  lRecordNo : LongInt;
begin
  // Sonderfall Programmstart: TableKurse wird erst später aktiv!
  if not TableKurse.Active then exit;
  // nur bei Datenzeigeränderung neu bestimmen
  if DataSourceMain.State = dsBrowse then begin
    FormMain.PlayWaveSound('DLGCLOSE');
    with FormMain do begin
      DBNavigatorKurse.Enabled := True;
      DBGrid1.Enabled := True;
      LabelDM.Caption := '';
      // Daten aktualisieren
      ShowNewValues;
      // Anzahl der Kurs-Datensätze anzeigen
      LabelCnt.Caption := IntToStr(TableKurse.RecordCount);
    end;
    // aktuelle Datensatznummer (Sequenznummer) anzeigen
    TableMain.UpdateCursorPos;
    DbiGetSeqNo(TableMain.Handle, lRecordNo);
    with FormMain.StatBar do
      Panels.Items[0].Text := Format('Datensatz %d von %d',
                         [lRecordNo, TableMain.RecordCount]);
  end
  else    // Editier- oder Einfügemodus -> Detailtabelle sperren
  begin
    with FormMain do begin
      DBNavigatorKurse.Enabled := False;
      DBGrid1.Enabled := False;
    end
```

```
    end
end;
```

Datensatznummernanzeige

Für die Anzeige der aktuellen Position des angezeigten Datensatzes im Datenbestand sind die folgenden Programmzeilen aus der Methode „DataSourceMainDataChange" zuständig.

```
TableMain.UpdateCursorPos;
DbiGetSeqNo(TableMain.Handle, lRecordNo);
with FormMain.StatBar do
   Panels.Items[0].Text := Format('Datensatz %d von %d',
                           [lRecordNo, TableMain.RecordCount]);
```

Mit der Formatanweisung „Datensatz %d von %d" wird der aktuelle Datensatz mit der Anzahl aller Datensätze verglichen, die von der TTable-Komponente über ihre Eigenschaft *RecordCount* zur Verfügung gestellt wird. In der lokalen Variablen *lRecordNo* wird die aktuelle Datensatznummer gepuffert, den Wert lesen Sie dazu aus einer *RECProps*-Struktur aus. Die Funktion mit dem Namen *DbiGetRecord* müßte Ihnen vom Kapitel 1 her noch bekannt sein. Bereits hier wird zum ersten Mal auf eine *IDAPI*-Funktion zugegriffen, wobei die Implementierung dem im Kapitel 1 bereits vorgestellten Beispielprojekten entspricht.

SetFocus

Immer dann, wenn der Benutzer einen neuen Aktiendatensatz in die Tabelle „sm_main.db" einfügen will, setzt das Programm den Eingabefokus (also den blinkenden Strichcursor) in die *TDBEdit*-Instanz mit dem Namen „DBEdit2".

```
procedure TDataModuleMain.TableMainNewRecord(DataSet: TDataSet);
begin
   FormMain.DBEdit2.SetFocus
end;
```

Damit bezieht sich das *Datenmodul* doch auf ein visuell sichtbares Element des Hauptformulars. Bei dieser einen Programmzeile ist der Aufwand einer prozeduralen Schnittstelle jedoch nicht gerechtfertigt, so daß dieser direkte Aufruf durchaus toleriert werden kann.
Die nächste Aufgabe ist dann allerdings nicht mehr so trivial!

Kaskadiertes Löschen in den Master-Detail-Tabellen

Die Tabellen „sm_main.db" und „sm_kurs.db" sind über *referenzielle Integrität* miteinander verknüpft. Damit weigert sich die BDE, in „sm_main.db" einen Datensatz zu löschen, wenn in „sm_kurs.db" noch dazugehörende Detaildatensätze vorhanden sind. Dem Benutzer ist es allerdings nicht zuzumuten, in diesem Fall vorher jeden Detail-Datensatz einzeln zu löschen, da durchaus mehrere hundert Aktienkurse für eine Aktie in der Detailtabelle stehen können.

 Die Fähigkeit zum kaskadierten Löschen gehört nicht zu den Pflichtaufgaben für Datenbankhersteller bei der Implementierung der referenziellen Integrität. Je nach dem verwendeten Datenbankformat ist hier also der Anwendungsentwickler gefordert.

Die Ereignisbehandlungsmethode *TableMain.OnBeforeDelete* bildet daher einen Mechanismus für das kaskadierte Löschen nach. Vor dem endgültigen Löschen des Aktiendatensatzes werden nach Rückfrage automatisch alle Detaildatensätze gelöscht. Durch das Verknüpfen der Tabellen im *Feld-*

verbindungs-Designer von Delphi enthält „TableKurse" nur die zur Aktie gehörenden Detaildatensätze. Daher können alle aktuell im *Dataset* vorhandenen Datensätze in einer *while*-Schleife gelöscht werden:

```
while not EOF do
  Delete;
```

Beachten Sie dabei, daß ein Aufruf von *Next* hier völlig deplaziert ist. Die *TTable*-Methode *Delete* führt dazu, daß die BDE nach dem Löschen des aktuellen Datensatzes den Datensatzzeiger automatisch auf den nächsten Datensatz positioniert. Sie können sich die Sache so vorstellen, daß nachfolgende Datensätze „nachrutschen".

Über das private Flag *bCascadeDelete* wird dieses kaskadierte Löschen gekennzeichnet, damit *TableKurse.OnAfterDelete* nicht unnötigerweise die Auswertung nach jedem Löschen eines Detaildatensatzes neu startet.

Die Aufrufe von *DisableControls* und *EnableControls* verbessern das Erscheinungsbild sowie die Ausführungsgeschwindigkeit, indem während des Löschvorgangs die visuellen Datenbankkomponenten deaktiviert werden.

```
procedure TDataModuleMain.TableMainBeforeDelete(DataSet: TDataSet);
begin
  with TableKurse do begin
    // nur wenn Detaildatensätze vorhanden sind !
    if not (BOF and EOF) then begin
      // Rückfrage: Detaildatensätze werden mit gelöscht !
      if MessageDlg('Alle Aktiendaten wirklich löschen?',
             mtInformation, [mbYes, mbNo], 0) = mrYes then begin
        // sichtbare Datendialogelemente deaktivieren
        DisableControls;
        // ersten Datensatz positionieren
        First;
        // Flag setzen (TableKurs.OnAfterDelete deaktivieren)
        bCascadeDelete := True;
        // alle Datensätze des DataSets für diesen Kunden löschen
        while not EOF do
          Delete;
        // Flag zurücksetzen (TableKurs.OnAfterDelete aktivieren)
        bCascadeDelete := False;
        // sichtbaren Datendialogelemente aktivieren
        EnableControls;
        // Alle Datensätze in SM_KAUF.DB über SQL löschen
        with DataModuleMain.QueryDynSQL do begin
          SQL.Clear;
          SQL.Add('DELETE FROM sm_kauf WHERE id = :iKey');
          Screen.Cursor := crSQLWait;
          try
            // Aktien-ID aus SM_MAIN.DB als Parameter übergeben
            Params[0].AsInteger := DataModuleMain.TableMainID.Value;
            ExecSQL;
          finally
            Screen.Cursor := crDefault;
          end;
```

```
                end;
            end
                // stille Exception verhindert das Löschen
            else SysUtils.Abort
        end
    end
end;
```

BOF und EOF

Über die Abfrage „if not (BOF and EOF)" prüft die Methode nach, ob überhaupt Detaildatensätze zur ausgewählten Aktie vorhanden sind. Nur dann, wenn tatsächlich keine Datensätze in der Datenmenge vorhanden sind, liefern beide *TTable*-Eigenschaften den Wert „True" zurück.

Lesen Sie am besten nochmals in der Delphi-Hilfe nach, wann die Eigenschaften jeweils den Wert „True" annehmen. Es ist zum Beispiel nicht so, daß *BOF* immer dann „True" ist, wenn der erste Datensatz ausgewählt ist. Auch muß *EOF* nicht „True" sein, wenn der Datensatzzeiger auf dem letzten Datensatz steht. Sie können das jederzeit visuell nachprüfen, starten Sie „ShareMan" und blättern Sie im Bestand. Erst wenn beim Zurückblättern auf den ersten Datensatz der *TDBNavigator*-Button zum Zurückblättern nochmals angeklickt wird, deaktiviert die BDE diese Schaltfläche (weil erst dann *BOF* den Wert „True" einnimmt).

Beim Öffnen einer Tabelle ist *BOF* jedoch immer „True", da die BDE den Datensatzzeiger automatisch auf den ersten Datensatz plaziert. Die zweite Ausnahme betrifft *EOF*, der Button für den letzten Datensatz (oder auch die TTable-Methode *Last*) setzen sofort *EOF* auf „True".

Abort

Wird die Sicherheitsabfrage „Alle Aktiendaten wirklich löschen?" vom Anwender mit Nein beantwortet, so sorgt der Aufruf von *SysUtils.Abort* dafür, daß keine Daten gelöscht werden. Die Funktion *Abort* löst eine sogenannte *stille Exception* aus. Bei einer stillen Exception bekommt der Anwender kein Fehlerfenster zu Gesicht, programmintern hat eine stille Exception jedoch die gleichen Auswirkungen wie die normale Exception. In den Delphi-Units kommt auch „Abort" gleich zweimal vor, so daß der qualifizierte Aufruf über die Unit „SysUtils" Klarheit schafft.

QueryDynSQL löscht via SQL Datensätze aus der Tabelle „sm_kauf.db"

Das Programm nimmt an, daß der Anwender nach dem Löschen einer Aktie auch keine Datensätze für diese Aktie in der Portfoliotabelle „sm_kauf.db" sehen möchte (wer ist schon erfreut, wenn er immer wieder an seine Reinfälle erinnert wird). Für die Datenbanksprache SQL ist das Löschen von Datensätzen ein Kinderspiel, der SQL-Befehl „DELETE FROM sm_kauf WHERE id = 12" entfernt zum Beispiel alle Datensätze mit der Aktien-ID „12" aus der Tabelle.

Auf diese Weise könnten Sie auch die Datensätze einer Master-Detail-Beziehung löschen, indem Sie den SQL-Befehl aus dem BeforeDelete-Ereignis heraus aufrufen. Das Programm „ShareMan" geht allerdings den direkten Weg, da aufgrund der verbundenen TTable-Instanzen die zu löschenden Datensätze bereits vorselektiert sind.

Die *TQuery*-Instanz „QueryDynSQL" im Datenmodul wird für derartige temporäre Aufgaben verwendet. Daher darf der SQL-Befehl auch erst zur Laufzeit zugewiesen werden. Dieser Mehraufwand lohnt sich in jedem Fall, da somit nicht für jeden SQL-Befehl eine eigene *TQuery*-Instanz verschwendet wird.

```
with DataModuleMain.QueryDynSQL do begin
  SQL.Clear;
  SQL.Add('DELETE FROM sm_kauf WHERE id = :iKey');
  Screen.Cursor := crSQLWait;
  try
    // Aktien-ID aus SM_MAIN.DB als Parameter übergeben
    Params[0].AsInteger := DataModuleMain.TableMainID.Value;
    ExecSQL;
  finally
    Screen.Cursor := crDefault;
  end;
end;
```

Die kennzeichnende Aktien-ID für den *WHERE*-Abschnitt der SQL-Abfrage wird über einen Parameter übergeben. Der Wert des Parameters „:iKey" ergibt sich erst nach dem Zuweisung über „Params[0].AsInteger", d.h. erst dann liegt ein gültiger SQL-Befehl vor. Der *DELETE*-Befehl liefert keine Ergebnismenge zurück, daher darf der Befehl nur über die TQuery-Methode *ExecSQL* abgeschickt werden.

Ereignisbehandlungsmethoden für die Tabelle „sm_kurs.db"

TableKurseNewRecord – ein neuer Detaildatensatz wird angelegt

Das *Datenmodul* implementiert eine Ereignisbehandlungsmethode auf das *OnNewRecord*-Ereignis für die der Tabelle „sm_kurs.db" zugeordneten TTable-Instanz „TableKurse". In dieser Methode sorgt die Zuweisung „TableKurseID.Value := TableMainID.Value" dafür, daß der neue Kursdatensatz den ID-Wert der gerade ausgewählten Aktie übernimmt. Beide Bezeichner gehören den zugeordneten *persistenten TFields* und wurden über den *Feldeditor* angelegt.

```
procedure TDataModuleMain.TableKurseNewRecord(DataSet: TDataSet);
begin
  TableKurseID.Value := TableMainID.Value;
  FormMain.DBGrid1.SelectedField := TableKurseDatum;
  FormMain.DBGrid1.SetFocus
end;
```

Im zweiten Schritt wird der Eingabefokus gleich in das Datumsfeld des *TDBGrid's* für die Kursdaten gelegt.

TableKurseBeforePost

Das *TTable*-Ereignis *BeforePost* wird unmittelbar vor dem Zurückschreiben des Datensatzes in die Datenbanktabelle aufgerufen. Damit gibt Delphi dem Programmentwickler die Chance, ungültige Eintragungen des Anwenders über ein Veto zurückzuweisen. Das Programm „ShareMan" nutzt diesen Mechanismus, indem immer dann eine *Exception* ausgelöst wird, wenn der Anwender ein in der Zukunft liegendes Datum für einen Aktienkurs eingetragen hat.

```
procedure TDataModuleMain.TableKurseBeforePost(DataSet: TDataSet);
begin
  if TableKurseDatum.Value > Date then
    raise Exception.Create('Datum kann nicht in der Zukunft liegen!');
end;
```

Das *persistente TField* „TableKurseDatum" ist vom Typ *TDataField* und kann daher direkt mit dem Rückgabewert der *Date*-Funktion verglichen werden.

TableKurseAfterPost

Das Ereignis *AfterPost* trifft immer dann ein, wenn der Datensatz auch tatsächlich von der *BDE* in die Datenbanktabelle zurückgeschrieben wurde. Damit können Sie davon ausgehen, daß die Datensatzinhalte auch den Kriterien entsprechen, die direkt in der Paradox-Tabelle definiert wurden. Aus Geschwindigkeitsgründen führt die Aktientabelle „sm_main.db" zwei an sich überflüssige Felder mit sich, denen jeweils der aktuellste Kurswert für die Aktie zugewiesen wird. Die Kurstabelle „sm_kurs.db" verwendet einen zusammengesetzten Primärschlüssel, der automatisch alle Kurswerte nach dem Datum sortiert. Damit ist sichergestellt, daß nach dem Aufruf von „TableKurs.Last" der aktuellste Kursdatensatz ausgewählt ist. Das Datum sowie der Kurswert dieses Datensatzes werden dann in die beiden Hilfsfelder der Aktientabelle „sm_main.db" geschrieben. Außerdem wird geprüft, ob die beiden Felder für den tiefsten und höchsten Aktienkurs in der Aktientabelle aktualisiert werden müssen.

```
procedure TDataModuleMain.TableKurseAfterPost(DataSet: TDataSet);
begin
  // falls ein älterer Kurs eingetragen wurde !
  TableKurse.Last;
  // "verborgene" Hilfsfelder in SM_MAIN aktualisieren
  TableMain.Edit;
  TableMainAktuellerKurs.Value := TableKurseKurs.Value;
  TableMainAktuellesKursDatum.Value := TableKurseDatum.Value;
  TableMain.Post;
  // Datenfeld »MaxWert« in SM_MAIN.DB aktualisieren ?
  if TableMainMaxWert.Value < TableKurseKurs.Value then
     if MessageDlg('Neuen Höchststand in die Aktientabelle übernehmen?',
               mtConfirmation,[mbYes,mbNo],0) = mrYes then begin
       TableMain.Edit;
       TableMainMaxWert.Value := TableKurseKurs.Value;
       TableMain.Post;
     end;
  // Datenfeld »MinWert« in SM_MAIN.DB aktualisieren ?
  if TableMainMinWert.Value > TableKurseKurs.Value then
     if MessageDlg('Neuen Tiefstand in die Aktientabelle übernehmen?',
               mtConfirmation,[mbYes,mbNo],0) = mrYes then begin
       TableMain.Edit;
       TableMainMinWert.Value := TableKurseKurs.Value;
       TableMain.Post;
     end;
  FormMain.ShowNewValues;
end;
```

Über den Aufruf „FormMain.ShowNewValues" wird aus dem *Datenmodul* heraus eine private Methode des Hauptformulars aufgerufen, um die Anzeige im Hauptformular zu aktualisieren.

TableKurseAfterDelete

Das Ereignis *AfterDelete* trifft immer dann ein, wenn die BDE einen Aktienkurs-Datensatz aus der Tabelle „sm_kurs.db" gelöscht hat. Beim Löschen eines Detaildatensatzes muß die Auswertung neu gestartet werden. Dies trifft jedoch immer dann nicht zu, wenn ein Hauptdatensatz (Aktie) mit den eventuell vorhandenen Detaildatensätzen (Kursen) gelöscht werden soll. Für dieses kaskadierte Löschen setzt „TableMain.OnBeforeDelete" das private Flag *bCascadeDelete* auf True. Daher aktualisiert *TableKurseAfterDelete* die Anzeige im Hauptformular nur dann, wenn dieses Flag nicht gesetzt ist, d.h. wenn der Anwender nur einen einzelnen Aktienkurs gelöscht hat.

```
procedure TDataModuleMain.TableKurseAfterDelete(DataSet: TDataSet);
begin
  if not bCascadeDelete then FormMain.ShowNewValues;
end;
```

Ereignisbehandlungsmethoden für die Tabelle „sm_kauf.db"

TableKaufCalcFields

Das *persistente TField* „TableKaufPreis" ist nur ein *berechnetes Feld*, d.h. dem Feld liegt keine Spalte in der Datenbanktabelle zugrunde. Damit wird der TTable-Instanz für die Tabelle „sm_kauf.db" immer dann ein *OnCalcFields*-Ereignis zugestellt, wenn der Wert dieses berechneten Feldes neu ermittelt werden muß. Die Methode „TableKaufCalcFields" nutzt diesen Mechanismus aus, um die Kosten für den Wertpapierkauf beziehungsweise den Erlös beim Verkauf zu bestimmen.

```
procedure TDataModuleMain.TableKaufCalcFields(DataSet: TDataSet);
begin
  if TableKaufKaufVerkauf.Value = 'K' then
    TableKaufPreis.Value := TableKaufGebuehr.Value +
                             (TableKaufAnzahl.Value *
                              TableKaufKaufKurs.Value)
  else TableKaufPreis.Value := 0 - (Abs(TableKaufAnzahl.Value) *
                                     TableKaufKaufKurs.Value) +
                                    TableKaufGebuehr.Value
end;
```

Beim Kauf muß die von der Bank erhobene Transaktionsgebühr zusammen mit der Provision dem reinen Kaufpreis des Wertpapiers (Anzahl * Tageskurs) hinzugerechnet werden. Beim Verkauf allerdings schmälern die Kosten den Verkaufserlös. Ob nun ein Kauf oder Verkauf gebucht werden muß, bestimmt die Methode aus dem Inhalt des *persistenten TFields* für die Tabellenspalte „KaufVerkauf". Wird hier der Buchstabe „K" vorgefunden, liegt ein Kauf vor, ansonsten ein Verkauf.

TableKaufBeforeDelete

Niemand – weder der Anwender noch der Programmentwickler – ist unfehlbar. Daher sieht „ShareMan" einen Weg vor, wie eine Buchung rückgängig gemacht werden kann. Eine Schaltfläche für diese Funktion werden Sie jedoch nicht finden, der Anwender kann dies nur per rechten Mausklick aufrufen. Über das *Popup-Menü* löscht der Anwender eine Wertpapiertransaktion aus der Tabelle „sm_kauf.db". Vor dem Löschen entfernt das Programm dabei auch den dazugehörenden Datensatz aus der Tabelle „sm_konto", damit auch das Kontobuch auf dem neuesten Stand bleibt.

```
procedure TDataModuleMain.TableKaufBeforeDelete(DataSet: TDataSet);
begin
  // dazugehörenden Datensatz in SM_KONTO löschen
  with QueryDeleteKontoRec do begin
```

3.4 Schritt 4: Datenbankanbindung über ein Datenmodul

```
      ParamByName('ID').AsInteger := TableKaufRecNo.AsInteger;
      Screen.Cursor := crSQLWait;
      try
        ExecSQL;
      finally
        Close;                          // TQuery schließen
        DataModuleMain.ReCalcKonto;     // neuen Kontostand berechnen
        Screen.Cursor := crDefault;
      end;
    end;
end;
```

Im Gegensatz zur bereits vorgestellten *TQuery*-Instanz „QueryDynSQL" verwendet „Query-DeleteKontoRec" eine andere Technik. Dieser Instanz wurde der auszuführende SQL-Befehl bereits in der Entwicklungsumgebung über den *Objektinspektor* zugewiesen. Sobald Sie im Objektinspektor die Eigenschaft *SQL* editieren, zeigt der Objektinspektor am rechten Rand der Eingabezeile die Schaltfläche für den Aufruf eines speziellen *Eigenschaftseditors* an.

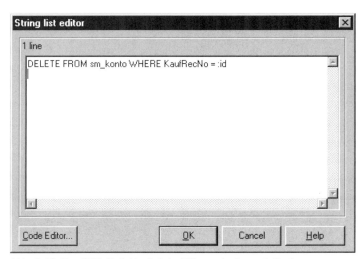

Abb. 3.32: Der SQL-Befehl wird der TQuery-Instanz statisch zugewiesen

In diesem Dialogfenster tragen Sie den SQL-Befehl

```
DELETE FROM sm_konto WHERE KaufRecNo = :id
```

ein. Die *WHERE*-Klausel legt dabei fest, mit welchen Kriterium der zu löschende Datensatz in der Tabelle bestimmt werden soll. Der Parameter „:id" wird zur Programmlaufzeit mit dem Wert des *Primärschlüssels* der Portfoliotabelle „sm_kauf.db" initialisiert. Damit übergibt das Programm einen Integerwert an diesen Parameter. Dieses Wissen sollten Sie auch an die betroffene TQuery-Instanz weitergeben. Dazu rufen Sie im Objektinspektor über die TQuery-Eigenschaft *Params* den *Parameter-Editor* auf.

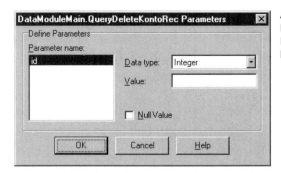

Abb. 3.33: Der Datentyp des Parameters wird bestimmt

Der *Parameter-Editor* analysiert den vorher zugewiesenen SQL-Befehl und erkennt selbständig den verwendeten Parameter „id". Sie müssen nur aus der Listbox den entsprechenden Datentyp auswählen.

Private Methoden im Datenmodul

In der gerade besprochenen Methode „TableKaufBeforeDelete" wird die private Methode „ReCalcKonto" aufgerufen, um das Kontobuch zu aktualisieren.
Für alle Datensätze der Tabelle „sm_konto.db" wird der jeweilige Kontostand neu berechnet. Damit reagiert das Programm auf nicht chronologisch vorgenommene Buchungen, da die nach dem Schlüsselfeld „Datum" geordneten Buchungen jeweils neu kalkuliert werden.

```
procedure TDataModuleMain.ReCalcKonto;
var
  iRecNo,
  iCnt   : Integer;
  curOld : Currency;
begin
  with TableKonto do begin
    iRecNo := RecordCount; // wieviel Datensätze sind zu berechnen?
    DisableControls;
    First;                 // 1. Datensatz als Ausgangsbasis
    try
      for iCnt := 1 to Pred(iRecNo) do begin
        curOld := TableKontoKontostand.Value;
        TableKonto.Next;
        TableKonto.Edit;
        TableKontoKontostand.Value := curOld + TableKontoBetrag.Value;
        TableKonto.Post;
      end;
      FormMain.PlayWaveSound('KASSE');
    finally
      TableKonto.EnableControls;
    end
  end
end;
```

In einer *FOR*-Schleife faßt die Methode jeden einzelnen Datensatz an. In die Tabellenspalte „Kontostand" wird der jeweils neu berechnete Kontostand eingetragen. Derartige Abweichungen von der reinen Datenbanktheorie (es sollten keine Werte in der Tabelle gespeichert werden, die sich zur Lauf-

3.4.5 Neue datensensitive Dialogelemente im Hauptformular

TDBNavigator

Vom Schritt 3 ist noch eine Komponente übriggeblieben, die ohne *TTable*- und *TDataSource*-Instanzen aus dem Datenmodul auch nicht sinnvoll einsetzbar ist. Wie der Name bereits suggeriert, dient eine TDBNavigator-Instanz dem interaktiven Navigieren des Programmanwenders in der Datenmenge. Weiterhin kann der Programmanwender über den TDBNaviagtor einen neuen Datensatz anlegen, ändern beziehungsweise einen bestehenden Datensatz löschen.
Standardmäßig aktiviert Delphi nach dem Einsetzen der Komponente im Formular alle Schaltflächen. Über die Eigenschaft *VisibleButtons* ändern Sie diese Vorgabewerte. Da die TDataSource-Eigenschaft *AutoEdit* nicht geändert wurde, ist die Schaltfläche *nbEdit* im Projekt „ShareMan" überflüssig. Über das Zuweisen von „False" verbirgt Delphi nunmehr diesen Button. Gleiches gilt für die Schaltfläche „Refresh".

 Nicht in jedem Fall wird „AutoEdit := False" die richtige Wahl sein. Hat der Anwender Probleme mit irrtümlich überschriebenen Daten, so sollten Sie auf die umständlichere Alternative über den Edit-Button wechseln. Auch die Datenbankoberfläche erwartet zum Beispiel, daß der Anwender den Editiermodus explizit aktivieren muß.

TDBEdit – das Arbeitspferd einer Datenbankanwendung

Die *TDBEdit*-Komponente bildet das Arbeitspferd für eine Delphi-Datenbankanwendung. Die Komponente ist am universellsten einsetzbar, im Gegensatz zu den anderen Komponenten kann ein *TDBEdit* fast alles darstellen (mit der Ausnahme von Grafiken beziehungsweise anderen BLOB-Feldern und Memo-Texten).

Um ein neu im Formular plaziertes *TDBEdit*-Feld zu konfigurieren, brauchen Sie nur die *DataSource*-Eigenschaft auf die vorhandene *TDataSource*-Komponente zuzuweisen. Im Objektinspektor steht Ihnen dann im *DataFields*-Feld die Auswahl aller zugrundeliegenden Tabellenfelder offen.

TDBLookupComboBox – verknüpfte Tabellen darstellen

Das Eingabefeld für das Datenbankfeld „BoerseID" kann nicht so einfach per *TDBEdit* abgedeckt werden. Bei dem verwendeten Datenmodell muß der Anwender die benötigten Informationen aus der Nachschlagetabelle „sm_orte.db" auslesen. Der Anwender kann dazu nur einen bereits vorhandenen Wert aus der Nachschlagetabelle auswählen. Die Auswahl selbst muß jedoch in der Aktientabelle „sm_main.db" als numerischer Wert gespeichert werden. Die *TDBLookupComboBox*-Komponente kombiniert die Funktionalität von *TDBListBox*, von *TDBEdit* und von *TDBLookupList*. In Anwendungen für Windows 95 und Windows NT wird die Komponente TDBLookupComboBox als Nachfolger von TDBLookupCombo benutzt.

Anwender können das Feld im aktuellen Datensatz einer Datenmenge aktualisieren, indem Sie einen Wert aus der Dropdown-Liste auswählen. Es wird also eine Komponente gebraucht, die zwei unterschiedliche Datenbanktabellen handhaben kann. Die Verknüpfung zwischen den beiden Tabellen stellen Sie vollkommen visuell per Objektinspektor her.

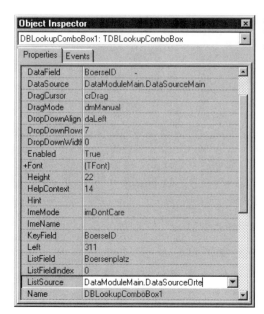

Abb. 3.34: Eingabefeld für den „Börsenplatz" der Aktie konfigurieren

Die *TDBLookupComboBox*-Komponente für den Börsenplatz einer Aktie legt die Börsen-ID in der Aktientabelle ab. Der Anwender wählt eine Börse jedoch über den Börsennamen aus. Die Abb. 3.34 zeigt die dafür notwendigen Einstellungen.

Über die bereits von den anderen Datendialogelementen bekannten Eigenschaften *DataSource* und *DataField* wird die Tabelle festgelegt, in der die Eingaben gespeichert werden sollen. Es wird zwar nur eine *TDataSource*-Komponente ausgewählt, aber diese ist wiederum mit einer *TTable*-Komponente verbunden. Der Wert „DataModuleMain.DataSourceMain" führt damit dazu, daß jede Anwenderauswahl aus der Combobox in der Tabelle »sm_main.db«, genauer gesagt in der Tabellenspalte „BoerseID" gespeichert wird.

In den zusätzlich neu hinzugekommenen Eigenschaften *ListSource*, *ListField* und *KeyField* legen Sie fest, aus welcher Tabelle die Komponente die anzuzeigenden Auswahlmöglichkeiten ausliest. Die Eigenschaft *ListSource* stellt die Verbindung zur Nachschlagetabelle her. Da neben der Tabelle auch das entsprechende Feld in der Tabelle benötigt wird, präzisiert die Eigenschaft *KeyField* das Feld, in dem gesucht werden soll. Damit stellen die Eigenschaften *DataField* und *KeyField* die Verbindung zwischen den beiden Tabellen her. Beide Tabellen verwenden ein gemeinsames Datenfeld, in diesem Beispiel ist dies das numerische Feld für die Börsen-ID. Die dritte neue Eigenschaft – *ListField* – ist ein zusätzlicher Komfort für den Programmanwender. Hier können Sie festlegen, was in der Auswahlliste von TDBLookupComboBox angezeigt werden soll. Dabei können Sie auch mehrere Felder angeben, die dann jeweils durch ein Semikolon abgetrennt werden.

Eine grafische Darstellung verdeutlicht die Zusammenhänge besser. Vergleichen Sie bitte dazu einmal die Abb. 3.35. Die Verknüpfung über *DataField* und *KeyField* wird sehr gut sichtbar, beide greifen auf den gleichen Informationsinhalt in zwei getrennten Datenbanktabellen zu. Die Feldnamen in den Tabellen müssen dabei nicht übereinstimmen, solange beide Tabellenspalten den gleichen Feldtyp verwenden. Das selbstinkrementierende Feld „BoerseID" aus „sm_orte.db" verwendet den gleichen Datentyp wie das Integerfeld „BoerseID" aus „sm_main.db".

Abb. 3.35:
Prinzip der
TDBLookup-
ComboBox-
Komponente

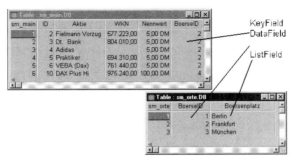

 Alternativ zu der hier gewählten Vorgehensweise gibt es noch einen anderen Weg. Sofern Sie DataField auf ein TField-Nachschlagefeld setzen, müssen Sie keine weiteren Eigenschaften zuweisen, da TDBLookupComboBox die benötigten Einstellungen vom Nachschlagefeld übernimmt. Es bleibt damit Ihnen überlassen, welche Methode Sie bevorzugen.

Tabelle .: Wichtige Eigenschaften der TDBLookupComboBox-Komponente

Eigenschaft	Beschreibung
DataSource	Die Eigenschaft *DataSource* bestimmt, woher die Komponente die anzuzeigenden Daten erhält. Im Objektinspektor wählen Sie dazu eine der im Formular plazierten *TDataSource*-Komponenten aus. Diese Auswahl legt damit auch die zugrundeliegende Datenbanktabelle fest, da auch die *TDataSource*-Komponenten in der Regel mit einer *TTable*-Komponente verbunden sind.
DataField	Die Eigenschaft *DataField* gibt das Feld in der Datenquelle an, aus dem das datensensitive Dialogelement Daten anzeigt. Die Datenquelle wird durch eine *TDataSource*-Komponente angegeben. Haben Sie die *DataSource*-Eigenschaft zugewiesen, zeigt auch der *Objektinspektor* für dieses Feld alle möglichen Felder der Datenquelle in einer Auswahlliste an.
DropDownRows	Die Eigenschaft *DropDownRows* legt fest, wie lang die Aufklappliste ist. Per Voreinstellung ist die Aufklappliste lang genug, um acht Elemente anzuzeigen, ohne daß ein Bildlauf erforderlich wird.
ListSource	Die Eigenschaft *ListSource* stellt die Datenquellenkomponente *TDataSource* dar, die die Datenmenge bezeichnet, die das Dialogelement zum „Nachschlagen" der Informationen verwenden soll.
KeyField	Die Eigenschaft *KeyField* identifiziert das Feld in dem *ListSource*-Datensatz, mit dessen Hilfe die BDE die Verknüpfung zwischen den beiden Tabellen erkennen kann.
ListField	Die Eigenschaft *ListField* bezeichnet das Feld, dessen Werte in den Dialogelementen angezeigt werden. Wenn *ListField* nicht gesetzt wird, zeigen die Dialogelemente standardmäßig *KeyField*-Feldwerte an. Wenn das *DataField*-Feld ein Nachschlagefeld ist, braucht für *ListField* kein Wert eingesetzt zu werden; die Dialogelemente verwenden in diesem Fall automatisch die Eigenschaft *LookupResultField* des Nachschlagefelds für *ListField*.

TDBGrid

Die VCL-Komponente *TDBGrid* ist sehr gut geeignet, Daten aus einer Datenbanktabelle darzustellen. Der Grund dafür liegt einfach darin, daß auch der Aufbau von *relationalen Datenbanken* von einer Tabellenform – also der Darstellung in Spalten und Zeilen – ausgeht.

Die Komponente hat eine umfangreiche Eigenschaften- und Ereignisliste, wobei die wesentlichsten mit den bereits vorgestellten sichtbaren Datendialogelementen übereinstimmen. Im Gegensatz zu den anderen stellt jedoch ein *TDBGrid* einen speziellen Dialog für das Gestalten der Anzeige bereit. Per Doppelklick auf die im Formular eingebettete TDBGrid-Instanz rufen Sie den *Spalten-Editor* auf:

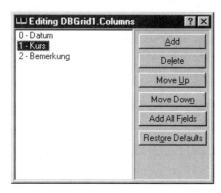

Abb. 3.36: Aussehen der TDBGrid-Instanz festlegen

Um zum Beispiel die Anzahl der im *TDBGrid* anzuzeigenden Tabellenspalten einzugrenzen, stehen Ihnen zwei Alternativen offen. Zum einen können Sie für die „unerwünschten" Spalten die Eigenschaft *Visible* bei den *persistenten TFields* der Tabelle auf „False" ändern. Oder Sie nutzen gleich den Spalten-Editor und definieren hier die im TDBGrid sichtbaren Spalten der Datenbanktabelle. Für die einmal eingerichtete Spalte im TDBGrid ändern Sie die Eigenschaften wie gewohnt über den *Objektinspektor* von Delphi.

3.4.6 Änderungen im Hauptformular

OnCloseQuery – die Sicherheitsabfrage

Immer dann, wenn der Anwender das Programm beenden will, informiert Delphi über das Ereignis *OnCloseQuery* das Hauptformular der Anwendung. Über den mitgeführten Parameter *CanClose* darf hier der Programmentwickler ein Veto vorsehen, das die Programmbeendigung verhindert. Immer dann, wenn eine der beteiligten Tabellen im Editiermodus ist, d.h. immer dann, wenn noch eventuell ungesicherte Eingaben vorliegen, fragt die Methode beim Anwender nach. Über die TTable-Eigenschaft *State* informiert jede TTable-Instanz über ihren aktuellen Zustand. Da alle TTable-Komponenten im Datenmodul des Programms liegen, muß die Methode über den *qualifizierten Bezeichner* auf die TTable-Instanzen zugreifen.

```
procedure TFormMain.FormCloseQuery(Sender: TObject;
                                   var CanClose: Boolean);
begin
  if (DataModuleMain.TableMain.State in [dsEdit, dsInsert])
  or (DataModuleMain.TableKurse.State in [dsEdit, dsInsert]) then
```

```
            if MessageDlg('Möchten Sie die Änderungen in der Datenbank'
                        + #10#13 + 'vor dem Programmende speichern?',
                        mtConfirmation, [mbYes,mbNo],0) = mrYes then
            CanClose := False;
end;
```

Möchte der Anwender die Eingaben vor dem Programmende noch bestätigen, so sorgt die Zuweisung „CanClose := False" dafür, daß Delphi das Programm nicht beendet.

Wanted! – eine Aktie wird gesucht

Nicht immer wird der Anwender im Datenbestand solange blättern wollen, bis die gesuchte Aktie endlich erreicht ist. Alternativ steht auch ein direkter Zugriff über die *TEdit*-Instanz „EditFind" in der Speedbarleiste zur Verfügung. Die Ereignisbehandlungsmethode für das *OnKeyDown*-Ereignis dieser TEdit-Instanz sieht wie folgt aus.

```
procedure TFormMain.EditFindKeyDown(Sender: TObject; var Key: Word;
                                    Shift: TShiftState);
begin
  if Key = VK_RETURN then begin
    SpeedBtnFindClick(Sender);
    Key := 0
  end
end;
```

Immer dann, wenn der Anwender im fokussierten Eingabefeld die *Return*-Taste drückt, wird die Suche im Bestand gestartet. Damit ist es nicht notwendig, daß der Anwender den *SpeedButton* rechts neben dem Eingabefeld anklickt, der Aufruf von „SpeedBtnFindClick" simuliert dieses Anklicken, indem gleich die entsprechende Ereignisbehandlungsmethode des SpeedButtons aufgerufen wird. Über die Zuweisung „Key := 0" entwerten Sie anschließend die gedrückte Return-Taste.

Die Ereignisbehandlungsmethode „SpeedBtnFindClick" selbst besteht nur aus einem schlichten Einzeiler. Die TTable-Methode *FindNearest* sucht den Aktiendatensatz, der am nähesten der im Eingabefeld eingetragenen Zeichenkette entspricht.

```
procedure TFormMain.SpeedBtnFindClick(Sender: TObject);
begin
  DataModuleMain.TableMain.FindNearest([EditFind.Text])
end;
```

Nachschlagetabelle für die Börsenplätze pflegen

Der Anwender kann für bestimmte Felder im Datensatz nur Werte eintragen, die er aus anderen Tabellen ausgewählt hat. Durch den Einsatz der *TDBLookupComboBox*-Komponente bleibt dieser Mechanismus zudem vor dem Anwender verborgen. Sie als Anwendungsentwickler müssen jedoch in jedem Fall sicherstellen, daß auch der Anwender den Inhalt der verwendeten Nachschlagetabellen bearbeiten kann. Im Interesse einer benutzerfreundlichen Schnittstelle werden dafür eigene Formulare verwendet.

Über den Menüpunkt „[D]atei | Neues Formular" fordern Sie von Delphi ein neues Standardformular an. Diesem leeren Formular geben Sie sofort einen aussagekräftigen Namen, ich habe die Bezeichnung „FormOrte" verwendet und ebenfalls gleich einen Dateinamen („sm_orte.pas") vergeben. Im *Objektinspektor* sind damit die Formulare auch übersichtlich geordnet, da die Anzeige zuerst nach der Art (Form) sortiert wird.

Jedes neue Formular, das einem bestehenden Projekt hinzugefügt wird, übernimmt Delphi automatisch in die Liste der bei Programmaufruf zu erzeugenden Formulare. Intern stellt dies Delphi durch einen Aufruf in der Projektdatei „ShareMan.dpr" sicher. Während der Programmladephase werden alle hier aufgeführten Formulare erzeugt und belegen damit Speicherplatz, sind jedoch nicht automatisch sichtbar. Nur das Hauptformular gibt sich dem Anwender zu erkennen.

Der Aufruf

Um das neuen Formular „FormOrte" sichtbar zu machen, ist ein Aufruf der geerbten Methode *ShowModal* eine der möglichen Optionen.

```
procedure TFormMain.MBOrteClick(Sender: TObject);
begin
   FormOrte.ShowModal
end;
```

Starten Sie nun den Compilierungsvorgang, erhalten Sie jedoch die Fehlermeldung „Fehler : Undefinierter Bezeichner 'FormOrte'". Der Grund liegt darin, daß zwar die Unit „sm_orte.pas" im Projekt aufgenommen wurde, die Deklaration in der *Uses*-Klausel jedoch noch fehlt. Unter *Delphi 1.0* waren Sie hier gezwungen, an der richtigen Stelle im Quelltext selbst Hand anzulegen. Ab *Delphi 2.0* wird sogar das automatisch nach einer Rückfrage von Delphi übernommen.

Als Standardvorgabe erzeugt Delphi ein Formular bereits beim Programmstart. Diese Vorgehensweise ist für den Anwendungsentwickler sehr bequem, da aus seiner Sicht keine weiteren Aktionen mehr notwendig sind. Das Problem liegt nun darin, daß Delphi Programme für Windows generiert. Und damit unterliegen Sie automatisch auch den Einschränkungen, die Windows selbst setzt. Unter *Windows 95* gehören zum Glück die 64 kByte „kleinen" Speicherbereiche für User- und GDI-Ressourcen der Vergangenheit an. Geblieben ist die Tatsache, daß sich in einer Multitaskingumgebung mehrere Programme den vorhandenen Arbeitsspeicher teilen müssen. Sie als Entwickler sollten daher bereits bei der Programmentwicklung auf sparsamen Ressourcenverbrauch der eigenen Anwendung achten. Eine wirksame Methode besteht dabei darin, selten benötigte Formulare nur bei Bedarf zu erzeugen. Das hat den Vorteil, daß beim Programmstart nur die benötigten Formulare erstellt werden und damit Speicherplatz belegen. Zudem verkürzt sich der Startvorgang vom Aufruf bis zum sichtbaren Erscheinen des Programmfensters.

Um ein Formular nicht sofort beim Programmstart erzeugen zu lassen, sind nur zwei Arbeitsschritte notwendig. Zum einen wird das automatische Erstellen des Formulars durch Delphi verhindert. Dazu rufen Sie über das Menü „[P]rojekt | Optionen..." das Dialogfenster für die Projektoptionen auf. Gleich auf der ersten Arbeitsseite „Formulare" listet Delphi alle im Projekt beteiligten Formulare auf. Ihre Aufgabe besteht nun darin, alle nicht automatisch zu erstellenden Formulare in das rechte Listenfenster zu schieben. Dies geht zum einen über die Schaltflächen in der Mitte des Dialogfensters, als auch per Drag&Drop mit der Maus. Sobald Sie das Dialogfenster über die „OK"-Schaltfläche schließen, aktualisiert Delphi im Hintergrund die Projektdatei „ShareMan.dpr".

Den Aufruf von *CreateForm* für das Formular „TFormOrte" hat Delphi entfernt, so daß dieses Formular nicht automatisch erstellt wird. Dies bedeutet jedoch, daß im zweiten Arbeitsschritt das Formular vom Programm erzeugt werden muß, bevor der erste Aufruf erfolgen kann. Dazu wird die Ereignisbehandlungsmethode für den Aufruf entsprechend erweitert.

```
procedure TFormMain.MBOrteClick(Sender: TObject);
begin
   FormOrte := TFormOrte.Create(Application);
```

```
  try
    FormOrte.ShowModal;
  finally
    FormOrte.Release;
  end;
end;
```

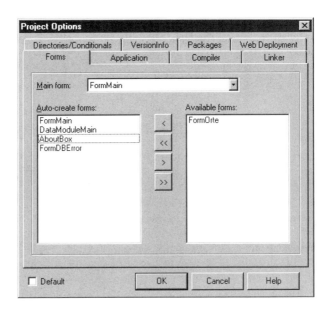

Abb. 3.37:
Formular aus der Liste der automatisch zu erstellenden Formulare entfernen

Der Aufruf der geerbten Methode *Create* erzeugt das Formular. Aus einem Ressourcenschutzblock heraus wird das Formular auch für den Anwender sichtbar gemacht, indem die *ShowModal*-Methode aufgerufen wird. Das Formular verhält sich damit genau so wie ein modales Dialogfenster, das heißt der Anwender kann erst dann zum Hauptfenster zurückwechseln, wenn er das Formular vorher geschlossen hat. Was auch immer passiert, der *Release*-Aufruf im *finally*-Abschnitt gibt die angeforderten Ressourcen wieder frei, indem das Formular zerstört wird.

Die Implementierung

```
...

procedure TFormOrte.FormCreate(Sender: TObject);
begin
  StatusBar1.SimpleText := Format('%d Börsenplätze vorhanden.',
           [DBGridOrte.DataSource.DataSet.RecordCount]);
end;

procedure TFormOrte.BitBtnOkClick(Sender: TObject);
begin
  with DBGridOrte.DataSource.DataSet do
    if (State in [dsEdit, dsInsert]) then Post;
end;
```

```
procedure TFormOrte.BitBtnCancelClick(Sender: TObject);
begin
  with DBGridOrte.DataSource.DataSet do
    if (State in [dsEdit, dsInsert]) then Cancel;
end;
```

Obwohl auf den ersten Blick alles normal aussieht, erhalten Sie beim ersten Compilierungsversuch eine Fehlermeldung. Der Bezeichner „dsEdit" für die Konstante wurde angeblich noch nicht deklariert. Allerdings gehört *dsEdit* doch zur VCL-Klassenbibliothek!

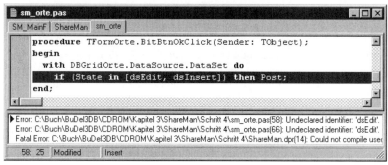

Abb. 3.38: Eine „merkwürdige" Fehlermeldung

Diese Fehlermeldung ist auf den ersten Blick unverständlich und kann durchaus, je nach Temperament, zu einem Wutausbruch führen. Zur Fehlereingrenzung schlagen Sie in der Delphi-Hilfe nach. Die Komponente *TTable* verweist für die Eigenschaft *State* auf die Datenstruktur *TDataSetState*. In dieser Datenstruktur wird der Bezeichner *dsEdit* deklariert.

Die Delphi-Hilfe listet doch ganz klar auf, daß der Bezeichner *dsEdit* an dieser Stelle korrekt ist. Was ist hier nur falsch? Nun – auf der Hilfe-Seite für *TDataSet* ist auch die Unit „DB" aufgeführt, in der diese Struktur deklariert wird. Diese Unit muß der Entwickler von Hand einbinden. Da der Bezeichner *dsEdit* jedoch nur im Implementationsabschnitt der Unit benötigt wird, sollte die Unit „DB" auch nur dort in die zweite Uses-Klausel aufgenommen werden. Damit ist der Compiler zufrieden und stört Sie nicht mehr mit irgendwelchen Fehlermeldungen.

Sound oder nicht Sound – das ist hier die Frage!

Fast in jedem Rechner ist heutzutage eine Soundkarte installiert. Der Anwender erwartet von einem Anwendungsprogramm, daß dieses auch die einmal bezahlte Hardware ausnutzt. Das Programm „ShareMan" bietet eine Geräuschkulisse an, die sich an den Vorgaben der „großen" Softwareanbieter anlehnt. Zum Beispiel ist immer dann ein Klingeln der Registrierkasse zu hören, wenn der Anwender eine Buchung vornimmt. Nettes Feature – aber nicht jeder wird das so mögen. Daher darf der Anwender die Soundausgabe jederzeit über einen Menüeintrag deaktivieren.

```
procedure TFormMain.MFSoundClick(Sender: TObject);
begin
  MFSound.Checked := not MFSound.Checked
end;
```

Ein spezielles Objektfeld wird dazu nicht benötigt, das Menüpunkt-Objekt speichert sich selbst! Über die Markierung des Menüeintrages wird der aktuelle Status sogar noch angezeigt. In der für die

Soundausgabe zuständigen privaten Methode „PlayWaveSound" wird immer dann der zugeordnete *WAVE*-Sound abgespielt, wenn der Menüpunkt markiert ist.

```
procedure TFormMain.PlayWaveSound(sWaveName: String);
var
  szWave : array[0..10] of Char;
begin
  if MFSound.Checked then begin
    StrPCopy(szWave, sWaveName);
    PlaySound(szWave, hInstance, SND_ASYNC or SND_RESOURCE or
              SND_NODEFAULT);
  end
end;
```

Wird die akustische Untermalung gewünscht, kommt die *Win32-API*-Funktion *PlaySound* zum Zuge. Der erste Parameter kennzeichnet den Ressourcen-Bezeichner der WAV-Datei. Über den zweiten Parameter teilen Sie dem Betriebssystem mit, in welchem Modul dieser Ressourcen-Bezeichner überhaupt gesucht werden soll. Die in der Delphi-Unit „System" deklarierte Variable *hInstance* enthält das *Instanzen-Handle* der Anwendung, das von der Windows-Umgebung zur Verfügung gestellt wird. Und als dritter und letzter Parameter wird die Konstanten-Kombination „SND_ASYNC or SND_RESOURCE or SND_NODEFAULT" übergeben. Damit spielt die Funktion nur dann einen Sound ab, wenn der übergebene Ressourcen-Bezeichner tatsächlich vorgefunden wurde.

Im allgemeinen ist es richtig, daß die Software-Entwicklung unter dem *Win32-API* für *Windows 95* und *Windows NT* schwieriger (weil komplexer) geworden ist. Allerdings gibt es da auch erfreuliche Ausnahmen – eine davon betrifft die Soundausgabe im WAVE-Format. Unter *Win32* ist das Abspielen einer *WAV*-Datei aus den Programmressourcen im Vergleich zu einem mit Delphi 1 entwickelten Programm einfacher geworden. Die Funktion der Soundausgabe wird tatsächlich mit nur einer einzigen Zeile implementiert. Die Win32-API-Funktion *PlaySound* kann jede WAV-Datei abspielen, die in den Arbeitsspeicher paßt. Diese Funktion ist zudem universeller einsetzbar als die unter *Win16* verwendete Funktion *sndPlaySound*. Der abzuspielende Sound wird über den ersten Parameter näher definiert, dabei kann der hier übergebene Bezeichner auf verschiedene Datenquellen verweisen:

- auf ein in der Windows-Registrierdatenbank definiertes *System-Ereignis*,

- auf einen *Dateinamen*,

- oder auf einen *Ressourcen-Bezeichner*.

Die zweite Option hat mehrere Nachteile. Zum einen muß der WAV-Sound in einer externen Datei abgelegt werden, die zusammen mit dem Anwendungsprogramm installiert wird. Und zum anderen muß der Entwickler immer damit rechnen, daß der Anwender beim „Aufräumen" seiner Festplatte diese Datei irgendwann entsorgt.

Systemsound

Um zum Beispiel genau den gleichen Sound abzuspielen, der auch beim Hochfahren von Windows ertönt, reicht eine Programmzeile aus:

```
procedure TFormMain.FormCreate(Sender: TObject);
begin
  PlaySound('SystemStart', 0, SND_ASYNC or SND_ALIAS);
end;
```

Als ersten Parameter bekommt *PlaySound* den Namen der vordefinierten System-Ereignisse übergeben. Neben „SystemStart" stehen dazu auch noch „SystemAsterisk", „SystemExclamation", „SystemExit", „SystemHand" und „SystemQuestion" zur Verfügung. Da kein Sound aus den Ressourcen ausgelesen werden soll, muß als zweiter Parameter der Wert „0" für das *Instanz-Handle* übergeben werden. Der dritte Parameter legt fest, wie der Sound abgespielt werden soll und wo der Sound-Bezeichner zu suchen ist. In der Tabelle sind die wesentlichsten Konstanten zusammengefaßt:

Tabelle 3.7: Konstanten für die Win32-API-Funktion „PlaySound"

Konstante	Verwendung
SND_ALIAS	Der Sound-Bezeichner verweist auf das in der Windows-Registrierdatenbank vermerkte *Systemereignis*.
SND_FILENAME	Der Sound-Bezeichner ist ein *Dateiname*.
SND_RESOURCE	Der Sound-Bezeichner ist ein *Ressourcen*-Bezeichner.
SND_ASYNC	Der Sound wird *asynchron* abgespielt, d.h. das Programm wartet nicht auf das Ende.
SND_SYNC	Der Sound wird *synchron* abgespielt.
SND_NODEFAULT	Wird der Sound-Bezeichner nicht gefunden, gibt die Funktion keinen Sound aus.

WAVs in der EXE

Die programmspezifischen Sounddaten befinden sich in den Programm-Ressourcen von „ShareMan". Jedes ausführbare Modul kann zusätzliche Daten am Ende der ausführbaren Datei mitführen. In jedem Delphi-Programm findet sich dort zum Beispiel das Programm-Icon. In den Ressourcen können Sie beliebige Typen und Strukturen ablegen, d.h. auch benutzerdefinierte Daten.

Zusammen mit Delphi liefert Borland das Kommandozeilen-Tool „brcc32.exe" aus. Dieses Tool übersetzt Ressourcen-Anweisungen im sogenannten *RC-Format* in die binären *RES*-Dateien, die der Delphi-Linker beim Compilieren des Programms mit an das Ende der EXE-Datei bindet. Die einzelnen RC-Dateien für die WAV-Dateien bestehen nur aus jeweils zwei Zeilen:

```
LANGUAGE LANG_GERMAN, SUBLANG_GERMAN
dlgclose WAVE dlgclose.wav
```

Die erste Zeile definiert den Sprachbezeichner der Ressource und ist nur der Ordnung halber aufgeführt. In der zweiten Zeile wird der Ressourcen-Bezeichner „dlgclose" vom Typ *WAVE* deklariert, wobei der Ressourcen-Compiler die Daten selbst aus der Datei „dlgclose.wav" einlesen soll. Damit reicht zum Beispiel eine kurze BAT-Datei aus, um beliebige WAV-Dateien in das RES-Format zu überführen.

```
@echo off
echo Compiliere die WAVE-RC-Dateien....
"D:\borland\delphi 3.0\bin\brcc32.exe" dlgopen.rc
"D:\borland\delphi 3.0\bin\brcc32.exe" dlgclose.rc
"D:\borland\delphi 3.0\bin\brcc32.exe" nextrec.rc
echo.
echo Fertig!
```

Liegen danach die RES-Dateien vor, so muß nur noch die Projektdatei „ShareMan.dpr" erweitert werden:

```
program ShareMan;

uses
  Forms,
  SM_MainF in 'SM_MainF.pas' {FormMain},
  sm_dm in 'sm_dm.pas' {DataModuleMain: TDataModule},
  sm_about in 'sm_about.pas' {AboutBox},
  FormPos in 'FormPos.pas',
  sm_orte in 'sm_orte.pas' {FormOrte},
  sm_dberr in 'sm_dberr.pas' {FormDBError};

{$R *.RES}
{$R DLGOPEN.RES}      // WAVE-Dateien
{$R DLGCLOSE.RES}     // WAVE-Dateien
{$R NEXTREC.RES}      // WAVE-Dateien
{$R KASSE.RES}        // WAVE-Dateien

begin
  Application.Initialize;
  Application.Title := 'ShareMan';
  Application.HelpFile := 'shareman.hlp';
  Application.CreateForm(TFormMain, FormMain);
  Application.CreateForm(TDataModuleMain, DataModuleMain);
  Application.CreateForm(TAboutBox, AboutBox);
  Application.CreateForm(TFormOrte, FormOrte);
  Application.CreateForm(TFormDBError, FormDBError);
  Application.Run;
end.
```

Über den Compiler-Schalter *{$R Dateiname}* binden Sie die zusätzlichen RES-Dateien ein. Dabei liegt in jeder RES-Datei nur ein WAVE-Sound vor – die RES-Dateien können somit universell in mehrere Projekte eingebunden werden.

3.4.7 Wie lösche ich ein Datum?

Gerade bei den Eingabefeldern für ein Datum ist die *TDateField*-Eigenschaft *EditMask* sehr nützlich. Der Anwender braucht bei einer passend gewählten *Eingabemaske* nur sechs Zahlen hintereinander einzutippen – die Punkte nach dem Tag und dem Monat setzt die Eingabemaske automatisch ein. Außerdem übernimmt Delphi für die zugeordnete *TDBEdit*-Instanz auch noch die *Eingabevalidierung*, indem ungültige Datumseintragungen zurückgewiesen werden.

Die für die Formatierung und Validierung zuständige Eingabemaske können Sie direkt im *Objektinspektor* in das Eingabefeld für die Eigenschaft *EditMask* des *persistenten TField* für ein Datumsfeld in einer Tabelle eintragen. Einfacher – weil visuell – geht das natürlich über den speziellen *Eingabemasken-Editor*, den Sie über die Schaltfläche am rechten Rand der Eingabezeile erreichen.

Im *Eingabemasken-Editor* finden Sie zum einen Beispiele für die gebräuchlichsten Masken. Zusätzlich steht Ihnen sofort ein Test der unter *Input Mask* festgelegten Eingabemaske zur Verfügung.

Über die Schaltfläche „Masks.." können Sie zudem andere Ländereinstellungen einladen. Für den Fall, daß Ihnen die Masken-Steuerzeichen noch unbekannt sind, hält Delphi über den Hilfe-Button eine umfangreiche Seite in der Hilfedatei bereit.

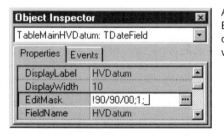

Abb. 3.39: Die Eingabemaske für das Datumsfeld wird aktiviert

Was passiert aber, wenn der Anwender versehentlich ein falsches Datum eingetragen und gespeichert hat? Nun – er kann jederzeit den Datensatz neu editieren und das Datum löschen. Sobald jedoch der Eingabefokus wechselt (und sei es nur deswegen, weil der *Post*-Button im *TDBNaviagor* angeklickt wird), beschwert sich Delphi über einen ungültigen Eingabewert im Datumsfeld. Der Grund dafür liegt darin, daß alle Zeichen im Eingabefeld gelöscht wurden und damit die Regeln der Eingabemaske nicht mehr eingehalten werden!

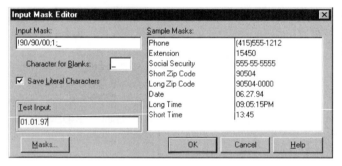

Abbildung 3.40: Die Eingabemaske für das Datum wird definiert

Das Programm muß jedoch einen Weg vorsehen, über den der Anwender eine Eintragung komplett aus dem Datumsfeld entfernen kann. Dazu stehen – wie von Delphi gewohnt – mehrere Alternativen zur Verfügung. Zum einen erreichen Sie über den Objektinspektor das TField-Ereignis *OnValidate*. Das Ereignis *OnValidate* wird von Delphi immer vor dem Schreiben des Feldinhaltes in den aktuellen Datensatzpuffer aufgerufen. Jede vom Anwender vorgenommene Eintragung wird von *EditMask* geprüft, allerdings kommt *EditMask* nicht zum Zuge, wenn der TField-Instanz vom Programm direkt ein Wert zugewiesen wird. Das Ereignis *OnValidate* wird in den beiden Fällen ausgelöst – ist also von diesem Standpunkt aus betrachtet die sichere Lösung. Lösen Sie in der Ereignisbehandlungsmethode für *OnValidate* eine Exception aus, so wird der vom Anwender eingetragene Wert nicht akzeptiert.

Das Programm „ShareMan" geht einen anderen Weg, indem ein globaler *Exception-Handler* dafür sorgt, daß der Anwender trotz der aktiven Eingabemaske ein Datumsfeld leeren kann. Der zweite Weg hat sogar den Vorteil, daß automatisch alle Datumsfelder der Anwendung behandelt werden. Ein mehrfaches Zuweisen einer passenden Methode an *OnValidate* ist gar nicht notwendig.

3.4 Schritt 4: Datenbankanbindung über ein Datenmodul

Gleich beim Programmstart registriert „ShareMan" einen *globalen Exception-Handler*, der für die Erstbehandlung **aller** auftretenden Exceptions im Programm zuständig ist. Da das VCL-Objekt *TApplication* keine zur Entwicklungszeit sichtbare Komponente ist, steht der *Objektinspektor* für diese Aufgabe nicht zur Verfügung.

```
procedure TFormMain.FormCreate(Sender: TObject);
begin
  ...
  Application.OnException := AppExceptionHandler;
  ...
end;
```

In dem Exception-Handler „AppExceptionHandler" sortiert das Programm gleich am Anfang alle von *EDBEngineError* abstammenden Exceptions aus. Dabei wird nicht nur der Hinweistext angezeigt, der Anwender kann auch ein Detailformular aufrufen, indem näheres über die Fehlerursache erkennbar wird.

```
procedure TFormMain.AppExceptionHandler(Sender: TObject; E: Exception);
begin
  if E is EDBEngineError then begin           // BDE-Fehler anzeigen
    if MessageDlg(EDBEngineError(E).Errors[0].Message,
                  mtError, [mbOk, mbRetry], 0) = mrRetry
      // Detail-Formular einblenden
      then FormDBError.ShowDBError(E as EDBEngineError);
  end
  else begin                                  // andere Exceptions
    // Sonderfall : Datum soll komplett im TDBEdit gelöscht werden
    // Deutsche BDE-Version: 'Ungültiger Eingabewert'
    if (Pos('Invalid input value', E.Message) > 0) then begin
      if MessageDlg('Datum wirklich entfernen?', mtInformation,
                    [mbYes, mbNo], 0) = mrYes then
        if FormMain.ActiveControl is TDBEdit
          then TDBEdit(FormMain.ActiveControl).Field.Clear;
      Exit;
    end;
    // Sonderfall : Datum soll komplett im DBGrid gelöscht werden
    if (Pos('kein gültiges Datum', E.Message) > 0) then begin
      if MessageDlg('Datum wirklich entfernen?', mtInformation,
                    [mbYes, mbNo], 0) = mrYes then
        if FormMain.ActiveControl is TDBGrid
          then TDBGrid(FormMain.ActiveControl).SelectedField.Clear;
      Exit;
    end;
    Application.ShowException(E);             // irgend ein anderer Fehler
  end
end;
```

Handelt es sich nicht um Nachfahren von *EDBEngineError*, so sortiert der *Exception-Handler* alle Exceptions aus, in denen eine bestimmte Zeichenkette vorkommt.

Tabelle 3.8: Den Fehlertexten für ein ungültiges Datum auf der Spur

Komponente	Deutscher Fehlertext	Englischer Fehlertext
TDBEdit	„Ungültiger eingabewert"	„Invalid input value"
TDBGrid	"kein gültiges Datum"	„not a valid date"

Zugegeben, dies ist keine sehr elegante, dafür aber sehr wirkungsvolle Lösung. Immer wenn eine der oben genannten Zeichenketten im Hinweistext der Exception vorgefunden wird, reagiert der Exception-Handler entsprechend. Der Anwender wird über einen Dialog gefragt, ob das Datumsfeld geleert werden soll. Wählt er den „Ja"-Button aus, so sorgt das folgende Konstrukt für das Löschen des Inhalts:

```
if FormMain.ActiveControl is TDBEdit
  then TDBEdit(FormMain.ActiveControl).Field.Clear;
```

Zur Sicherheit wird geprüft, ob das aktive Eingabefeld (also die Instanz, die die Exception verursacht hat) auch wirklich eine *TDBEdit*-Instanz ist. Wenn ja, wird über den *Typecast* via TDBEdit die TField-Methode *Clear* aufgerufen. Diese Methode setzt den Feldinhalt zurück und entspricht damit dem SQL-Gegenstück *NULL*. Nach dem Aufruf von *Clear* ist nicht etwa nur die Zeichenkette für das TField gelöscht, sondern der Feldinhalt ist im Sinne von *SQL* nicht definiert, weil dem Feld kein Wert mehr zugeordnet ist.

*Der Aufruf von Clear entspricht in der Wirkung dem SQL-Befehl „UPDATE sm_main SET hvdatum = NULL WHERE aktie = 'xxx'". Das SQL-Schlüsselwort NULL sorgt dafür, daß der Tabellenspalte „hvdatum" kein Wert zugeordnet wird. Damit können Sie zum Beispiel auch über die Abfrage „SELECT * FROM sm_main WHERE hvdatum IS NULL" nach allen Datensätzen suchen, denen noch kein Datum zugeordnet wurde.*

3.4.8 Der erweiterte BDE-Fehlerdialog

Im globalen Exception-Handler „AppExceptionHandler" tauchen die folgenden Programmzeilen auf:

```
if E is EDBEngineError then begin
  if MessageDlg(EDBEngineError(E).Errors[0].Message,
              mtError, [mbOk, mbRetry], 0) = mrRetry
  // Detail-Formular einblenden
    then FormDBError.ShowDBError(E as EDBEngineError);
end
```

Immer dann, wenn ein Nachfahre von *EDBEngineError* entdeckt wird, sorgt *MessageDlg* dafür, daß der Anwender den originalen Hinweistext zu dieser Exception zur Kenntnisse nimmt. Allerdings kann ein neugieriger Anwender nähere Informationen zur Exception abrufen, indem der „Retry"-Button das Formular „FormDBError" einblendet.

Dazu ein Beispiel. Der Anwender kann versuchen, einen zweiten Datensatz für eine Aktie anzulegen. Die Tabellenspalte „Aktie" von „sm_main.db" ist der *Primärschlüssel* der Tabelle, somit verhindert die *Borland Database Engine* in jedem Fall doppelte Werte in dieser Spalte. Das folgende Hinweisfenster ist Ihnen in der Programmierpraxis bestimmt schon begegnet.

Abb. 3.41:
Doppelte Werte für
den Primärschlüssel
sind nicht zulässig

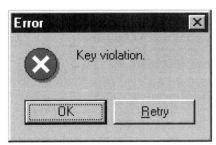

Das Hinweisfenster formuliert knapp und präzise den Grund für die Exception. Da eine Tabelle nur einen *Primärschlüssel* haben kann, war Borland vielleicht der Auffassung, daß die Anzeige des betroffenen Spaltennamens der Tabelle völlig überflüssig ist. Der Anwender sieht dies bestimmt anders, er ist für einen kleinen Tip bestimmt dankbar. Klickt er im Programm „ShareMan" den „Retry"-Button an, so bekommt er einen zweiten Fehlerdialog angezeigt. Das Fehlerformular liest alle Records aus der *TDBEngineError*-Eigenschaft *Errors* aus und zeigt diese in einer *TMemo*-Instanz an.

Abb. 3.42: Alle
verfügbaren
Informationen
werden
angezeigt

Alle hier angezeigten Informationen führt die *EDBEngineError*-Exception mit sich – Sie müssen die Daten nur noch auslesen.

EDBEngineError

Eine *EDBEngineError*-Exception wird immer dann ausgelöst, wenn die *BDE* eine Fehlerbedingung entdeckt hat. Bei Eintreffen dieser Exception führt das EDBEngineError-Objekt eine Datenstruktur mit sich, in der zusätzliche Informationen zur Fehlerursache mitgeführt werden. In vielen Fällen übermittelt die BDE mehrere Fehlermeldungen für eine Exception. Um sicherzustellen, daß alle Meldungen ausgewertet werden, muß „ShareMan" alle übermittelten Meldungen über die EDBEngineError-Eigenschaft *Errors* einsehen. Die Eigenschaft *Errors* enthält ein Set von Record-ähnlichen Datenstrukturen für die Fehlermeldungen, wobei die erste Fehlermeldung über den Errors-Index „0" angesprochen wird. Mit der zweiten als *Public* deklarierten Eigenschaft *ErrorCount* können Sie nachschauen, wieviel Fehlermeldungen tatsächlich vorliegen.

```
EDBEngineError = class(EDatabaseError)
private
```

```
  FErrors: TList;
  function GetError(Index: Integer): TDBError;
  function GetErrorCount: Integer;
public
  constructor Create(ErrorCode: DBIResult);
  destructor Destroy;
  property ErrorCount: Integer;
  property Errors[Index: Integer]: TDBError;
end;
```

Die in der Eigenschaft *Errors* enthaltenen Objekte sind vom Typ *TDBError*, wobei auch das erste *TDBError*-Objekt ebenfalls über den *Errors*-Index „0" angesprochen wird. TDBError wird wie folgt deklariert:

```
TDBError = class
private
  FErrorCode: DBIResult;
  FNativeError: Longint;
  FMessage: TMessageStr;
  function GetCategory: Byte;
  function GetSubCode: Byte;
public
  constructor Create(Owner: EDBEngineError; ErrorCode: DBIResult;
    NativeError: Longint; Message: PChar);
  property Category: Byte;
  property ErrorCode: DBIResult;
  property SubCode: Byte;
  property Message: TMessageStr;
  property NativeError: Longint;
end;
```

Die gesuchten Daten hält *TDBError* in den als *Public* deklarierten Eigenschaften bereit:

Tabelle . Eigenschaften von TDBError

Eigenschaft	Verwendung
ErrorCode	Der von der *Borland Database Engine* zurückgegebene Fehlercode.
Category	Die Kategorie des Fehlers, der durch den Wert im Feld *ErrorCode* gemeldet wird.
SubCode	Der Untercode des Fehlercodes.
NativeError	Der originale Fehlercode beziehungsweise der Rückgabecode eines SQL-Befehls, der vom SQL-Server zurückgegeben wird. Wenn *NativeError* den Wert „0" hat, handelt es sich nicht um einen Server-Fehler.
Message	Wenn es sich bei dem gemeldeten Fehler um einen SQL-Server-Fehler handelt, finden Sie hier die Fehlermeldung des SQL-Servers vor, ansonsten stammt der Text von der Borland Database Engine.

Unit „sm_dberr.pas"

Die Implementierung des erweiterten BDE-Fehlerdialogs in der Unit „sm_dberr.pas" verbirgt sich hinter der Methode „ShowDBError".

```
procedure TFormDBError.ShowDBError(aExc: EDBEngineError);
var
  i: Integer;
begin
  Memo1.Lines.Clear;
  Memo1.Lines.Add('Anzahl der Fehlermeldungen: ' +
                  IntToStr(AExc.ErrorCount));
  Memo1.Lines.Add('');
  // alle Fehlermeldungen auslesen
  for i := 0 to aExc.ErrorCount - 1 do begin
    Memo1.Lines.Add(Format(' %d. Meldung: %s',
                   [Succ(i), aExc.Errors[i].Message]));
    Memo1.Lines.Add(Format(
    '      Kategorie: %d5   Fehlernummer: %d7 ($%x)   SubCode: %d',
                   [aExc.Errors[i].Category,
                    aExc.Errors[i].ErrorCode,
                    aExc.Errors[i].ErrorCode,
                    aExc.Errors[i].SubCode]));
    Memo1.Lines.Add('');
  end;
  ShowModal     // Formular anzeigen
end;
```

Format – Hinweistexte formatiert ausgeben

Alle Daten aus dem Exception-Objekt setzt „ShareMan" über die Format-Funktion ein. Der folgende Auszug ist zum Beispiel dafür zuständig, daß drei numerische Werte in den Hinweistext eingebunden werden. Zusätzlich soll einer dieser Werte – *ErrorCode* – auch in hexadezimaler Schreibweise dargestellt werden (viele originale BDE-Fehlerdialoge informieren zum Beispiel nur über die hexadezimale Fehlernummer).

```
Format('      Kategorie: %d5   Fehlernummer: %d7 ($%x)   SubCode: %d',
       [aExc.Errors[i].Category, aExc.Errors[i].ErrorCode,
        aExc.Errors[i].ErrorCode, aExc.Errors[i].SubCode])
```

Delphi's Format-Funktion ist eine extrem leistungsfähige und vielseitige Funktion. In der Unit „SysUtils.pas" finden Sie die folgende Deklaration der Funktion:

```
function Format(const Format: string;
                const Args: array of const): string;
```

Diese Funktion formatiert die Serie von Argumenten in dem offenen Array „Args", indem diese Argumente in den *Format-String* (Formatierungsvorlage) „Format" eingesetzt werden. *Format-Strings*, die den Stringformatierungsroutinen übergeben werden, enthalten zwei Objekt-Typen: *Literale* und *Formatierungsanweisungen*. Literale werden unverändert in den Ergebnis-String übernommen, während Formatierungsanweisungen die Argumente aus einer Argumentliste auswerten und deren Inhalte auf den Format-String anwenden. Formatierungsanweisungen haben die folgende Form:

```
"%" [index ":"] ["-"] [width] ["." prec] type
```

Eine Formatierungsanweisung beginnt mit einem Prozentzeichen (%). Dem Prozentzeichen muß unmittelbar eines der folgenden Zeichen folgen:

- Ein Argumentindex [index ":"] (optional)
- Eine Angabe für die Linksausrichtung ["-"] (optional)
- Eine Angabe für die Länge [width] (optional)
- Eine Angabe für die Präzision ["." prec] (optional)
- Das Zeichen für den Umwandlungstyp, hier sind die Buchstaben „d, e, f, g, n, m, p, s, x" zugelassen. Eine Unterscheidung nach Groß-/Kleinschreibweise wird nicht vorgenommen.

3.5 Schritt 5: SQL-Abfrage in einem eigenen Thread

Immer dann, wenn der Anwender einen neuen Wertpapierdatensatz auswählt, ermittelt das Programm bestimmte statistische Informationen zum Kursverlauf der Aktie. An sich ist das ganz einfach – die Datenbanksprache *SQL* stellt alle benötigten Funktionen bereit. Das Problem liegt nicht so sehr im Datenbankbereich, sondern in der Benutzeroberfläche. Die *Borland Database Engine* benötigt natürlich eine gewisse Zeit, um den SQL-Befehl abzuarbeiten. Während dieser Zeit würde der Anwender im besten Fall nur den Sanduhr-Mauscursor sehen – jede andere Programmbedienung ist solange nicht möglich, bis die SQL-Abfrage beendet ist. Spätestens seit Delphi 2 muß das nicht so sein – mit relativ geringem Aufwand rüsten Sie eine SQL-Abfrage in einem separaten Thread nach. Damit behindert die „langsame" SQL-Abfrage der Datenbank das restliche Programm nicht mehr – der Anwender wird das zu schätzen wissen.

3.5.1 Der Aufruf

Die SQL-Abfrage muß immer dann neu gestartet werden, wenn der Anwender einen neuen Aktiendatensatz aus der Tabelle „sm_main.db" auswählt. Der Ansatzpunkt für dieses *Datenbankereignis* bildet das Datenmodul von „ShareMan".

Ereignisbehandlungsmethode im Datenmodul

In der Ereignisbehandlungsmethode für das *OnDataChange*-Ereignis von „TDataSourceMain" wird immer dann die private Methode „ShowNewValues" des Hauptformulars aufgerufen, wenn zwei Kriterien erfüllt sind. Zum einen muß die Tabelle „sm_kurs.db" bereits geöffnet sein und zum anderen muß sich die *TDataSource*-Instanz „TDataSourceMain" für „sm_main.db" im sogenannten *Browse-Mode* befinden. Der *Browse*-Modus signalisiert, daß sich nicht der Inhalt des Datensatzes an sich geändert hat, sondern nur der Datensatzzeiger auf einen anderen Datensatz positioniert wurde.

```
procedure TDataModuleMain.DataSourceMainDataChange(Sender: TObject;
                                                   Field: TField);
...
begin
   if not TableKurse.Active then exit;
   if DataSourceMain.State = dsBrowse then begin
```

```
    with FormMain do begin
       ...
       ShowNewValues;
   ...
end;
```

Methoden im Hauptformular: Zwei Wege führen nach Rom

Das Programm verwendet drei *TPageControl*-Seiten zur Darstellung der unterschiedlichen Informationen. Je nachdem, welche Seite aktuell angezeigt wird, muß natürlich unterschiedlich auf den neuen Wertpapierdatensatz reagiert werden.

```
procedure TFormMain.ShowNewValues;
begin
   case PageControlKurse.ActivePage.TabIndex of
      0 : ShowQueryKurs;
      1 : ShowChart;
      2 : ShowDepot;
   end;
end;
```

So ist zum Beispiel nur dann eine neue SQL-Abfrage notwendig, wenn auch tatsächlich die erste *TPageControl*-Seite mit dem *TabIndex* von „0" ausgewählt ist. Bei jeder anderen Seite kann der Anwender die Ergebnisfelder der SQL-Abfrage nicht sehen – jeder Aufruf wäre also pure Zeitverschwendung. Doch halt – was passiert, wenn der Anwender zum Beispiel von der zweiten *TPageControl*-Seite auf die erste wechselt? Richtig – auch dann muß die SQL-Abfrage neu gestartet werden. Das *OnChange*-Ereignis von *TPageControl* wird dazu ausgewertet.

```
procedure TFormMain.PageControlKurseChange(Sender: TObject);
begin
   case PageControlKurse.ActivePage.TabIndex of
      0 : ShowQueryKurs;
      1 : ShowChart;
      2 : ShowDepot;
   end;
   PlayWaveSound('DLGOPEN');
end;
```

Die private Methode „ShowQueryKurs", die den SQL-Abfrage-Thread startet, wird letztendlich von zwei verschiedenen Stellen im Hauptformular aus aufgerufen. Bei der ersten Aufrufstelle „ShowNewValues" befindet sich „DataSourceMain" bereits im *Browse-Mode*. Dies muß allerdings nicht für die zweite Aufrufmethode „PageControlKurseChange" gelten – also prüft auch „ShowQueryKurs" nochmals nach, bevor der Abfrage-Thread erzeugt wird.

```
procedure TFormMain.ShowQueryKurs;
begin
   with DataModuleMain do begin
      if DataSourceMain.State = dsBrowse then
         with TQueryDMThread.Create(False) do
            FreeOnTerminate := True;
      // letzten Kurswert in der Detail-Tabelle auslesen
      TableKurse.Last;
      PanelAktuellDM.Caption := FloatToStrF(TableKurseKurs.Value,
```

```
                                         ffCurrency, 4, 2);
    end;
end;
```

Unmittelbar nach dem Starten des SQL-Abfrage-Threads wird der letzte Kursdatensatz positioniert und der aktuellste Kurs für die Aktie ausgelesen. Die Kurstabelle „sm_kurs.db" verwendete ja einen zusammengesetzten Primärschlüssel, der alle Datensätze nach dem Datum sortiert. Damit ist der letzte Datensatz automatisch auch der aktuellste.

Auch wenn das Auslesen des aktuellsten Kurses in der letzten Programmzeile dieser Methode angestoßen wird, bedeutet dies nicht, daß diese Aufgabe vom Programm auch zuletzt abgearbeitet wird. Wenn Sie das Programm einmal starten, werden Sie sehen, daß die Anzeige des letzten Aktienkurses eher erscheint als die anderen Daten. Damit wird das Prinzip des zweiten SQL-Abfrage-Threads auch visuell sichtbar!

Schauen Sie sich zudem einmal den Konstrukt

```
if DataSourceMain.State = dsBrowse then
  with TQueryDMThread.Create(False) do FreeOnTerminate := True;
```

an. Der Rückgabewert von *Create* wird zwar nicht ganz ignoriert, aber doch keiner Variablen zugewiesen! Normalerweise ist es doch üblich, ein Handle auf das erzeugte Objekt irgendwo abzulegen, um es später als Referenz auf das Objekt zu verwenden. Im Programm „ShareMan" verzichte ich auf den permanenten Rückgabewert, nachdem über den Bezug über *with* die TThread-Eigenschaft *FreeOnTerminate* auf den Wert „True" gesetzt wurde. Zudem hat das den Vorteil, daß kein Objektfeld auf das Threadobjekt in der Klassendeklaration von „TMainForm" benötigt wird. Damit hat der Compiler wiederum nichts mehr dagegen, daß ich das Thread-Objekt erst im *Implementationsteil* der Unit deklariere. Dies wiederum bildet die Voraussetzung für die einfache Wiederverwendung des SQL-Abfragethreads. Der Programmblock kann einfach via Zwischenablage in andere Projekte kopiert werden.

3.5.2 Die Implementierung

Alle Voraussetzungen für den erfolgreichen Einsatz eines zweiten Datenbank-Threads wurden bereits im Datenmodul vorgenommen und besprochen. Die folgende kurze Zusammenfassung dient daher nur der besseren Übersicht:

- Die *TQuery*-Instanz für den zweiten Thread verwendet eine eigene *TDataBase*-Instanz.
- Die verwendete *TDataBase*-Instanz nutzt selbst eine eigene Datenbankverbindung über eine separate *TSession*-Instanz.

Visuelle Entwicklung via Objektinspektor

In der Regel wird der SQL-Abfrage-Thread oft im Programm aufgerufen, damit ist es sinnvoll, den auszuführenden SQL-Befehl direkt im *Objektinspektor* zuzuweisen. Über die Eigenschaft *SQL* für die TQuery-Instanz „QueryDM" im Datenmodul rufen Sie dazu den Eigenschaftseditor auf und tragen dort den folgenden SQL-Befehl ein:

```
SELECT AVG(kurs) AS AVGDM, MIN(kurs) AS MINDM, MAX(kurs) AS MAXDM
FROM sm_kurs
WHERE ID = :ID
```

Damit ich nicht zu sehr auf das SQL-Kapitel im Buch vorgreife, gehe ich hier nur ganz kurz auf den verwendeten SQL-Befehl ein. Die SQL-Funktion *AVG* ermittelt den Durchschnitt der vorgefundenen Werte in der Spalte „kurs" der Tabelle. Die beiden anderen erklären sich von selbst. Über das SQL-Schlüsselwort *AS* verpassen Sie der zurückgelieferten Ergebnismenge aussagekräftige Spaltennamen. In der *WHERE*-Klausel definieren Sie die Kriterien, nach denen die Datensätze der Tabelle ausgewählt werden. Der Konstrukt „ID = :ID" bedeutet, daß die *BDE* alle die Datensätze bei der Berechnung berücksichtigen soll, deren Wert in der Tabellenspalte „ID" mit dem Wert des in „:ID" übergebenen Parameters übereinstimmt. Über die TQuery-Eigenschaft *Params* teilen Sie Delphi mit, welcher *Datentyp* als Parameter „:ID" übergeben wird.

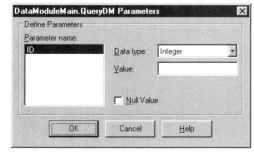

Abb. 3.43: Der Datentyp des Parameters wird definiert

TThread-Nachfolger im Hauptformular

Das gewählte Funktionsprinzip für den zweiten Datenbank-Thread ist an sich einfach. Nachdem die SQL-Abfrage ausgeführt wurde, übernimmt der Thread alle drei Ergebnisse in eigene Objektfelder. Danach wird die Ergebnismenge der Abfrage nicht mehr benötigt – der Thread schließt TQuery. Anschließend geht der Thread auf Nummer Sicher, indem die ermittelten Werte über den Aufruf der von TThread geerbte *Synchronize*-Methode in das Hauptformular übertragen werden.

Jeder Nachfolger von *TThread* **muß** die Methode *Execute* überschreiben. *Execute* legt fest, welche Schritte der Thread überhaupt abarbeiten soll und wird automatisch nach dem Erzeugen des Threads aufgerufen.

```
type
  TQueryDMThread = class(TThread)
  private
    curMin,                                 // minimaler Kurswert
    curMax,                                 // maximaler Kurswert
    curAvg    : Currency;                   // Kursdurchschnitt
    iID       : Integer;                    // ID der Aktie
    procedure ShowThreadQueryDMValues;      // Synchronize-Methode
  protected
    procedure Execute; override;
  end;

procedure TQueryDMThread.Execute;
begin
  // TSession + TDatabase + TQuery befinden sich im Datenmodul
  with DataModuleMain do begin
    // Sonderfall Thread.Create = keine ID übergeben -> kein Start
    iID := TableMainID.AsInteger;
```

```
      if iID = 0 then Exit;
      // Master-Detail-Tabellenbeziehung nachbilden
      QueryDM.Params[0].Value := iID;
      // SQL-Abfrage starten
      QueryDM.Open;
      // ResultSet in die privaten Thread-Felder übernehmen
      curMin := QueryDMMINDM.Value;
      curMax := QueryDMMAXDM.Value;
      curAvg := QueryDMAVGDM.Value;
      // TQuery-Instanz schließen
      QueryDM.Close;
      Synchronize(ShowThreadQueryDMValues);
   end;
end;
procedure TQueryDMThread.ShowThreadQueryDMValues;
begin
   with FormMain do begin
      // Ergebnisse aus den privaten TThread-Feldern auslesen
      LabelDM.Caption    := FloatToStrF(curAvg, ffCurrency, 4, 2);
      PanelMinDM.Caption := FloatToStrF(curMin, ffCurrency, 4, 2);
      PanelMaxDM.Caption := FloatToStrF(curMax, ffCurrency, 4, 2);
   end;
end;
```

TQueryDMThread geht „hemdsärmelig" an die Sache heran, indem benötigte Daten direkt aus dem Kontext des Hauptformulars (und damit aus der Kontext des primären VCL-Threads) gelesen werden. Eine aus Sicht der OOP elegantere Lösung zeige ich im nächsten Abschnitt.

3.5.3 Der Hintergrund

Beim Thema *Multithreading* in einem Datenbankprogramm tauchen gleich am Anfang zwei Probleme auf. Das eine Problem – die schwierigere Programmentwicklung – läßt sich mit Fleiß lösen. Das zweite Problem – die zusätzlich benötigten Datenbankverbindungen, hingegen nicht. Für alle diejenigen von Ihnen, die auf *dBASE-* bzw. *Paradox*-Tabellen zugreifen, ist das kein Thema. Möchten Sie hingegen auf einen *SQL-Server* mit mehreren Threads zugreifen, so benötigen Sie entsprechend freie Benutzerlizenzen. Zum Beispiel wird ein Programm mit mehreren Threads auf dem zusammen mit Delphi ausgelieferten *Local Interbase Server (LIBS)* nicht funktionieren. Der LIBS ist für **einen** Benutzer ausgelegt, daher erhalten Sie beim Programmstart nur den lapidaren Hinweis, sich um zusätzliche Lizenzen zu kümmern. Mit Delphi 3.0 steht neben dem *LIBS* auch der für 4 Benutzer zugelassene *InterBase SQL Server for Windows 95/NT* zur Verfügung – so daß auch hier ein zweiter Datenbank-Thread eine Chance erhält.

TThread – Delphi's Thread-Objekt

Das Delphi-Objekt *TThread* ist ein direkter Nachfolger von *TObject* und dient dazu, aus einem „normalen" VCL-Programm so einfach wie nur möglich einen neuen Thread zu starten. Das TThread-Objekt hat nur zwei Nachteile
1. Das Objekt mit seinen Methoden und Eigenschaften ist nur spärlich dokumentiert.
2. Das Objekt ist in seiner Rohfassung nicht verwendbar.

3.5 Schritt 5: SQL-Abfrage in einem eigenen Thread

Wenn Sie nicht die vorherigen Seiten überblättert haben, wird es Sie nicht überraschen, daß vor dem Einsatz von *TThread* gewisse Vorarbeiten notwendig werden. Die Vorbereitungen bestehen darin, eine neue Klasse von *TThread* abzuleiten, die speziell an die Anforderungen in der Anwendung angepaßt wird.

```
TMyThread = class(TThread)
  private
    FMyForm   : TForm;
    FMyValue  : Integer;
  protected
    procedure Execute; override;
    procedure MyProc(A: Integer);
  public
    constructor Create(Form: TForm; var aValue: Integer);
end;
```

Der Constructor *Create* erfüllt vor allem zwei Aufgaben. Zum einen initialisiert er das Thread-Objekt, indem die Objektfelder und Ereignisbehandlungsmethoden zugewiesen werden. Nicht weniger wichtig ist die zweite Aufgabe, eine Schnittstelle für den Aufruf aus der Anwendung heraus zu implementieren. In der Regel wird ein Thread nicht einfach so gestartet, sondern dem Thread übergibt das Programm bestimmte Parameter. Mit der *Create*-Methode übernehmen Sie diese Parameter, wobei die Objektfelder die Pufferfunktion innerhalb des Threads wahrnehmen.

Sobald *Execute* zurückkehrt (weil alle Programmzeilen innerhalb der Methode abgearbeitet wurden), terminiert der Thread. Dabei wird das Ereignis *OnTerminate* ausgelöst, wobei Sie durch das Zuweisen einer privaten Ereignisbehandlungsmethode für dieses Ereignis im Programm auf das Ende des Threads reagieren können.

Das im Projekt „ShareMan" verwendete Threadobjekt könnte zum Beispiel so erweitert werden, wenn alle benötigten Daten über den überschriebenen *Create*-Aufruf übergeben werden sollen:

```
type
  TQueryDMThread = class(TThread)
  private
    { Private declarations }
    FAVG      : Currency;
    FMIN      : Currency;
    FMAX      : Currency;
    FIDNo     : Integer;
    FQuery    : TQuery;
    FForm     : TFormMain;
    procedure ShowThreadValues;
  protected
    procedure Execute; override;
  public
    constructor Create(aForm : TFormMain;
                       aQuery: TQuery;
                       iID:Integer);
                       virtual;
end;

constructor TQueryDMThread.Create(aForm : TFormMain;
                       aQuery: TQuery;
```

```
                          iID:Integer);
begin
  inherited Create(True);
  FIDNo := iID;
  FQuery := aQuery;
  FForm := aForm;
  FreeOnTerminate := True;
  Resume;
end;

procedure TQueryDMThread.Execute;
begin
  if FIDNo = 0 then Exit;
  with FQuery do begin
    Params[0].Value := FIDNo;
    Open;
    FAVG:=FieldByName('AVGDM').Value;
    FMIN:=FieldByName('MINDM').Value;
    FMAX:=FieldByName('MAXDM').Value;
    Close;
  end;
  Synchronize(ShowThreadValues);
end;

procedure TQueryDMThread.ShowThreadValues;
begin
  with FForm do begin
    LabelDM.Caption := FloatToStrF(curAvg, ffCurrency, 4, 2);
    PanelMinDM.Caption := FloatToStrF(curMin, ffCurrency, 4, 2);
    PanelMaxDM.Caption := FloatToStrF(curMax, ffCurrency, 4, 2);
  end;
end;
```

Alle benötigen Daten erhält das Thread-Objekt über seinen Construktur *Create* – damit ist es nicht mehr notwendig, daß der Thread direkt auf Daten aus dem Hauptformular zugreift. Allerdings wird die Sache etwas umständlicher. So dürfen Sie nicht mehr auf die *persistenten TField*-Komponenten für „QueryDM" zugreifen, statt dessen ist der Bezug auf die Ergebnismenge der SQL-Abfrage über „FieldByName('AVGDM').Value" angesagt. Aus diesem Grund verwendet die SQL-Abfrage auch das *AS*-Schlüsselwort, um definierte Spaltennamen in der Ergebnismenge sicherzustellen.

Im Final-Verzeichnis finden Sie eine ShareMan-Version, die eine geänderte Implementierung verwendet. Dieser Bug-Fix macht das Programm stabiler.

Im Tips & Tricks-Teil komme ich nochmals auf das Thema Multithreading zu sprechen. Weitere Einzelheiten und Anwendungsbeispiele zum Thema „TThread" finden Sie in meinem zweiten Delphi-Buch mit dem Titel „Delphi 3.0 Lösungen". Dieses Buch behandelt die „nichtdatenbankbezogenen" Themen und ist ebenfalls beim Franzis-Verlag erschienen.

3.6 Schritt 6: TChartFX bzw. TChart zeigt den Kursverlauf an

Gerade die wechselhaften Aktienkurse sind hervorragend zur visuellen Darstellung in Diagrammform geeignet. *Delphi 3* stellt gleich zwei passende Komponenten zur Verfügung:

- *TChartFX* stand als *OCX*-Control bereits unter *Delphi 2* zur Verfügung.
- *TChart* gehört als native VCL-Komponenten ab der *Professional*-Version von *Delphi 3* zum Inventar.

Im Idealfall sollte es keine Rolle spielen, auf welche Komponente Sie in der Praxis zurückgreifen. Leider ist dem nicht so – Delphi 3 ist (unverschuldet) in Bezug auf *TChartFX* leider nicht zu 100% kompatibel zu Delphi 2. So konnte ich zum Beispiel auf meinem Entwicklungsrechner die mit *Ivory* (der ersten Feldtestversion von Delphi 3) vorbereiteten Programme ab dem 6. Schritt nicht mehr fehlerfrei ausführen. Sobald die Registerseite mit der *TChartFX*-Instanz aufgerufen wurde, bekam der Anwender eine OLE-Fehlermeldung um die Ohren. Allerdings koexistieren auf meinem Entwicklungsrechner alle drei Delphi-Generationen friedlich miteinander. Zum Test habe ich *Delphi 3* auf einem 2. Rechner mit frisch installiertem *Windows 95* als einzige Delphi-Version installiert – und auf diesem Rechner trat der Fehler nicht auf! Sie sehen – immer dann, wenn ein *OCX*-Control ins Spiel kommt, ist Delphi diesem Control völlig ausgeliefert.

Für den Fall, daß auch Sie mit diesem Problem zu kämpfen haben, stelle ich Ihnen auf der CDROM ab dem Schritt 6 gleich zwei Versionen vor:

- Im Verzeichnis „Kapitel 3\ShareMan" liegt die „alte" Version mit *TChartFX* und *TGraphicServer*, damit müssen Sie diese beiden *OCX*-Controls auch in Delphi 3 zur Verfügung haben.
- Im Verzeichnis „Kapitel 3\ShareManNew" liegt die neue Version, die ausschließlich *TChart*-Instanzen für die Linie- und Tortendiagramme verwendet.

Nur im Schritt 6 gehe ich auf die Besonderheiten von *TChartFX* näher ein – danach verwende ich nur noch die Versionen aus dem Verzeichnis „Kapitel 3\ShareManNew".

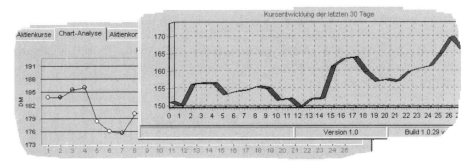

Abb. 3.44 TChartFX und TChart in Aktion – ein Programm in zwei Versionen

Damit ist das Thema *OCX* angesprochen. Wenn *Microsoft* Recht behält, so unterteilt sich die Gemeinde der Software-Entwickler in prinzipiell zwei unterschiedliche Gruppen. Zum einen in die *Komponentenentwickler* und zum anderen in die *Komponentenanwender*. In unserer heutigen Zeit mit den immer kürzer werdenden Innovationszyklen verringert sich auch der Zeitrahmen für Softwareprojekte. Ohne die neuen Bausteine wie *OCX* und *VCL-Komponenten* gerät der Entwickler dann oftmals ins Hintertreffen, da niemand mehr im Alleingang alle Aspekte der Anwendungsentwicklung unter Windows berücksichtigen kann.

Prinzipiell ist eine *VCL-Komponente* in jedem Fall einem *OCX-Control* vorzuziehen. Nur dann, wenn keine native Delphi-Komponente verfügbar (oder vielleicht auch nur zu teuer) ist, sollten Sie auf OCX-Controls zurückgreifen. Die OCX's sind anspruchsvoller als ihre VCL-Kollegen, spätestens beim Thema Installationsprogramm werden Sie damit unter Umständen konfrontiert. Auch hier verweise ich nur auf das noch folgende Kapitel zum Thema „InstallShield".

3.6.1 OCX-Grundlagen – die Kurzfassung

Ein *OCX-Control* wird als auf der *OLE*-Technologie basierendes Element häufig von einem *C/C++*-Compiler generiert worden sein. Delphi kann das zwar auch – aber dieser Umweg ist nicht sinnvoll. Ein Delphi-Entwickler würde in diesem Fall gleich die VCL-Komponente anbieten. Aus verständlichen Gründen wollen die Komponentenentwickler für ihre Arbeit entlohnt werden. Eine „freiwillige" Entrichtung eines Obolusses kam nach den Erfahrungen mit der Shareware-Szene nicht in Frage. Auf der anderen Seite darf die Lizenzierung bei den relativ niedrigen Preisen auch nicht zu aufwendig (sprich zu teuer) sein. Microsoft hat als Lösung für dieses Problem eine Lizenzierung gleich mit im Design der OLE-Controls vorgesehen. Ein OCX wird unter zwei Umgebungen eingesetzt. Zum einen beim *Käufer*, der das OCX-Control gekauft hat, um damit Anwendungsprogramme zu entwickeln. Und zum anderen beim *Anwender*, der ein Anwendungsprogramm einsetzt, welches auf ein OCX-Control zurückgreift.

Ein Käufer eines lizenzpflichtigen OLE-Controls erhält neben der OCX-Datei mindestens noch eine weitere Datei mit der Endung „.LIC". In dieser *Lizenzdatei* ist der sogenannte Schlüssel (nicht zu verwechseln mit einem Registry-Schlüssel) für das OLE-Control enthalten. Sobald eine Instanz eines OLE-Controls erzeugt wird, erwartet ein lizenzpflichtiges Control einen Schlüssel, der mit einer PIN-Nummer vergleichbar ist. Wird ihr dieser Schlüssel vom aufrufenden Programm nicht übergeben, so sucht das OLE-Control auf der Festplatte eine *LIC-Datei*. Wird die Datei vorgefunden, liest das Control den Schlüssel aus der LIC-Datei aus. Dieser Vorgang läuft zum Beispiel auch dann ab, wenn in der Delphi-Entwicklungsumgebung ein OCX eingebunden werden soll. Ist das Programm fertiggestellt, so muß auch die *OCX-Datei* an den Anwender weitergegeben werden. Allerdings gilt dies nicht für die *LIC-Datei*, eine Weitergabe ist nicht zulässig. Die Weitergabe ist auch gar nicht notwendig, da der Delphi-Compiler den Schlüssel für das OLE-Control fest im Programm „verdrahtet" hat. Startet der Anwender das Programm, so übergibt die VCL-Runtime den Schlüssel für das OLE-Control. Mit diesem Mechanismus wird das Ziel erreicht, die Lizenzierung benötigt keinen hohen Aufwand und ein weitergegebener OCX-Baustein kann nicht so weiteres von einem „unberechtigten" Entwickler in seine eigenen Projekte eingebaut werden.

Ein *OCX-Control* kann leider nicht mehr so ohne weiteres auf den Zielrechner kopiert werden. Ohne die vorherige *Registrierung* beschwert sich die Anwendung mit einer Fehlermeldung, auch dann, wenn alle benötigten Dateien in einem Verzeichnis zusammengefaßt werden. Das ist die schlechte Nachricht – die gute Nachricht besteht darin, daß „InstallSHIELD" ein OCX-Control automatisch registriert. Ein Grund mehr, eigene Anwendungen nur über das zusammen mit Delphi ausgelieferte Installationsprogramm „InstallSHIELD" weiterzugeben.

3.6.2 Die Implementierung mit TChartFX

Die Chartanzeige auf der zweiten *TPageControl*-Seite nutzt den gleichen Aufrufmechanismus wie der SQL-Abfragethread. Ich gehe daher nicht weiter darauf ein. Der einzige Unterschied liegt darin, daß nicht die private Methode „ShowQueryKurs" aufgerufen wird, sondern diesmal die private Methode „ShowChart". Zuerst ermittelt die Methode über die TTable-Eigenschaft *RecordCount* die Anzahl der verfügbaren Aktienkurse für das ausgewählte Wertpapier. Sind mehr als 25 Werte vorhanden, so positioniert „ShareMan" den Datensatzzeiger über die TTable-Methode *MoveBy*, so daß noch 25 Datensätze bis zum Tabellenende abgefragt werden können. Die Übergabe der Daten an die *TChartFX*-Instanz läuft in drei Stufen ab:

1. Der Aufruf von *OpenDataEx* initialisiert die *TChartFX*-Instanz für die Datenübernahme. Als Parameter übergeben Sie gleich die Anzahl der Datenpunkte für das Chart.

2. Über die TChartFX-Eigenschaft *Values* übergeben Sie jedem durch *OpenDataEx* reservierten Datenpunkt den darzustellenden Wert (Beispiel: „Chart.Value[iCnt] := rValue;").

3. Die TChartFX-Methode *CloseData* beendet den Datenübergabemodus.

Optional können Sie über die Methode *Adm* auch noch den Bereich der Y-Achse definieren. Das Programm „ShareMan" verwendet so zum Beispiel die beiden folgenden Aufrufe:

```
Chart.Adm[CSA_MIN] := Int(rMin - 2);
Chart.Adm[CSA_MAX] := Int(rMax + 2);
```

Damit beginnt die Y-Achse mit einem um 2 DM niedrigeren Startwert und endet mit einem um 2 DM höheren Wert. Die Darstellung der Wertentwicklung der Aktie nutzt damit den verfügbaren Platz optimal aus.

```
procedure TFormMain.ShowChart;
var
  iCnt, iMax : Integer;
  rMin, rMax,
  rValue     : Real;
begin
  rMax := 0;
  rMin := 10000;
  Screen.Cursor := crHourglass;
  // darzustellende Daten aus der Tabelle SM_KURSE.DB holen
  with DataModuleMain.TableKurse do begin
    iMax := RecordCount;
    if iMax = 0 then begin
      Chart.Visible := False;
      Exit;
    end;
    // Datensatzzeiger auf ersten Datensatz positionieren
    First;
    // nur die letzten 25 Werte werden ausgewertet !
    if iMax > 25 then begin
      MoveBy(iMax - 25);
      iMax := 25
    end;
    // Datenkanal zu TChartFX öffnen
```

```
    Chart.OpenDataEx(COD_VALUES,1, iMax);
    Chart.ThisSerie := 0;
    // visuelle Komponenten abkoppeln (max. Geschwindigkeit)
    DisableControls;
    try
      for iCnt := 0 to iMax - 1 do begin
        // aktuellen Wert vom TField auslesen
        rValue := DataModuleMain.TableKurseKurs.Value;
        // Wert an TChartFX übergeben
        Chart.Value[iCnt] := rValue;
        // höchsten Kurswert ermitteln
        if rValue > rMax then rMax := rValue;
        // niedrigsten Kurswert ermitteln
        if rValue < rMin then rMin := rValue;
        // Datensatzzeiger auf den nächsten Datensatz positionieren
        Next
      end;
    finally
      // visuelle Komponenten ankoppeln (zeigen letzten Datensatz an)
      EnableControls;
      Screen.Cursor := crDefault;
    end;
    // Datenkanal zu TChartFX schließen
    Chart.CloseData(COD_VALUES);
    // unteren Wert für die Y-Skale zuweisen
    Chart.Adm[CSA_MIN] := Int(rMin - 2);
    // oberen Wert für die Y-Skale zuweisen
    Chart.Adm[CSA_MAX] := Int(rMax + 2);
    // Chart anzeigen lassen
    Chart.Visible := True;
  end
end;
```

Wurden alle anzuzeigenden Daten übermittelt, schließt der Aufruf von *CloseData* die Datenübernahme ab. Mit der Zuweisung „Chart.Visible := True" gibt sich TChartFX dem Anwender zu erkennen.

 Die zusammen mit Delphi ausgelieferten Beispiel-OCX-Controls bringen alle eine eigenen Hilfedatei mit. Nicht alle binden allerdings den Inhalt der Hilfe in die universelle Delphi-Hilfe ein, so daß Sie am besten die jeweilige Hilfedatei separat aufrufen und dann dort von Hand nachschauen.

3.6.3 Die Implementierung mit TChart

Die native VCL-Komponente *TChart* vereinfacht die Programmentwicklung sowie der Weitergabe der Anwendung an den Kunden. Delphi legt alle benötigten Code-Teile in der ausführbaren Datei ab, es wird weder ein *OCX-Control* noch ein ausgefeiltes Installationsprogramm benötigt. Neben diesen Vorteilen wird jedoch auch die Implementierung der privaten Methode „ShowChart" einfacher. Es bleiben nur noch zwei Aufruf von *TChart*-Methoden übrig:

```pascal
procedure TFormMain.ShowChart;
const
  iOffset = 30;
var
  iCnt, iMax : Integer;
  rValue     : Real;
begin
  Screen.Cursor := crHourglass;
  // TChart-Diagramm leeren
  Series1.Clear;
  // darzustellende Daten aus der Tabelle SM_KURSE.DB holen
  with DataModuleMain.TableKurse do begin
    iMax := RecordCount;
    if iMax = 0 then begin
      Chart1.Visible := False;
      Exit;
    end;
    // Datensatzzeiger auf ersten Datensatz positionieren
    First;
    // nur die letzten 30 Werte werden ausgewertet !
    if iMax > iOffset then begin
      MoveBy(iMax - iOffset);
      iMax := iOffset
    end;
    // visuelle Komponenten abkoppeln (max. Geschwindigkeit)
    DisableControls;
    try
      for iCnt := 0 to iMax - 1 do begin
        // aktuellen Wert vom TField auslesen
        rValue := DataModuleMain.TableKurseKurs.Value;
        // Wert an TChartFX übergeben
        Series1.AddY(rValue, '', clBlue);
        // Datensatzzeiger auf den nächsten Datensatz positionieren
        Next
      end;
    finally
      // visuelle Komponenten ankoppeln (zeigen letzten Datensatz an)
      EnableControls;
      Screen.Cursor := crDefault;
    end;
    // Chart anzeigen lassen
    Chart1.Visible := True;
  end
end;
```

3.7 Schritt 7: Wertpapiere kaufen und verkaufen

Neben der reinen Erfassung und Auswertung der Kursverläufe von Wertpapieren soll das Programm natürlich auch das eigene Wertpapierportfolio verwalten. Und für den Fall, daß sich ein Nachfahre der Rockefellers für das Programm interessiert, muß das Programm beliebig viele Aktienkäufe und -verkäufe verkraften.

Gelöst wird das Problem mit einer separaten Tabelle. Die Datenbanktabelle „sm_kauf.db" speichert alle Kauf- und Verkaufstransaktionen aller Wertpapiere. Dabei sorgt die Tabellenspalte für die Aktien-ID dafür, daß jeder Datensatz in „sm_kauf.db" einem bestimmten Wertpapier zugeordnet werden kann.

Das für die Anzeige des Portfolioinhalts zuständige *TDBGrid* wird immer dann verborgen, wenn sich für das ausgewählte Wertpapier keine Stücke im Depot finden lassen.

Der Anwender kann den Kaufs- beziehungsweise Verkaufsdialog von zwei verschiedenen Stellen im Programm aus aufrufen. Zum einen über die zugeordneten Menüpunkte im Menü „Konto". Beim Aufruf über die Menüpunkte blättert das Programm automatisch die *TPageControl*-Seite „Aktienkonto" auf. Der alternative Weg beginnt direkt auf der *TPageControl*-Seite für das Aktienkonto. Dort findet der Anwender zwei Buttons vor, über die Wertpapierkäufe und Verkäufe abgewickelt werden.

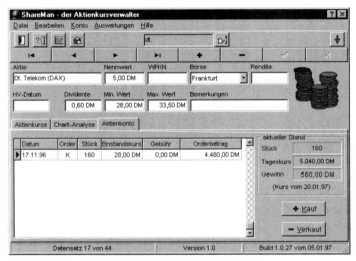

Abb. 3.45: Das Wertpapier ist im Portfolio vorhanden

Der normalsterbliche Anwender von „ShareMan" wird keine Berechtigung besitzen, direkt an einer Börse irgendwelche Transaktionen durchführen zu dürfen. Damit benötigte er einen Makler, wobei auch die meisten Makler überhaupt erst ab einem größeren Auftragsvolumen Interesse zeigen. Was bleibt – ist die Bank! Die macht das natürlich nicht aus lauter Hilfsbereitschaft, sondern will eine Vergütung in Form der üblichen Gebühren sehen. Je nach Bank kann das durchaus ein teurer Spaß werden – im Wertpapiergeschäft lohnt sich der Vergleich immer.

Das Programm „ShareMan" soll die in der Praxis anfallenden Gebühren und Provisionen in die Berechnung einbeziehen. Damit hat auch der Anwender eine Chance, der vorerst nur einmal die Wertpapieranlage simulieren will. Erst wenn alle Zusatzkosten mit eingerechnet werden, ist ein aussagekräftiger Vergleich zu anderen Geldanlagen sinnvoll. Dabei hat jede Bank ihre eigenen Gebührensätze – „ShareMan" berücksichtigt nur die Gebühren der *Direkt Anlage Bank* mit dem Stand Februar 1997. Allerdings trifft das Programm alle Vorbereitungen, um diese Gebührenberechnung anpassen zu können. Die dazu zuständige private Methode finden Sie im Datenmodul.

3.7.1 Erweiterungen im Datenmodul

Private Methode „SaveMainKurse"

Die neue private Methode „SaveMainKurse" hat nur eine Aufgabe: ungesicherte Änderungen der Tabellen „sm_main.db" und „sm_kurs.db" sollen ohne Rückfrage gespeichert werden.

```
procedure TDataModuleMain.SaveMainKurse;
begin
  with TableMain do
    if (State in [dsEdit, dsInsert]) and (Modified) then Post;
  with TableKurse do
    if (State in [dsEdit, dsInsert]) and (Modified) then Post;
end;
```

Private Methode „CalcDABCharge"

Die private Methode ermittelt in Abhängigkeit des Ordervolumens die von der *Direkt Anlage Bank* (genauer gesagt, gelten diese günstigen Gebühren nur für das *Online-Konto* der DAB) berechnete Gebühren. Diese Methode muß bei Gebührenänderungen der Bank aktualisiert werden.

```
function TDataModuleMain.CalcDABCharge(iAnzahl: Integer;
                          dKurs: Double):Double;
var
  dPrice, dCharge : Double;
begin
  dCharge := 0;
  dPrice := iAnzahl * dKurs;
  if dPrice < 6999.99
    then dCharge := 9 + (dPrice * 0.00225);
  if (dPrice > 7000) and (dPrice < 14999.99)
    then dCharge := 9 + (dPrice * 0.002125);
  if (dPrice > 15000) and (dPrice < 49999.99)
    then dCharge := 9 + (dPrice * 0.002);
  if (dPrice > 50000) and (dPrice < 99999.99)
    then dCharge := 9 + (dPrice * 0.001375);
  if dPrice > 100000
    then dCharge := 9 + (dPrice * 0.0005);
  Result := dCharge;
end;
```

Falls Sie der Meinung sind, daß anstelle der vielen „IF" eine „ELSE IF"-Kombination die bessere Lösung ist, haben Sie natürlich recht. Die Methode „verschwendet" einige Microsekunden Rechenzeit – ist dafür aber auf den ersten Blick übersichtlicher.

Die Methode berechnet zuerst aus dem aktuellen Wertpapierkurs sowie der Anzahl das Ordervolumen. Die Bank berechnet dann je nach Umsatz unterschiedliche prozenturale Gebühren.

3.7.2 Erweiterungen im Hauptformular von „ShareMan"

Ereignisbehandlungsmethoden für die Menüeinträge

Die beiden Ereignisbehandlungsmethoden für die Menüpunkte „Aktienkauf" und „Aktienverkauf" sind sich sehr ähnlich. Im ersten Schritt wird über den Aufruf der privaten Methode „SaveMainKurse" sichergestellt, daß alle eventuelle noch nicht gespeicherten Änderungen in den Tabellen „sm_main.db" und „sm_kurs.db" gepostet werden. Dann wird geprüft, ob die dritte TPageControl-Seite „Aktienkonto" aktiv und damit sichtbar ist. Ist das nicht der Fall, so sorgt die Zuweisung „ActivePage := TabSheet3" dafür, daß die dritte Seite aufgeschlagen wird. Ist das erledigt, simuliert das Programm nach der Neuberechnung des Depots einfach einen Klick auf den „Kauf"-Button.

```
procedure TFormMain.Aktienkauf1Click(Sender: TObject);
begin
  DataModuleMain.SaveMainKurse;
  // Dritte TPageControl-Seite anwählen
  if PageControlKurse.ActivePage <> TabSheet3 then
    PageControlKurse.ActivePage := TabSheet3;
  // aktuellen Depot-Inhalt der Aktie neu berechnen
  ShowDepot;
  // Kauf-Dialog aufrufen
  BitBtnKauf.Click;
end;
```

Die für den Wertpapierverkauf-Menüpunkt zuständig Methode macht fast das gleiche – allerdings mit dem Unterschied, daß der Verkaufsdialog nur dann aufgerufen werden kann, wenn sich mindestens eine Aktie im Depot befindet.

```
procedure TFormMain.Aktienverkauf1Click(Sender: TObject);
begin
  DataModuleMain.SaveMainKurse;
  // Dritte TPageControl-Seite anwählen
  if PageControlKurse.ActivePage <> TabSheet3 then
    PageControlKurse.ActivePage := TabSheet3;
  // aktuellen Depot-Inhalt der Aktie neu berechnen
  ShowDepot;
  // Verkaufsvorgang starten
  if iAktieDepot > 0 then BitBtnVerkauf.Click;
end;
```

Private Methode „ShowDepot" ist für die Wertpapierinventur zuständig

Die private Methode „ShowDepot" wird immer dann aufgerufen, wenn der Anwender entweder einen anderen Wertpapierdatensatz auswählt und die dritte *TPageControl*-Seite sichtbar ist oder wenn der Kaufs- und Verkaufsdialog aktiviert wird. Der Aufrufmechanismus stimmt dabei mit den bereits vorgestellten Methoden „ShowQueryKurs" und „ShowChart" überein.

Neben der Anzeige des Depotinhalts übernimmt die Methode zusätzlich die Steuerung des betroffenen Teils der Benutzeroberfläche. Wird keine Aktie im Depot vorgefunden, so ist auch die *TDBGrid*-Instanz für den Depotinhalt unsichtbar. Außerdem wird der „Verkauf"-Button deaktiviert, da eine nicht vorhandene Aktie auch nicht verkauft werden kann. Erzielen Sie mit dem Wertpapier keinen Gewinn – sprich Sie sind in den Miesen – so färbt die Methode das *TLabel*-Anzeigefeld rot ein.

```
procedure TFormMain.ShowDepot;
var
  eKosten,
  eGewinn,
  eAktKurs    : Extended;
  iCnt, iMax : Integer;
begin
  // Ist diese Aktie überhaupt im Depot ?
  iMax := DataModuleMain.TableKauf.RecordCount;
  iAktieDepot := iMax;
  if iMax = 0 then begin
    DBGridADepot.Visible := False;
    PanelAAnzahl.Caption := '';
    PanelAWert.Caption := '';
    LabelStand.Caption := '';
    PanelAGewinn.Caption := '';
    // keine Aktie -> auch kein Verkauf möglich
    BitBtnVerkauf.Enabled := False;
    Exit;
  end;
  DBGridADepot.Visible := True;
  BitBtnVerkauf.Enabled := True;
  // Aktien sind im Depot -> Daten ermitteln
  iAktieAnzahl := 0;
  eKosten := 0;
  with DataModuleMain do begin
    TableKauf.DisableControls;
    TableKauf.First;
    for iCnt := 0 to iMax - 1 do begin
      // aktuelle Anzahl vom TField auslesen
      iAktieAnzahl := iAktieAnzahl + TableKaufAnzahl.Value;
      // aktuelle Kosten vom TField auslesen
      eKosten := eKosten + TableKaufPreis.Value;
      // nächster Datensatz
      TableKauf.Next
    end;
    TableKauf.EnableControls;
    PanelAAnzahl.Caption := IntToStr(iAktieAnzahl);
    eAktKurs := TableMainAktuellerKurs.Value;
    PanelAWert.Caption := FloatToStrF(iAktieAnzahl * eAktKurs,
                                      ffCurrency, 6, 2);
    LabelStand.Caption := Format('(Kurs vom %s)',
                          [TableMainAktuellesKursDatum.AsString]);
  end;
  eGewinn := (iAktieAnzahl * eAktKurs) - eKosten;
  with PanelAGewinn do begin
```

```
            if eGewinn < 0 then Font.Color := clRed
                           else Font.Color := clBlack;
       Caption := FloatToStrF(eGewinn, ffCurrency, 6, 2);
    end;
end;
```

Obwohl die Aufgabe auch über die Datenbanksprache *SQL* gelöst werden kann, geht „ShareMan" hier den klassischen Weg. Alle Datensätze der Tabelle – genauer gesagt der Datenmenge – wertet die Methode in einer NEXT-Schleife aus.

Abb. .3.46: Master-Detail-Beziehung zwischen „sm_main.db" und „sm_kauf.db"

Durch die *Master-Detail-Verbindung* zur Tabelle „sm_main" befinden sich in der Datenmenge von „sm_kurs.db" nur jeweils die zur gerade ausgewählten Aktie gehörenden Datensätze. Während die Datensätze der Datenmenge abgefragt werden, bleiben die *visuellen Datendialogelemente* über den Aufruf von *DisableControls* abgetrennt. Mit diesen Vorarbeiten ist die gewählte Lösung wesentlich schneller als eine SQL-Abfrage über *TQuery*. Zudem bleibt die zu erwartende Datenmenge relativ klein, so daß *TQuery* seine Stärken hier nicht ausspielen kann.

Ein Wertpapier wird gekauft

Nun wird es ernst – die erste Kauftransaktion für ein Wertpapier wird gebucht. Über die TTable-Methode Insert legt die private Ereignisbehandlungsmethode für das Anklicken des „Kauf"-Buttons einen neuen (leeren) Datensatz in der Tabelle „sm_kauf.db" an.

 Ganz exakt ist die Aussage, daß die BDE in diesem Moment nur einen leeren Datenpuffer im Arbeitsspeicher anlegt. Erst beim Aufruf der TTable-Methode „Post" wird der Datensatz in die Tabelle geschrieben.

Bisher wurden über die persistenten TField-Komponenten nur Daten ausgelesen, das Zuweisen eines neuen Inhalts ist selbstverständlich auch möglich. Über die Programmzeile „TableKauf-KaufVerkauf.Value := 'K'" bekommt das Tabellenfeld „KaufVerkauf" den Buchstaben „K" als Kennzeichen für den Wertpapierkauf zugeordnet.

Den Rest übernimmt dann das spezielle Kauf-Formular „FormKauf". Obwohl die Gebühr vom Programm berechnet wird, verwendet „ShareMan" ein normales *TDBEdit* als Anzeige- und Eingabefeld.

Der Grund dafür liegt in den speziellen Sonderrabatten, die von der Bank eingeräumt werden. Bei manchen Wertpapieren verzichtet die Bank auf Gebühren beziehungsweise berechnet nur einen ermäßigten Satz. Über das *TDBEdit* kann der Anwender in derartigen Fällen den Betrag von Hand korrigieren.

Abb. 3.47: Ein Wertpapier wird gekauft

Immer dann, wenn dieses Formular über den OK-Button geschlossen wird, speichert „TableKauf" alle Eintragungen über den *Post*-Aufruf ab.

```
procedure TFormMain.BitBtnKaufClick(Sender: TObject);
var
  eDMNew : Extended;
begin
  DataModuleMain.SaveMainKurse;
  with DataModuleMain do begin
    try
      // leeren Datensatz in SM_KAUF.DB einfügen
      TableKauf.Insert;
      // Werte vorbelegen
      TableKaufKaufVerkauf.Value := 'K';
      // Kaufformular anzeigen
      PlayWaveSound('DLGOPEN');
      if FormKauf.ShowModal = mrOk then begin
        TableKauf.Post;
        eDMNew := TableKaufGebuehr.Value +
                 (TableKaufAnzahl.Value * TableKaufKaufKurs.Value);
        // Kauf wurde über OK bestätigt -> Konto aktualisieren
        TableKonto.Insert;
        TableKontoDatum.AsDateTime := TableKaufDatum.AsDateTime;
        TableKontoVorgang.Value := 'Kauf';
        TableKontoPosten.Value := TableMainAktie.AsString;
```

```
            TableKontoBetrag.AsCurrency := 0 - eDMNew;
            TableKontoKaufRecNo.Value := TableKaufRecNo.Value;
            TableKonto.Post;
            // neuen Kontostand berechnen + Soundausgabe
            DataModuleMain.ReCalcKonto;
         end
         else TableKauf.Cancel;
      finally
         // Aktualisieren
         ShowNewValues;
      end;
   end;
end;
```

Damit ist der Teil für die Tabelle „sm_kauf.db" fertig – was noch fehlt ist die Aktualisierung des Kontobuchs. Das dort vorhandene Guthaben hat sich durch den Wertpapierkauf verringert, um wieviel berechnet die Methode aus der erhobenen Gebühr sowie dem Preis der gekauften Aktien. Als Buchungsgrund übernimmt die Kontotabelle „sm_konto.db" den Wertpapiernamen, auch hierbei sind nur die *persistenten TFields* beteiligt.

Die Methode *ReCalcKonto* berechnet den Kontostand neu und ruft den Sound für das Klingeln der Registrierkasse auf.

Ein Wertpapier wird verkauft

Die Ereignisbehandlungsmethode für das Anklicken des „Verkauf"-Buttons ähnelt der gerade vorgestellten Methode für den Kauf. Der kleine – aber wichtige – Unterschied besteht darin, daß beim Verkauf der Erlös dem Konto gutgeschrieben werden muß. Allerdings schmälern auch hier die Gebühren den erzielten Gewinn.

```
procedure TFormMain.BitBtnVerkaufClick(Sender: TObject);
var
   dDMGutschrift : Double;
begin
   DataModuleMain.SaveMainKurse;
   with DataModuleMain do begin
      // Schritt 1: SM_KAUF.DB aktualisieren
      TableKauf.Insert;
      // Werte vorbelegen
      TableKaufDatum.Value := TableMainAktuellesKursDatum.Value;
      TableKaufKaufKurs.Value := TableMainAktuellerKurs.Value;
      TableKaufID.Value := TableMainID.Value;
      TableKaufKaufVerkauf.Value := 'V';
      PlayWaveSound('DLGOPEN');
      if FormVerkauf.ShowModal = mrOk then begin
         TableKaufAnzahl.Value := 0 - Abs(TableKaufAnzahl.Value);
         TableKauf.Post;
         // Schritt 2: SM_KONTO.DB aktualisieren
         dDMGutschrift := (Abs(TableKaufAnzahl.Value) *
                           TableKaufKaufKurs.Value) -
                           TableKaufGebuehr.Value;
         TableKonto.Insert;
         TableKontoDatum.Value := TableKaufDatum.Value;
```

```
      TableKontoVorgang.Value := 'Verkauf';
      TableKontoPosten.Value := TableMainAktie.Value;
      TableKontoBetrag.AsCurrency := dDMGutschrift;
      TableKontoKaufRecNo.Value := TableKaufRecNo.Value;
      TableKonto.Post;
      // neuen Kontostand berechnen + Soundausgabe
      DataModuleMain.ReCalcKonto;
      // Anzeige aktualisieren
      ShowNewValues;
    end
    else TableKauf.Cancel;
  end;
end;
```

Wertpapierorder widerrufen

Auch beim originalen Online-Wertpapierkonto der Bank darf der Kunde eine einmal erteilte Order nachträglich löschen. Dazu ruft der Anwender von der dritten *TPageControl*-Seite aus das Popup-Menü über die rechte Maustaste auf.

```
procedure TFormMain.MPDeleteClick(Sender: TObject);
begin
  if MessageDlg('Datensatz wirklich löschen?',
             mtConfirmation, [mbYes, mbNo], 0) = mrYes then
    with DataModuleMain.TableKauf do
      if State = dsBrowse then begin
        Delete;
        ShowDepot;
      end;
end;
```

Nach der Sicherheitsabfrage entfernt die TTable-Methode *Delete* den gerade ausgewählten Datensatz. Vergessen Sie nicht, daß im *Datenmodul* die Ereignisbehandlungsmethode für das *BeforeDelete*-Ereignis von „TableKauf" auch den dazugehörenden Datensatz aus dem Kontobuch entfernt.

Die Ereignisse der Datenbankkomponenten lassen sich damit mit den sogenannten „Triggern" der SQL-Server vergleichen. Ein Trigger wird jedoch im Gegensatz zu den Ereignissen direkt auf dem SQL-Server ausgeführt (weiters erfahren Sie darüber im Client/Server-Kapitel des Buchs).

3.8 Schritt 8: Das Kontobuch wird implementiert

Zu jedem Wertpapierdepot gehört ein Verrechnungskonto. Je nach Bank dient es ausschließlich den Wertpapiertransaktionen oder wird wie ein ganz normales Girokonto geführt. Das Programm „ShareMan" geht davon aus, daß nur die Wertpapiergeschäfte über dieses Konto verwaltet werden. Damit schränkt sich der Aufgabenbereich erheblich ein, das Programm muß nur noch die folgenden Aufgaben implementieren:

- Gutschriften (Einzahlungen; Zinsgutschriften und Dividenten; Erlöse aus dem Verkauf von Wertpapieren)
- Lastschriften (Auszahlungen; Depotgebühren und Kosten für den Wertpapierkauf)

Diese beiden Aufgabenbereiche werden zudem auf zwei verschiedenen Wegen realisiert. Zum einen wird der Erlös beim Wertpapierverkauf beziehungsweise die Kosten beim Wertpapierkauf implizit vom Programm auf dem Konto verbucht. Und zum anderen muß der Anwender selbst alle die Eintragungen vornehmen, die nicht unmittelbar mit dem Kauf und Verkauf von Wertpapieren zu tun haben. Für alle diese Fälle verwendet „ShareMan" einen universellen Dialog, den der Anwender über die entsprechenden Button am rechten Rand des Formulars aufruft.

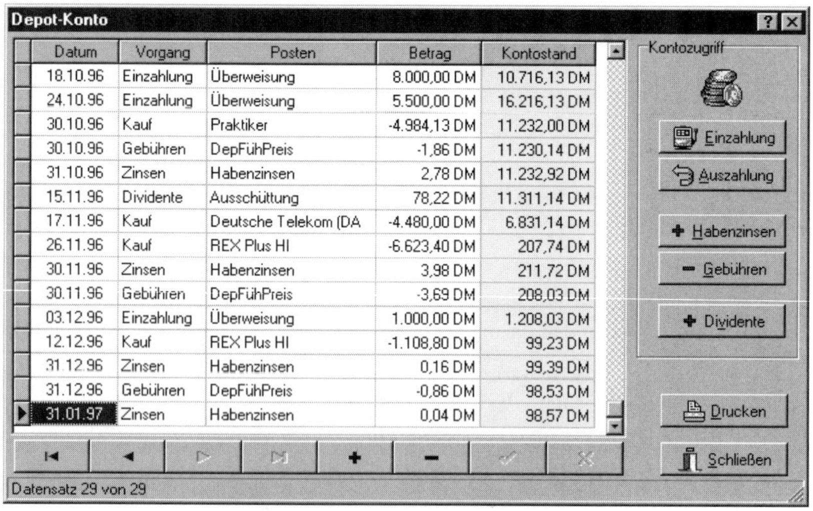

Abb. 3.48: Das Kontobuch für das Wertpapierverrechnungskonto

3.8.1 Kontobuch-Formular „sm_konto.pas"

Die einzelnen Gut- und Lastschriften auf dem Konto werden intern vom Programm fast gleich behandelt. Daher verwendet „TFormKonto" die private Methode „InsertToKonto", um jeweils den korrekt ausgefüllten Datensatz für die Gut- oder Lastschrift in die Tabelle „sm_konto.db" einzufügen. Sobald das Formular angezeigt wird, setzt das Formular den Datensatzzeiger für die Tabellen „sm_konto.db" und „sm_kauf.db" auf den letzten Datensatz.

3.8 Schritt 8: Das Kontobuch wird implementiert

```
procedure TFormKonto.FormActivate(Sender: TObject);
begin
  FormMain.PlayWaveSound('DLGOPEN');
  with DataModuleMain do begin
    TableKonto.Last;
    TableKauf.Last;
  end;
end;
```

Über den Button „Einzahlung" verbucht der Anwender alle Einzahlungen auf das eigene Verrechnungskonto. Die privaten Methode „InsertToKonto" erwartet als Parameter den Text für den Vorgang, für die Postenbezeichnung sowie ein Flag für zu buchende Gutschriften.

```
procedure TFormKonto.BitBtnEinzahlungClick(Sender: TObject);
begin
  InsertToKonto('Einzahlung', 'Überweisung', True);
end;
```

Das Gegenstück dazu bildet der Button „Auszahlung", hier will der Anwender Geld von seinem Verrechnungskonto abziehen.

```
procedure TFormKonto.BitBtnAuszahlungClick(Sender: TObject);
begin
  InsertToKonto('Auszahlung', 'Überweisung', False);
end;
```

Die nächsten drei Vorgänge erklären sich von selbst, sowohl die vereinnahmten Zinsen und Dividendenerträge als auch die zu entrichtenden Gebühren werden verbucht.

```
procedure TFormKonto.BitBtnZinsenClick(Sender: TObject);
begin
  InsertToKonto('Zinsen', 'Habenzinsen', True);
end;

procedure TFormKonto.BitBtnGebuehrClick(Sender: TObject);
begin
  InsertToKonto('Gebühren', 'DepFühPreis', False);
end;

procedure TFormKonto.BitBtnDividenteClick(Sender: TObject);
begin
  InsertToKonto('Dividente', 'Ausschüttung', True);
end;
```

Das Wertpapier-Verrechnungskonto stellt wichtige Informationen zur Verfügung, die der Anwender auch in gedruckter Form benötigt. Mit den *TQuickReport*-Komponenten ist das fast ein Kinderspiel, das dazu verwendete Formular wird erst zur Programmlaufzeit bei Bedarf dynamisch erzeugt.

```
procedure TFormKonto.BitBtnPrintClick(Sender: TObject);
begin
  FormQRListKonto := TFormQRListKonto.Create(Application);
  try
    FormQRListKonto.QuickReport.Preview;
  finally
    FormQRListKonto.Release;
  end
end;
```

Bei jedem Löschen eines Datensatzes beziehungsweise Speichern eines geänderten Datensatzes wird jeweils der Kontostand neu berechnet. Der Anwender muß sich bei seinen Eingaben nicht an eine chronologische Reihenfolge richten – die Neuberechnung des Kontostands ist daher immer die sichere Wahl. Die dazu verwendete private Methode „ReCalcKonto" wird im Datenmodul von „ShareMan" implementiert und wurde bereits vorgestellt.

```
procedure TFormKonto.DBNavigatorKontoClick(Sender: TObject;
                                          Button: TNavigateBtn);
begin
  // neuen Kontostand berechnen + Soundausgabe
  case Button of
    nbDelete,
    nbPost    : DataModuleMain.ReCalcKonto;
  end;
end;
```

Die private Methode „InsertToKonto" wird von den folgenden Button ausgelöst:

- BitBtnEinzahlung
- BitBtnAuszahlung
- BitBtnZinsen
- BitBtnGebühr
- BitBtnDividente

Über das boolsche Flag „aEinzahlung" wird festgelegt, ob der im Dialog eingetragene Betrag dem Konto gutgeschrieben werden soll oder ob er das Konto belastet.

```
procedure TFormKonto.InsertToKonto(aTitel, aPosten: String;
                                   aEinzahlung: Boolean);
var
  eDMNew : Extended;
begin
  // Dialogfenster-Beschriftung setzen
  FormBetrag.Caption := aTitel;
  if FormBetrag.ShowModal = mrOk then
    with DataModuleMain do begin
      eDMNew := FormBetrag.aDMValue;
      // neuen Datensatz einfügen
      TableKonto.Insert;
      TableKontoDatum.Value := FormBetrag.aDMDatum;
      TableKontoVorgang.Value := aTitel;
      TableKontoPosten.Value := aPosten;
      // Gutschrift oder Belastung ?
      if aEinzahlung
        then TableKontoBetrag.AsCurrency := eDMNew
        else TableKontoBetrag.AsCurrency := 0 - eDMNew;
      TableKonto.Post;
      // neuen Kontostand berechnen + Soundausgabe
      DataModuleMain.ReCalcKonto;
    end;
end;
```

Auch nach jedem Einfügen eines neuen Buchungsdatensatzes wird der Kontostand neu berechnet.

3.8.2 Einzahlungs- und Auszahlungsformular „sm_betr.pas"

Das verwendete Formular für die Erfassung der Gut- und Lastschriften wäre an sich nichts besonderes, wenn es nicht eine besondere Technik für die **bedingte Eingabeüberprüfung** verwenden würde. In vielen Programmen werden Sie als Entwickler bestimmte Eingabeüberprüfungen implementieren, über die Eingabefehler des Anwenders erkannt und vermieden werden. Dazu blenden Sie immer dann ein Hinweisfenster ein, wenn die Eintragung nicht den Anforderungen genügt. Nach dem Bestätigen des Hinweisfensters soll der Eingabefokus automatisch wieder im Eingabefeld stehen. Die Prüfung selbst können Sie nur dann vornehmen, wenn der Anwender seine Eingabe beendet hat. Über das Ereignis *OnExit* wird das Programm darüber informiert, daß der Eingabefokus das aktuelle Eingabefeld verläßt. Wenn der Anwender zum nächsten Feld wechselt, hat er damit seine Eingabe für das Feld beendet, die Eingabeprüfung darf also vorgenommen werden.

Das funktioniert auch bestens, solange der Anwender nicht bei einer Falscheingabe den Dialog abbrechen möchte. Angenommen, er hat einen falschen Wert eingetragen und möchte zum nächsten Feld wechseln. Dies führt dazu, daß das Hinweisfenster angezeigt wird und der Fokus springt zum falsch ausgefüllten Feld zurück. Der Anwender weiß an dieser Stelle nicht mehr weiter und möchte das Eingabeformular zur Sicherheit über den „Abbrechen"-Button schließen. Leider führt das Anklicken des „Abbrechen"-Buttons auch dazu, daß das Ereignis *OnExit* eintritt, wobei die Button-Aktion niemals ausgelöst wird.

Das Problem

Das Beispielprojekt zur Demonstration finden Sie im Verzeichnis „Kapitel 3\Validate" auf der CD-ROM. Im ersten Beispiel – „badprg.dpr" – sieht die Sache so aus. Im zweiten Eingabefeld ist eine Eingabeprüfung aktiv, die nur das Zeichen „A" als gültige Eingabe zuläßt.

```
procedure TForm1.Edit2Exit(Sender: TObject);
begin
  if Edit2.Text <> 'A' then begin
    ShowMessage('Eingabefehler, nur A zulässig');
    Edit2.SetFocus
  end
end;

procedure TForm1.BitBtnCancelClick(Sender: TObject);
begin
  Close
end;
```

Wird eine fehlerhafte Eingabe erkannt, kann der Anwender auf den „Abbrechen"-Button klicken, ohne daß das Formular geschlossen wird. Nanu – liegt hier etwa ein weiterer Delphi-Bug vor? Nein, ganz im Gegenteil, der „Abbrechen"-Button im Formular wird von Windows überhaupt nicht erst informiert, daß er angeklickt wurde. Liegt dann also der Bug im Betriebssystem? Nein, auch diese Vermutung ist unzutreffend. Der Effekt verschwindet immer dann, wenn Sie die Zeile „Edit2.SetFocus" auskommentieren!

Also muß die Ursache für das merkwürdige Verhalten in der *Fokusweiterschaltung* liegen. Wechselt der Eingabefokus von einem Control zu einem anderen, sind immer zwei Controls beteiligt. Zum einen das Eingabeelement, das den Fokus verliert (Ereignis *OnExit*) und zum anderen das Control, das in der Fokusreihenfolge als nächstes an der Reihe (Ereignis *OnEnter*) ist. Zeigt sich nun das erste

Control nicht kooperativ, indem es den Fokus nicht freigibt, so kann das nächste Control auch keinen Fokus bekommen. Der Aufruf von „Edit2.SetFocus" ist ein Designfehler, wobei weder der *Compiler* noch Windows diesen Fehler als Fehler bemängelt.

Das Programm verhält sich jedoch auch noch an einer anderen Stelle merkwürdig. Drückt der Anwender die *Return-Taste*, so wird das Formular in jedem Fall geschlossen, unabhängig davon, ob eine fehlerhafte Eingabe vorliegt oder nicht. Wenn Sie sich das Beispielprogramm „badprg.exe" noch einmal genauer anschauen, werden Sie die Fokuskennzeichnung um den „OK"-Button erkennen. Der „OK"-Button im Formular ist der *Standard-Button* und wird damit immer dann ausgelöst, wenn die *Return-Taste* betätigt wird.

Die Lösung

Das Einzahlungs- und Auszahlungsformular „sm_betr.pas" implementiert eine Lösung, bei der der Anwender den Eingabedialog auch dann über den Abbrechen-Button beenden kann, wenn ein falscher Wert eingetragen wurde.

Sobald das *TEdit* den Eingabefokus verliert (der Anwender wechselt zum nächsten Control), trifft das Ereignis *OnExit* ein. Tatsächlich sind immer zwei Controls von *OnExit* betroffen, das nächste Control bekommt fast zeitgleich *OnEnter* zugestellt. Es ist daher nicht zu empfehlen, in der Ereignisbehandlungsmethode auf *OnExit* eine Funktion aufzurufen, die erneut einen Fokuswechsel hervorruft! Genau diese Funktion wird jedoch benötigt. Hat der Anwender eine ungültige Eintragung vorgenommen, darf er das Feld nicht verlassen können. Statt dessen wird ein Hinweisfenster angezeigt und der Fokus erneut in das fehlerhaft ausgefüllte *TEdit*-Feld gesetzt. Das Problem besteht dabei darin, daß der Fokuswechsel zurück in das falsch ausgefüllte Eingabefeld erst dann aufgerufen werden darf, wenn das andere Control den Fokus bereits erhalten hat.

Die Lösung für dieses Problem liegt darin, das das *TEdit* eine Botschaft an das Formular schickt. Über den Aufruf von *PostMessage* wird sichergestellt, daß die Botschaft erst an das Ende der Botschaftswarteschlange einsortiert wird, d.h. die Botschaft wird nicht sofort bearbeitet, so daß der Fokuswechsel bei *OnExit* problemlos abläuft. In der *Botschaftsbehandlungsmethode* für die private Botschaft wird die Benutzereingabe geprüft, liegt kein gültiger Wert vor, so wird der Fokus zurück in das *TEdit* gesetzt.

Das Handle der eigenen Instanz wird über den zweiten Botschaftsparameter *lParam* mit übergeben, so daß der Empfänger genau weiß, welches Control fokussiert werden soll. Hat der Anwender den „Abbrechen"-Button gedrückt, darf in diesem Fall keine Validierung gestartet werden. Beim Eintreffen von *OnExit* stellt das Formular bereits in der Eigenschaft *ActiveControl* das gerade aktivierte Control zur Auswertung bereit. Damit wird nur dann die Botschaft für die Eingabeprüfung geschickt, wenn **nicht** der „Abbrechen"-Button angeklickt wurde.

Im *lParam*-Parameter der privaten Botschaft „PM_ValidateDate" wird das Handle auf die *TMaskEdit*-Instanz mitgeführt.

```
if ActiveControl <> BitBtnCancel then
   PostMessage(Handle, PM_ValidateDate, 0, Longint(Sender));
```

Über die Typumwandlung „aDMDatum := StrToDate(TMaskEdit(M.lParam).Text)" klappt damit das Auslesen des Inhaltes des Eingabefeldes, eine falsche Datumseingabe des Anwenders wird von der Delphi-Funktion StrToDate erkannt und kann somit weiter behandelt werden.

Listing der Formular-Unit „sm_betr.pas"

```
unit sm_betr;

interface

uses
  Windows, Messages, SysUtils, Classes, Graphics, Controls, Forms,
  Dialogs, StdCtrls, Buttons, Mask;

const
  PM_ValidateDate = WM_User + 101;
  PM_ValidateDM   = WM_User + 102;

type
  TFormBetrag = class(TForm)
    MaskEditDatum: TMaskEdit;
    EditDM: TEdit;
    Label1: TLabel;
    Label2: TLabel;
    BitBtnOk: TBitBtn;
    BitBtnCancel: TBitBtn;
    procedure FormActivate(Sender: TObject);
    procedure MaskEditDatumExit(Sender: TObject);
    procedure EditDMExit(Sender: TObject);
  private
    { Private-Deklarationen }
    procedure PMValidateDate(var M: TMessage);
              message PM_ValidateDate;
    procedure PMValidateDM(var M: TMessage);
              message PM_ValidateDM;
  public
    { Public-Deklarationen }
    aDMDatum : TDateTime;
    aDMValue : Extended;
  end;

var
  FormBetrag: TFormBetrag;

implementation

{$R *.DFM}

procedure TFormBetrag.FormActivate(Sender: TObject);
begin
  MaskEditDatum.SetFocus;
end;
```

```
procedure TFormBetrag.MaskEditDatumExit(Sender: TObject);
begin
  if ActiveControl <> BitBtnCancel then
    PostMessage(Handle, PM_ValidateDate, 0, Longint(Sender));
end;

procedure TFormBetrag.EditDMExit(Sender: TObject);
begin
  if ActiveControl <> BitBtnCancel then
    PostMessage(Handle, PM_ValidateDM, 0, Longint(Sender));
end;

procedure TFormBetrag.PMValidateDate(var M: TMessage);
begin
  try
    aDMDatum := StrToDate(TMaskEdit(M.lParam).Text);
  except
    MessageBeep(0);
    // in lParam steht das Handle für das fehlerhafte TEdit
    TMaskEdit(M.lParam).SetFocus;
  end
end;

procedure TFormBetrag.PMValidateDM(var M: TMessage);
begin
  try
    aDMValue := StrToFloat(FormBetrag.EditDM.Text);
  except
    // in lParam steht das Handle für das fehlerhafte TEdit
    TEdit(M.lParam).SetFocus;
    raise
  end
end;

end.
```

3.8.3 QuickReport-Formular „sm_repko.pas"

Das Formular „sm_repko.pas" implementiert den Ausdruck der Buchungen aus dem Kontobuch. Als Delphi-Anwender können Sie zwischen zwei leistungsfähigen Report-Generatoren wählen, wobei sich die beiden sowohl im Aufwand der Implementierung als auch im erreichbaren Ergebnis unterscheiden.

QuickReport 2 – eine Kurzvorstellung

Im diesem Schritt kommt eine Komponente ins Spiel, die erst ab *Delphi 2.0* im Lieferumfang vorhanden ist. Wie der Name „QuickReport" bereits vermuten läßt, generiert diese Komponente Ausdrucke aus Datenbanktabellen.

 Die QuickReport-Komponente setzte sich als Shareware-Version für Delphi 1.0 durch. Für Delphi 2 hat Borland dann diese Komponente einfach eingekauft.

3.8 Schritt 8: Das Kontobuch wird implementiert   217

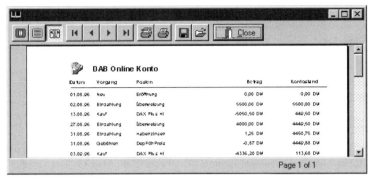

Abb. 3.49: Die Seitenansicht für den Ausdruck des Kontobuchs

Auch wenn das papierlose Büro anzustreben ist, ohne Ausdrucke werden Sie Ihr Anwendungsprogramm beim Anwender schwerlich durchbekommen. Borland hat zusammen mit Delphi 1.0 und 2.0 dafür auch ein mächtiges Tool beigelegt, der *ReportSmith* hat dabei jedoch schwerwiegende Nachteile. Zum einen ist der benötigte Speicherplatz sowohl auf der Festplatte als auch auf den Installationsdisketten einfach zu hoch. Es ist nicht sinnvoll, für einen einfachen Ausdruck ein derartig mächtiges Tool bereitzustellen. Zudem ist der *ReportSmith* auch anspruchsvoll, was den zur Verfügung stehenden Arbeitsspeicher angeht.

Nicht das Sie mich hier falsch verstehen, das Programm *ReportSmith* ist eine sehr mächtiges Tool, dessen Herkunft aus dem Client/Server-Bereich nicht zu übersehen ist. Die Stärken kann es jedoch nur ausspielen, wenn an den Ausdruck höhere Anforderungen gestellt werden – oder fahren Sie etwa auch mit einem Formel-I-Wagen einkaufen? Mit *Delphi 3.0* gehört *ReportSmith* nicht mehr zum Lieferumfang – allerdings können Sie dieses Tool weiterhin einsetzen. Die dazu notwendige *TReport*-Komponente ist auch in Delphi 3 vorhanden, muß jedoch erst für die Komponenten-Palette „sichtbar" gemacht werden. Alle Umsteiger von *Delphi 2.0* können dann bei Bedarf den *ReportSmith* von der alten CDROM installieren.

Ab Delphi 2.0 bekam Borland's Tool *ReportSmith* ernsthafte Konkurrenz, indem Borland das Produkt *QuickReport* der Firma *QuSoft* mit in das Delphi-Repertoire übernahm. Mit Delphi 3.0 steht die Version 2.0 von *QuickReport* zur Verfügung. Mit dem Versionssprung sind gravierende interne Änderungen verbunden, die auch für Sie als Anwendungsentwickler ein Umlernen notwendig machen. Alle Umsteiger von Delphi 2 werden die Änderungen beim Öffnen des Formulars bereits rein visuell erkennen und müssen am Anfang etwas umdenken.

 Strenggenommen ist die mit Delphi 3.0 ausgelieferte Version nur eine „Schnupperversion". Die Firma QuSoft vertreibt das vollständige Produkt „QuickReport 2" in eigener Regie. Auch den ReportSmith gibt es nur noch gegen Aufpreis.

Neueinsteiger – die mit Delphi 3.0 Ihre ersten Erfahrungen sammeln – kommen jedoch gleich in den Genuß der intuitiveren Oberfläche von *QuickReport 2*. Hier die wichtigsten Highlights:

Einfachere, intuitivere Oberfläche in der Entwicklungsumgebung von Delphi.

• Vollständige Kontrolle über das Seiten-Layout in der Entwicklungsumgebung sowie über den Objektinspektor.

• Vollständige Kontrolle aller Druckereinstellungen über den Objektinspektor.

- Genaue Positionierung in den Maßeinheiten Inches und Millimeter.
- Unterstützt den Ausdruck im Hintergrund über einen zweiten Thread.
- Schneller Aufruf der Seitenansicht direkt aus der Entwicklungsumgebung heraus, ohne das Programm ausführen zu müssen.
- Kompatibel mit den Delphi 3.0-Packages.
- Neue QuickReport-Komponenten für eine Vielzahl von Aufgaben. Ein Juwel bildet *TQRExp*, über diese Komponente implementieren Sie den Ausdruck von berechneten Daten.

Report-Layout gestalten

Obwohl Delphi für die am häufigsten benötigten Reporte eigene Vorlagen über den Menüpunkt „Datei | Neu..." bereithält, sollten Sie Ihren ersten Versuch mit *QuickReport* vollständig von Hand entwickeln. Nur so lernen Sie am schnellsten den Aufbau sowie das Funktionsprinzip kennen und sind dann später besser in der Lage, die vordefinierten Vorlagen an die eigenen Anforderungen anzupassen.

Abb. 3.50: Der Report in der Entwicklungsumgebung

Am Ende soll der Report das in der Abb. 3.50 gezeigte Layout haben.

Step 1

Über den Menüpunkt „Datei | Neues Formular" legen Sie ein neues Formular im Projekt an. In dieses Formular übernehmen Sie eine Instanz der *TQuickRep*-Komponente.

Abb. 3.51: Das Symbol der TQuickRep-Komponente

Die *TQuickRep*-Komponente finden Sie auf der Komponentenpalettenseite „QReport". Bereits hier bemerken die Umsteiger unter Ihnen den ersten Unterschied. Im Gegensatz zu Delphi 2 entspricht die neue *TQuickRep*-Komponente bereits einer Layout-Anzeige im Formular.

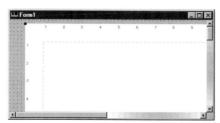

Abb. 3.52: TQuickRep-Komponente in der Rohfassung

Step 2

Über die *TQuickRep*-Eigenschaft *Bands* legen Sie fest, welche Bereiche der Report verwenden soll. Auf die Bedeutung der sogenannten *Bands* komme ich noch zurück, Sie können sich diese Bereiche so vorstellen wie die Kopf- und Fußzeilen einer Textverarbeitung. Alle anderen *Quickreport*-Komponenten werden in einen bestimmten Bereich eingebettet. Sobald Sie im *Objektinspektor* ein *Band* auswählen, aktualisiert *TQuickRep* sein Erscheinungsbild im Formular.

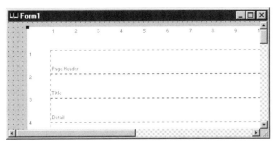

Abb. 3.53: Die ausgewählten Bereiche werden auch im Layout gekennzeichnet

Wesentlich für den erfolgreichen Einsatz von *QuickReport* ist das Verständnis des Wirkungsprinzips. Der Ausdruck wird logisch in verschiedene Bereiche aufgeteilt, den sogenannten Bändern. Wie in einer Textverarbeitung unterscheidet QuickReport zum Beispiel auch zwischen einer Kopf- und Fußzeile, die automatisch auf jeder Seite ohne weiteres Zutun des Anwenders plaziert wird. Aus diesem Grund müssen die Bänder auch als erstes im Formular eingerichtet werden, bevor überhaupt eine auszudruckende Tabellenspalte zugewiesen werden kann. Die zuständige Komponente dafür ist TQRBand, über die Eigenschaft *BandType* legen Sie fest, welche Rolle das Band im Report gerade spielen soll. Nur in einem Band vom Typ „rbDetail" können die Komponenten zum Ausdruck der Tabellenspalten plaziert werden. Dieses Band wird von *QuickReport* zur Programmlaufzeit so oft wie möglich auf einer Seite vervielfältigt, wobei jeder Datensatz ein eigenes Band verwendet. In einer Multitabellenbeziehung können Sie zudem sowohl für die Mastertabelle als auch für die Detailtabelle ein eigenes Detailband verwenden. Die in der Abb. 3.54 gezeigte Grafik soll dieses Zusammenspiel verdeutlichen.

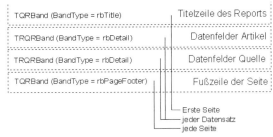

Abb. 3.54: Bänder als logische Unterteilung des Reports

Step 3

Nun können Sie die benötigten QuickReport-Komponenten zur Darstellung der Beschriftung sowie der Daten in den einzelnen Bändern plazieren. Die Bezeichnung der einzelnen Komponenten hält sich dabei an den Delphi-Standard, wobei alle Komponenten zur besseren Unterscheidung mit der

Buchstabenfolge „QR" beginnen. Es wäre müßig, nun hier alle Arbeitsschritte aufzuzählen, die rein visuell über den Objektinspektor abzuarbeiten sind. Besser ist es, Sie öffnen das Projekt und schauen sich das Formar „FormQRListKonto" einmal in der Entwicklungsumgebung an. Bis auf eine Ausnahme demonstriert der Report die einfachste Alternative.

Nur die *TQRDBText*-Instanzen für die Tabellenspalten „Betrag" und „Kontostand" verwenden eine Besonderheit. Im Ausdruck sollen die DM-Beträge sowohl rechtsbündig ausgerichtet werden als auch die Endung „DM" verwenden. Ohne zusätzlichen Eingriff erhalten Sie jedoch nur die reinen Zahlenwerte. Allerdings stellen die *TQRDBText*-Instanzen im *Objektinspektor* die Eigenschaft *Mask* zur Verfügung.

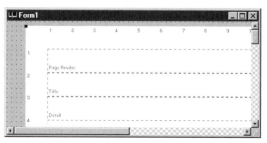

Abb. 3.55: Die Eigenschaft Mask formatiert die auszudruckenden Daten

Über die Eigenschaft *Mask* legen Sie eigene Formatierungsregeln fest. Dabei definiert *QuickReport* keinen eigenen Standard, sondern übernimmt die Regeln, die Delphi intern für die Funktion *FormatFloat* verwendet. Unter dem Stichwort „FormatFloat" finden Sie dazu in der Delphi-Hilfe umfangreiche Informationen.

Tabelle 3.10 Beispiele für die formatierte Darstellung

Maske	Wert „1234"	Wert „-1234"	Wert „0,5"	Wert „0"
0.00 DM	1234,00 DM	-1234,00 DM	0,50 DM	0,00 DM

3.9 Schritt 9: Kursdaten eines Jahrgangs löschen

Jeder Anwendungsentwickler wünscht sich, daß sein Programm möglichst über einen langen Zeitraum verwendet wird. Dies gilt selbstverständlich auch für „ShareMan". Das Programm stellt daher dem Anwender eine Option zur Verfügung, über die alle Kursdaten eines bestimmten Jahrgangs einfach gelöscht werden können.

3.9.1 Aufruf im Hauptformular

Die Ereignisbehandlungsmethode für den Menüeintrag „Bearbeiten | Kurse eines Jahrgangs löschen..." erzeugt dazu zur Programmlaufzeit das Formular „FormDelYear" und zeigt dieses Formular als einen modalen Dialog an. Der Anwender wird auf diesen Dialog nur sehr selten zurückgreifen, ein automatisches Erstellen beim Programmstart ist wenig sinnvoll. In der Delphi-Entwicklungsumgebung entfernen Sie daher im Dialogfenster „Projektoptionen" das Formular aus der Listbox für die automatisch zu erstellenden Formulare.

```
procedure TFormMain.MBDeleteYearClick(Sender: TObject);
begin
  // Kurse eines kompletten Jahrganges löschen
  FormDelYear := TFormDelYear.Create(Application);
  try
    FormDelYear.ShowModal;
  finally
    FormDelYear.Release;
  end;
  // Aktualisieren
  DataModuleMain.TableKurse.Refresh;
  ShowNewValues;
end;
```

Nachdem über ein *SQL-Statement* alle Kursdatensätze eines Jahrgangs gelöscht wurden, muß das Programm sowohl die *TDBGrid*-Anzeige als auch die Anzeige der statistischen Zusatzinformationen zur ausgewählten Aktie aktualisieren.

3.9.2 Der Löschdialog

Im Formular sorgt eine *TMaskEdit*-Instanz dafür, daß der Anwender nur eine vierstellige Jahreszahl eintragen kann. Sobald er dann den „Löschen"-Button anklickt, ermittelt das Programm die Anzahl der Kursdatensätze, die für das eingetragene Jahr im Datenbankbestand enthalten sind. Erst dann, wenn der Anwender auch eine weitere Sicherheitsabfrage mit „Ja" beantwortet, löscht „ShareMan" die Datensätze aus der Tabelle „sm_kurs.db".

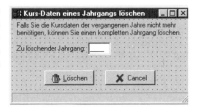

Abb. 3.56: Das Formular für das Löschen der Kurs-Datensätze eines Jahrgangs

Das zum Löschen der alten Kursdatensätze verwendete SQL-Statement sieht wie folgt aus:

```
DELETE FROM sm_kurs WHERE datum BETWEEN :StartDat AND :EndDat'
```

In der *WHERE*-Klausel legen Sie die Kriterien fest, nach denen die *BDE* alle die Datensätze ermitteln soll, die zu löschen sind. Das SQL-Schlüsselwort „BETWEEN .. AND ..." kennzeichnet dazu einen Datumsbereich, wobei der erste Datumswert das Anfangsdatum und der zweite Datumswert das Endedatum festlegt. Wie wird aber nun aus der vierstelligen Jahreszahl das komplette Datum für den ersten und den letzten Tag des Jahres berechnet? Bei Delphi gibt es da fast in jedem Fall nur eine Antwort – „ganz einfach"! Schauen Sie sich dazu einmal die folgenden Programmzeilen an:

```
var
  dtStart,
```

```
dtEnd    : TDateTime;
iYear    : Integer;
...
iYear  := StrToInt(MaskEditYear.Text);
dtStart := EncodeDate(iYear, 1, 1);
dtEnd   := EncodeDate(iYear, 12, 31);
```

Die *StrToInt*-Funktion wandelt die Zeichenkette für die Jahreszahl in einen Integerwert um. Diesen Integerwert verwendet die *EncodeDate*-Funktion als ersten Parameter, um mit den fest zugewiesenen Parametern für den Monat und Tag einen gültigen Datumswert im *TDateTime*-Format zu generieren. Beachten Sie dabei aber unbedingt, daß *TDataTime* ja auch eine Zeit-Komponente aufnimmt. Damit müssen Sie dafür Sorge tragen, daß Delphi beim Zuweisen der beiden Variablen an die Parameter von *TQuery* auch nur den Datumsteil ausliest.

```
Params[0].AsDate := dtStart ;
Params[1].AsDate := dtEnd;
```

Das Programm wendet die TQuery-Instanz „QueryDynSQL" aus dem Datenmodul für diese Aufgabe. Dieser Instanz wird der auszuführende SQL-Befehl erst zur Programmlaufzeit dynamisch zugewiesen. Damit entfällt leider auch das visuelle Konfigurieren der Parameter über den *Objektinspektor*.

Vor dem Löschen ermittelt das Programm die Anzahl der Datensätze, die der Anwender durch das Bestätigen der zweiten Sicherheitsabfrage löschen würde.

```
SELECT COUNT(datum) FROM sm_kurs
WHERE datum BETWEEN :StartDat AND :EndDat
```

Das SQL-Statement liefert eine Zahl für die Anzahl der Datensätze in der Tabelle zurück, die den Auswahlkriterien der *WHERE*-Klausel entsprechen. Um nun dieses Rückgabeergebnis im Programm auswerten zu können, greifen Sie auf die von Delphi automatisch angelegte TField-Instanz zurück.

```
StatBar.SimpleText := Format('Für diesen Jahrgang wurden %d ' +
                    'Datensätze gefunden!', [Fields[0].AsInteger]);
```

Die SELECT-Anweisung bezieht sich nur auf das Ergebnis von „COUNT(datum)", damit wird auch nur ein Wert (eine Spalte) in der Ergebnismenge zurückgeliefert. Bei der SQL-Auswertung einer relationalen Datenbank bildet auch die Ergebnismenge eine Relation, d.h. auch die Ergebnismenge kann wie eine temporäre Tabelle interpretiert werden. Über den Bezug „Fields[0].AsInteger" lesen Sie den Inhalt der ersten Spalte der temporären Ergebnistabelle aus, wobei Delphi den dort vorgefundenen Wert als Integerzahl interpretiert.

Zur Erinnerung: Immer dann, wenn Sie keine persistenten TField-Instanzen anlegen, holt das Delphi zur Programmlaufzeit nach. Bei dynamisch zugewiesenen SQL-Statements können Sie gar kein persistenten TFields anlegen, so daß Sie nur über den Indexwert auf das Array der TFields zugreifen können.

Die komplette Funktion verbirgt sich hinter der Ereignisbehandlungsmethode für das Anklicken des Start-Buttons im Formular.

```
procedure TFormDelYear.BitBtn1Click(Sender: TObject);
var
  dtStart,
  dtEnd    : TDateTime;
```

```pascal
  iYear    : Integer;
begin
  iYear := StrToInt(MaskEditYear.Text);
  dtStart := EncodeDate(iYear, 1, 1);
  dtEnd := EncodeDate(iYear, 12, 31);
  with DataModuleMain.QueryDynSQL do begin
    SQL.Clear;
    SQL.Add('SELECT COUNT(datum) FROM sm_kurs ');
    SQL.Add('WHERE datum BETWEEN :StartDat AND :EndDat');
    Params[0].AsDate := dtStart ;
    Params[1].AsDate := dtEnd;
    Screen.Cursor := crSQLWait;
    try
      Open;
      StatBar.SimpleText := Format('Für diesen Jahrgang wurden %d ' +
                                   'Datensätze gefunden!',
                                   [Fields[0].AsInteger]);
    finally
      Screen.Cursor := crDefault;
    end;
    if MessageDlg('Wirlich löschen?',
                  mtConfirmation, [mbYes, mbNo], 0) = mrYes then
    begin
      SQL.Clear;
      SQL.Add('DELETE FROM sm_kurs ');
      SQL.Add('WHERE datum BETWEEN :StartDat AND :EndDat');
      Params[0].AsDate := dtStart ;
      Params[1].AsDate := dtEnd;
      Screen.Cursor := crSQLWait;
      StatBar.SimpleText := 'Bitte warten....';
      try
        ExecSQL;
        StatBar.SimpleText := 'Daten wurden entfernt!';
      finally
        Screen.Cursor := crDefault;
      end;
    end;
  end;
  // Formular schließen
  FormDelYear.Close
end;
```

3.10 Schritt 10: Datenbank-Backup

Das Programm „ShareMan" stellt dem Anwender eine spezielle Backup-Funktion im Menü zur Verfügung. Natürlich bedeutet dies nicht, daß der Anwender tatsächlich auch ein Backup des Datenbestandes anlegt. Aber bevor Sie nun auf die Idee kommen, den Backup-Mechanismus automatisch aufzurufen oder gar den Anwender zum Backup zu zwingen, sollten Sie bedenken, daß niemand zu seinem Glück gezwungen werden darf.

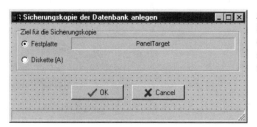

Abb. 3.57: Eine Sicherungskopie der Datenbank soll angelegt werden

Der Anwender kann beim Backup entscheiden, ob er die Datenbankdateien in ein Unterverzeichnis der Festplatte kopieren lassen will oder ob er gar auf eine Diskette auslagert. Wählt er die Festplatte aus, so legt „ShareMan" ein Unterverzeichnis „Backup" direkt im Datenbankverzeichnis an und kopiert alle Datenbankdateien dorthin. Halt – so ganz exakt ist der letzte Satz jedoch nicht. Das Programm „ShareMan" kopiert nicht selbst, sondern betraut das Betriebssystem Windows mit dieser Aufgabe.

3.10.1 Änderung im Hauptformular

Auch das Backup-Formular wird nicht immer benötigt, so daß „ShareMan" dieses Formular erst bei Bedarf dynamisch generiert. Vergessen Sie nicht, ein derart erzeugtes Formular auch aus der Liste der automatisch beim Programmstart zu erstellenden Formulare zu entfernen.

```
procedure TFormMain.MFBackupClick(Sender: TObject);
begin
  DataModuleMain.SaveMainKurse;
  PlayWaveSound('DLGOPEN');
  FormBackup := TFormBackup.Create(Application);
  try
    FormBackup.ShowModal
  finally
    FormBackup.Release;
    PlayWaveSound('DLGOPEN');
  end
end;
```

Die private Methode „SaveMainKurse" aus dem Datenmodul speichert alle noch nicht bestätigten Änderungen in den Tabellen ab.

 Es reicht aus, einfach die Programmzeilen in die Ereignisbehandlungsmethode für den Menüpunkt einzutippen. Beim ersten Compilierungsversuch bemerkt Delphi selbst, daß die neue Formular-Unit noch nicht eingebunden wurde und holt diese in eigener Regie nach.

3.10.2 Das Backup-Formular

Beim Erzeugen des Datensicherungsformulars wird das Verzeichnis der Datenbankdateien aus dem Alias-Namen ausgelesen. Dieses Verzeichnis zeigt das Formular im *TPanel* innerhalb der *Radiogroup* an. Außerdem stellt die Methode sicher, daß in jedem Fall ein gültiger Pfadname (Backslash am Pfadende!) für das Quell- und Zielverzeichnis generiert wird.

Bislang gehörte das Thema „Kopieren von Dateien" regelmäßig zu den als *Tips&Tricks* veröffentlichten Beiträgen. Jeder schwörte auf seine Routine, die mehr oder weniger schnell und fehlerfrei Dateien von einem Ort zum anderen kopieren konnte. Mit dem *Win32-API* von *Windows 95* gehören derartige Routinen hoffentlich der Vergangenheit an, das Betriebssystem selbst erledigt derartige Aufgaben in eigener Verantwortung. Vergleichen Sie dazu die folgenden Programmzeilen. Nur die fett hervorgehobene Zeile stößt das Kopieren aller Dateien aus einem Verzeichnis in ein anderes an. Die verwendete Win32-API-Funktion *SHFileOperation* erwartet nur einen Parameter vom Typ „TSHFileOpStruct".

```
with aSI do begin
  Wnd := Handle;
  wFunc := FO_Copy;
  pFrom := szSource;
  pTo := szTarget;
  fFlags := FOF_FILESONLY or FOF_NOCONFIRMMKDIR;
  lpszProgressTitle := 'Datenbank-Sicherungskopie';
end;
SHFileOperation(aSI);
```

Doch damit nicht genug, Windows zeigt zudem bei langandauernden Kopiervorgängen (wie zum Beispiel beim Backup auf Diskette) das vom *Explorer* gewohnte Dialogfenster mit den fliegenden Dokumenten an.

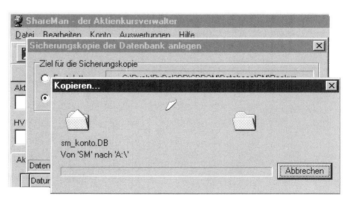

Abb. 3.58: Windows kopiert die Datenbankdateien

In der Delphi-Hilfedatei „win32.hlp" finden Sie unter dem Suchwort „SHFILEOPSTRUCT" unter anderem die folgenden Informationen.

Tabelle . Aufbau der TSHFileOpStruct-Struktur

Recordfeld	Bedeutung
Wnd	Fensterhandle des Elternfensters für das Dialogfenster mit den fliegenden Dokumenten.
wFunc	Definiert die auszuführende Funktion. Es werden die Operationen FO_COPY, FO_DELETE, FO_MOVE und FO_RENAME unterstützt.
pFrom	Legt das Quellverzeichnis fest.
pTo	Legt das Zielverzeichnis fest.
fFlags	Definiert, welche Dateien kopiert werden sollen und ob zum Beispiel für ein neu zu erstellendes Verzeichnis jedesmal beim Anwender nachgefragt werden soll. Über die Bedeutung der 10 Optionen schlagen Sie am besten in der Hilfe nach.

lpszProgressTitle Legt die Beschriftung des Dialogfensters mit den fliegenden Dokumenten fest. Unmittelbar vor dem Kopieren der Datenbankdateien sorgte die Zuweisung „DataModuleMain.DatabaseSM.Connected := False;" dafür, daß alle Datenbankverbindungen der TDataBase-Instanz „DatabaseSM" getrennt wurden. Damit schließt Delphi automatisch auch alle die Tabellen, die diese Datenbankverbindung nutzen. Nach dem erfolgreichen Backup aktiviert die Methode die Datenbankverbindung wieder, wobei allerdings auch jede einzelne Tabelle extra geöffnet werden muß.

```
procedure TFormBackup.FormCreate(Sender: TObject);

  // Verzeichnis aus dem Alias ermitteln
  function GetAliasPath(const Alias: string): string;
  var
    ParamList: TStringList;
  begin
    ParamList:=TStringList.Create;
    try
      Session.GetAliasParams(Alias, ParamList);
      Result:=ParamList.Values['PATH'];
    finally
      ParamList.Free;
    end;
  end;

  // absoluten Pfadnamen generieren (Backslash-Prüfung)
  function MakeValidPathName(const sPath, sName: String): String;
  begin
    if Copy(sPath, Length(sPath),1) <> '\'
      then Result := sPath + '\' + sName
      else Result := sPath + sName;
  end;

begin
  // Quellverzeichnis aus dem Aliasnamen auslesen
```

3.10 Schritt 10: Datenbank-Backup

```pascal
  sSourceDir := GetAliasPath(DataModuleMain.DatabaseSM.AliasName);
  StatusBarPath.SimpleText := Format('Datenbankverzeichnis ist %s',
                                     [sSourceDir]);
  // Sicherungsverzeichnis festlegen
  sTargetDir := MakeValidPathName(sSourceDir, 'Backup');
  // Dateimaske für das Quellverzeichnis festlegen
  sSourceDir := MakeValidPathName(sSourceDir, 'sm*.*');
  PanelTarget.Caption := sTargetDir;
end;

procedure TFormBackup.BitBtnStartClick(Sender: TObject);
var
  szSource,
  szTarget : array[0..251] of Char;
begin
  FillChar(szSource, SizeOf(szSource), #0);
  FillChar(szTarget, SizeOf(szTarget), #0);
  StrPCopy(szSource, sSourceDir);
  if RadioGroupTarget.ItemIndex = 0
   then StrPCopy(szTarget, sTargetDir)
   else StrPCopy(szTarget, 'A:\');
  // Button sperren
  BitBtnStart.Enabled := False;
  BitBtnCancel.Enabled := False;
  // Schritt 1: alle Tabellen schließen
  DataModuleMain.DatabaseSM.Connected := False;
  // Schritt 2: alle Tabellen kopieren
  try
    with aSI do begin
      Wnd := Handle;
      wFunc := FO_Copy;
      pFrom := szSource;
      pTo := szTarget;
      fFlags := FOF_FILESONLY or FOF_NOCONFIRMMKDIR;
      lpszProgressTitle := 'Datenbank-Sicherungskopie';
    end;
    // Kopiervorgang starten
    SHFileOperation(aSI);
    // alles ok -> Anwenderinfo
    ShowMessage(Format('Die Datenbankdateien wurden' + #10#13 +
                       'von %s ' + #10#13 +
                       'nach %s gesichert.', [sSourceDir, szTarget]));
  finally
    // Schritt 3: alle Tabellen wieder öffnen
    with DataModuleMain do begin
      DatabaseSM.Connected := True;
      TableMain.Open;
      TableOrte.Open;
      TableKurse.Open;
      TableKauf.Open;
      TableKonto.Open;
    end;
```

```
      // Button freigeben
      BitBtnStart.Enabled := True;
      BitBtnCancel.Enabled := True;
   end
end;
```

3.11 Schritt 11: Auswertungen im Datenbestand

Bislang stand die Datenerfassung und Datenverwaltung für das Projekt „ShareMan" im Vordergrund. Den richtigen Nutzen zieht der Anwender jedoch erst dann aus dem Programm, wenn zusätzliche Auswertungen und Analysen vom Programm unterstützt werden.

3.11.1 Überblick über die aktuellen Aktienkurse

Das Hauptfenster von „ShareMan" stellt die Informationen datensatzbezogen dar. Der Anwender ruft immer nur die Informationen zu dem gerade angezeigten Wertpapier ab, daher ist eine alternative Darstellung in Tabellenform nützlich.

Datum	Aktie	AktuellerKurs	Nennwert	Minimum	Maximum	Schwankung	Prozent_vom_Maximum
20.01.97	Adidas	152,00 DM	5,00 DM	70,30 DM	152,00 DM	81,70 DM	100
20.01.97	Allianz (DAX)	2.843,00 DM	50,00 DM	2.490,00 DM	2.918,00 DM	428,00 DM	97.42
20.01.97	Audi	1.005,00 DM	50,00 DM	465,00 DM	1.020,00 DM	555,00 DM	98.52
20.01.97	BASF (DAX)	59,40 DM	5,00 DM	30,35 DM	61,95 DM	31,60 DM	95.88
20.01.97	Bayer (DAX)	62,15 DM	5,00 DM	35,92 DM	65,00 DM	29,08 DM	95.61
20.01.97	Bayer. Hyp (DAX)	51,80 DM	5,00 DM	33,15 DM	51,80 DM	18,65 DM	100
20.01.97	Bayr. Vbk. (DAX)	62,10 DM	5,00 DM	38,60 DM	65,10 DM	26,50 DM	95.39
20.01.97	BMW (DAX)	1.101,00 DM	50,00 DM	736,50 DM	1.114,00 DM	377,50 DM	98.83
20.01.97	Commerzbank (DAX)	44,45 DM	5,00 DM	31,05 DM	44,45 DM	13,40 DM	100
20.01.97	Computer 2000	347,00 DM	50,00 DM	213,00 DM	504,50 DM	291,50 DM	68.78
20.01.97	Continental	31,10 DM	5,00 DM	19,75 DM	31,30 DM	11,55 DM	99.36
20.01.97	Daimler (DAX)	117,60 DM	5,00 DM	65,85 DM	117,70 DM	51,85 DM	99.91
17.01.97	DAX Plus Hi	138,51 DM	100,00 DM	100,00 DM	138,51 DM	38,51 DM	100
20.01.97	Degussa	712,30 DM	50,00 DM	438,00 DM	716,00 DM	278,00 DM	99.48
17.01.97	Dresdner Bank (DAX)	51,80 DM	5,00 DM	36,82 DM	51,80 DM	14,98 DM	100
20.01.97	Dt. Bank	81,20 DM	5,00 DM	62,00 DM	81,20 DM	19,20 DM	100
20.01.97	Dt. Telekom (DAX)	31,50 DM	5,00 DM	28,00 DM	33,50 DM	5,50 DM	94.02
20.01.97	Fielmann Vorzug	46,80 DM	5,00 DM	46,80 DM	85,30 DM	38,50 DM	54.86
20.01.97	Henkel Vorzug (DAX)	87,30 DM	5,00 DM	50,60 DM	87,90 DM	37,30 DM	99.31

44 Aktienwerte untersucht.

Abb. 3.59: Auswertung des aktuellen Kursstandes aller Wertpapiere

Zusätzlich zu den auch im Hauptformular angezeigten Daten ermittelt die Auswertung des aktuellsten Standes auch noch die Schwankungsbreite des Aktienkurses sowie eine Prozentangabe des aktuellen Kurses bezogen auf den Maximalkurs.

Killer-SQL

Die „ShareMan"-Datenbank wurde vor der Entwicklung des Programms normalisiert, d.h. alle „überflüssigen" Tabellenspalten wurden entfernt beziehungsweise in die passenden Tabellen ausgelagert.

3.11 Schritt 11: Auswertungen im Datenbestand

Erst bei der Implementierung dieses Abfrageformulars tauchte dann aber ein massives Problem auf. Der erste Version (normalisierte Datenbank) benötigte mehrere Minuten, um die anzuzeigenden Daten per SQL-Abfrage zu ermitteln. Dies ist dem Anwender nicht zumutbar, auch wenn die Abfrage in einen zweiten Thread ausgelagert wird, so bleibt doch die Tatsache bestehen, daß der Anwender minutenlang auf die Ergebnisse warten muß. Das Problem verschärft sich dabei mit dem wachsenden Datenbestand, so daß die Datenbankstruktur geändert werden mußte.

Die folgende SQL-Abfrage erwies sich als Killer-SQL:

```
SELECT K.Datum,M.Aktie,M.Nennwert,M.MinWert AS Minimum,
       M.MaxWert AS Maximum,(M.MaxWert - M.MinWert) AS Schwankung,
       SUBSTRING(CAST((K.Kurs/M.MaxWert * 100) AS CHARACTER(22))
                 FROM 1 FOR 5) AS Prozent_vom_Maximum
FROM sm_kurs K, sm_main M
WHERE M.ID = K.ID
AND K.RecNo = (SELECT Max(RecNo) FROM sm_kurs WHERE ID = M.ID)
ORDER BY M.Aktie
```

Für die Erklärung der einzelnen Bestandteile muß ich Sie auf das SQL-Kapitel im Buch vertrösten. Es sei hier nur soviel dazu gesagt, daß dieses SQL-Statement fast alle Optionen des lokalen SQL der 32-Bit-BDE ausschöpft. Das fängt bei der Typumwandlung über *CAST* an, geht über das teilweise Kopieren eines Ergebnisses via *SUBSTRING* und hört beim sogenannten *Sub-SELECT* in der *WHERE*-Klausel auf. Über die Sub-SELECT-Abfrage schlägt die BDE den aktuellsten Kurs einer Aktie selbst in der Tabelle „sm_kurs.db" nach. Das ist zwar für die Abfrage umständlicher, dafür aus Sicht des Datenmodells optimaler.

Auch wenn diese Abfrage technisch machbar ist und beim Zugriff auf einen *SQL-Server* keine Probleme bereitet, so kollidiert sie jedoch mit der Umsetzung für Paradox-Datenbankdateien.

Die „entschärfte" Version der SQL-Abfrage

Die tatsächlich von „ShareMan" verwendete SQL-Abfrage sieht wie folgt aus:

```
SELECT AktuellesKursDatum As Datum, Aktie, AktuellerKurs, Nennwert,
       MinWert AS Minimum, MaxWert AS Maximum,
       (MaxWert - MinWert) AS Schwankung,
       SUBSTRING(CAST((AktuellerKurs/MaxWert * 100) AS CHARACTER(22))
                 FROM 1 FOR 5) AS Prozent_vom_Maximum
FROM sm_main
ORDER BY Aktie
```

Bereits auf den ersten Blick fällt auf, daß diese Abfrage nur auf eine Tabelle zugreift. Der Sub-SELECT auf die Kurstabelle „sm_kurs.db" entfällt, damit läuft die Abfrage in wenigen Sekunden durch. Der Vorteil besteht damit in einer dramatischen Geschwindigkeitssteigerung, allerdings erkaufen Sie sich diesen Vorteil mit der notwendige Denormalisierung des Datenmodells. Die Tabelle „sm_main.db" muß den jeweils aktuellen Kurswert mit dem dazugehörenden Datum in zwei eigenen Tabellenspalten bereithalten. Diese zwei Spalten speichern an sich redundante Daten, da die hier abgelegten Informationen auch aus der Tabelle „sm_kurs.db" gewonnen werden können.

Aufruf im Hauptformular

Das Auswertungsformular erzeugt „ShareMan" zur Programmlaufzeit erst bei Bedarf.

```
procedure TFormMain.MAAktuellClick(Sender: TObject);
begin
  DataModuleMain.SaveMainKurse;
  FormAuswertungAktuell := TFormAuswertungAktuell.Create(Application);
  try
    FormAuswertungAktuell.ShowModal
  finally
    FormAuswertungAktuell.Release
  end
end;
```

Formular-Unit „sm_auswa.pas"

Das Auswertungsformular verwendet die *TQuery*-Instanz „QueryDynSQL" aus dem Datenmodul von „ShareMan". Der auszuführende SQL-Befehl wird also auch hier dynamisch erst zur Programmlaufzeit zugewiesen. Ansonsten ist die Implementierung nicht weiter interessant. Im Quelltext ist die Variante für die „Killer"-SQL-Abfrage auskommentiert, falls Sie viel Zeit mitbringen, können Sie einmal die langsame Variante ausprobieren.

3.11.2 Aktueller Stand im eigenen Wertpapierportfolio

In dieser Auswertung tauchen nur die Wertpapiere auf, die auch tatsächlich im eigenen Wertpapierportfolio enthalten sind. Die wichtigste Information verbirgt sich natürlich hinter der Spalte „Gewinn". Der DM-Betrag in der Spalte „Stückgewinn" gibt darüber Auskunft, mit welchem Betrag sich jede einzelne Aktie am Gewinn beteiligt hat. Das letzte Feld „Rendite" setzt den Gewinn zum Einkaufspreis ins Verhältnis.

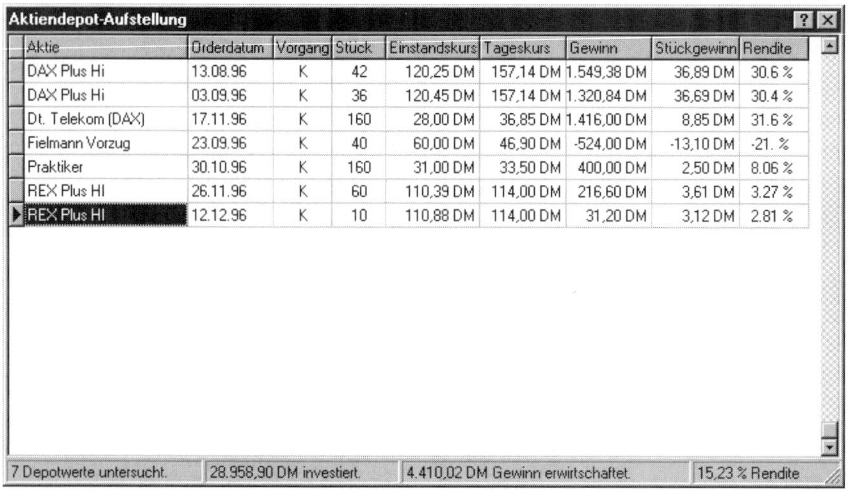

Aktie	Orderdatum	Vorgang	Stück	Einstandskurs	Tageskurs	Gewinn	Stückgewinn	Rendite
DAX Plus HI	13.08.96	K	42	120,25 DM	157,14 DM	1.549,38 DM	36,89 DM	30.6 %
DAX Plus HI	03.09.96	K	36	120,45 DM	157,14 DM	1.320,84 DM	36,69 DM	30.4 %
Dt. Telekom (DAX)	17.11.96	K	160	28,00 DM	36,85 DM	1.416,00 DM	8,85 DM	31.6 %
Fielmann Vorzug	23.09.96	K	40	60,00 DM	46,90 DM	-524,00 DM	-13,10 DM	-21. %
Praktiker	30.10.96	K	160	31,00 DM	33,50 DM	400,00 DM	2,50 DM	8.06 %
REX Plus HI	26.11.96	K	60	110,39 DM	114,00 DM	216,60 DM	3,61 DM	3.27 %
REX Plus HI	12.12.96	K	10	110,88 DM	114,00 DM	31,20 DM	3,12 DM	2.81 %

7 Depotwerte untersucht.   28.958,90 DM investiert.   4.410,02 DM Gewinn erwirtschaftet.   15,23 % Rendite

Abb. 3.60 Gewinn oder Verlust – das ist hier die Frage

Die in vier Informationsfelder unterteilte Statuszeile gibt die Situation für das komplette Portfolio wieder. Der Anwender sieht auf einen Blick, wieviel er investiert hat und vor allem, ob sich dies auch finanziell gelohnt hat. Die Rendite von 15,23 % in 6 Monaten ist nicht die Schlechteste, auf ein Jahr umgerechnet wären das 30,46%!

Aufruf im Hauptformular

Die Methode kommt Ihnen bekannt vor? Stimmt genau – alle dynamisch generierten Formulare verwenden immer das gleiche Strickmuster. Erst stellt das Programm sicher, daß alle Änderungen an den Datensätzen gespeichert werden. Danach wird die Formularinstanz erzeugt und als modaler Dialog angezeigt.

```
procedure TFormMain.MAADepotClick(Sender: TObject);
begin
  DataModuleMain.SaveMainKurse;
  FormADepot := TFormADepot.Create(Application);
  try
    FormADepot.ShowModal
  finally
    FormADepot.Release
  end
end;
```

Formular-Unit „sm_depot.pas"

Das Formular „FormADepot" wird erst zur Programmlaufzeit dynamisch erzeugt. Dabei arbeitet das Programm die folgenden Schritte ab:

1. SQL-Abfrage starten.

2. *TQuery-ResultSet* satzweise durchlaufen und die Daten addieren.

3. Daten für die Statuszeile berechnen.

Im Gegensatz zur vorherigen Abfrage verwendet „FormADepot" jedoch eine eigene *TQuery*-Instanz, die direkt im Formular eingebettet ist. Dafür gibt es drei Gründe. Zum einen wird der auszuführende SQL-Befehl visuell über den Objektinspektor zur Entwicklungszeit festgelegt. Der zweite Grund baut auf den ersten auf, Sie können *persistente TField*-Instanzen anlegen. Und als dritten und letzten Grund führe ich die spätere Umrüstungsoption der Abfrage in einen eigenständigen Thread auf.

Im *Objektinspektor* rufen Sie über die Eigenschaft *SQL* den *Stringlisten-Editor* für den auszuführenden SQL-Befehl auf. Dort tragen Sie das folgende SQL-Statement ein:

```
SELECT a.Aktie, k.Datum, k.kaufverkauf AS Vorgang,  k.Anzahl AS Stück,
       k.kaufkurs AS Einstandskurs, a.AktuellerKurs AS Tageskurs,
       (k.Anzahl * a.AktuellerKurs) - (k.Anzahl * k.KaufKurs) AS Gewinn,
       ((k.Anzahl * a.Aktuellerkurs) -
       (k.Anzahl * k.Kaufkurs)) / k.Anzahl AS Stückgewinn,
       " " || SUBSTRING(CAST((((k.Anzahl * a.Aktuellerkurs) -
       (k.Anzahl * k.Kaufkurs)) * 100) / (k.Anzahl * k.KaufKurs) AS
        CHARACTER(22)) FROM 1 FOR 4) || " % " AS Rendite
FROM sm_main a, sm_kauf k
WHERE a.ID = k.ID
ORDER BY a.Aktie
```

232   3 Anwendung Schritt für Schritt entwickeln

Zugegeben – auch dieses SQL-Statement hat es in sich, trotzdem verweise ich Sie auf das SQL-Kapitel im Buch. Es reicht aus, wenn ich Sie hier überzeugen kann, daß auch für Delphi das Thema *SQL* nicht uninteressant ist.

SQL ist jedoch kein Allheilmittel, die Daten für die Statuszeile ermittelt „ShareMan" wieder auf die klassische Art und Weise. Die von der SQL-Abfrage zurückgelieferte Ergebnismenge wird Satz für Satz über die *persistenten TField*-Instanzen ausgelesen.

```
procedure TFormADepot.FormCreate(Sender: TObject);
var
  dGewinn, dInvest : Double;
begin
  dGewinn := 0;
  dInvest := 0;
  Screen.Cursor := crSQLWait;
  try
    QueryDepotQuery.Open;
    // Result-Set auswerten
    with QueryDepotQuery do begin
      // 0 Treffer im Result-Set = Exit
      if RecordCount = 0 then Abort;
      DisableControls;
      // Datenzeiger auf ersten Datensatz im Result-Set
      First;
      // bis zum Result-Set-Ende
      while not EOF do begin
        if QueryDepotQueryVorgang.AsString = 'K' then begin
          // Werte der Spalte Gewinn addieren
          dGewinn := dGewinn + QueryDepotQueryGewinn.AsCurrency;
          // Investitionssumme (Anzahl * Einstandspreis) addieren
          dInvest := dInvest + (QueryDepotQueryStck.AsInteger *
                     QueryDepotQueryEinstandskurs.AsCurrency);
        end;
        // zum nächsten Datensatz im Result-Set
        Next
      end;
      EnableControls;
    end;
  finally
    Screen.Cursor := crDefault;
  end;
  // Daten in der Statuszeile anzeigen
  with StatBar.Panels do begin
    Items[0].Text := Format('%d Depotwerte untersucht.',
                            [QueryDepotQuery.RecordCount]);
    Items[1].Text := Format('%m investiert.', [dInvest]);
    Items[2].Text := Format('%m Gewinn erwirtschaftet.', [dGewinn]);
    Items[3].Text := Format('%f %% Rendite',[(dGewinn*100)/dInvest]);
  end;
end;
```

Wenn Sie sich die Aktiendepot-Aufstellung etwas genauer ansehen, werden Sie erkennen, daß Gewinn und Verlust untrennbar verbunden sind. Gerade für die Entscheidung, ob sich ein enttäuschter Aktionär von einer sogenannten „Gurke" trennen soll, benötigt er soviel Informationen wie möglich. Damit sind wir beim nächsten Formular – „FormHistory" zeigt den Aktienverlauf aller erfaßten Kursdaten für ein Wertpapier als Grafik auf.

3.11.3 Chronologischer Kursverlauf einer Aktie

Die Chart-Darstellung auf der zweiten *TPageControl*-Seite im Hauptformular beschränkt sich nur auf die letzten 25 Tageskurse der ausgewählten Aktie. Demgegenüber zeigt „FormHistory" alle Kurswerte der Aktie an.

Die dazu verwendete Komponente *TGraphicsServer* ist leistungsfähiger und flexibler als das *TChartFX*-Gegenstück im Hauptformular. Auch diese Komponente ist nur ein sogenannter *VCL-Wrapper* auf das darunterliegende OCX-Control. Dies können Sie niemals übersehen, bereits im *Objektinspektor* fällt auf, daß das keine normale VCL-Komponente ist.

Abb. 3.61 Der Kurs(fall) Lopez

Aufruf im Hauptformular

```
procedure TFormMain.SpeedButtonHistoryClick(Sender: TObject);
begin
  DataModuleMain.SaveMainKurse;
  PlayWaveSound('DLGOPEN');
  FormHistory := TFormHistory.Create(Application);
  try
    FormHistory.ShowModal
  finally
    FormHistory.Release;
    PlayWaveSound('DLGOPEN');
  end
end;
```

Formular-Unit „sm_hist.pas"

Zum Zeitpunkt des Aufrufs enthält die Datenquelle „TableKurse" aufgrund der Master-Detail-Beziehung zu „TableMain" nur die Kursdaten zur gerade ausgewählten Aktie. Damit muß „ShareMan" nur alle Datensätze der Datenquelle in einer Schleife auswerten.

TGraphicsServer-Version aus dem Verzeichnis „Kapitel 3\ShareMan"

Wie das im einzelnen vor sich geht, können Sie den eingefügten Kommentarzeilen im Listing entnehmen. Im Gegensatz zur *TChartFX*-Komponente erleichtern die Väter von *TGraphicsServer* dem Entwickler die Arbeit.

1. Die Schrittweite für die X-Achse wird über die Eigenschaft *AutoInc* auf den Wert „1" gesetzt, damit zählt die Komponente automatisch die Dateireihe hoch.
2. Der Komponente wird über die Eigenschaft *NumPoints* die Anzahl der darzustellenden Daten bekanntgemacht.
3. Die Daten werden einfach der TGraphicsServer-Eigenschaft *GraphData* zugewiesen. Ein Bezug auf einen Index wie bei TChartFX ist nicht notwendig, da die Eigenschaft *AutoInc* aktiviert wurde.
4. Alle Arbeit ist getan – das Chart darf sich zeigen, dazu wird die Eigenschaft *Visible* auf den Wert „True" gesetzt.

```
procedure TFormHistory.FormCreate(Sender: TObject);
var
  iCnt, iMax  : Integer;
  sChartTitle : String;
begin
  Screen.Cursor := crHourglass;
  // darzustellende Daten aus der Tabelle SM_KURSE.DB holen
  with DataModuleMain do begin
    iMax := TableKurse.RecordCount;
    if iMax = 0 then begin
      GraphicsServer1.Visible := False;
      Exit;
    end;
    // Datensatzzeiger auf ersten Datensatz positionieren
    TableKurse.First;
    sChartTitle := 'Kursverlauf ' + TableMainAktie.AsString +
                   ' im Zeitraum ' + TableKurseDatum.AsString;
    // visuelle Komponenten abkoppeln (max. Geschwindigkeit)
    TableKurse.DisableControls;
    GraphicsServer1.AutoInc := 1;
    GraphicsServer1.NumPoints := iMax;
    try
      for iCnt := 0 to iMax - 1 do begin
        // Wert übergeben
        GraphicsServer1.GraphData := TableKurseKurs.Value;
        // Datensatzzeiger auf den nächsten Datensatz positionieren
        TableKurse.Next
      end;
    finally
      // visuelle Komponenten ankoppeln (zeigt letzten Datensatz an)
```

3.11 Schritt 11: Auswertungen im Datenbestand   235

```
      TableKurse.EnableControls;
      sChartTitle := sChartTitle + ' - ' + TableKurseDatum.AsString;
      Screen.Cursor := crDefault;
    end;
  end;
  with GraphicsServer1 do begin
    GraphTitle := sChartTitle;    // Chart-Überschrift
    DrawMode := 2;
    Visible := True;              // anzeigen
  end
end;
```

TChart-Version aus dem Verzeichnis „Kapitel 3\ShareManNew"
Die *TChart*-Komponente ist in der Lage, Datumswerte (exakter die *TDateTime*-Werte von Delphi) als Achsenwerte im Diagramm zu verwenden. Damit sorgt der Aufruf

```
Series1.AddXY(TableKurseDatum.Value,
              TableKurseKurs.Value,'', clBlue);
```

dafür, daß sogar die Aktienkurse in chronologischem Abstand auf der X-Achse des Diagramms angezeigt werden. Als erster Parameter wird der Wert der *TField*-Instanz für das Kursdatum übergeben, während der zweite Parameter den aktuellen Kurs für diesen Tag festlegt. Bei einem Datum wird keine X-Achsenbeschriftung benötigt, da *TChart* dies in eigener Regie erledigt. Aus diesem Grund bleibt der dritte Parameter leer. Last – but not least – legt der letzte Parameter die Farbe der Kurve fest.

```
procedure TFormHistory.FormCreate(Sender: TObject);
var
  iCnt, iMax  : Integer;
  sChartTitle : String;
begin
  Screen.Cursor := crHourglass;
  // TChart-Diagramm leeren
  Series1.Clear;
  // darzustellende Daten aus der Tabelle SM_KURSE.DB holen
  with DataModuleMain do
  begin
    iMax := TableKurse.RecordCount;
    if iMax = 0 then
    begin
      Chart1.Visible := False;
      Exit;
    end;
    // Datensatzzeiger auf ersten Datensatz positionieren
    TableKurse.First;
    sChartTitle := 'Kursverlauf ' + TableMainAktie.AsString +
                   ' im Zeitraum ' + TableKurseDatum.AsString;
    // visuelle Komponenten abkoppeln (max. Geschwindigkeit)
    TableKurse.DisableControls;
    try
      for iCnt := 0 to iMax - 1 do
      begin
        // Werte an TChartFX übergeben
```

```
            Series1.AddXY(TableKurseDatum.Value,
                          TableKurseKurs.Value,'', clBlue);
            // Datensatzzeiger auf den nächsten Datensatz positionieren
            TableKurse.Next
          end;
        finally
          // visuelle Komponenten ankoppeln (zeigen letzten Datensatz an)
          TableKurse.EnableControls;
          sChartTitle := sChartTitle + ' - ' + TableKurseDatum.AsString;
          Screen.Cursor := crDefault;
        end;
      end;
      // Überschrift zuweisen
      Chart1.Title.Text[0] := sChartTitle;
      Chart1.Visible := True;
end;
```

3.11.4 Portfolio-Rendite auf einen Blick

Dieses Formular stellt im Vergleich zu den anderen Auswertungen die meisten Informationen zur Verfügung.

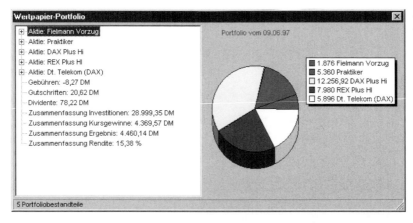

Abb. 3.62:
Auf einen
Blick

Zum einen sieht der Anwender den Aufbau seines Wertpapierportfolios als Tortendiagramm in einer *TChart*-Instanz. Und zum anderen faßt eine *TTreeView*-Instanz alle relevanten Daten zu den Wertpapieren im Portfolio zusammen. Alle Daten im *TreeView* stammen aus der Datenbank, diese Komponente ist eine nützliche Alternative zum *TDBGrid*. Nicht nur deswegen, weil die Baumdarstellung unter *Windows 95* Hochkonjunktur hat. Der Vorteil für den Anwender liegt darin, daß er beim *TreeView* im Gegensatz zum *DBGrid* die Informationsmenge und die Darstellung selber frei wählen kann.

Aufruf im Hauptformular

```
procedure TFormMain.Portfolio1Click(Sender: TObject);
begin
  DataModuleMain.SaveMainKurse;
  PlayWaveSound('DLGOPEN');
  FormPortfolio := TFormPortfolio.Create(Application);
  try
    FormPortfolio.ShowModal
  finally
    FormPortfolio.Release
  end;
  PlayWaveSound('DLGOPEN');
end;
```

Formular-Unit „sm_portf.pas"

Auch wenn der Aufruf im Hauptformular von „ShareMan" mit einer Handvoll Programmzeilen implementiert wird, trifft dies leider nicht für die Formular-Unit „sm_portf.pas" zu. Hier stecken in der Tat in der einzigen Methode „FormCreate" nicht wenige Programmzeilen drin, alles läßt sich auch mit Delphi nicht nur visuell entwickeln.

Neben *TChart* und *TTreeView* finden Sie jeweils auch noch eine *TTable*- und *TQuery*-Instanz vor. „TablePFKauf" stellt den Inhalt der Datenbanktabelle „sm_kauf.db" als Datenquelle bereit, während „QueryPFKauf" eine Verbindung zwischen den Tabellen „sm_main.db" und „sm_kauf.db" herstellt. Die SQL-Abfrage verknüpft dazu die Datensätze beider Tabellen über die in beiden Tabellen vorhandene Spalte „ID".

```
SELECT k.id, m.Aktie, m.AktuellerKurs,
   SUM(k.anzahl * m.AktuellerKurs) AS Vermoegen
FROM sm_kauf k, sm_main m
WHERE k.id = m.id
GROUP BY k.id, m.Aktie, m.AktuellerKurs
```

Als Ergebnis liefert die Abfrage eine Aufstellung aller Wertpapiere im Portfolio zurück, wobei auch der aktuelle Wert jeder Position berechnet wird. Damit liegen alle für die Tortengrafik benötigten Daten vor. Findet „FormCreate" jedoch in der TQuery-Eigenschaft *RecordCount* den Wert „0" vor, so wird zum einen die Tortengrafik verborgen und zum anderen die Arbeit sofort eingestellt (es gibt ja auch nichts zu tun).

TTreeView

Delphi's *TTreeView*-Komponente kapselt das Windows-Control „TreeView" ein. Über dieses Control stellen Sie eine hierarchische Liste von Einträgen dar. Jeder Eintrag (*TTreeNode*) besteht aus einer Beschriftung, optional kann das TreeView-Control auch eine Bitmap für jeden Eintrag verwalten. Das Objekt *TTreeNode* ist ein individuelles Element einer *TTreeView*-Instanz, gehört aber zur Container-Klasse *TTreeNodes*. Der Anwender darf zur Laufzeit das Erscheinungsbild in dem Control ändern, indem er Verzweigungen aufblättert oder wieder zusammenfaltet.

Am schnellsten verstehen Sie das Funktionsprinzip von *TTreeView*, wenn Sie sich das TreeView-Control als einen Verzeichnisbaum einer Festplatte vorstellen. Wie bei der Festplatte beginnt auch eine TreeView-Darstellung im Wurzelverzeichnis.

```
CNode := TreeView1.Items.AddChildObject(nil, 'Aktie: ...', nil);
```

Beim ersten Aufruf der *TTreeNodes*-Methode *AddChild* übergeben Sie daher den Wert „nil" als ersten Parameter. Die Methode *AddChild* fügt ein neues Element (*TTreeNode*-Objekt) zur TreeView-Darstellung hinzu. Das Element wird als Unterelement des durch den ersten Parameter bezeichneten Elements eingefügt.

Ein Unterverzeichnis legen Sie an, indem Sie der Methode *AddChildObject* als ersten Parameter eine bereits vorhandene *TTreeNode*-Instanz übergeben.

```
CNode2 := AddChildObject(CNode, 'Vorgänge', nil);
Die einzelnen Einträge für dieses Unterverzeichnis setzt die Methode
AddChild ein.
AddChild(CNode2, Format(sFmtInfoText,
         [TablePFKaufKaufVerkauf.AsString, TablePFKaufDatum.AsString,
          TablePFKaufAnzahl.AsString, TablePFKaufKaufKurs.Value]))
```

Mit diesem Mechanismus weisen Sie neue Einträge in beliebiger Folge der richtigen Verzweigung zu. Auch hier verbirgt sich die Funktionalität in einer einzigen Methode, die beim Erzeugen des Formulars von Delphi aufgerufen wird.

```
procedure TFormPortfolio.FormCreate(Sender: TObject);
var
  iCnt, iMax, iAnzahl                                : Integer;
  CNode, CNode2                                      : TTreeNode;
  sFmtInfoText                                       : String;
  dInvestDM, dSUMInvest, dSUMGewinn, dVermoegen, dErgebnis : Double;
begin
  Screen.Cursor := crHourglass;
  Series1.Clear;               // TChart leeren
  with QueryPFKauf do begin    // darzustellende Daten aus Query holen
    iMax := RecordCount;
    if iMax = 0 then begin
      ChartPortfolio.Visible := False;
      Exit;
    end;
    StatBarPF.SimpleText := Format(' %d Portfoliobestandteile',
                                   [iMax]);
    First;   // Datensatzzeiger auf ersten Datensatz positionieren
    try
      for iCnt := 0 to iMax - 1 do begin  // Vermögenswerte auslesen
        // Wert übergeben
        Series1.Add(QueryPFKaufVermoegen.Value,
                    QueryPFKaufAktie.AsString,
                    clTeeColor);
        Next   // Datensatzzeiger auf den nächsten Datensatz
      end;
      First;  // zurück zum ersten Datensatz im Result-Set
    finally
      Screen.Cursor := crDefault;
    end;
  end;
  ChartPortfolio.Title.Text[0] := 'Portfolio vom ' + DateToStr(Date);
  Screen.Cursor := crHourglass;
```

3.11 Schritt 11: Auswertungen im Datenbestand 239

```
// Tree-View
sFmtInfoText := '%s:   %s   %s Aktien je %m';
with TreeView1.Items do begin
  // Aktien auslesen
  QueryPFKauf.First;
  dSUMInvest := 0;
  dSUMGewinn := 0;
  for iCnt := 0 to iMax - 1 do begin
    // Wurzeleintrag anlegen
    CNode := AddChildObject(nil, 'Aktie: ' +
                            QueryPFKaufAktie.AsString, nil);
    //CNode.ImageIndex := 0;
    // Knoten "Vorgänge" für jede Aktie anlegen
    CNode2 := AddChildObject(CNode, 'Vorgänge', nil);
    //CNode2.ImageIndex := 1;
    dInvestDM := 0;
    with TablePFKauf do begin
      First;
      iAnzahl := 0;
      while not EOF do begin
        AddChild(CNode2, Format(sFmtInfoText,
                 [TablePFKaufKaufVerkauf.AsString,
                  TablePFKaufDatum.AsString,
                  TablePFKaufAnzahl.AsString,
                  TablePFKaufKaufKurs.Value]));
        // Investitions-Summe berechnen
        dInvestDM := dInvestDM + (TablePFKaufAnzahl.Value *
                                  TablePFKaufKaufKurs.Value) +
                                  TablePFKaufGebuehr.Value;
        iAnzahl := iAnzahl + TablePFKaufAnzahl.Value;
        Next;
      end;
      dVermoegen := iAnzahl * QueryPFKaufAktuellerKurs.Value;
    end;
    AddChild(CNode, Format('Bestand:   %d Aktien', [iAnzahl]));
    AddChild(CNode, Format('Investition:   %m', [dInvestDM]));
    AddChild(CNode, Format('Gewinn:   %m', [dVermoegen - dInvestDM]));
    dSUMInvest := dSUMInvest + dInvestDM;
    dSUMGewinn := dSUMGewinn + (dVermoegen - dInvestDM);
    // Datensatzzeiger auf den nächsten Datensatz positionieren
    QueryPFKauf.Next
  end;
  // Daten aus SM_KONTO.DB auslesen
  dErgebnis := dSUMGewinn;
  Screen.Cursor := crHourglass;
  with DataModuleMain.QueryDynSQL do begin
    // Summe aller Depot-Gebühren ermitteln
    Close;
    SQL.Clear;
    SQL.Add('SELECT SUM(Betrag) FROM sm_konto');
    SQL.Add('WHERE Vorgang = "Gebühren"');
    Open;
```

```
          AddChild(nil, Format('Gebühren: %m', [Fields[0].AsCurrency]));
          dErgebnis := dErgebnis + Fields[0].AsCurrency;
          // Summe aller Gutschriften ermitteln
          Close;
          SQL.Clear;
          SQL.Add('SELECT SUM(Betrag) FROM sm_konto');
          SQL.Add('WHERE Vorgang = "Gutschrift"');
          Open;
          AddChild(nil, Format('Gutschriften: %m',
                              [Fields[0].AsCurrency]));
          dErgebnis := dErgebnis + Fields[0].AsCurrency;
          // Summe aller Dividentengutschriften ermitteln
          Close;
          SQL.Clear;
          SQL.Add('SELECT SUM(Betrag) FROM sm_konto');
          SQL.Add('WHERE Vorgang = "Dividente"');
          Open;
          AddChild(nil, Format('Dividente: %m', [Fields[0].AsCurrency]));
          dErgebnis := dErgebnis + Fields[0].AsCurrency;
          Close;
        end;
        AddChild(nil,
                 Format('Zusammenfassung Investitionen: %m',[dSUMInvest]));
        AddChild(nil,
                 Format('Zusammenfassung Kursgewinne: %m',[dSUMGewinn]));
        AddChild(nil, Format('Zusammenfassung Ergebnis: %m', [dErgebnis]));
        AddChild(nil, Format('Zusammenfassung Rendite: %f %%',
                             [(dErgebnis * 100) / dSUMInvest]));
   end;
   Screen.Cursor := crDefault;
end;
```

3.12 Schritt 12 : SQL-Rechercheformular

Die universelle Datenbanksprache SQL ist nicht unbedingt für den Endanwender entwickelt worden. Im Gegenteil – dieses Einsatzgebiet der interaktiven Abfrage wurde bei der Entwicklung der Sprache nicht berücksichtigt. Damit ergibt sich auch heute noch ein karges Erscheinungsbild, so daß Sie als Programmentwickler dem Anwender die Sache schon etwas schmackhafter machen müssen. Aus diesem Grund implementiert das SQL-Formular auch die folgenden Leistungsmerkmale :

• Abspeichern und Wiedereinlesen von SQL-Anweisungen.

• Abspeichern des Rechercheergebnisses in einer frei wählbaren Datenbankdatei.

• Datenbankstrukturanzeige über ein nichtmodales Formular, in dem der Anwender die in der Datenbank vorhandenen Tabellen mit den Tabellenspalten nachschlagen kann.

• Darstellen der BDE-Aktivität über eine Balkenanzeige.

Die über eine *TProgressBar*-Komponente implementierte Fortschrittsanzeige bildet ein interessantes

Leistungsmerkmal. Zum einen deswegen, weil das Thema BDE-Callbackfunktion nicht gerade trivial ist. Vor allem aber liegt der Vorteil der Balkenanzeige in der anwenderfreundlichen Programmoberfläche. Warum denn das? Nun – der Anwender kann über das SQL-Formular so ziemlich alle SQL-Befehle absenden. Niemand hindert ihn daran, auch sehr komplexe Abfragen über mehrere große Datenbanktabellen zu starten. Die *Borland Database Engine* arbeitet diesen Befehl ab, wobei die *BDE* im Normalfall still und stumm im Hintergrund werkelt. Ihre Aufgabe als Programmentwickler besteht nun darin, während dieser Zeit den Anwender davon zu überzeugen, daß der Rechner nicht abgestürzt ist. Ohne Balkenanzeige wird der Anwender im ungünstigsten Fall mit einer minutenlangen Sanduhranzeige konfrontiert. In einem Delphi-Datenbankprogramm stellt diese eine völlig ungewohnte Situation dar, so daß das Programm nur den Nerven des Anwenders ausgeliefert ist. Wesentlich anwenderfreundlicher ist doch eine Anzeige des gerade bearbeiteten Datensatzes beziehungsweise die visuelle Darstellung über eine Balkenanzeige.

Damit Sie diese Aussage nachvollziehen können, habe ich eine SQL-Abfrage vorbereitet, die Sie unter dem Dateinamen „callback.sql" in das SQL-Formular laden können. Sie müssen dabei nur den Pfad für die dBASE-Datei anpassen. Steppen Sie einmal in der Entwicklungsumgebung mit dem Delphi-Debugger schrittweise durch die Abfrage, der Debugger arbeitet auch die Callback-Funktion schrittweise ab. Behalten Sie dabei die Anzeige in der Statuszeile des SQL-Formulars im Auge. Sie werden überrascht sein, wie detailliert die BDE den Anwender informiert. Leider kommt die Callback-Funktion nur dann zur Geltung, wenn die BDE einige Zeit mit der Abfrage beschäftigt ist. Bei kleinen Datenbanktabellen ist die BDE bereits vor dem ersten Aufruf der Callback-Funktion mit der Arbeit fertig.

3.12.1 Komponentengröße und Position dynamisch anpassen

Im Gegensatz zum Hauptformular des Programmes ist das SQL-Formular in seiner Größe vom Anwender veränderbar. Das Ergebnis der Abfrage wird im DBGrid dargestellt, mit einer Größenänderung des Formular paßt der Anwender das Formular an die jeweiligen Anforderungen an. Damit ergibt sich ein Gestaltungsproblem. Wie sollen die Schaltflächen und das Memo-Eingabefeld im oberen Formularbereich plaziert werden? Bei einer festen Positionszuweisung via Objektinspektor ergibt sich bei einer Größenänderung ein optisch unschönes Bild. Das Aussehen des Formulars ist ansprechender, wenn die Elemente im Formular auf eine Größenänderung ebenfalls mit einer Positionsänderung reagieren. Die Lösung dieser Aufgabe ist verblüffend einfach.

Wenn Sie sich die Formular-Unit „sqlfrm.pas" im Verzeichnis „Schritt 12" einmal genauer anschauen, werden Sie keine einzige Programmzeile für dieses Problem finden. Alle notwendigen Arbeitsschritte erledigen Sie visuell im *Objektinspektor*. Dazu nutzen Sie die Fähigkeit bestimmter Komponenten, als *Container* andere Komponenten einbetten zu können. Die *TPanel*-Komponente ist ein solcher Baustein.

Als Grundlage wird „Panel1" im Formular plaziert und mit der Eigenschaft „Align = alTop" versehen. In diese Panelinstanz werden die anderen TPanel-Komponenten eingesetzt, „Panel1" bildet damit gewissermaßen einen Container für die anderen. Zur besseren Übersichtlichkeit fasse ich alle verwendeten Komponenten einmal tabellarisch zusammen.

Mit dieser Zuordnung sorgen die *TPanel*-Objekte dafür, daß die eingebetteten Elemente bei einer

Tabelle 3.12: Dynamische Größen- und Positionsanpassung im SQL-Formular

Elternobjekt	Name	Eigenschaft Align	Enthält
Formular	Panel1	alTop	Panel3, 4 und 5
Panel1	Panel3	alRight	BitBtnStart, BitBtnSave, BitBtnExit und BitBtnHelp
Panel1	Panel4	alLeft	SpeedBtnSave, SpeedBtnOpen und Speed-BtnStructur
Panel1	Panel5	alClient	MemoSQL

Größenänderung des Formulars ebenfalls ihre Größe beziehungsweise Position ändern.

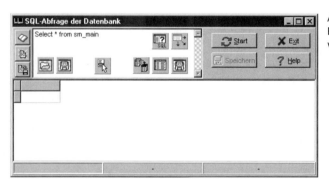

Abb. 3.63: Das SQL-Formular in der Entwicklungsumgebung

3.12.2 TQuery – die SQL-Engine

Das *TQuery*-Objekt im SQL-Formular wird nur sehr sparsam per Objektinspektor konfiguriert. Nur der Alias „ShareManager" wird der Eigenschaft *Database* zugewiesen, ausgenommen natürlich das Vergeben eines eindeutigen Namens für das Objekt. Die Zuweisung für die wichtigste TQuery-Eigenschaft – *SQL* – erfolgt zur Programmlaufzeit.

```
procedure TFormSQL.BitBtnStartClick(Sender: TObject);
begin
  BitBtnStart.Enabled:= False;
  BitBtnExit.Enabled:= False;
  // SQL-Sanduhr-Cursor anzeigen
  Screen.Cursor := crSQLWait;
  StatBar1.Caption := '';
  StatBar2.Caption := 'SQL-Abfrage läuft...';
  // Balkenanzeige auf Null zurücksetzen
  ProgressBarQuery.Position := 0;
  // nochmals verbergen, falls mehrfache Abfragen
  DBGridSQL.Visible:= False;
  with QuerySQL do begin
    Close;
    SQL.Clear;             // SQL-Statements löschen
```

3.12 Schritt 12: SQL-Rechercheformular

```
      SQL:= MemoSQL.Lines;    // und wieder zuweisen
      try
        Open                  // TQuery starten
      finally
        BitBtnStart.Enabled:= True;
        BitBtnExit.Enabled:= True;
        Screen.Cursor := crDefault;
      end
    end;
    DBGridSQL.Visible:= True;
    ProgressBarQuery.Position := 0;
    // Speichern-Button aktivieren.
    BitBtnSave.Enabled:= True;
    StatBar1.Caption := Format(' %d Spalten',
                               [QuerySQL.FieldCount]);
    StatBar2.Caption := Format(' %d Datensätze',
                               [QuerySQL.RecordCount]);
end;
```

Die tatsächlich unbedingt notwendigen Programmzeilen habe ich in Fettschrift hervorgehoben. Alle anderen Quelltextzeilen sollen nur eine anwenderfreundliche Benutzeroberfläche sicherstellen. Dafür wird der spezielle SQL-Sanduhrcursor gesetzt. Ergänzend sperre ich auch die gerade nicht anwählbaren Button. Um der TQuery-Komponente einen neuen SQL-Befehl zuweisen zu können, muß das *TQuery* geschlossen werden. Anschließend wird über *Clear* ein eventuell von der vorherigen Abfrage übriggebliebener Text gelöscht. Um auch umfangreiche SQL-Kommandos absetzen zu können, die länger als 255 Zeichen sind, greife ich auf die Eigenschaft *Lines* der *TMemo*-Komponente zurück. Über „TQuery.Open" wird dann der SQL-Befehl zur *BDE* geschickt. Diese arbeitet den Befehl ab oder reagiert mit einem Fehlerfenster. Als Fehlerursachen kommen dabei prinzipiell zwei unterschiedliche Ursachen in Frage. Zum einen kann der SQL-Befehl syntaktisch falsch sein, der Anwender muß ihn korrigieren. Die andere Fehlerkategorie betrifft die SQL-Befehle, die keine Ergebnismenge zurückliefern. Schicken Sie zum Beispiel eine *INSERT*- oder *UPDATE*-Anweisung ab, so liefert die BDE keine Daten zurück. In diesem Fall schlägt der *Open*-Aufruf in jedem Fall fehl. Beachten Sie dabei bitte, daß trotz der Fehlermeldung die Datenbankaktion von der BDE ausgeführt wurde!

 Soll über TQuery ein SQL-Kommando abgesetzt werden, das keine Ergebnismenge zurückliefert, so verwenden Sie anstelle von Open die Methode ExecSQL.

Das Programm berücksichtigt dies, indem *Open* aus einem *try..finally-Schutzblock* heraus aufgerufen wird. Auch im Fehlerfall werden die vorher gesperrten Button wieder freigegeben.
Die TQuery-Komponente stellt die Ergebnismenge der SQL-Abfrage als *Dataset* zur Verfügung. Um diese Daten für den Anwender visuell im *TDBGrid* darstellen zu können, wird auch eine *TDataSource*-Komponente benötigt.

Die *TTable*-Komponente im Formular bekommt via Objektinspektor nur einen Namen. Mit Hilfe dieser Komponente speichert der Anwender das Ergebnis der SQL-Abfrage in einer frei wählbaren Datenbanktabelle im *Paradox*-, *dBASE*- oder Text-Format ab.

Die Datenquelle (TQuery) und das Ziel (TTable) sind nun vorhanden, es fehlt jedoch noch die Komponente, die für den Datentransport in die Tabelle zuständig ist. Hier kommt eine weitere, äußerst leistungsfähige Delphi-Datenbankkomponente ins Spiel – *TBatchMove*.

3.12.3 TBatchMove – das Arbeitspferd

Mit der *TBatchMove*-Komponente werden Batch-Operationen abgearbeitet, die mehrere Datensätze beziehungsweise ganze Tabellen betreffen. Damit können Sie Tabellen sowohl kopieren, konvertieren als auch aktualisieren.

Die TBatchMove-Instanz kopiert die Daten von *Source* nach *Destination*. Per Objektinspektor wurde als *Source* die TQuery-Komponente angegeben. Damit verwendet *TBatchMove* die Ergebnismenge der SQL-Abfrage als Datenquelle. Die Eigenschaft *Destination* zeigt auf die gerade eingesetzte *TTable*-Instanz.

Abb. 3.64:
TBatchMove kopiert die Daten von TQuery nach TTable

Eine wesentliche Eigenschaft ist weiterhin *Mode*. Hier legen Sie die Betriebsart von TBatchMove fest

Tabelle 3.13: Betriebsarten der TBatchMoveKomponente

Mode	Beschreibung
batAppend	Datensätze werden an die Zieltabelle angehängt, die bereits vorhanden sein muß (Standardmodus).
batUpdate	Die Datensätze der Zieltabelle werden durch passende Datensätze der Quelltabelle aktualisiert. Die Zieltabelle muß bereits vorhanden sein und einen Index besitzen, der entsprechend definiert ist.
batAppendUpdate	Wenn in der Zieltabelle ein passender Datensatz vorhanden ist, wird er aktualisiert. Andernfalls werden der Zieltabelle Datensätze angehängt. Die Zieltabelle muß bereits vorhanden sein und einen Index besitzen, der entsprechend definiert ist.
batCopy	Die Zieltabelle wird basierend auf der Struktur der Quelltabelle erzeugt. Eine bereits vorhandene Zieltabelle wird überschrieben.
batDelete	Datensätze in der Zieltabelle, die Datensätzen in der Quelltabelle entsprechen, werden gelöscht. Die Zieltabelle muß bereits vorhanden sein und einen Index besitzen, der entsprechend definiert ist.

3.12 Schritt 12: SQL-Rechercheformular

Die für das Anklicken des „Speichern"-Buttons zuständige Ereignisbehandlungsmethode sieht folgendermaßen aus. Auch hier sorgen die meisten Quelltextzeilen nur für eine anwenderfreundliche Benutzeroberfläche.

```
procedure TFormSQL.BitBtnSaveClick(Sender: TObject);
var
  sTargetFile : String;
  sFileExt    : String[4];
begin
  if SaveDialogResultSet.Execute then begin
    // ausgewählten Zieldateiname zuweisen
    sTargetFile:= SaveDialogResultSet.Filename;
    sFileExt:= UpperCase(ExtractFileExt(sTargetFile));
    if sFileExt = '.DB' then begin
      TableResultSet.TableName:= sTargetFile;
      // Datenquelle für TBatchMove definieren
      BatchMoveResultSet.Source:= QuerySQL;
      // Betriebsmode für TBatchMove setzen
      BatchMoveResultSet.Mode:= batCopy;
      // BatchMove starten
      try
        // Button sperren - Sanduhrcursor setzen
        BitBtnStart.Enabled:= False;
        BitBtnExit.Enabled:= False;
        Screen.Cursor := crHourglass;
        // Balkenanzeige auf Null zurücksetzen
        ProgressBarQuery.Position := 0;
        // BatchMove starten
        BatchMoveResultSet.Execute;
        Screen.Cursor := crDefault;
        ProgressBarQuery.Position := 100;
        MessageDlg(IntToStr(BatchMoveResultSet.MovedCount) +
              ' Datensätze kopiert.', mtInformation, [mbOK], 0);
      finally
        BitBtnStart.Enabled:= True;
        BitBtnExit.Enabled:= True;
        Screen.Cursor := crDefault
      end
    end
    else ShowMessage('Ungültiger Dateityp')
  end
end;
```

In dieser Methode sind nur zwei Aufrufe absolut notwendig. Mit dem ersten wird der TTable-Komponente ein Dateiname für die Zieltabelle zugewiesen. Der zweite Aufruf – *Execute* – aktiviert die *TBatchMove*-Komponente.

Über eine *TSaveDialog*-Instanz wählt der Anwender eine Zieltabelle aus. Das Dialogfenster unterstützt dabei das Paradox-Datenbankformat. Diese Einschränkung treffen Sie über die Eigenschaft *Filter*. Dabei muß der Filterwert nicht von Hand zugewiesen werden, auch dafür stellt Delphi einen speziellen Filter-Editor bereit.

3.12.4 BDE-Callback: Der Datenbank-Informationsdienst

Über die *Callback-Schnittstelle* hat Borland eine sehr leistungsfähige Schnittstelle zur *BDE* implementiert. Neben dem Einsatzfall der Anwenderinformation kann die Schnittstelle auch dazu verwendet werden, einen langandauernden Prozeß zwischendurch abzubrechen. Um im Programm die Callback-Option zu verwenden, muß der BDE nur ein entsprechender Auftrag erteilt werden.

Vorbereitungen

Die benötigten Funktionen stellt IDAPI zur Verfügung, damit muß die Unit „BDE" im Interface-Abschnitt der Unit der *USES*-Klausel hinzugefügt werden.

```
interface
uses
  SysUtils, Windows, Messages, Classes, Graphics, Controls, Forms,
  Dialogs, DBTables, Grids, DBGrids, DB, StdCtrls, Buttons,
  ExtCtrls, ComCtrls, BDE;  // BDE-Unit für IDAPI-Aufrufe
```

Der Grund dafür liegt darin, daß die benötigte IDAPI-Struktur CBProgressDesc als privates Objektfeld der Klasse „TFormSQL" deklariert wird.

```
type
  TFormSQL = class(TForm)
  ...
  private
    { Private declarations }
    CBProgressDone : PCBProgressDesc;
  public
    { Public declarations }
  end;
```

Die Instanzvariable „CBProgressDone" wird dabei als Zeiger auf eine *CBProgressDesc*-Struktur deklariert. In dieser Struktur legt die BDE Informationen über den aktuellen Zustand ab und übergibt einen Zeiger auf die Struktur an die Callback-Funktion.

Tabelle 3.14: Felder der »CBProgressDesc«-Struktur

Feld	Bedeutung
iPercentDone	Abarbeitungsfortschritt in Prozent. Der hier abgelegte Wert ist jedoch nur dann gültig, wenn nicht -1 als Wert übergeben wird. In diesem Fall legt die BDE die Information als Text im Feld szMsg ab. Im Beispielformular gibt die BDE den Wert -1 zurück, auf das Feld kann leider nicht zugegriffen werden. Verwenden Sie allerdings einen Callback beim Packen bzw. Komprimieren einer Tabelle, so kann die Prozentanzeige verwendet werden.
szMsg	Enthält einen von der BDE ausgefüllten Text. Der Inhalt des Feldes ist jedoch nur dann gültig, wenn das Feld iPercentDone den Wert -1 aufweist.

Ein Zeiger belegt auch unter Delphi nur 4 Byte, Sie müssen daher vor dem ersten Zugriff auf diese Struktur den benötigten Speicher vorher anfordern.

```
procedure TFormSQL.FormCreate(Sender: TObject);
begin
  // Speicher für die verwendete IDAPI-Datenstruktur anfordern
```

3.12 Schritt 12: SQL-Rechercheformular 247

```
    CBProgressDone := AllocMem(SizeOf(CBProgressDesc));
    // Callback-Funktion bei der BDE anmelden
    Check(DbiRegisterCallBack(nil, cbGenProgress,
          Longint(Self), SizeOf(CBProgressDesc), CBProgressDone,
          BDECallBack))
end;
```

Wieviel Bytes für diese Struktur benötigt werden ermittelt der Compiler selbst, der *SizeOf*-Aufruf liefert den genauen Wert zurück.

DbiRegisterCallBack

Der *IDAPI*-Funktionsaufruf *DbiRegisterCallBack* registriert die *Callback-Funktion* bei der *BDE*. Der erste Parameter „nil" legt dabei fest, daß die Callback-Funktion für alle Aufrufe des Anwendungsprogrammes gelten soll. Die als zweiten Parameter übergebene Konstante „cbGenProgress" definiert den Callback-Typ, das Formular verwendet einen generischen Callback zur Fortschrittsanzeige. Der dritte Parameter nimmt benutzerdefinierte Zusatzdaten auf. Über den Konstrukt „LongInt(Self)" wird quasi eine Garderobenmarke für das Formular selbst mit an die Borland Database Engine übergeben. Den sich daraus ergebenden Vorteil werden Sie später deutlich erkennen. Die nächsten beiden Parameter definieren die Größe des Datenpuffers und den Datenpuffer selbst, in dem die BDE die gewünschten Informationen ablegt. Der letzte Parameter ist einer der wichtigsten, er legt die als Callback-Funktion zu verwendende Funktion fest.

Alle beim Erzeugen des Formulars vorgenommenen Schritte müssen beim Zerstören wieder rückgängig gemacht werden.

```
procedure TFormSQL.FormDestroy(Sender: TObject);
begin
  // Callback-Funktion wieder bei der BDE abmelden
  Check(DbiRegisterCallBack(nil, cbGenProgress,
        0, SizeOf(CBProgressDesc), CBProgressDone, nil));
  // allozierten Speicher wieder freigeben
  FreeMem(CBProgressDone, SizeOf(CBProgressDesc))
end;
```

Tabelle 3.14: Parameter der IDAPI-Funktion »DbiRegisterCallback«

Parameter	Bedeutung
hCursor	Gibt das Datenbank-Cursorhandle an, für welches die Callback-Funktion registriert werden soll. Wird der Wert „NIL" übergeben, so registriert die *BDE* die Callback-Funktion für alle Verbindungen der aktuellen *Session*, die selber keine eigenen Callback-Funktion eingerichtet haben.
ecbType	Legt den Typ der Callback-Funktion fest. Hier sind die folgenden Konstanten zulässig: ● cbGENPROGRESS ● cbBATCHRESULT ● cbRESTRUCTURE ● cbTABLECHANGED Der Callback-Typ legt auch fest, welche Struktur für den Parameter „pCbBuf" erwartet wird.

iClientData	Optionaler Parameter, wird von der BDE beim Aufruf der Callback-Funktion mit übergeben. Damit kann das Anwendungsprogramm eigene Daten zuweisen (zum Beispiel einen Bezug auf das eigene Formular).
iCbBufLen	Gibt die Größe des Callback-Puffers an.
pCbBuf	Zeiger auf den Callback-Puffer. In diesen Pufferbereich legt die BDE zusätzliche Informationen über den Abarbeitungsfortschritt ab. Der Typ der erwarteten Pufferstruktur hängt dabei von dem unter „ecbTyp" festgelegten Callback-Typ ab. Bei einem Callback vom Typ „cbGENPROGRESS" wird zum Beispiel eine Struktur vom Typ *CBPROGRESS* erwartet.
pfCB	Zeiger auf die aufzurufende Callback-Funktion. Wird der Wert „NIL" übergeben, so meldet die BDE die vorher registrierte Callback-Funktion wieder ab.

DbiRegisterCallBack meldet eine Callback-Funktion auch wieder bei der BDE ab, wenn als letzter Parameter der Wert „nil" übergeben wird. Vor dem endgültigen Zerstören des Formulars sollte auch noch der beim Erzeugen zusätzlich angeforderte Speicher freigegeben werden. Der *FreeMem*-Aufruf räumt daher den Arbeitsspeicher auf.

Die Callback-Funktion

Die Callback-Funktion wird von der BDE während langandauernder Vorgänge in regelmäßigen Abständen aufgerufen. Im 32-bittigen Windows muß eine Funktion, die von außerhalb des eigenes Programms aufgerufen wird, nicht mehr gesondert behandelt werden. Es gibt dabei nur eine Ausnahme – als Callback-Funktion darf keine Klassenmethode, sondern nur eine globale Funktion verwendet werden. Allerdings keine Regel ohne Ausnahme, über die Delphi-Funktion *MakeObjectInstance* überreden Sie sowohl Windows als auch die BDE, eine Klassenmethode als Callback-Methode zu akzeptieren. Das Programm „ShareMan" geht den einfacheren Weg und verwendet eine globale Funktion.

```
function BDECallBack(CBType    : CBType;
                    ClientData : LongInt;
                    CBInfo     : Pointer): CBRType; stdcall;
begin
  //Rückgabewert setzen -> BDE soll weitermachen
  Result := CBRContinue;
  // Balkenanzeige hochzählen
  FormSQL.ProgressBarQuery.StepIt;
  // Anzahl der bearbeiteten Datensätze anzeigen
  with TFormSQL(ClientData) do begin
    StatBar1.Caption := CBProgressDone^.szMsg;
    // Formular soll sich neu zeichnen -> Anzeige aktualisieren
    Refresh;
  end;
end;
```

Haben Sie umfangreichere Konstrukte erwartet? Sogar etwas derartig Außergewöhnliches schrumpft bei Delphi auf eine Handvoll Programmzeilen zusammen. Bei jedem Aufruf wird in der ersten Zeile sofort der Rückgabewert zugewiesen, die Konstante *CBRContinue* legt fest, daß die BDE mit der begonnenen Arbeit weitermachen soll. Möchten Sie zum Beispiel einen Abbrechen-Button für die

SQL-Abfrage implementieren, ist dies genau der richtige Ansatzpunkt dafür. Im zweiten Schritt wird die Balkenanzeige hochgezählt. Diesen Kompromiß müssen Sie eingehen, da sowohl bei der SQL-Abfrage als auch beim Kopieren der Tabelle keine Prozentangabe von der BDE zurückgeliefert wird. Dafür liegen auch durchaus logische Gründe vor, der benötigte Zeitaufwand für eine SQL-Abfrage kann von der BDE nicht bereits beim Start abgeschätzt werden. Im dritten Schritt wird der von der BDE in der Struktur abgelegte Hinweistext in die Statuszeile übernommen. Damit wird der Anwender über die gerade abgearbeitete Datensatznummer informiert. Die Callback-Funktion wird von der BDE im Sekundenabstand (abhängig von der Rechnerleistung) aufgerufen, der nachfolgende Aufruf der TForm-Methode *Refresh* sorgt für die entsprechende Aktualisierung der Anzeige.

```
with TFormSQL(ClientData) do
    StatBar1.Caption := CBProgressDone^.szMsg;
```

An dieser Stelle wird auch deutlich, warum beim Registrieren der Callback-Funktion der Zeiger „Self" auf das eigene Formular mit übergeben wurde. Mit Hilfe dieses Zeigers gelingt der Zugriff auf die Instanzvariable „CBProgressDone" von „TFormSQL".

Wie bereits erwähnt wurde, ruft die *BDE* die registrierte *Callback-Funktion* nur bei langandauernden Prozessen auf, die beteiligten Datenbanktabellen müssen schon eine gewisse Größe erreichen. Damit Sie nun nicht erst eine Vielzahl von Datensätzen anlegen müssen, habe ich die Beispieltabelle „callback.dbf" beigefügt. Die dazugehörende SQL-Anweisung können Sie aus der Datei „callback.sql" in das TMemo-Fenster einladen.

Aufrufkonventionen einer Funktion

Obwohl dieses Thema ebenfalls Delphi-Interna berührt, wird ein Entwickler damit mit einiger Wahrscheinlichkeit konfrontiert. Damit muß er sich dann in Niederungen begeben, die vormals nur Assembler- und C/C++-Programmierern vorbehalten waren. Seit den ersten Versionen schirmt Pascal und auch Object Pascal den Entwickler vor allzu grundlegenden Dingen wie den Voreinstellungen und Compileroptionen ab. Es reicht nur die Angabe eines Wortes wie zum Beispiel „Program" oder „Library" aus, um eine EXE- oder eine DLL-Datei als Ergebnis zu erhalten. Den kompletten Rest erledigt Delphi still im Hintergrund. Mit der neuen Compilertechnologie vom 32-bittigen-Delphi wird diese Abschirmung etwas löchriger. Dies liegt nicht etwa daran, daß die Borländer unsauber gearbeitet haben. Ganz im Gegenteil – die Compilertechnologie selbst ist Schuld daran, im Bestreben, immer schnelleren Code zu generieren.

Object Pascal ist eine objektorientierte und vor allem strukturierte Sprache. Anstelle von „Spagetti-Code" besteht ein Programm aus einer Vielzahl von kleinen Prozeduren und Funktionen, denen oftmals Parameter mit auf den Weg gegeben werden. Diese übergebenen Parameter muß der *Prozessor* des Rechners irgendwie auswerten. Dazu gibt es zwei Alternativen. Die erste und zeitaufwendige besteht darin, für jeden Parameter Platz auf dem Stack zu schaffen und den Parameter dort abzulegen. Die zweite – und wesentlich schnellere – Lösung verwendet die freien *CPU-Register* als Ablageplatz für die Parameter. Delphi verwendet bis zu drei CPU-Register, das heißt die ersten drei 32-Bit-Parameter einer Prozedur oder Funktion werden direkt im Prozessor abgelegt.

Object Pascal kennt vier verschiedene Aufrufvarianten, die sich in den folgenden Punkten unterscheiden :

- Reihenfolge der Parameterübergabe
- Verwenden von Registern für Parameter
- Verantwortlichkeit für die Stackbereinigung (also für das Löschen der Parameter vom Stack)

Delphi 1.0 verwendete als Vorgabewert die sogenannte Pascal-Aufrufkonvention. Dabei wurden eventuelle freie Prozessor-Register nicht berücksichtigt. Der Compiler von Delphi unterstützt nunmehr fünf Aufrufbedingungen, wobei als Vorgabewert die Aufrufkonvention Register verwendet wird. Wie die Bezeichnung bereits suggeriert, werden zuerst alle freien Prozessor-Register (*EAX*, *EDX* und *EXC*) aufgefüllt. Reicht dieser Platz nicht aus, weil noch mehr Parameter unterzubringen sind, so legt Delphi die restlichen auf dem Stack ab.

Diese Technik verbessert gravierend die Ausführungsgeschwindigkeit der Anwendung. Das ist die gute Nachricht. Die schlechte Nachricht besteht darin, daß Windows selbst natürlich von derartigen Optimierungen keine Ahnung hat. Obwohl Win32 mit *stdcall* eine gegenüber Win16 (*pascal*) geänderte Aufrufkonvention verwendet, ist Win32 nicht mit der Delphi-Aufrufkonvention *Register* kompatibel.

Tabelle 3.16: Von Delphi 3.0 unterstützte Aufrufkonventionen

Konvention	Parameter-Auswertung	Stack-Abräumer	Register verwenden?
register	Von links nach rechts	Die Funktion/Prozedur gibt den *Stack* vor dem Rücksprung zur aufrufenden Funktion wieder frei.	Ja
pascal	Von links nach rechts	Die Funktion/Prozedur gibt den Stack vor dem Rücksprung zur aufrufenden Funktion wieder frei.	Nein
cdecl	Von rechts nach links	Der Aufrufer muß den Stack wieder freigeben, wenn der Rücksprung von der aufgerufenen Funktion bzw. Prozedur erfolgt.	Nein
stdcall	Von rechts nach links	Die Funktion/Prozedur gibt den Stack vor dem Rücksprung zur aufrufenden Funktion wieder frei.	Nein
safecall	Von rechts nach links	Die Funktion/Prozedur gibt den Stack vor dem Rücksprung zur aufrufenden Funktion wieder frei.	Nein

Doch zurück zu unserer Callback-Funktion. Zusätzlich zum Typ des Rückgabewertes taucht am Zeilenende auch noch das Wörtchen „stdcall" auf. Damit wird also auch die Aufrufkonvention für die BDE-Callback-Funktion gewechselt.

```
function BDECallBack(CBType    : CBType;
                    ClientData : LongInt;
                    CBInfo    : Pointer): CBRType; stdcall;
```

Die *BDE* gehört nun nicht zum *Win32-API*, sondern stammt doch von Borland. Warum muß trotzdem die Aufrufkonvention gewechselt werden? Weil die *Borland Database Engine* eben nicht nur ein Anhang für Delphi ist. Borland hatte zu Beginn der Entwicklungsarbeiten die BDE als Zusatz des

C/C++-Compilers geplant und verwendet außerdem die BDE für die eigenen Anwendungsprodukte (Visual dBASE, Paradox, Quattro Pro usw.). Damit folgt die BDE den Vorgaben der Zielplattform – und das ist nun mal das Win32-API.

3.12.5 Das Datenbankstrukturfenster

Über die Ereignisbehandlungsmethode für das *OnClick*-Ereignis des SpeedButtons „SpeedBtnctructur" ruft das SQL-Formular ein nichtmodales Formular auf. Dieses nichtmodale Formular kann der Anwender zum Nachschlagen der Datenbanktabellen beziehungsweise der Tabellenspalten benutzen.

Die nichtmodale Eigenschaft stellt dabei sicher, daß eine Bedienung des SQL-Formulars auch bei geöffneter Strukturanzeige noch möglich ist.

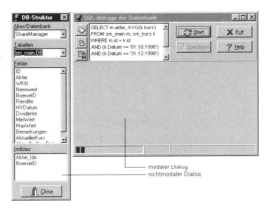

Abb. 3.65: Das nichtmodale Strukturfenster wird aus dem SQL-Formular heraus aufgerufen

Der Aufruf

Die von TForm geerbte Methode *Show* zeigt das bereits vorher erzeugte Formular an.

```
procedure TFormSQL.SpeedButtonStructurClick(Sender: TObject);
begin
  StruForm.Show
end;
```

Tabelle 3.17: Formular-Methoden „Show" und „ShowModal"

Methode	Bedeutung
Show	Die Methode *Show* macht ein Formular oder Dialogelement durch Setzen von dessen Eigenschaft *Visible* auf True sichtbar beziehungsweise holt das Formular über die Methode *BringToFront* in den Vordergrund. Obwohl das Formular geöffnet ist, kann der Anwender zu anderen Formularen wechseln.
ShowModal	Die Methode *ShowModal* macht, ebenso wie *Show*, ein Formular zum aktiven Formular. Das Formular wird damit aber auch modal. Der Anwender muß deshalb das Formular entfernen, bevor die Anwendung weiter ausgeführt werden kann.

Aus dem SQL-Rechercheformular heraus wird die Strukturanzeige aufgerufen. Der Anwender kann hier nun alle benötigten Tabellen und Tabellenspalten nachschlagen und parallel den SQL-Abfragetext im SQL-Recherchefenster formulieren.

Die Implementierung

In der Ereignisbehandlungsmethode für das *OnCreate*-Ereignis des Formulars werden alle bei der *BDE* angemeldeten Aliase ausgelesen und in die obere Listbox eingesetzt.

```
procedure TStruForm.FormCreate(Sender: TObject);
begin
   Session.GetDatabaseNames(DatabaseListbox.Items);
end;
```

Im Stukturanzeigeformular ist nur eine Delphi-Datenbankkomponente sichtbar vorhanden – *TTable*. Delphi erzeugt jedesmal eine *TSession*-Instanz mit dem Namen „Session", wenn eine Anwendung ausgeführt wird. Die Eigenschaft *Databases* von TSession ist ein Array von allen aktiven Datenbanken in der Sitzung (engl. *Session*). Über *GetDatabaseNames* wird damit schon die erste Listbox mit den Namen aller *Aliase* und damit aller der BDE bekannten Datenbanken gefüllt.

```
procedure TStruForm.DatabaseListboxClick(Sender: TObject);
begin
   TableListbox.Clear;
   FieldListbox.Clear;
   IndexListbox.Clear;
   Session.GetTableNames(DatabaseListbox.Items
                    [DatabaseListbox.ItemIndex],
                    '', True, False, TableListbox.Items);
end;
```

Mit dem Auswählen eines Aliasnamens wird die Tabellenlistbox aktualisiert. Über das Auswerten des *OnClick*-Ereignisses für die Listbox wird jede Anwenderauswahl sicher erkannt.

```
procedure TStruForm.TableListboxClick(Sender: TObject);
begin
   FieldListbox.Clear;
   IndexListbox.Clear;
   Table.DatabaseName :=
     DatabaseListbox.Items[DatabaseListbox.ItemIndex];
   Table.TableName := TableListbox.Items[TableListbox.ItemIndex];
   Table.GetFieldNames(FieldListbox.Items);
   Table.GetIndexNames(IndexListbox.Items);
end;
```

3.12.6 SQL-Befehle speichern und einlesen

Die letzte noch ausstehende Programmfunktion für das Speichern beziehungsweise Einlesen von SQL-Befehlen ist unter Delphi schnell abgehandelt. Alle benötigten Funktionen stellt die *TMemo*-Komponente bereits zur Verfügung.

```
procedure TFormSQL.SpeedButtonOpenSQLClick(Sender: TObject);
begin
```

```
with OpenDialogSQL do
   if Execute then MemoSQL.Lines.LoadFromFile(Filename)
end;
```

Beide Ereignisbehandlungsmethoden ähneln sich stark, die Methode *LoadFromFile* liest eine Datei, deren Namen als Parameter übergeben wurde und lädt den Inhalt in das TMemo-Feld. Der Dateiname wird direkt aus der *TOpenDialog*-Komponente übernommen. Das Gegenstück *SaveToFile* funktioniert nach dem gleichen Prinzip, hier legt die *TSaveDialog*-Komponente fest, in welcher Datei der SQL-Befehl gespeichert werden soll.

```
procedure TFormSQL.SpeedButtonSaveSQLClick(Sender: TObject);
begin
   with SaveDialogSQL do
      if Execute then MemoSQL.Lines.SaveToFile(Filename)
end;
```

Im Verzeichnis finden Sie einige Beispielabfragen. Betrachten Sie diese Beispiele bitte nur als Appetitanreger für das SQL-Kapitel im Buch. Ich gehe daher an dieser Stelle nicht weiter darauf ein.

3.13 Schritt 13: Datenexport in eine dBASE-Datei

Beim Gegenüberstellen der verschiedenen Datenbankformate kam ein Nachteil des Paradox-Formates bereits zur Sprache. Eine Paradox-Tabelle kann nur von wenigen Anwendungsprogrammen ohne ODBC-Treiber gelesen werden. Möchten Sie zum Beispiel mit MS Word einen Serienbrief erstellen oder die Daten über *MS Excel* tabellarisch zusammenfassen, so würde eine Datenbanktabelle im dBASE-Format sehr hilfreich sein. Das dBASE-Tabellenformat wird von fast allen namhaften Anwendungsprogrammen im sogenannten Office-Bereich unterstützt. Dabei ist nicht nur das Datenbankformat entscheidend, auch miteinander verknüpfte Datenbanktabellen stellen derartige Importfunktionen vor unüberwindbare Hindernisse. Das Programm „ShareMan" geht daher einen eigenen Weg, über eine SQL-Abfrage werden die Daten der benötigten Tabellen zusammengefaßt und in eine einzige dBASE-Tabelle geschrieben. Diese Exportdatenbank besteht dann zwar fast nur aus redundanten Daten, da diese Tabelle jedoch regelmäßig überschrieben wird und nur der Datenanbindung dient, ist dies gerechtfertigt.

3.13.1 Änderungen im Hauptformular

Die folgenden Programmzeilen wurden im Projekt „ShareMan" bereits schon so oft verwendet, daß man es sich eigentlich überlegen müßte, ob diese Zeilen nicht in eine eigene Prozedur ausgelagert werden sollten. Bislang habe ich aus Bequemlichkeit immer wieder die benötigten Zeilen über die Zwischenablage kopiert – und außerdem – soll der bezahlte RAM-Speicher auch gefälligst genutzt werden.

```
procedure TFormMain.MFExportClick(Sender: TObject);
begin
   DataModuleMain.SaveMainKurse;
   PlayWaveSound('DLGOPEN');
   FormExport := TFormExport.Create(Application);
```

```
try
   FormExport.ShowModal
finally
   FormExport.Release;
   PlayWaveSound('DLGOPEN');
end
end;
```

3.13.2 Das Exportformular „FormExport"

Analog zum SQL-Abfrageformular verwendet das Exportformular die gleichen Komponenten, um das Ergebnis der Datenbankabfrage in eine dBASE-Tabelle zu schreiben. Allerdings gibt es doch Unterschiede. Zum einen kann der auszuführende SQL-Befehl direkt über den *Objektinspektor* der TQuery-Eigenschaft *SQL* zugewiesen werden. Außerdem taucht das Problem der unterschiedlichen Anforderungen an die Spaltennamen der Tabellen auf. Eine Datenbanktabelle im Paradox-Format darf wesentlich längere Spaltennamen verwenden als ihr dBASE-Gegenstück. Mit Delphi ist fast nichts unmöglich – daher sieht *TBatchMove* für dieses Problem gleich eine elegante Lösung vor.

Abb. 3.66: Das Exportformular

Nicht jeder Entwickler wird die Datenbanksprache *SQL* beherrschen, damit muß er aber noch lange nicht darauf verzichten. Wie im richtigen Leben sucht er sich einen Übersetzer, der die bekannte Abfrage *QBE* (engl. *Query By Example*) in die unbekannte SQL-Syntax transformiert. Allerdings im Gegensatz zum richtigen Leben erhalten Sie diese Übersetzung bei Delphi zum Nulltarif. Schauen Sie sich dazu einmal die Abb. 3.67 an.

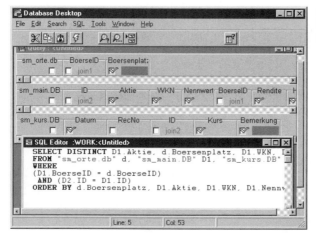

Abb. 3.67: Die Datenbankoberfläche übersetzt QBE in SQL

3.13 Schritt 13: Datenexport in eine dBASE-Datei

In der *Datenbankoberfläche* rufen Sie über den Menüpunkt „Datei | Neue QBE-Abfrage..." ein QBE-Abfrageformular auf. Für jede im „Datei öffnen."-Dialog markierte Tabelle sieht die Datenbankoberfläche eine Auswahlzeile vor. Alle Tabellenspalten, die im Ergebnis vorhanden sein sollen, bekommen eine Häkchenmarkierung. Über die Tabellenverknüpfungsfunktion klicken Sie anschließend die Spalten der Tabellen an, über die die einzelnen Tabellen miteinander verbunden werden. Zum Beispiel bildet die Tabellenspalte „BoerseID" eine Verknüpfungsmöglichkeit zwischen den Tabellen „sm_main.db" und „sm_orte.db".

Ist alles benötigte markiert, so starten Sie die *QBE*-Abfrage. In einem Ergebnisfenster prüfen Sie nun nach, ob das Resultat den Erwartungen entspricht. Wenn ja – aktivieren Sie einfach die SQL-Ansicht. Siehe da – die *Datenbankoberfläche* zeigt den zugrundeliegenden SQL-Befehl sogar mit einer Syntaxhervorhebung an.

Doch zurück in die Delphi-Entwicklungsumgebung zum Exportformular. Über den Objektinspektor weisen Sie der *TQuery*-Komponente alle erforderlichen Eigenschaften zu. Über *DatabaseName* wird das Zielverzeichnis der Exporttabelle festgelegt, der Alias „ShareManager" bewirkt, daß die BDE die Exporttabelle im gleichen Verzeichnis wie die Paradox-Datenbanktabellen speichert. Die wichtigste *TQuery*-Eigenschaft verbirgt sich hinter *SQL*, die kleine Schaltfläche am rechten Rand der Eingabezeile zeigt schon an, daß Delphi für diese Eigenschaft einen eigenen Editor zur Verfügung stellt.

Im *SELECT*-Befehl werden alle in der Exportdatei benötigten Datenfelder aufgeführt. Da diese Daten aus drei unterschiedlichen Paradox-Datenbanktabellen eingesammelt werden müssen, sorgt eine *Join-Verbindung* im *WHERE*-Abschnitt dafür, daß *TQuery* keinen Datenmüll zurückliefert. Auch hier belasse ich es bei dieser Erklärung und verweise auf das SQL-Kapitel im Buch.

Die *TBatchMove*-Komponente ist sehr kooperativ, wenn bestimmte Eigenschaften beim Kopieren von einem Datenbankformat in ein anderes benötigt werden. Das ist auch notwendig, weil zum Beispiel das dBASE-Tabellenformat bei weitem nicht die Möglichkeiten des Paradox-Tabellenformates unterstützt. Beim Konvertieren der Daten von einem Format in das andere können Übertragungsfehler auftreten. Über die Eigenschaft *AbortOnProblem* legen Sie fest, wie *TBatchMove* mit derartigen Fehlern umgehen soll. Die Zuweisung von „False" sorgt dafür, daß die Operation bei einem Konvertierungsfehler nicht abgebrochen wird. Statt dessen schreibt TBatchMove die Problemdatensätze in eine weitere Tabelle, die Sie über die Eigenschaft *ProblemTableName* zuweisen. Das gleiche gilt für die Datensätze, die in der Zieltabelle einen Schlüsselfeldfehler hervorrufen würden, hier sind die Eigenschaften *AbortOnKeyViol* und *KeyViolTableName* beteiligt.

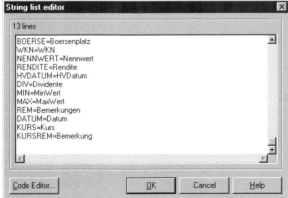

Abb. 3.68: Aus lang mach kurz – Mappings konvertiert die Spaltennamen

Doch es gibt noch ein Problem. Das Paradox-Tabellenformat gestattet wesentlich längere und damit aussagekräftigere Spaltennamen als das dBASE-Format. Vor dem Datenexport müssen lange Paradox-Spaltennamen in kurze dBASE-Spaltennamen für die Exporttabelle umgewandelt werden. Die TBatchMove-Eigenschaft *Mappings* ist genau der richtige Ort dafür.

Über eine einfache Zuweisung wird jeder Spalte der Zieltabelle die entsprechende Tabellenspalte der Quelltabelle gegenübergestellt. Wenn die Datentypen der Quell- und der Zielspalte nicht gleich sind, führt *TBatchMove* eine „bestmögliche" Anpassung durch. Wenn nötig, werden die Zeichendatentypen gekürzt. Außerdem nimmt TBatchMove auch Umwandlungen in begrenztem Umfang vor, solange dies möglich ist.

3.14 Schritt 14 : Splash – die Programmvisitenkarte

Die vorletzte Version verwendet auch beim Programmstart ein sogenanntes Splash-Formular als Visitenkarte. Eine Delphi-Anwendung braucht schon einige Sekunden zum Laden und Initialisieren der Programmbestandteile. Gerade bei einem Datenbankprogramm kommt noch das Herstellen der Verbindung zur *Borland Database Engine* hinzu. Es ist also auch hier sinnvoll, den Anwender über eine Balkenanzeige über den Fortschritt beim Programmstart zu informieren.

Abb. 3.69: Das Splash-Fenster „vertröstet" den Anwender beim Programmstart

Unmittelbar in der Projektdatei wird das Splash-Formular aufgerufen, das heißt *SplashForm* ist das erste erstellte und sichtbar gemachte Formular. Die Splash-Unit ist dabei universell einsetzbar, alle variablen Bestandteile werden direkt aus den Projektoptionen übernommen. Ohne jede weitere Änderung kann die Unit auch in andere Projekte eingebunden werden. Damit ist Splash ein idealer Kandidat für die Objektablage von Delphi.

Nur der Name des Programmautors ist im Formular fest „verdrahtet", eine Einschränkung, die wohl nur in den seltensten Fällen stört.

3.14.1 Änderung in der Projektdatei

Das Splash-Formular wird direkt in der *Projektdatei* erzeugt, angezeigt, aktualisiert und am Ende wieder zerstört. Auch das Splash-Formular darf daher von Delphi nicht in einer Regie beim Programmstart generiert werden. Sie entfernen daher dieses Formular aus der Liste der automatisch zu erzeugenden Formulare.

So weit so gut – nun kommt die Projektdatei „ShareMan.dpr" an die Reihe. Noch bevor das Hauptformular „FormMain" erzeugt wurde, bekommt das Programm das Splash-Formular untergeschoben. Sie dürfen dazu jedoch nicht den Aufruf „Application.CreateForm" benutzen, da bei diesem Aufruf das erste Formular automatisch zum Hauptfenster der Anwendung wird. Statt dessen wird der Constructor *Create* direkt aufgerufen.

3.14 Schritt 14: Splash – die Programmvisitenkarte

Abb. 3.70: Der Originalzustand vor dem Eingriff in die Projektdatei

Aus einem *Try..Finally-Ressourcenschutzblock* heraus werden anschließend die anderen Formulare wie gewohnt erzeugt. Nach jedem Formular aktualisiert das Splash-Formular seine Balkenanzeige – der Aufruf der Methode „ShowNextStep" ist dafür verantwortlich.

Unmittelbar vor dem Start der Anwendung sorgt die Projektdatei dafür, daß das Splash-Formular wieder vollständig entsorgt wird.

```
program ShareMan;

uses
  Forms,
  SM_MainF in 'SM_MainF.pas' {FormMain},
  sm_dm in 'sm_dm.pas' {DataModuleMain: TDataModule},
  sm_about in 'sm_about.pas' {AboutBox},
  FormPos in 'FormPos.pas',
  sm_orte in 'sm_orte.pas' {FormOrte},
  sm_dberr in 'sm_dberr.pas' {FormDBError},
  sm_kauf in 'sm_kauf.pas' {FormKauf},
  sm_vkauf in 'sm_vkauf.pas' {FormVerkauf},
  sm_konto in 'sm_konto.pas' {FormKonto},
  sm_betr in 'sm_betr.pas' {FormBetrag},
  sm_repko in 'sm_repko.pas' {FormQRListKonto},
  sm_dyear in 'sm_dyear.pas' {FormDelYear},
  sm_backf in 'sm_backf.pas' {FormBackup},
  sm_depot in 'sm_depot.pas' {FormADepot},
  sm_hist in 'sm_hist.pas' {FormHistory},
  sm_portf in 'sm_portf.pas' {FormPortfolio},
  sm_auswa in 'sm_auswa.pas' {FormAuswertungAktuell},
  sqlfrm in 'Sqlfrm.pas' {FormSQL},
  sm_Exprt in 'sm_Exprt.pas' {FormExport},
  Splash in 'Splash.pas' {SplashForm};

{$R *.RES}
{$R DLGOPEN.RES}     // WAVE-Dateien
{$R DLGCLOSE.RES}    // WAVE-Dateien
{$R NEXTREC.RES}     // WAVE-Dateien
{$R KASSE.RES}       // WAVE-Dateien

begin
```

```
Application.Initialize;
Application.Title := 'ShareMan';
Application.HelpFile := 'shareman.hlp';
SplashForm := TSplashForm.Create(Application);
try
   Application.CreateForm(TFormMain, FormMain);
   SplashForm.ShowNextStep(40);
   Application.CreateForm(TDataModuleMain, DataModuleMain);
   SplashForm.ShowNextStep(55);
   Application.CreateForm(TAboutBox, AboutBox);
   SplashForm.ShowNextStep(60);
   Application.CreateForm(TFormDBError, FormDBError);
   SplashForm.ShowNextStep(65);
   Application.CreateForm(TFormKauf, FormKauf);
   SplashForm.ShowNextStep(70);
   Application.CreateForm(TFormVerkauf, FormVerkauf);
   SplashForm.ShowNextStep(80);
   Application.CreateForm(TFormKonto, FormKonto);
   SplashForm.ShowNextStep(90);
   Application.CreateForm(TFormBetrag, FormBetrag);
finally
   SplashForm.Release;
end;
Application.Run;
end.
```

Nach diesem kurzen Eingriff in die Projektdatei belohnt Sie „ShareMan" mit der Darstellung des Splash-Fenster beim Programmstart. Es scheint auf den ersten Blick alles geklappt zu haben. Allerdings gibt es einen optischen Wermutstropfen, der seit der ersten Delphi-Version vorhanden ist. Schauen Sie sich nun einmal den Dialog für die Projektoptionen an. Delphi ordnet alle Formulare der rechten Listbox zu.

Abb. 3.71: Eine altbekannte „Macke" von Delphi wird sichtbar

Diese Anzeige ist nicht korrekt, so daß Sie immer direkt in der Projektdatei nachschauen sollten, welche Formular-Instanzen nun tatsächlich automatisch beim Programmstart erzeugt werden.

Auch wenn dies nur ein kosmetischer Anzeigefehler ist, hat dieser „Bug" doch ein nicht unerhebliches Fehlerpotential. Sie als Entwickler müssen immer daran denken, daß diese Anzeige nicht in allen Fällen exakte Werte liefert. Dies ist auch der Grund, warum das Splashformular erst im letzten Schritt implementiert wurde.

3.14.2 Das Splash-Formular

Die für den Anwender sichtbaren Komponenten im Splashformular übernehmen die anzuzeigenden Werte direkt aus den über das Dialogfenster Projektoptionen festgelegten Einstellungen. Dies betrifft zum einen den Anwendungstitel und zum anderen das anzuzeigende Icon..

```
procedure TSplashForm.FormCreate(Sender: TObject);
begin
  LogoName.Caption:= Application.Title;
  IconName.Picture.Icon:= Application.Icon;
end;
```

Unmittelbar nach dem Aktivieren soll der vollständige Inhalt des Formulars sichtbar sein. Der Aufruf von *Update* erzwingt das Neuzeichnen des Formulars.

```
procedure TSplashForm.FormActivate(Sender: TObject);
begin
  Update   // sofort nach »Show« das Neuzeichnen veranlassen
end;
```

Immer dann, wenn die Balkenanzeige einen neuen Wert darstellen soll, wird aus der Projektdatei der Anwendung heraus die private Methode „ShowNextStep" aufgerufen. Als Parameter übergeben Sie dieser Methode den Prozentwert für die Balkenanzeige.

```
procedure TSplashForm.ShowNextStep(iPercent : Integer);
begin
  ProgressBar1.Position:= iPercent;   // Balkenanzeige aktualisieren
  Update                              // Formular neu zeichnen
end;
```

3.15 Resümee

Auch wenn das Kapitel hier endet, so ist die Datenbankanwendung noch lange nicht fertig. In einem realen Projekt – und die Entwicklung soll ja möglichst realitätsnah dargestellt werden – kümmern Sie sich als Entwickler erst dann um den Feinschliff, wenn das komplette Programmgerüst fertig ist. Nur dann sind Sie sicher, daß keine großen Änderungen mehr notwendig sind. Was kommt noch in den folgenden Kapiteln hinzu? Zum einen verschiedene Techniken, um Daten aus dem Delphi-Datenbankprogramm an MS Word *oder* MS Excel übergeben zu können. Auch wenn QuickReport für übersichtliche Reportfunktionen ideal geeignet ist, mit anspruchsvollen Serienbriefen ist diese Komponente nun doch überfordert.

Außerdem muß eine Anwenderunterstützung in Form von Windows-typischen Hilfedateien im *HLP*-Format nachgerüstet werden. Der Anwender erwartet auch ein *Installationsprogramm*, daß nicht nur die Programmdateien kopiert, sondern auch gleich ein Gruppenfenster anlegt und den Alias bei der *BDE* registrieren läßt.

Sie finden im Verzeichnis „Kapitel 3\ShareMan\Final" eine (fast) fertig entwickelte Version vor. Am Ende der Programmentwicklung hat ein Entwickler normalerweise etwas Zeit für den letzten Feinschliff übrig.

In der Finalversion ist die Schnittstelle zur MS Word nicht implementiert, so daß Sie nicht unbedingt im Besitz dieses Programmes sein müssen, um „ShareMan" verwenden zu können.

4 Delphi ruft MS Word

Im Kapitel 3 erbte das Wertpapierverwaltungsprogramm „ShareMan" von der QuickReport-Komponente die Fähigkeit, die gespeicherten Daten auch zu Papier zu bringen. Bei allen Vorteilen von *QuickReport*, für alle Aufgaben ist diese Komponente nicht geeignet. Nicht immer reichen die vordefinierten Formblätter aus, häufig wird in der Praxis auch ein frei änderbares Anschreiben gefordert. Sie werden den Anwender nur schwerlich davon überzeugen können, dazu nicht seine vertraute Textverarbeitung zu verwenden. Damit scheiden die externen Textverarbeitungskomponenten für Delphi aus.

In diesem Kapitel stelle ich verschiedene Wege vor, um die Daten aus einer Datenbankanwendung in die Textverarbeitung zu übernehmen. Dabei setze ich als Textverarbeitung den wohl bekanntesten Vertreter am Markt – MS Word für Windows 95 – ein.

Als Einleitung stelle ich Ihnen noch eine Minimal-Lösung vor, wie Sie doch direkt aus Ihrem Programm heraus Daten aus der Datenbank zu Papier bringen, ohne *QuickReport* einzusetzen.

4.1 Der direkte Ausdruck aus dem Programm heraus

Im Verzeichnis „Kapitel 4\Drucken" finden Sie auf der CD-ROM das Projekt „print.dpr". Das Hauptformular in diesem Projekt ist dabei völlig uninteressant. Der „Start"-Button ruft nur das Rechercheformular „queryfrm.pas" auf.

```
procedure TFormMain.BitBtnStartClick(Sender: TObject);
begin
   FormQuery.ShowModal
end;
```

Im Rechercheformular sorgt eine TQuery-Komponente dafür, daß über eine SQL-Abfrage die benötigten Daten aus der Tabelle „sm_konto.db" gewonnen werden. Über die *TQuery*-Eigenschaft *SQL* weisen Sie der Komponente den auszuführenden SQL-Befehlsstring zu. Die *TDBGrid*-Komponente im Formular zeigt das Resultat der Abfrage an, so daß der Anwender entscheiden kann, ob das Ergebnis tatsächlich zu Papier gebracht werden soll.

Damit der Anwender eine brauchbare Anzeige erhält, ist nur ein geringer Eingriff in das Standardverhalten der Komponenten notwendig. Die Spaltenbreite für die beiden Währungsfelder soll vergrößert werden, dazu machen Sie sich die Ähnlichkeiten zwischen *TQuery* und *TTable* zu Nutze. Auch für eine

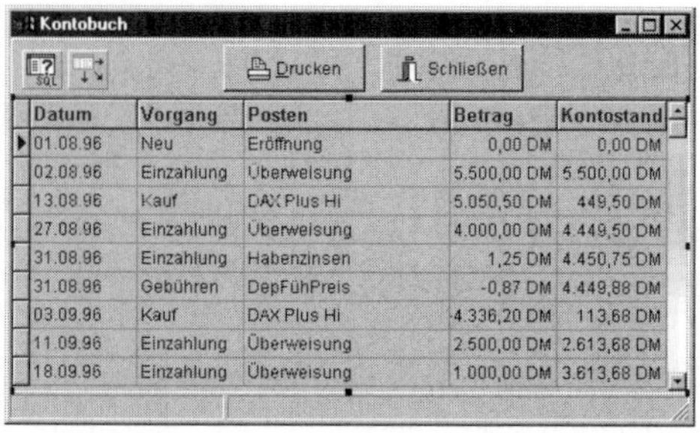

Abb. 4.1: Das Abfragefenster mit den recherchierten Daten

TQuery-Instanz können Sie über den *Feldeditor* TField-Instanzen anlegen, wobei vorher jedoch der SQL-Befehlsstring zugewiesen werden muß. Anhand des SQL-Befehls erkennt *TQuery*, welche Tabellenspalten im Ergebnis vorliegen und zeigt auch diese Spalten zur Auswahl an. Im Objektinspektor brauchen Sie dann nur das betreffende TField auszuwählen. Über die Eigenschaften *DisplayLabel* und *DisplayWidth* passen Sie die Anzeige im *TDBGrid* an die Anforderungen an.

Damit unmittelbar nach dem Aufruf des Formulars auch Ergebnisse dargestellt werden, startet die Ereignisbehandlungsmethode für das *OnCreate*-Ereignis des Formulars gleich die Abfrage. Während die Abfrage läuft, wird zur Sicherheit der „Drucken"-Button gesperrt.

```
procedure TFormQuery.FormCreate(Sender: TObject);
begin
  // aktuelles Datum anzeigen
  StatBar.Panels.Items[1].Text := 'Heute ist der ' +
                                  DateTimeToStr(Date);
  // Druck-Button sperren
  BitBtnPrint.Enabled := False;
  try
    Screen.Cursor := crSQLWait;
    QueryPrint.Open;
    StatBar.Panels.Items[0].Text := Format('%d Datensätze.',
                                    [QueryPrint.RecordCount]);
  finally
    Screen.Cursor := crDefault
  end;
  // Druck-Button freigeben
  BitBtnPrint.Enabled := True
end;
```

Erst wenn *TQuery* mit dem Einsammeln der Daten fertig ist, können Sie über das Anklicken des „Drucken"-Buttons die zuständige Ereignisbehandlungsmethode für das *OnClick*-Ereignis des Buttons anstoßen.

4.1.1 Daten aus TQuery drucken

Dabei wird während des Druckvorganges (genauer gesagt während der Übergabe des Druckauftrages an den Windows-Druckerspooler) ein weiteres Formular angezeigt. Dieses Formular „PrintInfo-Form" dient nur der Anwenderinformation. Damit der Text im Formular auch in jedem Fall dargestellt wird, sorgt der Aufruf von „PrintInfoForm.Refresh" dafür, daß sich „PrintInfoForm" selbst neu zeichnet.

Die SQL-Abfrage liefert fünf Spalten zurück, die zusammengenommen gut auf ein Blatt Papier im A4-Hochformat passen. Bei Bedarf fügen Sie einfach den Aufruf

```
Printer.Orientation := poLandscape;
```

ein, damit schaltet die Druckausgabe auf das Querformat um.

Im Quelltext der Unit finden Sie auch sonst noch unbekannte Aufrufe, die alle mit den Buchstaben „PS" beginnen. Dies sind private Funktionen, die aus der Unit „prnstuff.pas" eingebunden werden.

Tabelle 4.1: Private Prozeduren aus der Unit »prnstaff.pas«

Funktion	Aufgabe
PSSetPrintLine	Legt die Zeilenposition für die auszudruckende Zeile fest.
PSEmptyLine	Fügt eine Leerzeile im Ausdruck ein
PSTextOut	Vereinfachter »TextOut«-Aufruf, wobei der notwendige Zeilenvorschub je nach gewählter Schriftart/Schriftgröße automatisch weitergeschaltet wird.
PSDrawWordBreakText	Vereinfachter »DrawText«-Aufruf, wobei auch der Zeilenumbruch bei langen Zeichenketten unterstützt wird.
PSDrawExpTabText	Wie »PSDrawWordBreakText«, weiterhin werden Tabulatoranweisungen im auszudruckenden Text berücksichtigt.

Über die Zuweisung

```
{ linker Rand }
iPrnLeft := 300;
{ oberer Abstand }
iPrnLine := 200;
```

werden global deklarierte Variablen initialisiert. Dabei gehe ich zur Vereinfachung einfach davon aus, daß der verwendete Drucker eine Auflösung von 300 dpi verwendet.

```
procedure TFormQuery.BitBtnPrintClick(Sender: TObject);
var
  iRow      : Integer;          // Seitenwechsel notwendig ?
begin
  PrintInfoForm.Show;
  PrintInfoForm.Refresh;
  // Bei Bedarf Umschalten auf Querformat
  //Printer.Orientation := poLandscape;
  Printer.BeginDoc;
  iPrnLeft := 300;                        // linker Rand
  iPrnLine := 200;                        // oberer Abstand
  Printer.Canvas.Font.Name := 'Arial';    // Überschrift
  Printer.Canvas.Font.Size := 12;
  PSTextOut('Kontobuch');
  PSEmptyLine;
  // Ergebnis der Datenbankabfrag ausdrucken
  Printer.Canvas.Font.Name := 'Courier New';
  Printer.Canvas.Font.Size := 8;
  PSTextOut(StatBar.Panels.Items[1].Text);
  PSEmptyLine;
  try
    with QueryPrint do begin
      First;
      iRow := 1;
```

```
    while not EOF do begin
      PSTextOut(Format('%s %-15s %-25s %13m %13m',
        [Fields[0].AsString, Fields[1].AsString,
         Fields[2].AsString, Fields[3].AsCurrency,
         Fields[4].AsCurrency]));
      // Seitenwechsel notwendig ?
      if (iRow mod 40) = 0 then begin
        Printer.NewPage;
        iPrnLine := 200;    // oberer Abstand
        PSTextOut(Format('Inhaltsübersicht Seite : %d',
                         [Printer.PageNumber]));
        PSEmptyLine
      end;
      Inc(iRow);
      Next
    end
  end
finally
  // Druckende
  Printer.EndDoc;
end;
PrintInfoForm.Hide
end;
```

Die Delphi-Unit „Printers" stellt alle wesentlichen Funktionen bereit. Jeder Druckauftrag beginnt dabei mit dem Aufruf von *BeginDoc*. Erst mit dem Aufruf von *EndDoc* wird der Ausdruck gestartet, das heißt erst dann bekommt Windows den Druckauftrag zugestellt. Über den Bezeichner „Printer" greifen Sie auf das Druckerobjekt von Delphi zu, um dessen Eigenschaften zu ändern. Dabei gehen Sie genauso vor wie bei den anderen Delphi-Komponenten auch. Um zum Beispiel die Schriftart und die Schriftgröße für den Ausdruck zu ändern, sind nur zwei Zeilen notwendig.

```
Printer.Canvas.Font.Name := 'Arial';
Printer.Canvas.Font.Size := 12;
```

Die Datenmenge der *TQuery*-Komponente wird über eine Schleife solange ausgelesen, bis der letzte Datensatz in der Ergebnismenge erreicht wird. Interessant ist auch die Lösung, wie das Programm den Text im Ausdruck in Spalten ausrichtet.

```
PSTextOut(Format('%s %-15s %-25s %13m %13m',
          [Fields[0].AsString, Fields[1].AsString,
           Fields[2].AsString, Fields[3].AsCurrency,
           Fields[4].AsCurrency]));
```

Die *Format*-Funktion von Delphi ist eine sehr leistungsfähige Funktion, über die Format-Anweisung „%-15s" werden der zweiten auszudruckenden Spalte die Attribute „15 Zeichen breit" und „linksbündige Ausrichtung" zugewiesen. Die beiden letzten Währungsfelder verwenden eine Spaltenbreite von 13 Zeichen, wobei die Daten rechtsbündig ausgerichtet sind. Das Formatierungszeichen „%m" kennzeichnet die Daten als Währungsfelder, so daß die Beträge exakt formatiert zu Papier gebracht werden.

4.1.2 Die Tool-Unit „prnstuff.pas"

Dem Projekt „print.dpr" ist die formularlose Unit „prnstuff.pas" zugewiesen. Diese formularlose Unit stellt unter Delphi eine Besonderheit dar. Bei allen anderen Pascal-Vorgängerversionen gehört eine derartige Unit zur Normalität. Über diese Tool-Unit erweitern Sie den Sprachumfang von Delphi, indem Sie eigene, universell verwendbare Funktionen und Prozeduren implementieren.

```
unit Prnstuff;

interface

uses Printers, Windows, Messages, Classes;

var
  iPrnLeft : Integer;          { linker Rand }
  iPrnLine : Integer;          { aktuelle Zeilenposition }

{ Zeilenposition festlegen }
procedure PSSetPrintLine(aValue : Integer);
{ Leerzeile einfügen }
procedure PSEmptyLine;
{ vereinfachter TextOut-Aufruf incl. Zeilenvorschub }
procedure PSTextOut(aText : String);
{ vereinfachter DrawText-Aufruf incl. Zeilenvorschub.
  Zusätzlich wird Wortumbruch unterstützt. }
procedure PSDrawWordBreakText(pText : PChar; aLeftX : Integer);
{ vereinfachter DrawText-Aufruf incl. Zeilenvorschub.
  Zusätzlich wird Expanded Tabulator unterstützt. }
procedure PSDrawExpTabText(pText : PChar; aLeftX : Integer);

implementation
```

Die Prozedur *PSSetPrintLine* legt die vertikale Zeilenposition vom oberen Rand aus gerechnet fest. Dabei wird der benötigte Zeilenabstand aus der gerade in den *Canvas* von *Printer* gewählten Schriftart und Schriftgröße errechnet.

```
procedure PSSetPrintLine(aValue : Integer);
var
  iDelta : Integer;
begin
  with Printer.Canvas do
    iDelta := Abs(Round(-Font.Size * Font.PixelsPerInch / 72));
  Inc(iPrnLine, iDelta * aValue)
end;
```

Die Prozedur *PSEmptyLine* fügt eine Leerzeile in den Ausdruck ein.

```
procedure PSEmptyLine;
begin
  PSSetPrintLine(1)
end;
```

Die Prozedur *PSTextOut* stellt einen vereinfachten Aufruf für die *TextOut*-Funktion bereit. Als einziger Parameter wird der auszudruckende Text übergeben. Zusätzlich wird automatisch die Zeilenposition aktualisiert.

```
procedure PSTextOut(aText : String);
begin
  Printer.Canvas.TextOut(iPrnLeft, iPrnLine, aText);
  PSSetPrintLine(1)
end;
```

Die Prozedur *PSDrawWordBreakText* stellt einen vereinfachten Aufruf für die *DrawText*-Funktion aus dem Win32-API bereit, wobei lange Zeichenketten umgebrochen werden. Der erste Parameter legt den auszudruckenden Text fest. Über den zweiten Parameter kann ein zusätzlicher linker Rand festgelegt werden, damit der umbrochene Text gleichmäßig eingerückt wird. Die Zeilenposition wird entsprechend des vom umbrochenen Textes belegten Platz aktualisiert.

```
procedure PSDrawWordBreakText(pText : PChar; aLeftX : Integer);
var
  rRect : TRect;
begin
  rRect := Rect(iPrnLeft + aLeftX, iPrnLine,
                Printer.PageWidth - iPrnLeft, 100);
  // zuerst die Text-Abmessnungen von Windows berechnen lassen
  DrawText(Printer.Canvas.Handle, pText, -1, rRect,
           DT_LEFT or DT_WORDBREAK or DT_CALCRECT);
  // rRect enthält die korrekten Werte, der Text wird ausgegeben
  DrawText(Printer.Canvas.Handle, pText, -1, rRect,
           DT_LEFT or DT_WORDBREAK);
  Inc(iPrnLine, (rRect.Bottom - rRect.Top))
end;
```

Die Besonderheit der letzten Prozedur liegt darin, daß Tabulatoren im auszudruckenden Text berücksichtigt werden.

```
procedure PSDrawExpTabText(pText : PChar; aLeftX : Integer);
var
  rRect : TRect;
begin
  rRect := Rect(iPrnLeft + aLeftX, iPrnLine,
                Printer.PageWidth - iPrnLeft, 100);
  DrawText(Printer.Canvas.Handle, pText, -1, rRect,
           DT_LEFT or DT_EXPANDTABS or DT_CALCRECT);
  DrawText(Printer.Canvas.Handle, pText, -1, rRect,
           DT_LEFT or DT_EXPANDTABS);
  Inc(iPrnLine, (rRect.Bottom - rRect.Top))
end;

end.
```

4.2 Serienbriefgenerator

Immer dann, wenn viele Anschreiben generiert werden müssen, hat die klassische Serienbriefverarbeitung große Vorteile. Wohl alle Textverarbeitungen beherrschen das Erzeugen von Serienbriefen, wobei in der Regel auch eine Datenbanktabelle im *dBASE*-Format als Steuerdatei unterstützt wird. Der Aufwand dazu hält sich in Grenzen – hier spielt Delphi seine Vorteil als *RAD*-Tool so richtig aus.

Im Verzeichnis „Kapitel 4\Serienbriefe" finden Sie das Projekt „rdf.dpr". Als typische Lösung für den Büroalltag dient das Programm dazu, eine Seriendrucksteuerdatei im *dBASE*-Format zu generieren. Die einzubindenden Adressen entnimmt das Programm einer dynamisch konfigurierbaren Adreßdatenbank. Alle anzuschreibenden Stellen wählt der Anwender über Checkboxen aus, wobei die Zuordnung einer Adresse zur einer bestimmten Checkbox ebenfalls erst zur Programmlaufzeit vorgenommen wird. Der Anwender erhält damit die Möglichkeit, sofort auf geänderte Rahmenbedingungen im Büroalltag zu reagieren, ohne daß eine neue Softwarelösung gebraucht wird. Die Adreßdatenbank wird auf einem LAN-Server gespeichert, damit nutzen alle Benutzer die gleiche Datenbank – Unstimmigkeiten bei eventuellen Adressenänderungen sind damit ausgeschlossen. Last – but not least – leistet das Programm einen Beitrag zum Umweltschutz, indem anstelle von Kopien der Anschreiben nur ein Beleg mit dem ausgewählten Verteiler ausgedruckt wird.

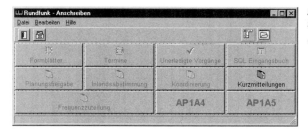

Abbildung 4.2: Die Steuerzentrale von „RDF"

Damit die verwendete Lösung nicht allzusehr im unübersichtlichen Quelltext-Gewirr untergeht, wurden bis auf das Modul „Kurzmitteilungen" alle anderen Module aus dem Programm entfernt.

 Das Programm verwendet den Alias „FRANZIS" für den Zugriff auf die Datenbanktabellen. Die Tabellen selbst befinden sich im CD-ROM-Verzeichnis „DataBase" (müssen jedoch vor dem ersten Zugriff auf ein beschreibbares Medium kopiert werden).

4.2.1 Die Adreßdatenbank

In der Adreßdatenbank kann jeder *CheckBox* in den Anschriftsdialogen eine bestimmte Anschrift beziehungsweise Beschriftung zugeordnet werden. Jedesmal, wenn ein Serienbriefdialog geöffnet wird, scannt das Dialogfenster die Adreßdatenbank „RDF_ADR.DBF", um die Beschriftung der Checkboxen dynamisch zuzuordnen. Obwohl ca. 100 Datensätze ausgelesen werden müssen, benötigt die *BDE* dafür nur Millisekunden.

Die Zuordnung, welche Anschrift beziehungsweise Beschriftung zu welcher Checkbox gehört, wird in der Adreßdatenbank über das Datenfeld „**CheckBox**" vorgenommen. In den Dialogfenstern hat dabei jede CheckBox einen eindeutigen Namen :

Tabelle 4.2: Zuordnung der Empfängerkategorie zu den Checkboxen im Programm

Empfänger	Checkbox-Bezeichnung in Delphi
PlR-Anschriften (Deutsche Telekom AG)	PlR1 bis PlR16
FTZ-Anschriften (Fernmeldetechnisches Zentralamt)	FTZ1 bis FTZ2
BAPT-Anschriften (Bundesamt für Post und Telekommunikation)	BAPT1 bis BAPT22
BMPT-Anschriften (Bundesministerium für Post und Telekom.)	BMPT1 bis BMPT4
Rundfunkanstalten (Programmanbieter/Senderbetreiber)	R1 bis R24
Bundesländer (Medienrechtliche Stellen)	S1 bis S24

Abb. 4.3: Über die Adreßdatenbank wird eine Anschrift einer Checkbox zugeordnet

In dem Eingabefeld „Titel" wird der Begriff eingetragen, der rechts neben der zugehörigen Checkbox angezeigt werden soll. Dieser Begriff erscheint auch in den erzeugten Serienbriefen in der Verteilerliste. Es sollte unbedingt beachtet werden, daß in der Adreßdatenbank im Feld „CheckBox" nur eindeutige Werte eingetragen werden (ansonsten wird die gewünschte Adresse nicht gefunden).

4.2.2 Das Serienbriefformular für die Kurzmitteilungen

Unmittelbar nach dem Aufruf des Kurzmitteilungs-Formulars hat das Programm noch keine Adreßdaten eingelesen.

Abb. 4.4: Kurzmitteilungen als Serienbrief erstellen

Der Grund dafür liegt darin, daß der Anwender je nach der ausgewählten Kurzmitteilungsart eine Voreinstellung abspeichern kann. Solange noch keine Kurzmitteilung über die Radiobutton markiert wurde, steht das zu generierende Formblatt nicht fest und damit können auch keine Adressen zugeordnet werden.

Wählt der Anwender jedoch über die Radiobutton eine bestimmte Kurzmitteilung aus, so scannt das Formular alle Einträge in der Adreßdatenbank „rdf__adr.dbf" durch und ordnet die dort vorgefundenen Datensätze den Checkboxen auf den jeweiligen *TTabbedNotebook*-Seiten zu.

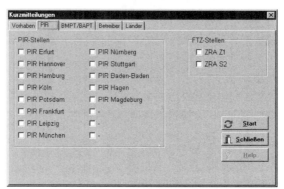

Abb. 4.5: Es wurde keine Kurzmitteilung ausgewählt, damit fehlen die Adressen

Eine einmal getroffene Auswahl wird immer dann als Standardauswahl gespeichert, wenn der Anwender die Checkbox „Vorgabe" auf der ersten Tab-Seite markiert.

Adressen den einzelnen Checkboxen zuordnen

Immer dann, wenn der Anwender eine Kurzmitteilung über die Radiobutton auswählt, belegt das Formular die Voreinstellungen neu vor. Dazu wird zuerst der zum Zugriff auf die INI-Datei benötigte Sektionsname der Konfigurationsdatei „rdf.ini" generiert. Auch unter *Windows 95* hat eine INI-Datei noch ihre Daseinsberechtigung, solange es noch Anwender gibt, die mit den 16-Bit-Version von *Microsoft Word* (Version 2 bzw. 6) arbeiten.

```
procedure TKMForm.ArtRGClick(Sender: TObject);
begin
  KMArt := ArtRG.Items[ArtRG.ItemIndex];
  xSection:= ArtRG.Items[ArtRG.ItemIndex];
  ChangeCheckBoxDef;
  StartBtn.Enabled:= True
end;
```

Bevor der „Start"-Button freigeschaltet wird, sorgt der Aufruf der privaten Methode „ChangeCheckBoxDef" dafür, daß sich die Checkboxen selbst initialisieren. Diese Methode macht allerdings auch nicht viel, sondern delegiert die Arbeit für jede *TTabbedNotebook*-Seite gleich weiter.

```
procedure TKMForm.ChangeCheckBoxDef;
begin
  DoCheckBoxWork(PlRGB, 'PlR');
  DoCheckBoxWork(FTZGB, 'FTZ');
  DoCheckBoxWork(BAPTGB, 'BAPT');
  DoCheckBoxWork(BMPTGB, 'BMPT');
  DoCheckBoxWork(RDFGB, 'R');
```

```
    DoCheckBoxWork(StaatsGB, 'S');
end;
```

Die zweite private Methode „DoCheckBoxWork" hat zwei Aufgaben. Zum einen wird jede in der Adreßdatenbank vorgefundene Adresse einer bestimmten *Checkbox* zugeordnet. Und zum anderen wird in der INI-Datei nachgeschaut, ob diese *Checkbox* als Standardauswahl markiert werden muß. Der erste Parameter legt fest, welche TTabbedNotebook-Seite bearbeitet werden soll. Der zweite Parameter legt die Zeichenkette der auszulesenden INI-Einträge fest.

```
procedure TKMForm.DoCheckBoxWork(aGroupBox:TGroupBox;aKey:String);
var
  RDFIni       : TIniFile;
  iCnt         : Integer;
  sCtrl, sTxt  : String;
begin
  RDFIni:= TIniFile.Create(sINI);
  try
    with aGroupBox do begin
      for iCnt:= 0 to ControlCount -1 do begin
        { CheckBoxname generieren -> Key für die INI }
        sCtrl:= aKey + IntToStr(iCnt + 1);
        { nach Index in der Adressdatenbank suchen }
        AdrTable.SetKey;
        AdrTable.Fields[0].AsString:= sCtrl;
        if AdrTable.GoToKey then sTxt:= AdrTableSTELLE.Value
                            else sTxt:= sDef;
        { Zugriff auf die Checkbox über numerischen Wert }
        with (Controls[iCnt] as TCheckBox) do begin
          { Beschriftung setzen }
          Caption:= sTxt;
          { Markierung setzen }
          Checked:= RDFIni.ReadBool(xSection, sCtrl, False);
        end
      end
    end
  finally
    RDFIni.Free
  end
end;
```

Die Kernfunktion verbirgt sich hinter den folgenden fünf Programmzeilen. Eine *TTabbedNotebook*-Seite bettet als Container andere Komponenten ein. Alle Checkboxen befinden sich innerhalb von *TGroupBox*-Instanzen. Jede Komponente, die als Container andere Komponenten einbetten kann, stellt die Eigenschaft *Controls* zur Verfügung. Über diese Eigenschaft haben Sie Zugriff auf eine Array, in dem alle eingebetteten Controls aufgeführt sind.

```
with aGroupBox do begin
  with (Controls[iCnt] as TCheckBox) do begin
    Caption:= sTxt;
    Checked:= RDFIni.ReadBool(xSection, sCtrl, False);
  end
```

Sie als Entwickler sorgen nun dafür, daß ausschießlich *TCheckBox*-Instanzen im *TGroupBox* verwendet werden. Damit gehören alle Controls-Einträge zum Typ *TCheckBox*, so daß alle Checkboxen direkt über den Indexwert des Controls-Arrays angesprochen werden können. Auf diese Art und Weise bekommt jede Checkbox ihre Beschriftung sowie die Vorgabemarkierung zugewiesen.

Die Seriendruck-Steuerdatei im dBASE-Format wird geschrieben

Hat der Anwender die Einträge im Formular ausgefüllt und auch die anzuschreibenden Stellen markiert, aktiviert der über den „Start"-Button den DBF-Generator. Über einen weiteren Dialog wird zuerst abgefragt, welche Unterschrift unter das Schreiben gesetzt werden soll. Danach sorgt die private Methode „WriteDBF" dafür, daß jede ausgewählte Adresse in die Seriendruck-Steuerdatei geschrieben wird. Anschließend wird die INI-Datei aktualisiert, damit die Textverarbeitung *Microsoft Word* über ein *Makro* erkennen kann, mit welcher *Dokumentvorlage* die Steuerdatei verbunden werden soll. Dieser Teil soll jedoch an dieser Stelle nicht weiter interessieren.

```
procedure TKMForm.StartBtnClick(Sender: TObject);
var
  sKMVar : String;
  RDFIni : TIniFile;
begin
  { Wer unterschreibt ? }
  DoSelectSB;
  { Datensätze erzeugen }
  WriteDBF;
  sKMVar:= 'KM1';
  RDFIni:= TIniFile.Create(sINI);
  try
    RDFIni.WriteString('WINWORD', 'Variante', sKMVar);
  finally
    RDFIni.Free
  end;
  if MessageDlg(Format(' %d Datensätze generiert. Soll ' + #10#13 +
             'WinWord gestartet werden?', [iRecCnt]),
             mtInformation,[mbYes,mbNo],0) = mrYes
     then RDFMainForm.LaunchWinWord
end;
```

Immer dann, wenn alle ausgewählten Adressen in die *dBASE*-Tabelle geschrieben werden sollen, verwendet das Programm den (fast) gleichen Mechanismus wie beim Zuordnen der Anschriften zu den Checkboxen. Wird eine markierte Checkbox vorgefunden, generiert die Methode den Suchbegriff für die Suche in der Adreßdatenbank. Die *BDE* kann auf einen Index zurückgreifen, so daß der betreffende Datensatz sehr schnell gefunden wird. Die Methode ist so flexibel genug, um bestimmten Anschriften unterschiedliche Anlagen zur Kurzmitteilung verpassen zu können. Über die TTable-Methode *AppendRecord* letztendlich wird der zusammengestellte Datensatz in die Serienbrief-Steuerdatei eingefügt.

```
procedure TKMForm.WriteDBF;
var
  A1, A2, A3, Strasse, PLZ, Ort,
  Sender, Anlage1, Anlage2,
```

4.2 Serienbriefgenerator

```
  Anlage3, Bemerkung, VertMix    : String;

{ lokale Prozedur ermittelt die Anschriftsfelder anhand
  eines generierten Indexwertes für die Adressdatenbank
  »RDF__ADR.DBF«. Wird ein Datensatz mit diesem Indexwert
  gefunden werden die Anschriftsfelder belegt.              }
procedure WriteDBFRecord(aGB: TGroupBox; aKey: String);
var
  iCnt   : Integer;
  sCtrl,
  sTxt   : String;
begin
  with aGB do begin
    for iCnt:= 0 to ControlCount -1 do begin
      { ist die Checkbox markiert ? }
      if (Controls[iCnt] as TCheckBox).Checked then begin
        { Checkboxname generieren -> Indexsuche in RDF__ADR }
        sCtrl:= aKey + IntToStr(iCnt + 1);
        { Variablen initialisieren }
        A1:=''; A2:=''; A3:=''; Strasse:=''; PLZ:=''; Ort:='';
        Anlage2:= ''; Anlage3:= ''; VertMix:= '';
        { Checkbox-Beschriftung als Verteiler übernehmen }
        sTxt:= (Controls[iCnt] as TCheckBox).Caption;
        { nach Index in der Adressdatenbank in AdressF suchen }
        try
          AdrTable.SetKey;
          AdrTable.Fields[0].AsString:= sCtrl;
          if AdrTable.GoToKey then begin
            A1:= AdrTableA1.Value;
            A2:= AdrTableA2.Value;
            A3:= AdrTableA3.Value;
            Strasse:= AdrTableSTR.Value;
            PLZ:= AdrTablePLZ.Value;
            ORT:= AdrTableORT.Value;
            if AdrTableSTELLE.Value = '314' then begin
              Anlage2:= Anlage2Ed.Text;
              VertMix:= VertListe;
            end;
            if AdrTableSTELLE.Value = 'Kopie' then begin
              VertMix:= VertListe;
            end;
          end
        except
          on EDatabaseError do
          begin
            //ShowMessage(LoadStr(1));
            raise { normale Behandlungsroutinen aufrufen }
          end
```

```
          end;
          { Datensatz schreiben }
          TargetTable.AppendRecord([A1,A2,A3,Strasse,PLZ, Ort,
                                   SBName,SBZeichen,SBTelefon,
                                   KMArt,Sender,KanalEd.Text,Anlage1,
                                   Anlage2, Anlage3, Bemerkung,
                                   sTxt, VertMix]);
          Inc(iRecCnt)
        end
      end
    end
  end;

begin
  try
    with TargetTable do begin
      iRecCnt:= 0;
      { Zieltabelle »RDF_Z_KM.DBF« leeren }
      Active:= False;
      EmptyTable;
      Active:= True;
      Sender:= SenderEd.Text;
      Anlage1:= Anlage1Ed.Text;
      Bemerkung:= BemerkEd.Text;
      { Verteilerliste zusammenstellen }
      VertListe:= cVerteiler;
      GenerateList(PlRGB);
      GenerateList(FTZGB);
      GenerateList(BAPTGB);
      GenerateList(BMPTGB);
      GenerateList(RDFGB);
      GenerateList(StaatsGB);
      { Datensätze für die Serienbriefsteuerdatei generieren }
      WriteDBFRecord(PlRGB, 'PlR');
      WriteDBFRecord(FTZGB, 'FTZ');
      WriteDBFRecord(BAPTGB, 'BAPT');
      WriteDBFRecord(BMPTGB, 'BMPT');
      WriteDBFRecord(RDFGB, 'R');
      WriteDBFRecord(StaatsGB, 'S')
    end
  finally
    TargetTable.Active:= False
  end
end;
```

Die globale Prozedur „GenerateList" aus der Tool-Unit „rdfiniu.pas" stellt die Zeichenkette für den Verteiler zusammen. Dieser Verteiler wird in die für die eigenen Unterlagen bestimmte Kopie der Kurzmitteilung eingedruckt.

```
procedure GenerateList(aGB: TGroupBox);
var
  iCnt : Integer;
  sTxt : String;
begin
  with aGB do begin
    for iCnt:= 0 to ControlCount -1 do begin
      { ist die Checkbox markiert ? }
      if (Controls[iCnt] as TCheckBox).Checked then begin
        { Checkbox-Beschriftung als Verteiler übernehmen }
        sTxt:= (Controls[iCnt] as TCheckBox).Caption + #10#13;
        VertListe:= VertListe + sTxt
      end
    end
  end
end;
```

Was fehlt noch?

Obwohl das Projekt schon kräftig abgespeckt wurde, bleiben dennoch über 1000 Programmzeilen übrig. Ein Abdruck im Buch in voller Länge ist nicht sinnvoll – ich stelle Ihnen daher nur die wichtigsten noch fehlenden Funktionen kurz vor.

Ein INI-Abschnitt wird gelöscht
Die Konfigurationsdatei „rdf.ini" wird nicht nur von „rdf.exe" ausgelesen, sondern auch von WinWord. Damit hier keine Mißverständnisse der Programme untereinander vorkommen, sorgt die Prozedur „ClearINISection" dafür, daß kritische INI-Abschnitte vor dem nächsten Zugriff komplett gelöscht werden. Damit umgehen Sie Probleme, die „versehentlich übriggebliebene" Einträge verursachen können.

```
procedure ClearINISection(aSection: String);
var
  RDFIni   : TIniFile;
begin
  RDFIni:= TIniFile.Create(sINI);
  try
    RDFIni.EraseSection(aSection);
  finally
    RDFIni.Free
  end
end;
```

Checkbox-Markierungen als Standardvorgabe speichern
Immer dann, wenn der Anwender die Checkbox „Vorgabe" markiert, speichert die globale Prozedur „WriteDefaultToINI" alle die für die ausgewählte Kurzmitteilung markierten Checkboxen in der INI-Datei. Auch hier greift die Prozedur auf das *Controls*-Array der *TGroupBox*-Instanz zurück.

```
procedure WriteDefaultToINI(aGroupBox:TGroupBox;
                            aSection, aKey:String);
```

```
var
  RDFIni : TIniFile;
  iCnt   : Integer;
  sCtrl  : String;
begin
  RDFIni:= TIniFile.Create(sINI);
  try
    with aGroupBox do begin
      for iCnt:= 0 to ControlCount -1 do begin
        { CheckBoxname generieren -> Key für die INI }
        sCtrl:= aKey + IntToStr(iCnt + 1);
        { Zugriff auf die Checkbox über numerischen Wert }
        with (Controls[iCnt] as TCheckBox) do
          { Markierung gesetzt ? }
          if Checked then RDFIni.WriteBool(aSection, sCtrl, True);
      end
    end
  finally
    RDFIni.Free
  end
end;
```

Wer unterschreibt ?
Gleich beim Erzeugen des Formulars ruft die Ereignisbehandlungsmethode für das *OnCreate*-Ereignis des Formulars die private Methode „ReadINIFile" auf. Diese Methode initialisiert die im *Public*-Abschnitt der Klasse deklarierten *Objektfelder* von *TRDFMainForm*.

Möchte der Anwender die zugeordneten Daten für die Sachbearbeiter ändern, so übergibt die Ereignisbehandlungsmethode für den Menüeintrag „Wer unterschreibt?" den Wert „True" als Parameter an die Methode. In diesem Fall wird das Formular „SBUpdateForm" angezeigt, der Anwender kann alle Daten zu den Sachbearbeitern ändern.

```
procedure TRDFMainForm.ReadINIFile(bNew: Boolean);
const
  cSection = 'SB';
var
  RDFIni : TIniFile;
begin
  RDFIni:= TIniFile.Create(sINI);
  try
    with RDFIni do begin
      sSBName:= ReadString(cSection, 'SBName','N/A');
      sSBZeichen:= ReadString(cSection, 'SBZeichen','N/A');
      sSBTelefon:= ReadString(cSection, 'SBTelefon','N/A');
      sSBName2:= ReadString(cSection, 'SBName2','N/A');
      sSBZeichen2:= ReadString(cSection, 'SBZeichen2','N/A');
      sSBTelefon2:= ReadString(cSection, 'SBTelefon2','N/A');
      if bNew then begin
        with SBUpdateForm do begin
```

```
            Name1.Text:= sSBName;
            FMD1.Text:= sSBZeichen;
            Tel1.Text:= sSBTelefon;
            Name2.Text:= sSBName2;
            FMD2.Text:= sSBZeichen2;
            Tel2.Text:= sSBTelefon2;
            if ShowModal = mrOK then begin
               WriteString(cSection, 'SBName', Name1.Text);
               WriteString(cSection, 'SBZeichen', FMD1.Text);
               WriteString(cSection, 'SBTelefon', Tel1.Text);
               WriteString(cSection, 'SBName2', Name2.Text);
               WriteString(cSection, 'SBZeichen2', FMD2.Text);
               WriteString(cSection, 'SBTelefon2', Tel2.Text);
               sSBName:= Name1.Text;
               sSBZeichen:= FMD1.Text;
               sSBTelefon:= Tel1.Text;
               sSBName2:= Name2.Text;
               sSBZeichen2:= FMD2.Text;
               sSBTelefon2:= Tel2.Text
            end
         end
      end;
      // aktuellen Pfad für WINWORD.EXE auslesen
      sWWPath:= ReadString('WINWORD', 'Path','WINWORD');
   end
  finally
    RDFIni.Free
  end
end;
```

4.3 Dokument über globales Makro beim Start erzeugen

Die erste Variante hat gezeigt, daß ein direkter Ausdruck relativ einfach bewerkstelligt werden kann. Für ein Anschreiben reicht dies jedoch bei weitem nicht aus, hier ist eine richtige Textverarbeitung gefragt.

Abb. 4.6:
Formular
„makrofrm.pas"

Im Verzeichnis „Kapitel 4\WWMakro« finden Sie das Projekt „makro.dpr". Im Formular stellt ein DBGrid die Redaktionen dar, die in der Datenbanktabelle „quelle.db" gespeichert wurden.

Über den „Start"-Button wird wie von Geisterhand die Textverarbeitung WinWord geladen, ein neues Dokument begonnen und die Redaktionsanschrift gleich im Anschriftsfeld eingefügt. Vorbereitungen für dieses Ergebnis sind jedoch nötig, sowohl das Programm WinWord als auch das eigene Anwendungsprogramm müssen entsprechend angepaßt werden.

4.3.1 Konfiguration des Delphi-Anwendungsprogramms

Diese Aufgabe ist schnell erledigt, Sie müssen lediglich dafür sorgen, daß die nicht benötigten Tabellenspalte aus „quelle.db" nicht im DBGrid angezeigt werden. Dazu legen Sie über den *Feldeditor* für alle Spalten der *TTable*-Komponente im Formular *TField-Instanzen* an. Im Objektinspektor bekommt zum Beispiel das *TField* „TableQuelleID" die Eigenschaft der Unsichtbarkeit zugewiesen und wird somit im *TDBGrid* nicht mehr angezeigt. Alternativ können Sie natürlich auch die Spalten des TDBGrid direkt konfigurieren – beide Varianten führen zum gleichen Ergebnis, solange Sie für alle Spalten der Tabelle einheitlich vorgehen.

Als zweite Aufgabe müssen die gerade angezeigten Daten für die Redaktion in irgendeiner Weise an Word für Windows übergeben werden. Die Windows-Zwischenablage wird nicht verwendet, da die Zwischenablage nicht flexibel genug mit umfangreichen Datenstrukturen (sprich mehreren einzelnen Tabellenfeldern) umgehen kann. Da die Themen *DDE* und *OLE* erst später an die Reihe kommen, muß es noch einen Weg geben. Das Anwendungsprogramm schreibt die Daten in eine private INI-Datei! Bevor Sie nun entrüstet Protest anmelden, soll der Zugriff auf die von *Windows 3.x* gewohnten INI-Dateien auch begründet werden. Natürlich sollen Anwendungen unter dem *Win32-API* auf die *Windows-Registry* zugreifen, aber dieser Weg ist für viele der noch in der Praxis eingesetzten 16-Bit-Programme versperrt. Oftmals wird zusammen mit neuen Rechnern das jeweils vorinstallierte Betriebssystem *Windows 95* übernommen, aber dann die bereits vorhandenen „alten" 16-Bit-Programme verwendet. Die Textverarbeitung *Microsoft Word 6.0* ist so ein Beispiel. Warum soll unbedingt auf die Version 7.0 gewechselt werden, wenn doch beide Versionen von der Oberfläche her mehr oder weniger identisch sind? In einem solchen Umfeld ist der Rückgriff auf eine klassische INI-Datei die einfachste und stabilste Lösung!

Wenn Sie sich einmal den Inhalt von „artikel.ini" anschauen, werden Sie die folgende Datenstruktur vorfinden.

```
[Redaktion]
Quelle=Der Entwickler
Redaktion=Software & Support GmbH
Str=Länderweg
HNr=43a
PLZ=60559
Ort=Frankfurt/Main

[MSWord]
Path=D:\MSOffice\Winword\winword.exe
```

Der Abschnitt „Redaktion" enthält die Daten für die ausgewählte Redaktion, dieser Abschnitt wird also bei jedem Start neu geschrieben. Der zweite Abschnitt „MSWord" hingegen wird nur ausgelesen, hier findet das Programm Informationen zum Startpfad von Word für Windows. Im Programm wird eine globale Konstante deklariert, die den Namen für die INI-Datei festlegt.

```
const
  cINI = 'ARTIKEL.INI';

var
  FormMain: TFormMain;

implementation

uses IniFiles;
```

Im Implementations-Abschnitt wird eine zweite Uses-Klausel dazu verwendet, die zur Implementierung der Funktionen benötigte zusätzliche Unit einzubinden. Die Unit „IniFiles" gehört zu Delphi und stellt die Zugriffsmethoden auf INI-Dateien bereit.

Beim Anklicken beziehungsweise Auslösen des „Start"-Buttons im Formular arbeitet die *Ereignisbehandlungsmethode* „BitBtnStartClick" eine ganze Reihe von Aufgaben ab. Zuerst wird eine *TIniFile*-Instanz erzeugt, um die Daten in die private INI-Datei zu schreiben beziehungsweise um den Startpfad von Word für Windows auszulesen. Ist dies erledigt, so wird die TIniFile-Instanz wieder zerstört. Im nächsten Schritt erweitert die Methode den Aufrufstring, die Zeichenkette "/mCallWW-TEST" wird angehängt. Damit machen Sie sich eine Option von *Word für Windows* zu Nutze, über den Schalter „/m" startet *Word für Windows* gleich beim eigenen Start das angegebene globale Makro.

```
procedure TFormMain.BitBtnStartClick(Sender: TObject);
const
  cSec     = 'Redaktion';
var
  dBIni    : TIniFile;
  szPrgLine : array[0..199] of Char;
  hWinWord  : hWnd;
begin
  dBIni:= TIniFile.Create(cINI);
  try
    { Daten in die private INI-Datei schreiben }
    dBIni.WriteString(cSec, 'Quelle', TableQuelleQuelle.Value);
    dBIni.WriteString(cSec, 'Redaktion',
                      TableQuelleRedaktion.Value);
    dBIni.WriteString(cSec, 'Str', TableQuelleStrasse.Value);
    dBIni.WriteString(cSec, 'HNr', TableQuelleHausnummer.Value);
    dBIni.WriteString(cSec, 'PLZ', TableQuellePLZ.Value);
    dBIni.WriteString(cSec, 'Ort', TableQuelleOrt.Value);
    { Startpfad von Word aus der INI-Datei einlesen }
    StrPCopy(szPrgLine, dBIni.ReadString('MSWord', 'Path',
             'winword.exe'));
  finally
    dBIni.Free
  end;
  { das aufzurufende globale Makro festlegen }
```

```
   StrCat(szPrgLine, ' /MCallWWTEST');
   { MS Word mit direktem Makroaufruf starten }
   hWinWord:= FindWindow('OpusApp', nil);
   if hWinWord <> 0 then
   begin
      ShowMessage('WinWord läuft bereits - bitte schließen!');
      SetForegroundWindow(hWinWord)
   end
   else
   begin
      WinExec(szPrgLine, sw_ShowMaximized)
   end;
end;
```

Die Funktion *FindWindow* stammt aus dem Windows-API, auf dieses API (engl. Application Programm Interface) greift jedes Delphi-Programm zu, nur daß in den meisten Fällen die einzelnen Funktionen aus dem Windows-API über die entsprechenden Vertreter aus ObjectPascal aufgerufen werden.

Die beim *FindWindow*-Aufruf verwendete Zeichenkette „OpusApp" identifiziert eine Fensterklasse von *Word für Windows*. Jedes Programmfenster muß sich unter Windows beim Programmaufruf mit einer *Fensterklasse* registrieren lassen. Dabei muß der Name der Fensterklasse im System eindeutig sein – mit diesem „Fingerabdruck" prüft *FindWindow* nach, ob bereits eine Fensterklasse mit dieser Bezeichnung unter Windows vorhanden ist. Trifft dies zu, muß auch das dazugehörende Programm im Arbeitsspeicher sein. Über ein Hinweisfenster wird der Anwender darüber informiert, daß WinWord vorher zu schließen ist. *SetForegroundWindow(hWinWord)* holt dazu auch gleich das Programmfenster der Textverarbeitung WinWord in der Vordergrund.

 Mit dem Delphi-Tool „WinSight32" können Sie jederzeit den internen Namen der Fensterklasse eines laufenden Anwendungsprogramms nachschlagen.

4.3.2 Konfiguration von MS Word 95

Bei jedem Aufruf soll ein neues Anschreiben erzeugt werden, in dem die gerade ausgewählte Redaktionsanschrift eingesetzt wird. Dazu legen Sie eine neue Dokumentvorlage mit dem Namen „wwtest.dot" an, in der die Anschriftsdaten über Textmarken eingesetzt werden. Unter *Word* sind Textmarken normalerweise unsichtbar.

Abb. 4.7: „Sichtbare" Textmarken in die Dokumentvorlage einfügen

Das hat den Nachteil, daß die *Textmarken* bei einer späteren Bearbeitung sehr leicht übersehen und damit eventuell entfernt werden. Ich verwende daher „sichtbare" Textmarken. Dazu tragen Sie zur Kennzeichnung den Namen der Textmarke im Dokument ein. Der komplette Namen wird dann markiert und auf diese Markierung wird eine Textmarke über den Menüaufruf „[B]earbeiten | Textmarke" mit diesem Namen gesetzt.

Der später über diese Textmarke eingefügte Text überschreibt diese Hilfsbeschriftung. Damit ergibt sich nur ein Problem, wird kein Text über die sichtbare Textmarke eingefügt, so bleibt auch die Hilfsbezeichnung stehen.

Die *Dokumentvorlage* ist damit fertig, die restliche Gestaltung des Schreiben ist unwichtig. Jetzt fehlt nur noch ein Mechanismus, wie über die Textmarken die Daten aus der Datenbank eingefügt werden. Im Programm Word für Windows steht eine hilfreiche Option zur Verfügung. Findet *Word* in der Dokumentvorlage ein Makro mit dem Namen „AutoNew", so wird dieses Makro automatisch von Word beim Ableiten eines neuen Dokumentes von dieser Vorlage aufgerufen.

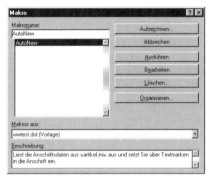

Abb. 4.8: Vorlagenmakro »AutoNew« einfügen

In Word rufen Sie daher über den Menüpunkt „[E]xtras | Makro.." das Makro-Dialogfenster auf. Der Makro-Name „AutoNew" wird eingetragen und über die Schaltfläche „Bearbeiten" zur Makro-Implementierung geöffnet.

Im Makrobearbeitungsfenster tragen Sie das folgende Makro ein.

```
Makro AutoNew liest die Daten aus einer private INI aus
WWTEST.DOT:AutoNew
Andreas Kosch 1997

Sub MAIN

INI$ = "ARTIKEL.INI"
lpApps$ = "Redaktion"

BearbeitenGeheZu "Redaktion"
Einfügen GetPrivateProfileString$(lpApps$, "Redaktion", INI$)

BearbeitenGeheZu "Str"
Einfügen GetPrivateProfileString$(lpApps$, "Str", INI$)
Einfügen " "
Einfügen GetPrivateProfileString$(lpApps$, "HNr", INI$)

BearbeitenGeheZu "PLZ"
Einfügen GetPrivateProfileString$(lpApps$, "PLZ", INI$)
Einfügen " "
Einfügen GetPrivateProfileString$(lpApps$, "Ort", INI$)

End Sub
```

Im Makro werden *WordBASIC*-Befehle verwendet, um zum einen die Daten aus der privaten INI-Datei auszulesen und zum anderen über die Textmarken in das Dokument einzufügen. Die aktuelle Version *Word für Windows 95* unterstützt dabei die *GetPrivateProfileString*-Funktion.

Haben Sie nur die Version „Word für Windows 2.0" zur Verfügung, so müssen Sie die *GetPrivateProfileString*-Funktion selbst im Makro deklarieren. Dazu tragen Sie vor „Sub Main" die Zeilen

```
Declare Function GetPrivateProfileString Lib „Kernel" (App$,Key$,\
        Def$, Return$, nSize As Integer, INI$) As Integer
```

nach. Über den Aufruf

```
iRet = GetPrivateProfileString(lpApps$,"Str",Def$,Str$,nSize,INI$)
```

können Sie dann die Werte aus der INI einlesen. Das Einfügen erfolgt im Beispiel über „Einfügen Str$".

Nachdem das Makro „AutoNew" in der *Vorlagendatei* „wwtest.dot" gespeichert wurde, bleibt nur noch eine Aufgabe übrig. Das globale Makro „CallWWTEST" muß angelegt werden. Im Gegensatz zu den Vorlagenmakros können *globale Makros* aus jeder Vorlage und zu jeder Zeit aufgerufen werden. Um das globale Makro zu erstellen, stehen zwei Wege offen. Zum einen verwenden Sie den *Makrorecorder*, um die einzelnen Befehle bequem von Word mitschreiben zu lassen. Oder Sie legen das Makro von Hand an. Das Ergebnis sollte etwa so aussehen, wobei die Pfadnamen an die eigene Verzeichnisstruktur auf der Festplatte anzupassen sind.

```
Sub MAIN
DateiNeu .DokVorlage = "D:\MSOffice\Vorlagen\wwtest.dot", .DokVorlageNeu = 0
End Sub
```

Das globale Makro ruft nur ein neues Dokument von der Vorlage „wwtest.dot" auf. Da das Vorlagenmakro „AutoNew" unmittelbar danach ausgeführt wird, sehen Sie gleich das Ergebnis.

4.4 Die DDE-Lösung

Die Lösung mit dem globalen Makro als Startparameter ist nicht besonders elegant. Gerade die Einschränkung, daß die Textverarbeitung vor dem Aufruf nicht geöffnet sein darf, wird der Anwender kaum hinnehmen. Hier bietet sich der Rückgriff auf *DDE* als Lösungsmöglichkeit an.

Der *DDE*-Mechanismus (engl. *Dynamic Data Exchange*) gestattet es Anwendungen, die Fähigkeiten von anderen installierten Anwendungen zu nutzen oder gar die eigenen Fähigkeiten anderen Applikationen zur Verfügung zu stellen.

Jede Sache hat ihre zwei Seiten und leider gibt es auch für DDE einen Nachteil zu berücksichtigen. Eine DDE-Verbindung verbraucht Windows-Ressourcen und ist zudem relativ langsam. Der Grund dafür liegt im implementierten Protokoll, das Windows für eine DDE-Verbindung verwendet. Sowohl der Client als auch der Server verständigen sich über gegenseitig zugeschickte Windows-Botschaften. Als Vergleich ist die Kommunikation zwischen zwei Modems brauchbar, auch die Modems „unterhalten" sich erst untereinander, bevor die Datenübertragung beginnen kann.

Abb. 4.9: Microsoft's Diagnoseprogramm »DDE-Spy« aus dem Windows-SDK

Leider können Sie als Delphi-Anwender den DDE-Nachrichtenverkehr nicht so ohne weiteres nachverfolgen. Dazu werden spezielle Tools benötigt, die Bestandteil des Windows-SDK's (engl. Software Development Kit) von Microsoft sind. Das SDK wird seit einiger Zeit nur noch im Rahmen des Microsoft Developer Network ausgeliefert.

 Selbstverständlich können Sie derartige Tools auch mit Delphi selbst schreiben, das Verhältnis von Zeitaufwand und Nutzen (beziehungsweise Kosten für das SDK) dürfte dies wohl nur in den wenigsten Fällen rechtfertigen.

Das Ressourcen-Problem ist schwerwiegender. Über die DDE-Verbindung können zum Beispiel auch die Anschriftsdaten der ausgewählten Redaktion übertragen werden. Jedes Datenpaket überträgt Windows dabei mit Hilfe eines vorher reservierten Speicherbereichs. Der Empfänger ist dafür verantwortlich, den Speicher nach dem Auslesen der Daten wieder freizugeben. Nicht alle Anwendungen machen dies (ich will hier keine Namen nennen, es sind aber auch Marktführer darunter!). Im ungünstigsten Fall hört die Übertragung irgendwann mit einer Fehlermeldung auf, weil nicht mehr genug Ressourcen zur Verfügung stehen. Ich verwende daher auch hier einen anderen Lösungsansatz. Die Daten werden immer noch über die private INI-Datei übertragen, die DDE-Verbindung startet nur noch das globale Makro! Unabhängig davon, welche Datenmenge im Dokument eingesetzt wird, ist nur noch ein einziger DDE-Aufruf notwendig. Gerade wenn umfangreiche Daten in das Dokument übernommen werden sollen, ist die INI-Lösung der reinen DDE-Lösung in der Ablaufgeschwindigkeit hoch überlegen.

Im Verzeichnis „Kapitel 4\WWDDE" finden Sie die Projektdateien zu „wwdde.dpr". Rein äußerlich unterscheidet sich das Hauptformular nicht vom Vorgänger für die Makrostartlösung. In dem Hilfsformular ist nur eine einzige Komponente neu hinzugekommen – *TDdeClientConv*. Die Verwendung des Hilfsformulars gewährleistet, daß mehrere Makroaufrufe hintereinander problemlos zugestellt werden können. Nicht nur das eigene Programm ist entscheidend, bei einer DDE-Verbindung sind zwei Parteien im Spiel, die zusammen harmonieren müssen. Das Hilfsformular erfüllt zwei Aufgaben. Zum einen stellt es ein eigenes *Fensterhandle* (Formulareigenschaft *Handle*) für den Nachrichtenaustausch zur Verfügung, und zum anderen stellt es sicher, daß alle Botschaften jeweils korrekt beantwortet werden, bevor das Programm beziehungsweise die Verbindung geschlossen wird.

Der Einsatz von TDdeClientConv ermöglicht Ihrer Anwendung, mit einer anderen Anwendung eine DDE-Konversation zu führen. Wenn Sie eine solche Komponente in Ihre Anwendung aufnehmen, wird diese zu einem DDE-Client.

Abb. 4.10: Das für den Anwender „unsichtbare" Hilfsformular

Als Client wird die Anwendung bezeichnet, die Daten empfängt oder Befehle zur Ausführung an den DDE-Server schickt. Damit die DDE-Verbindung nur bei Bedarf aufgebaut wird, ändern Sie die Eigenschaft *ConnectMode* auf „ddeManual". In diesem Fall muß jede DDE-Verbindung im Programm explizit über einen Aufruf von *OpenLink* geöffnet werden.

Über die Eigenschaft *DdeService* wird der DDE-Server festgelegt, mit dem eine Verbindung eröffnet werden soll. Es ist üblich, daß als *Service-Name* der Name der ausführbaren Datei verwendet wird, wobei es allerdings auch hier Ausnahmen von dieser Regel gibt. Rüsten Sie selbst Ihre Anwendung mit der Fähigkeit eines DDE-Servers aus, so verwendet Delphi den Projektnamen (ohne die Endung .DPR) als Service-Namen.

Abb. 4.11: Eigenschaft „Connect-Mode" auf manuellen Betrieb ändern

Ganz wie in Delphi gewohnt, können Sie per Mausklick auch für diese Eigenschaft ein eigenes Dialogfenster aufrufen.

Im Dialogfenster tragen Sie den registrierten DDE-Server-Namen ein und beziehen sich auf ein Thema, zu dem die DDE-Konversation eröffnet werden soll. Alle benötigten Angaben finden Sie in der Dokumentation zu dem aufzurufenden Server, im hier gewählten Beispiel also in den Unterlagen für Word.

Abb. 4.12: Die Eigenschaft „DDEService" verwendet ein eigenes Dialogfenster

Ein *DDE-Topic* ist ein Bezeichner, der sich auf die zu verbindenden Daten bezieht. In einem Word-Dokument kann dies zum Beispiel der Dateiname sein und in einem Excel-Spreadsheet die Arbeitsseite. Eine Delphi-Anwendung verwendet als DDE-Server die Fensterzeilenbeschriftung als DDE Topic-Bezeichner. In unserem Beispiel ist es nicht notwendig, einen Topic-Bezeichner anzugeben. Die Ereignisbehandlungsmethode „BitBtnStartClick" schreibt die Daten in die INI-Datei und erzeugt das Hilfsformular.

```
procedure TFormMain.BitBtnStartClick(Sender: TObject);
const
  cSec     = 'Redaktion';
var
  dBIni    : TIniFile;
begin
  dBIni:= TIniFile.Create(cINI);
  try
    // Daten in die private INI-Datei schreiben
    dBIni.WriteString(cSec, 'Quelle', TableQuelleQuelle.Value);
    dBIni.WriteString(cSec, 'Redaktion',
                  TableQuelleRedaktion.Value);
    dBIni.WriteString(cSec, 'Str', TableQuelleStrasse.Value);
    dBIni.WriteString(cSec, 'HNr', TableQuelleHausnummer.Value);
    dBIni.WriteString(cSec, 'PLZ', TableQuellePLZ.Value);
    dBIni.WriteString(cSec, 'Ort', TableQuelleOrt.Value);
    // Startpfad von Word aus der INI-Datei einlesen
    szPrgLine := dBIni.ReadString('MSWord', 'Path',
                              'winword.exe');
  finally
    dBIni.Free
  end;
```

4.4 Die DDE-Lösung

```
  // abzuschickendes Makro definieren
  szCommand := '[ExtrasMakro .Name="CallWWTEST",' +
               '.Ausführen, .Anzeigen = 1]';
  // das Hilfsformular erzeugen
  FormDDE := TFormDDE.Create(self);
  try
    FormDDE.ShowModal         // DDE-Befehl abschicken
  finally
    FormDDE.Release
  end
end;
```

Um per DDE einen Befehl an Word zu schicken, muß dieser Befehl in eckigen Klammern eingeschlossen sein. In einem DDE-Aufruf können Sie dabei mehrere Befehle gleichzeitig übertragen, die von *Word* jedoch nacheinander abgearbeitet werden

```
szCommand := '[WordBASIC-Befehl 1] [WordBASIC-Befehl 2]'
```

Als Befehle steht der komplette Sprachumfang von WordBASIC zur Verfügung, per *DDE* ist somit eine vollständige Fernbedienung von Word im Bereich des möglichen (auch wenn mit *OLE Automation* unter Umständen eine elegantere Möglichkeit zur Verfügung steht).

Um das DDE-Kommando abzuschicken, wird nur das Hilfsformular „FormDDE" erzeugt und über den Aufruf von *ShowModal* als modales Fenster angezeigt. Im Normalfall bekommt der Anwender jedoch dieses Fenster niemals zu Gesicht – der Rechner ist einfach viel zu schnell mit der Aufgabe fertig.

```
unit hilfsfrm;

interface

uses
  Windows, Messages, SysUtils, Classes, Graphics, Controls, Forms,
  Dialogs, DdeMan;

type
  TFormDDE = class(TForm)
    DdeClientConvWord: TDdeClientConv;
    procedure FormCreate(Sender: TObject);
    procedure FormActivate(Sender: TObject);
  private
    { Private-Deklarationen }
  public
    { Public-Deklarationen }
  end;

var
  FormDDE: TFormDDE;

implementation

uses Ddefrm;

{$R *.DFM}
```

Beim Eintreffen des Formularereignisses *OnCreate* wird wieder geprüft, ob das Programm Word bereits geladen ist. Wenn nicht – wird es über *WinExec* gestartet. Die Windows-API-Funktion *WinExec* wartet nicht auf das Ende des gestarteten Programms, so daß die folgenden Zeilen zur Laufzeit von *Word* abgearbeitet werden. Ist *Word* bereits im Arbeitsspeicher, wird sofort die DDE-Verbindung hergestellt.

Strenggenommen sollten Win32-Anwendungen die alte Funktion „WinExec" nicht mehr verwenden. Diese Funktion wird nur noch zur Kompatiblität unterstützt. Statt dessen ist nun die neue Funktion „CreateProcess" aktuell (aber auch umständlicher).

```
procedure TFormDDE.FormCreate(Sender: TObject);
var
  hWinWord : hWnd;
  wRet     : THandle;
begin
  hWinWord:= FindWindow('OpusApp', nil);
  if hWinWord = 0 then
  begin
    wRet := WinExec(PChar(FormMain.szPrgLine), SW_SHOWMAXIMIZED);
    if wRet < 32 then
      MessageDlg('Kann WinWord nicht starten.',
                 mtInformation, [mbOK], 0)
  end;
  DDEClientConvWord.OpenLink;
  if not DDEClientConvWord.ExecuteMacro(PChar(FormMain.szCommand),
     True) then MessageDlg('Kann Makro nicht starten.',
                 mtInformation, [mbOK], 0);
  DDEClientConvWord.CloseLink;
end;
```

In diesem Beispiel ist das TFormMain-Objektfeld „szCommand" als String-Typ deklariert. Unter Delphi 3.0 sind die Strings zuweisungskompatibel zu den PChar's. Mit Hilfe eines Typecastings überreden Sie den Compiler, den Aufruf von

```
DEClientConvWord.ExecuteMacro(PChar(FormMain.szCommand), True)
```

ohne Fehlermeldung zu schlucken.

Das zweite im Formular bearbeitete Ereignis *OnActivate* trifft erst nach *OnCreate* ein. Da das Formular zu diesem Zeitpunkt bereits alle Aufgaben erledigt hat, soll es wieder zerstört werden. Um jedoch sicherzugehen, daß auch tatsächlich alle DDE-Botschaften vorher korrekt abgearbeitet werden, verwende ich einen „Umweg". Dem eigenen Fenster (Formular) schicke ich über die Win32-API-Funktion *PostMessage* die Windows-Botschaft „WM_Close".

```
procedure TFormDDE.FormActivate(Sender: TObject);
begin
  PostMessage(FormDDE.Handle, wm_Close, 0, 0)
end;
```

4.5 Die OLE-Lösungen

Die gute Nachricht gleich vorneweg, *OLE* ist erst unter den 32-bittigen Delphi-Versionen so richtig in Datenbankanwendungen einsetzbar. Genauer gesagt, hat der Nachfolger OLE Automation im Zusammenspiel mit Windows 95, Word 95 und Delphi 2.0/3.0 erst alle die Eigenschaften, die man sich als Entwickler immer schon gewünscht hat.

Was verbirgt sich hinter diesem sagenumwobenen OLE? Dafür gibt es eine kurze und eine lange Antwort. Die kurze (und vielleicht ehrlichere) Antwort ist: „Ich habe keine Ahnung!". Einen Versuch für die lange Antwort finden Sie in diesem Abschnitt. Ich fange dabei gleich mit einem Literaturhinweis an. Eine umfassende Abhandlung zu diesem Thema finden Sie im Buch „OLE Controls Inside Out" von Microsoft Press (600 Seiten; 98,- DM;ISBN 3-86063-346-5).

Am Anfang war *OLE* (engl. *Object linking and embedding*) noch relativ einfach und übersichtlich. Es ging dabei primär darum, Daten aus einer anderen Anwendung in die eigene Anwendung einzubetten. Das Einbetten hatte viele Vorteile – der wesentlichste besteht darin, daß die Anwendung dem Anwender immer aktuelle Daten zur Verfügung stellen kann. Von dieser Idee ist nur das Grundprinzip übriggeblieben – die technische Implementierung hat sich gravierend gewandelt. Aber auch das ist heutzutage nicht das primäre Problem, die meisten Bauchschmerzen verursachen die Auswirkungen des „stürmischen" Marketings. Zuerst gab es die OLE-Versionen 1 und 2, wobei die Trennung zwischen diesen beiden Versionen für den Anwendungsentwickler gut sichtbar war. Später verzichtete Microsoft auf die Angabe einer Versionsnummer – das neue Schlagwort „OLE Automation" war geboren. Allerdings hatte dieses Wort nur eine sehr kurze Haltbarkeit – als Reaktion auf den Erfolg des Internets ist nun mit „ActiveX" ein neuer, allumfassender Begriff angesagt. Ein *ActiveX-Control* soll universell in den verschiedensten Entwicklungsumgebungen und Anwendungsprogrammen einsetzbar sein.

Damit hat sich OLE zu eine leistungsfähigen, sprachneutralen Technologie entwickelt. Ähnlich wie die Kunstsprache *Esperanto* soll ein ActiveX-Control universell in den unterschiedlichsten Sprachen eingebaut werden können. Zudem ist nunmehr OLE ein fester Bestandteil des Betriebssystems.

4.5.1 OLE-Grundlagen

Sie verstehen die vorgestellten Lösungen um so besser, wenn Ihnen die Grundlagen dieser Technologie nicht ganz unbekannt sind. Wie in anderen Bereichen auch verwendet OLE eine eigene Terminologie.

Tabelle 4.3: Begriffe aus der OLE-Welt

Begriff	Bedeutung
OLE Object	Als ein *OLE-Objekt* wird die Datenmenge bezeichnet, auf die von der beteiligten Anwendung zugegriffen wird.
OLE Container	Alle Anwendungsprogramme, die *OLE-Objekte* einbinden können, werden als *OLE-Container* bezeichnet.
OLE Server	Alle Anwendungsprogramme, die *OLE-Objekte* den *OLE-Containern* zur Verfügung stellen können, werden als *OLE-Server* bezeichnet. Eine Anwendung kann durchaus gleichzeitig Container und Server sein.

Compound Document	Eine Datei, die verschiedene Typen von *OLE-Objekten* in sich speichern kann, wird als *Compound Document* bezeichnet. Ein gutes Beispiel ist ein *Word*-Dokument, in dem neben dem Text auch Grafiken oder Audio-Clips eingebunden sind.
Automation Server	Ein ausführbares Modul, dessen Funktionen von einem *OLE-Controller* aus aufgerufen werden können.
Controller	Ein Anwendungsprogramm, das einen *OLE Automations Server* steuern kann.

Die drei Erscheinungsformen

OLE tritt heutzutage in drei Erscheinungsformen auf. Nicht alle Anwendungsprogramme unterstützen auch diese drei Formen gleichzeitig. Während das *Linken und Einbetten* schon die Normalität darstellt, trifft dies auf die *OLE Automation* nicht zu.

Linking
Bereits im Namen „OLE" ist der nächste wesentliche Unterschied vermerkt. Die OLE-Objekte können zum einen nur in das Dokument *gelinkt* oder zum anderen in das Dokument *eingebettet* sein. Die „gelinkten" Objekte liegen als Original in einer separaten Datei vor. Damit können verschiedene *Container* einen Bezug auf dieses *OLE-Objekt* herstellen. Sobald eine Anwendung das OLE-Objekt ändert, spiegeln alle anderen Anwendungen aufgrund ihre Link-Verbindung diese Änderungen wieder.

Embedding
Im Gegensatz dazu werden die eingebetteten *OLE-Objekte* durch den *OLE-Container* gespeichert. Damit ist nur der Container in der Lage, das eingebettete Objekt zu bearbeiten. Dies ist immer dann von Vorteil, wenn andere Anwendungen die eingebetteten Daten nicht ändern dürfen.

OLE-Automation
Mit dem Begriff „OLE Automation" wird die Fähigkeit umschrieben, daß eine Anwendung (der *OLE Controller*) die Programmfunktionen einer anderen Anwendung (der *OLE Server*) direkt aufrufen kann. Damit ist der Umweg über *DDE* nicht mehr notwendig, ein *OLE-Server* kann auch als API-Erweiterung des eigenen Anwendungsprogramms betrachtet werden. Die Folgen für den Softwareentwickler sind dramatisch. Anstelle immer wieder die grundlegenden Programmfunktionen zu implementieren, nutzt er einfach die bereits beim Anwender vorhandenen Möglichkeiten aus. Wird eine Rechtschreibprüfung im Pflichtenheft der Anwendung gefordert? Kein Problem – *Microsoft Word* hilft gern aus. Die nackten Zahlen aus der Datenbank sollen zum einen graphisch dargestellt werden und zum anderen auch der Geschäftsleitung als Excel-Datei zur Verfügung stehen? Sie ahnen sicherlich – auch *Microsoft Excel* hilft gerne aus. Damit beschränkt sich *OLE Automation* nicht auf die Produkte dieser einen Firma, sondern betrifft alle Anbieter, die derartige Fähigkeiten in ihren Anwendungen nachrüsten.

Damit führt *OLE Automation* zu einer gewissen Standardisierung der Programme, die ein Anwender verwendet. Anstelle sich jeweils neu in die intern implementierte Textverarbeitung der einzelnen Anwendungsprogramme immer wieder neu einzuarbeiten, verwendet der Anwender nur noch seine eigene. Damit profitiert nicht nur der Anwendungsentwickler von OLE Automation, sondern auch der Anwender.

Die OLE Automation Server unterscheiden sich noch in ihrer Implementierung. Die sogenannten *Out-of-Process Server* sind eigenständige, ausführbare Dateien im EXE-Format, die vom Anwender auch ganz normal als Anwendungsprogramm aufgerufen werden können. Demgegenüber liegen die *In-Process-Server* nur als DLL vor und können somit nur von anderen Anwendungsprogrammen eingebunden werden.

ActiveX – oder das neu verpackte OLE-Automation

Ein *OLE-Controller* kann eine Verbindung zu einem *OLE Automation Server* auf verschiedenen Wegen herstellen, am gebräuchlichsten ist die sogenannten *späte Bindung* (engl. *Late binding*). Diese späte Bindung erkennen Sie daran, daß die deklarierte Instanz-Variable für das OLE-Objekt vom Typ *Variant* ist. Den Wert dieser Variable initialisiert ein Aufruf von *CreateObject*.

Ist erst einmal die Verbindung hergestellt, so steuert der *Controller* den *Server* mit den gleichen Funktionsaufrufen, die auch der Server intern verwendet. Eine wesentliche Rolle spielt dabei die korrekte Übergabe der benötigten Argumente und Parameter. Auch hierzu stehen zwei Varianten zur Auswahl. Einige – nicht alle – OLE Automation Server unterstützen die sogenannten *benannten Argumente*. Zum Beispiel darf eine Funktion aus *Microsoft Access 7.0* auch dann aufgerufen werden, wenn Sie nicht alle Parameter übergeben wollen. Statt dessen wird der Parameterbezeichner zusätzlich mit angegeben. Wer schon einmal ein Makro aufgezeichnet hat, wird diese Syntax schon gesehen haben. Ich stelle Ihnen zwei OLE-Erscheinungsformen als Delphi-Projekte vor – den OLE-Container und die OLE-Automation.

4.5.2 „oletest1.dpr" – OLE-Container für Word für Windows

Bei einem OLE-Container bettet sich der OLE-Server komplett im OLE-Container innerhalb des eigenen Anwendungsprogrammes ein, ohne daß das Server-Programmfenster zu sehen ist. Nicht nur das, auch die Menüpunkte vom OLE-Server werden in das eigene Menü eingehängt, so daß der Anwender eine homogene Anwendung zu Gesicht bekommt.

Diesen Effekt mache ich mir im ersten Beispielprojekt „oletest1.dpr" zunutze. Nachdem der Anwender einen Adressendatensatz ausgewählt hat, ruft er über den „Start"-Button das zweite Formular mit dem OLE-Container auf. In der Entwicklungsumgebung sieht der OLE-Container noch recht schlicht aus, von *Microsoft Word*-typischen Fensterelementen ist nichts zu sehen.

Abb. 4.13: Der OLE-Container in der Entwicklungsansicht

Neben dem OLE-Container sorgt die *TMainMenu*-Komponente dafür, daß eine Rumpfmenüzeile vorhanden ist, in die Word seine eigenen Menüpunkte einhängen kann.

Abb. 4.14: Der OLE-Container zur Programmlaufzeit

Einen Überblick über die volle Leistungsfähigkeit eines OLE-Containers erhalten Sie jedoch erst zur Programmlaufzeit. Im eigenen Formular macht sich das *Word*-Programmfenster breit, so daß der Anwender auf den ersten Blick überhaupt nicht erkennen kann, daß hier Word die

Textverarbeitung übernommen hat. Nur die Ablaufgeschwindigkeit des Programms hat sich merklich verringert.

„oletest1frm.pas" – das Hauptfenster des ersten Beispiels

Die Ereignisbehandlungsmethode für das Anklicken des „Start"-Buttons im Formular setzt alle benötigten Anschriftsfelder zu einem einzigen langen String zusammen. Dabei werden die Zeilenwechselsteuerzeichen gleich an die richtige Stelle eingesetzt. Ist dies erledigt, sorgt der Aufruf von „Clipboard.SetTextBuf" dafür, daß der komplette Text in die Windows-Zwischenablage kopiert wird. Auch hierbei sorgt der Typecast „PChar(sAnschrift)" dafür, daß der Delphi-Compiler keine nicht zusammenpassenden Parameter bemängelt.

```
procedure TFormOLEMain.BitBtnOLEClick(Sender: TObject);
var
  sAnschrift : String;
begin
  // Anschrift zusammenstellen + Zeilenwechsel einfügen
  sAnschrift := TableQuelleQuelle.Value + #13 +
                TableQuelleRedaktion.Value + #13 +
                TableQuelleStrasse.Value +
                TableQuelleHausnummer.Value +#13 + #13 +
                TableQuellePLZ.Value + ' ' +
                TableQuelleOrt.Value;
  // Zwischenablage öffnen und Text einfügen
  Clipboard.Open;
  Clipboard.SetTextBuf(PChar(sAnschrift));
  Clipboard.Close;
  // Formular mit dem OLE-Container erzeugen und anzeigen
  FormContainer := TFormContainer.Create(self);
  try
    FormContainer.ShowModal
  finally
    FormContainer.Release
  end
end;
```

Befindet sich die Anschrift in der Windows-Zwischenablage, so muß nur noch das Formular für den OLE-Container erstellt werden. Damit sich dieses Gebilde nicht die komplette Programmlaufzeit über im Arbeitsspeicher befindet, wird das Formular erst zur Programmlaufzeit dynamisch erstellt. Vorher informieren Sie jedoch Delphi darüber und entfernen „FormContainer" aus der Liste der automatisch beim Programmstart zu erstellenden Formulare.

„container.pas" – das OLE-Container-Formular

In dieser Unit wurde keine einzige Programmzeile von Hand geschrieben, dafür muß der Anwender den Text aus der Zwischenablage auch manuell über [Strg-V] einfügen.

4.5.3 „oletest2.dpr" – OLE-Automation mit Microsoft Word

Für den Delphi-Entwickler ist OLE-Automation sehr leicht vorstellbar. Ein OLE-Automation-Controller (der Client) erzeugt ein OLE-Automation-Serverobjekt und bindet anschließend über qualifizierte Bezeichner die Fähigkeiten des Serverobjektes in die eigene Anwendung ein. Im Gegensatz zur Makro- oder DDE-Lösung müssen Sie sich dabei nicht darum kümmern, wo der Server (das benötigte Anwendungsprogramm) liegt. Alle notwendigen Angaben verwaltet *Windows 95* intern in der Registry. Dabei ist der Aufruf und das Einbinden eines OLE-Automation-Servers vollkommen unabhängig von der Programmiersprache, es spielt keine Rolle, ob *Delphi*; *C++* oder *Visual Basic* zum Einsatz kommt.

Das zweite Beispielprojekt „oletest2.dpr" generiert wieder ein Anschreiben mit eingesetzter Anschrift, wobei diesmal eine neue Dokumentvorlage mit dem Namen „ww_ole.dot" verwendet wird. In dieser Dokumentvorlage ist kein AutoStart-Makro vorhanden, auch das globale Makro „CallWW-TEST" wird nicht mehr benötigt.

```
implementation

uses COMobj;      // OLE-Automations-Unit einbinden
```

Damit der Compiler die OLE-Automationsaufrufe toleriert, muß die Unit „COMobj" von Hand in die *Uses*-Klausel im *Implementations*-Abschnitt aufgenommen werden. Die Ereignisbehandlungsmethode für das Anklicken des Start-Buttons erzeugt zuerst ein OLE-Objekt vom Typ „Word.Basic". Gelingt dies, so stehen Ihnen aus dem Delphi-Programm heraus alle WordBASIC-Befehle von Word zur Verfügung. Ohne den Umweg über DDE ist damit Word völlig Ihrer Kontrolle ausgeliefert, der Befehlsumfang von WordBASIC ist mittlerweile ja beachtlich angewachsen. Es gibt da nur noch eine Stolperfalle – die Sprachversion von WordBASIC. Auch in der Word-Version 7.0 hat *Microsoft* die WordBASIC-Befehle eingedeutscht, so daß Ihr Anwendungsprogramm nicht unbedingt mit allen WinWord-Ausführungen zusammenarbeiten wird. *Borland* hat dazu ein nettes OLE-Beispielprogramm beigesteuert, in dem die Sprachversion von Word vorher geprüft wird. Ich mache es mir hier einfacher – wird keine deutsche Version von WinWord gefunden, so bricht die Programmausführung ab.

Das Sprachversions-Problem läßt sich nur durch den Rückgriff auf die sogenannte „frühe Bindung" (engl. Early Binding) umgehen. Dazu muß die OLE-Objektvariable als anwendungsdefinierte Struktur deklariert werden, wofür wiederum eine Typen-Bibliothek benötigt wird. Der Compiler prüft dann die Syntax anhand der Typ-Bibliothek bereits beim Compilieren der Anwendung.

```
procedure TFormOLEMain.BitBtnOLEClick(Sender: TObject);
var
   sLanguage  : String;
   vMSWord    : Variant;
begin
   // OLE-Automationsobjekt erstellen
   try
      vMSWord := CreateOLEObject('Word.Basic');
   except
      ShowMessage('Microsoft Word nicht gefunden !');
      // Programmfunktion abbrechen
```

```
    Exit;
end;
// Sprachversion von WordBasic prüfen
try
    sLanguage := vMsWord.AnwInfo(Integer(16));
except
    ShowMessage('Sorry - läuft nur unter der deutschen Version!');
    // Programmfunktion abbrechen
    Exit;
end;
// alles überstanden -> Los geht's
vMSWord.AnwAnzeigen;
vMSWord.DateiNeu('ww_ole.dot');
vMSWord.BearbeitenGeheZu('Quelle');
vMSWord.Einfügen(TableQuelleQuelle.Value);
vMSWord.BearbeitenGeheZu('Redaktion');
vMSWord.Einfügen(TableQuelleRedaktion.Value);
vMSWord.BearbeitenGeheZu('Strasse');
vMSWord.Einfügen(TableQuelleStrasse.Value + ' ' +
                TableQuelleHausnummer.Value);
vMSWord.BearbeitenGeheZu('PLZ');
vMSWord.Einfügen(TableQuellePLZ.Value + ' ' +
                TableQuelleOrt.Value);
ShowMessage('Fertig! Bitte dieses Dialogfenster erst' +
            'dann schließen, wenn das Schreiben aus-' +
            'gedruckt wurde. Wechseln Sie nun zu WinWord!')
end;
```

Übersteht *Word* den Versionstest, so steuern Sie über „BearbeitenGeheZu"- und „Einfügen"-Aufrufe das Einsetzen der Anschriftsdaten genauso, wie es die erste Version mit dem *WordBASIC*-Makro „AutoNew" macht. Normalerweise wird das OLE-Objekt nach dem letzen Zugriff (genauer gesagt mit der Zerstörung der lokalen Instanzvariablen der Methode) wieder automatisch zerstört, der Trick mit dem „ShowMessage"-Aufruf gibt dem Anwender die Gelegenheit, zu Word zu wechseln und das Schreiben fertigzustellen. Erst dann sollte das Hinweisfenster über die OK-Schaltfläche geschlossen werden, wobei gleichzeitig auch das Word-Fenster wieder verschwindet.

4.6 Resümee

OLE-Automation hat (mindestens) einen großen Vorteil und einen Nachteil. Der Vorteil liegt darin, daß Sie als Entwickler auf elegante Art und Weise die benötigten Programmfunktionen von bereits installierten Anwendungen ausborgen können. Solange ein *OLE-Automation Server* zur Verfügung steht, gibt es dabei kaum Probleme. Fordert Ihr Kunde zum Beispiel eine Rechtscheibprüfung im Memo-Feld Ihrer Datenbank, so hilft *Word* gerne aus.

Der Nachteil von *OLE-Automation* liegt darin, daß Sie als Anwendungsentwickler auf die Unterstützung von dritter Seite – genauer gesagt auf die Dokumentation zum OLE-Server – angewiesen sind. Was nützen Ihnen die mächtigsten Server-Fähigkeiten, wenn Sie keinen Weg zu ihrem Einsatz finden. Derartige Dinge können Sie in der Original-Dokumenation zu Delphi nicht erwarten, aber auch in den Unterlagen der meisten Anwendungsprogramme wird dieses Thema nicht behandelt. So ist es kein Wunder, daß zum Beispiel *Microsoft Word 7.0* gern zur Demonstration verwendet wird. Bei diesem Produkt finden Sie die 1,8 MByte große Hilfedatei „wrdbasic.hlp", in der wichtige Informationen zum Thema *Word* als *Automation Server* bereitliegen.

Tiefergehende Informationen erhalten Sie in den meisten Fällen nur gegen Aufpreis. *Microsoft* bietet so zum Beispiel das „Microsoft Solutions Development Kit" an. Aber auch auf den (kostenpflichtigen) CD-ROMs des „Microsoft Developer Network" finden Sie dazu Informationen.

Steht Ihnen das Programm *Microsoft Access 7* zur Verfügung, hilft dort der *Objektkatalog* weiter. Dort werden zumindestens die Bezeichner und Funktionen mit der Parameter-Liste aufgeführt.

Tabelle 4.4: Informationsquellen für den Objektkatalog

Produkt	Referenzdatei für den Objektkatalog
Microsoft Access 7.0	MSACCES.TLB
DAO Version 3.0	DAO3032.DLL
Microsoft Excel 5.0	XL5EN32.OLB
Microsoft Office 7.0	MSO50NEU.DLL
Microsoft PowerPoint 7.0	POWERPNT.TLB
Microsoft Schedule+ 7.0	SP7EN32.OLB
Mircrosoft Word 6.0	WB60EN.TLB
Microsoft Word 7.0	WB70EN32.TLB und WD95ACC.TLB (Word95ACC)

Im Rahmen des „Microsoft Developer Network" liefert *Microsoft* das *Win32-SDK* (engl. *Software Development Kit*) aus. Der Themenbereich OLE bildet dort einen Schwerpunkt, so daß Sie weitere Tools und Informationen zum Thema vorfinden.

Zum Beispiel gestattet es das Tool „OLE2View", die zusammen mit den OLE-Servern ausgelieferten Typ-Bibliotheken auszulesen. Damit liegen Ihnen dann auch Informationen zum Datentyp der erwarteten Parameter für die einzelnen Funktionen vor.

Eine TLB-Datei können Sie jedoch auch direkt mit Delphi 3.0 untersuchen.

Abb. 4.15:
Eine Typ-
Bibliothek wird
untersucht

5 InstallShield – das Installationsprogramm

Zusammen mit *Delphi 3.0* hat *Borland* auch ein mächtiges Installationsprogramm in das Delphi-Paket gepackt. Der InstallShield Express eignet sich ideal für diesen Zweck. Zum einen ist er einfach genug, um auch für einen noch unerfahrenen Entwickler keine großen Hindernisse aufzutürmen. Und zum anderen ist InstallShield Express jedoch auch dann flexibel, wenn an das eigene Installationsprogramm höhere Anforderungen gestellt werden. In diesen Eigenschaften ähneln sich die Produkte *InstallShield* und Delphi stark, so daß beide ein ideales Gespann bilden.

Möchten Sie Ihre Datenbankanwendungen an Dritte weitergeben, kommen Sie um den Einsatz von InstallShield nicht herum. Borland hat die Verwendung dieses Tools (oder eines anderen zertifizierten Installationsprogramms) als Vorbedingung dafür festgelegt, daß Sie die Dateien der Borland Database Engine (BDE) zusammen mit Ihrem eigenen Anwendungsprogramm weitergeben dürfen. Dabei stellt dies keine Schikane oder vielleicht eine Werbungsvereinbarung dar. Die *BDE* wird nicht nur von Ihrem Datenbankprogramm verwendet, auch andere Borland-Produkte setzen darauf auf. Geht hier bei einer Programminstallation das Installationsprogramm nicht sachgerecht zu Werke, können Probleme für die bereits vorher installierten Produkte entstehen. Zumal unter Windows 95 derartige Konfigurationen in der Registry abgelegt werden, deren Aufbau nicht so übersichtlich ist wie die legendären INI-Dateien von Windows 3.1.

Aus diesem Grund taucht auch dieses Kapitel im Buch auf, jedes Delphi-Datenbankprogramm benötigt die *Borland Database Engine*, so daß aus lizenzrechtlichen Gründen ein zertifiziertes Installationsprogramm bei der Weitergabe verwendet werden muß. Ich gehe bewußt hier nur auf ein einfaches Installationsprogramm ein. Zum einen werden Sie erkennen, wie einfach ein eigenes Installationsprogramm mit *InstallShield* visuell entwickelt werden kann. Und zum anderen gehört die intensive Vorstellung von InstallShield auch rein thematisch nicht in dieses Buch.

Das hier vorgestellte Installationsprogramm verwendet die folgenden Einschränkungen :

- Der Anwender kann nur das komplette Programm installieren, eine Auswahl bestimmter Programmteile wird nicht unterstützt.

- Es wird die komplette *Borland Database Engine* installiert.

- Es wird nur die 32-Bit-Version der BDE konfiguriert, der Alias ist daher auch nur für die 32-Bit-Version gültig.

- Während des Installationsprogrammes werden keine Hinweistafeln eingeblendet.

Trotz dieser Verzichte bleibt am Ende immer noch ein sehr ansprechendes Installationsprogramm übrig. Zumal die Fähigkeit des De-Installierens beim *InstallShield* als Vorgabewert immer bereitgestellt wird.

Im folgenden gehe ich davon aus, daß die InstallShield-Programmdateien bereits auf dem Rechner installiert sind. Die Programmdatei finden Sie unter »Borland\InstallShield\IS Express Delphi\isx.exe«.

Noch eine Bemerkung am Rande, in diesem Kapitel steht eindeutig die bildhafte Darstellung im Vordergrund. Um das Beispielinstallationsprogramm zusammenzustellen, ist keine einzige Zeile von Hand zu schreiben. Alle Angaben werden per Dialogfenster abgefragt beziehungsweise per Drag&Drop aus dem Windows-Explorer übernommen. Haben Sie daher bitte Verständnis, daß dieses Kapitel mehr an ein Bilderbuch erinnert.

5.1 Die Aufgabe

Das Installationsprogramm soll die *ShareMan*-Datenbank auf einem Rechner installieren. Als Vorbedingung muß der Rechner nur zwei Kriterien erfüllen. Zum einen wird Windows 95 oder Windows NT benötigt und zum anderen einige MByte Platz auf der Festplatte. Neben dem Kopieren der Programmdateien und der Datenbank soll auch bei Bedarf die Borland Database Engine installiert werden. Weiterhin ist der Alias „ShareManager" einzurichten beziehungsweise neu zu überschreiben, wenn ein Alias mit diesem Namen bereits vorhanden ist. Damit erzeugt InstallShield auch dann eine lauffähige Installation, wenn das Programm mehrmals in jeweils unterschiedliche Programmverzeichnisse installiert wird. Das Programm „ShareMan" verwendet OCX-Controls, die vor dem Einsatz unter Windows registriert werden müssen – auch für diese Aufgabe ist das Installationsprogramm zuständig.

5.2 Die Lösung

Jetzt wird ernst – starten Sie den InstallShield Express. Bei einer typischen Installation finden Sie das Programm unter »Borland\InstallShield\IS Express Delphi\isx.exe«. Unmittelbar nach dem Start blendet InstallShield bereits das erste Dialogfenster ein.

Abb. 5.1: Der erste sichtbare Dialog

Beim ersten Mal ist bereits der Radiobutton für ein neues Setup-Projekt markiert. Ansonsten geht InstallShield immer davon aus, daß Sie das zuletzt bearbeitete Projekt bearbeiten möchten.

5.2.1 Schritt 1: Visuelles Design

Ihre erste Aufgabe besteht darin, das neue Projekt gleich unter einem eigenen Namen abzuspeichern. Bei diesem einfachen Installationsprogramm wird die Checkbox „Benutzerdefinierter Setup-Typ" nicht ausgewählt! Da *InstallShield* die Projektdatei und die generierten Projektdisketten in einem Dateibaum abspeichert, sollten Sie für jedes neue InstallShield-Projekt ein eigenes Unterverzeichnis vorsehen.

Hat das Projekt einen Namen, so zeigt *InstallShield* das Hauptfenster an. Das Programmfenster sieht nicht nur ungewöhnlich aus, sondern vereint die Hilfe- und Programmfunktion übersichtlich in einem Fenster. Jede abgearbeitete Aufgabe wird über ein Markierungshäkchen protokolliert, so daß Sie immer den Überblick über den aktuellen Stand des Projektes haben.

Die einzelnen Funktionen rufen Sie mit einem Mausklick auf die kleinen Schaltflächen im Fenster auf. Als Gedächtnisstütze zeigt InstallShield immer an der Stelle ein Handsymbol an, an der der nächste Schritt aufgerufen wird.

Abb. 5.2: Das ungewöhnliche Programmfenster – Hilfe und Funktion zugleich

Mit dem Aufruf des Dialogfensters für die Anwendungsinformationen geht es los. Der Anwender-Informations-Dialog sammelt Informationen, die InstallShield intern verwendet. Sie müssen hier Daten eingeben oder die Standardeinstellungen in den Feldern Anwendungsname, Version und Firma belassen, um den Richtlinien vom Windows 95-Setup zu genügen. Wenn Sie eines dieser Felder löschen, ist *InstallShield* nicht in der Lage, die automatischen Registry-Einstellungen vorzunehmen.

Weiterhin legen Sie hier fest, welche Programmdatei die ausführbare Datei Ihrer Datenbankanwendung darstellt. Der dafür notwendige „Datei öffnen"-Dialog rufen Sie über den Button am rechten Rand der Zeile auf.

Auf der Dialogseite „Hauptfenster" können sie eine Bitmap-Datei festlegen, die zur Darstellung Ihres Logos immer am rechten oberen Bildschirmrand angezeigt werden soll. Das hier vorgestellte Beispiel-Skript mach davon keinen Gebrauch.

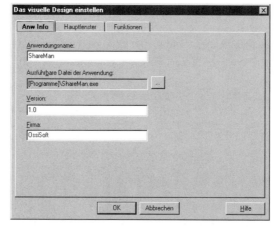

Abb. 5.3: Programmdatei und das Aussehen des Hauptfensters festlegen

Damit ich hier nicht alle Eingabevariationen detailliert erklären muß, mache ich mir die Sache etwas einfacher und verweise auf die Hilfe zu *InstallShield*. Jede Dialogseite stellt einen eigenen Hilfe-Button bereit, so daß Sie jederzeit eine Unterstützung zu unklaren Punkten erhalten.

5.2.2 Schritt 2: Die eigenen Programmdateien

Im nächsten Schritt legen Sie fest, welche Dateien in welches Verzeichnis kopiert werden sollen. In diesem einfachen Beispielprojekt installiere ich alle Programmdateien (mit Ausnahme der Datenbankdateien und der OCX-Controls) in das vom Anwender bestimmte Installationsverzeichnis. Dabei greife ich nur auf die bereits angebotene Gruppe „Programme" zurück.

Wie die einzelnen Dateien ausgewählt werden, vermerkt bereits ein kurzer Hinweistext im Dialog. Im Windows-Explorer markieren Sie alle betreffenden Dateien und ziehen sie per Drag & Drop in die Listbox im Dialogfenster. Der Bezeichner „<INSTALLDIR>" für das Zielverzeichnis legt fest, daß *InstallShield* das vom Anwender zugewiesene Programmverzeichnis als Zielverzeichnis verwenden soll.

 Bei einer BDE-Teilinstallation kopiert InstallShield auch die BDE-Dateien in das Programmverzeichnis. Beachten Sie dabei die Ausführungen in den Readme-Dateien zu Delphi, Borland übernimmt bei einer BDE-Teilinstallation keine Gewähr dafür, daß bereits installierte Programme danach noch ordnungsgemäß laufen. Diese Aussage kann ich nach entsprechenden Testinstallationen nur bestätigen!

Abb. 5.4: Schritt 1: Programmdateien festlegen

Damit ist der erste Schritt getan – als nächstes kommen die Datenbankdateien an die Reihe.

5.2.3 Schritt 3: Die Datenbankdateien

Es ist immer eine gute Idee, die Datenbankdateien nicht in das gleiche Verzeichnis wie die Anwendungsdateien zu installieren. Dafür gibt es mehrere Gründe. Zum einen vereinfachen Sie dem Anwender die Arbeit beim regelmäßigen Backup, da er einfach alle Dateien aus dem Datenbankverzeichnis sichern kann, ohne daß jedesmal die statischen Programmdateien mit gesichert werden. Aber es liegen auch technische Gründe vor, Borland rät dringend davon ab, die Datenbankdateien in das Verzeichnis der ausführbaren Datei zu kopieren. Der Grund dafür liegt darin, daß die Gefahr besteht, daß sowohl das Arbeits- als auch das private Verzeichnis der BDE identisch ist. Damit bekommt der Sperrmechanismus der BDE Probleme, was wiederum zu „merkwürdigen" Fehlermeldungen und außergewöhnlich großen temporären Dateien führt. Um es gar nicht erst dazu kommen zu lassen, legen Sie gleich ein eigenes Unterverzeichnis für die Datenbankdateien im *InstallShield* fest.

Dazu tragen Sie im Eingabefeld „Gruppenname" die neue (frei wählbare) Gruppenbezeichnung „DB" für die Datenbankdateien ein. Für diese Gruppe legen Sie zudem im Eingabefeld „Zielverzeichnis" den Zielpfad fest, der Eintrag „<INSTALLDIR>\DATABASE" sorgt dafür, daß InstallShield die Dateien in ein Unterverzeichnis des vom Anwender ausgewählten Installationsverzeichnisses kopiert. Mit einem Klick auf die Schaltfläche „Gruppe hinzufügen" ist der neue Eintrag „DB" in der TreeView-Anzeige vorhanden.

In diese Gruppe übernehmen Sie nun wiederum aus dem *Windows-Explorer* über *Drag & Drop* alle Datenbankdateien für das Programm „ShareMan". Im Beispiel verwende ich dazu jeweils eigene

Unterverzeichnisse auf der CDROM, in der Praxis werden Sie vermutlich Ihr jeweiliges Entwicklungsverzeichnis angeben. Damit sind Sie anschließend in der Lage, bei einem Update neue Installationsdisketten ohne großen Mehraufwand anzulegen.

5.2.4 Schritt 4: Die OCX-Controls

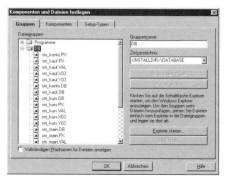

Abb. 5.5 Schritt 2: Datenbankdateien festlegen

Bislang war alles einfach und übersichtlich, kein Wunder, wo doch nur Delphibezogenes zu installieren war. Mit den OCX-Controls wird die Sache etwas komplizierter und unübersichtlicher, denn diese Controls sollen universell in mehreren Entwicklungsplattformen und Sprachen verwendet werden.

Problem Lizenzierung

Ein Käufer eines lizenzpflichtigen OLE-Controls erhält neben der OCX-Datei mindestens noch eine weitere Datei mit der Endung „LIC". In dieser Lizenzdatei ist der sogenannte Schlüssel für das OLE-Control enthalten. Sobald eine Instanz erzeugt wird, erwartet ein lizenzpflichtiges Control einen Identifizierungs-Schlüssel. Wird ihr dieser Schlüssel vom aufrufenden Programm nicht übergeben, so sucht das OLE-Control eine *LIC-Datei* im gleichen Verzeichnis beziehungsweise im Suchpfad. Wird die Datei vorgefunden, liest das Control den Schlüssel aus der LIC-Datei aus. Dieser Vorgang läuft zum Beispiel auch dann ab, wenn in der Delphi-Entwicklungsumgebung ein OCX eingebunden werden soll.

Ist das Programm fertiggestellt, so muß auch die OCX-Datei an den Anwender weitergegeben werden. Allerdings gilt dies nicht für die LIC-Datei, eine Weitergabe ist nicht zulässig. Die Weitergabe ist auch gar nicht notwendig, da der Delphi-Compiler den Schlüssel für das OLE-Control fest im Programm „verdrahtet" hat. Startet nun der Anwender das Programm auf seinem Rechner, so übergibt das Programm den Schlüssel an das OLE-Control bereits beim Aufruf.

Problem Registrierung

Das Anwendungsprogramm „ShareMan" verwendet das OLE-Control „CFX32.OCX". Ein einfaches Kopieren der Dateien für dieses Control auf den Kunden-Rechner führt nicht zum Erfolg. Beim Start des Delphi-Programms werden Sie mit einer Fehlermeldung konfrontiert, die Klasse „TChartFX" kann nicht gefunden werden. Die Ursache dieser Fehlermeldung liegt darin, daß jedes OLE-Control unter Windows registriert werden muß. Bei der Registrierung sorgt das Control dafür, daß alle benötigten Informationen in der *Windows-Registry* gespeichert werden.

 Die Registrierung gilt für das jeweilige Verzeichnis. Sobald Sie das OCX-Control im Verzeichnisbaum verschieben, muß die Registrierung wiederholt werden!

Sie sehen – Luxus schafft Probleme. Aber so groß ist das Problem wiederum auch nicht, den die geeignete Lösung liegt bereits vor Ihnen – InstallShield. Während des Installationsvorganges sorgt InstallShield automatisch immer dann für die Registrierung aller OCX-Controls, wenn diese Controls in das Verzeichnis „<WINSYSDIR>" installiert werden. Der unter InstallShield vordefinierte

Bezeichner wird beim Anwender zur Laufzeit mit dem Pfadnamen seines System-Unterverzeichnisses von Windows belegt.

Sie können sich von der korrekten Registrierung vergewissern, wenn Sie sich einmal die vom InstallSHIELD generierte Datei „_deisreg.isr" anschauen. In dieser INI-Datei werden für die De-Installationsroutine alle die OCX-Controls im Abschnitt „[SelfReg]" aufgeführt, die später beim De-Installieren wieder abgemeldet werden müssen.

Vom OCX-Control benötigte DLLs
Damit nicht genug, auch nach der Installation mit *InstallSHIELD* und trotz der damit verbundenen Registrierung können auf dem Kundenrechner trotzdem noch Probleme auftauchen. Dieses mal weigert sich das Programm, aufgrund der nicht auf dem Rechner vorgefundenen Datei „OLERPO32.DLL" die Arbeit aufzunehmen. Die meisten OLE-Controls werden in der Sprache „C" beziehungsweise „C++" geschrieben. Damit benötigen die generierten OCX-Module selbst die Laufzeitdateien der jeweiligen C-Umgebung.

Tabelle 5.1: Die von „CFX32.OCX" benötigten DLLs

Datei	Beschreibung
MFC40.DLL	DLL der MFC-Klassenbibliothek
MSVCRT40.DLL	C-Laufzeitumgebung
OLEPRO32.DLL	OLE-Property-Unterstützung

So dürfen also nicht vergessen, diese Dateien mit in das Installationsscript von InstallSHIELD aufzunehmen. Es schadet allerdings nie, sich selbst einmal von den eingebundenen DLLs zu überzeugen. Steht Ihnen dazu kein visuelles Tool zur Verfügung, so reicht für den Anfang auch das Borland-Tool „TDUMP.EXE" aus dem Delphi\Bin-Verzeichnis aus. Über den Aufruf

```
"D:\borland\delphi 3.0\bin\tdump" shareman.exe > tdump.txt
```

legen Sie eine Textdatei mit den benötigten Daten an.

Implementierung

Analog wie bei den Datenbankdateien legen Sie jeweils eine neue Gruppe für die Laufzeit-DLLs des OCX-Controls sowie für die OCX-Dateien selbst an. In der folgenden tabellarischen Aufstellung fasse ich alle Einstellungen übersichtlich zusammen:

Tabelle 5.2: Die beiden Installationsgruppen für die OCX-Controls

Gruppe	Zielverzeichnis	Dateien
Runtime	<WINSYSDIR>	MSVCRT40.DLL
		OLEPRO32.DLL
		MFC40.DLL
OCX	<WINSYSDIR>	GRAPH32.OCX
		GSW32.EXE
		GSWAG32.DLL
		GSWDLL32.DLL
		CFX32.OCX

Die Aufteilung in zwei verschiedene Gruppen ist die sichere Alternative. Sie müssen gewährleisten, daß vor dem Registrieren des OCX-Controls alle benötigten Runtime-DLL's bereits vorhanden sind. Beim Registrieren wird das OCX-Control geladen, genauer gesagt führt eine im OCX implementierte Routine die Registrierung durch.

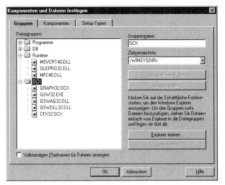

Abb. 5.6: Die relevanten Dateien für die OCX-Controls

Damit ergibt sich am Ende des vierten Schrittes das folgende Bild:

5.2.5 Schritt 5: Komponenten der Benutzerschnittstelle wählen

Nach dem komplizierteren vierten Schritt können Sie sich in diesem Schritt wieder etwas ausruhen. InstallShield erwartet nur von Ihnen, daß Sie die betreffenden Checkboxen markieren und entsprechend auf der zweiten Arbeitsseite „Einstellungen" die zusätzlichen Angaben vornehmen. Im Beispiel mache ich von all diesen Optionen keinen Gebrauch, sondern belasse es bei den Vorgabewerten.

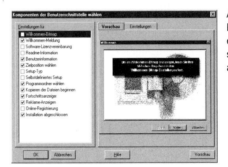

Abb. 5.7: Komponenten der Benutzerschnittstelle auswählen

5.2.6 Schritt 6: InstallShield-Objekte für Delphi

Auf der Dialogseite „InstallShield-Objekte für Delphi wählen" markieren Sie die Checkbox für die Borland Database Engine. Über die Schaltfläche „Einstellungen" verzweigen Sie zu den Alias-Dialogfenstern. Im Beispielskript lasse ich die Voreinstellung „Vollständige BDE-Installation" unverändert.

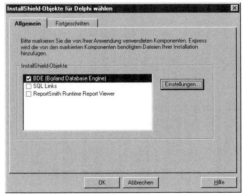

Abb. 5.8: Nur die vollständige Installation ist einfach und problemlos

Im nächsten Dialogfenster tragen Sie nur den benötigten Aliasnamen ein. Über die „Neu"-Schaltfläche zeigt InstallShield das dafür zuständige Eingabefeld an. Die Konfiguration des Alias erfolgt erst später.

Abb. 5.9: Alias „ShareManager" festlegen

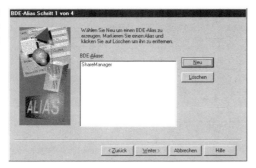

Im nächsten Dialogfenster will *InstallShield* von Ihnen wissen, ob der *Alias* sowohl für die 16-Bit-Version der BDE als auch für die 32-Bit-Version gültig sein soll. Auch hier lasse ich es bei der Voreinstellung, damit ist der Alias nur für die 32-bittige *Borland Database Engine* gültig.

Danach wird es wieder spannend, sowohl das Aliasverzeichnis als auch der Treibertyp muß festgelegt werden.

Abb. 5.10: Pfad und Treiber für den Alias festlegen

Hier können Sie allerdings keinen festen Pfadnamen eintragen, da der Anwender das Programmverzeichnis frei wählen kann. Über den InstallShield-Bezeichner „<INSTALLDIR>" übernehmen Sie das gewählte Programmverzeichnis. Da für die Datenbankdateien eine eigene Installationsgruppe mit einem eigenen Unterverzeichnis verwendet wird, muß dieses Unterverzeichnis auch hier als Datenbankverzeichnis „<INSTALLDIR>\DATABASE" für den Alias verwendet werden. Die Angabe des Treibertyps ist hingegen unkritisch, da die *BDE* sowieso den Datenbanktyp aufgrund der Dateiendung bestimmt.

Nun hat InstallShield alle Informationen zum Fertigstellen der Aliasdaten. Auf der zweiten Seite „Fortgeschrittene Optionen" können Sie nachschlagen, welche Dateien der BDE tatsächlich mit auf die Installationsdisketten gepackt werden.

Um das Installationsskript so einfach wie möglich zu halten, verzichte ich auf zusätzliche Einträge in der Windows-Registry. Den Dialog für die „Registrierungsänderungen" können Sie einfach überspringen.

Abb. 5.11: Ordner und Programmsymbol

5.2.7 Schritt 7: Ordner und Symbole festlegen

Der Dialog „Ordner und Symbole festlegen" erklärt sich wohl von selbst. Da die ausführbare Datei bereits am Anfang festgelegt wurde, belegt InstallShield die wesentlichen Eingabefelder bereits vor.

Auf der zweiten Arbeitsseite „Fortgeschritten" aktivieren Sie dann die

Checkbox „Symbol ins Start-Menü aufnehmen". Damit legt InstallShield einen Eintrag für die Programmdatei im Startmenü von Windows an.

 Beachten Sie bitte, daß die Richtlinien für das Windows 95-Setup vorschlagen, nicht mehr als ein Symbol pro Anwendung in das Start-Menü aufnehmen, damit dieses das Menü übersichtlich bleibt.

5.2.8 Schritt 8: Der Diskettengenerator

Im vorletzten Schritt stellt InstallShield die Installationsdisketten zusammen. Zuerst werden alle Dateien komprimiert (einschließlich der benötigten BDE-Dateien) und auf die einzelnen Disketten aufgeteilt.

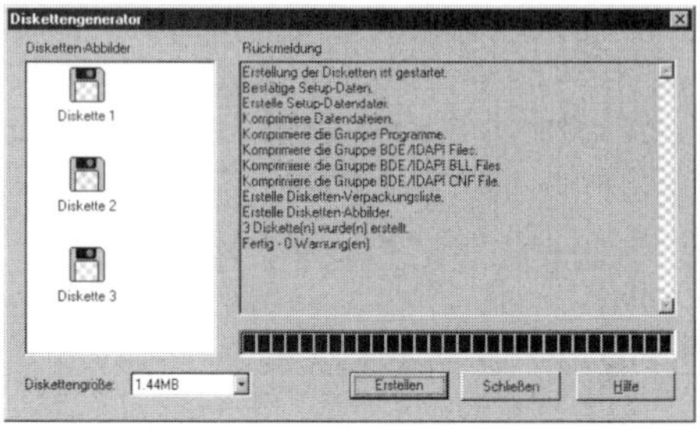

Abb. 5.12: Der Diskettengenerator packt die Programmdateien

Das letzte Dialogfenster nimmt Ihnen sogar die Aufgabe des Kopierens der Dateien auf die einzelnen Disketten ab. Noch bequemer geht das Ganze wohl kaum.

5.2.9 Schritt 9: Der Test

Auch wenn *InstallShield* den Testaufruf des Installationsprogramms so einfach macht, sollten Sie dieser Versuchung widerstehen. Am optimalsten ist es, wenn alle Tests auf einem anderen Rechner vorgenommen werden, auf dem *Delphi* und die *BDE* nicht installiert ist. Erst dann haben Sie die Gewähr dafür, daß alle Vorgänge korrekt abgearbeitet wurden. Dies gilt vor allem dem kritischen Bereich „OCX-Controls". Außerdem sind dann die Folgen eines „mißglückten" Installationsversuchs nicht so gravierend, da Ihr Entwicklungsrechner noch unbeschädigt zur Verfügung steht.

5.3 Resümee

Sie sehen – das Thema Installationsprogramm stellt für eine Delphi-Anwendung keine Hürde mehr dar. Bevor Sie nun selbst Ihre ersten Erfahrungen mit InstallShield Express sammeln, sollten Sie einige Vorbereitungen treffen:

- Sichern Sie die BDE-Konfigurationsdatei „idapi32.cfg". Auch wenn *InstallShield* ein zuverlässiges Tool ist, ganz problemlos ist der Einsatz nicht. Vergessen Sie zum Beispiel die Angabe eines Pfadnamens für den Alias, so räumt der Installationsvorgang die Alias-Liste in der Konfigurationsdatei vollständig leer. In der Windows-Registry finden Sie den Verweis auf die aktuell verwendete CFG-Datei unter dem Schlüssel „HKEY_LOCAL_MACHINE\ SOFTWARE\Borland\Database Engine" mit dem Bezeichner „CONFIGFILE01".

- Wählen Sie immer die BDE-Vollinstallation für Ihr Installationsprogramm aus.

- Sichern Sie nach Möglichkeit die Windows-Registry. Dies ist vor allem immer dann zu empfehlen, wenn Sie die De-Installierungsoption von *InstallShield* auf Ihrem Entwicklungsrechner ausprobieren wollen.

Abb. 5.13: Sicher ist Sicher – Backup der Registry anlegen

Neben dem manuellen Kopieren der DAT-Dateien aus dem Windowsverzeichnis stellt *Microsoft* auch eine eigenes Backupprogramm für die Konfigurationsdateien zur Verfügung – „Microsoft Configuration Backup". Dieses Tool aus dem „Windows 95 Ressource Kit" verwaltet nicht nur mehrere archivierbare Systemzustände, sonder speichert die Daten auch noch in einem stark komprimierten Zustand.

6 Hilfe zum Programm

Mit Delphi können Sie Ihre Anwendungen mehr oder weniger problemlos visuell entwickeln. Doch mit der so generierten EXE-Datei allein ist es in den meisten Fällen nicht getan. Heutzutage spielt auch die Anwenderunterstützung eine herausragende Rolle. Welchen Nutzen hat das beste Programm, wenn kein Anwender mit der Bedienung klarkommt.

Mit dem Umstieg auf Windows 95 hat Microsoft auch die Anwender-Unterstützung verbessert, heutzutage steht mehr die aufgabenbezogene Hilfe im Vordergrund. Damit soll erreicht werden, daß der Anwender bereits nach kurzer Einarbeitungszeit effektiv mit dem Programm arbeiten kann, ohne daß eine umfangreiche Schulung notwendig wird. Um dieses Ziel zu erreichen, bedarf es mehr, als „nur" ein guter Programmierer zu sein. Es sind auch andere Kenntnisse gefragt, die mehr mit dem Faktor Mensch als Benutzer zusammenhängen. Sicherlich haben Sie bereits von den Microsoft „Usuability Labs" gehört, in denen ganz normale Anwender bei der Programmbedienung beobachtet werden. Diese Erkenntnisse können Sie sich als Delphi-Entwickler zunutze machen, Microsoft hat dazu den Artikel „The Windows Interface Guidelines – A Guide for Designing Software" veröffentlicht. In diesem ca. 400 Seiten großen WinWord-Dokument werden die Erkenntnisse über die Gestaltung einer effektiven Benutzerschnittstelle zusammengefaßt, wobei auch das Hilfesystem entsprechend berücksichtigt wird. Bisher habe ich diese Zusammenstellung nur auf den CD-ROMs des Developer Network von Microsoft (MSDN) gefunden. Sind Sie ernsthaft an der Entwicklung von Windows-Anwendungen interessiert, kann ich Ihnen den Bezug dieser Wissensquelle nur empfehlen.

Die Anwender-Unterstützung kann sich auf die folgenden Teile stützen:

- Context-sensitive Hilfe
- Aufgabenbezogene Hilfe über eine Hilfe-Schaltfläche im Fenster
- Wizards
- Tooltips
- Informationen in der Statuszeile des Fensters

Je nach dem, wie komplex das Anwendungsprogramm ist und welche Vorkenntnisse beim Anwender vorausgesetzt werden, greifen Sie auf die genannten Techniken zurück. Aber auch in dem Fall, wenn Sie nur eine Hilfe per HLP-Datei vorsehen, stehen mehrere Optionen zur Verfügung.

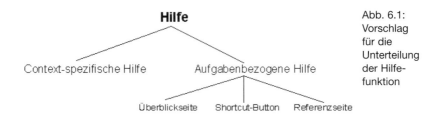

Abb. 6.1: Vorschlag für die Unterteilung der Hilfefunktion

Was das Entwickeln des Hilfesystems zum Programm angeht, gibt sich die Delphi-Dokumentation mehr als wortkarg. Lediglich in der englischsprachigen Hilfedatei „hcw.hlp" sind ausführliche Informationen abrufbar. Hier besteht also Handlungsbedarf. Zumal der Aufruf der Hilfedatei selbst beziehungsweise das Aktivieren der kontextspezifischen Hilfe aus einem Delphi-Programm problemlos visuell programmiert werden kann. In diesem Kapitel geht es also darum, Schritt für Schritt die Hilfe zum Programm zu entwickeln. Dabei plage ich Sie nicht mit einer allumfassenden Aufstellung aller Optionen und Möglichkeiten, die der *Hilfecompiler* von Microsoft hier bietet. Statt dessen geht es mir um die Schaffung einer soliden Plattform, von der aus Sie selbst eigene Hilfesysteme ableiten können.

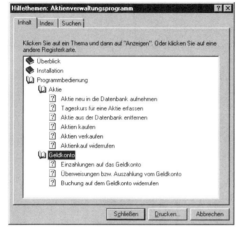

Abb. 6.2: Die Hilfe zum Anwendungsprogramm „ShareMan" von Kapitel 3

Das Anlegen eines Hilfesystems untergliedert sich in zwei Teile. Zum einen sollten Sie sich in der Planungsphase einen Überblick über den Aufbau des Hilfesystems verschaffen. Skizzieren Sie grob den Inhalt der einzelnen Hilfeseiten auf und versuchen Sie ebenfalls, bei dieser Gelegenheit bereits die Suchwörter zu definieren. Anhand dieser Wörter kann der Anwender im Suchen-Fenster des Hilfesystems nach Stichworten suchen – eine sehr leistungsfähige Sache. Auch unter Windows 95 mit seiner Volltextsuche in der Hilfedatei bleibt die Suche nach Stichwörtern aktuell. Weiterhin sollten Sie entscheiden, ob der Anwender zwischen den einzelnen Seiten vor- und zurückblättern darf. Am einfachsten haben Sie es später, wenn die wichtigsten Begriffe auf einem Blatt Papier festgehalten werden, das in der zweiten Phase zur Hand ist. In der Programmierungsphase (welch eine Übertreibung) verknüpfen Sie nun die Hilfeseiten entsprechend der in der Planungsphase festgelegten Punkte.

Das einzig komplizierte am Hilfecompiler ist die extreme Vielseitigkeit. Dabei müssen Sie am Anfang gar nicht über alle Optionen Bescheid wissen, mit dem in diesem Kapitel vorgestellten Grundgerüst brauchen Sie sich nur auf das Notwendige zu beschränken.

Im Verzeichnis „Kapitel 6" finden Sie alle Dateien zum Hilfesystem für die Artikeldatenbankanwendung.

Um einen praxisnahen Bezug herzustellen, wird zuerst das Pflichtenheft für das Hilfesystem definiert. Die Hilfeanwendung für die Artikeldatenbank soll folgende Punkte bereitstellen:

● Startseite mit Inhaltsverzeichnis

● Einrichten von kontextabhängigen Seiten, die direkt aus dem Programm heraus zur Benutzerunterstützung aufgerufen werden können

● Suche nach Hilfepunkten beziehungsweise Begriffen

● Einbinden von Bitmaps zur Verdeutlichung des Hilfethemas

● Bereitstellen der Button zum Blättern im Hilfesystem

6.1 Das Windows95-Hilfesystem

Mit Windows 95 stellt Microsoft auch die Version 4.0 von WinHelp zur Verfügung. Von den immensen Vorteilen dieser Hilfeversion für den Anwender haben Sie sich sicherlich bereits überzeugt. Neben dem neuen Benutzerinterface hat Microsoft auch die zugrundeliegende Philosophie grundlegend geändert. Eine Hilfeanwendung im neuen Stil zeichnet sich durch knappe Texte aus, wobei intensiver von den Verknüpfungen zu anderen Hilfethemen Gebrauch gemacht wird.

 Die hier vorgestellte Beispielhilfeanwendung beleuchtet das Entwickeln einer Hilfeanwendung nur von der „technischen" Seite. Betrachten Sie den Inhalt der einzelnen Hilfeseiten daher auch nur als Entwurf..

Auch für die Hilfeanwendung fallen damit viele der vorher gültigen Einschränkungen weg.

Tabelle 6.1: Einige der Einschränkungen für WinHelp 4.0

Option	Einschränkung
Größe der Hilfedatei	2 GByte
Topics in einer RTF-Datei	Keine Begrenzung
Topics in einer HLP-Datei	Keine Begrenzung
Topics für ein Schlüsselwort	64000
Fußnotenlänge	16383 Zeichen
Schlüsselwortlänge	255 Zeichen
Länge des Copyright-Textes	255 Zeichen
Verknüpfte Bitmaps	65535
Dateiname	259 Zeichen
Zusatztext beim Kopieren in die Zwischenablage	2000 Zeichen

Mit Delphi liefert Borland den Microsoft Help Workshop aus, der die Entwicklung einer Hilfe zur eigenen Anwendung wesentlich vereinfacht. Geblieben ist die Tatsache, daß bestimmte Vorkenntnisse in jedem Fall benötigt werden.

Abb. 6.2: Hilfedatei aus einer eigenen IDE heraus entwickeln

Aus dieser Entwicklungsumgebung heraus legen Sie nunmehr alle Konfigurationsoptionen benutzerfreundlich per Dialogfenster fest. Damit hat die Hilfeentwicklung einen Großteil ihres Schreckens verloren. Früher mußte der Entwickler die Projektdatei manuell zusammenstellen, damit der Hilfecompiler überhaupt zur Mitarbeit überredet werden konnte. Am grundlegenden Aufbau der Projektdateien hat sich hingegen nichts geändert, so daß ich mit der Vorstellung der Projektdatei beginne.

6.2 Aufbau eines Hilfeprojektes

Zu einem Hilfesystem gehören mehrere Dateien.

6.2.1 Die Projektdatei *.HPJ

Analog zu Delphi selbst verwendet auch der Hilfecompiler eine Projektdatei. Diese Projektdatei wird dabei ihrem Namen mehr gerecht, da fast alle Einstellungen und Optionen in dieser Datei festgelegt werden. Ein manuelles Editieren in der Projektdatei ist nicht mehr notwendig, alle Eintragungen werden vom Microsoft Help Workshop in eigener Regie vorgenommen.

Tabelle 6.2: Dateien eines Hilfeprojekts

Datei	Verwendung
*.HPJ	Projektdatei für das Hilfesystem
*.RTF	Hilfetexte im RTF-Dateiformat
*.BMP	In der Hilfe verwendete Bitmaps
*.SHG	In der Hilfe verwendete Bitmaps, aus denen direkt Referenzen aufgerufen werden können. Mittels externer Editoren (zum Beispiel „shed.exe", der allerdings nicht mit Delphi ausgeliefert wird) können bestimmte Grafikteile einer Referenz zugewiesen werden.

Die Beispiel-Projektdatei „artikel.hpj" verwendet im ersten Schritt die folgenden Abschnitte:

```
[OPTIONS]                        erste Rubrik in der Datei
REPORT=YES                       Anzeige des Arbeitsfortschritts
COMPRESS=12 Hall Zeck            Komprimierung
TITLE= Artikeldatenbank          Text für die Titelzeile des HLP-Fensters
COPYRIGHT=Franzis                Copyright im "Info"-Dialog des HLP-Fensters
ERRORLOG=HELBUG.TXT              optionale Fehlerprotokolldatei
CITATION=© Andreas Kosch...      Text wird beim Kopieren in die Zwischenablage auto-
                                 matisch angefügt (trifft auch beim Ausdrucken der Hilfe-
                                 seite zu).
```

Am Ende der schrittweisen Entwicklung während dieses Kapitels wird auch die Projektdatei selbst umfangreicher. Die endgültige Version hat das folgende Aussehen:

```
[OPTIONS]
HCW=0
COMPRESS=12 Hall Zeck
ERRORLOG=HELBUG.TXT
LCID=0x407 0x0 0x0 ;Deutsch (Deutschland)
REPORT=Yes
TITLE=Hilfe zur Artikeldatenbank
COPYRIGHT=Hilfe zur Artikeldatenbank Version 1.0
CITATION=© Andreas Kosch & Franzis Verlag GmbH 1997
HLP=.\artikel.hlp

[FILES]
```

```
.\artikel.rtf
.\glossar.rtf

[MAP]
MControls=101          ; Erklärung der Steuerelemente
MExport=204            ; Datenexport in eine dBASE-Datei
MNewRec=201            ; Neuen Artikeldatensatz anlegen
MSearch=202            ; Nach einem Datensatz suchen
MSQLFrm=203            ; SQL-Recherchefenster

[WINDOWS]
MAIN="",(653,102,360,600),60672,(r14876671),(r12632256),f3

[CONFIG]
BrowseButtons()
```

Im Abschnitt [OPTIONS] können Sie die folgenden Optionen festlegen:

Tabelle 6.3: Wichtige Optionen im Abschnitt [OPTIONS]

Option	Bedeutung
BMROOT	Optional. Gibt das Verzeichnis an, in dem die mittels Bitmap-Referenzen verwendeten Bitmap-Dateien gespeichert sind.
BUILD	Optional. Legt die Themen für den Compilier-Vorgang fest.
COMRESS	Definiert den Komprimierungsgrad der Hilfedatei.
COPYRIGHT	Fügt einen eigenen Copyright-Hinweis in das Windows-Dialogfenster für die Hilfedatei ein.
ERRORLOG	Fehlermeldungen werden in diese Datei geschrieben. Alle Fehler, die vor dem Einlesen dieser Zeile auftreten, werden trotzdem nicht mitprotokolliert. Nötigenfalls müssen Sie diese Zeile als ersten Eintrag im OPTIONS-Abschnitt einsetzen.
FORCEFONT	Erzwingt eine Schrift
ICON	Symbol für die Hilfedatei
INDEX	Definiert den Kontext-String (und damit die Hilfeseite) für den Index. Diese Seite wird angezeigt, wenn der Anwender den Index-Button aufruft. Beispiel: *INDEX=MPrg*
REPORT	Meldungen während der Compilierung anzeigen Beispiel : *REPORT=ON*
TITLE	Fenstertitel für das Hilfesystem

Im [CONFIG]-Abschnitt legen Sie das Aussehen der Hilfeanwendung fest. Mit Hilfe der in dieser Beispielanwendung eingesetzten Zeile „BrowseButtons()" werden die beiden Button zum Vor- und Zurückblättern in den Hilfeseiten im der SpeedBar-Leiste der Hilfeanwendung angezeigt.

Im Abschnitt [FILES] müssen Sie alle verwendeten RTF-Dateien mit den Hilfetexten eintragen. Gerade in größeren Projekten ist es empfehlenswert, den Hilfetext auf verschiedene Dateien aufzuteilen.

Ebenso von Vorteil ist es, eine Datei nur zur Begriffserläuterung mittels Popup-Fenster zu verwenden. Diese Datei kann in diesem Fall universell auch in anderen Hilfesystemen eingebunden werden.

Für Sie als Delphi-Programmierer richtig interessant wird es im letzten Abschnitt [MAP]. In diesem Abschnitt verknüpfen Sie die Namen der einzelnen Hilfeseiten, die unmittelbar aus dem Programm heraus aufgerufen werden sollen (kontextspezifische Hilfefunktion). Die Zeichenkette links entspricht dabei dem in der Hilfedatei festgelegten Namen der Hilfeseite (in der Fußnote „#" festgelegter Kontext-String). Der numerische Wert rechts nach den Gleichheitszeichen wird aus dem Delphi-Programm heraus beim WinHelp-Aufruf mit angegeben. Im ersten Schritt ist dieser Abschnitt jedoch noch leer.

6.2.2 Die Hilfetextdatei im RTF-Format

Die Hilfetextseiten werden mit der Textverarbeitung wie ein normales Handbuch erstellt. Sie können – müssen jedoch nicht – beim Schreiben bereits die Steuerzeichen für den Hilfecompiler als Fußnoten beziehungsweise Textformatierung einsetzen. Jeder findet hier nach kurzer Zeit seinen persönlichen Stil. Wenn in der Planungsphase korrekt vorgearbeitet wurde, bereitet das sofortige Einsetzen der Steuerzeichen keine Probleme. Den Begriff *Hilfetextseite* verwende ich hier analog zum Begriff *Hilfethema*, das heißt eine Hilfeseite kann durchaus bei langen Texten auf mehrere fortlaufende Seiten in Ihrer Textverarbeitung aufgeteilt sein.

Als Übersicht stelle ich die Steuerzeichen einmal zusammen.

Tabelle 6.4: Steuercodes für die Fußnoten

Fußnoten-Steuercode	Funktion
Stern »*«	Optionaler *symbolischer Name*. Werden im Beispielprojekt nicht verwendet. Bei einem Einsatz muß die Stern-Fußnote an erster Stelle stehen! Der Einsatz von symbolischen Namen ist mit der bedingten Compilierung unter Delphi vergleichbar. Symbolische Namen sollten nur angewendet werden, wenn mit ein und dem gleichen Hilfetext verschiedene Hilfesysteme erzeugt werden sollen.
Nummer »#«	Definiert den *Kontext-String*. Dieser Kontext-String definiert die Hilfeseite (also das Thema) auf eindeutige Weise, d.h. der Kontext-String darf in einem Hilfeprojekt nicht doppelt vorkommen. Hilfeseiten ohne Kontext-String können vom Anwender nur über den *Suchen*-Dialog bzw. über die *Suchsequenz* erreicht werden. Der *Kontext-String* wird auch im [MAP]-Abschnitt zur Zuordnung der Hilfeseite zu den im Anwendungsprogramm selbst verwendeten numerischen Parametern beim Hilfeaufruf verwendet. Ein Kontext-String darf maximal 255 Zeichen lang sein, die Groß-/Kleinschreibung spielt keine Rolle. Außer den Buchstaben A bis Z und den Ziffern 0 bis 9 sind nur der Punkt und der Unterstrich zulässig.
Dollar »$«	Optionaler *Titel* einer Hilfeseite. Dieser Titel wird im Themenfenster bei der Suche nach Begriffen angezeigt und ebenfalls im Lesezeichen-Dialog verwendet. Obwohl dieses Steuerzeichen nur optional ist, sollten Sie nach Möglichkeit jede Hilfeseite (Thema) so kennzeichnen. Ein Titel kann maximal 128 Zeichen lang sein.

Buchstabe »K«	Definiert ein oder mehrere *Schlüsselwörter*. Nach diesen Schlüsselwörtern (Begriffen) kann der Anwender im Suchen-Dialog entsprechende Hilfethemen auswählen. Auch Schlüsselwörter sind nur optional. Ein Schlüsselwort kann maximal 255 Zeichen lang sein. Leerzeichen in Schlüsselwörtern werden als Zeichen interpretiert. Verschiedene Schlüsselwörter in einer Zeile sind durch ein Semikolon zu trennen. Beachten Sie bitte dabei, daß nur dann ein Schlüsselwort definiert werden kann wenn ebenfalls ein Titel für diese Hilfeseite festgelegt wurde.
Pluszeichen »+«	Optionale Nummer der *Suchsequenz*. Mit einer Suchsequenz definieren Sie die Reihenfolge, in der der Anwender durch das Hilfesystem blättern kann. Jede Suchsequenz verwendet einen eigenen Namen mit einer Numerierung, so daß von bestimmten Hilfeseiten aus jeweils andere Suchsequenzen definiert werden können.
Ausrufezeichen »!«	Optional kann ab Windows 3.1 auch in den Fußnoten ein Makro für die Hilfeanwendung definiert werden. Dieses Makro wird immer dann ausgeführt, wenn der Anwender die Hilfeseite auswählt. Ein praktischer Verwendungszweck besteht im Umgestalten der Button in der Werkzeugleiste der Hilfeanwendung.

Neben den *Fußnoten* werden Steuerzeichen für den Hilfecompiler auch mitten im Text verwendet. Damit können Sie ihren Hilfetext nur noch eingeschränkt formatieren, da bestimmte Formatierungsarten durch den Hilfecompiler bereits belegt werden und so nicht mehr zur Verfügung stehen.

Tabelle 6.5: Steuercode im Text des Hilfesystems

Formatierungs-Steuercode	Funktion
Doppelt unterstrichener Text	Definiert eine *Kreuzreferenz*. Dieser so gekennzeichnete Text wird in der Hilfeanwendung selbst (nicht im Text) farbig hervorgehoben (Standardwert ist grün). Mit dem Anklicken dieser Kreuzreferenzen wechselt der Anwender zu anderen Hilfeseiten.
Unterstrichener Text	*Definition-Referenz* ruft ein Popup-Fenster (Detailfenster) auf, in dem zusätzlich Informationen zum ausgewählten Begriff dargestellt werden. Die Hilfeseite selbst wird nicht verlassen und ist weiterhin sichtbar. Die Hilfeanwendung zeigt dem Anwender derartige Sprungmarken durch eine farbige Hervorhebung mit unterbrochener Unterstreichung an.
Verborgener Text	Definiert den *Kreuzreferenz-Kontext-String*. Bestimmt damit, welche Hilfeseite beim Auswählen der Kreuzreferenz durch den Anwender angezeigt werden soll. Der hier eingetragene Name wird ebenfalls für die *Kontext-String*-Fußnote (#) verwendet und verbindet damit die Seite mit der Aufrufstelle im Text.
Ausrufezeichen	Wie in der Fußnote auch kann auch im Text selbst ein Makro ausgeführt werden.

6.3 Die Hilfedatei Schritt für Schritt erstellen

Nach dem Schnellkursus in Sachen Hilfecompiler-Theorie folgt nun das Entwickeln der Hilfe für die Artikeldatenbankanwendung. Sie finden dazu alle Projektdateien auf der CD-ROM ab dem Unterverzeichnis „Kapitel 6".

6.3.1 Schritt 1: Die Projektdatei »artikel.hpj« vorbereiten

Der Microsoft Help Workshop verwaltet in der Projektdatei alle benötigten Informationen, die zum Compilieren der HLP-Datei benötigt werden.

Nach dem Start von „HCW.EXE" legen Sie über den Menüpunkt „[F]ile | New" ein neues Projekt an.

Abb. 6.4.: Eine neue Projektdatei wird angelegt

Die Projektdatei bekommt dabei den gleichen Dateinamen wie die zu erstellende Hilfedatei, nur daß der Microsoft Help Workshop die Endung „.hpj" automatisch vergibt. Die Schaltflächen am rechten Fensterrand rufen jeweils die Dialogfenster zur Konfigurierung des Hilfeprojektes auf.

Abb. 6.5.: Die Optionen für das Hilfeprojekt sind zugewiesen

Im ersten Schritt legen Sie nur die grundsätzlichen Optionen für den Hilfecompiler fest. Dies betrifft zum einen den Text für die Fensterzeile beziehungsweise für das Info-Dialogfenster der Hilfedatei.

Die beiden Checkboxen „Notes" und „Progress" legen fest, daß zum einen nicht nur Fehlermeldungen, sondern auch Bemerkungen während des Compilierungsvorganges angezeigt werden. Die Checkbox „Progress" teilt dem Compiler mit, daß der Anwender eine Information über den Stand des Compilierungsvorganges wünscht.

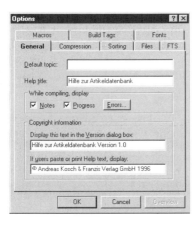

Abb. 6.6.: Jede Zeile im Abschnitt »[OPTIONS] hat eine eigene Registerseite

In der letzten Zeile legen Sie den CITATION-Text für das Hilfeprojekt fest. WinHelp hängt diesen Text immer dann an den markierten Bereich an, wenn der Anwender Text in die Zwischenablage kopiert. Desweiteren wird der Hinweistext auch beim Ausdrucken einer Hilfeseite hinzugefügt.

6.3.2 Schritt 2 : Die RTF-Datei „artikel.rtf" anlegen

In der RTF-Datei (engl. *Rich Text Format*) definieren Sie den Inhalt der einzelnen Hilfeseiten. Der Hilfecompiler beschränkt sich dabei nicht nur auf eine einzige zulässige RTF-Datei. In der Praxis wird es die Regel sein, daß mehrere RTF-Dateien verwendet werden. So ist es zum Beispiel sehr sinnvoll, für Begriffserklärungen beziehungsweise grundsätzliche Informationen getrennte RTF-Dateien anzulegen, die in verschiedenen Projekten wiederverwendet werden können.

Eine RTF-Datei für den Hilfecompiler können Sie mit jeder Textverarbeitung anlegen, die Dateien im RTF-Format speichern kann.

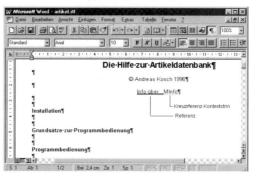

Abb. 6.7: Die RTF-Datei mit Steuerzeichen im Text

In der Abb. 6.7 können Sie sehen, daß die Steuerzeichen für den Hilfecompiler selbst Bestandteil des Textes sind. Die doppelte Unterstreichung der Zeichen „Info über..." führt dazu, daß in der HLP-Datei diese Zeichen farbig hervorgehoben werden (Standardfarbe ist grün). Bewegt der Anwender die Maus über diesen Begriff, so ändert Win-Help das Mauszeigersymbol auf die Hand. Bei einem Klick springt die Hilfe zur der Hilfeseite, die über die verborgene Formatierung für den *Kreuzreferenz-Kontextstring* in der RTF-Datei zugewiesen wurde.

Am Beispiel der Seite „Info über..." stelle ich alle notwendigen Arbeitsschritte vor.

Kreuzreferenz und Kontext-Strings zuweisen

Die über die #-Fußnoten deklarierten Kontextstrings identifizieren für den Entwickler die Themen im Hilfesystem. Ein *Kontextstring* muß eindeutig sein und darf im kompletten Hilfesystem nur einmal verwendet werden. Da über diese Marken der Anwender zu den einzelnen Themen springen kann, sollte auch die Bezeichnung der Kontextstring so gewählt werden, daß das Thema zugeordnet werden kann.

Der für den Anwender sichtbare Referenz-Begriff wird in der RTF-Datei durch eine doppelte Unterstreichung gekennzeichnet. Unmittelbar daran schließen sich die Zeichen für den Kreuzreferenz-Kontextstring an, diesen hilfeinternen Bezeichner sollte der Anwender nicht zu Gesicht bekommen. Daher ist das Attribut „Verborgen" ideal als Steuerzeichen für den Hilfecompiler geeignet.

Die Bezeichnung des Kreuzreferenz-Kontextstring bleibt völlig Ihnen überlassen, solange der Hilfecompiler eine Verbindung zu einem Kontextstring (#-Fußnote) herstellen kann. Zur besseren Unterscheidung zwischen einer Kreuzreferenz und der Definitions-Referenz fangen bei mir jedoch alle Kreuzreferenz-Kontextstrings mit dem Buchstaben „M" an.

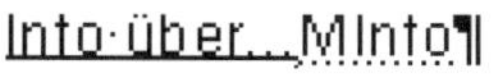

Abb. 6.8.: Kreuzreferenz auf die Seite „Info über..."

Damit ist die Aufrufstelle in der RTF-Datei gekennzeichnet, Sie müssen nun dem Hilfecompiler natürlich noch sagen, welche Seite er anzeigen soll, wenn der Anwender die Referenz „Info über..." anklickt.

Bezug auf die aufzurufende Seite herstellen

Fügen Sie in der RTF-Datei einen manuellen Seitenwechsel ein, um eine neue Seite zu erhalten. Für den Hilfecompiler ist der von der Textverarbeitung vorgenommene automatische Seitenwechsel völlig unerheblich. Alle Zeichen zwischen den einzelnen manuellen Seitenwechseln gelten für den Hilfecompiler als eine Seite.

Fügen Sie in die erste Zeile der neuen Seite die benutzerspezifische Fußnote „#" ein.

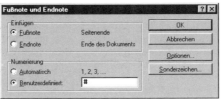

Als Fußnotentext tragen Sie die Bezeichnung für den Kreuzreferenz-Kontextstring ein, der als verborgener Text an der Aufrufstelle zugewiesen wurde.

Abb. 6.9.: Benutzerdefinierte Fußnote »#« für den Kontextstring einrichten

Nur der *Kontextstring* (#-Fußnote) muß im System eindeutig sein.

Diese exakt bezeichnete Hilfeseite können Sie durchaus von mehreren Stellen im Hilfetext anspringen, indem Sie mehrere *Kreuzreferenz-Kontextstrings* im Text plazieren. Dazu kopieren Sie zum Beispiel die in der Abb. 6.8 dargestellte Zeichenkette (sichtbarer Text mit dem verborgenen Steuerzeichen) an jede Aufrufstelle im Text.

Ein Titel wird zugewiesen

Unmittelbar nach der ersten Fußnote tragen Sie am besten gleich die zweite benutzerspezifische Fußnote „$" für den *Titel* der Hilfeseite ein. Dieser Titel wird im *Themenfenster* der Hilfe angezeigt und muß nicht mit der Überschrift auf der Hilfeseite übereinstimmen. Dabei läßt der Hilfecompiler maximal 128 Zeichen als Titel für eine Hilfeseite zu.

Schlüsselwörter für den Suchen-Dialog der Hilfe angeben

Nach der „$"-Fußnote tragen Sie nun die dritte Fußnote im Bunde nach – über „K" kennzeichnen Sie Schlüsselwörter für den Hilfecompiler, nach denen der Anwender im Suchen-Dialog der Hilfedatei bestimmte Hilfeseiten suchen kann. Leerzeichen in den Schlüsselwörtern sind zulässig, mehrere Schlüsselwörter werden durch das Semikolon getrennt.

Das Festlegen der Schlüsselwörter ist ebenfalls keine leichte Aufgabe, da hier mehrere Aspekte unter einen Hut gebracht werden müssen. Die eingesetzten Schlüsselwörter müssen für alle Anwender – egal ob Anfänger oder Profi – von Nutzen sein. Microsoft empfiehlt daher, für die wichtigen Hilfeseiten mehrere Schlüsselwörter für alle Benutzergruppen festzulegen :

- verständlicher Begriff für den Anfänger
- üblicher Fachbegriff für den Profi
- gebräuchliche Umschreibung, anhand der die Hilfeseite erkannt werden kann
- globale Umschreibung für die Programmfunktion

Als Beispiel soll an dieser Stelle die Hilfeseite für die Programminstallation dienen, geeignete Schlüsselwörter wären zum Beispiel „Setup; Installation; Programminstallation; Wie wird das Programm installiert?".

Bitmaps im Hilfetext verwenden

In vielen Einsatzfällen dient eine Bitmap-Grafik nicht nur der Auflockerung des Textes, sondern auch zur Verdeutlichung bestimmter Zusammenhänge. Für das Einfügen der Grafik stehen wiederum zwei Möglichkeiten offen.

Zum ersten kann die Grafik direkt in die Textverarbeitung eingefügt werden. Zum anderen ist auch das Einbinden über Steuerzeichen im Text möglich. Ich verwende generell die zweite Variante. Beim direkten Einbinden steigt der Arbeitsspeicherbedarf des Hilfe-Compilers sprunghaft an.

Tabelle 6.6: Bitmaps über Steuerzeichen in den Text einbinden

Steuerzeichenaufruf	Ergebnis
{bmc DATEINAME.BMP}	Dieser »bitmap character«-Aufruf behandelt die Grafik wie ein Zeichen, das heißt, vor und dahinter kann in der gleichen Zeile auch Text stehen.
{bml DATEINAME.BMP}	Der Steuercode »bml« richtet das Bild linksbündig am Rand aus, so daß der Text rechts neben der Grafik steht.
{bmr DATEINAME.BMP}	Der Steuercode »bmr« richtet das Bild rechtsbündig am Rand aus, so daß der Text links neben der Grafik steht.

Diese Grafikreferenzen können für eine Bitmap-Datei mehrfach im Text verwendet werden, ohne daß sich die Hilfedatei dadurch vergrößert.

Im Ergebnis der bisherigen Schritte ergibt sich somit das folgende Bild:

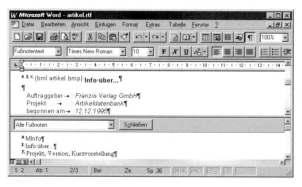

Abb. 6.10: Kontext-String, Titel und Schlüsselwörter per Fußnoten zugewiesen

Feststehende Titelzeile auf der Hilfeseite einrichten

Jede Hilfeseite soll eine Überschriftszeile mit hellgrauem Hintergrund bekommen, die beim vertikalen Scrollen der Hilfeseite stehenbleibt und somit immer sichtbar ist. Neben dem Eintrag in der Projektdatei „artikel.hpj" im Abschnitt *[Windows]* muß auch die betreffende Zeile in der RTF-Datei speziell formatiert werden. Dazu vergeben Sie über das Menü „[F]ormat I Absatz.." der Zeile das Attribut „Absätze nicht trennen".

Der erste Compilierungstest

Speichern Sie nun Ihre Arbeit im RTF-Format unter „artikel.rtf" ab und wechseln Sie zum Help Workshop. Die RTF-Datei muß nun in das Hilfeprojekt eingebunden werden. Über die Schaltfläche

"Options" rufen Sie das Dialogfenster für die Projektoptionen auf. Auf der Registerseite „File" finden Sie die Listbox „Rich Text Format (RTF) Files", in der alle zugeordneten RTF-Dateien aufgeführt werden. Zur Zeit ist diese Listbox noch leer, über die Schaltfläche „Change" verwaltet der Help Workshop die zugeordneten RTF-Dateien über ein eigenes Dialogfenster.

 Sie können das Dialogfenster zum Verwalten der RTF-Dateien auch gleich aus dem Hauptfenster von Help Workshop aufrufen, indem Sie den Button »Files« verwenden.

Abb. 6.11: Die RTF-Datei wird dem Hilfeprojekt hinzugefügt

Ist das erledigt, zeigt der Help Workshop den Abschnitt *[FILES]* mit der zugewiesenen RTF-Datei an. Über die Schaltfläche „Save und Compile" starten Sie den ersten Compilerdurchlauf.

Nach wenigen Augenblicken sehen Sie die Statusmeldungen des Compilierungsvorganges. Entscheidend ist dabei die letzte Zeile, der Hinweis „0 notes, 0 warnings" zeigt Ihnen, daß der *Hilfecompiler* mit Ihrer bisherigen Arbeit voll und ganz zufrieden ist.

Über den Button mit dem gelben Fragezeichen in der Speedbarleiste von Help Workshop testen Sie gleich die gerade erzeugte Hilfedatei. Alle benötigten Angaben hat der Help Workshop bereits für Sie eingetragen, so daß Sie die HLP-Datei gleich über die Schaltfläche „View Help" aufrufen.

Abb. 6.12: Die Statusmeldungen des Hilfecompilers

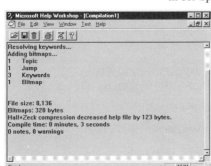

Die Hilfedatei „artikel.hlp" entspricht dabei auch rein visuell nicht den Erwartungen. Die Titelzeile innerhalb der Hilfeseite soll ebenfalls im dezenten grau erscheinen. Außerdem ist der Fensterhintergrund noch weiß, unter Windows 95 ist jedoch ein gemusterter Fensterhintergrund Standard. Weiterhin soll der Anwender auf die Option des Blätterns zwischen den Hilfeseiten zurückgreifen können.

Abb. 6.13: HLP-Datei zum ersten Test aufrufen

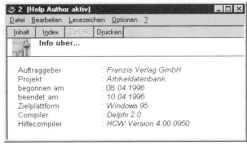

Abb. 6.14: Die erste noch unbefriedigende Version

Im nächsten Schritt erweitern Sie die Hilfeanwendung, so daß alle Kritikpunkte beseitigt werden.

6.3.3 Schritt 3: Suchsequenzen für ein Thema definieren

Das Einbinden von Suchsequenzen in eine Hilfedatei ist optional. Sie müssen nur dann Suchsequenzen festlegen, wenn der Anwender durch die Hilfeseiten blättern soll. Das Blättern in der Hilfedatei ist immer dann sinnvoll, wenn die Hilfe auch grundsätzliches Hintergrundwissen vermitteln soll. Nichts ist für den Anwender ärgerlicher, als wenn er für jede Seite extra zurück auf die Referenzseite klicken muß, um die nächste Seite aufzurufen. Besteht Ihre Hilfe jedoch fast ausschließlich nur aus aufgabenbezogenen einzelnen Hilfeseiten, so ist die Blättern-Funktion nicht sinnvoll.

Welche Hilfeseiten in welcher Reihenfolge dabei angezeigt werden, hängt von der festgelegten Suchsequenz ab. Jeder Suchsequenzbezeichner besteht aus einem Namen und der Numerierung.

```
Install:005     1. Hilfeseite für die Programminstallation
Install:010     2. Hilfeseite für die Programminstallation
Prg:005         1. Hilfeseite für die Programmbedienung
Prg:010 2.      Hilfeseite für die Programmbedienung
Prg:015         etc.
Glossar:005     1. Hilfeseite für die Begriffserläuterung
Glossar:010     etc.
```

Wie in *BASIC's* Zeiten mit den Zeilennummern sollte auch hier Platz für spätere Erweiterungen bei der Numerierung der einzelnen Seiten gelassen werden. Die Suchsequenzreihenfolge beziehungsweise die Auswahlmöglichkeit gilt jeweils nur für einen bestimmten Namen der Sequenz. Je nach der aktuellen Seite kann der Anwender nur durch die gerade aktuelle Sequenz blättern.

Um die Suchsequenz als Steuercode im Text zu plazieren, sind wiederum die folgenden drei Arbeitsschritte notwendig.

1. Plazieren Sie den Cursor an den Anfang der Hilfeseite hinter die bereits eingetragenen Fußnoten.

2. Fügen Sie die benutzerdefinierte Fußnote Pluszeichen »+« als Fußnotenmarkierung ein.

3. Tragen Sie die Suchsequenzbezeichnung ein.

In der Hilfetextdatei im RTF-Format selbst müssen die Hilfeseiten nicht entsprechend der Suchsequenzreihenfolge angeordnet sein. Der Compiler selbst ist für das korrekte Einsortieren verantwortlich.

Das Einbinden der Suchsequenzen in die RTF-Datei ist nur die eine Seite der Medaille. Der Anwender benötigt auch die beiden Schaltflächen zum Vor- und Zurückblättern in der Hilfedatei. Außerdem soll ja noch der Fensterhintergrund der Hilfeseite an den neuen Windows-Standard angepaßt werden. Beide Aufgaben erledigen Sie im *Help Workshop* in einem Zug.

Über die Schaltfläche „Windows" rufen Sie aus dem Hauptfenster von Help Workshop das Dialogfenster für die Fensterеigenschaften auf.

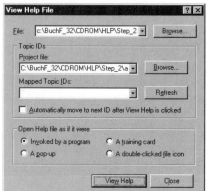

Abb. 6.15: Suchsequenzen zum Thema Programminstallation sind eingerichtet

Abb. 6.16: Eigenschaften des Hilfefensters festlegen

Abb. 6.17: Ein Fenster vom Typ „MAIN" anlegen

Mit Hilfe des Schlüsselwortes „MAIN" für das Fenster legen Sie die Eigenschaften des Hauptfensters Ihrer Hilfedatei fest. Da dieses Fenster als Vorgabewert nicht definiert ist, legen Sie über den „Add"-Button ein Fenster vom Typ „MAIN" an.

Die Eigenschaften dieses Fensters werden über die fünf Registerdialogseiten zugewiesen, dabei übernehmen Sie bis auf eine Ausnahme alle Voreinstellungen.

Die Ausnahme betrifft die Checkbox „Browse" auf der Seite „Buttons". Sobald diese Checkbox markiert ist, zeigt WinHelp die beiden Schaltflächen zum Vor- und Zurückblättern in der Buttonleiste der Hilfedatei an.

Auf der Registerdialogseite „Colors" sind keine Änderungen notwendig, als Vorbelegung ist der Windows-Standard für den Fensterhintergrund bereits aktiviert.

Nach dem Abspeichern der Änderungen aktualisiert der Help Workshop die zugrundeliegende Projektdatei. Die Abschnitte *[WINDOWS]* und *[CONFIG]* hat er hinzugefügt.

Selbstverständlich müssen Sie nicht diesen Weg der visuellen Konfiguration über die Dialogfenster beschreiten. Sie können jederzeit auch auf dem direkten Weg direkt die Eintragungen in der Projektdatei „artikel.hpj" vornehmen (auch wenn Microsoft dies nicht empfiehlt). Dies ist zum Beispiel immer dann vorteilhaft, wenn Sie auf alte Projektdateien für Windows 3.x zurückgreifen wollen. Der *Help Workshop* kann ebenfalls mit dem Vorgängerstandard umgehen, wobei es nach dem Speichern der Projektdatei keinen Weg zurück gibt.

Abb. 6.18: Die aktualisierte Projektdatei

```
; This file is maintained by
HCW. Do not modify ... direc-
tly.

[OPTIONS]
HCW=0
COMPRESS=12 Hall Zeck
ERRORLOG=HELBUG.TXT
LCID=0x407 0x0 0x0 ;Deutsch (Deutschland)
REPORT=Yes
TITLE=Hilfe zur Artikeldatenbank
COPYRIGHT=Hilfe zur Artikeldatenbank Version 1.0
```

```
CITATION=© Andreas Kosch & Franzis Verlag GmbH 1996
HLP=.\artikel.hlp

[FILES]
.\artikel.rtf

[WINDOWS]
MAIN="",(653,102,360,600),60672,(r14876671),(r12632256),f3

[CONFIG]
BrowseButtons()
```

Am Ende eines jeden Entwicklungsschrittes steht der Compilierungsvorgang mit dem anschließenden Testaufruf der Hilfedatei.

Abb. 6.19: Die zweite Version genügt den Anforderungen

6.3.4 Schritt 4: Definitionen zur Begriffserläuterung festlegen

Das Hilfesystem bietet Ihnen Möglichkeiten, die mit keinem Handbuch realisiert werden können. So ist es zum Beispiel möglich, unterschiedliche Vorkenntnisse des Anwenders auszugleichen. Im Hilfetext verwenden Sie dazu *Definitionen* für bestimmte Fachbegriffe. Der erfahrene Anwender wird sich dann nicht von den vielen Details beziehungsweise Erklärungen belästigt fühlen. Der Einsteiger allerdings wird die Möglichkeit, bestimmte Begriffe per Mausklick nachschlagen zu können, zu Schätzen wissen. Die *Begriffserläuterung* wird dabei in einem Popup-Fenster dargestellt, die Hilfeseite selbst ist für den Anwender immer noch sichtbar.

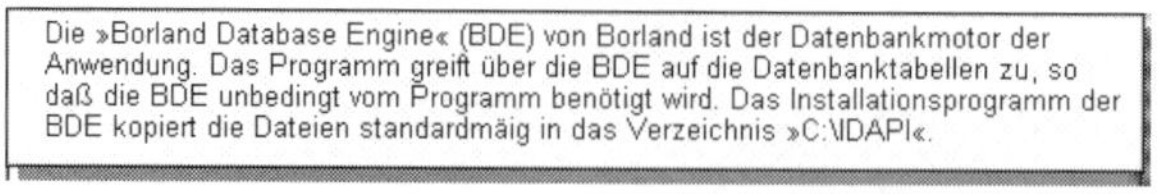

Abb. 6.20: Ein Popup-Fenster als Begriffserklärung

Alle von Ihnen als *Definition* formatierten Begriffe werden von der Hilfeanwendung farbig hervorgehoben. Zusätzlich ändert sich der Mauszeiger in das Handsymbol, wenn der Anwender mit der Maus auf diesen Begriff zeigt.

Das Einrichten einer Definition entspricht bis auf die Formatierung für den zu erklärenden Begriff der Vorgehensweise beim Einrichten eines Kreuzreferenz/Kontext-Strings.

- Markieren Sie das in der Hilfe für den Anwender sichtbare *Begriffswort* und weisen Sie den Zeichen die Formatierung *unterstrichen* zu. Mit dieser einfachen Unterstreichung wird dieser Begriff von *WinHelp* farbig hervorgehoben.

- Fügen Sie unmittelbar hinter dem Begriff (ohne Leerzeichen) einen eindeutigen Bezeichner für den *Kontext-String* hinzu. Der Name ist beliebig wählbar. Zur besseren Unterscheidung verwende ich zum Beispiel den Buchstaben „W" (für Window) als erstes Zeichen für jeden Kontext-String.

Markieren Sie diesen Bezeichner und kopieren Sie ihn in die Zwischenablage. Anschließend wird dieser Markierung die Formatierung „verborgen" zugewiesen.

- Wechseln Sie auf die Hilfeseite, die immer dann in einem Popup-Fenster angezeigt werden soll, wenn der Anwender den unter Punkt 1 markierten Begriff auswählt.

- Fügen Sie eine benutzerdefinierte Fußnote mit dem Fußnotenzeichen »#« ein. Über die Zwischenablage können Sie nun den unter Punkt 2 kopierten *Kontext-Stringnamen* einfügen. Dieser Name sollte keine Formatierung aufweisen (auf keinen Fall unterstrichen/verborgen). Bei Kontext-Strings spielt die Groß-/Kleinschreibung keine Rolle.

Diese vier Arbeitsschritte brauchen Sie nur beim erstmaligen Auftauchen dieses Begriffes abzuarbeiten. Bei jeder weiteren Stelle im Text sind nur noch die Punkte 1 und 2 notwendig, die Hilfeseite für die Begriffserläuterung wurde ja bereits gekennzeichnet.

Im Beispielprojekt habe ich für die Begriffsdefinitionen eine zweite RTF-Datei mit dem Namen „glossar.rtf" verwendet. Aus diesem Grund muß auch die Projektdatei „artikel.hpj" aktualisiert werden. Über die Schaltfläche „Files" erreichen Sie aus dem *Help Workshop*-Hauptfenster heraus den entsprechenden Dialog zum Einbinden von weiteren RTF-Dateien.

6.3.5 Schritt 5: Die Inhaltsübersicht zusammenstellen

Mit Windows 95 hat sich die Hilfe gravierend gewandelt. Es ist nunmehr üblich, zusätzlich zur Hilfe im HLP-Format auch eine *Inhaltsübersicht* als CNT-Datei bereitzustellen. Den Vorteil dabei hat der Anwender, für ihn ist die Hilfe wesentlich übersichtlicher geworden.

Bereits im Schritt 1 beim Anlegen eines neuen Hilfeprojekts konnten Sie zwischen den Einträgen „Help Project" und „Help Contents" auswählen. Sie ahnen es bestimmt – für das Inhaltsverzeichnis wird der zweite Eintrag benötigt.

Die einzelnen Einträge und Verschachtelungen müssen Sie allerdings dann von Hand vornehmen. Die Bedienung ist dabei weitgehend intuitiv – über die „Add..."-Button legen Sie neue Einträge an und verschieben Sie gegebenenfalls über die „Move..."-Button.

Im Verzeichnis „Kapitel 6\ShareMan" finden Sie alle Hilfe-Projektdateien für das im Kapitel 3 Schritt für Schritt entwickelte Programm „ShareMan". Öffnen Sie die Datei „shareman.cnt" im Help Workshop – beim Nachschlagen der einzelnen Einträge lernen Sie dabei mehr als bei einer trockenen Aufzählung hier im Buch.

Abb. 6.21: Inhaltsübersicht zusammenstellen

6.4 Hilfedatei aus dem Delphi-Programm heraus aufrufen

Der Rumpf der Hilfeanwendung ist soweit fertig, so daß nun die Schnittstelle zur Hilfedatei im Anwendungsprogramm implementiert werden muß. Auch hier stellt Delphi leistungsfähige, aber in der Verwendung einfache Methoden bereit, die vom Anwendungsobjekt TApplication geerbt werden. Voraussetzung ist dabei, daß im Dialogfenster für die Projektoptionen auch tatsächlich eine Hilfedatei dem Projekt zugeordnet wurde.

Tabelle 6.7: Von TApplication bereitgestellte Methoden zum Thema Hilfedatei

TApplication-Methode	Verwendung
HelpCommand	Universell einsetzbare Kapselung der Windows-API-Funktion *WinHelp*.
HelpContext	Einfacher Aufruf einer Hilfeseite über die im [MAP]-Abschnitt der Hilfeprojektdatei angegebene ID-Nummer.
HelpJump	Einfacher Aufruf einer Hilfeseite über den Kontext-String. Dabei muß im [MAP]-Abschnitt **keine** Zuweisung mehr vorgenommen werden.

6.4.1 TApplication.HelpCommand

```
function HelpCommand(Command: Word; Data: Longint): Boolean;
```

Die Methode *HelpCommand* leitet alle Aufrufe an die Windows-API-Funktion *WinHelp* weiter. In dieser universellen Methode kann auch das Kommando an die Hilfeanwendung selbst definiert werden. Alle hier möglichen Parameter finden Sie mittels globaler Suche nach dem Stichwort „WinHelp" in der Delphi-Hilfe.

Das Programm „ShareMan" verwendet zum Beispiel den *HelpCommand*-Aufruf, um die Startseite der Hilfedatei anzuzeigen.

```
procedure TFormMain.HelpProgramClick(Sender: TObject);
begin
  Application.HelpCommand(HELP_CONTENTS, 0)
end;
```

Ein Programm sollte auch dafür sorgen, daß beim Programmende ein eventuell vom Anwender aufgerufenes Hilfesystem mit geschlossen wird.

```
Application.HelpCommand(HELP_QUIT, 0);
```

Manchmal ist es auch sinnvoll, dem Anwender gleich das Suchen-Fenster der Hilfe anzuzeigen, auch dies vermag *HelpCommand* zu bewirken.

```
procedure TForm1.Button1Click(Sender: TObject);
const
  pEmptyStr : PChar = '';
begin
  Application.HelpCommand(HELP_PARTIALKEY, LongInt(pEmptyStr))
end;
```

Über die Konstante „HELP_PARTIALKEY" wird das Suchen-Dialogfenster eingeblendet. Da ein leerer String übergeben wird, zeigt das Suchen-Dialogfenster den ersten Eintrag an.

6.4.2 TApplication.HelpContext

Speziell für die Aufrufe der Hilfeseiten selbst stellt Delphi eine eigene Methode bereit.

```
function HelpContext(Context: THelpContext): Boolean;
```

Die Methode *HelpContext* benötigt nur die Kontextnummer als Parameter. Diesen numerischen Wert haben Sie im [MAP]-Abschnitt der Hilfeprojektdatei festgelegt. Geben Sie beispielsweise als Context-Wert „1" an, so zeigt die Methode *HelpContext* die erste Seite in der Hilfedatei an. Das Zuweisen der Hilfedatei über die Eigenschaft *HelpFile* wird nur dann notwendig, wenn Sie im Dialogfenster für die Projektoptionen in Delphi keine Hilfedatei zugewiesen haben oder wenn die Hilfeseite aus einer anderen Hilfedatei aufgerufen werden soll.

```
procedure TForm1.BitBtn1Click(Sender: TObject);
begin
  Application.HelpFile := 'DATA.HLP';
  Application.HelpContext(5);
end;
```

In der Projektdatei „artikel.hpj" wird der [Map]-Abschnitt entsprechend erweitert.

```
[MAP]
MControls=101        ; Erklärung der Steuerelemente
MExport=203          ; Datenexport in eine dBASE-Datei
MNewRec=201          ; Neuen Artikeldatensatz anlegen
MSearch=202          ; Nach einem Datensatz suchen
MSQLFrm=203          ; SQL-Recherchefenster
```

Auch diese Änderungen müssen nicht mühsam von Hand zusammengestellt werden, der *Help Workshop* sieht dafür eigene Dialoge vor. Über die Schaltfläche „Map" erreichen Sie den folgenden Dialog aus dem Hauptfenster heraus.

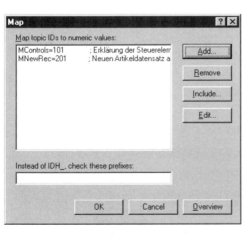

Abb. 6.22: Kontextstring und numerischen ID-Wert für den Aufruf zuordnen

Einen neuen Eintrag legen Sie über den Button „Add" an. Um nach dieser Änderung die Hilfeseite für das SQL-Rechercheformular direkt über die Hilfe-Schaltfläche im Formular aufzurufen, sind die folgenden Zeilen in der Ereignisbehandlungsmethode für den Button notwendig.

```
procedure TForm1.BitBtnHelpClick(Sender: TObject);
begin
  Application.HelpContext(203);
end;
```

6.4.3 TApplication.HelpJump

Die Methode *HelpJump* ermöglicht das Aufrufen einer speziellen Hilfeseite über den *Kontext-String*. Damit muß im [MAP]-Abschnitt der Hilfe-Projektdatei keine numerische Zuordnung zwischen den Kontext-Strings und den ID mehr vorgenommen werden.

```
function HelpJump(const JumpID: string): Boolean;
```

Der Aufruf aus dem Delphi-Programm heraus verkürzt sich auf die folgende Zeile:

```
Application.HelpJump('MSQLFrm')
```

Der Nachteil dieser Aufrufmethode liegt darin, daß WinHelp erst nach dem Kontextstring suchen muß, der Aufruf der Hilfeseite verzögert sich daher geringfügig.

6.4.4 Windows-API-Funktion WinHelp

Alle drei *TApplication*-Methoden für den Hilfeaufruf verwenden in Wirklichkeit die Windows-API-Funktion *WinHelp*. Der Aufruf der Methoden vereinfacht die Sache nur ein wenig. Dafür handeln Sie sich allerdings gleich den Aufruf von drei Methoden ein.

Zum Beispiel ruft die Methode *HelpContext* die Methode *InvokeHelp* auf. InvokeHelp selbst macht nichts anderes, als die Windows-API-Funktion *WinHelp* aufzurufen. Falls es in Ihrem Programm auf jede Millisekunde und auf jedes eingesparte Byte für die Programmgröße ankommt, ist es besser, Sie rufen gleich *WinHelp* auf. Zumal neben dem Aufruf einer bestimmten Hilfeseite *WinHelp* auch noch andere Kommandos beherrscht.

Tabelle 6.8: WinHelp-Kommandos für die Methode »HelpCommand«

Command	Bedeutung
HELP_COMMAND	Führt ein Hilfe-Makro aus.
HELP_CONTEXT	Ruft eine Hilfeseite auf.
HELP_CONTENS	Zeigt das Inhaltsverzeichnis an. Wurde im Abschnitt [OPTIONS] der Hilfeprojektdatei kein Eintrag *Contens* definiert wird die erste Hilfeseite angezeigt.
HELP_CONTEXTPOPUP	Zeigt eine Hilfeseite in einem Popup-Fenster an.
HELP_HELPONHELP	Zeigt die mit Windows ausgelieferte Hilfedatei zu »winhelp.exe« an.
HELP_INDEX	Zeigt den Hauptindex des Hilfesystems an.
HELP_KEY	Zeigt Informationen zu einem Hilfethema an, das durch ein Schlüsselwort gekennzeichnet ist.

HELP_QUIT	Schließt das Hilfesystem, wenn kein anderes Programm diese Hilfedatei verwendet.
HELP_SETWINPOS	Größe und Position des Hilfefensters festlegen.

Die Deklaration für den jeweils vom Kommando abhängigen zweiten Parameter „Data" finden Sie ebenfalls in der Hilfedatei zu Delphi.

6.4.5 Aufruf über die F1-Taste

Diese Option ist am einfachsten – weil vollständig visuell – zu implementieren. Jedem Formular und sogar jeder im Formular plazierten Komponente kann die Eigenschaft *HelpContext* zugewiesen werden. Die Eigenschaft *HelpContext* stellt eine *Kontextnummer* für die Verwendung beim Aufruf kontextbezogener Online-Hilfe bereit. Die mit dieser Kontextnummer gekennzeichnete Hilfeseite wird immer dann aufgerufen, wenn der Anwender die F1-Taste drückt. Die Zuordnung des numerischen Wertes zur Hilfeseite wird im *[MAP]*-Abschnitt der Hilfeprojektdatei vorgenommen.

```
[MAP]
MControls    101
MDBNav       102
MNewRec 201
MSearch 202
MSQLFrm 203
MExport 204
```

Abb. 6.23.: Hilfeseite für den Aufruf über die [F1]-Taste zuweisen

Mit dem Zuweisen des Wertes „204" für die Eigenschaft *HelpContext* ruft somit die [F1]-Taste die Hilfeseite für den Datenexport in eine *dBASE*-Tabelle auf. Die Verbindung zur richtigen Hilfeseite legen Sie im *Objektinspektor* für die TForm-Eigenschaft *HelpContext* fest.

6.4.6 Die Direkthilfe von Windows 95

Genau nach dem gleichen Prinzip wie der Hilfeaufruf über die F1-Taste implementieren Sie die *Direkthilfe*. Damit zeigt Windows das Fragezeichen-Symbol in der Fensterzeile an. Klickt der Anwender auf dieses Symbol, so ändert sich der Mauszeiger, bis der Anwender ein beliebiges Element im Fenster anklickt. Haben Sie diesem Element einen Wert für die Eigenschaft *HelpContext* zugewiesen, so zeigt *WinHelp* in einem Popup-Fenster den Inhalt für diese Hilfeseite an.

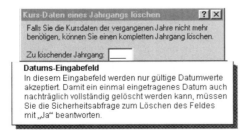

Abb. 6.24: Die Direkthilfe über das Fragezeichen-Symbol in der Fensterzeile aufrufen

Das im dritten Kapitel vorgestellen Programm „ShareMan" verwendet die Direkthilfe neben den Dialogen auch für das Hauptfenster der Anwendung.

6.5 Resümee

Damit ist auch dieses Kapitel abgeschlossen, für eine erste Einführung in die Entwicklung einer HLP-Datei für eigene Anwendungsprogramme reicht der gebotene Inhalt völlig aus. Das Hilfesystem von *WinHelp* ist jedoch wesentlich leistungsfähiger und flexibler, so daß *Microsoft* speziell für den Hilfecompiler ein eigenes Buch im Angebot hat.

Eine Referenz aller WinHelp-Befehle finden Sie in der Hilfedatei „hcw.hlp" im „Help\Tools"-Unterverzeichnis von Delphi.

7 SQL – eine unterschätzte Toolbox

Das Thema SQL ist für den Delphi-Anwender nicht ganz einfach einzuordnen. Dies liegt zum einen darin, daß das Thema selbst sehr komplex ist. Über SQL wurden bereits viele dicke Bücher geschrieben, es wäre vermessen, alles dies in diesem Lösungsbuch zusammenfassen zu wollen. Zudem auch die SQL-Implementierung unter Delphi nicht so ganz eindeutig ist. Es hängt ganz davon ab, auf welches Datenbankformat zugegriffen wird. Die zusammen mit Delphi ausgelieferte Borland Database Engine unterstützt für dBASE- und Paradox-Tabellen nur einen eingeschränkten SQL-Befehlsumfang. Manche der vorgestellten Beispiele können Sie so nicht nachvollziehen, wenn Sie ausschließlich dBASE- oder Paradox-Tabellen verwenden.

Im Verzeichnis der Borland Database Engine finden Sie die Hilfedatei „localsql.hlp". Im Zweifelsfall können Sie dort nachschlagen, welche Einschränkungen die BDE vornimmt.

Delphi bringt jedoch noch ein Datenbankformat in zwei Ausführungen mit – Borlands InterBase SQL Server, den ich im folgenden mit der Zeichenkette LIBS abkürze. Der LIBS ist ein waschechtes RDBMS (Relationales Datenbankmanagementsystem) und hält dem Vergleich mit anderen namhaften Datenbanksystemen Stand. Der Vorteil für Sie als Entwickler liegt beim *LIBS* darin, daß diese Einzelplatzversion auch direkt auf dem Entwicklungs-Rechner läuft, ein gesonderter Server ist nicht zwingend notwendig. Der LIBS beherrscht den Sprachumfang des Standards SQL 92, so daß auf ihn alle Beispiele nachvollzogen werden können.

7.1 Was ist SQL?

SQL (engl. *Structured Query Language*) ist eine komplette Sammlung von Befehlen, die den Zugriff zu einer relationalen Datenbank ermöglichen. SQL ist die Standardschnittstelle für eine Vielzahl von relationalen Datenbanksystemen. Mit Hilfe einer einfachen Kommandostruktur werden Datenbankstrukturen angelegt, auf Daten zugegriffen oder Daten geändert.

SQL ist *mengenorientiert*. Mit Hilfe eines Kommandos können gleich mehrere Datensätze als Menge bearbeitet werden. Die Sprache ist *deskriptiv*, das heißt es wird beschrieben, was getan werden soll und nicht wie. Und als dritte Eigenschaft kann angeführt werden, daß SQL *abbildungsorientiert* ist – aus einer *Ausgangsrelation* wird eine *Ergebnisrelation* zurückgeliefert.

Die *SQL-Befehle* lassen sich vom Wirkungsmechanismus generell in zwei Gruppen einteilen. Zum einen stehen mengenorientierte Operatoren bereit (Vereinigung und Durchschnitt). Und zum anderen die relationenorientierten Operatoren wie die Projektion und die Selektion.

Damit keine Mißverständnisse entstehen, SQL hat bereits ein für die Informationstechnik biblisches Alter. Die ersten Grundlagen wurden im Jahre 1970 gelegt, als der bei IBM arbeitende Mathematiker E.F.Codd einen Artikel über das relationale Datenbankmodell veröffentlichte. Seitdem hat sich SQL natürlich weiterentwickelt und seit dem Jahr 1986 besteht dazu ein ISO-Standard. Der Standard ISO 9075/1989 wird als erster SQL-Standard überhaupt verabschiedet.

Im Jahre 1989 wird ein neuer Meilenstein gesetzt, der Standard ANSI SQL 89 wird definiert. Die am Markt eingeführten Datenbanken bekommen dabei ausreichend Zeit, den Standard zu implementieren. Der Standard verwendet dafür zwei Stufen – „Level 1" und „Level 2". Der Level 2 führt die *CHECK*-Klausel sowie den Primärschlüssel *PRIMARY KEY* beziehungsweise die Fremdschlüssel *REFERENCES* ein.

Die SQL-Entwicklung ist damit noch nicht abgeschlossen. Als Reaktion auf die größer werdenden Anforderungen an ein *RDBMS* wird der nächste Standard festgeschrieben – ANSI SQL 92 (oder auch SQL 2) wird geboren. Die verschiedenen Datenbankanbieter haben nun über drei Level Zeit, ihre Produkte an den Standard anzupassen.

Sie sehen also – SQL ist keine alte, verknöcherte Sprache. Zur Zeit ist bereits der nächste Standard – *SQL 3* – in Planung. Es liegt in der Natur des innovationsfreudigen Datenbankmarktes, daß der Standard immer den bereits herstellerbezogenen Implementierungen hinterherläuft. Dies hat Konsequenzen auch für Sie als Entwickler – trotz SQL-Standard müssen Sie mit produktspezifischen Eigenheiten leben. Solange Sie jedoch nicht ständig Ihre Datenbankplattform wechseln, stellt dies keine Einschränkung dar.

7.1.1 Warum wird SQL verwendet?

Die Eigenschaften von SQL sind der Grund dafür, daß SQL die am meisten verbreitete Sprache für relationale Datenbanken ist. Dazu gibt es vor allem drei Gründe :

Verbreitung durch Standardisierung

Das American National Standards Institute (ANSI) hat SQL als Standard genehmigt. Dies gilt auch für die International Standards Organziation (ISO). Damit wird SQL auf den meisten Computerplattformen angeboten.

Leistungsfähigkeit

Neben der Standardisierung ist vor allem die Leistungsfähigkeit von *SQL* ein wesentlicher Grund für die Verbreitung. SQL deckt den kompletten Bereich der Datenbankarbeiten ab. Neben der Datendefinition und der Datenbearbeitung wird auch der Bereich der Transaktionskontrolle abgedeckt. Die einzelnen SQL-Befehle sind in ihrer Grundform einfach strukturiert, besitzen jedoch die Flexibilität, je nach Anforderung zu komplexen Konstrukten erweiterbar zu sein.

Einfache Verwendung

Der Anwender verwendet *SQL* zum Zugriff auf Daten beziehungsweise zur Bearbeitung der Daten, ohne im Detail den physikalischen Aufbau der Datenbank beziehungsweise den Datenbankaufbau im Netzwerk kennen zu müssen. Zum Zugriff per SQL wird nur das Datenmodell der Datenbank, das heißt die einzelnen Tabellen und ihre Beziehung untereinander benötigt. Der Aufbau des SQL-Befehls ist auch für Laien nach kurzer Einarbeitungsphase verständlich, so daß der Anwender bestimmte Abfragen im Datenbestand vollkommen selbständig vornehmen kann.

Aufgabe	Implementierung
Zeige mir alle Informationen über Kunden an, die in Berlin wohnen und deren Umsatz über 1000,- DM liegt.	SELECT * FROM kunden WHERE ort = 'Berlin'' AND umsatz > 1000

7.1.2 Wie wird SQL verwendet?

Prinzipiell kann die Verwendung von *SQL* in zwei verschiedene Kategorien eingeteilt werden.
- Interaktiv durch eine Anwenderoberfläche. Der Anwender trägt die SQL-Statements ein und startet die Ausführung. In einem Ergebnisfenster wird das Ergebnis der Abfrage angezeigt.
- Eingebunden in ein Anwendungsprogramm oder in einer Programmiersprache. SQL ist selbst keine Programmiersprache, sondern kann nur aus einer Umgebung heraus eingesetzt werden, in der die Verwendung von SQL unterstützt wird.

7.1.3 Wer verwendet SQL?

Für wen bietet SQL Vorteile? Natürlich für den Programmanwender, der damit eine extrem flexible Schnittstelle für die Datenabfrage, die Datenerfassung, Aktualisierung oder das Löschen von Datensätzen hat. Auch der Entwickler der Datenbankanwendung kann sich mit SQL die Arbeit wesentlich erleichtern, indem er bestimmte Aufgaben einfach an SQL weiterdelegiert. Neben den reinen Datenbankfunktion kann SQL sogar rechnen, auch statistische Betrachtungen sind für SQL keine Fremdkörper. Der dritte Nutznießer im Bunde ist der Datenbankadministrator, der als Verantwortlicher den reibungslosen Betrieb der Datenbank sicherstellen muß.

Der Programmanwender

Über ein SQL-Abfragefenster startet der Anwender SQL-Kommandos, um Daten abzufragen, neu anzulegen oder zu löschen. SQL bietet eine Flexibilität, die über spezielle Programmmasken beziehungsweise vorbereitete Reportfunktionen niemals abdeckt werden kann. Sie sollten daher immer einen direkten Zugriff über SQL für den Anwender vorsehen. Haben Sie dabei Bedenken, weil Sie um die Datenintegrität der Datenbanktabellen besorgt sind, so verwenden Sie entsprechende Restriktionen in den Datenbanktabellen. Neben den Gültigkeitsprüfungen ist vor allem die Referenzintegrität sehr gut geeignet, auch beim direkten Zugriff über SQL die Datenintegrität sicherzustellen.

SQL wurde entwickelt, um aus Programmiersprachen heraus eingesetzt zu werden. Die interaktive Kommunikation mit dem Benutzer über Bildschirmdialoge stellt nicht den Regelfall dar, daher sind die bereitgestellten Schnittstellen zum direkten Aufrufen von SQL-Befehlen etwas schlicht. Auch darf an die Ausgabe der Daten, die direkt zurückgeliefert werden, kein großer Anspruch in Bezug auf eine ansprechende Formatierung gestellt werden. Von Vorteil ist allerdings eine Eigenschaft von SQL, für den Benutzer verschiedene Ebenen der Komplexität bereitzustellen. Der Anfängern kommt mit einigen einfachen Befehlen gut klar, der erfahrene Anwender nutzt die Flexibilität von SQL und verwendet die weitergehenden Eigenschaften und Befehle.

Der Anwendungsentwickler

Neben dem direkten Zugriff hat der Anwendungsentwickler noch eine weitere Option zur Verfügung. Er kann im Programm SQL-Statements vor dem Anwender verbergen, indem zum Beispiel eine *TQuery*-Komponente verwendet wird. Damit greift er auf die Leistungsfähigkeit von SQL zurück, ohne die vom Anwender benötigte Programmfunktion mühsam im Quelltext implementieren zu müssen.

7.2 SQL-Kommandoklassen

Entsprechend dem vielseitigen Verwendungszweck von SQL werden verschiedene Befehlskategorien bereitgestellt.

7.2.1 Data Definition Language – DDL

Mit Hilfe der *DDL*-Befehle erstellen Sie über SQL Datenbankobjekte. Für jedes grundlegende *SQL-Objekt* wird ein Befehl angeboten. Neben den obligatorischen Tabellen sind die beiden anderen Datenbankobjekte – der Index und die View – optional, das heißt diese Objekte müssen in Ihrer Datenbank nicht vorhanden sein.

Tabelle 7.1: SQL-Befehle aus der DDL-Kategorie

SQL-Befehl	Verwendung
ALTER TABLE	Die Struktur einer bereits bestehenden Tabelle wird geändert.
CREATE INDEX	Ein Index für eine bereits bestehende Tabelle wird angelegt.
CREATE TABLE	Eine Tabelle wird neu angelegt.
CREATE VIEW	Ein View – also eine spezielle Sichtweise auf eine bereits bestehende Tabelle oder auf mehrere verknüpfte Tabellen in der Datenbank – wird angelegt.
DROP INDEX	Ein bereits bestehender Index wird gelöscht.
DROP TABLE	Eine bereits bestehende Tabelle wird gelöscht.
DROP VIEW	Ein bereits bestehender View wird gelöscht.

7.2.2 Data Manipulation Language – DML

Diese Befehlskategorie wird wohl vom Anwender relativ selten benötigt. Die Befehle zum Hinzufügen, Aktualisieren oder Löschen von Daten werden in der Regel vom Anwendungsprogramm verwaltet. Anders sieht die Sache für den Anwendungsentwickler aus, die *DML*-Befehle sind die erste Wahl, wenn das Datenmodell intensiv auf Plausibilität getestet werden soll beziehungsweise Reparaturarbeiten am Datenbestand notwendig werden.

Tabelle 7.2: SQL-Befehle aus der DML-Kategorie

SQL-Befehl	Verwendung
DELETE	Löscht einen oder mehrere Datensätze.
INSERT	Fügt einen oder mehrere Datensätze in eine Tabelle ein.
UPDATE	Aktualisiert den Inhalt eines bestehenden Datensatzes.

7.2.3 Data Query Language – DQL

Diese Befehlskategorie wird wohl vom Anwender am meisten beansprucht. Kein Wunder – wo doch hier die legendäre *SELECT*-Anweisung zugeordnet wird. Der Konstrukt „SELECT * FROM.." hat dabei die gleiche identifizierende Bedeutung wie die Zeile „C:\>" für einen DOS-Rechner.

Tabelle 7.3: SQL-Befehle aus der DQL-Kategorie

SQL-Befehl	Verwendung

SELECT	SELECT liefert Daten aus Tabellen oder Views zurück. Je nach getroffener Auswahl werden alle Spalten einer oder mehrerer Tabellen in der Ergebnismenge zurückgeliefert, oder nur die angegebenen Spalten. SQL gestattet verschachtelte SELECT-Aufrufe. Das folgende Beispiel können Sie mit der neuen 32-Bit-BDE von Delphi auf einem SQL-Server (wie zum Beispiel den Local InterBase Server) oder auch mit dBASE- oder Paradox-Tabellen nachvollziehen.
	`SELECT * FROM rechnung WHERE kundennr =`
	`    (SELECT kundennr FROM kunde`
	`        WHERE name = 'Mustermann')`
	Die Abfrage soll alle Daten aus der Rechnungstabelle für den Kunden 'Mustermann' zurückliefern. Da in der Rechnungstabelle nur die numerische Kundennummer gespeichert ist, muß in einer zweiten *SELECT*-Abfrage erst die benötigte Kundennummer über den Kundennamen ermittelt werden.

7.2.4 Transaction Control Language – TCL

Die Transaktionskommandos stellen die Datenintegrität sicher, indem logisch zusammengehörende Anweisungen entweder komplett oder gar nicht ausgeführt werden.

Tabelle 7.4: SQL-Befehle aus der TCL-Kategorie

SQL-Befehl	Verwendung
COMMIT	Bestätigt die Aktionen innerhalb einer Transaktion.
ROLLBACK	Verwirft alle Aktionen innerhalb einer Transaktion.

7.2.5 Database Administration Language – DAL

Die Befehle aus dieser Kategorie sind mehr für den Anwendungsentwickler beziehungsweise den Datenbankadministrator bestimmt. Über SQL werden auch Datenbanken angelegt und gewartet. Außerdem müssen Benutzer für die Datenbank eingerichtet werden, wobei jedem Benutzer bestimmte Rechte für die Tabellen in der Datenbank einzuräumen sind.

Tabelle 7.5: SQL-Befehle aus der DAL-Kategorie

SQL-Befehl	Verwendung
ALTER DATABASE	Modifiziert eine bestehende Datenbank.
ALTER PASSWORD	Ändert ein Paßwort.
CHECK DATABASE	Prüft die Datenintegrität einer Datenbank.
CREATE DATABASE	Legt eine neue Datenbank an.
DEINSTALL DATABASE	Meldet eine Datenbank beim SQL-Server ab, die Datenbank wird jedoch nicht gelöscht.
DROP DATABASE	Löscht eine Datenbank.
GRANT	Vergibt Zugriffsrechte auf die einzelnen SQL-Objekte.
INSTALL DATABASE	Meldet eine Datenbank beim SQL-Server an, danach können die Benutzer auf die Datenbank zugreifen.
REVOKE	Entfernt Zugriffsrechte.

7.3 Wie verwaltet SQL Daten?

Die Sprache SQL ist direkt mit dem *relationalen Datenbankprinzip* verbunden. Damit verwendet SQL auch die gleichen Datenbankbestandteile wie ein RDBMS.

Datenbank

Die Gesamtheit aller SQL-Objekte (Tabellen, Indizes, Views) bildet eine Datenbank. Neben der Datenspeicherung der Anwenderdaten verwaltet die Datenbank jedoch auch interne Daten. So sind nicht nur Informationen über das Datenmodell und die Datenstruktur in den sogenannten Systemtabellen enthalten, sondern auch Daten über die Benutzer der Datenbank und die Zugriffsrechte.

Tabelle

Die eigentlichen Daten, wegen denen die Datenbank überhaupt eingerichtet wurde, werden in Tabellen abgelegt. In einer relationalen Datenbank speichern die Tabellen intern die Daten in Spalten (engl. *Columns*) und unsortierten Zeilen (engl. *Rows*). Zum besseren Verständnis wird dabei angenommen, daß die Spalten horizontal und die Zeilen vertikal betrachtet werden. Im Gegensatz zu den Zeilen muß jeder Spalte ein eindeutiger Name zugeordnet werden. Die Zelle einer Tabelle bildet den Schnittpunkt zwischen einer Spalte und einer Zeile. Die Zellen einer einzelnen Zeile stehen dabei in einer genau festgelegten Beziehung.

Index

Ein Index ist eine geordnete Menge von Zeigern, die auf bestimmte Daten in der Datenbank verweisen. Jeder Index basiert dabei auf den Werten in einer oder mehreren Spalten einer Tabelle. Die Indexdaten sind nicht in der Tabelle enthalten, sondern bilden ein eigenständiges *SQL-Objek*t in der Datenbank.

Eine Ausnahme bilden dabei die sogenannten „Clustered Indexes", die von einigen Datenbanksystemen unterstützt werden. Bei dieser speziellen Form speichert der SQL-Server die Daten gleich in der indizierten Reihenfolge in den speziell dafür vorbereiteten Datenbankseiten. Damit enthält der Index die kompletten Daten.

Greift der Anwender über SQL-Befehle auf die Tabelle zu, verwendet die Datenbank völlig transparent die vorhandenen Indizes. Im Gegensatz zu Desktopdatenbanken wie *dBASE* oder *Paradox* muß der Anwender keinerlei Kenntnis von einem Index haben, die Datenbank (genauer gesagt der *SQL-Server*) entscheidet völlig autonom, ob überhaupt ein Index beziehungsweise welcher Index zum Zugriff verwendet wird.

Jeder *Index* benötigt zusätzlichen Speicherplatz in der Datenbank, kostet Prozessorzeit und sollte daher nur dann eingerichtet werden, wenn einer der beiden folgenden Gründe vorliegt:

1. Der Datenbankzugriff auf die Tabelle soll beschleunigt werden.
2. Das Datenmodell fordert, daß nur eindeutige Datensätze mit eindeutigen Werten in bestimmten Feldern gespeichert werden dürfen. Deklarieren Sie hier einen *unique index*, so wird der Anwender vom *SQL-Server* immer dann am Einfügen eines neuen Datensatzes gehindert, wenn der Wert in der Indexspalte nicht eindeutig ist. Damit stellen Sie zum Beispiel mit geringem Aufwand sicher, daß jede Kundennummer nur einmal in der Kundentabelle gespeichert werden kann.

Views

Ein View ist nur ein logisches Objekt, zu dem es kein physikalisch eigenständiges Objekt in der Datenbank gibt. Die über ein View abrufbaren Daten stammen immer aus anderen, real existierenden Tabellen. In der Datenbank wird für jeden angelegten View nur der Aufbau gespeichert, die Datenmenge selbst wird zur Laufzeit immer aus den zugrundeliegenden Tabellen ausgelesen. Ein View ist damit eine frei konfigurierbare Sichtweise auf eine oder mehrere Tabellen in der Datenbank. Für den Anwender verhält sich ein View wie eine Tabelle, ohne daß der Anwender die Existenz der dahinterliegenden Tabelle überhaupt bemerkt.

Wozu werden *Views* verwendet? Nun – durch die Views können Sie für mehrere Anwender je nach Aufgabengebiet bestimmte Tabellendaten zusammenstellen, die alle aus einer Tabelle stammen.

 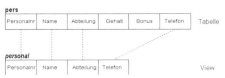

Abb. 7.1: View als logische Sichtweise auf eine Tabelle

Im Beispiel speichert die Tabelle „pers" alle Daten eines Angestellten. Die Daten für das Gehalt und die Bonuszahlung sollen jedoch nur der Geschäftsleitung zugänglich sein. Jeder Anwender muß sich in der Datenbank anmelden, so daß jeder Benutzer für die Datenbank jederzeit identifiziert werden kann. Durch den View „personal" bleiben die Tabellenspalten „Bonus" und „Gehalt" vor dem Anwender verborgen. Auch wenn er eine Abfrage wie „SELECT * FROM personal" startet, werden nur die im View definierten Tabellenspalten zurückgeliefert.

View versus Tabelle
Neben einer frei wählbaren logischen Sichtweise auf die Datenbanktabellen haben *Views* jedoch noch andere Vorteile (oder Nachteile). Gleich beim Definieren einer *View* legt der *SQL-Server* die Aus-

führungsbefehle in compilierter Form in der Datenbank ab. Damit entfallen bei einem *View* die Ausführungsschritte *Parsen*, *Optimieren* und *Generieren*, so daß der Server einen View-Zugriff schneller aufruft. Dies bedeutet jedoch nicht, daß der Zugriff auf die Daten schneller ist! Der Grund dafür liegt in einem anderen Leistungsmerkmal der SQL-Server. Der Server ist für die Suche nach dem schnellsten Ausführungspfad einer Abfrage zuständig. Dazu verwendet er bestimmte Informationen über den Datenbankzustand sowie über den Aufbau und die Zusammensetzung der Daten in den einzelnen Tabellen. Beim Zugriff auf eine *Tabelle* werden diese Daten immer wieder aufs Neue ausgewertet, so daß der SQL-Server flexibel auf unterschiedliche Situationen reagieren kann. Bei einem *View* hingegen findet die Auswertung nur einmal statt – beim Anlegen des Views. Ändert sich danach die Datenzusammensetzung, prüft der SQL-Server nicht nach, ob inzwischen schnellere Wege zum Ziel führen.

Systemtabellen

In jeder Datenbank eines SQL-Servers sind die sogenannten Systemtabellen vorhanden. In diesen Tabellen verwaltet die Datenbank alle intern benötigten Angaben über die Tabellen, Views, Indizes, die Benutzerrechte sowie über die im Datenmodell festgelegten Regeln. Auch auf diese internen Systemtabellen kann der Berechtigte direkt über SQL zugreifen.

Mit dem LIBS-Tool Interbase Interactive SQL haben Sie ein Werkzeug zur Verfügung, um die Systemtabellen des Local InterBase Servers aufzulisten. Die gesuchte Funktion verbirgt sich hinter den Menüpunkten „View I Metadata Information I View Information on System".

Stored Procedures

Eine Stored Procedure ist eine in der Datenbank selbst gespeicherte Funktion, die mit Hilfe der SQL-Server eigenen Programmiersprache (einer Erweiterung des SQL-Befehlsumfangs) geschrieben wird. Damit sind diese Stored Procedures ein Teil der Systemtabellen. Warum dieser Aufwand? Nun – die Prozedur liegt direkt in der Datenbank, das heißt bereits fix und fertig auf dem SQL-Server. Wird die Prozedur von einem über das Netzwerk angeschlossenen Client aufgerufen, so ergeben sich spürbare Vorteile. Zum einen steigt die Performance des SQL-Servers, da das Übertragen und Vorbereiten des SQL-Befehls entfällt. Und zum anderen stellen Stored Procedures sicher, daß auch bestimmte Regeln für den Arbeitsablauf (wie zum Beispiel ein Geschäftsmodell) vom SQL-Server überwacht werden können. Der dritte Vorteil besteht darin, daß das Anwendungsprogramm auf dem Client entsprechend schlanker wird, die benötigte Funktion wird direkt als *Stored Procedure* auf dem SQL-Server aufgerufen, damit entfällt die Implementierung im Client-Anwendungsprogramm.

Trigger

Ein Trigger hat Ähnlichkeit mit einer Stored Procedure. Auch ein Trigger wird als Routine direkt in der Datenbank gespeichert. Der Unterschied liegt nur darin, daß ein Trigger automatisch vom SQL-Server bei bestimmten Datenbankaktionen aufgerufen wird. So können Sie zum Beispiel einen Trigger verwenden, um bestimmte Aufgaben immer dann abarbeiten zu lassen, wenn in der Datenbank ein Datensatz gelöscht, geändert oder eingefügt wird. Durch den Trigger versetzen Sie den SQL-Server zum Beispiel in die Lage, auch komplexe Plausibilitätsprüfungen über mehrere Tabellenspalten abzuarbeiten. Derartiges können Sie selbstverständlich auch im Client-Anwendungsprogramm implementieren, jedoch stellt die Prüfung in der Datenbank die bessere Lösung dar (weil sie auch beim Zugriff über externe Tools beziehungsweise über SQL gültig ist).

Event Alerters

Einen Event Alert könnte man auch als Alarmbenachrichtigung bezeichnen. Über diese Botschaft signalisiert der SQL-Server einen bestimmten Datenbankzustand an das Client-Anwendungsprogramm, wenn dieses das Interesse an derartigen Benachrichtigungen angemeldet hat. Für einen Event Alert gibt es einen klassischen Vergleich – die Haustürklingel. Anstelle ständig regelmäßig nachzuschauen, ob jemand vor der Tür steht, warten Sie auf die Benachrichtigung über das (akustische) Signal.

7.4 SQL-Befehlsausführung

Nur das RDBMS greift direkt auf die physikalischen Datenbankdateien zu. Der Anwender beziehungsweise das Anwendungsprogramm übertragen dem RDBMS nur Aufgaben, die das RDBMS eigenverantwortlich abarbeitet. Als Befehlssprache wird SQL verwendet, es ist einleuchtend, daß irgendwo der verbal formulierte SQL-Befehl in eine maschinenverständliche Form gebracht werden muß. Da das RDBMS auch eigenverantwortlich für die Datensicherheit und die Datenintegrität zuständig ist, muß vor dem Ausführen eines Befehls dieser erst einmal auf Zulässigkeit und Plausibilität geprüft werden. Jeder SQL-Befehl wird daher in vier Phasen abgearbeitet.

Tabelle 7.6: Phasen der SQL-Befehlsausführung

Schritt	Phase	Aufgaben
1	Parse	*Syntaxprüfung* des SQL-Befehls. Der SQL-Server prüft, ob der Befehl den festgelegten Formulierungsregeln entspricht. Jeder Befehl wird dazu in seine Bestandteile zerlegt, außerdem wird geprüft, ob die verwendeten *Tabellen* und *Spalten* auch tatsächlich in der Datenbank bekannt sind.
2	Optimize	Der SQL-Server sucht den schnellsten Weg, um die gestellte Aufgabe abzuarbeiten. Dazu werden zuerst alle View-Tabellennamen und View-Spaltennamen durch die tatsächlichen Tabellenbezeichner ersetzt. Im nächsten Schritt liest der SQL-Server Daten über den Datenbankzustand aus den Systemtabellen aus. Mit diesen Daten werden die möglichen Zugriffswege gesucht. Anschließend kalkuliert der SQL-Server die Ausführungszeit für jeden der möglichen Wege und wählt anschließend den schnellsten Weg aus. Der SQL-Server entscheidet selbständig, ob ein Index verwendet wird. Stehen für alle benötigten Spalten Indexinformationen bereit, so ist der schnellstmögliche Zugriff gewährleistet. In den meisten Fällen wird dies jedoch nicht der Fall sein, so daß zusätzlich zu den Indizes auch in Tabellen zeilenweise gesucht werden muß. Bei einer umfangreichen Abfrage mehrerer Tabellen muß auch die Verknüpfung zwischen den Tabellen berücksichtigt werden, in vielen Fällen erstellt der SQL-Server dazu temporäre Tabellen.
3	Generate	Die tatsächlich auszuführende Befehlsfolge wird in allen Einzelschritten vorbereitet und in binärer Form abgelegt.
4	Execute	Der SQL-Befehl wird tatsächlich ausgeführt.

Mit dem zweiten Schritt – dem Optimieren des SQL-Statements – befasse ich mich später im Client/Server-Kapitel am Beispiel des *InterBase SQL Servers* eingehender. Die Eigenschaften und Fähigkeiten des Optimierers hängen sehr stark vom verwendeten SQL Server ab.

7.4.1 Aufbau eines SQL-Befehls

Wie in einer anderen Programmiersprache auch besteht ein SQL-Statement aus Bezeichnern und den als Schlüsselwörter bezeichneten Konstanten. Die Schreibweise spielt dabei keine Rolle, SQL unterscheidet nicht zwischen Groß- und Kleinschreibung. Zur besseren Übersichtlichkeit schreibe ich jedoch hier alle Schlüsselwörter groß, während die anderen Bezeichner klein geschrieben werden.

Tabelle 7.7: Aufbau eines SQL-Befehls

Schritt	Pflicht	SQL-Befehl	Bedeutung
3	Ja	SELECT b.Thema, q.Quelle, a.Name,	Tabellenspalten der Tabellen in der Datenbank auswählen, die in der Ergebnismenge zurückgeliefert werden sollen.
1	Ja	FROM artikel b, quelle q, autor a	Beteiligte Tabellen aufführen.
2	Nein	WHERE b.quellenid = q.id AND b.autorid = a.id	Join-Verknüpfung festgelegen, anhand deren die zusammengehörenden Zeilen der einzelnen Tabellen erkannt werden.
4	Nein	ORDER BY b.Thema	Ergebnismenge sortieren lassen.

Im Gegensatz zu anderen Programmiersprachen wird eine SQL-Anweisung nicht zeilenweise von oben nach unten abgearbeitet. Der Grund dafür liegt darin, daß die gerade vorgestellten vier Phasen abgearbeitet werden müssen. Die Auswertung beginnt beim *FROM*-Abschnitt und endet im angeführten Beispiel in der *ORDER BY*-Klausel. Bei einer Fehlermeldung sollten Sie auch in dieser Reihenfolge nach dem Fehler suchen.

7.5 SQL-Elemente

7.5.1 Namen

Wie jede andere Programmiersprache auch besteht eine SQL-Anweisung aus *Bezeichnern, Datentypen, Konstanten, systeminternen Schlüsselwörtern* und *Ausdrücken*. Im SQL-Sprachgebrauch werden die Bezeichner als Namen bezeichnet. Jeder Benutzer, jede Tabelle und jede Spalte hat einen eindeutigen Namen. Auch unter SQL wird zwischen einem einfachen Bezeichner und einem qualifizierten Bezeichner unterschieden. Ein qualifizierter Bezeichner bezieht sich dabei auf einen anderen Bezeichner, wobei ein Punkt die beiden trennt.

Tabelle 7.8: Einfacher und qualifizierter Name

SQL-Befehl	Bedeutung
SELECT * FROM personal	Auf die Datenbanktabelle „personal" wird direkt zugegriffen, das heißt, dem Anwender muß die Tabelle auch gehören.
SELECT * FROM chef.personal	Auf die Datenbanktabelle „personal" wird über einen qualifizierten Bezeichner zugegriffen. Damit kann auch eine Tabelle ausgelesen werden, die einem anderen Anwender gehört. Selbstverständlich ist dies nur dann erfolgreich, wenn der Eigentümer der Tabelle auch die Rechte vergeben hat.

Die maximale Länge für verschiedenen Bezeichner finden Sie in der folgenden Tabelle.

Tabelle 7.9: Namenstypen von SQL

Besondere Namenstypen	Bedeutung
Datenbankname	Jede Datenbank auf einem SQL-Server muß einen eindeutigen Namen verwenden. Der Datenbankname darf maximal 8 Zeichen lang sein.
Benutzername	Der Benutzername wird von der Datenbank zur Klärung der Eigentumsverhältnisse verwendet. Jedes *SQL-Objekt* bezieht sich implizit auf den aktuellen Benutzer. Soll hingegen auf die Tabelle eines anderen Benutzers in der Datenbank zugegriffen werden, muß ein qualifizierter Bezeichner für den Benutzernamen des Eigentümers der Tabelle verwendet werden. Der Benutzername wird durch einen Punkt vom Tabellennamen abgetrennt (Beispiel : chef.personal). Die Länge des Benutzernamens ist auf 8 Zeichen beschränkt.
Paßwort	Jeder Benutzer muß sich mit dem Paßwort bei der Datenbank identifizieren. Für das Paßwort sind maximal 8 Zeichen zulässig, dabei wird zwischen der Groß- und Kleinschreibweise unterschieden. Einige Server – darunter auch der *InterBase SQL Server* lassen auch längere Paßwörter zu, wobei allerdings nur die ersten acht Zeichen ausgewertet werden (das 9 Zeichen lange Standardpaßwort „masterkey" für den InterBase SQL Server ist das beste Beispiel).
Spaltenname	Jede Spalte in einer Tabelle muß einen eindeutigen Namen verwenden. Jedoch können in unterschiedlichen Tabellen einer Datenbank jeweils gleiche Spaltennamen verwendet werden. Der Spaltennamen einer Tabelle kann maximal 18 Zeichen lang sein.
Indexname	Jeder Index in einer Datenbank muß einen eindeutigen Namen verwenden. Da Indizes außerhalb der Tabellen gespeichert werden, sind gleichlautende Indizes für verschiedene Tabellen nicht zulässig. Für den Indexnamen sind 18 Zeichen zulässig.

Synonym	Eine Tabelle oder ein View kann in einer SQL-Anweisung auch über ein Synonym angesprochen werden. Damit sind auch dann kurze Bezeichner verwendbar, wenn die Tabelle einen aussagekräftigen, aber dadurch auch langen Namen verwendet. Beispiel :
	`SELECT P.name, P.telefon, A.kennzeichen`
	`FROM personal P, auto A`
	`WHERE P.personalnummer = A.personalnummer`
	Durch die Synonyme vermeiden Sie lange qualifizierte Bezeichner (wie zum Beispiel personal.name, personal.telefon usw.).

Tabellename	Jede Tabelle in einer Datenbank muß einen eindeutigen Namen besitzen. Für den Tabellennamen sind 18 Zeichen zulässig.
View	Jeder View in einer Datenbank muß einen eindeutigen Namen besitzen. Für den Viewnamen sind 18 Zeichen zulässig.

7.5.2 Datentypen

Jede Spalte in einer Tabelle muß einem *Datentyp* zugeordnet sein. SQL unterscheidet prinzipiell zwischen vier verschiedenen Datentypen, den Zeichen (engl. *Character*), den Zahlen (engl. *Numeric*), Datum und Zeit (engl. *Date* und *Time*) und dem sogenannten Nullwert (engl. *Null Value*). Anhand der Datentypen erkennt die Datenbank, wie die Daten gespeichert beziehungsweise angezeigt werden sollen. Der Nullwert bildet dabei einen Sonderfall, er kennzeichnet den Zustand, daß für eine Zelle noch kein Wert zugewiesen wurde. Daher kann jeder Datentyp „Nullwerte" enthalten, da dieser Wert ja niemals in der Datenbank gespeichert wird. Verwechseln Sie den Nullwert bitte nicht mit dem Leerzeichen beziehungsweise mit der Zahl „0", der Nullwert steht logisch für einen unbekannten Eintrag. Nullwerte können nicht als Datentyp für eine Tabellenspalte deklariert werden.

Die exakte Beschreibung der Datentypen selbst hängt trotz der SQL-Standardisierung leider noch sehr vom verwendeten RDBMS ab. Das beste Beispiel ist der Zeichentyp *CHAR* (oder *CHARACTER*). In einer Oracle-Datenbank ist die Größe einer CHAR-Spalte auf 255 Zeichen beschränkt, unter Informix sowie beim InterBase Server von Borland können Sie jedoch bis zu 32767 Zeichen in einem CHAR-Feld unterbringen.

Im folgenden gehe ich daher nur auf die Standard-SQL-Datentypen ein.

Alphanumerische Datentypen

Ein Zeichenfeld speichert Buchstaben, Zahlen oder Sonderzeichen.

Tabelle 7.10: Alphanumerische Datentypen

Datentyp	Größe	Beschreibung
CHAR oder CHARACTER	1 bis 254 Zeichen	Zeichenspalte mit fester Länge.
VARCHAR	1 bis 254 Zeichen	Es wird nur die tatsächlich benötigte Zeichenmenge gespeichert.
LONG VARCHAR	Variable und unbeschränkt	Alphanumerische Zeichen und binäre Daten (entspricht einem BLOB-Feld). Intern speichert das RDBMS die Daten als verkettete Speicherseiten, wobei nur der tatsächlich benötigte Speicher belegt wird.

Bei den alphanumerischen Datentypen sind die Unterschiede in der serverabhängigen Implementierung am gravierendsten. *Borland's InterBase Server* zum Beispiel speichert intern ein CHAR-Feld genauso ab wie ein VARCHAR, wobei der zu speichernde String bis zu 32 kByte groß sein darf. Alle Zeichenfelder werden automatisch komprimiert und danach nur mit der tatsächlich benötigten Größe gespeichert. Trotzdem unterscheidet der *InterBase-Server* nach außen zwischen diesen beiden Typen. Bei einer Abfrage füllt der Server den Rückgabewert eines *CHAR*-Feldes bis zur in der Tabellenstruktur angegebenen Größe mit Leerzeichen auf, wobei für ein *VARCHAR*-Feld nur die tatsächlich gespeicherten Zeichen zurückgeliefert werden.

Zahlen

Die numerischen Datentypen speichern, wie es nicht anders zu erwarten war, numerische Daten. Der Grund für die unterschiedlichen Datentypen liegt in den unterschiedlichen Anforderungen an die Stellenanzahl und die Genauigkeit.

Tabelle 7.12: Numerische Datentypen

Datentyp	Beschreibung
NUMBER	Zahlen bis 15 Stellen. Eine Einschränkung der Stellenanzahl ist nicht möglich.
INTEGER	Ganze Zahlen bis 10 Stellen (-2.147.483.648 bis 2.147.483.647)
SMALLINT	Ganze Zahlen bis 5 Stellen (-32768 bis 32767)
DECIMAL(x,y)	Dezimalzahlen (x entspricht der Stellenanzahl, y der Nachkommastellen) bis 15 Stellen. Der DECIMAL-Datentyp ist immer dann die richtige Wahl, wenn die Größe und die Nachkommastellen festgelegt werden müssen (zum Beispiel in Währungsfeldern).
REAL	Gleitkommazahlen, einfache Genauigkeit (21 Stellen)
DOUBLE PRECISION	Gleitkommazahlen, doppelte Genauigkeit (22-53 Stellen)
FLOAT(x)	Gleitkommazahlen mit definierbarer Genauigkeit (x). Automatisch wird bei einer Stellenanzahl bis 21 die einfache Genauigkeit verwendet. Ab 22 Stellen jedoch die doppelte Genauigkeit.

Datum und Uhrzeit

Die dritte Gruppe der Datentypen bezieht sich auf die Zeitangaben. Damit erhalten Sie die Option, auch mit SQL Berechnungen mit Datums- und Zeitwerten durchführen zu können. Streng betrachtet gibt es keinen Unterschied zwischen numerischen Datentypen und den Datum- und Zeit-Datentypen. Intern speichert das RDBMS auch ein Datum oder eine Uhrzeit in numerischer Form ab. Der Vorteil der Datum/Zeit-Datentypen liegt darin, daß damit automatisch die Formatierung festgelegt wird, beziehungsweise überhaupt erst Berechnungen mit diesen Werten zulässig sind.

Tabelle 7.12: Datum/Zeit-Datentypen

Datentyp	Beschreibung
DATE	Datumswert
TIME	Zeitwert
DATETIME	Zeitstempel aus Datum und Uhrzeit.

7.5.3 System-Schlüsselwörter

Jedes RDBMS und damit SQL verwendet bestimmte Systemschlüsselwörter. Diese Schlüsselwörter fungieren als Konstanten oder Variablen. Die Konstante „NULL" wurde ja bereits erwähnt. Die Variable „USER" enthält den Benutzernamen des Anwenders, der den SQL-Befehl abgeschickt hat. Vergleichen Sie bitte einmal das folgende Beispiel.

```
SELECT User,Personalnummer,Name,Vorname,Funktion,Gehalt,Bonus
FROM "C:\TMP\PERSONAL.DB"
```

In der Tabelle „personal.db" ist die Spalte „User" nicht vorhanden. Trotzdem führt die 16-Bit-Version der BDE den SQL-Befehl ohne Kommentar aus. Die zusammen mit Delphi 97 ausgelieferte 32-Bit-BDE-Version bemängelt allerdings ein nicht zur Verfügung stehendes Merkmal. An dieser Stelle wird auch deutlich, warum Sie etwas über die Existenz der *Systemschlüsselwörter* wissen müssen. Die Namen der Systemschlüsselwörter sollten nicht als eigene Namen für Bezeichner in der Datenbank verwendet werden.

Für den Fall, daß Sie doch derartige Spaltennamen verwenden müssen, klammern Sie in den SQL-Anweisungen diesen Spaltennamen in doppelte Anführungszeichen ein, wobei diese Tabellenspalte allerdings über einen qualifizierten Bezeichner (Tabellenname."Spaltenname") angesprochen wird.

Leider sind auch die Systemschlüsselwörter vom verwendeten RDBMS abhängig.

Tabelle 7.13: Einige Beispiele für InterBase-Schlüsselwörter

InterBase Keyword	InterBase Keyword	InterBase Keyword	InterBase Keyword
AFTER	COMPUTED	EVENT	INDICATOR
BEFORE	CURRENT	FILTER	LEVEL
BUFFER	DEBUG	FOUND	NATIONAL
CACHE	DESCRIBE	GENERATOR	POSITION

Die komplette Aufstellung der *InterBase-Schlüsselwörter* finden Sie im Delphi-Handbuch „Borland InterBase Language Reference" auf Seite 152. Die für das lokale SQL der *Borland Database Engine* relevanten Schlüsselwörter sind im Anhang dieses Buches aufgeführt.

7.5.4 Ausdrücke

SQL kann nicht nur die reinen Daten aus Datenbanktabellen auslesen, sondern auch Ausdrücke zurückliefern.

Tabelle 7.14: Beispiele für SQL-Ausdrücke

Beispiel	Erklärung
SELECT vorname ‖ ' ' ‖ name FROM personal	Normalerweise liefert die SELECT-Anweisung die beiden Tabellenspalten für den Vornamen und den Namen getrennt zurück. Durch den Zeichenverkettungsoperator „‖" können Sie jedoch den Spalteninhalt in einer Ergebnisspalte zusammengefaßt anzeigen lassen.
SELECT verkdatum + 30 FROM verkauf	Dem Datumswert in der Tabellenspalte „verkdatum" werden 30 Tage hinzugezählt.
SELECT gehalt + MAX(bonus) FROM personal	Dem Gehalt wird der größte Bonuswert hinzugezählt, der in der Tabelle personal vermerkt ist.

7.5.5 Auswahlbedingungen

SQL-Kommandos arbeiten *mengenorientiert*, das heißt mit einem SQL-Befehl können Sie gleich mehrere Datensätze bearbeiten. Dabei wird jedoch ein Auswahlkriterium benötigt, das eindeutig die zu bearbeitenden Datensätze kennzeichnet. Um die Flexibilität von SQL nicht zu verlieren, müssen auch komplexe Auswahlkriterien zulässig sein. SQL verwendet daher einen eigenen Abschnitt für die Deklaration der Auswahlkriterien – den *WHERE*-Abschnitt. In jedem *SELECT*, *DELETE* oder *UPDATE*-Befehl können Sie einen WHERE-Abschnitt hinzufügen.

Mehrere Auswahlkriterien im WHERE-Abschnitt werden durch *logische Operatoren* miteinander verbunden.

Tabelle 7.15: Operatoren für die Suchbedingung im WHERE-Abschnitt

Operator	Beschreibung
Vergleich	Ein Vergleichsoperator vergleicht den Wert in einer Tabellenspalte mit der angegebenen Suchbedingung. Auch hier unterscheiden sich die einzelnen SQL-Server untereinander. Der *InterBase SQL Server* unterstützt zum Beispiel die folgenden Operatoren: „<", „>", „<=", „>=", „=", „<>", „BETWEEN", „CONTAINING", „IN", „IS NULL", „LIKE" und „STARTING WITH".
Berechnung	Das Suchkriterium darf auch berechnet werden, dazu stehen die mathematischen Grundfunktionen „+", „-", „*" und „/" zur Verfügung.
Logische Bedingung	Einzelne Suchkriterien können über logische Verknüpfungen miteinander kombiniert werden: „AND", „OR" und „NOT".

Auch für die Angabe des zu vergleichenden Wertes stehen mehrere Optionen zur Verfügung.

Tabelle 7.16: Typen der Vergleichswerte

Typ	Beschreibung
Feststehende Werte	Über einen String für Zeichenspalten oder über eine Zahl für numerische Felder der Tabelle lassen sich die Vergleichswerte direkt angeben.
Berechnete Werte	Der Vergleichswert darf auch innerhalb der SQL-Anweisung berechnet werden (z.Bsp. Verkaufspreis * 0.15).
Unterabfragen	Eine sehr leistungsfähige Option bilden die sogenannten *Unterabfragen* (engl. *Subqueries*). Dabei bildet das *Result-Set* einer zweiten Abfrage die Vergleichswerte für die erste Abfrage.

Wie in der Mathematik verwendet auch *SQL* eine bestimmte Reihenfolge bei der Interpretierung der Auswahlkriterien. So werden boolsche Ausdrücke, die in Klammern gesetzt wurden, zuerst berücksichtigt. Wurden keine Klammern zur Unterteilung verwendet, so hat die *NOT*-Anweisung Vorrang vor *AND*. Demgegenüber hat *AND* wiederum Vorrang vor *OR*. Gleiche Operatoren werden von links nach rechts ausgewertet.

 Es ist immer eine gute Idee, komplexe WHERE-Klauseln mit OR/AND/NOT-Verknüpfungen gleich selbst einzuklammern. Damit vermeiden Sie von vornherein Denkfehler, die durch diese unterschiedlichen Bevorzugungen möglich sind.

Jede Auswahlbedingung kann drei logische Zustände annehmen : „Wahr" (engl. True), „Falsch" (engl. False) oder „Unbekannt" (engl. Unknown).

Tabelle 7.17: Mögliche Auswahlbedingungskombinationen

Ausdruck1	Ausdruck2	Ausdruck1 AND Ausdruck2	Ausdruck1 OR Ausdruck2
True	True	True	True
True	False	False	True
False	True	False	True
False	False	False	False
True	Unbekannt	Unbekannt	True
Unbekannt	Unbekannt	Unbekannt	Unbekannt
False	Unbekannt	False	Unbekannt
Unbekannt	True	Unbekannt	True
Unbekannt	False	False	Unbekannt

Woher kommen nun aber die unbekannten Auswahlkriterien. Nun – ein „Nullwert" ist weder kleiner als ein Vergleichswert beziehungsweise größer. Der Nullwert kennzeichnet einen unbekannten Feldinhalt. Aus diesem Grund stellt SQL auch ein eigenes Auswahlkriterium für Nullwerte bereit – *IS NULL*.

```
SELECT name, gehalt FROM personal WHERE bonus IS NULL
```

Die Beispielabfrage listet alle Angestellten aus der Personaltabelle auf, denen noch keine Bonussumme zugeteilt wurde. Eintragungen mit dem Wert „0" in der Bonusspalte werden hier nicht mit angezeigt, denn diese Datensätze verwenden ja einen definierten Wert in der Bonusspalte.

Tabelle 7.18: Beispiele für Auswahlbedingungen

SQL-Befehl	Erklärung
SELECT * FROM personal WHERE personalnummer = 5	Es soll nur der Datensatz mit der Personalnummer 5 angezeigt werden.
SELECT * FROM personal WHERE gehalt > 5000 AND bonus > 1000	Es sollen nur die Angestellen aufgelistet werden, die mehr als 5000,- DM Gehalt bekommen und deren Bonuswert größer als 1000,- DM ist.
SELECT * FROM personal WHERE gehalt > 5000 OR gehalt < 2000	Es werden nur die Angestellten angezeigt, die mehr als 5000,- DM oder weniger als 2000,- DM an Gehalt beziehen.
SELECT * FROM personal WHERE NOT funktion = 'AbtL'	Es sollen alle Angestellten aufgelistet werden, die keine Abteilungsleiter sind.
SELECT * FROM personal WHERE funktion != 'AbtL'	Es sollen alle Angestellten aufgelistet werden, die keine Abteilungsleiter sind. Die Abfrage ist vom Ergebnis mit der vorherigen identisch.

7.5.6 Operatoren

SQL unterscheidet zwei Arten von Operatoren, zum einen die Vergleichsoperatoren und zum anderen die mengenbezogenen relationalen Operatoren.

Vergleichsoperatoren

In der Grundform vergleicht ein Vergleichsoperator die beiden Ausdrücke links und rechts vom Operator.

Tabelle 7.19: SQL-Vergleichsoperatoren

Operator	Bedeutung
=	Gleich
!=	Ungleich (entspricht *NOT (a=b)*)
<>	Ungleich
>	Größer als
<	Kleiner als
!>	Nicht größer als
!<	Nicht kleiner als
>=	Größer/gleich als
<=	Kleiner/gleich als

BETWEEN	Legt einen Wertebereich (untere und obere Grenze fest). Beispiel: SELECT * FROM kunden WHERE Rabatt BETWEEN 100 AND 500
IN	Prüft, ob der jeweilige Spaltenwert in einer angegebenen Vergleichsmenge enthalten ist. Beispiel: SELECT * FROM kunden WHERE art IN ('VISA', 'EUROCARD')
IS NULL	Vergleicht auf einen Nullwert, d.h. einen noch nicht definierten und damit unbekannten Wert. Im folgenden Beispiel werden alle Kunden gesucht, die noch nie ihre FAX-Nummer angegeben haben (zwischenzeitlich gelöschte Nummern entsprechen nicht dem Suchkriterium). Beispiel: SELECT * FROM kunden WHERE Fax IS NULL
LIKE	Vergleicht auf teilweise Übereinstimmung mit einer Zeichenkette, dabei wird die Groß-/Kleinschreibweise berücksichtigt. Im Suchbegriff dürfen Jokerzeichen verwendet werden. Das Prozentzeichen „%" steht für beliebige folgende Zeichen, während der Unterstrich „_" den Joker für ein einzelnes Zeichen definiert.
CONTAINING	Vergleicht auf teilweise Übereinstimmung mit einer Zeichenkette, dabei wird die Groß-/Kleinschreibweise **nicht** berücksichtigt. Dieser Operator ist Serverspezifisch.
STARTING WITH	Vergleicht auf teilweise Übereinstimmung mit einer Zeichenkette, wobei die Zeichenkette mit dem Vergleichswert beginnen muß. Wie auch beim *LIKE*-Operator wird die Schreibweise beachtet. Dieser Operator ist Serverspezifisch.

Generell gilt, daß zu vergleichende Zeichenketten in Anführungszeichen beziehungsweise Hochkommas zu setzen sind, numerische Werte hingegen nicht. Wird ein Datumswert als Zeichenkette übergeben, so entscheidet die Schreibweise darüber, wie dieser Wert von der *BDE* interpretiert wird. Die Angabe „02/20/97" wird als US-amerikanisches Datumsformat für den 20.02.97 interpretiert, während die Zeichenkette „20.02.97" das hier übliche Format angibt.

Jeder Vergleichsoperator kann durch das Voranstellen eines Ausrufungszeichens „!" oder des Schlüsselworts „NOT" negiert werden.

Mengenbezogene relationale Operatoren

Ein mengenbezogener relationaler Operator vergleicht den ersten Ausdruckswert mit einer bestimmten Menge von Werten, die aus einer weiteren *SELECT*-Auswahlbedingung stammen. Diese verschachtelten SELECT-Anweisungen im *WHERE*-Abschnitt eines SQL-Befehls werden auch als Subselect oder Subquery bezeichnet. Um nun den einen Ausdruck mit der zweiten Ausdruckmenge des Subselect vergleichen zu können, müssen Sie einen mengenbezogenen relationalen Operator einsetzen.

Tabelle 7.20: Mengenbezogene SQL-Operatoren

Operator	Bedeutung
IN	Es wird geprüft, ob der Wert in der Subselect-Menge enthalten ist. Der IN-Operator unterstützt nur den einen Vergleichsoperator „=". Die Abfrage liefert beim ersten Treffer den Wert „True" zurück. Der IN-Operator muß nicht unbedingt mit einer Subselect-Abfrage verwendet werden, die zu vergleichende Menge kann auch "von Hand" deklariert werden. Beispiel: `SELECT * FROM personal    WHERE personalnummer IN    (SELECT personalnummer FROM pkw)`
ANY	Der einzelne Ausdruck wird mit jedem Wert aus der Subselect-Menge verglichen, beim ersten Treffer liefert ANY den Wert „True" zurück.
ALL	Der einzelne Ausdruck wird mit jedem Ausdruck aus der *Subselect*-Menge verglichen. Ist dabei jede dieser einzelnen Abfragen wahr, so ist auch das Endergebnis wahr.
EXISTS	Über *Exists* prüfen Sie, ob eine bestimmte Zeile in einer Tabelle vorhanden ist. Der Ausdruck ist immer dann „True", wenn das Result-Set der Subquery mindestens einen Datensatz enthält

7.5.7 Aggregatfunktionen

Die Aggregatfunktionen – auch als Spaltenfunktionen bezeichnet – fassen eine Menge von Werten in einen einzelnen Wert zusammen.

Tabelle 7.21: Standard-SQL-Aggregatfunktionen

Aggregatfunktion	Ergebnis
MIN(Spaltenname)	Minimalwert aller Werte in dieser Tabellenspalte.
MAX(Spaltenwert)	Maximalwert aller Werte in dieser Tabellenspalte.
COUNT(*)	Anzahl aller vorhandenen Zeilen.
COUNT(DISTINCT Spaltenname)	Anzahl der eindeutigen Zeilen, die jeweils einen anderen Wert aufweisen.
SUM(Spaltenname)	Summe aller Werte in dieser Tabellenspalte.
AVG(Spaltenname)	Mittelwert aller Werte in dieser Tabellenspalte.

So leistungsfähig die Aggregatfunktionen auch sind, ein Haken gibt es dabei. In einer einfachen (!) SELECT-Anweisung mit Aggregatfunktionen können keine weiteren Spaltenwerte angezeigt werden.

```
SELECT vorname, name, AVG(gehalt) FROM personal
```

Die Anweisung wird nicht ausgeführt, es erscheint die Fehlermeldung „Merkmal nicht verfügbar". Die nächste Abfrage wird jedoch ausgeführt.

```
SELECT AVG(gehalt) FROM personal
```

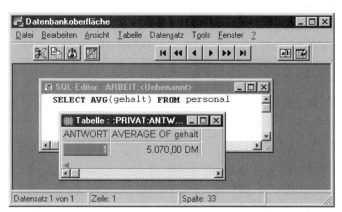

Abb. 7.2:
Aggregatfunktion
„AVG" im
praktischen
Einsatz

Die Aggregatfunktion *AVG* liefert nur ein Ergebnis zurück, im Beispiel das durchschnittliche Gehalt. Damit wird die Verwendung jedoch sehr stark eingeschränkt – wenn es die Gruppierungsoption von SQL nicht geben würde.

7.5.8 Zeilen gruppieren

Eine Vielzahl von Informationswünschen bezieht sich auf Gruppen von Daten. Im oben eingeführten Beispiel ist es zum Beispiel von Interesse, wie der Durchschnittsverdienst für die einzelnen Positionen der Angestellten aussieht. Alle Angestellten mit der gleichen Position werden zu einer Gruppe zusammengefaßt.

```
SELECT Funktion, AVG(gehalt) FROM personal GROUP BY Funktion
```

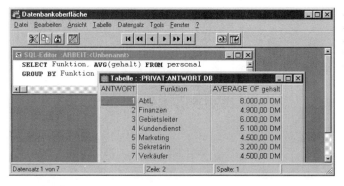

Abb. 7.3.:
Aussagefähigere
Aggregatfunktion
durch die Zeilen-
gruppierung

Durch die *GROUP BY-Klausel* werden alle Zeilen zu einer Gruppe zusammengefaßt, die gleiche Werte in der angegebenen Spalte haben. Zur Gruppenbildung können Sie dabei eine oder mehrere Spalten einer Tabelle angeben. Eine Bedingung ist nur zu beachten, die Gruppenspalte muß auch in der *SELECT*-Klausel als auszugebende Spalte aufgeführt werden (dies gilt zumindest für die *BDE*). Andere Spalten dürfen Sie nur in Verbindung mit einer Aggregatfunktion verwenden.

Tabelle 7.22: Zulässige und nichtzulässige Gruppierungsbeispiele

Beispiel	Erklärung
SELECT Funktion FROM personal GROUP BY Funktion	zulässig
SELECT Funktion, name FROM personal GROUP BY Funktion	nicht zulässig
SELECT Funktion, name FROM personal GROUP BY Funktion, name	zulässig
SELECT Funktion, AVG(gehalt) FROM personal GROUP BY Funktion	zulässig

HAVING – das Ergebnis der Gruppierung wird eingeschränkt

Für eine SELECT-Abfrage schränkt die WHERE-Klausel die im Result-Set zurückgelieferten Datensätze ein. Die gleiche Funktion übernimmt HAVING bei einer Gruppierung, Sie legen damit fest, welche Datenmenge als Ergebnis gewünscht wird. Das folgende Beispiel liefert nur die Treffer zurück, deren durchschnittliches Gehalt den Betrag von 5000 DM übersteigt.

```
SELECT Funktion, AVG(gehalt)
 FROM personal
 GROUP BY Funktion
 HAVING AVG(gehalt) > 5000
```

Die *HAVING*-Klausel sollte nur dann eingesetzt werden, wenn es keine anderen Möglichkeiten gibt. Der Nachteil von HAVING besteht darin, daß zuerst das vollständige *Result-Set* aufgebaut wird. Erst im zweiten Schritt sorgt HAVING für die Einschränkung des Ergebnisses.

Gruppieren in Joins

Der Gruppierungsparameter kann auch in *Joins* verwendet werden. Ein *Join* ermittelt Daten aus verschiedenen Tabellen einer Datenbank.

```
SELECT a.typ, AVG(p.gehalt)
FROM "AUTO.DB" a, "PERSONAL.DB" p
WHERE a.personalnummer = p.personalnummer
GROUP BY a.typ
```

Die beiden Tabellen „auto.db" und „personal.db" werden miteinander verkettet, die in beiden Tabellen verwendete Spalte „personalnummer" verbindet dabei die zusammengehörenden Datensätze.

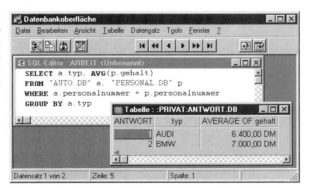

Abb. 7.4: Aussagekräftige Aggregatefunktionen durch einen Tabellen-Join

Damit ist dann auch der nächste SQL-Begriff eingeführt – der Join. Auch dieser Begriff stammt aus dem Englischen und kann mit „verbinden" beziehungsweise „vereinigen" übersetzt werden.

7.5.9 Joins – Daten aus mehreren Tabellen abfragen

Ein Join ermittelt Daten aus verschiedenen Tabellen einer Datenbank. Als Vorbedingung muß dazu in jeder beteiligten Tabelle mindestens eine Spalte vergleichbare Daten enthalten. Eine normalisierte relationale Datenbank speichert die Information in mehreren, miteinander verknüpften Tabellen ab. Aus der Sicht der Datenbank gesehen ist dies ein optimaler Zustand, der Anwender sieht das hingegen völlig anders. Er benötigt in der Regel aussagefähige Informationen, die dann aus mehreren Tabellen eingelesen werden müssen.

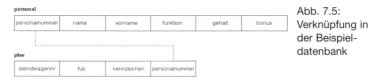

Abb. 7.5: Verknüpfung in der Beispieldatenbank

Eine fiktive Beispieldatenbank soll dies verdeutlichen. In dieser Datenbank ist die Tabelle „personal" vorhanden, jeder Angestellte hat darin eine eindeutige Personalnummer. In einer zweiten Tabelle „pkw" werden alle Dienstwagen aufgeführt, wobei ebenfalls die Spalte für die Personalnummer vorhanden ist. Damit kann eindeutig jeder Dienstwagen einem Mitarbeiter zugeordnet werden.

Kartesisches Produkt – die schlechte Lösung

Werden mehrere Tabellen in einer *SELECT*-Abfrage ohne eine Verknüpfungsvorschrift in einer Abfrage verbunden, so wird bei der Ausführung des SQL-Befehls das *kartesische Produkt* gebildet. Dabei wird jede Zeile einer Tabelle mit allen Zeilen der anderen Tabelle kombiniert. Das Ergebnis ist Datenmüll.

Beispiel :
SELECT p.vorname, a.typ FROM "personal.db" p, "auto.db" a

Die BDE von *Delphi 1.0* weigerte sich bei einer dBASE beziehungsweise Paradox-Tabelle sogar, diesen SQL-Befehl auszuführen. Unter *Delphi 97*, im Standard-SQL sowie im InterBase SQL Server wird hingegen der Befehl ausgeführt, wobei das Ergebnis wie bereits gesagt nicht brauchbar ist.

Abb. 7.6: Kartesisches Produkt = Datenschrott bei der Abfrage zweier Tabellen

Einen Teil der Ergebnismenge stellt das folgende Bild dar. Jeder Datensatz einer Tabelle wird mit allen Datensatzkombinationen aus der zweiten Tabelle als Ergebnismenge zurückgeliefert. Organisieren Sie einen Skatabend mit zwei Mannschaften, bei dem jeder gegen jeden spielen soll, so liefert das kartesische Produkt eine solide Datenmenge als Ausgangsbasis.

Es fehlt noch ein Konstrukt, der die zusammengehörenden Datensätze kennzeichnet. Die Joins erfüllen diese Aufgabe, an der Mehrzahl sehen Sie schon, daß in SQL verschiedene Join-Arten unterstützt werden.

Equi-Join (Inner-Join)

Bei einem Equi-Join wird die logische Zuordnung der Tabellenzeilen aus der einen Tabelle zu der anderen Tabelle über identische Werte in einer gemeinsamen Spalte hergestellt. Der Begriff „Equi" steht dabei für „Gleichheit". In einem Equi-Join werden nur die Tabellenzeilen als Ergebnismenge zurückgeliefert, die in beiden Tabellen vorkommen. Aus diesem Grund wird der Equi-Join auch als Inner-Join bezeichnet.

Abb. 7.7: Equi-Join-Abfrage

Mit der Abfrage

```
SELECT * FROM personal, pkw
WHERE personal.personalnummer = pkw.personalnummer
```

werden nur die Angestellten aus der Tabelle „personal.db" aufgeführt, denen auch ein Dienstwagen in der Tabelle „pkw.db" zugeordnet wurde. Neben dieser Selektion des Datenbestandes kann jedoch auch noch eine Projektion hinzugefügt werden, indem nur bestimmte Spalten der Tabellen angezeigt werden sollen.

```
SELECT vorname || ' ' || name AS Angestellter, gehalt, pkw.typ
FROM personal, pkw
WHERE personal.personalnummer = pkw.personalnummer
```

In der Datenbanktabelle „personal.db" wurde dem Vornamen und dem Namen eine eigene Tabellenspalte zugewiesen. Diese Trennung liegt damit auch in der Ergebnismenge der SQL-Abfrage vor. Über den Zeichenverkettungsoperator „||" können Sie jederzeit ein optisch ansprechenderes Ergebnis erhalten. Das SQL-Schlüsselwort *AS* definiert zudem noch einen eigene Spaltenüberschrift für das zusammengesetzte Feld. In der SELECT-Abfrage muß jede Spalte dabei eindeutig einer Tabelle zugeordnet werden können. Der obenstehende SQL-Befehl ist dabei mit dem folgenden identisch, bei dem alle Spalten über qualifizierte Bezeichner angesprochen werden. Um nun nicht jedesmal den vollständigen (langen) Tabellennamen mit aufführen zu müssen, können Sie Synonyme für die Tabellen einsetzen.

```
SELECT p.vorname || ' ' || p.name AS Angestellter,
p.gehalt, pkw.typ
FROM personal p, pkw
WHERE p.personalnummer = pkw.personalnummer
```

Der Tabelle „personal.db" wurde das Synonym „p" zugewiesen. Damit ist der qualifizierte Bezeichner „p.vorname" mit dem Bezeichner „personal.vorname" identisch. Streng genommen handelt es sich dabei um kein waschechtes *Synonym*, sondern nur um einen Alias-*Bezeichner*. Die Zuweisung von „p" an „personal.db" ist nur temporär, das heißt nur für die Zeitdauer des SQL-Befehls gültig. Echte Synonyme werden permanent über den *CREATE SYNONYM*-Befehl in der Datenbank abgelegt (wobei nicht alle RDBMS diesen Befehl unterstützen). Als Vorgabewert geht SQL immer von einem Inner-Join aus, so daß das Systemschlüsselwort *INNER JOIN* nicht angegeben werden muß.

Abb. 7.8:
Im Join die Spalten über Tabellensynonyme ansprechen

Der Equi-Join beschränkt sich dabei bei weitem nicht nur auf zwei Tabellen. Solange in der *WHERE*-Klausel eine Zuordnung über eine Tabellenspalte möglich ist, können Sie mehrere Tabellen gemeinsam abfragen.

Outer-Join

Wenn es einen Inner-Join gibt, muß es auch einen Outer-Join geben, denn ansonsten wäre eine derartige Unterscheidung sinnlos. Mit einem Inner-Join sind nicht alle Informationswünsche zu erfüllen. Im verwendeten Beispiel mit den Angestellten und den Dienstwagen wurden bisher nur einige wenige Angestellte in der Ergebnismenge aufgelistet. Genauer gesagt nur die Angestellten, die einen Dienstwagen fahren. Alle anderen wurden von der SQL-Abfrage unterschlagen, da bei diesen Datensätze die im *WHERE*-Abschnitt festgelegte Bedingung nicht erfüllt war. Oftmals werden jedoch alle Informationen benötigt, wobei bei einigen Datensätzen zusätzliche Informationen aus zugeordneten Tabellen eingeblendet werden sollen. Nun – diese Aufgabe erledigt die Outer-Join-Abfrage. Dabei muß zwischen der sogenannten Haupttabelle und der nachgeordneten Tabelle unterschieden werden. Aus der Haupttabelle werden alle Zeilen übernommen, auch wenn in der nachgeordneten Tabelle kein passendes Gegenstück dazu vorhanden ist.

```
SELECT <spalten>
   FROM <LinkeTabelle> LEFT/RIGHT/FULL OUTER JOIN <RechteTabelle>
   ON <Verknüpfungsbedingung>
   WHERE <Suchbedingung>
```

Tabelle 7.23: Die drei Typen eines Outer-Joins

Varianten	Beschreibung
LEFT OUTER JOIN	Dieser Join wertet alle Datensätze der linken Tabelle aus, auch wenn dazu nicht bei jedem Datensatz eine Verbindung über die Verknüpfungsbedingung zur rechten Tabelle hergestellt werden kann.
RIGHT OUTER JOIN	Dieser Join wertet alle Datensätze der rechten Tabelle aus, auch wenn dazu nicht bei jedem Datensatz eine Verbindung über die Verknüpfungsbedingung zur linken Tabelle hergestellt werden kann.
FULL OUTER JOIN	Bei diesem Join werden alle Datensätze der beiden Tabellen ausgewertet, es spielt dabei keine Rolle, ob Verknüpfungen zwischen den Tabellen aufgelöst werden können.

Leider verwenden auch hier die verschiedenen Datenbanksysteme keine einheitliche Lösung. Ich gehe daher nur auf die von der *Borland Database Engine* erwartete Syntax ein.

```
SELECT p.vorname || ' ' || p.name AS Angestellter,
p.gehalt, pkw.typ
FROM personal p LEFT OUTER JOIN pkw
ON p.personalnummer = pkw.personalnummer
```

Die Abfrage liefert als Ergebnismenge alle Zeilen aus der Tabelle „personal.db" zurück, über das Systemschlüsselwort *LEFT OUTER JOIN* wird die linke Tabelle der *FROM*-Klausel als Haupttabelle gekennzeichnet.

Abb. 7.9: SQL-Abfrage verwendet einen LEFT OUTER JOIN

Um die Tabelle „pkw.db" als Haupttabelle einzusetzen, wird das Schlüsselwort *RIGHT OUTER JOIN* verwendet.

```
SELECT p.vorname || ' ' || p.name AS Angestellter,
p.gehalt, pkw.typ
FROM personal p RIGHT OUTER JOIN pkw
ON p.personalnummer = pkw.personalnummer
```

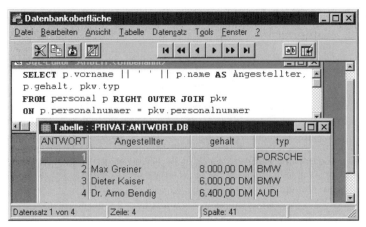

Abb. 7.10:
SQL-Abfrage verwendet einen „RIGHT OUTER JOIN"

Diese Abfrage liefert alle Zeilen aus der PKW-Tabelle als Ergebnismenge zurück, auch wenn dem PKW kein Angestellter zugeordnet wurde.

Self-Join – zwei Bezüge auf eine Tabelle

Logische Verknüpfungen innerhalb von Zeilen der gleichen Tabelle nennt man Self Joins. Vorbedingung dieser Abfrage ist das doppelte Referenzieren auf die Tabelle mit Hilfe von zwei temporären Alias-Bezeichnern. Damit greift SQL auf den Datenbestand in einer Art und Weise zu, mit der normalerweise getrennte Tabellen ausgewertet werden.

Beispiel:
```
SELECT p.name, a.pkwtyp, f.datum,
       (f.km_stand-x.km_stand) AS Fahrweg
FROM personal p, pkw a, fahrten f, fahrten x
WHERE f.pkwnr = a.pkwnr
  AND f.persnr = p.persnr
  AND x.persnr = f.persnr
  AND f.ein_aus > x.ein_aus
```

Wie sag ich's dem Server?

Um ein bestimmtes Ergebnis zu erhalten, kann eine SQL-Abfrage durchaus unterschiedlich formuliert werden. Dies trifft insbesondere auf die *SELECT*-Abfragen zu und um beim Thema zu bleiben, unterlege ich diese Behauptung gleich mit einem Beispiel.

Angenommen, über eine *Inner-Join* sollen die beiden Tabellen „personal.db" und „fahrten.db" verknüpft werden. Der SQL-Dialekt der *Borland Database Engine* beziehungsweise des *InterBase SQL-Servers* unterstützt dabei die beiden folgenden Verknüpfungsmethoden:

Variante 1 (SQL89-Standard)
```
SELECT * FROM personal, fahrten
  WHERE personal.persnr = fahrten.persnr
```

Variante 2 (SQL92-Standard)

```
SELECT * FROM personal JOIN fahrten
  ON personal.persnr = fahrten.persnr
```

Sie werden beim Durcharbeiten des Buches bereits bemerkt haben, daß ich die Variante 1 bevorzuge. Dafür gibt es auch einen Grund. Jeder SQL-Befehl wird vor dem Ausführen zuerst vom sogenannten *Optimierer* bearbeitet. Die Aufgabe des Optimierers besteht darin, den schnellsten und effektivsten Zugriffsweg zum Ergebnis zu ermitteln. Wie das intern genau passiert, ist das große Geheimnis der Softwarefirmen – auch *Borland* läßt sich hier aus verständlichen Gründen nicht allzu tief in die Karten schauen. Der Entwickler bekommt bestenfalls einige Tips und Hinweise. Einer dieser Tips besteht darin, die Variante 1 zu bevorzugen. Im Gegensatz zur Variante 2 untersucht der *Optimizer* bei der Variante 1 die Abfrage etwas gründlicher, so daß in der Regel über die Variante 1 die besseren (schnelleren) Resultate erzielt werden. Dieser vor Borland bestätigte „Bug" soll in der nächsten Version des *InterBase SQL Servers* beseitigt werden.

 Im Client/Server-Kapitel stelle ich Ihnen einen Weg vor, wie Sie sich vom Ergebnis des Optimierers beziehungsweise von der exakten Ausführungsgeschwindigkeit einer SQL-Abfrage selbst überzeugen können. Damit sind Sie selbst in der Lage, die jeweils optimalste Formulierung für den verwendeten SQL-Server zu ermitteln.

7.5.10 CAST – die Typumwandlung in SQL

Generell gilt, daß sich nur gleiche Datentypen in einer Suchbedingung vergleichen lassen. Außerdem liefert auch eine *SELECT*-Abfrage die Daten des *Result-Sets* in der konformen Form zurück. Über die *CAST*-Funktion stellt SQL eine begrenzte Typumwandlung bereit, wobei allerdings auch hier serverspezifische Eigenheiten auftreten können.

Tabelle 7.24: Die von CAST unterstützte Typumwandlung

Vom Datentyp	Zum Datentyp
NUMERIC	CHARACTER, DATE
CHARACTER	NUMERIC, DATE
DATE	CHARACTER, NUMERIC

Aus dem im dritten Kapitel vorgestellten Projekt „ShareMan" stammt die folgende SQL-Abfrage. Hier sorgt CAST dafür, daß nur die ersten fünf Zeichen eines berechneten Feldes in das Result-Set kopiert werden.

```
SELECT K.Datum,M.Aktie,M.Nennwert,M.MinWert AS Minimum,
       M.MaxWert AS Maximum,(M.MaxWert - M.MinWert) AS Schwankung,
         SUBSTRING(CAST((K.Kurs/M.MaxWert * 100) AS CHARACTER(22))
                FROM 1 FOR 5) AS Prozent_vom_Maximum
FROM sm_kurs K, sm_main M
WHERE M.ID = K.ID
AND K.RecNo = (SELECT Max(RecNo) FROM sm_kurs WHERE ID = M.ID)
ORDER BY M.Aktie
```

7.6 Die SELECT-Anweisung

Nun fragen Sie sich vielleicht, warum ich die *SELECT*-Anweisung erst jetzt vorstelle, wo doch die ganze Zeit über bereits die Anweisung in den Beispielen verwendet wurde. Der Grund dafür liegt in der Komplexität von SQL. Obwohl die Kernfunktion auf kurzen Konstrukten beruht, kann so fast jeder SQL-Befehl zu leistungsfähigen und unübersichtlichen Gebilden ausgebaut werden. Ein Beispiel gefällig?

SELECT Syntax

```
SELECT [DISTINCT | ALL] {* | <val> [, <val> ...]}
       FROM <tableref> [, <tableref> ...]
       [WHERE <search_condition>]
       [GROUP BY col [COLLATE collation] [, col [COLLATE collation] ...]
       [HAVING <search_condition>]
       [UNION <select_expr>]
       [PLAN <plan_expr>]
       [ORDER BY <order_list>]

<val> = {
col [<array_dim>] | <constant> | <expr> | <function>
        | NULL | USER | RDB$DB_KEY
        }
<array_dim> = [x:y [, x:y ...]]
<constant> = num | "string" | charsetname "string"
<expr> = A valid SQL expression that results in a single value.
<function> = {
COUNT (* | [ALL] <val> | DISTINCT <val>)
        | SUM ([ALL] <val> | DISTINCT <val>)
        | AVG ([ALL] <val> | DISTINCT <val>)
        | MAX ([ALL] <val> | DISTINCT <val>)
        | MIN ([ALL] <val> | DISTINCT <val>)
        | CAST (<val> AS <datatype>)
        | UPPER (<val>)
        | GEN_ID (generator, <val>)
        }
<tableref> = <joined_table> | table | view | procedure
[(<val> [, <val> ...])] [alias]
<joined_table> = <tableref> <join_type> JOIN <tableref>
ON <search_condition> | (<joined_table>)
<join-type> = {[INNER] | {LEFT | RIGHT | FULL } [OUTER]} JOIN
<search_condition> = {<val> <operator>
{<val> | (<select_one>)}
        | <val> [NOT] BETWEEN <val> AND <val>
        | <val> [NOT] LIKE <val> [ESCAPE <val>]
        | <val> [NOT] IN (<val> [, <val> ...] | <select_list>)
        | <val> IS [NOT] NULL
        | <val> {[NOT] {= | < | >} | >= | <=}
                {ALL | SOME | ANY} (<select_list>)
        | EXISTS (<select_expr>)
```

```
           | SINGULAR (<select_expr>)
           | <val> [NOT] CONTAINING <val>
           | <val> [NOT] STARTING [WITH] <val>
           | (<search_condition>)
           | NOT <search_condition>
           | <search_condition> OR <search_condition>
           | <search_condition> AND <search_condition>}

<operator> = {= | < | > | <= | >= | !< | !> | <> | !=}
<select_one>  = SELECT on a single column that returns exactly one row.
<select_list> = SELECT on a single column that returns zero or more rows.
<select_expr> = SELECT on a list of values that returns zero or more rows.
<plan_expr> =
[JOIN | [SORT] MERGE] (<plan_item> | <plan_expr>
              [, <plan_item> | <plan_expr> ...])

<plan_item> = {table | alias}
       NATURAL | INDEX (<index> [, <index> ...]) | ORDER <index>
<order_list> =
{col | int} [COLLATE collation] [ASC[ENDING] | DESC[ENDING]]
       [, <order_list>]
```

Erwarten Sie jetzt bitte nicht, daß ich nun Punkt für Punkt auf die einzelnen Syntaxregeln eingehe. Dazu ist zum einen die Materie zu komplex und der Umfang dieses Buches zu begrenzt. Außerdem hätten eine detaillierte Beschreibung nur einen begrenzten Nutzen für Sie. Besser bedient werden Sie mit einer kurzen Vorstellung der Möglichkeiten von SQL in Form eines Workshops.

7.7 Step by Step – ein Exkurs in die SQL-Welt

Alle SQL-Anweisungen in diesem Exkurs werden über das Delphi-Tool Datenbankoberfläche an Datenbanken im dBASE- oder Paradox-Format angewendet. Das hat den Vorteil, daß jeder die Beispiele nachvollziehen kann, auch wenn keine SQL-Datenbank vorhanden ist. Der Nachteil besteht jedoch darin, daß bestimmte SQL-Anweisungen nicht demonstriert werden können. Der Grund dafür liegt in den Beschränkungen innerhalb der Borland Database Engine, die zusammen mit *Delphi 97* ausgeliefert wird.

Auch wenn der Befehlsumfang der 32-Bit-Version der BDE im Vergleich zu Delphi 1.0 stark angestiegen ist, so bleiben doch weiße Flecken übrig. Leider hält Borland auch eigene Syntaxregeln nicht konsequent durch, so daß Sie bei Problemen etwas experimentieren sollten. Nicht immer – aber immer öfter – verlangt die BDE eine Dateiendung, in doppelte Anführungszeichen gesetzte Tabellen – und Spaltennamen, Alias-Bezeichner, qualifizierte Bezeichner sowie in Hochkommas gesetzte Abfragewerte.

Die verwendeten Tabellen der Beispielsdatenbank beschränken sich im Interesse der Übersichtlichkeit auf die notwendigen Tabellenspalten.

Zum Nachvollziehen benötigen Sie nur zwei Dinge, die Datenbankoberfläche und etwas Zeit. Nach dem Starten der Datenbankoberfläche legen Sie gleich über den Menüpunkt „[D]atei | Arbeitsverzeichnis.." ein Arbeitsverzeichnis fest.

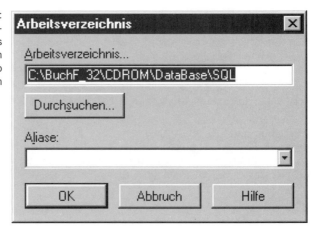

Abb. 7.11:
Das Arbeitsverzeichnis für den Workshop festlegen

In diesem Verzeichnis legt die Datenbankoberfläche alle per *SQL* erzeugten Tabellen an. Alle SQL-Anweisungen werden in der Datenbankoberfläche über das SQL-Befehlsfenster an die BDE abgeschickt, dieses Fenster öffnen Sie über den Menüpunkt „[D]atei I Neu I SQL-Datei..". Nachdem der SQL-Befehl im Fenster eintragen wurde, startet der Blitz-Button in der Toolbarleiste die Ausführung, alternativ steht auch der Start über das Menü „[S]QL" offen.

Es geht jedoch im Workshop noch bequemer, ich habe alle SQL-Kommandos in Dateiform mit auf die CD-ROM gepackt, Sie finden diese Dateien im Verzeichnis „Kapitel 7". In der *Datenbankoberfläche* laden Sie die so vorbereiteten Kommandos über den Menüpunkt „[D]atei I Öffen I SQL-Datei.." in das SQL-Fenster ein.

SQL unterscheidet nicht zwischen der Groß- und Kleinschreibung. Zur besseren Übersicht verwendet ich hingegen in diesem Buch die Regel, alle SQL-Schlüsselwörter als Großbuchstaben zu schreiben und Tabellen- und Spaltennamen durch Kleinbuchstaben zu kennzeichnen. Die Datenbankoberfläche kennt zudem noch die Syntaxhervorhebung und stellt von Haus aus einige SQL-Schlüsselwörter in Fettschrift dar.

Noch ein Tip – im Unterverzeichnis „BDE" von Delphi finden Sie die Hilfedatei „localsql.hlp". In dieser deutschsprachigen Hilfedatei sind die wichtigsten SQL-Anweisungen zusammengefaßt.

7.7.1 Tabellen anlegen , füllen und auswerten

Auch wenn Sie in Delphi's *SQL-Explorer* alle folgenden Arbeiten vollständig visuell durchführen können (dies gilt zumindestens für die Besitzer der Client/Server-Suite), sollten Sie trotzdem die einzelnen Schritte abarbeiten.

Schritt 1: Tabellen per SQL anlegen

Über den SQL-Befehl *CREATE TABLE* legen Sie eine Datenbanktabelle an. Der Typ der Tabelle wird anhand der vergebenen Dateiendung von der *BDE* selbst zugewiesen. Die Beispieltabelle „personal.db" legt die *BDE* im Paradox-Format an. Als eingeklammerte Parameter übergeben Sie dem SQL-Befehl die Tabellenstruktur und legen das Feld für den *Primärschlüssel* fest.

7.7 Step by Step – ein Exkurs in die SQL-Welt

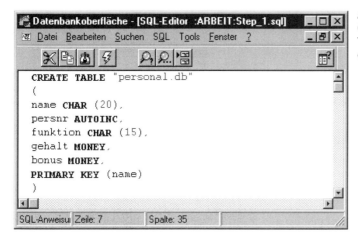

Abb. 7.12: CREATE TABLE erzeugt eine Tabelle

Die Beschreibung zur Befehlssyntax sowie die zur Verfügung stehenden Datentypen finden Sie in der Delphi-Hilfedatei „localsql.hlp" unter dem Suchbegriff „CREATE TABLE-Anweisung".

Die Tabelle „personal.db" soll die Angestellten einer fiktiven Firma verwalten.

Schritt 2: Datensatz einfügen

Über den *INSERT*-Befehl fügen Sie einen Datensatz in die Tabelle ein. Bereits hier werden Sie mit einer Einschränkung des SQL-Befehlsumfangs durch die 16-bittige-BDE von *Delphi 1.0* konfrontiert. Diese BDE unterstützt für *dBASE*- und *Paradox*-Tabellen nicht die Option, daß die einzufügenden Daten aus einer eingeschachtelten Abfrage stammen dürfen. Der folgende Befehl wird hingegen kommentarlos ausgeführt.

```
INSERT INTO "personal.db" (name, funktion, gehalt)
  VALUES ('Meier', 'AbtL',8000.00)
```

Nach der Angabe der Zieltabelle werden alle die Tabellenspalten aufgeführt, in die Daten eingetragen werden sollen. Damit besteht die Option, nicht alle Spalten der Tabelle ausfüllen zu müssen. Nach dem Schlüsselwort *VALUES* erwartet die BDE die Daten für jede aufgeführte Tabellenspalte. Die alphanumerischen Zeichenfelder werden zudem in Hochkommas gesetzt.

Abb. 7.13: Der Datensatz wurde per SQL eingefügt

Umsteiger auf *Delphi 2.0* oder *Delphi 97* haben es da besser, die 32-Bit-Version der BDE unterstützt die Subselects auch für den INSERT-Befehl. Um zum Beispiel den Inhalt einer Tabelle in eine andere (bereits vorhandene leere Tabelle) zu kopieren, reicht das folgenden kurze SQL-Statement aus:

```
INSERT INTO "p2.db"
  SELECT * from "personal.db"
```

Alle anderen Datensätze in den Tabellen auf der CD-ROM habe ich zusätzlich eingefügt, damit für die späteren Schritte genug Datenmaterial vorhanden ist.

Schritt 3: Die Tabelle „pkw.db" anlegen

Analog wie beim ersten Schritt legt der *CREATE TABLE*-Aufruf die Tabelle mit der festgelegten Tabellenstruktur an.

```
CREATE TABLE "pkw.db"
(
kennzeichen CHAR(10),
pkwnr AUTOINC,
pkwtyp CHAR(10),
PRIMARY KEY (kennzeichen)
)
```

In der Beispieldatenbank sollen auch alle Dienstwagen in der Datenbank verwaltet werden.

Schritt 4: Daten in die Tabelle „pkw.db" aufnehmen

Erneut sorgt der INSERT-Aufruf für das Füllen der Tabelle. Da die Spalte „Kennzeichen" als *Primärschlüssel* der Tabelle definiert wurde, dürfen Sie als Kennzeichnen nur eindeutige Werte übergeben.

```
INSERT INTO "pkw.db" (kennzeichen, pkwtyp)
  VALUES ('M-A 0001','Audi')
```

Schritt 5: Tabelle „fahrten.db" anlegen

Die Geschäftsleitung der fiktiven Firma besteht darauf, daß auch der Einsatz der Dienstwagen in einem elektronischen Fahrtenbuch verwaltet wird.

```
CREATE TABLE "fahrten.db"
(
datum DATE,
pkwnr INTEGER,
ein_aus CHAR (1),
km_stand INTEGER,
persnr INTEGER,
PRIMARY KEY (datum,pkwnr,ein_aus)
)
```

In diesem Fahrtenbuch werden die Bezüge zum PKW und zum Angestellten nur über die numerischen Werte „Personalnummer" (persnr) und „Kfz.-Kennzeichen" (pkwnr) hergestellt. Die Tabelle verwendet einen zusammengesetzten *Primärschlüssel*.

Schritt 6: Daten in das Fahrtenbuch aufnehmen

```
INSERT INTO "fahrten.db" (datum,pkwnr,ein_aus,km_stand,persnr)
  VALUES ('02/26/96',4,'A',100,1)
```

Beachten Sie bitte die Formatierung des Datums. Die Herkunft der „BDE" aus dem englischsprachigen Raum läßt sich nicht verleugnen. In dieser Formatierung kennzeichnet die erste Zahl den Monat. Alternativ dazu unterstützt die BDE natürlich auch die im deutschen Sprachraum übliche Datumsschreibweise:

```
INSERT INTO "fahrten.db" (datum,pkwnr,ein_aus,km_stand,persnr)
  VALUES ("01.02.1997",4,'A',100,1)
```

Auch für diese Tabelle liegt auf der CD-ROM eine besser gefüllte Version für spätere Auswertungen vor, so daß ich es bei dem einen INSERT-Aufruf belasse. Das Tabellenfeld „ein_aus" kennzeichnet dazu, ob der Wagen ausgeliehen wurde (Wert „A") oder zurückgebracht wurde (Wert „E").

Schritt 7: Die SQL-Abfrage über den »SELECT«-Befehl

Angenommen, die Geschäftsleitung möchte nun eine Aufstellung darüber, welcher Mitarbeiter zur Zeit einen Dienstwagen verwendet. Dazu soll das Ergebnis auch noch nach dem Gehalt so sortiert werden, daß der erste Datensatz auch das größte Gehalt anzeigt. Über einen Equi-Join müssen dazu die beiden Tabellen „personal.db" und „pkw.db" verknüpft werden.

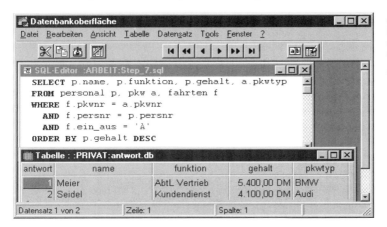

Abb. 7.14: Daten aus zwei verbundenen Tabellen abfragen

Tabelle 7.25: Bedeutung der SQL-Schlüsselwörter im SELECT-Befehl

Anweisung	Verwendung
SELECT	Definiert die als Ergebnismenge zurückzuliefernden **Tabellenfelder** – in der SQL-Syntax auch Spalten genannt. Werden Felder aus verschiedenen Tabellen benötigt, wird jedem Feld ein wahlfreier Bezeichner vorangestellt und der Spaltenname selbst durch einen Punkt vom Bezeichner getrennt (dies ist eleganter als jedesmal einen qualifizierten Bezeichner wie zum Beispiel „ausleihe.buch_nr" verwenden zu müssen). Weiterhin kann auch die in der Ergebnismenge zu verwendende Spaltenüberschrift geändert werden, dies erfolgt über die AS-Anweisung.
FROM	Definiert die **Datenquelle** – also die Tabelle. Bezieht sich die Abfrage auf mehrere Tabellen, werden die in der SELECT-Anweisung verwendeten Bezeichner durch ein Leerzeichen getrennt dem Tabellennamen hintenangestellt. Bei einem Self-Join besteht die Besonderheit, daß ein und dieselbe Tabelle zweifach unter einem anderen Bezeichner aufgeführt wird.

WHERE	Definiert die Selektionskriterien, d.h. die SQL-Abfrage liefert alle die Datensätze zurück, die den hier festgelegten Suchbedingungen entsprechen. Werden mehrere Tabelle in die Suche einbezogen kann hier die Verknüpfungsregel zwischen den beiden Tabellen angegeben werden. Damit verwendet auch die SQL die in Delphi festgelegte Tabellenverknüpfungen.
ORDER BY	Definiert die Sortierung der zurückgelieferten Ergebnismenge. Wird das Schlüsselwort *DESC* nachgestellt, so wird absteigend sortiert.

Schritt 8: Self-Join-Abfrage ermittelt die Fahrstrecke

In dem Fahrtenbuch „fahrten.db" wird nur jeweils ein Vorgang pro Datensatz angelegt. Wird ein Dienstwagen verwendet, so speichert der Ausgabedatensatz den Ausleihvorgang (Wert „A" in der Spalte „ein_aus") und den aktuellen Kilometerstand. Wird das Fahrzeug zurückgegeben, passiert genau das gleiche, nur mit dem Unterschied, daß dem Feld „ein_aus" nun der Wert „E" zugewiesen wird.

Nun möchte die Geschäftsleitung jedoch wissen, wieviel Kilometer der Wagen bewegt wurde. Der erste Gedanke ist vielleicht der, die Datenbanktabelle umzustrukturieren, um den von Hand errechneten Fahrweg pro Ausleihvorgang nachtragen zu können. Dies ist jedoch überhaupt nicht notwendig, alle benötigten Angaben liegen bereits jetzt in der Datenbanktabelle vor.

```
SELECT p.name, a.pkwtyp, f.datum,
       (f.km_stand-x.km_stand) AS Fahrweg
FROM personal p, pkw a, fahrten f, fahrten x
WHERE f.pkwnr = a.pkwnr
  AND f.persnr = p.persnr
  AND x.persnr = f.persnr
  AND f.ein_aus > x.ein_aus
```

Der Trick besteht darin, die Tabelle „fahrten.db" gleich zwei mal in der Abfrage zu verwenden. Damit können Sie eine Verknüpfung zwischen den zusammengehörenden „A" und „E"-Datensätzen herstellen. SQL kann auch rechnen, das Ergebnis der Kilometerstandsdifferenz bekommt über das *AS*-Schlüsselwort sogar eine neue Spaltenbeschriftung.

Abb. 7.15: Eine Self-Join-Abfrage im Einsatz

Schritt 9: EXTRACT spaltet einen Datumswert auf

Benötigen Sie für ein Datum jeweils getrennt Werte für das Jahr, den Monat oder den Tag, hilft die SQL-Anweisung *EXTRACT* weiter.

```
SELECT EXTRACT (MONTH FROM datum),
               EXTRACT (YEAR FROM datum),
               EXTRACT (DAY FROM datum) FROM fahrten
```

Schritt 10: UPPER – der Großmacher

Die SQL-Anweisung *UPPER* liefert für die angegebene Tabellenspalte nur Großbuchstaben zurück.

```
SELECT persnr, UPPER(name) AS Angestellter, funktion, gehalt
FROM personal
```

Schritt 11: Die Summe aller Werte einer Spalte bilden

Die Personalabteilung der fiktiven Firma ist immer der Meinung, daß die Angestellten viel zu viel verdienen. Wird mal auf die Schnelle die Summe aller Gehälter benötigt, so hilf *SUM* weiter.

```
SELECT SUM(gehalt) FROM personal
```

Schritt 12: Minimum-, Maximum – und Durchschnitt ermitteln

Legt die Personalabteilung jedoch Wert auf die Bandbreite des Verdienstes der einzelnen Angestellten, so stellt SQL auch dafür drei Funktionen bereit.

```
SELECT MIN(gehalt), MAX(gehalt), AVG(gehalt) FROM personal
```

Schritt 13: Daten gruppieren

Möchte die Geschäftsleitung wissen, wieviel Mitarbeiter in den einzelnen Abteilungen tätig sind, so hilft die *GROUP BY*-Anweisung.

```
SELECT funktion, COUNT(funktion) FROM personal
GROUP BY funktion
```

SQL zählt dann die Anzahl der Datensätze zusammen, die in der Tabellespalte „Funktion" den gleichen Wert besitzen.

7.7.2 Tabelleninhalte ändern

Bislang wurden Tabellen nur angelegt, mit Daten gefüllt oder ausgewertet. Damit ist SQL jedoch komplett unterbeschäftigt. Die Vorteile spielt es erst beim Aktualisieren oder Ändern der Daten aus. SQL arbeitet *mengenorientiert*, das heißt eine SQL-Anweisung darf auch Änderungen in mehreren Datensätzen hervorrufen.

Schritt 14: Werte einer Tabellenspalte für alle Datensätze ändern

Die Personalabteilung konnte sich mit dem ständigen Jammern über zu hohe Personalkosten durchsetzen, die Geschäftsleitung streicht daraufhin allen Mitarbeitern die Bonuszahlungen.

```
UPDATE personal SET bonus = 0
```

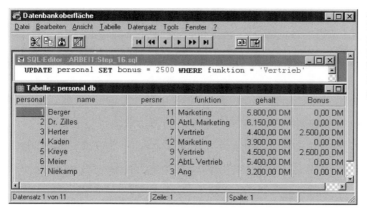

Abb. 7.16: UDATE-Datensätze über die WHERE-Klausel einschränken

Mit einer einzigen SQL-Anweisung werden alle Datensätze entsprechend geändert.

Schritt 15: Gehalt plus Bonus zusammenrechnen

Wie bereits beim Berechnen der gefahrenen Kilometer gezeigt wurde, können Sie mit SQL auch Berechnungen durchführen. Das *AS*-Schlüsselwort gibt der Ergebnisspalte eine frei wählbare Überschrift.

```
SELECT name, funktion, gehalt + bonus AS Endgehalt FROM personal
```

Schritt 16: Mehrere Datensätze updaten

Mit dem Ergebnis von Schritt 15 konnte die Auffassung der Personalleitung widerlegt werden, so daß eine Abteilung doch wieder einen Bonus bekommt.

Schritt 17: LIKE – die unscharfe Suche

Beim Vergleich von Zeichenfeldern besteht das Problem, daß nur identische Schreibweisen gefunden werden. Sollen nur einige Anfangszeichen berücksichtigt werden, so hilft das *LIKE*-Schlüsselwort weiter. Im folgenden Beispiel werden alle die Datensätze geändert, deren Wert in der Spalte „funktion" mit der Zeichenkette „AbtL" beginnt. Das Zeichen „%" bildet in SQL den Joker für beliebige Zeichen.

```
UPDATE personal SET bonus = 3000 WHERE funktion LIKE 'AbtL%'
```

7.7.3 Daten auswerten

Nachfolgend stelle ich Ihnen einige erweiterte Auswertungen in der fiktiven Beispieldatenbank vor.

Schritt 18: GROUP BY ermittelt das Durchschnittsgehalt

Benötigen Sie das durchschnittliche Gehalt aller Mitarbeiter mit der gleichen Funktion in der Firma, so hilft das folgende SQL-Statement weiter:

```
SELECT funktion, AVG(gehalt) FROM personal
GROUP BY funktion
```

7.7 Step by Step – ein Exkurs in die SQL-Welt

Schritt 19: HAVING – die Ergebnismenge einschränken

Nicht immer sollen alle Datensätze in die Gruppierung eingeschlossen werden. Durch die *HAVING*-Klausel schränken Sie die Ausgangsbasis ein, so daß im Beispiel nur noch die Datensätze der Angestellten berücksichtigt werden, deren Gehalt über 4000 DM liegt.

```
SELECT funktion, AVG(gehalt) FROM personal
GROUP BY funktion
HAVING AVG(gehalt) > '4000'
```

7.7.4 Daten löschen und Tabellen umstrukturieren

Schritt 20: Einen Datensatz aus der Personaltabelle löschen

Über den *DELETE*-Befehl werden Datensätze aus einer Tabelle gelöscht. Wird keine weitere Einschränkung formuliert, so löscht DELETE alle Datensätze aus der Tabelle. In den meisten Fällen wird daher eine WHERE-Klausel für genauere Einschränkungen sorgen.

```
DELETE FROM personal WHERE persnr = 1
```

Schritt 21: Tabellenspalte hinzufügen

In der Personaltabelle soll auch das Einstellungsdatum vermerkt werden, ohne daß die bereits bestehenden Datensätze beeinträchtigt werden.

```
ALTER TABLE personal ADD einstelldatum DATE
```

Die Beschreibung zur Befehlssyntax sowie die zur Verfügung stehenden Datentypen finden Sie in der Delphi-Hilfedatei „localsql.hlp" unter dem Suchbegriff „ALTER TABLE-Anweisung".

Schritt 22: Neue Tabellenspalte füllen

Damit in der neuen Tabellenspalte nicht alle Werte von Hand eingetragen werden müssen, sorgt die UPDATE-Anweisung dafür, daß die Mitarbeiter der ersten Stunde automatisch eingetragen werden.

```
UPDATE personal SET einstelldatum = '02/01/96'
   WHERE funktion LIKE 'AbtL%'
```

Schritt 23: Tabellenspalte löschen

Genau so schnell wie das Einrichten geht mit SQL auch das Löschen einer Tabellenspalte:

```
ALTER TABLE personal DROP einstelldatum
```

7.8 Tips & Tricks zum Thema SQL und Delphi

7.8.1 Besonderheiten der Borland Database Engine

Dank der Borland Database Engine greifen Sie auch bei *dBASE-* und *Paradox*-Tabellen auf die Leistungsbreite von SQL zurück. So gestattet es zum Beispiel die BDE, eine SQL-Abfrage auch auf Tabellen in verschiedenen Datenbanken zu starten. Die Tabelle „quelle.db" steht im Beispiel in einem anderen Verzeichnis und wird deshalb über einen eigenen Aliasbezeichner angesprochen.

```
SELECT a.Thema, q.quelle
FROM ':FranzisArtikel:artikel' a, ':FranzisExample:quelle' q
WHERE a.QuellenID = q.ID
```

Bei dieser SQL-Abfrage können Sie den qualifizierten Tabellenbezeichner in Hochkommas setzen, die *BDE* führt die Abfrage ohne zu Murren aus. Sie können allerdings auch die Hochkommas weglassen, auch das folgende SQL-Statement provoziert keine Fehlermeldung.

```
SELECT a.Thema, q.quelle
FROM :FranzisArtikel:artikel a, :FranzisExample:quelle q
WHERE a.QuellenID = q.ID
```

Leider ist dies nicht immer so – manchmal stellt die BDE Ihre Experimentierfreude auf eine harte Probe. Sollte Ihr SQL-Statement beim ersten Mal mit einer Fehlermeldung quittiert werden, so werfen Sie die Flinte nicht gleich ins Korn. Versuchen Sie statt dessen verschiedene Schreibweisen und Formulierungen, wobei zum Beispiel folgende Optionen ausprobiert werden können:

- Bezeichner und Konstanten in Hochkommas setzen
- Einklammern von logischen Bedingungen
- Verwendung von Alias-Bezeichnern
- Tabellenspalten über Synonyme ansprechen

Einen ersten Überblick über einige dieser Ausnahmen finden Sie in den Readme-Dateien zu Delphi. Tritt dann immer noch eine Fehlermeldung auf, prüfen Sie am besten nach, ob sich doch tatsächlich ein vordefiniertes *Schlüsselwort* in ihr SQL-Statement als Spaltenname eingeschlichen hat. Verwenden Sie eine umfangreiche WHERE-Klausel, probieren Sie eine andere Schreibweise aus, indem Sie zusammengehörende Teile einklammern.

7.8.2 Lange, Leerzeichen enthaltende Tabellenspaltennamen

Ein Vorteil des Paradox-Tabellenformats besteht darin, daß die Spaltennamen der Tabelle auch Leerzeichen und Sonderzeichen enthalten dürfen. Das ist die gute Nachricht. Mit der Kehrseite werden Sie spätestens dann zum ersten Mal konfrontiert, wenn Sie einer derartige Tabelle über SQL auswerten möchten.

Variante 1 schlägt fehl

```
SELECT
  Species No, Category, Common_Name, Species Name, Length (cm),
```

```
  Length_In, Notes, Graphic
FROM ":DBDEMOS:BIOLIFE.DB"
```

Die Variante 1 bestraft die *BDE* mit dem Hinweis, daß die *SQL-Schlüsselwörter* nicht den Bestimmungen gemäß verwendet werden. Ein Leerzeichen im Spaltennamen darf so nicht verwendet werden.

Variante 2 schlägt fehl

```
SELECT
  "Species No", "Category", "Common_Name", "Species Name",
  "Length (cm)", "Length_In", "Notes", "Graphic"
FROM ":DBDEMOS:BIOLIFE.DB"
```

Bei der Variante 2 führt die *BDE* den Befehl ohne Kommentar aus – leider ist das Ergebnis nicht das, was Sie erwartet haben. Für jeden Datensatz in der Tabelle wiederholt die BDE ganz im Sinne der SQL-Väter die in den Hochkommas eingeschlossenen Zeichenketten.

Variante 3 führt zum Erfolg

```
SELECT B."Species No", B."Category", B."Common_Name",
  B."Species Name", B."Length (cm)", B."Length_In", B."Notes",
  B."Graphic"
FROM ":DBDEMOS:BIOLIFE.DB" B
```

Erst die Variante 3 liefert das gewünschte Ergebnis zurück. Der Schlüssel zur Lösung liegt dabei im Einsatz des Tabellenalias-Bezeichners „B". Dieser SQL-Alias hat nichts mit dem BDE-Alias zu tun, denn dieser wird in der FROM-Klausel durch die Doppelpunkte eingerahmt.

7.8.3 Parametisierte SQL-Abfragen

Vor- und Nachteile der festen Zuweisung

Nur in den wenigsten Fällen können Sie im *Objektinspektor* einer *TQuery*-Instanz einen feststehenden SQL-Text zuweisen. Die folgende SQL-Abfrage ist nicht flexibel, sondern bindet ein permanent gültiges Datum als WHERE-Kriterium ein.
```
SELECT Aktie, AktuellerKurs, AktuellesKursDatum
FROM   ":SHAREMANAGER:SM_MAIN.DB"
WHERE  AktuellesKursDatum > '01.01.1997'
```

Die Abfrage ermittelt alle Datensätze, deren Datum in der Spalte „AkutellesKursDatum" größer als der 1. Januar 1997 ist. Schauen Sie sich nun einmal die folgende Abfrage an.
```
SELECT Aktie, AktuellerKurs, AktuellesKursDatum
FROM   ":SHAREMANAGER:SM_MAIN.DB"
WHERE  AktuellesKursDatum > '05/01/1997'
```

Die Schreibweise des Datums wurde geändert, dies hat gravierende Konsequenzen. Die BDE sucht nun nach Datensätzen mit einem späteren Datum als den 1. Mai 1997 und findet keinen einzigen Treffer. Dies ist auch der Nachteil dieser festen Zuweisung, das Ergebnis hängt davon ab, wie das Datum eingetragen wird.

Nun können Sie auch zur Programmlaufzeit den SQL-String von Hand zusammenbauen lassen, in diesem Fall wird das Datum erst beim Aufruf in die Zeichenkette eingesetzt. Der Anwender trägt das Datum in einer *TEdit*-Instanz ein, wobei die Format-Funktion die *WHERE*-Klausel als Zeichenkette zusammenbaut. Der *ShowMessage*-Aufruf informiert über das Ergebnis, d.h. zeigt den SQL-Befehl unmittelbar vor seiner Ausführung an.

```
procedure TForm1.FormCreate(Sender: TObject);
begin
  with Query1 do begin
    SQL.Add('SELECT Aktie, AktuellerKurs, AktuellesKursDatum');
    SQL.Add('FROM ":SHAREMANAGER:SM_MAIN.DB"');
    SQL.Add(Format('WHERE AktuellesKursDatum > "%s"',
                   [Edit1.Text]));
    ShowMessage(Query1.SQL.GetText);
    Open
  end;
end;
```

Der Vorteil einer derartigen Zuordnung liegt in der Flexibilität, Sie können über eine *TQuery*-Instanz nacheinander die vielseitigsten Abfragen starten.

Ein Nachteil besteht darin, daß Sie die volle Verantwortung darüber tragen, ob der übergebene Parameter auch von dem erwarteten Typ ist. Obwohl die *Format*-Funktion bereits die gröbsten Schnitzer ausfiltert, bleibt doch eine Fehlerquelle bestehen. Außerdem ist diese Methode immer dann nachteilig, wenn die *TQuery*-Instanz nur einen SQL-Befehl mehrfach ausführen soll. In diesem Fall spielt die parametisierte Abfrage, die zudem über *Prepare* vorbereitet wurde, ihre volle Stärke aus.

Parametisierte TQuery-Abfragen

Zur Vorbereitung legen Sie über den *Objektinspektor* für die *TQuery*-Eigenschaft *Params* den Parameter „Datumswert" vom Typ „Date" an. Unmittelbar vor dem Ausführen der Abfrage über die *TQuery*-Methode *Open* wird der Parameter über den *ParamByName*-Aufruf zugewiesen. Beachten Sie dabei, daß dem Parameter vom Typ „Date" auch ein korrekter Wert übergeben werden muß. Die *StrToDate*-Funktion stellt dies sicher.

```
procedure TForm1.FormCreate(Sender: TObject);
begin
  with Query1 do begin
    ParamByName('Datumswert').AsDate := StrToDate(Edit1.Text);
    ShowMessage(Query1.SQL.GetText);
    Open
  end;
end;
```

Der *ShowMessage*-Aufruf zeigt wiederum den SQL-Text an. Sie finden dort jedoch nicht den Datumswert vor, sondern erhalten nur den Text, der auch im *Objektinspektor* für die TQuery-Eigenschaft *SQL* angezeigt wird.

7.8.4 SQL-Abfrage sortieren

Mit SQL können Sie auch Berechnung durchführen. Die folgende Abfrage dividiert den aktuellen Tageskurs durch den Nennwert der Aktie. Das Ergebnis soll jedoch nach diesem Ergebnis absteigend sortiert werden. Das Berechnungsergebnis „AktuellerKurs / Nennwert" hat keinen Spaltennamen, der in der *ORDER BY*-Klausel eingetragen werden kann. Trotzdem ist die Sortierung nach diesem Ergebniswert möglich.

Variante 1
```
SELECT Aktie, (AktuellerKurs / Nennwert)
FROM    ":SHAREMANAGER:SM_MAIN.DB"
WHERE AktuellesKursDatum > '01.01.1997'
ORDER BY 2 DESC
```

Die erste Variante gibt einfach die Spaltenposition in der Ergebnismenge an, über die sortiert werden soll. Dabei entspricht „Aktie" der ersten Position und das Ergebnis der Berechnung der zweiten Position. Das SQL-Schlüsselwort *DESC* sorgt für die absteigende Sortierreihenfolge.

Variante 2
```
SELECT Aktie, (AktuellerKurs / Nennwert) AS KursDurchWert
FROM    ":SHAREMANAGER:SM_MAIN.DB"
WHERE AktuellesKursDatum > '01.01.1997'
ORDER BY KursDurchWert DESC
```

Die zweite Variante ist noch einfacher – die Abfrage deklariert einen neuen Spaltennamen für das Ergebnis der Berechnung.

7.8.5 DOS-Jokerzeichen versus SQL-Jokerzeichen

Die Sprache SQL definiert zwei Jokerzeichen. Zum einen steht der Unterstrich „_" für ein einzelnes unbekanntes Zeichen und zum anderen symbolisiert das Prozentzeichen „%" beliebig viele nachfolgende Stellen.

Unter dem altbekannten Betriebssystem MS-DOS sind hingegen andere Jokerzeichen üblich. Nun besteht die Gefahr, daß der Anwender versehentlich die von DOS gewohnten Steuerzeichen in einer dynamischen SQL-Abfrage verwendet. Die folgende Funktion „ParseSQLString" beseitigt dieses Problem, indem in der Zeichenkette die entsprechenden Zeichen ausgetauscht werden.

```
function ParseSQLString(sSource: String): String;
var
  iCnt : Integer;
  sTmp : String;
begin
  // Ersetzt die DOS-Wildcards gegen die SQL-Wildcards
  sTmp := sSource;
  for iCnt := 1 to Length(sTmp)
    do if (sTmp[iCnt] = '?')
      then sTmp[iCnt] := '_'
```

```
      else if (sTmp[iCnt] = '*')
        then sTmp[iCnt] := '%';
  Result := sTmp;
end;
procedure TForm1.Button1Click(Sender: TObject);
begin
  ShowMessage(ParseSQLString(Edit1.Text))
end;
```

7.8.6 SQL und Sonderzeichen

Angenommen, aus einem Delphi-Anwendungsprogramm heraus soll via *TQuery* der folgende SQL-Befehl zum Einfügen eines neuen Datensatzes in die Tabelle abgeschickt werden.

```
INSERT INTO create_1 (firma,vorname,nachname)
  VALUES("6","Meier's Laden","Lebensmittel")
```

Eine erste Variante könnte zum Beispiel so aussehen:

```
sSQLText := Format('INSERT INTO create_1 (firma,vorname,nachname) ' +
                   'VALUES(%s,%s,%s))', [Edit1.Text,Edit2.Text,Edit3.Text]);
```

Die Format-Funktionen setzt das SQL-Statement als Zeichenkette zusammen. Wird nun die Variable „sSQLText" einer *TQuery*-Instanz zugewiesen, sollte die *TQuery*-Methode *ExecSQL* den Datensatz einfügen. Leider erhalten Sie immer dann die Fehlermeldung „Invalid use of keyword. Token 'S Laden...", wenn im zweiten Eingabefeld die Zeichenkette „Meier's" eingetragen wird. Das Hochkomma im Firmennamen sorgt für diese Fehlermeldung, so daß Sie die Zeichenketten in doppelten Anführungszeichen verpacken müssen.

```
procedure TForm1.ButtonInsertClick(Sender: TObject);
var
  sSQLText : String;
begin
  sSQLText := Format('INSERT INTO create_1 (firma,vorname,nachname) ' +
                     'VALUES("%s","%s","%s"))',
                     [Edit1.Text, Edit2.Text, Edit3.Text]);
  ShowMessage(sSQLText);
  Screen.Cursor := crHourglass;
  try
    with Query1 do begin
      SQL.Clear;
      SQL.Add(sSQLText);
      ExecSQL;
    end;
    StatBar.SimpleText := 'Datensatz wurde eingefügt';
  finally
    Screen.Cursor := crDefault;
  end;
end;
```

Das Ergebnis zeigt der *ShowMessage*-Aufruf kurz vor dem Ausführen des SQL-Befehls an. Da nun die Zeichenkette „Meier's Laden" in doppelten Anführungszeichen verpackt ist, übermittelt *TQuery* diesen Befehl anstandslos.

Die Projektdateien finden Sie im Verzeichnis „Kapitel 7\Hochkomma" auf der CD-ROM.

7.9 Resümee

Hoffentlich konnte ich Sie davon überzeugen, daß *SQL* als universelle Datenbanksprache für jeden Entwickler einer Datenbankanwendung ein unbedingtes Muß ist. Auch wenn Sie keine Client/Server-Anwendung entwickeln, sollten Sie nicht auf die Leistungsfähigkeit und Flexibilität von SQL verzichten. Sicherlich haben Sie zudem nunmehr eine Vorstellung darüber, welches Pensum die *Borland Database Engine* im Hintergrund beim Zugriff auf Desktop-Datenbanken leisten muß.

Habe ich Ihre Neugier auf *SQL* geweckt, sollten Sie sich nach zusätzlichen Informationsquellen in Buchform umsehen. Gehören Sie nicht zu den stolzen Besitzern der Client/Server-Version von Delphi, empfehle ich Ihnen den Nachkauf der sogenannten *Doc-Packs* für jeweils ca. 100 DM. In diesen beiden Zusammenstellungen von Handbüchern finden Sie viele Informationen zum Thema SQL-Syntax für den InterBase SQL Server.

8 Tips & Tricks zu Datenbanken

In der Beispielanwendung „ShareMan" habe ich bereits mehrere interessante Techniken vorgestellt. Im Interesse der Übersichtlichkeit beschränkt sich das Beispielprogramm jedoch auf grundlegende Funktionen. Damit die anderen Techniken nicht ganz unter den Tisch fallen, stelle ich sie Ihnen in diesem Kapitel in loser Folge vor. Dabei demonstriert jeweils ein knappes, aber gut kommentiertes Beispielprogramm das Wesentliche.

8.1 Datenbanktabellen vom Programm anlegen lassen

8.1.1 Datenbanktabellen zur Programmlaufzeit generieren

Bisher hatten alle vorgestellten Lösungen eine Gemeinsamkeit. Die verwendete Datenbanktabelle mußte beim Aufruf des Beispielprogramms bereits vorhanden sein. Und nicht nur das, auch der *Alias* war vorher zu konfigurieren. Bei einem umfangreichen Datenmodell wie dem Aktienverwaltungsprogramm ist das auch gerechtfertigt, die implementieren Referenzintegriäten, Gültigkeitsprüfungen und Sekundärindizes lassen sich eben am bequemsten in der Datenbankoberfläche anlegen. Damit der Anwender sofort mit dem Programm loslegen kann, sorgt ein Installationsprogramm dafür, daß alle Tabellen in das Verzeichnis kopiert werden und auch der *Alias* eingerichtet wird. Da die Borland Database Engine sowieso in jedem Fall benötigt wird, kommt der Anwender bei der Erstinstallation eines Delphi-Datenbankprogramms sowieso nicht um ein Setup-Programm herum.

Anders sieht es aus, wenn eine kleinere Anwendung weitergegeben werden soll. Die *Borland Database Engine* muß nur beim ersten Mal auf dem Rechner installiert werden, so daß in derartigen Fällen nur die ausführbare Programmdatei benötigt wird. Beim ersten Start des Programmes prüft das Programm ab, ob die benötigte Datenbanktabelle bereits vorhanden ist und legt sie im Bedarfsfall neu an. Delphi wäre nicht Delphi, wenn es auch dafür nicht verschiedene Lösungsmöglichkeiten bereitstellen würde.

Version 1: TTable legt eine Tabelle an

Im Verzeichnis „Kapitel 8\Create« finden Sie auf der CD-ROM das erste Beispielprojekt „create_1.dpr".

Im Formular ist nur eine *TTable*-Instanz vorhanden, deren Eigenschaft *DatabaseName* der Alias „Franzis" zugewiesen wurde. Der Alias muß daher vor dem ersten Aufruf vorhanden sein. Alternativ dazu könnten Sie sogar die benötigte TTable-Instanz erst zur Programmlaufzeit erzeugen, was jedoch in den meisten Fällen keinen Sinn macht. Alles weitere wird im Quelltext geregelt, indem Sie für die beiden Button im Formular jeweils eine Ereignisbehandlungsmethode für das *OnClick*-Ereignis implementieren. Eine Warnung gleich vorweg, ohne manuellen Eingriff überschreibt „CreateTable" eine bereits vorhandene Tabelle kommentarlos.

Paradox-Tabelle
```
procedure TMainForm.BtnCreateDBClick(Sender: TObject);
begin
  with TableCreate do begin
    Active := False;
    DatabaseName := 'FranzisExample'; { Alias = Verzeichnis }
    TableName := 'CREATE_1.DB';
    TableType := ttParadox;
    { FieldDefs beschreibt die Tabellenstruktur }
    with FieldDefs do begin
      Clear;
      Add('Firma', ftString, 15, False);
      Add('Vorname', ftString, 25, False);
      Add('Nachname', ftString, 25, False)
    end;
    { IndexDefs beschreibt die Index-Struktur }
    with IndexDefs do begin
      Clear;
      Add('FirmaIdx', 'Firma', [ixPrimary, ixUnique]);
    end;
    CreateTable;
  end;
  BtnCreateDB.Caption := 'Tabelle wurde erstellt'
end;
```

Die Methode „BtnCreateDBClick" legt eine *Paradox*-Tabelle mit drei Spalten an, wobei die erste Spalte als *Primärindex* (Schlüsselfeld) festgelegt wird. Bevor die Tabelle über den Aufruf von *CreateTable* von *TTable* generiert werden kann, muß der Bauplan der Tabelle festgelegt werden. Diese Konstruktionsunterlagen speichert *TTable* in mehreren *FieldDefs*- beziehungsweise *IndexDefs*-Objekten ab. Über den Aufruf der Methode *Add* wird eine Tabellenspalte eingerichtet.

```
FieldDefs.Add(const Name : String;
              DataType  : TFieldType;
              Size      : Word;
              Required  : Boolean)
```

Der vierte Parameter *Required* legt fest, ob die Tabellenspalte vom Anwender ausgefüllt werden muß, das heißt ob die *BDE* ein nicht ausgefülltes Feld beim Anlegen eines Datensatzes zulassen darf.
Der Typ der Tabellenspalte wird durch eine Konstante aus dem Bereich von *TFieldType* definiert. Damit können Sie hier die folgenden Werte übergeben.

```
TFieldType =  (ftUnknown, ftString, ftSmallint, ftInteger, ftWord,
               ftBoolean, ftFloat, ftCurrency, ftBCD, ftDate,
               ftTime, ftDateTime, ftBytes, ftVarBytes, ftAutoInc,
               ftBlob, ftMemo, ftGraphic, ftFmtMemo, ftParadoxOle,
               ftDBaseOle, ftTypedBinary);
```

Mit der TTable-Methode CreateTable können Sie keine Tabellen auf einem SQL-Server anlegen. Dieses Privileg ist SQL vorbehalten.

Das Objekt *TIndexDefs* enthält die Menge der verfügbaren Indizies für eine Tabelle. Auch hier sorgt die Methode *Add* für das Füllen der Strukturen, wobei *Add* ein neues *TIndexDef*-Objekt mit den Parametern *Name*, *Fields* und *Options* erzeugt. Als Index-Optionen sind je nach dem Typ der anzulegenden Datenbanktabelle nur bestimmte Konstanten verwendbar.

Tabelle 8.1: Zulässige Indexoptionen für die Tabellenformate dBASE und Paradox

Index-Option	dBASE	Paradox
ixUnique	✓	
ixDescending	✓	✓
ixNonMaintained	✓	✓
ixPrimary		✓
ixCaseInsensitive		✓

dBASE-Tabelle

Bei einer *dBASE*-Tabelle sieht die Sache etwas anders aus. Nicht nur das Fehlen des Primärschlüssels unterscheidet die beiden Ereignisbehandlungsmethoden. Bei einer dBASE-Tabelle muß zuerst die Tabelle angelegt werden, bevor ein Index nachträglich hinzugefügt werden darf.

```
procedure TMainForm.BtnCreateDBFClick(Sender: TObject);
begin
  with TTable.Create(Self) do begin
      DatabaseName   := 'FranzisCREATE';
      TableName      := 'CREATE_1.dbf';
      TableType      := ttDBase;
      with FieldDefs do begin
         Add('ARTIKEL',ftString,20,false);
         Add('DATUM',ftDate,0,false);
         Add('PREIS',ftFloat,0,false);
         Add('BEZAHLT',ftBoolean,0,false);
         Add('ZAHL',ftInteger,0,false);
         Add('INFO',ftMemo,0,false);
      end;
      CreateTable;
      with IndexDefs do begin
         Clear;
         AddIndex('Artikelidx','ARTIKEL',[])
      end
   end;
   BtnCreateDBF.Caption := 'Tabelle wurde erstellt'
end;
```

Auf der CD-ROM finden Sie meine zusammengestellte „Wissensdatenbank" aller von Borland veröffentlichten „Technical Article". Unter dem Eintrag „TI2838: dBASE Expression Indexes: A Primer." erhalten Sie weitergehende Informationen.

Version 2: TQuery legt eine Datenbanktabelle an

Die zweite Version geht einen völlig anderen Weg. Mit der Erstellung der Tabelle wird die *BDE* beauftragt, indem der SQL-Befehl *CREATE TABLE* zur BDE geschickt wird. Dies hat gleich mehrere Vorteile. Der wichtigste Vorteil liegt im SQL-Standard. Die Tabelle wird im Prinzip unabhängig vom Tabellenformat angelegt, das heißt auch bei einem Umstieg auf eine andere Datenbank beziehungsweise beim Upsizing auf einen *SQL-Server* ist der SQL-Text wiederverwendbar. In der Praxis sehr hilfreich ist auch der Vorteil, daß eine bestehende Datenbanktabelle nicht überschrieben wird. Die *TQuery*-Instanz im Formular verwendet folgenden SQL-Befehl, der über den Objektinspektor der Eigenschaft *SQL* zugewiesen wurde.

```
CREATE TABLE "CREATE_2.DB"
(
RecNr AUTOINC,
Firma CHAR(20),
Vorname CHAR(15),
Nachname CHAR(25),
PRIMARY KEY(RecNr)
)
```

Neben dem selbstinkrementierenden Feld „RecNr" wird ebenfalls ein *Primärindex* angelegt. Die Ereignisbehandlungsmethode für das Anklicken des Buttons verkürzt sich bei der *TQuery*-Methode dementsprechend.

```
procedure TMainForm.BtnCreateClick(Sender: TObject);
begin
  try
    QueryCreate.ExecSQL;
    BtnCreate.Caption := 'Tabelle wurde erzeugt!'
  except
    BtnCreate.Caption := 'Fehler!';
    raise
  end
end;
```

Über den Aufruf von *ExecSQL* schickt die *TQuery*-Instanz den SQL-Befehlstext zur *BDE*. Die *ExecSQL*-Methode wird immer dann verwendet, wenn das SQL-Statement keine Ergebnismenge zurückliefert, was beim *CREATE TABLE*-Aufruf der Fall ist. Wird die Tabelle kommentarlos angelegt, informiert die geänderte Buttonbeschriftung den Anwender. Im Fehlerfall – weil die Tabelle eventuell bereits vorhanden ist – bekommt der Button eine andere Beschriftung zugewiesen. Damit der Anwender auch den Grund für den Fehler erfährt, wird über *Raise* die Exception als noch nicht behandelt markiert.

Version 3: TQuery legt mehrere Tabellen an

Die zweite Version ist ausbaufähig. In einer relationalen Datenbank sind im allgemeinen mehrere, miteinander verknüpfte Tabellen im Einsatz. *TQuery* muß im dritten Beispielprojekt „create_3.dpr" zwei Tabellen anlegen. Sie können nun auch zwei TQuery-Instanzen im Formular plazieren und beiden einen unterschiedlichen SQL-Befehl über den Objektinspektor zuweisen. Eleganter ist die hier vorgestellte Methode. Alle Arbeiten erledigt nur eine TQuery-Instanz. Dabei wird der SQL-Text für den *CREATE TABLE*-Befehl nicht mehr visuell per *Objektinspektor* zur Entwicklungszeit zugewiesen, sondern direkt im Programm erst zur Programmlaufzeit. Damit arbeitet *TQuery* die verschiedenen SQL-Befehle Schritt für Schritt ab.

```
procedure TMainForm.BtnCreateClick(Sender: TObject);
begin
  try
    with QueryCreate do begin
      DatabaseName := 'FranzisExample';   { Zielverzeichnis }
      { Haupttabelle anlegen }
      SQL.Clear;                          { SQL-Text löschen }
      SQL.Add('CREATE TABLE "create_3.db" (');
      SQL.Add('KndNr AUTOINC,');
      SQL.Add('Firma CHAR(20),');
      SQL.Add('Vorname CHAR(20),');
      SQL.Add('Nachname CHAR(20),');
      SQL.Add('PRIMARY KEY (KndNr))');
      ExecSQL;
      { Index hinzufügen }
      SQL.Clear;
      SQL.Add('CREATE INDEX FirmaIdx ON "create_3.db" (Firma)');
      ExecSQL;
      { Detailtabelle anlegen }
      SQL.Clear;
      SQL.Add('CREATE TABLE "rechnung.db" (');
      SQL.Add('RechnungNr AUTOINC,');
      SQL.Add('KndNr INTEGER,');
      SQL.Add('Artikel CHAR(25),');
      SQL.Add('Preis DECIMAL(8,2),');
      SQL.Add('Anzahl INTEGER,');
      SQL.Add('PRIMARY KEY (RechnungNr))');
      ExecSQL;
      BtnCreate.Caption := 'Tabellen wurde erzeugt!'
    end
  except
    BtnCreate.Caption := 'Fehler!';
    raise
  end
end;
```

In der Ereignisbehandlungsmethode finden Sie drei *ExecSQL*-Aufrufe. Über die Methode *TQuery.SQL.Clear* löschen Sie dabei jedesmal den SQL-Text, bevor der Aufruf von *Add* Zeile für Zeile einen neuen SQL-Befehl aufbaut.

Variante 4: Tabelle ohne Alias anlegen

Das letzte Beispiel finden Sie im Projekt „create_4.dpr". Um die Tabelle anzulegen, wird kein *Alias* benötigt. Außerdem prüft das Programm zur Laufzeit ab, ob die Tabelle bereits vorhanden ist. Bei der hier vorgestellten Lösung wird die Tabelle im Programmverzeichnis angelegt, das heißt in dem Verzeichnis, von dem die ausführbare Programmdatei geladen und gestartet wurde.

```
ExtractFilePath(ParamStr(0));
```

Die Funktion „ParamStr(0)" gibt den Pfad und den Dateinamen des ausführenden Programms zurück, während *ExtractFilePath* nur den Pfad selektiert.

*Generell ist es **nicht** empfehlenswert, die Datenbanktabellen im gleichen Verzeichnis wie die Programmdatei anzulegen. Eleganter ist daher eine erweiterte Lösung, die im Programmverzeichnis ein Unterverzeichnis für die Datenbanktabellen verwendet.*

```
procedure TMainForm.BtnCreateDBClick(Sender: TObject);
var
   sTarget : String;
begin
  with TableCreate do begin
     Active := False;
     { Tabelle soll im Programmverzeichnis angelegt werden ! }
     DatabaseName := ExtractFilePath(ParamStr(0));
     TableName := 'CREATE_4.DB';
     { Vorher prüfen, ob die Tabelle bereits vorhanden ist }
     sTarget := DatabaseName + Tablename;
     if FileExists(sTarget) then
        if MessageDlg('Datei ' + sTarget + ' überschreiben?',
           mtWarning, [mbYes, mbNo], 0) = mrNo then Exit;
     TableType := ttParadox;
     { FieldDefs beschreibt die Tabellenstruktur }
     with FieldDefs do begin
        Clear;
        Add('Firma', ftString, 15, False);
        Add('Vorname', ftString, 25, False);
        Add('Nachname', ftString, 25, False)
     end;
     { IndexDefs beschreibt die Index-Struktur }
     with IndexDefs do begin
        Clear;
        Add('FirmaIdx', 'Firma', [ixPrimary, ixUnique]);
     end;
     CreateTable
  end;
  BtnCreateDB.Caption := 'Tabelle wurde erstellt'
end;
```

8.1.2 Datenbank aus den Programm-Ressourcen heraus kopieren

Das Anlegen der Datenbanktabellen über *TTable* beziehungsweise *TQuery* mag bei kleinen und einfach modellierten Datenbanken noch angehen. Eine ausgefeilte Datenbank, die Regeln zur *referenziellen Integrität*, *Eingabeprüfungen*, *Eingabemasken* und *Sekundärindizes* verwendet, wird wohl in der Regel visuell über die *Datenbankoberfläche* entwickelt. Soll nun aber trotzdem das Anwendungsprogramm in der Lage sein, die Tabellen der Datenbank vor Ort beim Anwender zu generieren, so steht eine weitere Möglichkeit zur Verfügung. Jedes unter Windows ausführbare Modul (EXE oder DLL) darf zusätzliche Ressourcen quasi huckepack mit auf den Weg bekommen. Windows ist bei entsprechender Konfiguration dabei so elegant, diese Daten erst bei Bedarf nachzuladen. Außerdem können Sie als Entwickler beliebige Daten als Ressourcen ablegen. Im Verzeichnis „Kapitel 8\WriteDB" finden Sie auf der CD-ROM ein Beispielprojekt, daß 8 Datenbankdateien aus den Ressourcen ausliest und als Datei in das Verzeichnis schreibt. Zur Implementierung dieser Fähigkeiten sind dank Delphi nur wenige Arbeitsschritte notwendig:

1. Alle Datenbankdateien werden in einem privaten Ressourcenformat vom *Delphi-Ressourcen-Compiler* in eine *RES-Datei* geschrieben.
2. Diese RES-Datei bindet das Anwendungsprogramm über die Compiler-Schalter „{$R name}" ein. Der *Delphi-Compiler* hängt beim Linken der ausführbaren Datei diese Daten an die ausführbare Datei an.
3. Das Programm erzeugt eine *TResourceStream*-Instanz für die Daten in den Programmressourcen.
4. Die *TResourceStream*-Instanz schreibt den Inhalt in eine frei wählbare Datei.

Im ersten Schritt compilieren Sie alle Datenbankdateien in eine RES-Datei. Der dazu benötigte Delphi-Ressourcen-Compiler „brcc32.exe" ist eine *Consolenanwendung*, d.h. ein Kommandozeilentool. Als Parameter erwartet er beim Aufruf die Quelldatei im Windows-typischen *RC-Format*. Allen Umsteigern von *Turbo Pascal für Windows* oder *Borland Pascal* werden solche RC-Datei noch bekannt sein.

Listing von „dbdatas.rc"

```
/* Datenbank-Rohdateien als EXE-Ressource verpacken */
/* Aufruf: brcc32 dbdatas                           */
masterdb   DBDATA master.db
masterpx   DBDATA master.px
masterval  DBDATA master.val
detaildb   DBDATA detail.db
detailpx   DBDATA detail.px
detailval  DBDATA detail.val
detailx02  DBDATA detail.x02
detaily02  DBDATA detail.y02
```

Jede Datenbanktabelle bekommt in der RC-Datei eine eigene Zeile eingeräumt. Ganz links steht der frei wählbare Bezeichner für das Datenstück, diesen Bezeichner verwenden Sie später im Delphi-Programm auch für den Zugriff auf die Ressourcendaten. In der Mitte steht der Bezeichner für den Ressourcen-Typ, die Zeichenkette „DBDATA" wurde von mir ebenfalls frei gewählt. Beachten Sie dabei aber, daß Windows eigene Bezeichner definiert, so daß Sie bei Problemen den hier eingetragenen Bezeichnertyp zum Test variieren sollten. Das Ende einer jeden Zeile bildet der Dateiname für das einzubindende Datenstück. Nach dem erfolgreichen Compilieren über den Aufruf „brcc32 dbdatas" finden Sie die Datei „dbdatas.res" vor.

Diese RES-Datei wird nun auch in das Delphi-Projekt eingebunden, dabei spielt es keine Rolle, ob Sie den „{$R DBDATAS.RES}"-Aufruf direkt in die Projektdatei oder in das Formular-Unit schreiben.

```
implementation
{$R *.DFM}
{$R DBDATAS.RES}   // Die RES-Datei mit den Datenbankdaten
```

Der restliche Teil – das Auslesen der Daten aus den Ressourcen sowie das Schreiben der Dateien auf die Festplatte – ist mit Delphi verblüffend einfach implementiert.

```
procedure WriteResDBDATAToFile(aSource, aTarget: String);
var
  aRS : TResourceStream;
begin
  aRS := TResourceStream.Create(hInstance, aSource, 'DBDATA');
  try
    aRS.SaveToFile(aTarget);
  finally
    aRS.Free;
  end
end;
```

Die *TResourceStream*-Instanz ist von Haus aus dazu in der Lage, beliebige eigene Ressourcentypen auszulesen und in eine Datei zu schreiben. Die Konstante „hInstance" verweist bei einem Delphi-Programm auf das eigene Programmmodul (also die EXE-Datei mit den eingebundenen Ressourcen). Die Zeichenkette „DBDATA" kennzeichnet den eigenen *Ressourcentyp* für die Datenbankdateien und muß mit dem Eintrag in der *RC-Datei* übereinstimmen.

```
procedure TFormMain.ButtonStartClick(Sender: TObject);
begin
  ButtonStart.Enabled := False;
  StatBar.SimpleText := 'Tabellen werden kopiert ...';
  Refresh;
  WriteResDBDATAToFile('masterdb','master.db');
  WriteResDBDATAToFile('masterpx','master.px');
  WriteResDBDATAToFile('masterval','master.val');
  WriteResDBDATAToFile('detaildb','detail.db');
  WriteResDBDATAToFile('detailpx','detail.px');
  WriteResDBDATAToFile('detailval','detail.val');
  WriteResDBDATAToFile('detailx02','detail.x02');
  WriteResDBDATAToFile('detaily02','detail.y02');
  ButtonStart.Enabled := True;
  StatBar.SimpleText := 'Tabellen wurden angelegt';
end;
```

Borlands Ressourcen-Editor „Resource Workshop"

Der umständliche Weg über das Delphi-Tool „brcc32.exe" und der *RC-Format* ist eine nicht mehr ganz zeitgemäße Vorgehensweise. Ich stelle Ihnen daher hier die visuelle Alternative über den *Resource Workshop* vor. Borlands *Resource Workshop* ist ein hochentwickeltes Werkzeug, das für viele Ressourcen-Typen einen leistungsfähigen graphischen Editor zur Verfügung stellt. Neben dem visuellen Gestalten der Ressourcen stellt der *Resource Workshop* weiterhin einen zum *Microsoft*-Standard kompatiblen Ressourcencompiler zur Verfügung. Damit binden Sie eine mit dem Resource Workshop generierte *RES*-Datei in ein Delphi-Projekt ein, wobei auch jeder andere Compiler mit dem generierten Format klar kommt.

Der *Resource Workshop* ist auch in der Lage, Ressourcen direkt in den ausführbaren Modulen (EXE oder DLL) zu ändern. Sie müssen in diesem Fall das Modul noch nicht einmal neu compilieren (d.h. Sie können auch dann Anpassungen vornehmen, wenn Ihnen der Quelltext gar nicht zur Verfügung steht).

Für die 32-Bit-Anwendungen von Delphi 3.0 ist die Resource Workshop-Version von Turbo Pascal für Windows 1.x sowie Borland Pascal leider nicht geeignet. Erst ab der Version 4.5, die zusammen mit dem „RAD Pack for Delphi" ausgeliefert wurde, generieren Sie die benötigten RES-Dateien im 32-Bit-Format. Ab der Version 4.5 legen Sie das Zielformat (Win16/Win32) unter den Voreinstellungen fest. Falls Sie noch nicht im Besitz des Resource Workshop sind, finden Sie eine von Borland zur Verfügung gestellte Vollversion auf der CD-ROM zum Buch.

Über den *Resource Workshop* müssen die Datenbankdateien in einem benutzerdefinierten Ressourcenformat direkt in einer *RES*-Datei abgelegt werden. Der *Linker* von *Delphi 3* erwartet die Ressourcen im 32-Bit-Format, so daß der *Resource Workshop* für diese Zielplattform konfiguriert werden muß. Über den Menüeintrag *[File | Präferences..]* erreichen Sie das zuständige Dialogfenster „Preferences", in dem Sie den Radiobutton für „Win32" aktivieren.

Über den Menüpunkt *[File | New Project...]* legen Sie dann ein neues Projekt im *RES*-Format an.

Der *Resource Workshop* unterstützt neben den 12 vordefinierten Ressourcen-Typen auch benutzerdefinierte Ressourcen-Formate (engl. *User Resource Data*). Um nun die Datenbankdateien in die *RES*-Datei zu bekommen, müssen Sie einen eigenen benutzerdefinierten Ressourcen-Typ einrichten. Dabei wird ein Ressourcen-Eintrag von diesem Typ als Platzhalter in das *RES*-Projekt übernommen. Nachdem Sie alle Datenbankdateien über diesen neuen benutzerdefinierten Typ importiert haben, löschen Sie diesen Platzhalter-Eintrag wieder aus dem Projekt. Das hört sich alles komplizierter an, als es in der Praxis dann ist. Die einzelnen Schritte dazu stelle ich Ihnen kurz vor:

1. Als erstes rufen Sie über den Menüpunkt *[Resource | New..]* das Dialogfenster „New resource" auf. In diesem Dialogfenster klicken Sie nun auf den Button „New Type", über den Dialog „New resource type" legen Sie den benutzerdefinierten Ressourcen-Typ „DBDATA" an. Diese Zeichenkette ist frei wählbar, solange der Bezeichner für den Ressourcen-Typ eindeutig ist. Nach dem Schließen der Dialogfenster legt der *Resource Workshop* den Platzhaltereintrag „DBDATA_1" im RES-Projekt an.

2. Über den Menüpunkt *[File | Add to project...]* importieren Sie nun alle Datenbankdateien unter dem Resourcen-Typ *user Resource data*. Da der Ressourcen-Typ *user Resource data* ausgewählt wurde, will es der *Resource Workshop* anschließend etwas genauer wissen. In einem zweiten Dialog müssen Sie nun die exakte Bezeichnung „DBDATA" des benutzerdefinierten Ressourcen-Typs auswählen. Der *Resource Workshop* vergibt eigene, fortlaufend nummerierte Namen für jede importierte Ressource. Sie sind nicht an diese Namensgebung gebunden, über den Menüpunkt *[Resource | Rename]* vergeben Sie eigene, aussagekräftigere Bezeichnungen.

3. Es bleibt nur noch eine Aufgabe übrig – der Platzhaltereintrag „DBDATA_1" sollte aus dem Projekt entfernt werden. Dies ist nur eine kosmetische Operation – Sie können natürlich den Eintrag auch in der *RES*-Datei belassen.

8.2 Alias

8.2.1 Alias beim Programmstart prüfen

In der Regel wird wohl ein Delphi-Datenbankprogramm über einen Alias auf eine Datenbanktabelle zugreifen. Ein Alias ist für den Anwender einfach flexibler zu handhaben, da damit die Datenbanktabellen nicht unbedingt im Verzeichnis der Programmdateien gespeichert werden müssen. Gerade beim Thema Datensicherung wird der Anwender erfreut zur Kenntnis nehmen, daß er nicht jedesmal einige 100 kByte Programmcode ständig mit sichern muß.

Jedes Ding hat dabei zwei Seiten – und damit haben auch *Aliase* einen Nachteil. Vor dem Programmstart muß der Borland Database Engine der verwendete Alias bekannt sein. Trifft dies nicht zu, bekommt der Anwender einige Fehlermeldungen um die Ohren geschlagen (für jede Datenbanktabelle eine!).

Mit wenigen Programmzeilen verhindern Sie diesen unschönen Effekt. Im Verzeichnis „Kapitel 8\IsAlias" finden Sie hierzu ein Beispielprogramm. Die Grundidee besteht dabei darin, die *TTable*-Instanz im Formular erst dann zu aktivieren, wenn der benötigte Alias vorgefunden wurde.

Um dieses Verhalten zu implementieren, sind nur einige Programmzeilen von Hand einzufügen. Über den Aufruf von

```
if Session.IsAlias(Table1.DatabaseName)
```

prüfen Sie, ob der über den Objektinspektor zugewiesene Aliasname für die TTable-Eigenschaft *DatabaseName* auch tatsächlich während der Programmlaufzeit zur Verfügung steht.

```
procedure TFormMain.FormCreate(Sender: TObject);
begin
  if Session.IsAlias(Table1.DatabaseName)
    then Table1.Active := True
    else ShowMessage(Format('Der Alias %s wurde nicht gefunden!',
                     [Table1.DatabaseName]));
  StatusBar1.SimpleText := ParamStr(0)
end;
```

8.2.2 Alias im Programm anlegen

Normalerweise wird ein Alias, den eine Delphi-Datenbankanwendung verwendet, vom Installationsprogramm der Anwendung eingerichtet. Außerdem kann der Anwender selbst mit Hilfe des BDE-Konfigurationsprogramms beziehungsweise des Datenbank-Explorers einen Alias anlegen. Obwohl diese Vorgehensweise auch seine Vorteile hat – so nimmt jeder die Bedeutung der Borland Database Engine mehr oder weniger zur Kenntnis und berücksichtigt dies beim „Aufräumen" seiner Festplatte – ist das automatische Einrichten des Alias mittels Programm doch eleganter.

Die hier vorgestellten Lösungen arbeiten „stumm" im Hintergrund, nur im Fehlerfall – zum Beispiel weil ein Alias mit diesem Namen bereits vorhanden ist – zeigt die *BDE* selbst ein Fehlerfenster an.

Im Verzeichnis „Kapitel 8\Alias" finden Sie dazu gleich drei Beispielprojekte.

»Alias1.dpr« – ein Alias wird permanent eingerichtet

Aus einem Delphi-Programm heraus kann ein neuer Alias relativ problemlos permanent eingerichtet werden, solange nicht bereits ein Alias mit dem gleichen Namen vorhanden ist. Im Beispielprogramm werden alle benötigten Angaben als Konstanten initialisiert. Die Konstante „sDriver" legt dabei den Standard-Treibertyp für den Datenbankzugriff fest. Die beiden anderen Konstanten bestimmen den einzurichtenden Aliasnamen sowie das Datenbankverzeichnis für den neuen Alias.

```
const
  sDriver        = 'PARADOX';         // BDE-Treiber
  sNewAliasPath  = 'C:\BUCH';         // Alias-Verzeichnis
  sNewAlias      = 'Test';            // Aliasname
procedure TMainForm.BitTSessionClick(Sender: TObject);
begin
  with Session do begin
    if not IsAlias(sNewAlias) then begin
      AddStandardAlias(sNewAlias, sNewAliasPath, sDriver);
      SaveConfigFile;
    end
    else ShowMessage(sNewAlias + ' ist bereits vorhanden!');
  end;
end;
```

In der Ereignisbehandlungsmethode für das Anklicken des Start-Buttons im Formular ist die gewünschte Programmfunktion implementiert. Als erstes wird über *IsAlias* geprüft, ob der einzurichtende Aliasname bereits bei der *Borland Database Engine* registriert wurde. Trifft dies zu, so wird nur eine Hinweismeldung angezeigt. Ansonsten bringt *TSession* alle benötigten Methoden von Haus aus mit, wobei *SaveConfigFile* den Alias permanent speichert.

Die TSession-Methode AddStandardAlias legt nur Aliase für dBASE- und Paradox-Tabellen an. Wird ein anderes Datenbankformat benötigt, so müssen Sie auf die Methode AddAlias zurückgreifen.

»Alias2.dpr« – ein Alias wird temporär registriert

Neben dem permanenten Einrichten des Alias in der BDE-Konfigurationsdatei kann der Alias auch zur Programmlaufzeit eingerichtet werden. Damit ist es möglich, die Pfadangaben zu den Datenbankdateien per Eingabedialog abzufordern beziehungsweise in einer eigenen INI-Datei zu verwalten. Dieser temporäre Alias ist nur während der Programmlaufzeit gültig.

Je nachdem, welche zusätzlichen Informationen und Konfigurationen benötigt werden, stehen auch für diese Aufgabe verschiedene Techniken zur Verfügung. Neben der bereits vorgestellten *TSession*-Methode *AddStandardAlias* ist auch *TDatabase* in der Lage, einen Alias für das Programm zu definieren.

Im Formular ermöglicht die plazierte *TDataBase*-Komponente das Konfigurieren des temporären Aliasnamens per Objektinspektor. Im Feld *DatabaseName* der TDataBase-Instanz wird dazu der neue Aliasname eingetragen, im Beispiel „FranzisTemp". Die Festlegung, auf welches Verzeichnis dieser Alias verweisen soll, nimmt die Eigenschaft *Params* der TDataBase-Instanz auf. Mit einem Doppelklick auf die Spalte „(TStrings)" öffnen Sie den *Stringlisten-Editor* für die Eigenschaft *Params* der *TDataBase*-Komponente. In diesem Eingabefeld tragen Sie das Schlüsselwort „PATH=" mit der Pfadangabe ein.

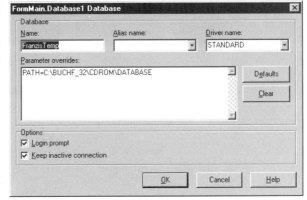

Abb. 8.1: „FranzisTemp" ist der temporär gültige Alias

Für die *TTable*-Komponente im Formular wurde der Aliasname „FranzisTemp" von Hand im Objektinspektor zugewiesen. Da der Alias zur Laufzeit erstellt wird, ist er zur Entwicklungszeit in der Auswahlliste nicht enthalten. Ebenfalls wurde auch der Tabellenname noch nicht eingetragen, so das die Eigenschaft „Active = False" beibehalten wird. Die Tabelle wird erst aus dem Programm heraus aktiviert.

```
procedure TFormMain.BitBtnStartClick(Sender: TObject);
begin
  Screen.Cursor := crHourglass;
  try
    Table1.Active := True;    // Daten im DBGrid anzeigen
    StatusBar1.SimpleText := Format('Alias : %s : %s',
               [Table1.DatabaseName,Table1.TableName]);
  finally
    Screen.Cursor := crDefault
  end
end;
```

Da alle benötigten Alias-Angaben vollständig visuell per Objektinspektor zugewiesen wurden, taucht im Quelltext auch keine Programmzeile für diese Aufgabe auf.

»Alias3.dpr« – ein Alias wird temporär registriert (Variante 2)

Alle benötigten Angaben für den temporären Alias können Sie selbstverständlich auch erst zur Programmlaufzeit zuweisen. Damit entfällt zwar die visuelle Zuweisung über den Objektinspektor, daß Programm gewinnt allerdings an Flexibilität.

```
procedure TFormMain.BitBtnStartClick(Sender: TObject);
begin
  Screen.Cursor := crHourglass;
  Database1.DatabaseName := 'FranzisTemp';
  Database1.DriverName := 'STANDARD';
  Database1.Params.Clear;
  Database1.Params.Add('PATH=C:\BUCHF_32\CDROM\DATABASE');
  Table1.DatabaseName := 'FranzisTemp';
  Table1.TableName := 'DELETE.DBF';
  try
```

```
      Table1.Active   := True;
      StatusBar1.SimpleText := Format('Alias : %s : %s',
            [Table1.DatabaseName,Table1.TableName]);
   finally
      Screen.Cursor   := crDefault;
   end
end;
```

Die dritte Version entspricht vollständig der zweiten, nur mit dem Unterschied, daß alle Zuweisungen nicht über den *Objektinspektor*, sondern im Quelltext vorgenommen werden.

8.2.3 Daten zu einem bestimmten Alias auslesen

Im Normalfall verwendet das Delphi-Datenbankprogramm einen Alias, um auf die Datenbanktabellen zuzugreifen. Der Programmanwender kann damit über den Alias das Datenbankverzeichnis frei wählen, ohne daß im Anwendungsprogramm selbst irgendeine Reaktion auf diesen Verzeichniswechsel stattfinden muß. Es gibt aber durchaus Fälle, wo das Anwendungsprogramm genaue Informationen darüber benötigt, in welchem Verzeichnis sich nun tatsächlich die Datenbankdateien befinden.

Auch für diese Aufgabe stellt die *Borland Database Engine* über einen IDAPI-Funktionsaufruf die Lösung bereit. Im Verzeichnis „Kapitel 8\AliasInfo" finden Sie dazu ein Beispielprojekt.
In der Ereignisbehandlungsmethode für das *OnCreate*-Ereignis des Formulars holt sich das Programm Informationen über die zur Zeit bei der BDE registrierten Aliase.

```
procedure TFormMain.FormCreate(Sender: TObject);
begin
   Session.GetAliasNames(ListBoxAlias.Items)
end;
```

Alle gefundenen Aliasnamen werden in die Listbox im Formular eingesetzt, sobald der Anwender eine Zeile in der Listbox mit der Maus anklickt, kommt die zweite Methode im Formular ins Spiel. Es ist nur notwendig, die IDAPI-Funktion *DbiGetDatabaseDesc* mit dem ausgewählten Aliasnamen als ersten Parameter aufzurufen, die BDE legt dann alle Daten in der Struktur vom Typ *DBDesc* ab. Da „aAlias" unter Delphi zuweisungskompatibel mit einem *PChar* ist, können Sie auch den Inhalt der Recordfelder von „aDesc" per einfache Zuweisung auslesen.

```
procedure TFormMain.ListBoxAliasClick(Sender: TObject);
var
   sAlias : String;
   aDesc  : DBDesc;
begin
   if ListBoxAlias.Items.Count > 0 then begin
      with ListBoxAlias do
         sAlias := Items.Strings[ItemIndex];
      try
         DbiGetDatabaseDesc(PChar(sAlias), @aDesc);
         with aDesc do begin
            Label1.Caption := aDesc.szName;
            Label2.Caption := aDesc.szText;
            Label3.Caption := aDesc.szPhyName;
```

```
          Label4.Caption := aDesc.szDbType;
          StatusBar1.SimpleText := GetAliasPath(sAlias);
        end
     except
        ShowMessage('Kein Zugriff auf die BDE möglich')
     end
   end
end;
```

Neben der IDAPI-Funktion bietet auch *TSession* eine Methode an, um die Alias-Parameter auszulesen. Das Ergebnis von *GetAliasParams* zeigt das Beispielprojekt in der Statuszeile an.

```
function GetAliasPath(const Alias: String): String;
var
   ParamList: TStringList;
begin
   ParamList:=TStringList.Create;
   try
      Session.GetAliasParams(Alias, ParamList);
      Result:=ParamList.Values['PATH'];
   finally
      ParamList.Free;
   end;
end;
```

8.3 Datenbanktabellen

8.3.1 Datenbankverzeichnis ermitteln

Möchten Sie ohne den Umweg über das Alias-Verzeichnis gern wissen, aus welchen Verzeichnis heraus die über *TTable* aktivierte Datenbanktabelle angesprochen wird, so hilft die IDAPI-Funktion *DbiGetDirectory* weiter. Im Verzeichnis „Kapitel8\GetDBDirectory" finden Sie das gleichlautende Beispielprojekt.

Zur Sicherheit verwendet das Programm die klassischen nullterminierten Strings in Form eines „Array[0..x] of Char". Diese Form bevorzuge ich immer dann, wenn das Programm Funktionen aus einer nicht-Delphi-DLL aufruft (die DLLs der *Borland Database Engine* gehören dank ihrer *C/C++*-Herkunft auch zu dieser Kategorie).

```
procedure TFormMain.FormCreate(Sender: TObject);
var
   szDir: array[0..255] of char;
begin
   Check(DbiGetDirectory(Table1.DBHandle, False, @szDir));
   StatBar.SimpleText := szDir;
end;
```

8.3.2 Zugriff auf paßwortgeschützte Paradox-Tabellen

Ein großer Vorteil des Paradox-Tabellenformats besteht in der optionalen Vergabe von Paßwörtern für den Zugriff auf die Tabelle. Im Normalfall muß sich der Anwender bei einer paßwortgeschützten Tabelle mit der Eingabe des korrekten Paßwortes anmelden. Damit muß der Anwender im Besitz eines gültigen Paßwortes sein. Der Paßwortschutz selbst liegt in der Tabelle vor und gilt somit auch für externe Programme!

Neben der Paßworteingabe durch den Programmanwender können Sie als Entwickler die Anzeige des Paßwortdialoges durch die *BDE* verhindern, indem Sie selbst aus dem Programm heraus das Tabellenpaßwort anmelden. Damit kann der Anwender aus dem Programm heraus auf eine paßwortgeschützte Tabelle zugreifen, ohne selbst im Besitz des Paßwortes zu sein. Dies verhindert eventuelle Manipulationen an den Datenbeständen durch den Zugriff über externe Programme. In Ihrem eigenen Datenbankprogramm führen Sie oftmals zusätzliche Plausibilitätsprüfungen durch, die durch einen externen Datenbankeditor umgangen werden könnten. Ist der Programmanwender allerdings nicht im Besitz des gültigen Paßwortes, so ist diese potentielle Fehlerquelle wirksam ausgeschaltet. Die Beispielprogramme zu diesem Thema im Verzeichnis „Kapitel 8\Password\Login" sollen Ihnen diesen Sachverhalt verdeutlichen. Die Beispielprogramme greifen über den Alias „Franzis" auf die paßwortgeschützte Tabelle „pwd.db" zu. Das erste Programm „pwd_off.dpr" ohne automatisches Anmelden provoziert die Anzeige des Paßwortdialoges durch die *BDE*. Erst nach der Eingabe des Paßwortes „franzis" wird der Tabelleninhalt angezeigt.

Abb. 8.2: Zugriff auf eine paßwortgeschützte Tabelle

Zum ersten Beispielprogramm „pwd_off.dpr" ist nichts weiteres zu sagen. Bei der zweiten Version „pwd_on.dpr" allerdings fragt die *Borland Database Engine* beim Programmstart kein Paßwort ab, der Tabelleninhalt wird jedoch trotzdem dargestellt. Der Grund für dieses völlig andere Verhalten liegt in der Ereignisbehandlungsmethode für das *OnCreate*-Ereignis des Formulars. Der aktuellen Sitzungsinstanz *Session* wird **vor** dem Öffnen der Tabelle das gültige Paßwort bekanntgemacht. Als Voraussetzung dazu darf im Objektinspektor die TTable-Komponente noch nicht aktiviert werden (Active = False).

Session ist eine Instanzvariable für die *TSession*-Komponente. Dieses nichtvisuelle Objekt wird von Delphi jedesmal automatisch erzeugt, wenn eine Datenbankanwendung ausgeführt wird. Die TSession-Methode *AddPassword* wird benutzt, um ein neues Paßwort für den Zugriff auf Paradox Tabellen der aktuellen TSession-Instanz hinzuzufügen. Nur in diesem Fall wird der Benutzer, der eine Paradox-Tabelle mit Paßwortschutz öffnet, **nicht** aufgefordert, ein Paßwort einzugeben.

8.3 Datenbanktabellen

```
procedure TMainForm.FormCreate(Sender: TObject);
begin
  Session.AddPassword('franzis');
  Table1.Active := True
end;
```

Das Paßwort ist normalerweise während der gesamten Programmlaufzeit gültig. Durch den Aufruf der TSession-Methode *RemovePassword* wird das Paßwort jederzeit wieder abgemeldet. Damit können Sie sogar in Ihrer Anwendung einen nur zeitlich begrenzten Zugriff zu bestimmten Tabellen während der Programmlaufzeit implementieren. Die Methode „FormDestroy" demonstriert dies:

```
procedure TMainForm.FormDestroy(Sender: TObject);
begin
  Table1.Active := False;
  Session.RemovePassword('franzis')
end;
```

Im Beispielprogramm ist der Aufruf in „FormDestroy" nicht unbedingt notwendig, beim Programmende verliert das Paßwort automatisch seine Gültigkeit.

8.3.3 Paßwort einer Paradox-Tabelle programmgesteuert ändern

Für den Paßwortschutz einer Datenbanktabelle kann es verschiedene Gründe geben. Entweder soll der Anwender keinen direkten Zugriff auf die Datenbanktabellen erhalten oder der Anwender will seine persönlichen Daten schützen. Im zweiten Fall muß das Programm eine Option anbieten, über die der Anwender das verwendete Paßwort ändern kann. Ständig wird an ihn als Netzwerkbenutzer oder Online-User appelliert, die verwendeten Paßwörter in regelmäßiger Folge zu wechseln. Damit erwartet er einfach ebenfalls eine derartige Funktion im Datenbankprogramm.

Das Beispielprojekt aus dem Verzeichnis „Kapitel 8\Paßwort\Wechsel" implementiert die Lösung wie folgt. Im Hauptformular werden die globalen Funktionen der Tool-Unit „password.pas" *AddMasterPassword* und *RemoveMasterPassword* aufgerufen

```
procedure TForm1.BitBtnUpdateClick(Sender: TObject);
var
  sPasswd : String;
begin
  sPasswd := EditPasswd.Text;
  if sPasswd <> '' then begin
      AddMasterPassword(TablePasswd, sPasswd);
      StatBar.SimpleText := 'Paßwort wurde geändert!';
    end
  else ShowMessage('Das Paßwort ist zu kurz!');
end;

procedure TForm1.BitBtnClearClick(Sender: TObject);
begin
  RemoveMasterPassword(TablePasswd);
  StatBar.SimpleText := 'Paßwort wurde gelöscht!';
end;
```

Die Implementierung der beiden Funktionen verbirgt sich hinter der formularlosen Tool-Unit „password.pas". Damit kann diese Lösung universell in anderen Projekten eingesetzt werden, Sie müssen nur diese Unit dem Projekt hinzufügen.

Unit „password.pas"

Um das Paßwort einer Paradox-Tabelle zu ändern, muß die Tabelle umstrukturiert werden. Sie finden daher diese Option auch in der *Datenbankoberfläche* nur beim Umstrukturierungsdialog. Dazu setzen Sie das Feld „bProtected" im Tabellen-Deskriptor-Record für diese Tabelle auf „True". Der Übersichtlichkeit wegen setzt das Beispielprogramm nur das *Master-Paßwort* der Tabelle, dieser Einsatzfall dürfte in der Praxis am häufigsten vorkommen.

```
procedure AddMasterPassword(Table: TTable; pswd: string);
var
  TblDesc: CRTblDesc;
  hDb: hDBIDb;
begin
  Table.Active := False;
  Table.Exclusive := True;
  Table.Active := True;
  // Tabellen-Descriptor-Rekord initialisieren
  FillChar(TblDesc, SizeOf(CRTblDesc), 0);
  with TblDesc do begin
    StrPCopy(szTblName, Table.TableName);  // Tabellen-Name
    StrCopy(szTblType, szPARADOX);         // Tabellen-Typ
    StrPCopy(szPassword, pswd);            // Master-Paßwort, Paßwort
    bProtected := True;                    // Paßwortschutz aktiv
  end;
  // Cursor-Handle in ein Database-Handle eintauschen
  Check(DbiGetObjFromObj(hDBIObj(Table.Handle),
                         objDATABASE, hDBIObj(hDb)));
  // Tabelle muß zum Umstrukturieren geschlossen sein
  Table.Close;
  // Master-Paßwort aktivieren }
  Check(DbiDoRestructure(hDb, 1, @TblDesc, nil, nil, nil, FALSE));
  // Paßwort in der Sitzung anmelden, Tabelle wird gleich geöffnet
  Session.AddPassword(pswd);
  // Tabelle wird wieder geöffnet
  Table.Open;
end;
```

8.3.4 Referenzintegrität und kaskadiertes Löschen der Datensätze

Im Verzeichnis „Kapitel 8\Kaskade" finden Sie ein Beispielprojekt, das einen Hauptdatensatz trotz zugeordneter Detaildatensätze löschen kann. Und nicht nur dies, die Detaildatensätze werden ebenfalls vorher noch mit gelöscht, so daß keine Datensatzleichen in der Datenbank übrig bleiben.

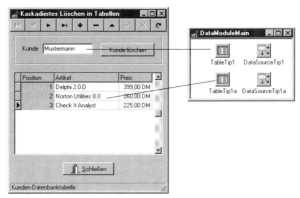

Abb. 8.3: Verbindung zwischen Formular und Datenmodul

Sobald zwei Paradox-Tabellen per referenzielle Integrität miteinander verknüpft sind, kann kein Datensatz aus der übergeordneten Tabelle gelöscht werden, solange in der untergeordneten Tabelle noch ein Verweis auf diesen Datensatz verwendet wird. Die zum Beispielprogramm dazugehörenden Datenbanktabellen finden Sie im Verzeichnis „Database", auf dieses allgemeine Datenbankverzeichnis greifen die Beispielprogramme über den Alias „Franzis" zu.

Tabelle 8.2: Vom Projekt verwendete Tabellen

Tabelle	Verwendung
tip_1.db	Kundendatendaten enthält den Kundennamen sowie die Kundennummer.
tip_1a.db	Detaildatenbank enthält alle Bestellungen eines bestimmten Kunden. In der Tabelle „tip_1a.db" wurde die referenzielle Integrität zur Tabelle „tip_1.db" über die gemeinsame Tabellenspalte „Kundennummer" deklariert.

In einer Datenbankanwendung sollte die Programmlogik soweit wie möglich von dem Benutzerinterface getrennt werden. Auch aus diesem Grund stellt Delphi mit den Datenmodulen eine vollständig neue Unit-Art zur Verfügung. Der Mechanismus zum kaskadierten Löschen eines Kunden aus beiden Datenbanktabellen ist daher ausschließlich im Datenmodul implementiert.

Ein Kunde soll aus der Tabelle „tip_1.db" gelöscht werden. Dies ist nur dann erfolgreich, wenn zu diesem Kunden keine Detaildatensätze in „tip_1a.db" vorhanden sind. Zwischen beiden Tabellen besteht eine *Referenzintegritätsbeziehung*!

Beide Tabellen wurden aus dem *Objektinspektor* heraus über den *Feldverbindungsdesigner* verknüpft, diese Verknüpfung bildet die *Borland Database Engine* auch in den *Datasets* beider TTable-Instanzen ab. Das bedeutet, daß die Detailtabelle nur die Datensätze im Dataset enthält, die der Verknüpfungsregel über die gemeinsame Kundennummer entsprechen.

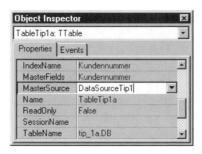

Abb. 8.4:
Verknüpfung zwischen »tip_1.db« und »tip_1a.db« herstellen

Daher können Sie unbesorgt alle Datensätze aus der Detailtabelle löschen, in jedem Fall betrifft dies nur die Datensätze des zu löschenden Kunden. Das einzige Problem besteht dabei nur darin, den richtigen Zeitpunkt für diese Löschaktion zu finden. Die Ereignisbehandlungsmethode für das *BeforeDelete*-Ereignis für die Kundentabelle „tip_1.db" ist zum Beispiel ein geeigneter Ort.

```
procedure TDataModuleMain.TableTip1BeforeDelete(DataSet:TDataSet);
begin
  if MessageDlg('Alle Kundendaten wirklich löschen?',
             mtInformation, [mbYes, mbNo], 0) = mrYes then
  begin
    with TableTip1a do begin
      // sichtbaren Datendialogelemente deaktivieren
      DisableControls;
      // ersten Datensatz positionieren
      First;
      // alle Datensätze des DataSets für diesen Kunden löschen
      while not EOF do
        Delete;
      EnableControls
    end
  end
  // stille Exception verhindert das Löschen
  else Abort
end;
```

In einer *WHILE*-Schleife durchläuft das Programm alle Datensätze von „TableTip1a" (der Positionstabelle) und löscht jeden vorgefundenen Datensatz. Beachten Sie dabei bitte, daß aufgrund der Verknüpfung über das Feld „Kundennummer" jeweils nur die zum zu löschenden Kunden gehörenden Datensätze im Dataset von „TableTip1a" vorliegen. Damit dieses Durchblättern des Tabelleninhaltes nicht zu einer unschönen Anzeige im *TDBGrid* führt, trennt der Aufruf von *DisableControls* die Verbindung zu den sichtbaren Datendialogelementen ab.

In der Ereignisbehandlungsmethode erfolgt nochmals eine Sicherheitsabfrage, ob alle Daten zum ausgewählten Kunden tatsächlich gelöscht werden sollen. Schließt der Anwender dieses Hinweisfenster über den „Nein"-Button, so löst das Programm über *Abort* eine sogenannte *stille Exception* aus. Der Löschvorgang wird sofort abgebrochen, ohne das der Anwender das typische Exception-Warnfenster zu Gesicht bekommt.

 Immer dann, wenn nicht bereits zwei TTable-Komponenten miteinander verknüpft sind, ist das Löschen über SQL sinnvoll.

TDBNavigator für zwei TDataSource's teilen

Im Hauptformular wurde nur eine *TDBNavigator*-Instanz eingesetzt, mit deren Hilfe der Anwender zur Programmlaufzeit beide Datenbanktabellen pflegen kann. Sowohl im *TDBEdit*-Feld für den Kundennamen als auch im *TDBGrid* für die Positionen sorgt jeweils die Ereignisbehandlungsmethode für das *OnEnter*-Ereignis dafür, daß die TDBNavigator-Instanz an die gerade fokussierte Datenquelle geschaltet wird.

```
procedure TFormMain.DBGrid1Enter(Sender: TObject);
begin
  DBNavigatorMain.DataSource := DataModuleMain.DataSourceTip1a;
  StatusBar.SimpleText := 'Positions-Datenbanktabelle'
end;
```

Damit der Programmanwender den Überblick behält, zeigt die Statuszeile die gerade angeschaltete Datenbanktabelle an.

```
procedure TFormMain.DBEdit1Enter(Sender: TObject);
begin
  DBNavigatorMain.DataSource := DataModuleMain.DataSourceTip1;
  StatusBar.SimpleText := 'Kunden-Datenbanktabelle'
end;
```

Der zusätzlich im Formular plazierte Button löscht den gerade ausgewählten Kunden aus der Datenbank, unabhängig davon, welcher Datenquelle gerade der DBNavigator zugeordnet wurde.

```
procedure TFormMain.BitBtnDeleteKundeClick(Sender: TObject);
begin
  DBNavigatorMain.DataSource := DataModuleMain.DataSourceTip1;
  DBNavigatorMain.BtnClick(nbDelete)
end;
```

8.3.5 Gelöschte Datensätze in einer dBASE-Tabelle anzeigen

Beim Vorstellen des dBASE-Datenbankformats bin ich bereits kurz auf eine Eigenheit dieser Datenbank eingegangen. In einer dBASE-Tabelle werden vom Anwender gelöschte Datensätze nicht sofort entfernt. Statt dessen erhalten die gelöschten Datensätze eine spezielle Markierung, so daß sie im Normalfall nicht mehr angezeigt werden. Um die gelöschten Datensätze tatsächlich aus der Datenbanktabellen zu entfernen, muß die Pack-Funktion aufgerufen werden.

Dank *IDAPI* ist auch jedes Delphi-Datenbankprogramm in der Lage, Datensätze mit gesetzter Löschmarkierung anzuzeigen.

Auf der CD-ROM finden Sie auch dazu im Verzeichnis „Kapitel 8\ShowDeleted" ein Beispielprogramm vor.

Zur besonderen Kennzeichnung wird im Beispielprogramm ein berechnetes Feld für die *TTable*-Komponente verwendet. Selbstverständlich könnte jedoch auch die betreffende Zeile im *TDBGrid* eingefärbt werden, der Ideenvielfalt sind an dieser Stelle keine Grenzen gesetzt. Im Beispielprogramm soll das berechnete Feld „DEL" Datensätze mit gesetzter Löschmarkierung kennzeichnen. Der Feldname ist frei wählbar, solange er eindeutig bleibt. Das Feld soll ein Zeichen darstellen, also wird auch der Eintrag „String" als Felddatentyp aus der Listbox ausgewählt. Wichtig ist dabei nur, daß das Auswahlfeld „Calculated" für den Feldtyp markiert ist. Nur in diesem Fall erhält die TTable-

Komponente die *OnCalcFields*-Ereignisse. Dieses Ereignis wird dazu verwendet, den Wert des berechneten Feldes zu setzen. Das Ereignis wird immer dann aufgerufen, wenn ein Datensatz aus der Tabelle gelesen wird, so daß die Prüfung bei jedem Datensatz aufs Neue erfolgt.

```
procedure TFormMain.Table1CalcFields(DataSet: TDataSet);
var
  aRecProps : RECProps;              // IDAPI-Struktur
begin
  if RadioButtonYes.Checked then    // Ja-Radiobutton aktiv
  begin
    with Table1 do begin
      // Datensatzeigenschaften per IDAPI auslesen
      Check(DbiGetRecord(Handle, DbiNoLock, nil, @aRecProps));
      // Feldinhalt des berechneten Feldes setzen
      if aRecProps.bDeleteFlag then Table1DEL.Value := '#'
                               else Table1DEL.Value := ' '
    end
  end
end;
```

Mit Hilfe der *IDAPI*-Funktion *DbiGetRecord* liest die Methode die Eigenschaften des aktuellen Datensatzes aus. Die Funktion füllt die Struktur „aRecProp" vom Typ „RECProps" mit den vorgefundenen Werten auf. Ein Feld dieses Record mit dem Namen „bDeleteFlag" kennzeichnet zum Beispiel eine gesetzte Löschmarkierung. Damit in diesem Feld tatsächlich der korrekte Wert steht, bedarf es noch eines weiteren Eingriffs. Der *BDE* muß mittels IDAPI-Aufruf mitgeteilt werden, daß das Programm diese Eigenschaft zur Auswertung benötigt. Dieser Mechanismus ist in der Ereignisbehandlungsmethoden für das Anklicken der Radiobutton im Formular abgelegt.

```
procedure TFormMain.RadioButtonYesClick(Sender: TObject);
begin
  with Table1 do begin
    DisableControls;      // kosmetische Aktion
    try
      // Tabellencursor-Eigenschaft setzen
      Check(DbiSetProp(hDbiObj(Handle), curSOFTDELETEON, 1))
    finally
      Refresh;            // Tabelleninhalt auffrischen
      EnableControls
    end
  end
end;
```

Der IDAPI-Aufruf *DbiSetProp* setzt eine gewünschte Eigenschaft für ein bestimmtes *BDE-Objekt*. Um welches Objekt es sich dabei handelt legt der erste Parameter fest – das per *Typecasting* übergebene Cursorhandle Handle wird von der TTable-Komponente des Programmes bereitgestellt. Der zweite Parameter legt fest, welche Eigenschaft des Objektes geändert werden soll. Die Konstante „curSOFTDELETEON" mit dem folgenden Wert 1 führt dazu, daß die TTable-Komponente auch die Datensätze mit einer Löschmarkierung verwendet.

Damit stellt das Programm sicher, daß die benötigten Daten von den *TField*-Komponenten bereitgestellt werden. Jetzt bleibt nur noch eine Aufgabe übrig – die Darstellung der Daten im TDBGrid. Dazu schieben Sie zuerst das berechnete Feld „DEL" per *Drag&Drop* an die erste Position.

Wird die Anzeige der Datensätze mit einer Löschmarkierung nicht mehr gewünscht, informiert ein erneuter Aufruf von *DbiSetProp* die BDE darüber.

```
procedure TFormMain.RadioButtonNoClick(Sender: TObject);
begin
  with Table1 do begin
    DisableControls;
    try
      // BDE-Tabellencursor synchronisieren
      UpdateCursorPos;
      // Tabellencursor-Eigenschaft setzen
      Check(DbiSetProp(hDbiObj(Handle), curSOFTDELETEON, 0))
    finally
      Refresh;              // Tabelleninhalt auffrischen
      EnableControls
    end
  end
end;
```

8.3.6 Packen, Reorganisieren und Regenerieren

Eine Eigenheit des *dBASE*-Tabellenformats ist es, gelöschte Datensätze nicht wirklich sofort aus der Tabelle zu entfernen. Statt dessen werden die vom Anwender gelöschten Datensätze nur mit einer Löschmarkierung versehen. Erst beim Komprimieren der Tabelle entfernt die BDE die gelöschten Datensätze wirklich physikalisch aus der Datei. Neben dieser Pack-Funktion wird in der Praxis auch eine Funktion zum Regenerieren der Indexdateien benötigt. Weiterhin gehört noch eine Aufgabe in diese Rubrik, das Wiederherstellen von beschädigten Indexdateien. Das Beispielprogramm „pack.dpr" im Verzeichnis „Kapitel 8\Pack" stellt eine Lösung für alle drei Aufgaben vor.

dBASE-Tabelle packen und Paradox-Tabellen reorganisieren

Beim Komprimieren einer Tabelle muß je nach Tabellenformat (*dBASE* oder *Paradox*) unterschiedlich vorgegangen werden. Am einfachsten ist das Komprimieren einer dBASE-Tabelle. Dort werden nur die mit einer Löschmarkierung versehenen Datensätze auch physikalisch aus der Datei gelöscht. Das ist aus einer Delphi-Datenbankanwendung problemlos zu bewältigen, die einzige Hürde besteht darin, daß der Entwickler die Tabelle im *Exclusive*-Mode öffnen muß.

Bei Paradox-Tabellen sieht die Sache wesentlich komplizierter aus. Dort werden ja Datensätze sofort beim Löschen durch den Anwender aus der Datei – genauer gesagt nur aus dem Block – entfernt. Ähnlich wie bei der Datenspeicherung auf der Festplatte entstehen dadurch „Löcher" in den belegten Blöcken. Ein Komprimieren der Paradox-Tabelle beseitigt diese ungenutzten Platz, indem die Datensätze selbst neu in die Blöcke gepackt werden. Mittels *IDAPI* ist auch eine Paradox-Tabelle komprimierbar – Sie werden die Funktion ja bereits im Programm *Datenbankoberfläche* gefunden haben. Dort ist sie jedoch nur aus dem Umstrukturierungsdialog heraus aufrufbar – dies hat auch Konsequenzen für Sie als Entwickler. Um eine Paradox-Tabelle umstrukturieren zu können, darf sie nicht geöffnet sein. Damit steht unter Delphi jedoch das Datenbankhandle „DBHandle" nicht mehr zur Verfügung!

Dieses Handle wird jedoch benötigt, um die IDAPI-Funktion *DbiDoRestructure* aufrufen zu können. Die BDE unterscheidet dabei zwischen dem Datenbank- und dem Tabellenhandle, beim Einsatz der

TTable-Komponente werden beide Handles gleichzeitig belegt. Die hier vorgestellte Lösung verzichtet beim Umstrukturieren einer Paradox-Tabelle daher auf die TTable-Komponente (diese wird zur Laufzeit abgeschaltet) und fordert mittels *IDAPI* selbst ein Datenbankhandle an.

Für das Komprimieren der Tabelle (dBASE oder Paradox) ist im Beispielprogramm die Methode „PackBtnClick" zuständig. Um den Tabellentyp sicher zu erkennen, wird eine eigene IDAPI-Funktion aufgerufen. Eine vereinfachte Lösung, die nur die Dateinamenerweiterung prüft, ist allerdings auch vorstellbar.

```
procedure TMainForm.PackBtnClick(Sender: TObject);
var
  aCurProps : CURProps;
  aTblDesc  : CRTblDesc;
  aHDBI     : HDBIDB;
begin
  StatusBar1.SimpleText := 'Tabellen packen/reorganisieren...';
  with Table1 do begin
    { vorher Exclusiv öffnen ! }
    Active:= False;
    Exclusive:= True;
    Active:= True;
    { dBase oder Paradox ? }
    Check(DbiGetCursorProps(Handle, aCurProps));
    Screen.Cursor := crHourglass;
    case aCurProps.iSeqNums of
      { 0 = dBase }
      0 : Check(DbiPackTable(DBHandle, Handle, nil, nil, True));
      { 1 = Paradox }
      1 : begin
            { TTable darf nicht offen sein !!! }
            Active := False;
            FillChar(aTblDesc, SizeOf(aTblDesc), #0);
            { CRTblDesc-Record ausfüllen (3 von 25 Feldern) }
            with aTblDesc do
            begin
              StrPCopy(szTblname, Table1.TableName);
              bPack := True;       { Komprimieren ! }
              iFldCount := 0;      { keine Strukturänderung ! }
            end;
            (* TTable geschlossen -> DBHandle ist ungültig !
               Daher wird die Datenbank mittels IDAPI-Aufruf
               geöffnet, die Tabelle allerdings nicht. *)
            Check(DbiOpenDatabase(nil, nil, DbiREADWRITE,
                                  DbiOpenShared, nil,
                                  0, nil, nil, aHDBI));
            (* Keine Umstrukturierung, Tabelle wird nur gepackt *)
            Check(DbiDoRestructure(aHDBI, 1, @aTblDesc,
                                   nil, nil, nil, False));
          end
    end;
    { Anzeige im DBGrid wieder aktivieren }
    Active:= False;
    Exclusive:= False;
```

```
        Active:= True;
        Screen.Cursor := crDefault;
        StatusBar1.SimpleText := Format('%d Datensätze',
                                        [RecordCount])
    end
end;
```

Nachdem die Tabelle geschlossen und im Exclusiv-Modus erneut geöffnet wurde, sorgt die IDAPI-Funktion *DbiGetCursorProps* dafür, daß der als Parameter übergebene Record vom Typ *CURProps* mit den Eigenschaften des *Cursors* für die Tabelle gefüllt ist. Dieser Record besteht aus über 30 Feldern, davon ist allerdings nur ein Feld von Interesse. Das Feld „iSeqNums" ist vom Typ Integer und kann drei verschiedene Tabellenarten unterscheiden :

iSeqNums = 0   dBASE-Tabelle (Konzept der Datensatznummer wird unterstützt)
iSeqNums = 1   Paradox-Tabelle (Konzept der *sequence numbers* wird unterstützt)
iSeqNums < 0   SQL-Tabelle

In einer *CASE*-Abfrage wird je nach erkannten Tabellentyp eine unterschiedliche Bearbeitung vorgenommen. Für dBASE-Tabellen wird die Arbeit von einem Einzeiler ausgeführt.

```
Check(DbiPackTable(DBHandle, Handle ,nil,nil, True));
```

Die IDAPI-Funktion *DbiPackTable* optimiert den durch die Tabelle belegten Speicherplatz und gibt den aktuell nicht zugewiesenen Speicherplatz frei. Im letzten Parameter wird festgelegt, ob gleichzeitig die Indizies regeneriert werden sollen. Dies betrifft jedoch nur die gepflegten Indizies, die beim Einrichten der Tabellenstruktur entsprechend definiert wurden. Diese Funktion ist nur für Tabellen im *dBASE*-Format wirksam.

Wurde allerdings eine Paradox-Tabelle erkannt, ist einiger Mehraufwand notwendig. Wie gesagt wird zuerst auf die *TTable*-Instanz verzichtet. Als nächstes wird die Struktur vom Typ *CRTblDesc* initialisiert, von den 25 Feldern der Struktur müssen allerdings nur drei Felder ausgefüllt werden. Das erste Feld „szTblname" nimmt den Dateinamen (incl. Pfad) der zu bearbeitenden Tabelle auf. Im nächsten Feld „bPack" wird festgelegt, daß die Tabelle auch komprimiert werden soll. Da eine Umstrukturierung nicht beabsichtigt ist, wird als drittes Feld der Wert für „iFldCount" auf 0 gesetzt!

Die lokale Variable „aHDBI" vom Typ *HDBIDB* speichert das vom *DbiOpenDatabase*-Aufruf ermittelte *Database-Handle*. Mit dieser gültigen Garderobenmarke ist auch anschließend der *DbiDoRestructure*-Aufruf erfolgreich. Neben dem *Database-Handle* und einen Zeiger auf den *CRTblDesc*-Record braucht nichts wichtiges mehr übergeben zu werden. Die drei *nil*-Zeiger schalten die Optionen (Tabelle unter anderem Namen speichern; Fehlertabelle bei Schlüsselfehlern; Problemtabelle) ab. Der letzte Parameter legt fest, daß die Tabelle nicht nur analysiert, sondern auch bearbeitet werden soll.

Index regenerieren

In der Praxis müssen Sie als Entwickler immer damit rechnen, daß Dateien auf dem Speichermedium beschädigt werden. Sind davon die in der Datenbankanwendung verwendeten Indexdateien betroffen, hilft Ihnen vielleicht diese Routine weiter.

```
procedure TMainForm.IndexBtnClick(Sender: TObject);
begin
  with Table1 do begin
    StatusBar1.SimpleText := 'Indexdateien neu aufbauen...';
    Screen.Cursor := crHourglass;
```

```
    try
      Active:= False;
      Exclusive:= True;
      Active:= True;
      Check(DbiRegenIndexes(Handle));
      Active:= False;
      Exclusive:= False;
      Active:= True;
    finally
      Screen.Cursor := crDefault;
    end;
    StatusBar1.SimpleText := Format('%d Datensätze',
                                    [RecordCount])
  end
end;
```

Mit Hilfe der IDAPI-Funktion *DbiRegenIndexes* werden die verwendeten Indexdateien regeneriert, d.h. es ist nach diesem Aufruf sichergestellt, daß alle aktuell in der Tabelle gespeicherten Datensätze auch in der Indexdatei berücksichtigt werden. Verwendet Ihre Anwendung gepflegte Indexdateien (was den Normalfall darstellen sollte), wird die Indexdatei bereits während der Programmlaufzeit aktualisiert. Der Aufruf der Funktion ist nur dann erfolgreich, wenn die Tabelle im Exlusiv-Modus geöffnet wurde.

Die Funktion *DbiRegenIndexes* erwartet als einzigen Parameter ein Handle auf den *Cursor* der Tabelle. Auch diese Funktion arbeitet je nach Tabellentyp unterschiedlich.

dBASE	Alle geöffneten Indizes werden regeneriert.
Paradox	Alle (gepflegte und nicht gepflegte) Indizes werden regeneriert.
SQL	Wirkungslos (Indizes sind ausschließlich Sache des SQL-Servers)

8.4.7 Daten in eine ASCII-Datei exportieren

Neben dem Export in ein anderes Datenbankformat (habe ich bereits in diesem Buch vorgestellt) ist ebenfalls der Export in eine ASCII-Datei möglich. Dies ist immer dann notwendig, wenn ein externes Programm nicht in der Lage ist, auf Tabellen im *dBASE* - oder *Paradox*-Format zuzugreifen.
Im Verzeichnis „Kapitel 8\Export nach ASCII" finden Sie das Projekt „db2txt.dpr". Im Hauptformular dieses Beispielprogramms ist als Ereignisbehandlungsmethode für das Anklicken des Export-Buttons die folgende Methode implementiert.

```
procedure TMainForm.BtnStartClick(Sender: TObject);
var
  sTargetName : String;
begin
  { Pfad+Name übernehmen, nur Dateiendung ändern }
  sTargetName := ChangeFileExt(SourceTable.Tablename, '.TXT');
  with TargetTable do begin
    StatusBar1.SimpleText :=
           Format(' %s wird nach %s exportiert.',
                  [SourceTable.TableName, sTargetName]);
    TableName := sTargetName;
    { ASCII-Tabelle mit Formatdatei (*.SCH) anlegen }
```

```
    CreateTable;
    { ASCII-Tabelle öffnen }
    Open;
    Screen.Cursor := crHourglass;
    { Tabelle in den Editiermodus setzen }
    Edit;
    { TTable-Methode BatchMove kopiert die Datensätze }
    BatchMove(SourceTable, batCopy);
    Close;
    Screen.Cursor := crDefault
  end
end;
```

Neben der *TBatchMove*-Komponente kann ebenfalls die *TTable*-Komponente über die Methode *BatchMove* Datensätze in eine andere Tabelle kopieren. Im Beispielprogramm exportiert der Anwender eine beliebige Quelltabelle, der Dateiname für die Zieltabelle im ASCII-Format wird von der Quelltabelle übernommen. Die Methode ändert nur die Dateinamenerweiterung, für den Entwickler hält *Object Pascal* dafür die Funktion *ChangeFileExt* bereit.

Im *Objektinspektor* wurden der Zieltabelle „TargetTable" die folgenden Eigenschaften zugewiesen.

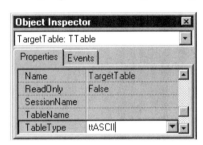

Abb. 8.5: Die Eigenschaft »TableType« ist entscheidend

Beachten Sie den alles entscheidenden Eintrag für die Eigenschaft *TableType*. Mit diesen Einstellungen erzeugt die Methode *CreateTable* sowohl die ASCII-Tabelle „.TXT" als auch die dazugehörende Formatdatei „.SCH".

Das folgende Beispiel stammt vom Export der Quellendatenbank „quelle.db". Die Schema-Datei „quelle.sch" enthält die von *TTable* angelegte Strukturbeschreibung.

```
[quelle]
Filetype=Fixed
Field1=ID,Long Integer,11,00,00
Field2=Quelle,Char,30,00,11
Field3=Redaktion,Char,30,00,41
Field4=Strasse,Char,25,00,71
Field5=Hausnummer,Char,08,00,96
Field6=PLZ,Char,05,00,104
Field7=Ort,Char,25,00,109
Field8=Telefon,Char,20,00,134
Field9=FAX,Char,20,00,154
Field10=Bemerkungen,Char,173,00,174
CharSet=ascii
```

Der Inhalt der Tabelle im ASCII-Format befindet sich in der Datei „quelle.txt" auf der CD-ROM.

8.3.8 Tabellenstruktur anzeigen und ausdrucken

Ein universell verwendbares Formular zur Anzeige der Tabellenstruktur wird auch oftmals gebraucht. Zumal wenn dieses Formular auch noch die Struktur der Datenbanktabelle zu Papier bringt. Im Verzeichnis „Kapitel 8\StrukturInfo" finden Sie das obligatorische Beispielprojekt zu diesem Thema. Dabei ist die Projektdatei „Struktur.dpr" beziehungsweise die Unitdatei für das Hauptformular gar nicht mal so von Interesse. Damit die Funktion universell einsetzbar ist, wurde die komplette Funktionalität in die Unit „FStruF.pas" ausgelagert.

Der Aufruf aus dem Hauptformular über die Ereignisbehandlungsmethode für das Anklicken des Fragezeichenbuttons ist sehr übersichtlich.

```
procedure TMainForm.SpeedButton3Click(Sender: TObject);
begin
  DBFFrm.sDBFileName:= TableMain.Tablename;
  DBFFrm.StruTable:= TableMain;
  DBFFrm.ShowModal
end;
```

Unmittelbar vor dem Anzeigen des Strukturformulars über *ShowModal* werden die Objektfelder der Strukturanzeige initialisiert, indem die zu untersuchende Tabelle über die *TTable*-Instanz definiert wird.

Strukturformular „FStruF"

Beim Eintreffen des Formularereignisses *OnCreate* wird die *TStringGrid*-Instanz formatiert.

```
procedure TDBFFrm.FormCreate(Sender: TObject);
begin
  { Beschriftung von TStringGrid definieren }
  StruGrid.Cells[0,0]:= 'Feldname';
  StruGrid.Cells[1,0]:= 'Feldtyp';
  StruGrid.Cells[2,0]:= 'Feldbreite';
  { Spaltenbreite von TStringGrid anpassen }
  StruGrid.ColWidths[0]:= 150;
end;
```

Wird das Ereignis *OnActivate* erkannt, muß das Programm dafür sorgen, daß die Anzeige aktualisiert wird. Der Tabellentyp wird über das Icon-Symbol im Formular gekennzeichnet. Da der Tabellentyp erst nach dem Auswerten der Tabellenstruktur vorliegt, wird hier das Icon nur verborgen. Die private Methode „GetDBInfo" liest dann tatsächlich die Tabellenstruktur aus.

```
procedure TDBFFrm.FormActivate(Sender: TObject);
begin
  { TLabel aktualisieren }
  DBFileName.Caption:= sDBFileName;
  { Zeilenanzahl von TStringGrid anpassen }
  StruGrid.RowCount:= StruTable.FieldCount + 1;
  { Tabellentyp-Icons vorerst verbergen }
  dBaseIcon.Visible:= False;
  PDXIcon.Visible:= False;
  iRecordLen:= 0;
  { Strukturinformationen auslesen }
  GetDBInfo;
end;
```

Der Anwender möchte die Tabellenstruktur zu Papier bringen. Da dies je nach Tabellengröße einige Zeit in Anspruch nehmen kann, wird das Hinweisformular nichtmodal angezeigt, solange der Druckvorgang läuft. Auch für den Ausdruck ist wiederum eine private Methode – „DoPrint" – zuständig.

```
procedure TDBFFrm.PrintBtnClick(Sender: TObject);
begin
  PrintInfoForm.Show;
  DoPrint;
  PrintInfoForm.Hide
end;
```

Alle benötigten Informationen stellt die *TTable*-Instanz über ihre Eigenschaften zur Verfügung. *FieldCount* definiert die Anzahl der Tabellenspalten, während über *Fields* auf die Struktur zu jeder Tabellenspalte zugegriffen wird.

```
procedure TDBFFrm.GetDBInfo;
var
   iCount     : Integer;
   iLen   : Integer;
   sText : String[20];
   sExt  : String[4];
begin
  with StruTable do begin
     for iCount:= 0 to FieldCount-1 do begin
        { Feldname }
        StruGrid.Cells[0,iCount+1]:= Fields[iCount].FieldName;
        case Fields[iCount].DataType of
           ftString    : sText:= 'Zeichen';
           ftSmallInt  : sText:= 'SmallInt';
           ftInteger   : sText:= 'Integer';
           ftWord      : sText:= 'Word';
           ftBoolean   : sText:= 'Logisch';
           ftFloat     : sText:= 'Gleitkomma';
           ftCurrency  : sText:= 'Währung';
           ftBCD       : sText:= 'BCD';
           ftDate      : sText:= 'Datum';
           ftTime      : sText:= 'Time';
           ftDateTime  : sText:= 'DateTime';
           ftBytes     : sText:= 'Bytes';
           ftBlob      : sText:= 'BLOB';
           ftMemo      : sText:= 'Memo';
           ftGraphic   : sText:= 'Grafik';
           else StruGrid.Cells[1,iCount+1]:= 'unbekannt';
        end;
        { Feldtyp }
        StruGrid.Cells[1,iCount+1]:= sText;
        { Feldbreite }
        StruGrid.Cells[2,iCount+1]:=
                   IntToStr(Fields[iCount].DisplayWidth);
        { benötigter Speicherplatz }
        iLen:= Fields[iCount].DataSize;
        Inc(iRecordLen, iLen)
     end;
```

```
    end;
    { Je nach Tabellentyp das passende Icon einblenden }
    sExt:= ExtractFileExt(sDBFileName);
    if sExt = '.DBF' then dBaseIcon.Visible:= True
                     else PDXIcon.Visible:= True;
end;
```

Durch das Delphi-Objekt *Printer* bleibt auch der Druckvorgang in vertretbaren Grenzen, obwohl bereits eine Delphi-untypische Menge an Programmzeilen zusammenkommt. Jeder Druckauftrag wird von „Printer.BeginDoc" und „Printer.EndDoc" eingerahmt. Erst nach dem Aufruf von „End-Doc" schickt das Programm den Druckauftrag an Windows ab. Um hier nicht mühsam jede Zeile der Methode auseinandernehmen zu müssen, verweise ich hier nur auf die reichlich enthaltenen Kommentare im Listing.

```
procedure TDBFFrm.DoPrint;
const
   iLeft   = 350;   { linker Rand }
   iYStart = 100;   { oberer Rand }
var
   iCnt, iY               : Integer;
   sTxt    : String;      { auszudruckender Text }
   Metrics : TTextMetric; { Schriftgröße }
   iDelta  : Integer;     { Zeilenabstand }
   iField  : Integer;     { Feldernummerierung }

   { Zeile ausdrucken ; iLF = Zeilenabstand in LineFeed }
   procedure LinePrint(aText: String; iLF: Integer);
   begin
      Printer.Canvas.TextOut(iLeft, iY, aText);
      GetTextMetrics(Printer.Handle, Metrics);
      iDelta:= Metrics.tmHeight;
      Inc(iY, iDelta * iLF);
   end;

begin
   { Variablen initialisieren }
   iField:= 1;
   iY:= iYStart;
   { Druckvorgang beginnen }
   Printer.BeginDoc;
   { Überschrift }
   Printer.Canvas.Font.Name := 'Arial';
   Printer.Canvas.Font.Size := 14;
   sTxt:= 'Tabellenstruktur ';
   LinePrint(sTxt, 1);
   { Daten zur Tabelle }
   Printer.Canvas.Font.Name := 'Courier New';
   Printer.Canvas.Font.Size := 12;
   sTxt:= 'Dateiname    : ' + sDBFileName;
   LinePrint(sTxt, 1);
   sTxt:= 'Felderanzahl : ' + IntToStr(StruTable.FieldCount);
   LinePrint(sTxt, 1);
   sTxt:= 'Recordlänge  : ' + IntToStr(iRecordLen) + ' Byte';
```

```
    LinePrint(sTxt, 3);
    { Tabellenstruktur }
    Printer.Canvas.Font.Name := 'Courier New';
    Printer.Canvas.Font.Size := 10;
    sTxt:= Format('%-5s %-20s %-12s %8s',
                  ['Nr.', 'Feldname', 'Feldtyp', 'Größe']);
    LinePrint(sTxt, 1);
    sTxt:= '_____';
    LinePrint(sTxt, 2);
    { alle Zeilen des TStringGrid ausdrucken }
    with StruGrid do begin
      { Titelzeile aus der Zeilenanzahl ausklammern }
      for iCnt:= 1 to RowCount - 1 do begin
        sTxt:= Format('%-3d : %-20s %-12s %8s',
                      [iField, Cells[0,iCnt], Cells[1,iCnt],
                       Cells[2,iCnt]]);
        LinePrint(sTxt, 1);
        { Seitenwechsel notwendig ? }
        if (iField mod 50) = 0 then begin
          Printer.NewPage;
          iY:= iYStart;
          sTxt:= 'Struktur von ' + sDBFileName + ' Seite : ' +
                 IntToStr(Printer.PageNumber);
          LinePrint(sTxt, 3)
        end;
        Inc(iField)
      end
    end;
    { Druckende }
    Printer.EndDoc;
  end;
end.
```

8.3.9 Tabellen sperren und umbenennen

Auch wenn das Sperren und Freigeben von Datenbanktabellen der *Borland Database Engine* überlassen werden sollte, gibt es doch Einsatzfälle, bei denen der Entwickler die Kontrolle vollständig übernehmen will. Die *Tabellensperren* von Delphi funktionieren nur mit dBASE- und Paradox-Tabellen, wobei Sie mehrere Sperren auf eine Tabelle setzen können (je nach dem Wert für *LockType* der ersten Sperre).

```
procedure LockTable(LockType: TLockType);
```

Die TTable-Methode *LockTable* sperrt die Tabelle und verhindert dadurch, daß andere Benutzer weitere Sperren für die Tabelle einrichten. Der Parameter „LockType" gibt die Art der Sperre an.

```
procedure UnlockTable(LockType: TLockType);
```

Die TTable-Methode *UnlockTable* entfernt eine Sperre, die mit der Methode *LockTable* eingerichtet wurde. Der Parameter „LockType" gibt an, welcher Sperrentyp entfernt werden soll.

Tabelle 8.3: Die unterstützten Konstanten für TLockType

TLockType-Werte	Bedeutung
ltReadLock	Hindert andere Prozesse am Plazieren von Schreibsperren auf die Tabelle. Für dBASE-Tabellen ist *ltReadLock* gleichbedeutend mit ltWriteLock.
ltWriteLock	Hindert andere Prozesse am Plazieren jeglicher Sperren auf die Tabelle.

```
procedure RenameTable(const NewTableName: string);
```

Die Methode *RenameTable* benennt eine Tabelle um, einschließlich der eventuell dazugehörigen Sekundärdateien. Auch *RenameTable* funktioniert nur mit *dBASE*- und *Paradox*-Tabellen.

8.3.10 Tabelleninhalt generieren und löschen

Oftmals wird auch eine Routine benötigt, die Tabellen zu Testzwecken mit Zufallsdaten füllt. Immer dann, wenn Sie eigene Untersuchungen über das Geschwindigkeitsverhalten der *Borland Database Engine* durchführen möchten, kommt so ein Tool gelegen.

Im Verzeichnis „Kapitel 8\TableGenerator" finden Sie das Beispielprojekt „TableGen.dpr", aus dem die folgenden beiden Methoden stammen.

```
procedure TMainForm.BtnCreateDBClick(Sender: TObject);
var
  iCnt, iPos : Integer;
  szText     : array[0..20] of Char;
begin
  Screen.Cursor := crHourglass;
  FillChar(szText, SizeOf(szText), #0);
  with TableCreate do begin
    Active := False;
    TableName := 'TABLEGEN.DB';
    TableType := ttParadox;
    // FieldDefs beschreibt die Tabellenstruktur
    with FieldDefs do begin
      Clear;
      Add('RecNr', ftString, 15, False);
      Add('Vorname', ftString, 25, False);
      Add('Nachname', ftString, 25, False)
    end;
    // IndexDefs beschreibt die Index-Struktur }
    with IndexDefs do begin
      Clear;
      Add('RecNrIdx', 'RecNr', [ixPrimary, ixUnique]);
    end;
    try
      CreateTable;
      BtnCreateDB.Caption := 'Tabelle wurde erstellt';
      StatusBar1.SimpleText := 'Tabelle wird gefüllt....';
      MainForm.Refresh;
```

```
    finally
      Screen.Cursor := crDefault
    end;
    // Tabelle ist da -> mit Daten füllen
    Randomize;
    with TableCreate do begin
      Open;
      DisableControls;
      for iCnt := 1 to StrToInt(EditCount.Text) do begin
        Insert;
        Fields[0].AsString := IntToStr(iCnt);
        for iPos := 0 to 19 do
          szText[iPos] := Char(Random(25) + 65);
        Fields[1].AsString := szText;
        for iPos := 0 to 19 do
          szText[iPos] := Char(Random(25) + 97);
        Fields[2].AsString := szText;
        Post
      end;
      EnableControls;
    end;
    DBGrid1.Visible := True;
    StatusBar1.SimpleText := Format('%d Datensätze generiert.',
                 [TableCreate.RecordCount]);
    BtnDelete.Enabled := True;
    // BDE-Puffer zurückschreiben
    DbiSaveChanges(TableCreate.Handle);
  end;
end;
```

Interessant sind die folgenden Zeilen, die für die Zufallszeichenketten in den Tabellenspalten verantwortlich sind.

```
for iPos := 0 to 19 do
        szText[iPos] := Char(Random(25) + 65);
```

Die lokale Variable „szText" wurde als „array[0..20] of Char" deklariert, ist also damit unter Delphi *zuweisungskompatibel* zu einem Delphi-String (*Huge-String*). Gleich am Anfang der Methode wird mit dem Aufruf von „FillChar(szText, SizeOf(szText), #0)" dafür gesorgt, daß diese Variable vollständig mit *NULL-Zeichen* gefüllt ist. Daher darf nun einfach die erste bis zwanzigste Stelle in diesem Zeichenarray neu zugewiesen werden, der String ist trotzdem mit einem NULL-Zeichen ordnungsgemäß beendet.

Typecasting

Der in der Methode „BtnCreateDBClick" verwendete Konstrukt

```
Char(Random(25) + 65)
```

sorgt dafür, das auch tatsächlich ein gültiger Buchstabe vom Zufallsgenerator zurückgeliefert wird. An der Position „65" beginnen die Großbuchstaben in der Zeichentabelle, während die Position „97" den Anfang der Kleinbuchstaben kennzeichnet. Zu diesen numerischen Werten wird die generierte Zufallszahl hinzugezählt. Der Aufruf „Random(25)" legt dabei fest, daß die Zufallszahl den Bereich von „0 ... 25" einnehmen kann. Das Ergebnis der Addition ist und bleibt jedoch eine Zahl, über das Typecasting über „Char" teilen Sie dem Compiler mit, wie er das Ergebnis zu interpretieren hat.

```
procedure TMainForm.BtnDeleteClick(Sender: TObject);
begin
  Screen.Cursor := crHourglass;
  with TableCreate do begin
    Active := False;
    try
      Exclusive := True;
      EmptyTable;
      Exclusive := False;
      Active := True;
    finally
      Screen.Cursor := crDefault;
      StatusBar1.SimpleText := 'Tabelle wurde geleert';
      // BDE-Puffer zurückschreiben
      DbiSaveChanges(TableCreate.Handle);
    end
  end
end;
```

Das Löschen aller Datensätze aus einer Tabelle ist dann wieder sehr einfach, die einzige Hürde besteht darin, daß die Tabelle mit *Exklusivrechten* geöffnet sein muß.

Da die TTable-Instanz im Beispielprojekt erst zur Laufzeit aktiviert wird, gelingt auch das Leeren der Tabelle aus der Delphi-IDE heraus. Der Aufruf von „EmptyTable" schlägt immer dann fehl, wenn die Tabelle bereits in der Entwicklungsumgebung von Delphi selbst geöffnet wurde. In diesem Fall müssen Sie zum Programmtest die Delphi-Entwicklungsumgebung verlassen oder TTable zur Entwicklungszeit deaktivieren.

8.3.11 Memory-Tabellen im Arbeitsspeicher

Das die *TTable*-Komponente mit einer physikalisch als Datei vorhandenen Datenbanktabelle verbunden wird, ist unter Delphi nichts Neues. Gewöhnungsbedürftig ist die Vorstellung, daß nur eine im Arbeitsspeicher vorhandene Tabelle als Datenquelle für *TTable* dient.

Im Verzeichnis „Kapitel 8\MemoryTable" finden Sie ein Beispiel für den Einsatz einer derartigen RAM-Tabelle. Gleich beim Programmstart wird die zugrundeliegende „echte" Quell-Tabelle der „sm_orte.db" aus der ShareMan-Datenbank über den Alias „ShareManager" geöffnet. Mit Hilfe dieser Vorlage legt das Programm eine identische Kopie im Arbeitsspeicher an. Nachdem auch der Inhalt der Quelltabelle kopiert wurde, kann die Quelltabelle wieder geschlossen werden. Die eingelesen Datei stehen immer noch mit einer sehr schnellen Zugriffszeit zur Verfügung.

Das Beispielprojekt verwendet die RAM-Tabelle als Datenquelle für eine *TDBLookupComboBox*-Instanz. Dies ist zum Beispiel in einer Client/Server-Anwendung immer dann sehr hilfreich, wenn die Daten über eine *TQuery*-Instanz ausgelesen werden sollen. *TDBLookupComboBox* kann nicht auf TQuery als Datenquelle zugreifen, die RAM-Tabelle umgeht dieses Problem.

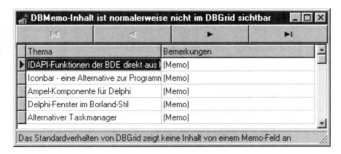

Abb. 8.6:
Die RAM-Tabelle ist im Einsatz

Das Feld „Firma" der zweiten (echten) Datenbanktabelle „create_1.db" wird über die *TDBLookupComboBox*-Instanz gefüllt. Das *TDBGrid* demonstriert zur Kontrolle den Inhalt der RAM-Tabelle. Beachten Sie dabei, daß die zugrundeliegende Quell-Tabelle unmittelbar nach dem Kopieren der Datensätze wieder geschlossen wird – es wird damit keine ständige Verbindung zu dieser Datenbanktabelle benötigt.

Obwohl die Quell-Tabelle ein Feld vom Typ „Autoincrement" verwendet, besitzt die RAM-Tabelle diese Eigenschaft nicht. Auch wenn Sie in der RAM-Tabelle neue Datensätze anlegen können, so bekommt jeder neue Datensatz den Wert „0" im selbstinkrementierenden Feld. Außerdem gestattet es die BDE nicht, daß Datensätze aus der RAM-Tabelle gelöscht werden.

Die Unit „RAMTable.pas"

Die überschriebene Methode *CreateHandle* wird immer dann intern (von der *TBDEDataSet*-Methode *OpenCursor*) aufgerufen, wenn die RAM-Tabelle geöffnet wird.

Die IDAPI-Funktion *DbiCreateInMemTable* erzeugt eine temporäre Tabelle im Arbeitsspeicher. Die Tabelle wird von der *Borland Database Engine* solange es geht im Arbeitsspeicher gehalten, anderenfalls lagert die BDE die Tabelle auf die Festplatte aus. Die Tabelle wird automatisch gelöscht, wenn der *Tabellencursor* geschlossen wird. Eine derart erzeugte RAM-Tabelle unterliegt den folgenden Einschränkungen:

- Felder vom Typ „Autoincrement" werden bei neuen Datensätzen nicht initialisiert.
- Es sind keine BLOB-Felder in der Tabelle zulässig.
- Die Tabelle darf nur max. 1024 Tabellenspalten enthalten (was wohl ausreichen dürfte).
- Die max. Datensatzgröße beträgt 16 kByte (auch das ist sehr reichlich bemessen).
- Die max. Tabellengröße ist auf 512 MByte beschränkt.

Der eigene Constructor „CreateFromTemplate" kopiert die Tabellenstruktur aus der als ersten Parameter übergebenen Quelltabelle. Die von *TTable* geerbte Methode *CreateHandle* wird überschrieben, so daß hier die *IDAPI*-Funktion *DbiCreateInMemTable* die restliche Arbeit erledigen kann.

```
unit RAMTable;

interface

uses Classes, SysUtils, DBTables, DB, BDE;

type
  TRAMTable = class(TTable)
  private
```

```
    FFieldDescs  : PFLDDesc;       // Tabellenstruktur
    FFieldCnt    : Integer;        // Anzahl der Spalten
    FRAMTblName  : String;         // Tabellenname
  protected
    function CreateHandle: HDBICur; override;
  public
    constructor CreateFromTemplate(ATemplateTable: TTable;
                                   AName: String;
                                   AOwner: TComponent);
    destructor Destroy; override;
  end;

implementation

uses BDEConst;       // DBError-Konstante

constructor TRAMTable.CreateFromTemplate(ATemplateTable: TTable;
                                         AName: String;
                                         AOwner: TComponent);
var
  aCursorProps : CURProps;
begin
  inherited Create(AOwner);
  FRAMTblName := AName;
  with ATemplateTable do begin
    Check(DbiGetCursorProps(Handle, aCursorProps));
    FFieldCnt := aCursorProps.iFields;
    FFieldDescs := nil;
    try
      FFieldDescs := AllocMem(FFieldCnt * SizeOf(FLDDesc));
    except
      raise Exception.Create('AllocMem ist fehlgeschlagen!')
    end;
    Check(DbiGetFieldDescs(Handle, FFieldDescs ));
  end;
end;

Destructor TRAMTable.Destroy;
begin
  if FFieldDescs <> nil then
    FreeMem( FFieldDescs, FFieldCnt * SizeOf( FLDDesc ));
  inherited Destroy;
end;

function TRAMTable.CreateHandle: HDBICur;
begin
  if FRAMTblName = '' then DBError(SNoTableName);
  // temp. Tabelle erzeugen
  Check(DbiCreateInMemTable(DBHandle, PChar(FRAMTblName),
        FFieldCnt, FFieldDescs, Result));
end;

end.
```

Der Einsatz in der Formular-Unit „RAMTblDemoForm.pas"

In der Formular-Unit „RAMTblDemoForm.pas" ist nur die Ereignisbehandlungsmethode für das *OnCreate*-Ereignis des Formulars von Interesse. Die „echte" Datenbanktabelle „sm_orte.db" wird kurzzeitig geöffnet, um als Vorlage für die RAM-Tabelle zu dienen. Immer dann, wenn die RAM-Tabelle erfolgreich angelegt wurde, übernimmt die Methode den Inhalt der originalen Tabelle in die RAM-Tabelle. Da beide Tabellen garantiert die gleiche Struktur besitzen, reicht das einfache Zuweisen über „Fields[i].Value := TableOrte.Fields[i].Value" aus.

```
procedure TForm1.FormCreate(Sender: TObject);
const
  sPrgMsgCopy = ' %d Datensätze in die RAM-Tabelle kopiert';
  sPrgErrCopy = 'Kann Inhalt der Quelltabelle nicht kopieren!';
var
  i : Integer;
begin
  // Quell-Tabelle öffnen
  TableOrte.Active := True;
  // RAM-Tabellenstruktur als Kopie der Quell-Tabelle anlegen
  RAMTableOrte := TRAMTable.CreateFromTemplate(TableOrte,
                          'RAMTbl_1', Self);
  // RAM-Tabelle als Datenquelle für DBGrid + DBNavigator
  DataSourceOrte.DataSet := RAMTableOrte;
  // RAM-Tabelle erstellen und öffnen
  RAMTableOrte.Active := True;
   // Datensätze von der Quell-Tabelle kopieren
  if TableOrte.RecordCount = 0 then Exit;
  TableOrte.First;
  while not TableOrte.EOF do
    try
      // je Datensatz alle Feldinhalte übernehmen
      with RAMTableOrte do begin
        Insert;     // neuen Datensatz anlegen
        for i := 0 to TableOrte.FieldCount - 1 do
          Fields[i].Value := TableOrte.Fields[i].Value;
        Post;       // Datensatz in der RAM-Tabelle speichern
      end;
      TableOrte.Next;
    except
      MessageBox(Handle,sPrgErrCopy, 'RAMTable-Fehler', mb_Ok or
                 mb_IconExclamation);
    end;
  StatusBar1.SimpleText := Format(sPrgMsgCopy,
                          [TableOrte.RecordCount]);
  // Quelle-Tabelle wieder schließen
  TableOrte.Active := False;
end;
```

 Das Zuweisen der TField-Inhalte in der Schleife ist eine etwas umständliche, aber sehr flexible Herangehensweise. Sie können jederzeit gewollte Manipulationen am kopierten Feldinhalt vornehmen – was bei den anderen (einfacheren) Varianten nicht so einfach geht.

8.3.12 KeyViolation-Error abfangen

Ein Vorteil des Paradox-Datenbanktabellenformats besteht darin, daß eine Tabellenspalte als *Primärschlüssel* definiert werden kann. Die *Borland Database Engine* wacht in diesem Fall darüber, daß im *Primärschlüsselfeld* nur eindeutige Werte vorkommen. Damit stellen Sie als Anwendungsentwickler ohne eigenen Aufwand sicher, daß der Anwender keinen Wert in der Tabellenspalte doppelt erfassen kann. Das ist soweit eine gute Nachricht. Die Kehrseite der Medaille besteht darin, daß der Anwender immer dann eine originale Fehlermeldung der *BDE* um die Ohren geschlagen bekommt, wenn er einen doppelten Wert im *Primärschlüssel* der Tabelle speichern will. Der Anwender soll jedoch mit derartigen internen Fehlermeldungen nicht belästigt werden, besser ist in jedem Fall ein „harmloser" klingender, beschreibender Fehlertext.

Globale Behandlung

Im Verzeichnis „Kapitel 8\KeyViolationError" finden Sie dazu das Beispielprojekt „KeyViolationError.dpr". Das Programm richtet sofort beim Programmstart einen eigenen *Exception-Handler* ein.

```
procedure TFormMain.FormCreate(Sender: TObject);
begin
  Application.OnException := PrivateExceptionHandler;
end;
```

Dieser private Exception Handler bekommt alle Exceptions zugestellt. Davon werden jedoch nur die „Key violations" (doppelte Werte im *Primärschlüssel* einer Tabelle) speziell behandelt, indem jede *EDBEngineError*-Exception untersucht wird. Da jede Paradox-Tabelle nur einen *Primärschlüssel* haben kann, darf der neue Hinweistext fest zugewiesen werden. Über die *Format*-Funktion wird sogar der fehlerhafte Wert gleich mit im Hinweisfenster angezeigt.

```
procedure TFormMain.PrivateExceptionHandler(Sender: TObject;
                                            E: Exception);
begin
  if E is EDBEngineError then with
    EDBEngineError(E).Errors[Pred(EDBEngineError(E).ErrorCount)] do
      // ist es eine Key violation ?
      if (ErrorCode = DBIERR_KEYVIOL) then
        // neuen Hinweistext zuweisen
        E.Message := Format('Das Land %s ist bereits im ' +
                            'Datenbestand vorhanden',
                            [Table1Name.Value]);
  // Benutzer aufmerksam machen
  MessageBeep(MB_ICONEXCLAMATION);
  // Exceptionmeldung anzeigen
  Application.ShowException(E);
end;
```

Damit in der Delphi-Entwicklungsumgebung dennoch keine Exception-Meldung stört, sollten Sie über den Menüpunkt „Tools | Options" im Dialogfenster „Enviroment Options" die Einstellung „Break on Exception" abwählen (ansonsten stören zwei Exception-Dialog-Fenster).

Im Verzeichnis „Kapitel 8\BDE_ExceptionHandler" finden Sie ein Beispielprojekt von Borland. In diesem Beispiel wird der Einsatz der universellen Unit „DBEngine" vorgestellt – um auch noch andere, häufig auftretende BDE-Exceptions abfangen zu können. Alles weitere entnehmen Sie bitte den Kommentaren im Quelltext.

Lokale Behandlung

Nicht immer wird eine globale Fehlerbehandlung erwünscht sein, in diesem Fall steht das *TTable*-Ereignis *OnPostError* zur Verfügung. Dieses Ereignis wird von Delphi immer dann aufgerufen, wenn der Datensatz nicht ordnungsgemäß gespeichert werden konnte.

```
procedure TFormMain.Table1PostError(DataSet: TDataSet;
                                    E: EDatabaseError;
                                    var Action: TDataAction);
begin
  if EDBEngineError(E).Errors[0].ErrorCode = DBIERR_KEYVIOL then begin
    MessageBeep(mb_OK);
    ShowMessage(Format('Das Land %s ist bereits im ' +
                'Datenbestand vorhanden',[Table1Name.Value]));
    Action := daAbort;
  end;
end;
```

Die als Parameter übergebene Exception-Instanz „E" wird ausgewertet, so daß die Methode einen Schlüsselfehler erkennt.

8.3.13 Tabelleneigenschaften auslesen

Manchmal benötigt der Anwendungsentwickler auch Angaben über bestimmte Eigenschaften einer Datenbanktabelle. Über die *IDAPI*-Funktion *DbiGetCursorProps* zeigt sich die BDE zu diesem Thema auch sehr kooperativ.

Im Verzeichnis „Kapitel 8\TableExplorer" finden Sie das gleichnamige Beispielprogramm. In einer Combobox listet das Programm alle konfigurierten Alias-Namen auf. Sobald der Anwender einen Alias auswählt, informiert das Programm über eine *TTreeView*-Instanz über die Eigenschaften der vorhandenen Datenbanktabellen.

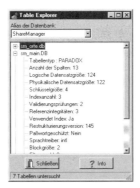

Abb. 8.7: Eigenschaften der Tabelle auslesen

Im Programm ist nur die Methode „ComboBoxAliasChange" wirklich interessant. Zuerst wird eine vorher erzeugte *TStringList*-Instanz über die *TSession*-Methode *GetTableNames* mit den Namen aller vorgefundenen Datenbanktabellen gefüllt. Danach wird für jeden Eintrag in der Stringlist ein Haupteintrag mit dem Tabellennamen als Beschriftung im *TTreeView* angelegt. Über diesen Namen wird eine TTable-Instanz aktiviert, wobei der Aufruf der *IDAPI*-Funktion *DbiGetCursorProps* die Eigenschaften zur Tabelle ausliest. Alle diese Eigenschaften ordnet das Programm dann als Unterpunkte dem Haupteintrag zu.

```
procedure TForm1.ComboBoxAliasChange(Sender: TObject);
var
   iIdx           : Integer;        // Schleifenzähler
   Node           : TTreeNode;      // TreeView-Verzweigung
   aTblList       : TStringList;    // Liste aller Tabellen
   sTableName,                      // Tabellenname
   sDataBaseName,                   // Datenbankname
   sTmp           : String;         // temp. Hilfsfeld
   aDBName        : DBINAME;        // IDAPI-Parameter
   wDBNameLen     : Word;           // IDAPI-Parameter
   aCursorProps   : CURProps;       // IDAPI-Parameter
begin
  Screen.Cursor := crSQLWait;
  // welcher Alias wurde ausgewählt ?
  sDataBaseName := ComboBoxAlias.Items[ComboBoxAlias.ItemIndex];
  // Stringliste für die Tabellennamen erzeugen
  aTblList := TStringList.Create;
  try
    // Stringliste mit den vorgefundenen Tabellennamen füllen
    Session.GetTableNames(sDataBaseName, '', True, False, aTblList);
    with TreeViewTable do begin
      // für jeden Eintrag in der Stringliste = jede Tabelle
      for iIdx := 0 to aTblList.Count - 1 do begin
        // Tabellennamen auslesen
        sTableName := aTblList.Strings[iIDx];
        // neue Verzweigung im TreeView anlegen
        Node := Items.AddChild(nil, sTableName);
        // Tabelle öffnen und Eigenschaften auslesen
        with Table do begin
          Close;
          DatabaseName := sDataBaseName;
          TableName := sTableName;
          Open;
          Check(DbiGetProp(hDBIObj(Handle) ,dbDATABASENAME,
                 @(aDBName), SizeOf(aDBName), wDBNameLen));
          Check(DbiGetCursorProps(Handle, aCursorProps));
        end;
        // ausgelesene Tabelleneigenschaften übernehmen
        with aCursorProps do begin
          Items.AddChild(Node, 'Tabellentyp : ' +
                               StrPas(szTableType));
          Items.AddChild(Node, 'Anzahl der Spalten: ' +
                               IntToStr(iFields));
          Items.AddChild(Node, 'Logische Datensatzgröße: ' +
```

```
                              IntToStr(iRecSize));
            Items.AddChild(Node, 'Physikalische Datensatzgröße: ' +
                              IntToStr(iRecBufSize));
            Items.AddChild(Node, 'Schlüsselgröße: ' +
                              IntToStr(iKeySize));
            Items.AddChild(Node, 'Indexanzahl: ' +
                              IntToStr(iIndexes));
            Items.AddChild(Node, 'Validierungsprüfungen: ' +
                              IntToStr(iValChecks));
            Items.AddChild(Node, 'Referenzintegritäten: ' +
                              IntToStr(iRefIntChecks));
            if bIndexed then sTmp := 'Ja'
                        else sTmp := 'Nein';
            Items.AddChild(Node, 'Verwendet Index: ' + sTmp);
            Items.AddChild(Node, 'Restrukturierungsversion: ' +
                              IntToStr(iRestrVersion));
            if bProtected then sTmp := 'Ja'
                          else sTmp := 'Nein';
            Items.AddChild(Node, 'Paßwortgeschützt: ' + sTmp);
            Items.AddChild(Node, 'Sprachtreiber: ' +
                              StrPas(szLangDriver));
            Items.AddChild(Node, 'Blockgröße: ' +
                              IntToStr(iBlockSize));
            Items.AddChild(Node, 'Filteranzahl: ' +
                              IntToStr(iFilters));
          end;
        end;
      end;
      StatusBar1.SimpleText := Format(' %d Tabellen untersucht',
                                     [aTblList.Count]);
    finally
      // angeforderte Stringliste wieder zerstören
      aTblList.Free;
      Screen.Cursor := crDefault;
    end;
end;
```

8.3.14 BDE-Tabellenpuffer programmgesteuert zurückschreiben

Jede Delphi-Datenbankanwendung hat eine unangenehme Eigenheit. Alle vom Anwender vorgenommenen Änderungen werden von der *BDE* nicht in jedem Fall sofort in die Datenbanktabelle geschrieben, sondern im ungünstigsten Fall nur dann, wenn die *TTable*-Komponente geschlossen wird. Dies gilt zum Beispiel für alle lokalen Datenbanken, die nicht auf einem Netzlaufwerk gespeichert werden. Normalerweise ist dies nicht weiter tragisch, solange der Rechner bis zum ordnungsgemäßen Schließen der Anwendung fehlerfrei arbeitet. Bei einem Windows-Crash oder einem Netzausfall sieht die Sache ärgerlicher aus, da dann Daten in der Datenbanktabelle fehlen können.

Andere Borland-Anwendungen schreiben jedoch regelmäßig in die Tabelle zurück. Dies gilt auch für das Delphi-Tool *Datenbankoberfläche*. Wird dort eine Paradox-Tabelle angelegt und bearbeitet, so schreibt die Datenbankoberfläche nach ca. jedem zehnten Datensatz die Änderungen in die Tabelle.

Im Windows-Explorer können Sie dies nachverfolgen, die Dateigröße wächst nach jedem zehnten Datensatz. Anders ist die Situation bei einem eigenen Delphi-Programm. Dort wird nur dann die Tabelle geändert, wenn das Programm beendet wird.

Bei der Vorstellung der *Borland Database Engine* habe ich bereits gesagt, daß auch die anderen Borland-Datenbankanwendungen wie zum Beispiel *Paradox* und auch die *Datenbankoberfläche* auf die BDE zurückgreifen. Wenn diese Programme regelmäßig speichern können, so muß diese Fähigkeit bereits von der BDE unterstützt werden. Damit müßten auch die eigenen Delphi-Anwendungen über IDAPI darauf zurückgreifen können!

Im Verzeichnis „Kapitel 8\Flash" finden Sie dazu auf der CD-ROM zwei Beispielprojekte.

> Das programmgesteuerte Zurückschreiben der Datenpuffer ist nur notwendig und sinnvoll, wenn zwei Kriterien erfüllt werden. Zum einen muß die Tabelle lokal auf dem PC vorhanden sein und zum anderen muß die BDE-Einstellung „LOCAL SHARE" auf „False" stehen (nur in diesen Fällen puffert die BDE die Tabellendaten).

Version 1: Zurückschreiben manuell aufrufen

Das Projekt „flash_1.dpr" verwendet über den Alias „Franzis" die Datenbanktabelle „flash.db". In dieser Tabelle belegt jeder Datensatz ca. 1000 Byte, der mit beliebigen „Füllmaterial" aufgefüllt wird. Um eine definierte Ausgangslage zu erreichen, habe ich am Anfang in diese Tabelle nur einen Datensatz eingefügt. Im *Windows-Explorer* wird für die Tabelle „flash.db" eine Dateigröße von 6 kByte vermerkt.

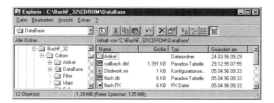

Abb. 8.8:
Ausgangslage – in »flash.db« befindet sich nur ein Datensatz

Wird das Beispielprogramm gestartet, ist die Tabelle noch nicht geöffnet. Erst über die Schaltfläche „Tabelle öffnen" wird die *TTable*-Instanz aktiviert, so daß Sie über die Schaltfläche „Daten füllen" jeweils immer zehn Beispieldatensätze anfügen können.

Jeder Datensatz müßte die Tabelle um ca. 1 kByte vergrößern. Nachdem die zehn Datensätze eingetragen wurden, schauen Sie sich einmal die Situation im *Windows-Explorer* an. Weder die Dateigröße noch das Zugriffsdatum für „flash.db" haben sich geändert! Auch wenn Sie im *Explorer* die Anzeige aktualisieren lassen, ändert sich nichts am Erscheinungsbild.

Erst dann, wenn Sie im Beispielprogramm die *TTable*-Instanz über die Schaltfläche „Tabelle schließen" deaktivieren, macht sich die Festplatte kurzzeitig bemerkbar. Im Explorer aktualisieren Sie über den Menüpunkt „[A]nsicht | Aktualisieren" die Anzeige, so daß sich das folgende Bild ergibt.

Abb. 8.9:
Nach dem Schließen der Tabelle wird auch die Datei aktualisiert

Nur die *Borland Database Engine* hat den Zugriff auf die physikalischen Datenbankdatei, damit obliegt das Aktualisieren der Datei auch nur der *BDE*. Wiederholen Sie nun einmal den Versuch, indem Sie weitere zehn Datensätze anlegen. Diesmal wird jedoch die Tabelle nicht geschlossen, sondern der „Flash!"-Button angeklickt. Die Festplatte macht sich sofort bemerkbar und auch im Explorer zeigt sich sofort das Ergebnis einer größer gewordener Tabelle. Die Tabelle – oder das Anwendungsprogramm – braucht also nun nicht mehr geschlossen zu werden, um die Änderungen tatsächlich in die physikalische Datenbanktabelle zu schreiben. Um diese Funktion im eigenen Delphi-Anwendungsprogramm nachzurüsten, ist verblüffend wenig Schreibaufwand notwendig.

```
procedure TForm1.BitBtnFlashClick(Sender: TObject);
begin
   DbiSaveChanges(TableFlash.Handle)
end;
```

Der Aufruf *DbiSaveChanges* stammt aus dem *IDAPI*, so daß die Unit „BDE" eingebunden werden muß.

```
function DbiSaveChanges (hCursor: hDBICur): DBIResult;
```

DbiSaveChanges schreibt alle geänderten Datensätze in die physikalische Datei auf dem Speichermedium. Welche Datenbanktabelle dabei überhaupt bearbeitet werden soll, legt das Cursor-Handle fest. Jede TTable-Instanz führt dieses Handle in der Eigenschaft *Handle* mit. Es liegt in der Natur der Sache, daß diese Funktion nur auf *dBASE*- und *Paradox*-Tabellen wirkt, bei einer SQL-Datenbank ist ja ausschließlich das *RDMBS* für den direkten Zugriff auf die Datei zuständig.

Version 2: Zurückschreiben automatisieren

Mit der ersten Version wurde die prinzipielle Wirkungsweise nachgewiesen. Praktisch hat das Programm keinen Sinn, vergißt der Anwender das regelmäßige Speichern, ist in der Crash-Situation der Datenverlust wieder da. Das zweite Projekt „flash_2.dpr" automatisiert daher den Speichervorgang. Das Zuweisen einer Ereignisbehandlungsmethode zum *AfterPost*-Ereignis der *TTable*-Instanz sorgt dafür, daß unmittelbar nach dem „Posten" des Datensatzes auch der Puffer zurückgeschrieben wird. Damit sorgt Delphi selbst dafür, daß alle vom Anwender gewollten Änderungen sofort in die physikalische Datei übernommen werden.

```
procedure TForm1.TableFlashAfterPost(DataSet: TDataset);
begin
   DbiSaveChanges(TableFlash.Handle)
end;
```

Diese Methode hat jedoch einen Nachteil, der sich immer dann bemerkbar macht, wenn Sie selbst programmintern die *Post*-Methode häufig aufrufen. Dabei wird dann auch *DbiSaveChanges* sehr häufig aufgerufen, was die Ausführungsgeschwindigkeit verringert.

 Bei der 16-bittigen BDE gab es noch eine dritte Option – DbiUseIdleTime. Leider funktioniert DbiUseIdleTime bei den 32-bittigen BDE-Versionen 3.12 und 3.5 nicht mehr, so daß DbiSaveChanges bevorzugt werden sollte.

Eine andere Alternative besteht darin, einen *Timer* einzusetzen und *DbiSaveChanges* in regelmäßigen Abständen aufzurufen. Damit schreibt die BDE alle Änderungen nicht gleich bei jedem *Post* zurück.

8.4 Datensätze suchen und filtern

Eine Datenbank wird von dem Anwender nur dann akzeptiert (und damit gepflegt), wenn er von den Vorteilen der Datenbank überzeugt ist. Der eigentliche Sinn einer Datenbank liegt dabei nicht darin, Daten zu speichern, sondern Daten schnell aufzufinden. Daher wird auch der Suche im Datenbestand große Beachtung geschenkt. Generell wären drei Grundprinzipien denkbar.

Tabelle 8.4: Denkbare Suchoptionen

Suchmethode	Vorteile	Nachteile
Tabellenfilter	Sehr anwenderfreundliche Suchmethode. Sehr schnelle Suchmethode, die von der BDE unterstützt wird.	Berechnete Felder und Lookup-Felder sind bei Filterung nicht verfügbar.
Tabelle durchscannen	Die Suche ist in allen Tabellenspalten möglich, auch wenn kein Index vorhanden ist	Die Suche ist relativ langsam Suchfunktion muß von Hand implementiert werden
	Es werden auch Zeichenketten an beliebiger Stelle im Feldinhalt gefunden	
SQL-Abfrage	Extrem vielseitig und leistungsfähige Suchoption.	Vorkenntnisse des Anwenders sind notwendig.

Im Verzeichnis „Kapitel 8\Suchen und Filtern" finden Sie dazu ein etwas umfangreicheres Beispielprojekt, in dem alle drei Grundprinzipien eingesetzt werden. Dieses Projekt greift auf die Datenbank „Artikel" (Sie finden diese im Verzeichnis „Database\Artikel" auf der CD-ROM) über den Alias „FranzisArtikel" zu.

8.4.1 Tabellendatensätze filtern

Die Filteroption der *BDE* ist eine sehr leistungsfähige und vielseitige Sache. Wird ein *Filter* gesetzt, so liefert die *BDE* nur noch die Datenmenge zurück, die den Filterkriterien entspricht. Beachten Sie einmal nach dem Einschalten eines Filters die Anzeige der Datensatznummer. Auch die zweite Zahl für die Anzahl der Datensätze insgesamt verändert sich – für die *TTable*-Komponente scheint bei aktivierter Filterung die Tabelle „geschrumpft" zu sein. Der Anwender blättert mit dem *TDBNavigator* auch tatsächlich nur noch in den Datensätzen, die den Filterkriterien entsprechen.

Variante 1: TTable-Ereignis „OnFilterRecord"

Die Artikeldatenbank verwendet einen Filter, um die Datensätze entsprechend dem eingetragenen „Compiler" ausfiltern zu können. Die möglichen Filterwerte stehen damit in der Tabelle „Compiler", es liegt damit auf der Hand, daß dem Anwender eine Auswahlmöglichkeit aus einer Liste angeboten werden sollte. Außerdem soll das Ein- und Ausschalten des Filters für den Anwender transparent ablaufen und zudem eindeutig erkennbar sein.

Wenn Sie sich einmal das Formular in der Entwicklungsumgebung anschauen, so sind Sie vielleicht darüber erstaunt, daß ich ein normales *ComboBox*-Element verwendet habe. Eine *TDBComboBox* wäre doch normalerweise genau die richtige Komponente. Nun – das Problem liegt wieder einmal im Detail. Der Inhalt dieses Auswahlfeldes soll aus der Tabelle „compiler.db" ausgelesen werden. Die Tabelle wird jedoch bereits von einer anderen Komponente verwendet – „TDBLookupComboCompiler". Das wäre nicht tragisch, wenn die *TDBLookupCombo*-Komponente nicht eine Multitabellenbeziehung implementieren würde. In der Tat zeigt die TDBComboBox-Instanz auch nur den einen, gerade für den Artikeldatensatz gültigen Compilereintrag an. Außerdem wird noch ein zusätzlicher Eintrag in „ComboBoxFilter" benötigt, welcher den deaktivierten Filter kennzeichnen soll. Immer dann, wenn der Anwender die Zeile „Kein Filter!" aus der Combobox auswählt, soll die Filterfunktion abgeschaltet werden.

Wie kommen jedoch die Datensätze aus der Tabelle „compiler.db" in die normale Combobox? Mit Delphi ist das gar nicht mal so schwierig. Die *Combobox* für die Filterwerte muß beim Programmstart initialisiert werden. Das Formular-Ereignis *OnActivate* ist ein brauchbarer Punkt, um dies zu erledigen.

```
procedure TFormMain.FormActivate(Sender: TObject);
begin
   FillComboBoxFilter
end;
```

Der Anwender kann jederzeit den Inhalt der Tabelle „compiler.db" erweitern, also muß auch der Inhalt der Combobox für die Filterwerte aktualisiert werden. Im Programm verwende ich das *OnDblClick*-Ereignis für die Combobox. Der Anwender muß von Hand über einen Doppelklick auf die Combobox bei Bedarf die List neu initialisieren.

```
procedure TFormMain.ComboBoxFilterDblClick(Sender: TObject);
begin
   FillComboBoxFilter
end;
```

Beide Ereignisbehandlungsmethoden rufen die gleiche private Methode „FillComboBoxFilter" auf. In dieser Methode wird von Hand der Inhalt der Tabelle „compiler.db" ausgelesen. Dabei borge ich mir kurzzeitig die *TTable*-Instanz „TableCompiler" aus, die eigentlich zur *TDBLookupCombo*-Komponente gehört. Nach dem Abtrennen der visuellen Schnittstelle zum Datendialogelement durchläuft die Methode alle Datensätze der Tabelle und liest die Werte im Schlüsselfeld aus. Durch das Abkoppeln der zugeordneten Datendialogelemente verringert sich der Zeitbedarf zum Durchblättern der Tabelle.

```
procedure TFormMain.FillComboBoxFilter;
begin
   with ComboBoxFilter do begin
     // ComboBox leeren
     Items.Clear;
     Items.Add(sNoFilter);
     with DataModuleMain, TableCompiler do begin
       // sichtbare Datendialogelemente abkuppeln
       DisableControls;
       // Datensatzzeiger auf den ersten Datensatz
       First;
       // alle Datensätze auslesen -> ComboBox füllen
       while not EOF do begin
         Items.Add(TableCompilerCompiler.Value);
         Next
```

```
      end;
      // sichtbare Datendialogelemente einkuppeln
      EnableControls
    end;
    Text := sNoFilter
  end
end;
```

Die Konstante „sNoFilter" wird im *Interface*-Abschnitt der Unit deklariert.

```
const
   sNoFilter = ' Kein Filter!';     // ComboBoxFilter-Konstante
```

Der Grund dafür liegt darin, daß diese Konstante auch noch in einer weiteren Unit im Programm ausgewertet wird.

Immer dann, wenn der Anwender diesen Eintrag aus der Auswahlliste ausgewählt hat, wird die Filterfunktion deaktiviert. Dabei informiert das Ereignis *OnClick* der Combobox-Komponente über eine Benutzerauswahl.

```
procedure TFormMain.ComboBoxFilterClick(Sender: TObject);
begin
  DataModuleMain.TableArtikel.Refresh
end;
```

Da die Filterfunktion komplett im *Datenmodul* der Anwendung verwaltet wird, sorgt dieser Aufruf in der Ereignisbehandlungsmethode nur für das Aktualisieren der Tabellenanzeige. Es muß jedoch erst noch eine Vorbedingung erfüllt werden, über die TTable-Eigenschaft *Filtered* wird die *Borland Database Engine* darüber informiert, daß eine Filterfunktion benötigt wird.

Interessant ist auch die Eigenschaft *FilterOptions*, da hier der auszufilternde Wert aus der Nachschlagetabelle ausgelesen wird, muß keine Groß-/Kleinschreibung beziehungsweise keine Suche nach Zeichenketten beachtet werden.

Sobald *Filtered* aktiviert wird, bekommt die *TTable*-Instanz das Ereignis *OnFilterRecord* zugestellt. In der Ereignisbehandlungsmethode für dieses Ereignis müssen Sie als Entwickler nun bestimmen, ob der aktuelle Datensatz den Filterkriterien entspricht oder nicht. Dabei sorgt die *BDE* dafür, daß nur die Datensätze aus der Tabelle als *Dataset* zurückgeliefert werden, die den Filterkriterien entsprechen.

Die Ereignisbehandlungsmethode für *OnFilterRecord* trifft diese Entscheidung.

```
procedure TDataModuleMain.TableArtikelFilterRecord(DataSet:
          TDataSet; var Accept: Boolean);
begin
  with FormMain do begin
    if ComboBoxFilter.Text = sNoFilter
       then Accept := True
       else Accept := DataSet['Compiler'] = ComboBoxFilter.Text
  end
end;
```

Zuerst wird geprüft, welchen Eintrag der Anwender aus der ComboBox für die Filterwerte ausgewählt hat. Bei der Auswahl von „Kein Filter!" (entspricht „sNoFilter") sollen alle Datensätze aus der Tabelle angezeigt werden. Aus diesem Grund sorgt die Zuweisung

```
Accept := True
```

dafür, daß die BDE auch tatsächlich jeden Datensatz passieren läßt. Stimmt die Auswahl jedoch nicht mit „sNoFilter" überein, hat der Anwender einen Eintrag aus der Compilertabelle ausgewählt. Zusammen mit dem Ereignis *OnFilterRecord* werden zwei Parameter übergeben. Der erste Parameter – „DataSet" – ist ein Array auf den aktuellen Datensatzinhalt. Das Ereignis wird für jeden Datensatz in der Tabelle ausgelöst. Der Wert im Tabellenfeld „Compiler" wird mit der Auswahl aus der ComboBox verglichen. Stimmen beide Werte überein, so wird der Datensatz in der Filtermenge zugelassen.

Variante 2: TTable-Eigenschaft „Filter"

Das TTable-Ereignis *OnFilterRecord* ist die schwierigere, aber leistungsfähigere Option. Immer dann, wenn einfachere Filterkriterien ausreichen, ist die TTable-Eigenschaft *Filter* eine gute Wahl. Der Vorteil liegt darin, daß Sie das Filterkriterium direkt im *Objektinspektor* zuweisen.

Die Eigenschaft *Filter* ist eine Zeichenkette, der Sie bestimmen läßt, welchen Datensatz die BDE in die anzuzeigende Datenmenge mit aufnimmt. *Filter* schränken analog zu den SQL-Abfragen via TQuery die Datenmenge ein, haben aber den Vorteil, daß diese Datenmenge in jedem Fall „live" – d.h. editierbar ist.. Sie können einen *Filter* an und ausschalten, indem Sie der Eigenschaft *Filtered* jeweils den Wert „True" oder „False" zuweisen.

Im Verzeichnis „Kapitel 8\DBTabSet" finden Sie auf der CD-ROM dazu ein eigenes Beispielprojekt mit dem Namen „DBTabSet.dpr".

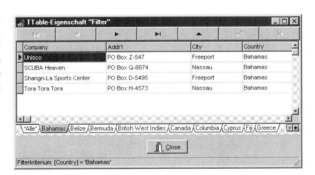

Abb. 8.10: TTable-Eigenschaft „Filter" schränkt die Datenmenge ein

Das Beispielprojekt verwendet die zusammen mit Delphi ausgelieferte Datenbank, die über den Alias „DBDemos" angesprochen wird. Beim Programmstart ermittelt eine SQL-Abfrage alle eindeutigen Einträge in der Tabellenspalte „Country", um für jedes vorgefundene Land einen Tab im *TTabSet* anzulegen. Am einfachsten implementieren Sie diese Aufgaben in einer SQL-Abfrage, über den SQL-Befehl „SELECT DISTINCT(country) FROM customer" liefert *TQuery* alle eindeutigen Einträge der Spalte „Country" zurück. Da auch *TQuery* eine Datenquelle ist, liest die Ereignisbehandlungsmethode jeden Datensatz der zurückgelieferten Datenmenge aus und legt einen neuen Tab an.

```
procedure TForm1.FormCreate(Sender: TObject);
begin
  Screen.Cursor := crHourglass;
  try
    TabSet1.Tabs.Add('*Alle*');
    // SQL-Abfrage: "SELECT DISTINCT(country) FROM customer"
```

```
      QueryCountry.Open;
      with QueryCountry do
        while not (EOF) do begin
          // jeden Datensatz des Result Sets auslesen
          TabSet1.Tabs.Add(FieldByName('country').AsString);
          Next;
        end;
      QueryCountry.Close;
      // Falls Tabs angelegt wurden, wird der erste aktiviert.
      if TabSet1.Tabs.Count > 0 then
        TabSet1.TabIndex := 0;
   finally
      Screen.Cursor := crDefault;
   end;
end;
```

Immer dann, wenn der Anwender einen neuen *Tab* im *TTabSet* anklickt, soll das Filterkriterium von TTable1 geändert werden. Dazu muß im Objektinspektor die TTable-Eigenschaft *Filtered* auf „True" gesetzt werden. *TTable* erwartet, daß der Eigenschaft „Filter" eine Zeichenkette für das Filterkriterium zugewiesen wird. Über die *Format*-Funktion ist das für Delphi eine leichte Aufgabe. Allerdings muß die ausgelesene Tab-Beschriftung in Hochkommas gesetzt werden (Beispiel: [Country] = 'Bahamas'), dazu fügen Sie in den Formatierungsstring doppelte Hochkommas vor und nach dem Steuerzeichen „%s" ein.

```
procedure TForm1.TabSet1Change(Sender: TObject; NewTab: Integer;
                               var AllowChange: Boolean);
var
  sTabLabel,
  sCountry     : String;
begin
  sTabLabel := TabSet1.Tabs[NewTab];
  if sTabLabel <> '*Alle*' then begin
    // Tab-Beschriftung in die Filter-Zeichenkette einsetzen
    sCountry := Format('[Country] = ''%s''', [sTabLabel]);
    // neue Filterzeichenkette zuweisen
    Table1.Filtered := True;
    Table1.Filter := sCountry;
    StatBar.SimpleText := Format('Filterkriterium: %s', [sCountry]);
  end
  else begin
    Table1.Filtered := False;
    StatBar.SimpleText := 'Kein Filter!';
  end;
end;
```

Hat der Anwender allerdings die Tab-Seite mit der Beschriftung „* Alle *" ausgewählt, so wird der Filter abgeschaltet. *TTable* zeigt in diesem Fall alle Datensätze an.

8.4.2 Suche in indizierten Tabellenspalten

Im Verzeichnis „Kapitel 8\GotoKey" der CD-ROM finden Sie zwei Beispielprogramme. Beide greifen auf die Tabelle „artikel.db" über den Alias „FranzisArtikel" zu, wobei die *TTable*-Komponente jeweils den Sekundärindex „Compiler" als aktiven Index verwendet. Damit suchen beide Beispiele auch nur nach Begriffen in der Tabellenspalte „Compiler".

GotoKey und GotoNearest

In der ersten Version wird die *TTable*-Methode *SetKey* verwendet, um den zu suchenden Begriff festzulegen. Die zweite TTable-Methode *GotoKey* springt zu dem Datensatz, der diesen Suchbegriff als Indexwert verwendet.

```
procedure TFormVersion1.Button1Click(Sender: TObject);
begin
  Table1.SetKey;
  Table1.FieldByName('Compiler').AsString := Edit1.Text;
  if Table1.GotoKey then DBGrid1.SetFocus
                    else ShowMessage('Kein Treffer');
end;
```

Die *GotoKey*-Methode findet dabei nur Datensätze mit exakter Übereinstimmung. Soll etwas ungenauer gesucht werden, so ist auch dafür eine Methode im TTable-Erbteil vorhanden.

```
procedure TFormVersion1.Button2Click(Sender: TObject);
begin
  Table1.SetKey;
  Table1.FieldByName('Compiler').AsString := Edit1.Text;
  Table1.GotoNearest;
  DBGrid1.SetFocus;
end;
```

Mit *GotoNearest* finden Sie auch solche Datensätze, deren Wert nur mit dem Suchbegriff beginnt.

FindKey und FindNearest

Die zweite Version implementiert die gleiche Programmfunktion nur mit geringerem Aufwand.

```
procedure TFormVersion1.Button1Click(Sender: TObject);
begin
  if Table1.FindKey([Edit1.Text]) then DBGrid1.SetFocus
                                  else ShowMessage('Kein Treffer')
end;

procedure TFormVersion1.Button2Click(Sender: TObject);
begin
  Table1.FindNearest([Edit1.Text])
end;
```

Die Methode *FindKey* durchsucht die Datenbanktabelle, um einen Datensatz zu finden, dessen Wert im *Indexfeld* mit dem übergebenen Parameter übereinstimmt. Die Methode *FindNearest* setzt den Cursor auf ersten Datensatz, dessen *Indexfeldwerte* größer als oder gleich zu dem übergeben Parameter sind. Die Suche beginnt beim ersten Datensatz, nicht an der aktuellen Cursorposition.

8 Tips & Tricks zu Datenbanken

SetRange – die dritte Option

Die Methode *SetRange* ist bildet eine weitere Option, um Daten aus einer Tabelle zu filtern. Ähnlich wie bei der Filterfunktion liefert die *BDE* nur noch die Datensätze aus der Tabelle als Datenmenge zurück, die den *SetRange*-Kriterien entsprechen. Bei Paradox- oder dBASE-Tabellen funktionieren die Methoden nur mit indizierten Feldern. Bei SQL-Datenbanken können Sie mit jeder, in der Eigenschaft *IndexFieldNames* spezifizierten Spalte arbeiten.

Die im Beispielprojekt „Artikel" implementierte Filterfunktion könnte auch wie folgt über *SetRange* nachgebildet werden. Dies ist immer dann notwendig, wenn nur Delphi 1.0 zur Verfügung steht.

```
procedure TFormMain.ComboBoxFilterChange(Sender: TObject);
begin
  with TableArtikel do begin
    { wurde der Eintrag »Kein Filter!« ausgewählt ? }
    if ComboBoxFilter.Text = sNoFilter then begin
      { Filter abschalten -> auf normalen Index umschalten }
      CancelRange;
      IndexName := 'Thema_idx'
    end
    else
    begin
      { Filter wurde eingeschaltet -> Index-Spalte »Compiler« }
      IndexName := 'Compiler';
      { Filterbereich setzen -> nur eindeutige Werte }
      SetRange([ComboBoxFilter.Text],[ComboBoxFilter.Text])
    end
  end;
end;
```

Wird die Auswahl von „sNoFilter" erkannt, so sorgt *CancelFilter* für das Abschalten der Filterfunktion. Gleichzeitig wird auch der normale Index wieder aktiviert, so daß der Anwender alle Datensätze nach dem Thema geordnet vorfindet.

Stimmt die Auswahl jedoch nicht mit „sNoFilter" überein, hat der Anwender einen Eintrag aus der Compilertabelle ausgewählt. Der Filter ist wirksam, wobei vorher der aktive Index auf die auszufilternde Tabellenspalte gelegt werden muß. Anhand des Index-Namens „Compiler" können Sie erkennen, daß dieser Index beim Zuweisen der *referenziellen Integrität* von der Datenbankoberfläche selbst angelegt wurde. Die eigenen Indizes habe ich durch die Endung „_idx" ja gesondert gekennzeichnet.

Über den *SetRange*-Aufruf weise ich der *BDE* einen unteren und einen oberen Filterwert zu. Da jedesmal die gleiche Zeichenkette übergeben wird, filtert die BDE nur die Datensätze aus, bei den der Wert in der Spalte „Compiler" exakt mit dem Filterbegriff übereinstimmt.

8.4.3 Suche in nichtindizierten Tabellenspalten

Diese Suchoption ist zwar universeller und vielseitiger, aber dafür auch wesentlich langsamer als die Filterfunktion. Der Grund liegt darin, daß über die *BDE* der komplette Tabelleninhalt Datensatz für Datensatz angefordert wird. Nicht nur das, es wird zudem auch noch über einen Stringvergleich nach Übereinstimmung gesucht. Dabei findet diese Suchroutine auch Zeichenketten innerhalb eines Feldinhaltes, so daß keine Jokerzeichen beim Festlegen des Suchbegriffs notwendig sind.

Über ein weiteres Formular legt der Anwender den Suchbegriff und die zu durchsuchende Tabellenspalte fest. Das Formular belegt kaum Ressourcen, so daß ein automatisches Verwalten durch Delphi gerechtfertigt ist. Damit steht das Formular sofort nach dem Programmstart zur Verfügung, ein separater Aufruf von *Create* ist nicht notwendig. Zum Aufrufen des Formulars verwendet das Programm einen *Button* in der Speedbarleiste. Sobald der Anwender einmal einen Suchbegriff definiert hat, blättert ein zweiter Button zur nächsten Fundstelle dieses Begriffs vor.

Im Such-Formular sind nur drei Komponenten vorhanden. Neben den obligatorischen Button nimmt ein *TStringGrid* den größten Platz im Formular ein. Zur Entwicklungszeit ist dabei kaum etwas zu sehen, alle Werte übergibt das Programm dynamisch zur Programmlaufzeit. Damit ist dieses Formular universell einsetzbar, da die Anzahl der Tabellenspalten sowie die Beschriftung im *StringGrid* erst zur Programmlaufzeit aus der Tabelle ausgelesen werden.

Der Quelltext in der entsprechenden Formularunit „dbfindf.pas" ist dann aber auch etwas umfangreicher. Bevor ich die Implementierung in der Unit näher vorstelle, schauen Sie sich am besten vorher den Aufruf der Suchfunktion im Hauptformular an.

```
procedure TFormMain.FindBtnClick(Sender: TObject);
begin
  DBFindForm.QueryTable:= DataModuleMain.TableArtikel;
  if DBFindForm.ShowModal = mrOK then
    NextFindBtn.Enabled:= True
end;
```

Über den ersten Button ruft der Anwender das Formular auf. Das Suchformular ist universell einsetzbar, daher muß vor dem Aufruf von *ShowModal* die Datenquelle zugewiesen werden.

```
  DBFindForm.QueryTable:= DataModuleMain.TableArtikel;
```

Das Suchformular speichert im öffentlichen Objektfeld „QueryTable" die *TTable*-Instanz, in der gesucht werden soll. Außerdem wird diese Instanz dazu verwendet, die Tabellenstruktur zur Beschriftung des *TStringGrid* im Suchformular auszulesen.

Wird das Formular über den „OK"-Button geschlossen, springt der Datenzeiger zur ersten Fundstelle des Suchbegriffes im Datenbestand. Außerdem wird der Button zum Aufruf der nächsten Fundstelle freigeschaltet.

```
procedure TFormMain.NextFindBtnClick(Sender: TObject);
begin
  DBFindForm.ScanDBFields(False)
end;
```

Über den Button „NextFindBtn" blättert der Anwender durch alle Fundstellen des Suchbegriffs im Datenbestand.

Formular-Unit „dbfindf.pas" – der universelle Suchdialog

Das öffentliche Objektfeld „QueryTable" speichert einen Zeiger auf die geöffnete *TTable*-Instanz, in der gesucht werden soll. Das Objektfeld muß vor dem Aufrufen des Formulars initialisiert werden. Die Prozedur „ScanDBFields" implementiert die Suche in beliebigen Tabellenspalten. Die Prozedur selbst wird dabei sowohl aus der Unit heraus als auch aus dem Hauptprogramm heraus aufgerufen. Der Parameter „bFirst" legt dabei fest, ob die Suche am Tabellenanfang beginnen soll oder ob die Suche von der letzten Fundstelle aus fortgesetzt wird.

```
type
  TDBFindForm = class(TForm)
    QueryGrid: TStringGrid;
    OKBtn: TBitBtn;
    CancelBtn: TBitBtn;
    Image1: TImage;
    procedure FormCreate(Sender: TObject);
    procedure FormActivate(Sender: TObject);
    procedure OKBtnClick(Sender: TObject);
  private
    iDBFields      : Integer;   // Anzahl der Felder
    sSearchValue : String;    // Suchwert
    iSearchField : Integer;   // Suchfeld
    procedure GetDBFields;    // Feldnamen ermitteln und einsetzen
  public
    QueryTable   : TTable;    // zu durchsuchende Tabelle
    lSearchRecNo : LongInt;   // aktuelle Datenzeigerposition
    procedure ScanDBFields(bFirst: Boolean);   // Suche starten
  end;
var
  DBFindForm: TDBFindForm;

implementation

{$R *.DFM}

procedure TDBFindForm.FormCreate(Sender: TObject);
begin
  // Beschriftung von TStringGrid definieren
  QueryGrid.Cells[0,0]:= 'Feldname';
  QueryGrid.Cells[1,0]:= 'Suchstring';
  // aktuelles Icon des Hauptprogramms verwenden
  Image1.Picture.Icon:= Application.Icon
end;
```

In der Ereignisbehandlungsmethode auf das *OnCreate*-Ereignis des Formulars wird die Beschriftung des *T*StringGrid aktualisiert. Außerdem wird das Programm-Icon der Anwendung in das Formular übernommen.

```
procedure TDBFindForm.FormActivate(Sender: TObject);
begin
  iDBFields:= QueryTable.FieldCount + 1;
  // Zeilenanzahl von TStringGrid anpassen
  QueryGrid.RowCount:= iDBFields;
  // Strukturinformationen auslesen
  GetDBFields
end;
```

Beim Eintreffen des Ereignisses *OnActivate* liest das Formular die Datenstruktur der zu durchsuchenden Tabelle aus. Im Beispielprojekt könnte diese Aufgabe auch von der Ereignisbehandlungsmethode für *OnCreate* durchgeführt werden. Das Suchformular soll jedoch universell einsetzbar sein. Bei einem Datenbankeditor kann der Anwender zum Beispiel mehrere Datenbanktabellen nacheinander öffnen und nach Werten suchen. Daher muß zur Sicherheit jedesmal beim Aufruf des Formulars die Datenstruktur neu eingelesen werden. Legen Sie auf einen universellen Einsatz keinen Wert, so verbessert das Verschieben der Programmfunktion von „FormActivate" nach „FormCreate" die Geschwindigkeit beim wiederholten Aufrufen des Suchformulars.

Die Methode „OKBtnClick" wird als Ereignisbehandlungsmethode für das *OnClick*-Ereignis immer dann aufgerufen, wenn der Anwender auf den „OK"-Button im Formular geklickt hat.

```
procedure TDBFindForm.OKBtnClick(Sender: TObject);
var
  iCnt : Integer;
  sTmp : String;
begin
  OKBtn.Enabled:= False;
  CancelBtn.Enabled:= False;
  // Auswerten von Eintragungen
  for iCnt:= 1 to iDBFields do begin
    sTmp:= QueryGrid.Cells[1, iCnt];
    if Length(sTmp) > 0 then begin
      // Sucheintrag gefunden - in Großbuchstaben umwandeln
      sSearchValue:= UpperCase(sTmp);
      // Index des zu druchsuchenden Feldes sichern
      iSearchField:= iCnt;
      // Suche ab der ersten Datensatz starten
      ScanDBFields(True)
    end
  end;
  OKBtn.Enabled:= True;
  CancelBtn.Enabled:= True;
end;
```

In einer „For..To.."-Schleife werden alle relevanten Spalten im *TStringGrid* ausgelesen. Die Anzahl der auszuwertenden Spalten entspricht der Anzahl der Spalten in der zugrundeliegenden Datenbanktabelle. Sobald eine Eintragung für den Suchbegriff gefunden wurde, liegt sowohl der Suchbegriff als auch die zu durchsuchende Tabellenspalte fest. Über den Aufruf von „ScanDBFields(True)" wird sofort die Suche nach der ersten Fundstelle im Datenbestand gestartet.

```
procedure TDBFindForm.GetDBFields;
var
  iCount : Integer;
begin
  with QueryTable do begin
    for iCount:= 0 to FieldCount-1 do
      QueryGrid.Cells[0,iCount+1]:= Fields[iCount].FieldName;
  end
end;
```

Die private Methode „GetDBFields" beschriftet das *TStringGrid* im Formular anhand der vorgefunden Spalten in der Datenbanktabelle.

```
procedure TDBFindForm.ScanDBFields(bFirst: Boolean);
var
  sText : String;
  iFld  : Integer;
begin
```

```
    // TTable.Fields-Index beginnt bei 0 !
    iFld:= iSearchField - 1;
    with QueryTable do begin
      DisableControls;
      try
        if bFirst then begin
          // Neue Suche beginnt beim ersten Datensatz
          First;
          lSearchRecNo:= 1
        end
        else
        begin
          // erneute Suche ab aktuellen Datensatz
          Next;
          Inc(lSearchRecNo)
        end;
        while not EOF do begin
          // Inhalte der einzelnen DBEdit-Felder ermitteln
          sText:= UpperCase(Fields[iFld].AsString);
          // trotz Exit wird der Abschnitt finally aufgerufen !
          if Pos(sSearchValue, sText) <> 0 then Exit;
          Inc(lSearchRecNo);
          Next
        end;
      finally
        EnableControls
      end
    end;
    ShowMessage('Keine Übereinstimmung gefunden !')
end;
end.
```

In der Methode werden alle Datensätze der Artikeltabelle durchgeblättert, auch hier sorgt das Abkoppeln der sichtbaren Datendialogelemente über *DisableControls* für eine höhere Arbeitsgeschwindigkeit. Der übergebene Parameter legt fest, ob die Suche beim ersten Datensatz oder beim aktuellen Datensatz begonnen werden soll. Wie auch immer – von da aus wird der Tabelleninhalt dann Datensatz für Datensatz bis zum Tabellenende ausgelesen.

Suche in mehreren alphanumerischen und Memo-Feldern

Bislang wurde immer nur in einer Tabellenspalte gesucht. Die folgende Methode stammt aus dem Beispielprogramm „TIDB" und sucht eine Zeichenkette sowohl in einem alphanumerischen Feld der Tabelle als auch in einem Memo-Feld. Dabei schränkt das Programm die Suche im Memo-Feld nur auf die ersten 4096 Zeichen ein.

```
const
  iMaxMemo = 4096;              { max. Memotext-Länge }
var
  pMemoTxt : PChar;             { Memotext-Puffer }
```

Die globale Variable „pMemoTxt" ist ein *PChar*, also nur ein Zeiger auf einen nullterminierten String. Daher wird in der Ereignisbehandlungsmethode für das *OnCreate*-Ereignis des Formular der notwendige Speicher über „GetMem(pMemoTxt, iMaxMemo);" angefordert. Ein PChar ist für den Entwickler damit zwar etwas unhandlicher, hat aber den Vorteil, daß keine zusätzlichen Delphi-Anstrengungen für die Stringverwaltung notwendig sind. Die Suche läuft damit „entscheidende" Microsekunden schneller ab. Die Methode „SBtnFindClick" wird immer dann aufgerufen, wenn der Anwender eine Zeichenkette im Bestand suchen will.

```
procedure TFormMain.SBtnFindClick(Sender: TObject);
begin
  if EditFindBeschreibung.Text <> '' then begin
    sSearchValue := UpperCase(EditFindBeschreibung.Text);
    ScanDBFields(True);
    SBtnFindNext.Enabled := True
  end
  else begin
    ShowMessage('Suchbegriff vorher definieren!');
    SBtnFindNext.Enabled := False;
  end
end;
```

Im Objektfeld „sSearchValue" legt die Methode die zu suchende Zeichenkette nach der Umwandlung in Großbuchstaben ab. Damit spielt auch die Groß-/Kleinschreibweise bei der Suche keine Rolle mehr.

```
procedure TFormMain.ScanDBFields(bFirst: Boolean);
var
  sText : String;
  aBS   : TBlobStream;
begin
  Screen.Cursor := crHourglass;
  with DM.TableMain do begin
    { TDataSource-Komponente abklemmen -> bessere Suchgeschwindigkeit }
    DisableControls;
    try
      { Neue Suche beginnt beim ersten Datensatz }
      if bFirst
        then First
        else Next;
      { nachfolgende Datensätze untersuchen }
      while not EOF do begin
        { TStringField "Beschreibung" }
        sText:= UpperCase(DM.TableMainBeschreibung.AsString);
        { trotz Exit wird der Abschnitt finally aufgerufen ! }
        if Pos(sSearchValue, sText) <> 0 then Exit;
        { TMemoField "Inhalt" }
        if not Assigned(pMemoTxt) then Abort;
        { Puffer vorbereiten }
        aBS := TBlobStream.Create(DM.TableMainInhalt, bmRead);
        FillChar(pMemoTxt^, iMaxMemo, #0);
        try
          { Inhalt vom TMemoField in den Puffer einlesen }
          aBS.Read(pMemoTxt^, iMaxMemo - 1);
        finally
          aBS.Free
```

```
           end;
           { ist Text im Puffer ? }
           if StrLen(pMemoTxt) > 0 then begin
             { trotz Exit wird der Abschnitt finally aufgerufen ! }
             if (StrPos(StrUpper(pMemoTxt),
                        PChar(sSearchValue)) <> nil) then Exit;
           end;
           Next
         end;
      finally
         { in jedem Fall TDataSource-Komponente aktivieren, der
           finally-Abschnitt wird auch bei Exit durchlaufen ! }
         EnableControls;
         Screen.Cursor := crDefault;
      end
   end;
   ShowMessage('Keine Übereinstimmung gefunden !')
end;
```

Dieses Beispiel zeigt auch gut die Vor- und Nachteile der direkten Implementierung im Projekt. Die Methode greift direkt (und damit schnell) auf die TField's der Tabelle zu, bei einer universellen Suchkomponente als TTable-Nachfolger muß dies allgemeiner und damit in der Regel umständlicher implementiert werden.

8.4.4 Locate

Ab *Delphi 2.0* steht eine neue generische Suchmethode zur Verfügung. Die Methode *Locate* setzt den Datenbankcursor in die erste Zeile, die mit den als Parameter übergebenen Suchkriterien übereinstimmt. Im Gegensatz zum vorgestellten Suchformular kann *Locate* dabei sogar gleichzeitig in mehreren Tabellenspalten suchen. Dafür findet *Locate* keine Zeichenketten mitten in einem Feldinhalt, was wiederum vom Suchformular „DBFindForm" unterstützt wird. .

In der Beispielanwendung „Artikel" ist der Aufruf wiederum in ein eigenes Formular gekapselt, das gleich beim Programmstart automatisch erzeugt wird. Damit „merkt" sich das Locate-Formular die Letzte vom Anwender vorgenommene Einstellung. Das Hauptformular ruft „FormLocate" in der Ereignisbehandlungsmethode für das *OnClick*-Ereignis des Speedbar-Buttons über den *ShowModal*-Aufruf auf.

```
procedure TFormMain.SpeedButtonLocateClick(Sender: TObject);
begin
   FormLocate.ShowModal
end;
```

In der Formular-Unit „LocateFrm" sind auch nur wenige Zeilen von Hand zuzufügen, was für die Leistungsfähigkeit der *Locate*-Methode spricht.

```
...
implementation

uses dm_main;        // TTable-Instanz ist im Datenmodulcontainer
```

Beim Erzeugen des Formulars (also beim Programmstart) wird die ComboBox-Instanz mit allen Tabellenspalten der Artikeltabelle gefüllt. Da sich die *TTable*-Komponente im *Datenmodulcontainer* befindet, müssen Sie hier über einen qualifizierten Bezeichner auf die TTable-Instanz zugreifen. Mit Hilfe der ComboBox wählt der Anwender die zu durchsuchende Tabellenspalte aus.

```
procedure TFormLocate.FormCreate(Sender: TObject);
begin
   DataModuleMain.TableArtikel.GetFieldNames(ComboBoxFields.Items);
end;
```

Über den „OK"-Button wird der Suchvorgang gestartet. Der erste Parameter kennzeichnet den Namen der Tabellenspalte, die der Anwender in der ComboBox ausgewählt hat. Der zweite Parameter stammt aus der *TEdit*-Instanz im Formular und definiert den Suchbegriff. Im letzten Parameter legen Sie die Suchoptionen fest, die auf den Suchbegriff angewendet werden.

Tabelle 8.5: Von »Locate« unterstützte Optionen

Wert	Beschreibung
loCaseInsensitive	Der Suchbegriff sowie die Werte in der durchsuchten Tabellenspalte werden ohne Unterscheidung der Groß-/Kleinschreibung miteinander verglichen.
loPartialKey	Es wird auch dann ein Treffer gefunden, wenn der Wert in der durchsuchten Tabellenspalte nur teilweise mit dem Suchbegriff übereinstimmt beziehungsweise nur bei mehreren Tabellenspalten nur ein Wert zutrifft.

```
procedure TFormLocate.BitBtnOKClick(Sender: TObject);
begin
   with DataModuleMain.TableArtikel do
      if not Locate(ComboBoxFields.Items[ComboBoxFields.ItemIndex],
                    EditSearchValue.Text, [loPartialKey]) then
         ShowMessage('Kein Treffer!');
end;
```

Locate verwendet zum Auffinden von übereinstimmenden Datensätzen die schnellstmögliche Methode, ein vorhandener *Index* wird verwendet. Steht kein brauchbarer Index zur Verfügung, richtet *Locate* für die effiziente Suche einen Filter der *Borland Database Engine* ein. *Locate* liefert den Wert „*True*" zurück, wenn ein passender Datensatz gefunden wurde, oder „*False*", wenn keine Übereinstimmung vorliegt.

Mit diesen Eigenschaften ist die Locate-Methode die erste Wahl. Auch wenn Sie später im Datenmodell neue Indizies einfügen beziehungsweise vorhandene entfernen, sind keine Änderungen im Programm notwendig.

8.4.5 Soundex – die unscharfe Suche

Die bisher vorgestellten Suchroutinen hatte alle eine Gemeinsamkeit – es wurden nur die Datensätze in der Datenbanktabelle gefunden, bei denen Übereinstimmung mit der zu suchenden Zeichenkette vorliegt. In der Praxis wirft dies oftmals Probleme auf – das klassische Beispiel ist die Kundendatenbank, in der verschiedene Schreibweisen des Namens „Schmidt" auftauchen. Gerade immer dann, wenn die Daten per telefonischer Abfrage erfaßt werden, müssen Sie mit falsch geschriebenen Suchbegriffen rechnen.

Das folgende Beispiel greift auf die „ShareMan"-Datenbank des dritten Kapitels zurück. Der Programmanwender sucht die Aktie „Addidas". Leider gibt es ein solches Wertpapier gar nicht, richtig wäre die Schreibweise „Adidas" gewesen. Trotzdem zeigt das Beispielprogramm den gesuchten Datensatz an. Wie kommt denn das? Das Programm verwendet einen SOUNDEX-Suchalgorithmus, bei dieser „unscharfen" Suche spielen Schreibfehler in der Regel keine Rolle!

Abb. 8.11: Die unscharfe Suche findet auch falsch geschriebene Suchkriterien

Der SOUNDEX-Algorithmus ist einer der ältesten (1922) und am besten bekannten Algorithmen, über die eine phonetische Suche nach gleich „klingenden" Suchbegriffen unterstützt wird. Das Prinzip besteht dabei darin, daß jedes Wort in einen vier Zeichen breiten Code umgewandelt wird. Dabei bekommt jeder Buchstabe des Alphabets einen Wert von „0" bis „6" zugeordnet. Zum Beispiel verwendet sowohl der Buchstabe „D" als auch der Buchstabe „T" den gleichen Wert „3" – damit ist es egal, ob der Kunde „Schmidt" oder „Schmitt" geschrieben wird.

```
type
  SoundexString = String[4];           // SOUNDEX-Code = 4 Zeichen
  BuMap = array [1..26] of char;       // Buchstaben-Wichtung

const              { A    B    C    D    E    F    G    H    I  }
  Code : BuMap =('0', '1', '2', '3', '0', '1', '2', '0', '0',
                 { J    K    L    M    N    O    P    Q    R  }
                 '2', '2', '4', '5', '5', '0', '1', '2', '6',
                 { S    T    U    V    W    X    Y    Z      }
                 '2', '3', '0', '1', '0', '2', '0', '2' );

function SoundexCode(sTarget: String): SoundexString;
var
  iResultIdx : Integer;
  iTargetIdx : Integer;
  iTargetLen : Integer;
begin
  { Rückgabewert der Funktion vorbelegen }
  Result := '0000';
  { alle Zeichen in Großbuchstaben umwandeln }
  sTarget := UpperCase(sTarget);
  { Regel: Der erste Buchstaben bleibt erhalten }
  Result[1] := sTarget[1];
  { Länge der Zeichenkette ermitteln }
  iTargetLen := Length(sTarget);
  { Regel: Es müssen mindestens zwei Buchstaben vorhanden sein }
```

8.4 Datensätze suchen und filtern

```
    if iTargetLen = 1 then exit;
    { zweiten bis letzten Buchstaben ersetzen }
    for iTargetIdx := 2 to iTargetLen do
      if sTarget[iTargetIdx] in ['A'..'Z'] then
        { Buchstaben durch den SOUNDEX-Code ersetzen }
        sTarget[iTargetIdx] := Code[Ord(sTarget[iTargetIdx]) -
                                    Ord('A') + 1]
      else
        { Regel: Andere Zeichen als Buchstaben ignorieren }
        sTarget[iTargetIdx] := '0';
    { es geht mit dem zweiten Zeichen weiter (1. Buchstabe ist fest) }
    iResultIdx := 2;
    { vom zweiten Zeichen an prüfen }
    for iTargetIdx := 2 to iTargetLen do begin
      { handelt es sich nicht um ein 0-Zeichen ? }
      if (sTarget[iTargetIdx] <> '0' ) and
        { und handelt es sich nicht um eine Codewiederholung ? }
        (sTarget[iTargetIdx] <> sTarget[iTargetIdx - 1]) then begin
        { dann wird das Zeichen in das Ergebnis kopiert }
        Result[iResultIdx] := sTarget[iTargetIdx];
        { nächstes Zeichen }
        Inc(iResultIdx);
        { solange das nächste Zeichen holen bis 4 Byte voll sind }
        if iResultIdx > 4 then Exit
      end;
    end;
end;
```

Der erste Buchstabe des Worts bleibt in jedem Fall erhalten, alle anderen Buchstaben werden in den SOUNDEX-Code umgewandelt. Damit muß zumindestens der erste Buchstabe stimmen. Alle Stellen mit dem Code „0" werden entfernt, davon sind die Buchstaben A, E, H, I, O, U, W und Y betroffen. Buchstabenwiederholungen faßt die Funktion in einen Wert zusammen. Ist das Wort länger als 4 Zeichen, so wird der SOUNDEX-Code auf genau 4 Stellen gekürzt. Ein zu kurzes Wort füllt die Funktion mit „0"-Stellen auf.

Die Unit-Funktion „SoundexCode" wird aus der Ereignisbehandlungsmethode für das *OnFilterRecord*-Ereignis im Hauptformular heraus aufgerufen. Über die Radiobutton kann der Anwender die Filterfunktion aktivieren, wobei er zudem zwischen der exakten und der unscharfen Suche wählen kann.

```
procedure TFormMain.TableMainFilterRecord(DataSet: TDataSet;
                                          var Accept: Boolean);
var
  sFieldValue,           // vorgefundene Zeichen in der Tabelle
  sSearchValue : String; // zu suchende Zeichen
begin
  // Suchbegriff aus dem Eingabefeld auslesen
  sSearchValue := EditSearch.Text;
  if sSearchValue = '' then begin
    // kein Suchkriterium -> alle Datensätze anzeigen
    Accept := True;
    Exit;
  end;
```

```
// aktuellen Datensatz auslesen
sFieldValue := TableMainAktie.AsString;
case RadioGroupSearch.ItemIndex of
   0 : begin                                    // exakte Suche
          if sFieldValue = sSearchValue
             then Accept := True
             else Accept := False;
       end;
   1 : begin                                    // SOUNDEX-Suche
          if SoundexCode(sFieldValue) = SoundexCode(sSearchValue)
             then Accept := True
             else Accept := False;
       end;
   2 : Accept := True;                          // keine Suche
end;
end;
```

Trefferquote

Obwohl eine *SOUNDEX*-Suche beachtliche Ergebnisse liefert, dürfen Sie keine allzu großen Erwartungen stellen. Da alle möglichen Suchbegriffe in einen nur vier Zeichen großen Wert konvertiert werden, müssen Sie mit falschen Treffern rechnen (es gibt vollkommen unterschiedliche Wörter, die leider einen gleichen Soundex-Code ergeben). Fassen Sie allerdings mehrere Tabellenspalten in einer Soundex-Suche zusammen (zum Beispiel Name, Vorname und Ort), so wird es sehr unwahrscheinlich, daß alle drei Felder einen falschen Treffer verursachen.

Tabelle 8.6: Soundex-Anwendungsbeispiele

Suchbegriff	Verwendete Buchstaben	Soundex-Code
Schmit	S, C, M, T	S253
Schmitt	S, C, M, T (doppelte T-Zeichen ignorieren)	S253
Schmidt	S, C, M, D, T (D und T = 3, doppelte Zeichen ignorieren)	S253
Schmied	S, C, M, D	S253
Benz	B, N, Z	B520
Bentz	B, N, T, Z	B532

Die in der Tabelle dargestellten Beispiele zeigen auch einen weiteren Nachteil auf, der Soundex-Algorithmus nimmt leider keine Rücksicht auf die Besonderheiten der deutschen Sprache. So liefern die Suchbegriffe „Benz" und „Bentz" verschiedene Code-Werte zurück.

8.5 Datenbank, SQL und Multithreading

Der Entwickler einer Datenbankanwendung hat in der Regel keine Probleme, einen sinnvollen Einsatzzweck für einen separaten Thread im Programm zu finden. Gerade bei einem SQL-Aufruf benötigt die *BDE* beziehungsweise der *SQL-Server* doch ein nicht zu vernachlässigende Zeitspanne bis zum Zurückliefern der Ergebnisse. Unter Delphi 1 riskierten Sie damit einige Minuspunkte auf Seiten des Anwenders – nichts ist störender, als auf das Ende des Sanduhr-Mauszeigers warten zu müssen. Unter *Win32* muß das – dank Multithreading – nicht mehr so sein.

Bereits im Kapitel 3 habe ich für das Aktienverwaltungsprogramm „ShareMan" eine solche Lösung vorgestellt. Dabei müssen Sie nicht unbedingt diesen Weg zur Implementierung beschreiten – drei andere Alternativen stelle ich Ihnen hier vor.

8.5.1 Der einfache Weg

Im Verzeichnis „Kapitel 8\DBThread" finden Sie das Projekt „DBThreadTest.dpr". Dieses Beispiel zeigt gewissermaßen eine Minimal-Lösung für das Problem. Alle Datenbank-Komponenten befinden sich im Formular, so daß bereits in der Entwicklungsumgebung die beiden *Session*-Verbindungen klar hervorspringen. Jeder Thread, der auf die *BDE* zugreift, benötigt eine eigene *TSession*-Instanz und damit eine eigene Verbindung zur BDE.

Jedes Delphi-Programm besteht aus mindestens einem Thread, der sogenannte *primäre Thread* ist für die *VCL-Komponenten* sowie *TApplication* zuständig, kapselt somit das „normale" Delphi-Programm ein. Ein eventuell abgespaltener zweiter Thread darf dabei nicht so ohne weiteres auf die VCL-Komponenten zugreifen, die sich in der Zuständigkeit des primären Threads befinden. Beide Threads müssen sich gewissermaßen absprechen, wobei neben der *TThread*-Methode *Synchronize* auch noch das *OnTerminate*-Ereignis dafür geeignet ist. Eine dem *OnTerminate*-Ereignis zugewiesene Ereignisbehandlungsmethode wird aufgerufen, nachdem die *TThread*-Methode *Execute* ihre Arbeit beendet hat und bevor die *TThread*-Instanz zerstört wird. Die Ereignisbehandlungsmethode befindet sich somit quasi zwischen zwei Welten (Threads). Zum einen kann aus ihr heraus auf die Objektfelder des Thread-Objekts zugegriffen werden, da dieses Objekt noch nicht zerstört wurde. Und auch der anderen Seite wird die Ereignisbehandlungsmethode im Kontext des primären Threads aufgerufen, damit sind alle Zugriffe auf die *VCL* erlaubt.

Abb. 8.12: Das Beispielprogramm zum Thema Multithreading

Wie Sie in der Abb. 8.12 erkennen können, verwendet der zweite SQL-Abfrage-Thread nur ein *TQuery*-Instanz, jedoch keine *TDataSource*-Komponente. Trotzdem werden die Ergebnisse der SQL-Abfrage im Formular angezeigt, wobei ganz normale *TLabel*-Instanzen dazu verwendet werden.

TQueryKursThread – das SQL-Thread-Objekt

Der *TThread*-Nachfolger „TQueryKursThread" deklariert nur drei private *Objektfelder* als Zwischenspeicher für die Ergebnisse der SQL-Abfrage. Die *Execute*-Methode muß in jedem *TThread*-Nachfolger überschrieben werden, da *TThread* dieses Methode als *abstrakte Methode* kennzeichnet.

```
TQueryKursThread = class(TThread)
private
  { Private declarations }
  curMin,                             // mimimaler Wert
  curMax,                             // maximaler Wert
  curAvg : Currency;                  // Durchschnittswert
protected
  procedure Execute; override;        // TThread.Execute ist abstrakt !
end;
```

Gleich zu Beginn wird die private *TFormMain*-Methode „ShowThreadValues" als Ereignisbehandlungsmethode dem *TQueryKursThread*-Ereignis *OnTerminate* zugewiesen. Damit ruft der Thread kurz vor seinem Ende eine Methode des Formulars im Gültigkeitsbereich des primären Threads auf. Beachten Sie außerdem, daß die *TQuery*-Instanz nur kurz aktiv ist, d.h. sobald die Ergebnisse der SQL-Abfrage feststehen, trennt TQuery die Verbindung wieder.

```
procedure TQueryKursThread.Execute;
begin
  OnTerminate := FormMain.ShowThreadValues;
  with FormMain do begin
    QueryKurs.Params[0].Value := TableBDEID.Value;
    QueryKurs.Open;
    curMin := QueryKurskursmin.Value;
    curMax := QueryKurskursmax.Value;
    curAvg := QueryKurskursavg.Value;
    QueryKurs.Close;
  end;
end;
```

Über den *Delphi-Feldeditor* habe ich für die Ergebnisfelder der SQL-Abfrage *persistente TField*-Instanzen angelegt, damit liest die Methode die Daten per einfacher Zuweisung aus.

Der Aufruf im Programm

Jedesmal beim Eintreffen des *TDataSource*-Ereignisses *OnDataChange* wird eine neue Instanz von TQueryKursThread und damit ein neuer Thread erzeugt.

```
procedure TFormMain.DataSourceBDEDataChange(Sender: TObject;
                                           Field: TField);
begin
  with TQueryKursThread.Create(False) do
    FreeOnTerminate := True;
end;
```

Die Methode verwendet keine Instanzvariable, um den Rückgabewert von *Create* zu speichern. Da sich der Thread sowieso selbst nach der Auftragserledigung zerstören soll, wird eine Instanzvariable auch gar nicht benötigt. Statt dessen sorgt die Einklammerung über „With ... do" dafür, daß die TThread-Eigenschaft *FreeOnTerminate* aktiviert werden kann.

Die Ergebnisanzeige

Die private TFormMain-Methode „ShowThreadValues" wird vom SQL-Abfrage-Thread heraus aufgerufen. Jede Delphi-Methode bekommt implizit über den Parameter „Sender" eine Referenz auf das Objekt mit auf den Weg, aus dem heraus diese Methode aufgerufen wird. Über das *Typecasting* „with TQueryKursThread(Sender) do..." greift die Formular-Methode auf die privaten Objektfelder des SQL-Abfrage-Threads zurück.

```
procedure TFormMain.ShowThreadValues(Sender: TObject);
begin
  with TQueryKursThread(Sender) do begin
    LabelMin.Caption := Format('%m', [curMin]);
    LabelMax.Caption := Format('%m', [curMax]);
    LabelAvg.Caption := Format('%m', [curAvg]);
  end;
end;
```

8.5.2 Der offizielle Weg

In den Beispiel-Programmen zu Delphi demonstriert Borland den offiziellen Weg. Dabei verwendet der *TThread*-Nachfolger eigene Objektfelder sowohl für die *TQuery*-Instanz als auch für die Abfrageparameter. Zudem wird eine *TDataSource*-Komponente dazu verwendet, um das Ergebnis der SQL-Abfrage mit den sichtbaren Datendarstellungskomponenten anzeigen zu können. Dabei darf der SQL-Abfrage-Thread die Verbindung zwischen *TQuery* und *TDataSource* erst in der über die *Synchronize*-Methode aufgerufenen Methode herstellen.

Die Abb. 8.13 zeigt das zweite Beispielprogramm „DBThreadTest2.dpr", hier können Sie sich einmal den offiziellen Weg anschauen.

Abb. 8.13: Das zweite Beispielprogramm

Die folgenden Listing-Zeilen sind gut kommentiert, so daß sich zusätzliche Ausführungen erübrigen.

```
TQueryKursThread = class(TThread)
private
  { Private declarations }
  FAktieID   : Integer;           // Master-etail-Verknüpfung
  FQuery     : TQuery;            // Handle auf TQuery im Formular
  FDS        : TDataSource;       // Handle auf TDataSource im Formular
  procedure ShoThreadVAlues;
protected
  procedure Execute; override;    //Tthread.Execute ist abstrakt !
```

```
public
  constructor Create(Query   : TQuery;
                     iID     : Integer;
                     DS      : TDataSource); virtual;
end;

...

constructor TQueryKursThread.Create(Query   : TQuery;
                                    iID     : Integer;
                                    DS      : TDataSource);
begin
  // TThread-Instanz im angehaltenen Zustand erzeugen
  inherited Create(True);
  // Aktien-ID zuweisen
  FAktieID := iID;
  // TQuery-Handle sichern
  FQuery := Query;
  // TDataSource-Handle sichern
  FDS := DS;
  // TThread-Objekt soll sich selbst zerstören
  FreeOnTerminate := True;
  // Thread soll seine Arbeit aufnehmen
  Resume;
end;

procedure TQueryKursThread.Execute;
begin
  // Sonderfall: keine ID übergeben -> kein Start
  if FAktieID = 0 then Exit;
  FQuery.Close;
  // Master-Detail-Beziehung der Tabellen nachbilden
  FQuery.Params[0].Value := FAktieID;
  // SQL-Abfrage starten
  FQuery.Open;
  Synchronize(ShowThreadValues);
end;

procedure TQueryKursThread.ShowThreadValues;
begin
  // TDataSource-Komponente für TDBGrid aktivieren
  FDS.DataSet := FQuery;
end;
```

Die über *Synchronize* aufgerufene private Methode „ShowThreadValues" koppelt die Datenquelle (TQuery) an die *TDataSource*-Instanz für das *TDBGrid* im Formular an. Damit bekommt der Anwender das Ergebnis der SQL-Abfrage zu sehen.

Der Aufruf im Formular

Der Thread wird nur erzeugt, indem die überschriebene *Create*-Methode aufgerufen wird. Alle benötigten VCL-Instanzen sowie der ID-Wert der zu untersuchenden Aktie bekommt *Create* als Parameter mit auf den Weg.

```
procedure TFormMain.DataSourceBDEDataChange(Sender: TObject;
                                           Field: TField);
begin
  TQueryKursThread.Create(QueryKurs,        // TQuery
                          TableBDEID.Value, // ID-Wert der Aktie
                          DataSourceKurs);  // TDataSource für TDBGrid
end;
```

8.5.3 Der effektive Weg

Bislang wurde bei jedem Einsatz die *TThread*-Instanz neu erzeugt, obwohl dies gar nicht zwingend notwendig ist. Die Leistungsfähigkeit von *TThread* demonstriert das dritte Beispiel, sie finden es unter dem Projektnamen „DBThreadTest3.dpr" ebenfalls im Verzeichnis „Kapitel 8\DBThread". Das Beispiel implementiert einen ständig aktiven, aber die meiste Zeit über schlafenden Thread, der bei jedem neuen Datensatz aufgeweckt wird. Dazu müssen die folgenden Schritte abgearbeitet werden.

1. Während der Ereignisbehandlung für das *OnCreate*-Ereignis des Formulars wird die *TThread*-Instanz im suspendierten Zustand erzeugt.
2. Immer dann, wenn der Anwender zu einem neuen Datensatz wechselt, wird der schlafende Thread über den Aufruf von *Resume* aufgeweckt.
3. Der munter gewordene *Thread* übernimmt die Aktien-ID vom der *TTable*-Instanz im Formular, initialisiert den SQL-Abfrageparameter und startet die Abfrage. Steht das Ergebnis fest, so werden die *TLabel's* im Formular zur Anzeige aktualisiert. Ist auch dies geschafft, legt sich der Thread über den Aufruf von *Suspend* selbst wieder schlafen.
4. Beim Programmende sorgt *TThread.Terminate* dafür, daß die TThread-Eigenschaft *Terminated* auf den Wert „True" gesetzt wird. Sollte *TThread* gerade aktiv sein, so wird die Schleife in der *Execute*-Methode verlassen.

Das Ganze sieht im Beispielprojekt dann folgendermaßen aus:

```
type
  TQueryKursThread = class(TThread)
  private
    FDB         : TDataBase;
    FSes        : TSession;
    FQry        : TQuery;
    FOwnerForm  : TForm;
    FAktieID    : Integer;
    curMin,                              // mimimaler Wert
    curMax,                              // maximaler Wert
    curAvg      : Currency;              // Durchschnittswert
  protected
    constructor Create(AOwnerForm: TForm);
    procedure Execute; override;
    procedure GetAktieID;
  end;
```

Die Deklaration von „TQueryKursThread" muß vor „TFormMain" stehen, da „TFormMain" ein *Objektfeld* für das Threadobjekt deklariert.

```
TFormMain = class(TForm)
...
private
 SQLThrd : TQueryKursThread;
public
   { Public declarations }
end;
```

Schritt 1: TQueryKursThread-Instanz erzeugen

Alle vom Thread benötigten Komponenten werden erst zur Laufzeit dynamisch erzeugt, dies betrifft die *TSession*, *TDataBase* und die *TQuery*-Instanz. Der Constructor *Create* ruft am Ende **nicht** *Resume* auf, so daß der Thread gleich weiterschläft.

```
procedure TFormMain.FormCreate(Sender: TObject);
begin
  SQLThrd := TQueryKursThread.Create(FormMain)
end;

constructor TQueryKursThread.Create(AOwnerForm: TForm);
begin
  // TThread-Instanz im angehaltenen Zustand erzeugen
  inherited Create(True);
  FOwnerForm := AOwnerForm;
  // eigene TSession-Instanz für diesen Thread erzeugen
  FSes := TSession.Create(Application);
  FSes.SessionName := 'SesSQLThread';
  // eigene TDataBase-Instanz für diesen Thread erzeugen
  FDB := TDataBase.Create(Application);
  with FDB do begin
    SessionName  := FSes.SessionName;
    DatabaseName := 'DBSQLThread';
    AliasName    := 'ShareManager';
    KeepConnection := True;
    Connected := True;
  end;
  // TQuery-Instanz für diesen Thread erzeugen
  FQry := TQuery.Create(Application);
  with FQry do begin
    DatabaseName := FDB.DatabaseName;
    SessionName  := FSes.SessionName;
    SQL.Add('SELECT MIN(kurs) AS kursmin, MAX(kurs) AS kursmax,');
    SQL.Add('AVG(kurs) AS kursavg FROM sm_kurs WHERE id = :MainID');
  end;
  // TThread-Objekt soll sich selbst zerstören
  FreeOnTerminate := True;
end;
```

 Der Session-Name muß für alle Instanzen in der Anwendung eindeutig sein. Immer dann, wenn Sie mehrere Instanzen dynamisch erzeugen, können Sie über die Zuweisung FSes.SessionName := IntToStr(ThreadID) die numerische Thread-ID als Zeichenkette verwenden. Die ThreadID ist immer eindeutig.

8.5 Datenbank, SQL und Multithreading

Schritt 2: Schlafenden Thread wecken und die Abfrage starten

Beim Eintreffen des *TDataSource*-Ereignisses *OnDataChange* wird der schlafende Thread aufgeweckt, damit arbeitet er die Endlos-Schleife in der Methode *Execute* so lange ab, bis er auf den Aufruf von *Suspend* trifft.

```
procedure TFormMain.DataSourceBDEDataChange(Sender: TObject;
                                           Field: TField);
begin
 if Assigned(SQLThrd) then SQLThrd.Resume
end;
```

Schritt 3: Aufwachen – Arbeiten – Schlafen, der TQueryKursThread-Zyklus

Die TQueryKursThread-Instanz ist der ideale Arbeitnehmer, das Dasein besteht nur aus dem Zyklus aufwachen, arbeiten und gleich wieder schlafen. Der *MessageBeep*-Aufruf ist eine akustische Kontrolle, über die Sie eine Rückmeldung erhalten, ob sich der Thread tatsächlich für die neuen Aufgaben ausruht.

```
procedure TQueryKursThread.Execute;
begin
  while not Terminated do begin
    with FQry do begin
      Synchronize(GetAktieID);
      Params[0].AsInteger := FAktieID;
      Open;
      curMin := FQry['kursmin'];
      curMax := FQry['kursmax'];
      curAvg := FQry['kursavg'];
      Close;
    end;
    with TFormMain(FOwnerForm) do begin
      LabelMin.Caption := Format('%m', [curMin]);
      LabelMax.Caption := Format('%m', [curMax]);
      LabelAvg.Caption := Format('%m', [curAvg]);
    end;
    // Thread bis zum nächsten Aufruf schlafen legen
    MessageBeep(-1);
    Suspend;
  end;
end;

procedure TQueryKursThread.GetAktieID;
begin
  with TFormMain(FOwnerForm) do
    if TableBDE.Active then
      FAktieID := TableBDEID.Value;
end;
```

Über die *Synchronize*-Methode holt sich der Thread den ID-Wert für die gerade in der *TTable*-Instanz des Formulars ausgewählten Aktie.

Schritt 4: Terminate

Über den Aufruf der TThread-Methode *Terminate* wird die TThread-Eigenschaft *Terminated* auf den Wert „True" gesetzt. Damit wird beim nächsten Aufwachen des Threads die Schleife in der *Execute*-Methode verlassen. In diesem Beispiel ist der Aufruf am Programmende gar nicht notwendig, da Windows alle Reste sowieso entsorgt. Allerdings ist *Terminate* immer dann sinnvoll, wenn der Thread noch während der Programmlaufzeit beendet werden soll.

```
procedure TFormMain.FormClose(Sender: TObject;
                              var Action: TCloseAction);
begin
  SQLThrd.Terminate
end;
```

8.6 Datenbank-Komponenten

8.6.1 DBNavigatorfunktionen über das Menü aufrufen

Auch wenn die Bedienung eines Windows-Programms ohne Maus einer Folter gleichkommt, so gibt es durchaus Kunden, die dies unbedingt für ihr Anwendungsprogramm fordern. Ein Grund dafür mag darin liegen, daß *Notebooks* und *Laptops* nicht immer mit einem Nagetier ausgerüstet werden. Im Verzeichnis „Kapitel 8\Navigieren" finden Sie im Beispielprojekt „Navigieren.dpr" einen Lösungsvorschlag.

Die Ereignisbehandlungsmethode für das Anklicken des Hauptmenüpunktes „Bearbeiten" sorgt dafür, daß je nach dem vorgefundenen Status der verbundenen Datenbanktabelle nur die gerade sinnvollen Menüeinträge vom Anwender ausgewählt werden können. So soll der Anwender zum Beispiel nur dann im Datenbestand blättern können, wenn sich die Datenquelle im *Browse-Modus* befindet.

```
procedure TFormMain.MWorkClick(Sender: TObject);
begin
  // Post und Cancel
  MWCommit.Enabled := DataSource1.State in dsEditModes;
  MWRollback.Enabled := MWCommit.Enabled;
  // Button zum Blättern im Datenbestand
  MWFirst.Enabled := DataSource1.State = dsBrowse;
  MWPrior.Enabled := MWFirst.Enabled;
  MWNext.Enabled := MWFirst.Enabled;
  MWLast.Enabled := MWFirst.Enabled;
  // Datensatz einfügen und löschen
  MWInsert.Enabled := MWFirst.Enabled;
  MWDelete.Enabled := MWFirst.Enabled;
end;
```

Wählt der Anwender einen Menüpunkt aus, so soll das Programm auch die entsprechende Aktion ausführen. Damit es an dieser Stelle nicht zu schwierig wird, übertragen Sie diese Aufgabe einfach an eine Instanz, die dazu von Haus aus bereits in der Lage ist. Jede Ereignisbehandlungsmethode für einen Menüpunkt im Bearbeiten-Menü simuliert über den Aufruf von „DBNavigatorMain.BtnClick" einfach einen Mausklick auf die entsprechende *TDBNavigator*-Schaltfläche.

```
procedure TFormMain.MWFirstClick(Sender: TObject);
begin
  DBNavigatorMain.BtnClick(nbFirst)
end;

procedure TFormMain.MWPriorClick(Sender: TObject);
begin
  DBNavigatorMain.BtnClick(nbPrior)
end;

procedure TFormMain.MWNextClick(Sender: TObject);
begin
  DBNavigatorMain.BtnClick(nbNext)
end;

procedure TFormMain.MWLastClick(Sender: TObject);
begin
  DBNavigatorMain.BtnClick(nbLast)
end;

procedure TFormMain.MWInsertClick(Sender: TObject);
begin
  DBNavigatorMain.BtnClick(nbInsert)
end;

procedure TFormMain.MWDeleteClick(Sender: TObject);
begin
  DBNavigatorMain.BtnClick(nbDelete)
end;

procedure TFormMain.MWCommitClick(Sender: TObject);
begin
  DBNavigatorMain.BtnClick(nbPost)
end;

procedure TFormMain.MWRollbackClick(Sender: TObject);
begin
  DBNavigatorMain.BtnClick(nbCancel)
end;

end.
```

8.6.2 TMemoField-Inhalt im DBGrid anzeigen

Die Verwendung eines Memofeldes in der Datenbanktabelle ist eine feine Sache. Mit Hilfe der Delphi-Komponente *TDBMemo* ist dieser *BLOB-Text* (engl. *Binary Large Object*) auch leicht im Programm einsetzbar.

 Sollten Sie auf der Schreibweise „BLOb" bestehen, werde ich nicht widersprechen. Ich persönlich bevorzuge aber die vollständige Großschreibung.

Möchten Sie ein Memofeld allerdings in einer *TDBGrid*-Komponente anzeigen, erleben Sie eine Überraschung. Während der Programmlaufzeit (und ebenso in der Entwicklungsphase) wird nicht der Inhalt des Memofeldes der Datenbank, sondern nur die Zeichenkette „(Memo)" angezeigt. Diese Eigenheit der TDBGrid-Komponente verringert den Gebrauchswert in diesem Fall deutlich. Immer dann, wenn dem Programmanwender zur besseren Übersicht eine tabellarische Darstellung der Datenbank bereitgestellt werden soll, wird dieses Manko deutlich sichtbar.

Abb. 8.14:
Standard-
verhalten
von TDBGrid

Das in der Abb. 8.14 gezeigte Beispielprogramm finden Sie im Verzeichnis „Kapitel 8\TDBGrid und Memo" unter dem Namen „Demo.dpr". Doch Delphi wäre nicht Delphi, wenn die Lösung für dieses Problem nicht einfach nachrüstbar ist. Nach der Implementierung einer Ereignisbehandlungsmethode für das *OnDrawDataCell*-Ereignis der *TDBGrid*-Instanz ergibt sich das folgende Bild. Die erweiterte Version unter dem Dateinamen „DemoX.dpr" beseitigt diesen Mangel der TDBGrid-Komponente. Im TDBGrid sieht der Programmanwender nunmehr die ersten 65 Zeichen des Inhaltes des Memo-Feldes in der Datenbank.

Abb. 8.15:
TDBGrid ist
gesprächiger
geworden

Das Ereignis *OnDrawDataCell* tritt immer dann ein, wenn der Inhalt einer Zelle in einer TDBGrid-Komponente erneut dargestellt werden muß. Wie die Zelle angezeigt wird, hängt von dem Wert der Eigenschaft *DefaultDrawing* ab. Damit nicht alle Zellen in eigener Regie dargestellt werden müssen, bleibt die Eigenschaft *DefaultDrawing* auf dem Vorgabewert „True".

```
procedure TFormMain.DBGrid1DrawDataCell(Sender: TObject;
         const Rect: TRect; Field: TField;
         State: TGridDrawState);
const
  iDisplayWidht = 35;         // Anzeigenbreite für Memoinhalt
var
  szTxt    : array[0..iDisplayWidht] of Char;
  aBS      : TBlobStream;
  sTxt     : String;
begin
  // Inhalt des Memofeldes in das DBGrid malen
  if Field is TMemoField then begin
    aBS := TBlobStream.Create(TableArtikelBemerkungen, bmRead);
```

```
      FillChar(szTxt, SizeOf(szTxt), #0);
      try
        aBS.Read(szTxt, iDisplayWidht);
      finally
        aBS.Free
      end;
      sTxt := szTxt;
      with (Sender as TDBGrid).Canvas do begin
        FillRect(Rect);
        TextOut(Rect.Left, Rect.Top, szTxt + '...')
      end
    end
end;
```

Für die zwei Datenfelder der Tabelle „memotbl.db" wurden im Feldeditor *TField*-Komponenten angelegt. Für die TField-Komponente „TableArtikelMemo" sorgt die Zuweisung der Eigenschaft *DisplayWidth* für eine Eingrenzung der Spaltenbreite im TDBGrid. Die Konstante „iDisplayWidht" entspricht diesem im *Objektinspektor* festgelegten Wert und sorgt dafür, daß für die Stringvariablen nur der tatsächlich benötigte Speicherplatz vom Compiler belegt wird.

Das Ereignis *OnDrawDataCell* trifft bei jeder darzustellenden Zelle ein, am Anfang der Methode wird daher geprüft, ob auch wirklich die Memofeld-Spalte dargestellt werden soll. Wenn ja, wird eine *TBlobStream*-Instanz erzeugt und der Instanzvariablen „aBS" zugewiesen.

Das Objekt *TBlobStream* stellt eine einfache Technik zum Zugriff oder zur Änderung eines Datenfeldes vom Typ *TBlobField* zur Verfügung, indem es Ihnen erlaubt, das Feld zu „lesen" oder im Feld zu „schreiben". Der Einsatz entspricht somit dem Zugriff auf eine Datei oder ein Stream.

Aus einem Ressourcen-Schutzblock heraus wird ein Teil der im Memofeld gespeicherten Zeichen ausgelesen und im als ersten Parameter angegebenen Textpuffer abgelegt. Um diese Methode universell einsetzen zu können, bietet sich als Textpuffer eine Variable vom Typ „array[0..x] of Char" an. Mit Hilfe dieses Textpuffers können vor der Anzeige zusätzliche Arbeiten durchgeführt werden. Das hier vorgestellte Beispielprogramm gibt die ausgelesenen Zeichen unbearbeitet in der TDBGrid-Instanz aus.

Der Parameter „State" vom Typ *TGridDrawState* definiert die verschiedenen Zustände der Zellen beim Zeichnen. Unter anderem können Sie mit diesem Wert prüfen, ob die gerade zu zeichnende Zelle vom Anwender fokussiert wurde. Als Erweiterung der oben gezeigten Methode bietet sich an, die Zeichenfläche (*Rect*) zu vergrößern, um in der fokussierten Zelle eine größere Textmenge anzuzeigen als in allen anderen.

8.6.3 TQuery-Beispiele

Delphi zielt vor allem in Richtung *Client/Server*-Anwendungsentwicklung. Damit wird auch die Datenbank in den überwiegenden Fällen auf einem *SQL-Server* laufen. Dies bedeutet für den Anwendungsentwickler, daß in der Regel der Zugriff auf die Datenbanktabellen nicht über eine *TTable*-Instanz erfolgt. Die *TTable*-Komponente hat leider (zwangsläufig) die Eigenschaft, zum Öffnen von großen Datenbanktabellen auf einem *SQL-Server* relativ viel Zeit zu vertrödeln.

Im Client/Server-Kapitel gehe ich detaillierter auf dieses Problem ein. Vorab sei nur gesagt, daß die Ursache für dieses Problem nicht bei Delphi, sondern im Funktionsprinzip der Datenanbindung an den SQL-Server liegt.

Um das Problem zu umgehen, gibt es mehrere Lösungen für *TTable*, die aber alle bestimmte Nachteile aufweisen. Eleganter und praxistauglicher ist der Einsatz einer anderen Datenquelle – der *TQuery*-Komponente.

Das Beispielprogramm „Kapitel 8\TQuery\TQuery.dpr" greift dazu über eine *TQuery*-Instanz auf die Tabelle „tablegen.db" zu, die mit dem bereits vorgestellten Tabellengenerator „Tablegen.exe" erzeugt wird. Die im Datenmodul plazierte *TTable*-Instanz soll nur der visuellen Rückmeldung über das *TDBGrid* dienen, für die eigentliche Funktion wird sie nicht benötigt.

Anzahl der Treffer einer SQL-Abfrage im Programm auswerten

Die erste Aufgabe betrifft das Ermitteln der Treffer in der Ergebnismenge einer *SQL-SELECT-Abfrage*. Dazu wird über *SQL* gezählt, wieviele Datensätze eine „RecNr" kleiner 50 haben.

 Das zurückgelieferte Ergebnis „46" stimmt tatsächlich, Sie können es im Database-Explorer nachzählen. Die Ursache dafür liegt im alphanumerischen Feldtyp, damit sortiert die BDE nach dem ersten Zeichen (und nicht in der numerischen Folge).

Diese SQL-Abfrage liefert nur einen Wert in einer Ergebniszeile zurück. Der Rückgabewert bekommt über die Zuweisung „AS Result" den definierten Bezeichner „Result". Damit gestattet Ihnen Delphi über eine *TField*-Instanz auch den Zugriff auf diesen Rückgabewert der SQL-Abfrage.

```
iResult := DM.QueryTableGen.FieldByName('Result').AsInteger
```

Auch wenn keine *expliziten TField-Instanzen* während der Programmentwicklung eingerichtet wurden, erzeugt Delphi zur Programmlaufzeit die Objekte trotzdem. Dabei vergibt Delphi eigene Bezeichner für die *TField's*, so daß der Zugriff über *FieldByName* notwendig wird.

```
procedure TFormMain.ButtonSelectClick(Sender: TObject);
var
  iResult : Integer;
begin
  Screen.Cursor := crSQLWait;
  with DM.QueryTableGen do begin
    Close;
    SQL.Clear;
    SQL.Add('SELECT COUNT(*) AS Result FROM tablegen ' +
            'WHERE RecNr < "50"');
    try
      Open;
      ShowMessage(FieldByName('Result').AsString);
      iResult := FieldByName('Result').AsInteger;
      StatusBar1.SimpleText := Format(' %d Treffer im ResultSet.',
                                     [iResult]);
    finally
      Screen.Cursor := crDefault;
    end
  end
end;
```

Mit dem Datenbank-Explorer steht Ihnen ein nützliches Tool zur Verfügung, um die einzelnen SQL-Befehle vor dem Zuweisen an *TQuery* frei Hand auszutesten.

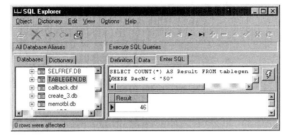

Abb. 8.16:
Die Select-Anweisung wird im Datenbank-Explorer getestet

Datensätze in der Tabelle per SQL löschen

Die zweite Methode soll alle Datensätze aus der Tabelle löschen, deren Wert im Feld „RecNr" kleiner dem Eintrag „50" ist. Vorher wird jedoch geprüft, ob überhaupt Datensätze in der Tabelle vorhanden sind, die diesem Kriterium entsprechen. Jede SQL-Anweisung, die eine Ergebnismenge zurückliefert, muß über die TQuery-Methode *Open* zur BDE geschickt werden. Dies gilt jedoch nicht für die SQL-Befehle, die keine Ergebnismenge zurückliefern. Ein typischer Vertreter dieser Untergattung ist der *DELETE*-Befehl. Dieser muß daher über die spezielle TQuery-Methode *ExecSQL* abgesetzt werden.

```
procedure TFormMain.ButtonDeleteClick(Sender: TObject);
var
  iResult  : Integer;
  sMessage : String;
begin
  Screen.Cursor := crSQLWait;
  with DM.QueryTableGen do begin
    Close;
    SQL.Clear;
    SQL.Add('SELECT COUNT(*) AS Result FROM tablegen '+
            'WHERE RecNr < "50"');
    try
      Open;
      iResult := FieldByName('Result').AsInteger;
      if iResult = 0 then
      begin
        ShowMessage('Keine zu löschenden Daten gefunden!');
        Abort;
      end;
      sMessage := Format('%d Treffer im ResultSet.' + #13 +
                         'Datensätze wirklich löschen?',
                         [iResult]);
      if MessageDlg(sMessage, mtInformation,
                    [mbYes, mbNo], 0) = mrYes then
      begin
        Close;
        SQL.Clear;
        SQL.Add('DELETE FROM tablegen WHERE RecNr < "50"');
```

```
        try
          ExecSQL;
          ShowMessage(Format('Es wurden %d Datensätze gelöscht!',
                        [RowsAffected]));
          DM.TableTableGen.Refresh;
          StatusBar1.SimpleText := 'Datensätze gelöscht';
        except
          Screen.Cursor := crDefault;
          Raise
        end
      end
    finally
      Screen.Cursor := crDefault;
    end
  end
end;
```

Wurde *ExecSQL* fehlerfrei von *TQuery* abgearbeitet, so hat die *BDE* alle zutreffenden Datensätze aus der Tabelle entfernt. Damit dies auch im DBGrid sichtbar wird, muß die *TTable*-Instanz im Datenmodule von dieser Änderung informiert werden. Über den Aufruf von

`DM.TableTableGen.Refresh;`

sorgen Sie dafür, daß *TTable* selbst den aktuellen Zustand prüft.

Das Programm demonstriert auch den Einsatz der TQuery-Eigenschaft *RowsAffected*. Über diese Eigenschaft erhalten Sie von der *BDE* eine Information über die Anzahl der Datensätze, die von dem letzten *UPDATE*- oder *DELETE*-Befehl betroffen waren. Dies ist gerade im Zusammenhang mit einer eigenen Transaktionssteuerung hilfreich, nach dem Updaten oder Löschen kann der Anwender immer dann den Vorgang über *Rollback* widerrufen, wenn die Anzahl der betroffenen Datensätze nicht den Erwartungen entspricht.

8.6.4 Lookup-Felder

Für die persistenten TField-Objekte ist bereits mit Delphi 2.0 ein neuer Typ hinzugekommen, das Lookup-Feld. Den Vorteil dieses Typs verdeutlicht Ihnen sicherlich das folgende Bild.

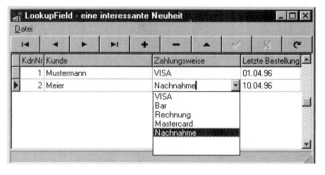

Abb. 8.17:
Wert aus der übergeordneten Tabelle per Lookup-Feld nachschlagen

Das Beispielprogramm aus dem Verzeichnis „Kapitel 8\Lookup" simuliert eine Kundenverwaltung. Die Kundendaten werden in der Tabelle „look_kdn.db" gespeichert, während die auswählbaren Zahlungsarten in der übergeordneten Tabelle „look_art.db" enthalten sind. Bislang gab es bei einer Master-Detail-Beziehung zwischen zwei Tabellen immer dann Probleme, wenn die Daten in einem *TDBGrid* dargestellt werden sollten. Dies ist nunmehr auch keine Thema mehr, die neue Lookup-Felder helfen aus der Patsche.

Alle benötigten Einstellungen nehmen Sie vollständig visuell im Objektinspektor beziehungsweise im Feldeditor vor. Per Doppelklick auf die *TTable*-Instanz rufen Sie dazu den Feldeditor auf und aktivieren mit der rechten Maustaste das lokale Menü. Über den Menüeintrag „Neues Feld..." erreichen Sie das Dialogfenster für die Lookupfelder.

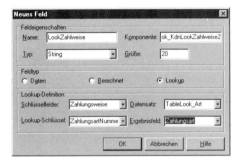

Abb. 8.18: Das Lookup-Feld für die Zahlungsweise wird angelegt.

Dieser Dialog ist ein gutes Beispiel dafür, wie durch die Übersetzung der Benutzeroberfläche aus dem Englischen ins Deutsche die Sinnhaftigkeit völlig entstellt wird. Die Listboxbeschriftung „Datensatz" ist leider völlig daneben gegriffen, im Original ist an dieser Stelle die Zeichenkette „Dataset" vermerkt. Damit wird klar, daß Sie hier die *Datenquelle* auswählen müssen, in der der anzuzeigende Wert nachgeschlagen werden soll. Über die Listboxen „Schlüsselfelder" und „Lookup-Schlüsselfeld" wählen Sie jeweils die von beiden Tabellen gemeinsam verwendete Tabellenspalte aus, in unserem Beispiel also das Feld für die Zahlungsweisen-Nummer. Die letzte Listbox ist mit „Ergebnisfeld" vollkommen richtig beschriftet, der Eintrag „Zahlungsart" sorgt dafür, daß das Lookup-Feld im TDBGrid die Zahlungsweise in der Textbeschreibung anzeigt.

8.6.5 SQL-Abfrage via TQuery abbrechen

Eine umfangreiche SQL-Abfrage kann durchaus schon einmal einige Minuten laufen. Auch wenn der Anwendungsentwickler derartig lange Abfragen sinnvollerweise in einen separaten *Thread* legt, besteht trotzdem der Bedarf an einer Abbruch-Option für versehentlich aufgerufene SQL-Abfragen. Die *TQuery*-Komponente ist so vielseitig genug, um mehrere Alternativen für die Implementierung der Abbruch-Funktion zu unterstützen. Zum einen können Sie selbst eine *Callback-Funktion* bei der BDE registrieren lassen. Wie das geht, habe ich bereits im dritten Kapitel im Zusammenhang mit dem SQL-Abfrageformular vorgestellt.

Die zweite Alternative besteht darin, daß bereits eingebaute *OnServerYield*-Ereignis auszunutzen. Moment – werden Sie nun vielleicht einwenden – dieses Ereignis gilt doch nur für einen speziellen SQL-Server.

Zitat aus der Delphi-Hilfe:

Deklaration
TOnServerYieldEvent = procedure(DataSet: TDataSet; var AbortQuery: Boolean) of object;
property OnServerYield: TOnServerYieldEvent;
Beschreibung
Das Ereignis OnServerYield tritt periodisch während der Ausführung einer Abfrage auf einem Sybase-Server auf. Ein Setzen des Parameters AbortQuery auf False bricht die Abfrage während der Ausführung ab.

In der Hilfe ist nur vom SQL-Server der Firma *Sybase* die Rede. Jede Käufer der Delphi-Version *Professional* oder *Client/Server-Suite* bekommt von Borland auch den Quelltext der *VCL* mit ausgeliefert. Damit schauen Sie einfach in der Unit „DBTables.pas" nach, wie das *OnServerYield*-Ereignis intern implementiert wird.

Der *TQuery*-Vorfahr *TBDEDataSet* registriert beim Erzeugen eines Tabellen-Cursors eine eigene Callback-Funktion bei der *Borland Database Engine*.

```
function TBDEDataSet.YieldCallBack(CBInfo: Pointer): CBRType;
var
  AbortQuery: Boolean;
begin
  AbortQuery := False;
  if Assigned(OnServerYield) and (FCBYieldStep <> cbYieldLast)
    then OnServerYield(Self, AbortQuery);
  if AbortQuery then
    Result := cbrABORT else
    Result := cbrUSEDEF;
end;
```

Diese Funktion wird von der BDE mehr oder weniger regelmäßig bei längeren SQL-Abfrage aufgerufen. Hat der Anwendungsentwickler dem *OnServerYield*-Ereignis eine Ereignisbehandlungsmethode zugewiesen, so wird diese aufgerufen. Setzt diese Methode nur die Variable „AbortQuery" auf Wert „False", so setzt ebenfalls die Callback-Funktion den Rückgabewert auf die vordefinierte Konstante „cbrABORT". Damit bricht die BDE die Ausführung der SQL-Abfrage ab. Das dieser Mechanismus auch tatsächlich funktioniert, demonstriere ich im Beispielprogramm „SrvYield.dpr" im Verzeichnis „Kapitel 8\OnServerYield".

Die *TQuery*-Instanz startet die folgende, längerdauernde SQL-Abrage:

```
SELECT ort, COUNT(ort)
FROM "callback.dbf"
GROUP BY ort
ORDER BY ort
```

Durch die *GROUP BY*- und *ORDER BY*-Funktion legt die *BDE* temporäre DBF-Tabellen an, daher dauert die Abfrage auch auf einem schnellen Rechner etwas länger. Zur Kontrolle informiert ein *TLabel* über die Anzahl der eingetroffenen *OnServerYield*-Ereignisse. Klickt der Anwender den Abbruch-Button an, so wird die Abfrage gestoppt. Dem *OnServerYield*-Ereignis der *TQuery*-Instanz ist die Methode „QueryTestServerYield" zugewiesen.

```
procedure TFormMain.BitBtnStartClick(Sender: TObject);
begin
  iCnt := 0;
  bSQLAbort := False;
```

```
    QueryTest.Active := False;
    BitBtnStart.Enabled := False;
    try
      try
        QueryTest.Open
      except
        on E:EDBEngineError do
          // Fehler 10756 = Fähigkeit nicht vorhanden
          if E.Errors[0].ErrorCode = 10756
            then MessageBeep(0)        // ignorieren
            else raise                 // andere Fehler anzeigen
      end
    finally
      BitBtnStart.Enabled := True
    end
end;
procedure TFormMain.QueryTestServerYield(DataSet: TDataSet;
                                    var AbortQuery: Boolean);
begin
  Inc(iCnt);
  // Anzahl der OnServerYield-Ereignisse mitzählen
  LabelYieldCount.Caption := Format(' %d OnServerYield-Ereignisse',
                                    [iCnt]);
  // Anzeige im Formular aktualisieren
  Update;
  // Auswertung des Abbruch-Buttons ermöglichen
  Application.ProcessMessages;
  // Weitermachen oder nicht weitermachen - das ist hier die Frage
  AbortQuery := bSQLAbort
end;
```

Bei genauerem Betrachten fallen Ihnen sicherlich die „Risiken und Nebenwirkungen" des *OnServer-Yield*-Ereignisses bei normalen Desktop-Datenbanktabellen auf. Die *BDE* beschwert sich mit dem Fehler „10756" darüber, daß diese Funktion vom Datenbanktreiber nicht unterstützt wird. Das wissen wir bereits – daher lasse ich den Fehler „10756" einfach verschwinden. Alle anderen Exceptions behandelt Delphi nach dem *Raise*-Aufruf in eigner Regie weiter.

Der Fehler „10756" hat natürlich eine Ursache – diese sehen Sie im Windows-Explorer. Haben Sie eine SQL-Abfrage abgebrochen, so bleibt bei jedem Abbruch die temporäre DBF-Datei solange im Verzeichnis stehen, bis der Anwender das Programm beendet (genauer gesagt bis die Tabelle geschlossen wird). Diese „Nebenwirkungen" sind jedoch noch vertretbar, in der Regel wird der Abbruch einer SQL-Abfrage nicht so häufig vorkommen.

8.6.6 TInPlaceEdit

Sobald ein Feld im *DBGrid* geändert wird, blendet Delphi ein „unsichtbares" (d.h. rahmenloses) Eingabefeld vom Typ *TInPlaceEdit* über die zu editierende Zelle ein. Dieses Control wird von Delphi dem Eltern-Control *DBGrid* zugeordnet, damit können Sie auch dank *RTTI* auf den Inhalt zugreifen. Das folgende Beispiel wiederholt alle vom Anwender eingetippten Zeichen in der Statuszeile des Formulars.

```
procedure TForm1.DBGrid1KeyUp(Sender: TObject; var Key: Word;
                              Shift: TShiftState);
var
  iControl : Integer;
begin
  for iControl := 0 to DBGrid1.ControlCount - 1 do
    if DBGrid1.Controls[iControl] is TInPlaceEdit then begin
      with DBGrid1.Controls[iControl] as TInPlaceEdit do
        StatusBar1.SimpleText := Format('Eingetippte Zeichen: %s',
                                        [Text]);
    end;
end;
```

8.7 BDE

8.7.1 BDE-Fehlermeldungen nachschlagen

Im Verzeichnis „Kapitel 8\BDE-Error-Code" finden Sie ein nützliches Tool unter dem Projektnamen „BdeErrorCode.dpr". Mit Hilfe dieses Tools können Sie jederzeit den Hinweistext zu einer BDE-Fehlernummer abfordern.

```
...
uses BDE;

{$R *.DFM}

procedure TFormMain.BitBtnSearchClick(Sender: TObject);
var
  iErrorCode : Integer;
  sErrorText : String;
begin
  iErrorCode := 0;
  try
    iErrorCode := StrToInt(EditErrorCode.Text);
  except
    ShowMessage('Ungültiger numerischer Wert eingetragen')
  end;
  // Platz anfordern
  SetLength(sErrorText, DbiMaxMsgLen + 1);
  // die BDE soll den Hinweistext selber nachschlagen
  DbiGetErrorString(iErrorCode, PChar(sErrorText));
  LabelTxt.Caption := sErrorText;
  // Leere Werte zusätzlich kennzeichnen
  with LabelTxt do
    if Caption = '' then Caption := 'Sorry - kein Hinweis!'
end;
```

Dabei wird die *Borland Database Engine* selbst damit beauftragt, den Hinweistext für eine Fehlernummer nachzuschlagen. Die geeignete IDAPI-Funktion *DbiGetErrorString* stellt Borland dazu freundlicherweise zur Verfügung. Auch hier greift das Programm auf die Stringeigenschaften der 32-bittigen Delphi-Versionen zurück. Mit dem alten *Pascal-String* wären die beiden folgenden Zeilen nicht zulässig.

```
DbiGetErrorString(iErrorCode, PChar(sErrorText));
LabelTxt.Caption := sErrorText;
```

Noch einfacher in der Anwendung sind die nullterminierten Strings im Form eines „Array[0..x] of Char". Hier können Sie sicher sein, daß jederzeit der deklarierte Platz für die Variable zur Verfügung steht. Ein SetLength-Aufruf ist damit überflüssig, da der Speicherbedarf der Variablen permanent mit der Deklaration festgelegt wurde.

8.7.2 Informationen in der Registry

Der PC-User „Softwareentwickler" gehört einer speziellen Gattung an. Bei ihm ist es ganz normal, daß die verschiedensten Programmversionen installiert werden. Dies gilt selbstverständich auch für die *Borland Database Engine*. Jede BDE-Version, die von Borland's Home-Page im *WWW* gesaugt wurde, wird gleich installiert. Ein vorsichtiger User (also die Minderheit) verwendet dazu ein separates Installationsverzeichnis. Trotzdem geht nach dem x-ten Installationsversuch in der Regel einiges in die Brüche.

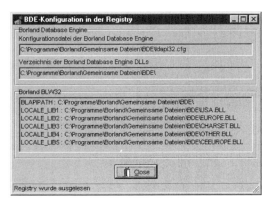

Abb. 8.19: Die Konfigurationsinformationen aus der Registry auslesen

Immer dann, wenn sich die *BDE* auf einmal irgendwie „merkwürdig" verhält, sollten Sie nachprüfen, auf welche Verzeichnisse die *BDE* zugreift. Ein speziell diesem Problem gewidmetes Beispielprogramm finden Sie im Verzeichnis „Kapitel 8\ShowBDEReg".

In der VCL sorgt eine interne Funktion für das dynamische Laden einiger BDE-DLLs. Dabei wird im ersten Versuch die DLL nur über ihren Namen angesprochen. Schlägt dieser Versuch fehl, so setzt die VCL den BDE-Pfad davor und versucht es erneut.

Das Programm greift zum Auslesen der Registry-Daten auf Delphi's *TRegistry*-Objekt zurück. Die einzelnen Registry-Unterschlüssel zu *HKEY_LOCAL_MACHINE* werden als Konstanten definiert.

```pascal
const
  BDEConfigPath    = 'SOFTWARE\Borland\Database Engine';
  BDEBLWPath       = 'SOFTWARE\Borland\BLW32';
  Config01         = 'CONFIGFILE01';
  BDEDLLPath       = 'DLLPATH';
  BLAPIPath        = 'BLAPIPATH';
```

Unter „BDEConfigPath" sucht das Programm nach Informationen über den Pfad der BDE-DLLs sowie der zu verwendenden Konfigurationsdatei (zum Beispiel „idapi32.cfg"). Der Schlüssel in „BDEBLWPath" verweist auf das Verzeichnis mit den Sprach- und Zeichensatzdateien.

```pascal
procedure TFormMain.FormCreate(Sender: TObject);
const
  cErrorString = 'Der Schlüssel %s konnte nicht geöffnet werden';
var
  LocaleLIBList  : TStringList;
  iCnt           : Integer;
  sKey           : String;
begin
  BDERegistry := TRegistry.Create;
  try
    // Pfad der Konfigurationsdatei IDAPI32.CFG auslesen
    BDERegistry.RootKey := HKEY_LOCAL_MACHINE;
    BDERegistry.LazyWrite := False;
    if BDERegistry.OpenKey(BDEConfigPath, False) = False then
      raise Exception.Create(Format(cErrorString,[BDEConfigPath]));
    EditConfigFile.Text := BDERegistry.ReadString(Config01);
    EditDLLPath.Text := BDERegistry.ReadString(BDEDLLPath);
    BDERegistry.CloseKey;
    // Pfad der Sprach-DLLs auslesen
    if BDERegistry.OpenKey(BDEBLWPath, False) = False then
      raise Exception.Create(Format(cErrorString,[BDEBLWPath]));
    LocaleLIBList := TStringList.Create;
    try
      BDERegistry.GetValueNames(LocaleLIBList);
      for iCnt := 0 to LocaleLIBList.Count - 1 do begin
        sKey := LocaleLIBList.Strings[iCnt];
        ListBoxBLW.Items.Add(Format('%s : %s',
          [sKey, BDERegistry.ReadString(sKey)]));
      end;
    finally
      LocaleLIBList.Free;
    end;
    StatBar.SimpleText := 'Registry wurde ausgelesen';
    BDERegistry.CloseKey;
  finally
    BDERegistry.Free
  end
end;
```

8.8 DLL und Datenbank

Im Verzeichnis „Kapitel 8\BDE DLL" finden Sie die beiden Beispielprojekte zum Thema. Dabei greift „DBDLLTest1.dpr" auf eine paßwortgeschützte Paradox-Tabelle zu, während „DBDLL-Test2.dpr" den *InterBase SQL Server for Windows95* anspricht.

8.8.1 Zugriff auf lokale Tabellen

Auch unter *Win32* gibt es viele Gründe, bestimmte Programmfunktionen in eine *DLL* auszulagern. Zum einen ist das immer dann sinnvoll, wenn damit die Leistungsfähigkeit einer anderen Entwicklungsumgebung erweitert werden soll, die derartiges nicht abdecken kann. Und zum anderen sorgen DLLs quasi automatisch für einen modularisierten Programmaufbau. Alle die Programmfunktionen, die nicht ständig vom Anwender benötigt werden, lassen sich in DLLs auslagern.

Das Thema DLLs unter *Win32* ist so umfangreich, daß ich hier nur eine knapp kommentierte Lösung vorstelle. Möchten Sie mehr darüber wissen, so verweise ich Sie an mein Buch „Delphi 3 Lösungen", das im gleichen Verlag erscheint.

Die DLL

DLL-Projektdatei

```
library DBDLL;

uses
   SysUtils,
   DBDLLForm in 'DBDLLForm.pas' {FormDLL};

{$R *.RES}

exports
   ShowQueryResult;

begin
end.
```

Für die Projektdatei sind nur wenige Handgriffe notwendig. Zum einen tragen Sie „Library" ein, damit der Delphi-Compiler eine DLL anstatt einer EXE generiert. Zum zweiten fügen Sie den *Exports*-Abschnitt hinzu und deklarieren hier jede Funktion oder Prozedur der DLL, die von außen aufgerufen werden soll. Und last-but not least – entfernen Sie alle Zeilen zwischen „begin" und „end.". Entschieden einfacher geht's natürlich über den DLL-Experten von Delphi, der diese Schritte gern für Sie übernimmt.

DLL-Formularunit

Eine der wenigen Einschränkungen der Sprache *Object Pascal* von Delphi besteht darin, daß Sie im Gegensatz zu *C/C++* nicht direkt auf Variablen und Datenstrukturen der DLL zugreifen können. Statt dessen zwingt Sie Delphi dazu, für jeden Zugriff eine sogenannte prozedurale Schnittstelle anzulegen. Das Ergebnis ist das gleiche, wobei für Sie als Entwickler dank der besonderen Fähigkeiten von *Pascal* (strenge Typprüfung) die Sache sogar ungefährlicher wird. Über den gleichen Mechanismus rufen Sie auch Funktionen und Prozeduren der DLL von außen auf.

```
unit DBDLLForm;

interface

uses
  Windows, Messages, SysUtils, Classes, Graphics, Controls, Forms,
  Dialogs, StdCtrls, Buttons, Grids, DBGrids, Db, DBTables;

type
  TFormDLL = class(TForm)
    Query1: TQuery;
    DataSource1: TDataSource;
    DBGrid1: TDBGrid;
    BitBtnClose: TBitBtn;
    procedure BitBtnCloseClick(Sender: TObject);
  private
    { Private declarations }
  public
    { Public declarations }
  end;

procedure ShowQueryResult; stdcall;   // Schnittstellenprozedur

implementation

{$R *.DFM}

procedure ShowQueryResult;
var
  FormDLL : TFormDLL;
begin
  FormDLL := TFormDLL.Create(nil);
  try
    FormDLL.ShowModal
  finally
    FormDLL.Free
  end;
end;

procedure TFormDLL.BitBtnCloseClick(Sender: TObject);
begin
  Close
end;

end.
```

Die Formular-Instanz wird erst beim Aufruf der Schnittstellenprozedur „ShowQueryResult" erzeugt und nach dem Schließen des Formulars gleich wieder zerstört.

Das Beispielprogramm

Im Beispielprojekt wird die DLL erst dann in der Arbeitsspeicher geladen, wenn der Anwender die gewünschte Funktion aufgerufen hat. Dieses explizite Laden der DLL ist der kompliziertere Weg, da zuerst ein *prozeduraler Typ* für die aufzurufende Prozedur deklariert werden muß.

```
type
  TShowQueryResultImp = procedure; stdcall; // Schnittstelle
...
procedure TForm1.BitBtnStartClick(Sender: TObject);
const
  cDLLName = 'dbdll.dll';
var
  ShowQueryResultImp : TShowQueryResultImp;
  hDLL               : THandle;
begin
  hDLL := LoadLibrary(cDLLName);
  if hDLL = 0
    then raise Exception.Create(Format('Das Programm-Modul %s konnte' +
                               ' nicht geladen werden!', [cDLLName]));
  try
    @ShowQueryResultImp := GetProcAddress(hDLL,'ShowQueryResult');
    if Assigned(ShowQueryResultImp)
      then ShowQueryResultImp
      else ShowMessage(Format('GetLastError-Fehlernummer: %d',
                      [GetLastError]));
  finally
    FreeLibrary(hDLL);
  end;
end;
```

Über die Win32-API-Funktion *LoadLibrary* wird Windows beauftragt, die DLL in den aktuellen Prozeß zu laden. Gelingt dies, ermittelt die API-Funktion *GetProcAcress* die Adresse des ausführbaren Programmcodes für die exportierte Prozedur der DLL. Da dies nur eine 32-Bit-Zahl ist, wird auch klar, warum Delphi vorher die Deklaration des *prozeduralen Typs* für diese DLL-Prozedur erwartet. Kehrt die aufgerufene Prozedur zurück (d.h. der Anwender hat das Formular geschlossen), so informiert *FreeLibrary* das Betriebssystem darüber, daß die DLL nicht mehr vom Programm benötigt wird.

8.8.2 Zugriff auf SQL-Server

Beim Vergleich des Quellcodes werden Sie beim zweiten Projekt kaum einen Unterschied zum ersten Beispielprogramm feststellen. Die Implementierung in der DLL ist nahezu identisch (abgesehen von der TQuery-Konfiguration für Alias und Tabelle). Das Beispielprogramm verwendet eine *TDatabase*-Instanz, um dem Anwender die Login-Prozedur zu ersparen. Die *TQuery*-Instanz im DLL-Formular verwendet keine explizite *TDataBase*-Komponente, sondern greift auf die von Delphi automatisch angelegt Instanz zurück. Trotzdem wird der Anwender nicht mit einem Login-Dialog belästigt. Die VCL-Komponenten von Delphi 3 haben an dieser Stelle im Vergleich mit ihren Vorfahren anscheinend dazugelernt.

9 Client/Server-Datenbankanwendungen

Den Abschluß der Kapitel im Buch bildet das Thema „Client/Server" und dies aus gutem Grund. Zum einen wird es nur eine Minderheit der Leser wirklich durcharbeiten und zum anderen ist das Thema auch etwas komplexer und damit schwieriger als alle anderen.

9.1 Was ist an Client/Server so anders?

9.1.1 Technische Unterschiede

Auf das *Client/Server*-Prinzip bin ich bereits im ersten Kapitel näher eingegangen, damit ist klar, daß nicht nur Delphi einen Anteil am Anwendungsprogramm hat. Der Anteil, der auf den Server entfällt, darf nicht unterschätzt werden. Und genau da liegt das Problem, das Gespann *Delphi + BDE* hat in einer Client/Server-Anwendung eben nicht mehr die 100prozentige Kontrolle. Dies hat einschneidende Konsequenzen, über die (fast) alle Einsteiger stolpern. Dabei wird am Anfang häufig Delphi als der Überbringer der schlechten Nachricht als Verursacher beschuldigt – obwohl weder Delphi noch die BDE etwas dafür können. Dazu das klassische Beispiel:

Exception „Record/Key deleted"

Angenommen, Sie haben gerade auf dem *InterBase SQL Server for Windows95/NT* eine Tabelle in der Datenbank via *InterBase Windows ISQL* angelegt. Um die Vorteile des *SQL-Servers* auszunutzen, aktivieren Sie einen sogenannten *Trigger*, der automatisch bei jedem Einfügen eines neuen Datensatzes einen eindeutigen Wert für den *Primärschlüssel* der Tabelle über den Aufruf eines *Generators* einfügt.

```
CREATE GENERATOR Gen_CustNo;
SET GENERATOR Gen_CustNo TO 9999;

CREATE TRIGGER Set_CustNo FOR Customer BEFORE INSERT AS
BEGIN
   NEW.CustNo = GEN_ID(Gen_CustNo, 1);
END
```

Der Trigger „feuert" immer kurz bevor der Datensatz in die Tabelle eingefügt wird. Das Primärschlüsselfeld „CustNo" bekommt seinen numerischen Wert vom angelegten Generator zugewiesen. Beim Test aus dem Programm *InterBase Windows ISQL* heraus funktioniert das auch ganz ausgezeichnet.

Das Syntom
Nun wird gleich ein neues Delphi-Projekt angelegt. Die Datenbankanbindung über eine *TTable*-Komponente ist schnell zusammengeklickt. Beim Versuch, einen neuen Datensatz in der Tabelle zu

„posten", beschwert sich Delphi mit der Fehlermeldung „Record/Key deleted", obwohl der Datensatz in der Tabelle ordnungsgemäß angelegt wurde.

Die Ursache
Obwohl bei *Borland* durchaus clevere Entwickler am Wirken sind, können auch sie nicht zaubern. Alle VCL-Datenbankkomponenten agieren mit der *Borland Database Engine*, wobei die *BDE* versucht, für alle Datenbankformate und Plattformen eine einheitliche Schnittstelle bereitzustellen. Immer dann, wenn Sie für *TTable* einen neuen (leeren) Datensatz anfordern, legt die BDE einen Datenpuffer auf der Client-Seite an. Alle vom Anwender eingetragenen Daten finden ihren Weg vorerst nur in diesen Puffer. Erst wenn der Anwender seine Eingaben „postet" (d.h. speichert), verpackt die *BDE* die Daten in einen für den *SQL-Server* verständlichen *SQL*-Befehl. Auch wenn dieser Befehl fehlerfrei zum SQL-Server geschickt werden konnte, bedeutet dies nicht, daß der Datensatz dort auch in die Tabelle aufgenommen wird. Sowohl Delphi als auch die BDE haben keinerlei Informationen darüber, was der SQL-Server mit den Daten macht. Zum Beispiel können *Trigger* bestimmte Werte ändern, außerdem besteht die Gefahr, daß die im Datenmodell festgelegten Vorbelegungen bestimmte Daten korrigieren. Dies ist natürlich für Delphi ein nicht tragbarer Zustand, Delphi versucht daher sofort nach dem Einfügen des neuen Datensatzes zu prüfen, ob auch tatsächlich die gepufferten Daten in der Tabelle abgelegt wurden. Dazu fordert Delphi den Datensatz einfach nochmals vom SQL-Server an, wobei als Suchkriterien die Werte aus dem eigenen Datensatzpuffer verwendet werden. Leider stimmten die Werte im Feld „CustNo" nicht mehr überein, denn dieses Feld hat der *Trigger* der Datenbank manipuliert. Das hat zur Folge, daß Delphi vom SQL-Server keinen Datensatz bekommt. Damit schlußfolgert Delphi, daß der Datensatz entweder gelöscht wurde oder daß der Datensatz einen geänderten Schlüsselwert verwendet. Dieses Schlußfolgerung ist auch absolut korrekt!

Die Lösung
Nachdem die Ursache feststeht, ist die Lösung denkbar einfach. Sie müssen nur dafür sorgen, daß die *BDE* darüber Kenntnis erhält, welchen Wert der *Generator* in der Datenbank dem Primärschlüsselfeld der Tabelle zuweist. Nun kann zum Beispiel der aktuelle Zählerstand des *Generators* via SQL nicht so ohne ausgelesen werden, außerdem ist eine Datenbank nur dann „Multiuserfähig", wenn der verwendete Mechanismus absolut wasserdicht ist. Die übliche Lösung für dieses Problem besteht darin, daß eine *Stored Procedure* in der Datenbank angelegt wird, die den neuen Wert des *Generators* zurückliefert. Über eine *TStoredProc*-Komponente im Programm führen Sie diese *Stored Procedure* aus, damit sind Sie im Besitz des eindeutigen Wertes für den Primärschlüssel der Tabelle. Außerdem muß der *Trigger* geändert werden, da der Trigger nur dann den *Generator* anwerfen darf, wenn das Primärschlüsselfeld noch keinen Wert besitzt. Beim Posten des Datensatzes aus dem Delphi-Programm sind alle Daten ausgefüllt, so daß der Trigger gar nichts macht. Delphi bekommt anschließend beim erneuten Einlesen des Datensatzes diesen Datensatz vom SQL-Server zurück, so daß auch die Fehlermeldung nicht mehr auftaucht.

Der *Trigger* muß immer nur dann arbeiten, wenn der Wert des Primärschlüssels fehlt. Damit sichern Sie die Datenbank für den Fall ab, daß irgend jemand mit einem anderen Tool auf die Datenbank zugreift und dabei die *Stored Procedure* vorher nicht aufruft.

9.1.2 Logistische Unterschiede

Wie Sie am gerade demonstrierten Beispiel „Record/Key deleted" gesehen haben, setzt die Entwicklung einer Client/Server-Anwendung höhere Anforderungen an das vorhandene Know-How des Entwicklers. Erwarten Sie nicht, dieses Wissen in der Delphi-Dokumentation zu finden. Auch bei den anderen Anbietern mit Marktbedeutung im Client/Server-Bereich muß dieses Wissen zusätzlich teuer eingekauft werden. Auch dazu ein Beispiel. Die Entwicklungsumgebung „SQLWindows 5.x" der Firma *CENTURA* (früher *Gupta*) kostet bereits eine fünfstellig Summe. Trotzdem erhält der Käufer nur eine Dokumentation, in der fast nur die reine Programmbedienung abgehandelt wird. Um wirklich praxistaugliche Lösungen entwickeln zu können, werden spezielle Schulungen bei zertifizierten Schulungspartnern angeboten, deren Kosten ebenfalls fünfstellige Summen annehmen. Dies zeigt, daß die Sparte „Client/Server" eindeutig in der Datenbank-Profi-Liga einzuordnen ist.

Nach dieser Einleitung erwarten Sie nun bestimmt auch nicht mehr, in diesem Kapitel eine umfassende Abhandlung über die Entwicklung einer Client/Server-Lösung zu finden. Statt dessen greife ich wesentliche Punkte heraus, die zumindestens für die Entscheidungsfindung für den einzuschlagenden Weg bei der Anwendung bedeutsam sind.

9.1.3 Delphi-Professional oder Client/Server-Suite?

Um eine Client/Server-Anwendung zu entwickeln, muß es nicht immer die *Client/Server-Suite* von Delphi sein. Vom technischen Standpunkt aus betrachtet reicht die *Professional*-Version völlig aus, wobei der Entwickler dann aber schon eine gewisse Portion Know-How mitbringen muß.

Trotzdem ist die *Client/Server-Suite* ein unbedingtes Muß, wenn Sie ein ernsthaftes Interesse an Client/Server-Lösungen haben. Zum einen erhalten Sie die wichtigsten Handbücher gleich mit ausgeliefert. Zum anderen erweitert die *VCL* die Komponenten-Sammlung um speziell an den *InterBase SQL Server* angepaßte Objekte. Und zum dritten finden Sie in der Client/Server-Suite einige Tools vor, auf die man in der Praxis nicht mehr verzichten möchte. Auf eines davon – den *SQL Monitor* – komme ich gleich zu sprechen.

9.2 TTable versus TQuery versus TStoredProc

Angenommen, die Datenbank auf dem *SQL-Server* ist fertig implementiert und bereits mit einigen Test-Datensätzen gefüllt. Ihre Aufgabe besteht nun darin, das *Client*-Programm für diese Datenbank zu schreiben. Mit einem leeren Formular fängt alles an und auch beim Konfigurieren der *TDatabase*-Komponente ist noch keine Entscheidung zu treffen. Dann wird es jedoch spannend – welche Datenbankkomponente soll die Datenmenge zur Verfügung stellen? Delphi bietet Ihnen gleich drei Komponenten zur Auswahl – *TTable*, *TQuery* und *TStoredProc* an.

Ein Umsteiger, der jahrelang Erfahrungen mit Desktop-Datenbanken (*dBASE*, *Paradox* oder *Access* usw.) gesammelt hat, wird aufgrund seiner Erfahrungen spontan zu *TTable* greifen. Leider gelten viele dieser verinnerlichten Grundlagen und Erfahrungen auf einmal nicht mehr. Die Ursache dafür liegt im prinzipiell völlig unterschiedlichen Konzept der beiden Datenbanksysteme.

Eine Desktop-Datenbank ist *datensatzorientiert*. Die Datenquelle bildet eine zugrundeliegende Tabelle in Form einer physikalischen Datei, in der der Datensatzzeiger frei positioniert werden kann. Entwickler mit Desktop-Datenbankhintergrund erwarten einfach die Funktionen *erster*, *letzter*, *nächster* und *vorheriger* Datensatz. In einem Delphi-Datenbankprogramm für eine Desktop-Datenbank wird völlig zu Recht die *TTable*-Komponente als Standard-Datenquelle verwendet. Die *TTable*-Komponente bildet das VCL-Gegenstück für datensatzorientierte Datenquellen.

Im Unterschied dazu ist eine Client/Server-Datenbank *mengenorientiert*. Das vom *SQL-Server* zurückgelieferte Ergebnis (engl. *Result Set*) ist eine Untermenge der in der Datenbank gespeicherten Daten. Diesem *Result Set* liegt nicht immer eine Tabelle zugrunde, sondern immer eine *SQL-Abfrage*, die sich durchaus auf mehrere, miteinander verknüpfte, Tabellen beziehen kann. Außerdem ist es üblich, daß der *Client* nicht sofort alle Daten des *Result Set* vom *Server* zurückgeliefert bekommt. Statt dessen hält der *SQL-Server* die Daten solange vor, bis der *Client* die restlichen Daten anfordert. Damit wird klar, daß die Funktionen *erster*, *letzter*, *nächster* und *vorheriger* Datensatz in einer Client/Server-Datenbank völlig deplaziert sind. Die verschiedenen *SQL-Server* verhalten sich hier unterschiedlich, einige gestatten zum Beispiel das Rückwärtsblättern im *Result Set* und andere nicht. Die *BDE* simuliert daher diese Fähigkeit.

Über die TQuery-Eigenschaft „UniDirectional" können Sie die Puffer-Funktion der BDE deaktivieren. Dies ist immer dann sinnvoll, wenn große Datenmengen verwaltet werden und der Client-PC nicht allzu üppig mit Arbeitsspeicher ausgestattet ist.

Auch wenn der *InterBase SQL Server* in Verbindung mit der *Borland Database Engine* derartige Funktionen unterstützt, so bedeutet dies nicht, daß derartige Funktionen in einem Client-Anwendungsprogramm sinnvoll sind. Bedenken Sie immer, daß jede Aktion Delphi-intern in SQL-Anweisungen umgesetzt werden muß. Das heißt, auch wenn Sie eine *TTable*-Instanz im Formular verwenden, übersetzt die *BDE* alles in die für den *SQL-Server* verständliche Sprache *SQL*. Wie es bei automatischen Übersetzungsprogrammen üblich ist, kann die automatisierte Übersetzung oftmals nicht so effizient arbeiten wie explizit formulierte SQL-Statements, die der Entwickler zum Beispiel den *TQuery*-Instanzen von Hand zugewiesen hat. Sicherlich kennen Sie auch einen Entwickler, der sich furchtbar über das Schneckentempo beim Öffnen einer *TTable*-Verbindung zum SQL-Server aufregt. Als Therapie „verordne" ich in solchen Fällen eine Debug-Sitzung mit Hilfe des *SQL-Monitors*. Erst nachdem man einmal mitverfolgt hat, welchen Verwaltungs-Overhead *TTable* an sich unnötigerweise abarbeiten muß, greift man lieber gleich zur *TQuery*.

9.2.1 Eine Tabelle auf dem SQL-Server wird über TTable geöffnet

Im Kapitel 8 stellte ich Ihnen das Beispielprojekt „DBDLLTest2.dpr" vor. Dieses Programm greift über den Alias „IBLOCAL" auf eine Datenbank auf dem *InterBase SQL Server for Windows95/NT* zu. Der Einfachheit halber wird eine *TTable*-Instanz verwendet, das Beispiel sollte im Kapitel 8 ja nur den Einsatz einer DLL demonstrieren.

Besitzer der *Client/Server-Suite* können vor dem Start des Beispielprogramms den *SQL-Monitor* aktivieren. Dieses Tool protokolliert alle Aufrufe und Befehle mit, die das Programm über die *Borland Database Engine* zum SQL-Server schickt. Damit bekommt der Entwickler einen guten Überblick darüber, was er eigentlich mit *TTable* so anrichtet.

Der *SQL-Monitor* zählt sage und schreibe 162 Aktionen bis zur Anzeige des Programmfensters mit den Daten im *TDBGrid*. Wie in der Abbildung gut zu erkennen ist, wird ein SQL-Befehl nicht einfach so abgeschickt. Zuerst muß der Speicherplatz für die Zeichenkette über den Aufruf von isc_dsql_allocate_statement vorbereitet werden. Danach wird eine *Transaktion* gestartet (isc_start_transaction) und der SQL-Befehl vorbereitet (isc_dsql_prepare). Nach dem Ausführen des Befehls über isc_dsql_execute liest der Client (also die BDE) die Daten vom Server über den isc_dsql_fetch-Aufruf aus.

Alle Aufrufe, die mit der Zeichenkette „isc_" beginnen, stammen vom *InterBase-API*. Dieses API habe ich im Kapitel 1 im Zusammenhang mit dem *InterBase SQL Server* vorgestellt. Die VCL-Komponenten setzen über die BDE alle Datenbankaktionen für den InterBase SQL Server in derartige API-Aufrufe um.

Extrahiert man nun nur die SQL-Befehle aus dem *SQL-Monitor*-Protokoll, so wird verständlich, warum das Öffnen einer Server-Tabelle über *TTable* so lange dauert. Das vollständige Protokoll finden Sie im Verzeichnis „Kapitel 9" auf der CD-ROM.

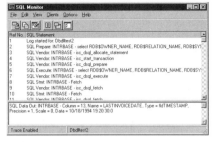

Abb. 9.1: Der SQL-Monitor überwacht den Verbindungsaufbau

Schritt 1: Eigentumsverhältnisse, Beziehungen und Systemzustand klären
```
select RDB$OWNER_NAME, RDB$RELATION_NAME, RDB$SYSTEM_FLAG,
       RDB$VIEW_BLR, RDB$RELATION_ID
from RDB$RELATIONS
where RDB$RELATION_NAME = 'CUSTOMER'
```

Schritt 2: Tabellenstruktur, Referenzintegritätsbeziehungen usw. auslesen
```
select   R.RDB$FIELD_NAME, F.RDB$FIELD_TYPE, F.RDB$FIELD_SUB_TYPE,
         F.RDB$DIMENSIONS, F.RDB$FIELD_LENGTH, F.RDB$FIELD_SCALE,
         F.RDB$VALIDATION_BLR, F.RDB$COMPUTED_BLR, R.RDB$DEFAULT_VALUE,
         F.RDB$DEFAULT_VALUE, R.RDB$NULL_FLAG
from RDB$RELATION_FIELDS R, RDB$FIELDS F
where R.RDB$FIELD_SOURCE = F.RDB$FIELD_NAME
and R.RDB$RELATION_NAME = 'CUSTOMER'
order by R.RDB$FIELD_POSITION ASC
```

Schritt 3: Indizis auslesen
```
select   I.RDB$INDEX_NAME, I.RDB$UNIQUE_FLAG, I.RDB$INDEX_TYPE,
         F.RDB$FIELD_NAME
from RDB$INDICES I, RDB$INDEX_SEGMENTS F
where I.RDB$RELATION_NAME = 'CUSTOMER'
and   I.RDB$INDEX_NAME = F.RDB$INDEX_NAME
order by I.RDB$INDEX_ID, F.RDB$FIELD_POSITION ASC
```

Schritt 4: Plausibilitätsregeln und Vorgabewerte prüfen
```
select R.RDB$FIELD_NAME, F.RDB$VALIDATION_BLR, F.RDB$COMPUTED_BLR,
       R.RDB$DEFAULT_VALUE, F.RDB$DEFAULT_VALUE, R.RDB$NULL_FLAG
from RDB$RELATION_FIELDS R, RDB$FIELDS F
where R.RDB$FIELD_SOURCE = F.RDB$FIELD_NAME
and R.RDB$RELATION_NAME = 'CUSTOMER'
order by R.RDB$FIELD_POSITION ASC
```

Schritt 5: SELECT-Befehl – der Server ordnet alle Datensätze im Result Set!
```
SELECT CUSTNO ,COMPANY ,ADDR1 ,ADDR2 ,CITY ,STATE ,ZIP ,COUNTRY ,
       PHONE ,FAX ,TAXRATE ,CONTACT ,LASTINVOICEDATE
FROM CUSTOMER
ORDER BY CUSTNO ASC
```

Schritt 6: Es werden 3 Datensätze aus dem Server-Result-Set ausgelesen
```
isc_dsql_fetch
isc_dsql_fetch
isc_dsql_fetch
```

Damit ist bewiesen, daß die weit verbreitete Meinung, *TTable* liest beim Öffnen alle Datensätze ein, ein Irrtum ist! Wahr ist hingegen, daß der *SQL-Server* den kompletten Datenbankinhalt als *Result-Set* auf der Server-Seite aufbaut und zudem auch noch sortiert. Dies ist auch der Grund dafür, daß *TTable* scheinbar immer mehr Zeit zum Öffnen der Tabelle benötigt, wenn die Tabellengröße wächst.

Über den SCHEMA CACHE-Parameter der BDE können Sie die Anstrengungen der BDE verringern – allerdings erhalten Sie erst via SQL-Monitor Gewißheit darüber, ob eine Parameteränderung sinnvoll ist.

Beim Anschauen der 6 Arbeitsschritte wird klar, daß nur Schritt 5 einen maßgeblichen Einfluß auf die benötigte Zeit hat. Das Programmfenster kann über das *TDBGrid* nur 3 Datensätze anzeigen, trotzdem fordert *TTable* den SQL-Server auf, ein *Result-Set* für den kompletten Tabelleninhalt aufzubauen. Setzen Sie hingegen eine *TQuery*-Instanz im Formular ein, können Sie den SQL-Befehl effektiver formulieren. Besser ist es natürlich, ganz auf *TDBGrid* zu verzichten und im Formular nur jeweils einen Datensatz anzuzeigen. Nicht ohne Grund ist eine Tabellendarstellung mit *Browse*-Funktion in der Client/Server-Welt nicht üblich.

9.2.2 Datensätze über TTable suchen

Fast jede Datenbankanwendung muß eine Suchfunktion zur Verfügung stellen, über die der Anwender einen bestimmten Datensatz selektieren kann. Die *TTable*-Methode *FindKey* ist dazu generell geeignet – das bedeutet jedoch nicht, daß *FindKey* für einen SQL-Server sinnvoll ist.

Auch dazu wieder ein Beispiel. Das Programm zeigt 10 Datensätze in einem *TDBGrid* an. Sucht nun der Anwender zum Beispiel nach der Firma „Blue Sports", so soll dieser Datensatz in der ersten Zeile des *TDBGrid* angezeigt werden. Die restlichen Zeilen informieren über die anderen Firmen, wobei die Anzeige nach dem Firmenname sortiert ist.

Die *TTable*-Komponente schickt über die *BDE* den folgenden SQL-Befehl zum Server:

```
SELECT CUSTNO ,COMPANY ,ADDR1 ,ADDR2 ,CITY ,STATE ,ZIP ,COUNTRY ,
       PHONE ,FAX ,TAXRATE ,CONTACT ,LASTINVOICEDATE
FROM CUSTOMER
WHERE COMPANY >= 'Blue Sports'
ORDER BY COMPANY ASC
```

Obwohl diese SQL-Abfrage fehlerfrei vom SQL-Server abgearbeitet wird hat sie doch einen großen Nachteil. Das Suchkriterium „WHERE company >= ‚B..'" führt dazu, daß der SQL-Server alle Datensätze, bei denen der erste Buchstabe nicht „A" ist, in das Result-Set übernimmt. Stellen Sie sich vor, diese Abfrage wird auf eine große Kundenkartei mit 1 Million Datensätze losgelassen!

Mit einer *TQuery*-Instanz liegt es an Ihnen, diese Tretmine zu entschärfen. Da Sie als Entwickler im Gegensatz zum Gespann *VCL + BDE* ganz genau wissen, was Sie im jeweiligen Fall wollen, formulieren Sie die SQL-Abfrage effektiver. Dazu gibt es mindestens zwei denkbare Lösungen. Zum einen können Sie über eine vorangestellte Abfrage die Anzahl der Treffer ermitteln:

```
SELECT COUNT(*) FROM CUSTOMER WHERE COMPANY >= 'Blue Sports'
```

Diese Abfrage ermittelt über die *COUNT*-Anweisung nur die Anzahl der Treffer, d.h. sie liefert nur eine Zahl zurück. Ist diese Treffermenge zu groß, informieren Sie den Anwender darüber, daß er seine Suchkriterien genauer formulieren soll.

Möchten Sie diesen Umweg über die Voranfrage nicht gehen, so bleibt nichts anderes übrig, als die SQL-Abfrage selbst effektiver zu formulieren. Über eine eingeschachtelte zweite Abfrage (die vom SQL Server zuerst abgearbeitet wird) ermitteln Sie dazu den Datensatz mit dem niedrigsten Wert für das Suchkriterium. Dieser Wert wird als *WHERE*-Kriterium für die erste Abfrage verwendet, so daß der SQL Server nur maximal einen Datensatz zurückliefert.

```
SELECT CUSTNO ,COMPANY ,ADDR1 ,ADDR2 ,CITY ,STATE ,ZIP ,COUNTRY ,
       PHONE ,FAX ,TAXRATE ,CONTACT ,LASTINVOICEDATE
FROM CUSTOMER
WHERE COMPANY = (SELECT MIN(company) FROM customer
                 WHERE company >= 'Blue Sports')
```

Im *SQL Explorer* der *Client/Server Suite* prüfen Sie die einzelnen Abfragen nach. Dabei liefert tatsächlich die zweite Variante nur einen Datensatz zurück, sie können daher davon ausgehen, daß der *SQL Server* die zweite Variante wesentlich schneller ausführt.

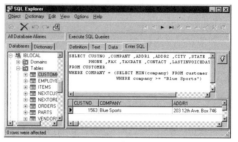

Abb. 9.2. Die Probe aufs Exempel im SQL Explorer

Eine solche Optimierung ist mit der *TTable*-Komponente nicht möglich – sie sehen, es führt in den meisten Fällen kein Weg an dem Einsatz von *TQuery* vorbei.

9.2.3 Nachteile von TQuery

Jede Sache hat ihre zwei Seiten – dies gilt auch für die *TQuery*-Komponente. Mit diesen Nachteilen werden Sie immer dann konfrontiert, wenn Sie auch Änderungen am Datensatz über die *TQuery*-Instanz in die Datenbank zurückschreiben wollen.

RequestLive

Standardmäßig gibt *TQuery* immer eine nur lesbare Ergebnismenge (Read Only) zurück. Soll die Anwendung auch Änderungen zurückschreiben, so setzen Sie die TQuery-Eigenschaft *RequestLive* auf „True". Damit ist jedoch nicht gesagt, daß *TQuery* auch tatsächlich diese Änderungen zurückschreiben kann. Je nach der verwendete BDE-Version müssen Sie als Entwickler bestimmte Regeln beachten. Um sicher zu gehen, werten Sie die *TQuery*-Eigenschaft *CanModify* aus.

Tabelle 9.1: Zusammenhang zwischen „RequestLive" und „CanModify"

TQuery-Eigenschaft „RequestLive"	TQuery-Eigenschaft „CanModify"	Art der Ergebnismenge
False	False	Ergebnismenge nur lesbar
True (SQL entspricht den Regeln)	True	Lebendige Ergebnismenge
True (SQL entspricht nicht den Regeln)	False	Ergebnismenge nur lesbar

Meldet in Ihrem Fall *TQuery* den Wert „False" für die Eigenschaft *CanModify* zurück, so ergänzen Sie *TQuery* durch die *TUpdateSQL*-Komponente. Über diese *TUpdateSQL*-Instanz liegt es in Ihrer Hand, die einzelnen SQL-Statements für *UDATE, INSERT* und *DELETE*-Kommandos zu formulieren. Die *TQuery*-Instanz wird dann auf „RequestLive = False" geschaltet und dient somit nur der Anzeige der Tabellendaten. Im Delphi-Verzeichnis „Demos\DB\CACHEDUP" finden Sie dazu ein Beispielprogramm von Borland.

 Die TUpdateSQL-Komponente finden Sie nur in der Client/Server-Suite von Delphi.

Navigieren im Datenbestand

SQL-Server liefern Daten als Datenmenge zurück, wobei die meisten Server kein einfaches Navigieren im Datenbestand über die Kommandos „vorheriger" und „nächster" unterstützen. Die *TTable*-Komponente kann dies mit Hilfe der *BDE* simulieren – die *TQuery*-Komponente hingegen nicht!

Verwenden Sie *TQuery* als Datenquelle für eine editierbare Datenmenge (*RequestLive* ist True) und fügen Sie einen Datensatz ein, so müssen Sie damit rechnen, daß dieser Datensatz so lange nicht sichtbar ist, bis Sie die Abfrage aktualisieren. Am sichersten ist dazu der Aufruf von *Close* und *Open*.

9.2.4 Entscheidungsrichtlinien

Allerdings darf der Entscheidung *TTable* oder *TQuery* kein Automatismus zugrunde liegen. Auch in einer Client/Server-Anwendung gibt es durchaus Aufgaben, die am sinnvollsten mit einer *TTable*-Instanz erledigt werden. Zum Beispiel werden kleinere Tabellen der Datenbank einfach und elegant über *TTable* verwaltet. In diesem Fall spielt es nur eine untergeordnete Rolle, wenn der SQL Server alle Datensätze als *Result-Set* beim Öffnen der Tabelle auf der Server-Seite aufbaut.

Möchten Sie *TDBLookupCombo*-Komponenten im Formular verwenden, bleibt sogar (fast) keine Wahl. Allerdings gilt auch hier die Einschränkung auf kleinere Tabellen. Wird die Antwortzeit zu lange, verzichten Sie besser auf *TDBLookupCombo* und setzen statt dessen normale Comboboxen ein, deren Inhalt „von Hand" via *TQuery* zugewiesen wird. Alternativ dazu könnten Sie die achten Kapitel vorgestellte RAM-Tabelle verwenden, die von einer TQuery-Abfrage gefüllt wird.

Brauchen Sie unbedingt eine *TTable*-Instanz für ein *TDBGrid*, in dem der Anwender im Datenbestand „browsen" soll, sollten Sie für die Sortierspalte unbedingt sowohl einen aufsteigenden als auch einen absteigenden Index anlegen (*ASC* und *DESC*). Die *Borland Database Engine* simuliert das Blättern im TDBGrid, indem jeweils die SQL-Abfrage mit der entsprechenden Sortierreihenfolge (*ORDER BY ASC* oder *ORDER BY DESC*) neu gestartet wird.

Die *TStoredProc*-Komponente ist nur für Client/Server-Lösungen interessant, so daß Umsteiger von Desktopdatenbanken auch mit diesem Teil keine Erfahrungen haben. Dabei erhöht unter Umständen gerade der Einsatz von *Stored Procedures* auf dem *SQL-Server* dessen Performance ganz beträchtlich. Damit Sie selbst vorab einschätzen können, wann der Einsatz einer derart gespeicherten Funktion auf dem Server sinnvoll ist, gehe ich kurz auf das zugrundeliegende Prinzip ein. Sie werden mir zustimmen, wenn ich behaupte, daß compilierter Code schneller und effizienter ausgeführt wird als interpretierende Programmzeilen, unabhängig von der Programmiersprache. Auch wenn die Datenbank-Sprache *SQL* nicht als separate Sprache im Handel erhältlich ist, gehört auch *SQL* zur Gattung der Programmiersprachen. Wird eine SQL-Statement via *TQuery* zum SQL-Server geschickt, so verbraucht dies an den folgenden Stellen Rechenzeit:

- *TQuery* schickt den SQL-Befehlsstring über die *SQL-Link*-Treiber und das Netzwerk zum SQL-Server.
- Der *SQL-Server* splittet den SQL-Befehlsstring in seine einzelnen Bestandteile auf.
- Der *SQL-Server* prüft, ob die verwendeten Tabellen und Spalten auch tatsächlich in der Datenbank vorhanden sind.
- Der *SQL-Server* versucht den optimalen Zugriffsweg auf die benötigten Daten zu ermitteln. Entsprechend dem Datenbankaufbau sowie der vorhandenen Indizis werden die möglichen Alternativen bewertet und die günstige Zugriffslösung ausgewählt.
- Der *SQL-Server* compiliert den aufbereiteten SQL-Befehl
- Der *SQL-Server* führt den SQL-Befehl aus, das *Result Set* wird aufgebaut.

Durch den Einsatz von *Stored Procedures* können Sie bei den Punkten 1 bis 5 Zeit einsparen. Zum einen muß nunmehr keine lange Zeichenkette zum Server übertragen werden, sondern nur ein kurzer Prozedurname mit den benötigten Parametern. Die Punkte 2 bis 5 entfallen sogar ersatzlos! Greift das verwendete SQL-Statement auf mehrere Tabellen der Datenbank zu, spüren Sie die Einsparungen merklich. In diesem Zusammenhang wird auch deutlich, wann der Einsatz der *TQuery*-Methode *Prepare* sinnvoll ist. *Prepare* sorgt dafür, daß der *SQL-Server* die Arbeitsschritte 1 bis 5 vorab ausführt. Ein nachfolgender *Open*-Aufruf stößt nur die Ausführung (Punkt 6) an. Es bringt keinen Vorteil, *Prepare* unmittelbar vor *Open* aufzurufen, wenn der SQL-Befehl nur einmal verwendet wird. In diesem Fall erkennt *TQuery*, das der SQL-Befehl noch nicht vorbereitet wurde und führt die *Prepare/Unprepare*-Funktion implizit aus. Die mögliche Alternative, für jeden vom Programm verwendeten SQL-Befehl eine eigene *TQuery*-Instanz vorzusehen, deren *Prepare* gleich beim Programmstart aufgerufen wird, ist auch nicht sinnvoll. Zum einen werden Programmressourcen verschwendet und zu anderen verbrauchen diese geöffneten Verbindungen zum SQL-Server *Datenbank-Handles*. Viele SQL-Server werden nach der Anzahl der gleichzeitigen Verbindungen preislich gestaffelt verkauft, so daß ein allzu freigiebiger Einsatz von Dataset-Instanzen mit eigener Datenbank-Verbindung kostspielig wird. Nicht das Sie mich hier falsch verstehen, auch die *Prepare*-Methode von *TQuery* hat ihre Daseinsberechtigung. Das wiederholte Abschicken eines SQL-Befehls aus einer Schleife heraus ist dabei das beste Beispiel.

Neben der Perfomancesteigerung haben die *Stored Procedures* auch noch einen weiteren erwünschten Nebeneffekt. Das Thema *Datensicherheit* spielt in Client/Server-Umgebungen eine immense Rolle. Mit Hilfe der *Stored Procedures* kann ein Benutzer mit der Datenbank arbeiten, der gar keine Rechte für Tabellen in dieser Datenbank hat! Auch wenn der Anwender ein anderes Tool in die Hände bekommt, sind keine Zugriffe auf den Datenbestand möglich, wenn er nur Rechte für die *Stored Procedures* besitzt. Über die gespeicherter Prozeduren stellen Sie sicher, daß Ihre in der Datenbank abgelegten Regeln immer beachtet werden. Alle *SELECT*-, *INSERT*- und *UPDATE*-Befehle laufen dann über diese Prozeduren.

9.3 Delphis InterBase SQL Server for Windows 95/NT

Aha – Sie haben sich durch die etwas längere Einleitung nicht entmutigen lassen. Das ist auch richtig so, auch in dieses etwas schwierigere Thema arbeiten Sie sich Schritt für Schritt ein.

Im ersten Kapitel wurde kurz die Welt der Relationalen Datenbankmanagementsysteme (abgekürzt RDBMS) angesprochen. Diese Hochleistungsdatenbanken bieten Funktionen an, die für bestimmte Aufgabengebiete eine Schlüsselrolle einnehmen. Zum Beispiel würde wohl keine Bank der Welt auf eine Transaktionskontrolle beim Verwalten der Konten verzichten. Die Leistungsfähigkeit hat natürlich auch ihren Preis, die *RDBMS* sind nicht so leicht und bequem zu handhaben. Die Merkmale sowie die Leistungsfähigkeit vom *InterBase SQL Server for Windows 95/NT* habe ich auch bereits im ersten Kapitel umrissen (für den Fall, das es einige Leser nicht bis zum letzten Kapitel schaffen). Dort wurde auch der *Local InterBase Server* (LIBS) angesprochen, der jedoch hier nicht weiter berücksichtigt wird.

Nachfolgend kürze ich den Namen „InterBase SQL Server for Windows 95/NT" durch die Zeichenfolge „IBS95" ab.

Bevor Sie sich nun gleich in die Anwendungsentwicklung stürzen, sollten Sie vorher prüfen, an welchen Kundenkreis Ihre Anwendung ausgeliefert wird. Nur in der Client/Server-Version von *Delphi 1* war der *LIBS* zur kostenlosen Weitergabe freigegeben. Dies trifft auf den *IBS95* nicht mehr zu! Hier benötigen Sie jeweils die kostenpflichtige Vertriebslizenz. Mit dem *IBS95* hat Borland im Vergleich zu den Wettbewerbern eine Perle im Bestand, die dann eben nicht mehr zum Nulltarif zu haben ist. *Borland* ist meines Wissens nach (Stand Juli 97) der einzige Client/Server-Anbieter, der für alle vier Einsatzplattformen (Win16, Win32-Laptop/Desktop, Win32-Peer-to-Peer, Win32-Server) einen SQL-Server mit einheitlichem API im Angebot hat. Und das direkte Zugriffe auf das Server-API auch für Delphi-Anwendungen sinnvoll sind, demonstriere ich Ihnen noch anhand eines Beispielprogramms.

In diesem Buch stehen eindeutig die Desktopdatenbanken im Vordergrund, das Thema Client/Server ist so komplex, daß allein damit ein Buch gefüllt werden kann. Aus diesem Grund stelle ich in diesem Kapitel die Leistungsmöglichkeiten des *IBS95* nur kurz in Form eines Workshops vor.

Auf der CD-ROM finden Sie im Verzeichnis „Kapitel 9" die im Workshop verwendeten Beispielprojekte. Im Verzeichnis „Database\IBS95" habe ich die Beispieldatenbank für den *IBS95* abgelegt. Als Ausgangsbasis gehe ich davon aus, daß der *IBS95* von Ihnen installiert wurde und auch auf Ihrem Rechner läuft. Eine Delphi-Datenbankanwendung greift über die Borland Database Engine und einem integrierten SQL Links-Treiber auf den *IBS95* zu. Bevor Sie ein Beispielprojekt öffnen oder starten, muß der *IBS95* auf Ihrem Rechner bereits laufen. Sie erkennen dies am *IBS95*-Icon am rechten Rand der Windows-Taskbar.

└─ Der IBS95 ist aktiv

Abb. 9.3: Das IBS95-Icon in der Taskbar ermöglicht den Zugriff auf den Server

Über die rechte Maustaste erreichen Sie den Konfigurationsdialog für den *IBS95* beziehungsweise den Menüpunkt zum Herunterfahren des Servers.

9.3.1 InterBase Registry Configuration

Bevor der erste Zugriff auf eine Datenbank erfolgen kann, muß der *IBS95* gestartet werden. Das Installationsprogramm konfiguriert Windows 95 dabei so, daß der Server bei jedem Windows-Start auch gleich mit geladen wird. Diese Einstellung ändern Sie nachträglich über das *InterBase-Konfigurationsprogramm* („regcfg.exe").

Wie jedes andere Programm auch, belegt der *IBS95* nach dem Start Systemressourcen. Ist Ihr Rechner nicht üppig mit Arbeitsspeicher ausgestattet, so können Sie den *IBS95* auch nur dann aktivieren, wenn Sie ihn benötigen. Der Server wird in diesem Fall manuell über die Programmdatei „ibserver.exe" aus dem Verzeichnis „Borland\IntrBase\BIN" gestartet. Über das Icon in der Taskbar fahren Sie den *IBS95* per rechte Maustaste auch wieder herunter, wenn seine Dienste nicht mehr gewünscht werden.

9.3.2 Communication Diagnostic Tool – der IBS95-TÜV

Im Unterverzeichnis „bin" des *IBS95* finden Sie das von Borland mitgelieferte Testprogramm *Communication Diagnostic Tool* („comdg32.exe"). Dieses Tool prüft, ob eine Verbindung zu einer *IBS95*-Datenbank hergestellt werden kann. Nach dem Start ist bereits der Radiobutton „Local Engine" markiert. In der Eingabezeile „Database" tragen Sie das Verzeichnis ein, in das die Beispiel-Datenbank „franzis.gdb" von der CD-ROM kopiert wurde. Generell sollten Sie alle Datenbanken vor dem ersten Zugriff auf die Festplatte (oder ein anderes beschreibbares Speichermedium) kopieren.

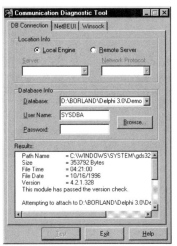

Abb. 9.4: Verbindung zum IBS95 testen

In jeder *IBS95*-Datenbank existiert der Benutzer „SYSDBA", der *IBS95* unterscheidet dabei beim Benutzernamen nicht nach Groß-/Kleinschreibung. Dies gilt nicht für das Paßwort, in das Eingabefeld „Password" müssen Sie das Paßwort „masterkey" in Kleinbuchstaben eintragen.

Über den „Test"-Button starten Sie den Diagnosevorgang, diese Schaltfläche wird freigegeben, sobald ein Paßwort eingetragen wurde. Alle Ergebnisse protokolliert das Programm in der untere Listbox mit, die letzte Zeile faßt dabei das Ergebnis zusammen. Sollte hier bei Ihnen nicht die Zeile „InterBase Communication Test Passed!" erscheinen, so blättern Sie alle aufgeführten Meldungszeilen durch. Das Diagnoseprogramm findet in der Regel alle in Frage kommenden Fehlerquellen.

9.3.3 InterBase Server Manager – das IBS95-Regiezentrum

Als nächstes komme ich gleich auf das wichtigste Tool zu sprechen, den InterBase Server Manager. Dieses Programm deckt alle Aufgabengebiete ab, die ein *Datenbankadministrator* für ein RDBMS zu bearbeiten hat. Neben der Server-Sicherheit (Benutzerverwaltung; Integritätsprüfungen usw.) steht vor allem die Datensicherheit im Mittelpunkt. Aus diesem Programm heraus legen Sie Backups Ihrer Datenbank an oder spielen eine Sicherungskopie zurück. Der Vorteil liegt darin, daß der Server-Manager ein Backup von einer aktiven (geöffneten) Datenbank ziehen kann, eine Aufgabe, an der die meisten Betriebssystem-Backupprogramme scheitern. Die Zielgruppe der SQL-Server und damit auch die Zielgruppe von Borland's *InterBase Server* liegt im Bereich der Hochleistungsdatenbanken. Damit verwundert es auch nicht, daß der Server-Manager auch für statistische Untersuchungen der Datenbankleistung verwendet werden kann. Der *IBS95* stellt eine Vielzahl von Tuning-Optionen zur Verfügung, um die Datenbank je nach Einsatzfall auf die bestmögliche Leistung trimmen zu können. Dazu werden natürlich exakte und aussagekräftige Informationen benötigt, die der Server-Manager bereitstellt. Ein weiterer Schwerpunkt liegt auf der Integritätsprüfung der Datenbankdatei. Der *IBS95* speichert alle Daten einer Datenbank in einer einzigen Datei. Neben den Benutzerdaten sind auch Systemtabellen in der Datenbank vorhanden, mit deren Hilfe ein RDBMS überhaupt die Anforderungen erfüllen kann.

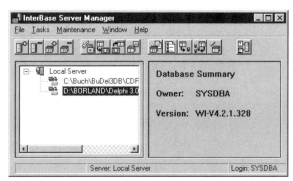

Abb. 9.5: Das Regiezentrum für den LIBS

In einem *RDBMS* – und damit auch im *IBS95* – kann nur ein berechtigter Benutzer auf die Datenbank beziehungsweise den Server zugreifen. Zum Zugriff auf den *InterBase SQL Server* ist ein Benutzername sowie das dazugehörende Paßwort notwendig. Jede Benutzereingabe wird dazu vom Server mit den Daten der *Sicherheitsdatenbank* „isc4.gdb" verglichen. Als Standardbenutzer ist immer der Benutzername „SYSDBA" als Datenbankadministrator eingerichtet. Das Standardpaßwort lautet dabei „masterkey". In einer Wirkbetrieb-Datenbank sollten Sie daher sofort das „SYSDBA"-Paßwort ändern, die maximale (d.h. die ausgewertete) Paßwortlänge beträgt 8 Zeichen.

 Die Paßwörter für die Datenbankbenutzer werden nur in der Sicherheitsdatenbank „isc4.gdb" gespeichert. Für den Fall, daß Sie einmal das SYSDBA-Paßwort vergessen haben, reicht es aus, die Datenbank auf einen anderen Server (InterBase SQL Server) zu kopieren. Der Zugriff über SYSDBA gelingt dann über das noch gültige Paßwort des anderen Servers, da nur der Benutzer in der Datenbankdatei gespeichert wird, jedoch nicht das jeweilige Paßwort..

Nach dem Start des Server-Managers müssen Sie sich erst beim *IBS95* anmelden, dazu wählen Sie den Menüpunkt „[F]ile | Server Login..." aus. Im Dialogfenster tragen Sie als Benutzername die Zeichenkette „SYSDBA" und als Paßwort „masterkey" ein. Beachten Sie dabei, daß der *IBS95* beim Paßwort zwischen der Groß- und Kleinschreibweise unterscheidet. War alles korrekt, belohnt Sie der Server-Manager mit der Statusanzeige in seinem Hauptfenster.

Server-Benutzer einrichten

Das Einrichten von Benutzern und das Vergeben von Benutzerrechten wird auch vom *IBS95* unterstützt. In einem *RDBMS* gilt die Regel, daß nur der Eigentümer eines SQL-Objekts (Tabelle, View usw.) auf dieses Objekt zugreifen kann, es sei denn, er hat vom Eigentümer ebenfalls Rechte an diesem Objekt bekommen. Aus diesem Grund ist das Anmelden eines Benutzers in der Datenbank auch so wichtig, nur so kann das RDBMS das Einhalten der Zugriffsrechte kontrollieren.

Abb. 9.6: Neuen Benutzer über „Add User" einrichten

Über den Menüpunkt „[T]ask | User Security..." erreichen Sie dazu das in der Abb. 9.6 dargestellte Dialogfenster.

Über die Schaltfläche „Add User" melden Sie neue Benutzer für den *IBS95* an. Das Dialogfenster ist dazu in zwei Bereiche eingeteilt. Im oberen Bereich tragen Sie alle vom *IBS95* benötigte Daten ein. Neben dem Benutzernamen wird zur Sicherheit zweimal das Paßwort für diesen Benutzer eingetragen. Nur wenn beide Paßwortvarianten übereinstimmen, legt der LIBS auch den Benutzer an.

Der untere Eingabebereich ist optional. Hier können Sie zusätzliche Informationen für den Benutzer ablegen, die eine schnelle Zuordnung zu der Person unterstützen. Nach dem Schließen des Dialogfenster über den „OK"-Buttton erhalten Sie sofort die Rückmeldung, ob der *IBS95* den Eintrag akzeptiert hat. Im Laufe des Workshops gehe ich davon aus, daß Sie hier den Benutzer „Franzis" mit dem Paßwort „franzis" angemeldet haben.

 Über diesen Dialog wird auch das vordefinierte SYSDBA-Paßwort geändert. Nur der User SYSDBA kann andere Benutzer einrichten!

9.4 Client/Server Step by Step

9.4.1 Neue Datenbank im IBS95 einrichten

Die Datenbank ist im *RDBMS* der Ausgangspunkt für alle späteren Datenbankoperationen. Sie müssen daher zuerst eine „leere" Datenbank erzeugen, bevor überhaupt die erste eigene Tabelle angelegt werden kann. Dabei ist die Datenbank unmittelbar nach dem Anlegen alles andere als leer – diese Erfahrung werden auch Sie gleich machen.

Variante 1: Manuell über das Tool InterBase Interactive SQL

Der bequemste Weg, um eine Datenbank auf dem LIBS zu erstellen, führt über das nächste Tool. Das Programm InterBase Interactive SQL (WISQL) ist eine Art SQL-Benutzeroberfläche, aus der heraus Sie SQL-Befehle absetzen. Dieses Programm kann zum einen über einen SpeedButton oder den Menüpunkt „[T]ast | Interactive SQL" direkt aus dem Server-Manager heraus aufgerufen werden, oder über den entsprechenden Eintrag im Windows-Startmenü.

Für das Einrichten der Datenbank steht eine komfortable Dialogmaske zur Verfügung, die Sie über den Menüpunkt „[F]ile | Create Database" aufrufen.

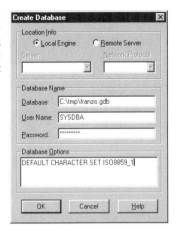

Abb. 9.7:
Die Beispieldatenbank
»franzis.gdb«
wird angelegt

Da die Datenbank auf dem *IBS95* eingerichtet werden soll, aktivieren Sie auch den Radiobutton „Local Engine". Im Eingabefeld „Database" tragen Sie den kompletten Pfadnamen für die anzulegende Datenbank ein. Der Dateiname bekommt dazu die Endung „gdb". Die Felder für den Benutzernamen und das Paßwort kennzeichnen den Eigentümer der Datenbank, der die Zugriffsrechte auf den Server besitzen muß. Beachten Sie dabei, daß der Benutzer bereits vorher auch als *IBS95*-Benutzer eingerichtet wird.

Völlig auf sich allein gestellt, muß der *Datenbankadministrator* die Datenbank-Optionen festlegen, hier stellt *WISQL* keine Auswahlmöglichkeiten bereit. Da auf die noch anzulegenden Datenbanktabellen über eine Delphi-Datenbankanwendung heraus zugegriffen werden soll, müssen Sie den Zeichensatz für den Server anpassen. Unter SQL können drei verschiedene Feldtypen Text enthalten – *CHAR*, *VARCHAR* und *BLOB*-Tabellenspalten. Jeder dieser drei Typen kann beim Einsatz des *IBS95* dabei die Zeichen in einem bestimmten Zeichensatz speichern. Der Zeichensatz legt dabei fest, welche Zeichen überhaupt vom Server als gültige Eingabe akzeptiert werden und wie die Sortierreihenfolge in diesem Zeichensatz ausschaut. In der Leistungsfähigkeit des *IBS95* liegt dann auch das Problem, Sie können für jede einzelne Tabellenspalte einen anderen Zeichensatz zuweisen. Über die Option *DEFAULT CHARACTER SET* melden Sie global einen Zeichensatz für die komplette Datenbank an, der für alle Tabellen und damit für alle Spalten gilt. Der Zugriff auf die Datenbank soll über Delphi erfolgen, damit steht Windows als Plattform erst einmal fest. Die Auswahl beschränkt sich dann auf fünf mögliche Alternativen. Der Anwender soll jedoch auch deutsche Umlaute in den Textfeldern eintragen können, beziehungsweise der *IBS95* soll auch nach deutschen Sortierregeln arbeiten. Damit bleibt von den fünf Alternativen eine übrig – der Zeichensatz „ISO8859_1" (WIN1252).

 Damit die Option wirksam wird, muß der InterBase-Treiber in der BDE-Konfiguration auch entsprechend vorbereitet werden, dazu setzen Sie den Wert der Eigenschaft „LANGDRIVER" auf „Borland DEU Latin-1".

Damit sind alle Angaben vorgenommen, über den „OK"-Button verlassen Sie das Dialogfenster, wobei der *IBS95* die Datenbank im zugewiesenen Verzeichnis anlegt. Auf Ihrer Festplatte ist damit der freie Platz um 204 kByte geschrumpft. Sie können diese Aussage nachprüfen, im Windows-Explorer ist die „kleine" Datei nicht zu übersehen. Vergessen Sie nicht, obwohl Sie noch keine einzige Tabelle angelegt haben, gilt dies nicht für den *IBS95*. In der Datenbank befinden sich bereits über ein Dutzend Tabellen – die sogenannten Systemtabellen.

Über den Menüpunkt „[V]iew | Metadata Information ... | View Information for Database" lassen Sie sich die Datenbank-Inventur einmal von *WISQL* auflisten.

```
Database: C:\tmp\franzis.gdb
        Owner: SYSDBA
PAGE_SIZE 1024
```

```
Number of DB pages allocated = 204
Sweep interval = 20000
Default Character set: ISO8859_1
```

Tabelle 9.2: Eigenschaften der neu angelegten Datenbank

Anzeige	Bedeutung
Database	Kompletter Pfadname der Datenbank.
Owner	Eigentümer der Datenbank.
PAGE_SIZE	Größe einer Tabellenseite, in der die Daten gespeichert werden.
Number of DB pages allocated	Anzahl der bereits angelegten Tabellenseiten.
Default Character set	Verwendeter Zeichensatz.

Kriterium PAGE_SIZE
Optional können Sie als Datenbank-Parameter auch die Seitengröße der Tabellen festlegen. Der *InterBase Server* verwendet als Vorgabewert eine 1024 Byte große Seite. Alternativ dazu stehen jedoch auch die Größen 2048, 4096 oder 8192 Byte zur Verfügung. Eine größere Seite hat jedoch Vor- und Nachteile. Bei einer kleinen Seitengröße sind auch weniger Datensätze von einer Transaktion betroffen, zudem vermag der Server mehr Seiten im internen Cache zu halten.

Eine größere Seite bringt hingegen aus verschiedenen Gründen Geschwindigkeitsvorteile:

- Indizis arbeiten effizienter, weil der Server die Einträge auf weniger Seiten verteilen muß.

- Generell sollte jeder Datensatz in voller Länge auf eine Seite passen. Muß der Server einen Datensatz auf mehrere Seiten aufteilen, sind zusätzliche Festplattenzugriffe beim Lesen und Schreiben notwendig.

Die Größe der Seite läßt sich auch nachträglich korrigieren. Dazu legen Sie zuerst ein Backup an und erzeugen damit eine neue Datenbank mit dem optionalen Parameter für die Seitengröße. Nachdem Sie sich von der Unversehrtheit der Daten überzeugt haben, löschen Sie die Originaldatenbank und „taufen" die wiederhergestellte Version um.

Kriterium Character Set
Auf die Bedeutung der Angabe für den Zeichensatz bin ich bereits kurz eingegangen, gerade für den europäischen Sprachraum wird wohl in den meisten Fällen der Zeichensatz *ISO8859_1* verwendet werden.

Immer dann, wenn Sie den Zeichensatz nicht explizit angegeben, werden der InterBase Server die Einstellung *SET CHARACTER SET NONE*. Damit verwendet der Server keine Funktionen zur Zeichensatzanpassung, in der Datenbank wird jedes Zeichen in seiner Originalform gespeichert. Damit bekommen Sie es immer dann zu tun, wenn Sie für die Spalten der Tabellen unterschiedliche Zeichensätze definieren. Der InterBase Server läßt den Import aus beliebigen Zeichensätzen in eine NONE-Tabellenspalte zu, der umgekehrte Weg ist jedoch nicht immer möglich (Konvertierungsfehler).

Variante 2: Programmgesteuert aus einer Delphi-Anwendung heraus

Eine Beispielprogramm für das programmgesteuerte Erzeugen einer InterBase-Datenbank aus einem Delphi-Programm heraus stelle ich Ihnen am Ende dieses Kapitels im Abschnitt „Tips & Tricks zum Thema Client/Server" vor. Dazu sei hier und an dieser Stelle nur gesagt, daß dazu der Zugriff auf die *InterBase-API*-Funktionen notwendig wird. Über das *InterBase-API* greifen Sie direkt – also ohne die Mitwirkung der *Borland Database Engine* – auf den *InterBase SQL Server* zu.

Variante 3: Das Kommandozeilentool „isql.exe"

Vor Jahren noch waren visuelle Oberflächen für Client/Server-Tool unüblich, daher befinden sich auch noch viele Kommandozeilentools im Lieferumfang der verschiedenen SQL Server. Auch Borland macht hier mit dem *InterBase SQL Server* keine Ausnahme, wobei dies nicht nur nostalgische Gründe hat. Diese Kommandozeilentools sind immer dann sehr hilfreich, wenn bestimmte Aktionen (Backup und Restore) mal auf die Schnelle automatisiert werden sollen.

Das Programm „isql.exe" ist das Kommandozeilengegenstück zum Windows-Programm „InterBase Windows ISQL". Zwar geht es bei der Programmbedienung spartanisch zu, dafür belohnt Sie das Tool jedoch mit einer Leistungsfähigkeit, die *WISQL* etwas in den Schatten stellt. So gelingt es Ihnen zum Beispiel nicht, den folgenden Befehl aus *WISQL* abzusetzen:

```
CREATE DATABASE "C:\TMP\1.GDB" USER "SYSDBA" PASSWORD "masterkey"
DEFAULT CHARACTER SET ISO8859_1;
```

Der Grund dafür liegt darin, daß *WISQL* bei jedem Befehl zuerst ein *Prepare* versucht, allerdings darf zum Beispiel für *CREATE DATABASE* kein *Prepare* aufgerufen werden. Das Kommandozeilentool „isql.exe" ist hier flexibler, hier funktionieren generell alle denkbaren Kommandos.

Abb. 9.8: Über „isql.exe" wird eine neue Datenbank angelegt

 Im „BIN"-Unterverzeichnis des InterBase Servers finden Sie in der Hilfedatei „ib32.hlp" unter der Rubrik „InterBase tools / Using Command-line ISQL" weitere Informationen über die Bedienung sowie den Befehlsumfang dieses Programms.

9.4.2 Beispieltabelle „person" anlegen

Der visuelle Weg über den SQL Explorer

Die Käufer der *Client/Server-Suite* können sich entspannt zurücklegen, für Sie hat *Borland* auch ein Tool zum visuellen Erzeugen der Datenbanktabellen beigelegt. Irgendwie muß sich ja der höhere Kaufpreis bemerkbar machen.

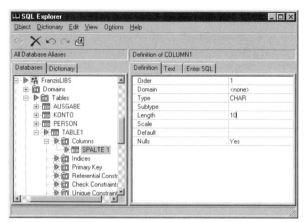

Abb. 9.9: Eine Tabelle auf dem SQL Server visuell anlegen

Die Bedienung des *SQL Explorers* ist völlig intuitiv – jeder Anwender, der einigermaßen über den Aufbau von SQL-Datenbanken Bescheid weiß, kommt sofort damit klar. Sie legen nicht nur *Tabellen* visuell an, sondern richten auch *Generatoren* und *Stored Procedures* damit ein.

Besitzen Sie nur die *Professional-Version*, geht es nicht so komfortabel weiter. Hier ist der direkte Einsatz der *DDL*-Befehle aus dem SQL-Sprachumfang angesagt. Ich stelle Ihnen im folgenden auch nur den harten Weg vor. Zum einen bleibt dann nicht der vermutlich größte Teil der Leser außen vor. Und zum anderen kann es auch für die Besitzer der *Client/Server-Suite* nie schaden, einmal hinter die Kulissen des *SQL Explorers* zu schauen. Denn dieser setzt die visuell zusammengeklickten Bestandteile auch nur zu SQL-Befehlen zusammen, die zum Server geschickt werden.

Der „harte" Weg über SQL

Haben Sie sich vorhin beim *IBS95* abgemeldet? Wenn ja, dann müssen Sie das Tool InterBase Interactive SQL wieder starten. Über „[F]ile | Connect to Database..." stellen Sie die Verbindung zur Beispieldatenbank „franzis.gdb" wieder her. Das Programm „merkt" sich die zuletzt geöffnete Datenbank und den Benutzernamen, so daß Sie nur das am Anfang vergebene Paßwort eintragen müssen. Über den „OK"-Button bestätigen Sie die Eingabe, woraufhin InterBase Interactive SQL die Verbindung zur Datenbank herstellt.

Der Anwender will in der Datenbank Daten speichern. Als nächster Schritt muß also eine Tabelle für die Anwenderdaten in der Datenbank angelegt werden. Für Besitzer der *Professional*-Version von Delphi geht dies nur noch direkt über SQL. Sie können keinen Komfort a la Datenbankoberfläche erwarten, alle SQL-Befehlszeilen müssen Sie direkt von Hand im Eingabefeld eintragen. Über die Schaltfläche „Run" starten Sie die Ausführung, das heißt der SQL-Befehl wird an den *IBS95* übergeben. Die anderen beiden Schaltflächen sorgen für etwas mehr Bequemlichkeit. Der „Previous"-Button holt die letzen SQL-Befehle in das Eingabefeld zurück, während der „Next"-But-

Abb. 9.10: Die erste Tabelle wird über SQL angelegt

ton wieder zurückschaltet. Dabei speichert das Tool mehrere SQL-Befehl in chronologischer Reihenfolge ab.

Im Eingabefeld „SQL Statement" tragen Sie die folgenden SQL-Befehlszeilen ein. Ich schreibe zur besseren Übersicht dabei alle SQL-Schlüsselwörter groß und eigene Bezeichner klein.

```
CREATE TABLE person (
vorname CHAR(20) NOT NULL,
name CHAR(20) NOT NULL,
PRIMARY KEY (vorname,name))
```

Damit wird die Tabelle „person" mit zwei Zeichenspalten und einem zusammengesetzten *Primärindex* angelegt. In den beiden Tabellenspalten für den Vornamen und Namen kann der Anwender maximal 20 Zeichen eintragen, dabei darf keine Spalte leer gelassen werden.

Nachdem Abschicken des SQL-Befehls über den „Run"-Button quittiert der *IBS95* den Befehl. Entweder Sie erhalten eine Fehlermeldung oder die Befehlszeilen werden im unteren Ausgabefeld wiederholt – in diesem Fall ist alles in Ordnung.

Als nächster Schritt werden die Rechte auf die Tabelle vergeben. Zur Vereinfachung setze ich nur den folgenden SQL-Befehl ab.

```
GRANT ALL ON person TO franzis
```

Für die Tabelle „person" bekommt der Benutzer (User) „franzis" alle Rechte für diese Datenbanktabelle.

Der Aufruf von GRANT kann nur die Rechte für einen bereits beim IBS95 angemeldeten User zuteilen. Wenn Sie diesen Aufruf nachvollziehen wollen, müssen Sie vorher den User „franzis" anlegen (siehe „Server-Benutzer einrichten")

Allein die Optionen für das Zuweisen von Benutzerrechten sind ein Kapitel für sich, im Workshop soll diese Zeile reichen.

Damit steht einem ersten Test nichts mehr im Wege – per SQL soll nun ein Datensatz in die Tabelle geschrieben werden.

```
INSERT INTO person VALUES ('Andreas', 'Kosch')
```

Beachten Sie dabei bitte, daß dieser Befehl nur einmal abgeschickt werden darf. Beide Tabellenspalten bilden den *Primärschlüssel* der Tabelle, damit muß jeder Datensatz eindeutig und damit einmalig sein. Versuchen Sie es doch trotzdem einmal, der *IBS95* beschwert sich mit der Fehlermeldung „-803". In diesem Fehlerfenster ist ein weiterer Button mit der Beschriftung „Detail" vorhanden, erst nach dem Anwählen dieses Buttons gibt der *IBS95* eine genauere Beschreibung für den Fehler preis:

```
violation of PRIMARY or UNIQUE KEY
constraint "INTEG_3" on table "PERSON"
```

Über eine *SELECT*-Abfrage können Sie nachprüfen, ob tatsächlich das Einfügen des zweiten Datensatzes zurückgewiesen wurde.

```
SELECT * FROM person
```

Mit dem SQL-Jokerzeichen „*" fordern Sie alle Tabellenspalten der Tabelle ab, da die Abfrage auch keine *WHERE*-Klausel verwendet, werden alle Datensätze als Ergebnismenge zurückgeliefert. In der Tat ist nur der erste Datensatz in der Tabelle enthalten.

Der *IBS95* als echtes RDBMS verwendet Transaktionen, alle vorgenommenen Eingriffe und Änderungen müssen entweder mit *COMMIT* gespeichert oder mit *ROLLBACK* widerrufen werden. Auf das Transaktionen-Prinzip bin ich bereits im ersten Kapitel eingegangen.

Alle Arbeitsschritte bestätigen Sie nun durch den *COMMIT*-Aufruf. Entweder schicken Sie den Befehl „COMMIT" ab oder Sie erledigen dies über den Menüpunkt „[F]ile | Commit Work".

  Das Programm InterBase Interactive SQL bestätigt in der Voreinstellung alle SQL-Befehle aus der DDL-Kategorie automatisch. Über den Menüpunkt „Session | Basic Settings..." können Sie die Option „Auto Commit DDL" abwählen.

Damit sind alle Aktionen gespeichert und Sie können über „[F]ile | Exit" das Programm verlassen. Auch hierbei erfolgt noch eine Sicherheitsabfrage, ob die Verbindung zur Datenbank wirklich getrennt werden soll. Haben Sie vorher kein *COMMIT* oder *ROLLBACK* abgesetzt, jedoch Änderungen im Datenbestand vorgenommen, so werden Sie mit zwei Sicherheitsabfragen konfrontiert.

9.4.3 Borland Database Engine konfigurieren

Neben dem Einrichten eines Alias-Namens für die *IBS95* -Datenbank muß auch der Sprachen-Treiber festgelegt werden, über den der Zugriff erfolgen soll. Der Grund dafür liegt in den deutschen Umlauten, die ja doch irgendwie einen Sonderfall darstellen.

„INTRBASE"-Treiber konfigurieren

Auf der Registerseite „Config" im BDE-Administrator nehmen Sie nur einige Eintragungen vor. Als erstes entfernen Sie die Vorgabe in der Spalte „SERVER NAME". Da auf den IBS95 zugegriffen wird, ist die Angabe des SQL-Servers überflüssig. Der IBS95 läuft unter der gleichen Windows-Umgebung wie Delphi beziehungsweise des Datenbankanwendungsprogramms.

Die zweite Änderung betrifft den Sprachtreiber, hier wählen Sie in der Spalte „LANGDRIVER" den Eintrag „Borland DEU Latin-1" aus.

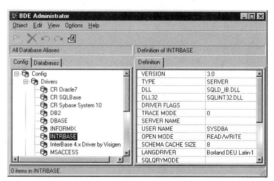

Abb. 9.11: InterBase-Treiber konfigurieren

Prinzipiell können Sie bereits hier den Pfad der Datenbankdatei eintragen. Dies mag angehen, wenn nur eine einzige IBS95-Datenbank auf dem Rechner im Einsatz ist.

Besser – und gewohnter – ist der Weg über den Alias, um die Datenbank festzulegen. Zur Erinnerung, als Datenbank wird auf einem lokalen Rechner das Verzeichnis für die Datenbankdateien bezeichnet.

Alias für die IBS95-Datenbank anlegen

Als nächster Schritt kommt das Anlegen eines Alias-Namens für die IBS95-Datenbank an die Reihe. Dazu wechseln Sie im BDE-Administrator auf die Registerseite „Databases". Über die rechte Maustaste erreichen Sie den Popup-Menüpunkt „New...".

Der Name für den Alias ist frei wählbar, solange eine eindeutiger Name eingetragen wird. Als Aliastyp wählen Sie den Eintrag „INTRBASE" aus der Auswahlliste aus. Sie sehen hier schon, daß die BDE nicht zwischen dem IBS95 als Einzelplatzanwendung und dem InterBase SQL Server als SQL-Server im Netzwerk unterscheidet.

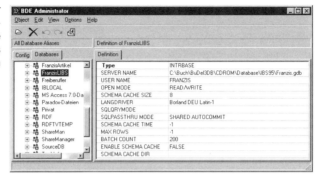

Abb. 9.12: Der BDE die Datenbank mit Hilfe eines Aliases bekanntmachen

Über den Alias legen Sie gleich zwei wichtige Parameter fest. Zum einen definiert der Eintrag im Parameter „PATH" den kompletten Pfad zur Datenbankdatei. Und zum anderen wird hier bereits der Benutzer „FRANZIS" als Standardbenutzer zugewiesen. Damit belegt die *BDE* bereits im Login-Dialog den Benutzer im Eingabefeld vor. Der Sprachentreiber in der Zeile „LANGDRIVER" ist bereits vorbelegt, da dieser Wert für den Treibertyp „INTRBASE" bereits vorher initialisiert wurde.

Ein weiterer wichtiger Konfigurationseintrag verbirgt sich hinter der Spalte „SQLPASSTHRU MODE", doch dazu später mehr.

9.4.4 Das erste Delphi-Beispielprojekt

Im Verzeichnis „Kapitel 9\Beispiel 1" finden Sie auf der CD-ROM die Projektdateien zu „libs1.dpr". Unmittelbar sofort nach dem Öffnen der Projektdatei konfrontiert Sie die *BDE* mit dem Login-Fenster zur Datenbank. Dabei muß sowohl die Datenbank „franzis.gdb" als auch der Alias „FranzisLIBS" auf Ihrem Rechner eingerichtet sein. Der Benutzer „FRANZIS" ist bereits voreingetragen, so daß Sie nur das Paßwort „franzis" ergänzen müssen.

 Für den Fall, daß Sie nicht alle Schritte nachvollzogen haben und damit der Benutzer „Franzis" unbekannt ist, so greifen Sie auf den SYSDBA-Benutzer zurück. Wurde auch dieser User nicht geändert, so ist der Benutzer „SYSDBA" mit dem Paßwort „masterkey" zum Öffnen der Beispieldatenbank berechtigt.

Im Formular spielt die Datenbankkomponente eine Schlüsselrolle – „TDataBase". Diese *TDatabase*-Instanz wird für den Zugriff auf Datenbanken nicht unbedingt benötigt, sie stellt jedoch zusätzliche Steuermöglichkeiten zur Verfügung, die für Client/Server-Anwendung wichtig sind. Falls Sie nicht explizit eine Komponente vom Typ *TDatabase* für eine Datenbank im Formular plazieren, erzeugt Delphi eine temporäre Instanz, sobald eine Tabelle geöffnet wird.

Richten Sie hingegen selbst die Komponente im Formular ein, so erhalten Sie visuell per Objektinspektor den Zugriff auf wesentliche Eigenschaften. Mit einem Doppelklick auf die *TDatabase*-Instanz aktivieren Sie den Konfigurationsdialog.

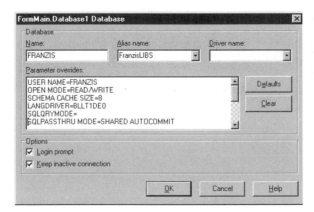

Abb. 9.13: Datenbankparameter für TDatabase zuweisen

Als ersten wählen Sie den Alias aus dem Listenfeld „Aliasname" aus. Damit füllt Delphi auch gleich den Eintrag für die Datenbank aus, die Datenbank „franzis.gdb" wurde ja bereits beim Alias fest angegeben.

Über den Button „Vorgaben" (engl. *Defaults*) legt Delphi ein Grundgerüst für die Datenbank-Parameter an, die von der *TDatabase*-Komponente verwendet werden sollen. Als Vorgabewerte übernimmt *TDatabase* dabei alle Daten von der Alias-Konfiguration. Sie müssen diese Daten nicht unbedingt in der *TDatabase*-Instanz speichern. Wenn Sie diese Parameter wieder aus dem Eingabefeld entfernen, verwendet das Programm immer die aktuelle *Alias*-Konfiguration. Übernehmen Sie jedoch diese Werte in TDatabase, so berücksichtigt das Programm alle später vorgenommenen Alias-Änderungen nicht mehr (genauer gesagt, die TDatabase-Parameter überschreiben die Alias-Konfigurationsdaten).

Im Objektinspektor aktivieren Sie die Verbindung zur Datenbank „franzis.gdb", indem die TDatabase-Eigenschaft *Connected* auf „True" gesetzt wird.

Im ersten Projekt „libs1.dpr" wird der einfachste Weg beschritten. Als Datenquelle dient eine *TTable*-Komponente, die genauso wie bei einer *dBASE*- oder *Paradox*-Tabelle konfiguriert wird. In realen Datenbanken wird dieser Einsatzfall nur selten vorkommen, für SQL-Datenbanken ist eine *TTable*-Komponente nur eingeschränkt geeignet.

Wenn Sie sich einmal den Quelltext der Formular-Unit „libsfrm.pas" anschauen, werden Sie keine von Hand geschriebene Zeile vorfinden. Alle Bestandteile hat Delphi selbst generiert.

9.4.5 Das zweite Beispiel – TQuery als Datenquelle

Das zweite Beispielprojekt geht einen völlig anderen Weg. Für die Datendialogelemente im Formular beziehungsweise für die *TDataSource*-Komponente werkelt eine *TQuery*-Instanz im Hintergrund. Eine zweite TQuery-Komponente setzt einen SQL-Befehl zum Einfügen von neuen Datensätzen in die Tabelle „person" ab.

Da die Tabelle „person" einen zusammengesetzten *Primärschlüssel* für die Tabellenspalten „Vorname" und „Name" verwendet, können Sie nur eindeutige Datensätze anlegen. Dieser Zugriff über zwei *TQuery's* dient ebenfalls nur dem besseren Verständnis, in der Praxis werden Sie alle Arbeiten nacheinander über eine *TQuery*-Komponente abwickeln.

Abb. 9.14: Zugriff über TQuery's

Spätestens beim Starten des Beispielprogrammes wird Ihnen noch eine Besonderheit auffallen, der Anwender wird nicht nach dem Benutzernamen und dem Paßwort gefragt. Für eine erfolgreiche Anmeldung bei der Datenbank werden diese Angaben zwingend benötigt, daher muß irgendwo eine derartige Funktion verborgen sein.

Die Lösung wird an zwei verschiedenen Stellen im Formular implementiert. Zum einen legen Sie die Datenbank-Parameter für die *TDatabase*-Komponente fest. Über das Schlüsselwort „PASSWORD" können Sie gleich das Paßwort für die Datenbank übergeben. Beachten Sie bitte dabei, daß der *IBS95* beim Paßwort zwischen der Groß- und Kleinschreibweise unterscheidet.

Die zweite Änderung des Standardverhaltens der *TDatabase*-Komponente nehmen Sie im Objektinspektor vor. Über das Zuweisen von „False" an die Eigenschaft *LoginPrompt* verzichtet die *BDE* auf das Anzeigen des Login-Dialogfensters. Dabei muß jedoch das korrekte Paßwort für den Benutzer als Parameter im vorherigen Schritt zugewiesen worden sein. Trifft dies nicht zu, so kann das Programm nicht auf die Datenbank zugreifen. Dieser Mechanismus der automatischen Anmeldung an der Datenbank ist immer dann sehr hilfreich, wenn der Programmanwender nicht in den Besitz des Datenbankpaßwortes gelangen soll. Auf eine SQL-Datenbank kann der Anwender nicht nur über das Anwendungsprogramm, sondern direkt auch über SQL zugreifen. In bestimmten Aufgabenbereichen ist dies gerade nicht erwünscht, so daß ein getarnter Zugriff auf den *IBS95* eine relativ einfach zu implementierende Lösung für das Problem darstellt.

Das Beispielprojekt „libs2.dpr" (Sie finden es im Verzeichnis „Kapitel 9\Beispiel 2" auf der CD-ROM) stellt den Inhalt der Datenbanktabelle „person" in einem *TDBGrid* dar. Als Datenquelle fungiert dabei die *TQuery*-Instanz „QueryLIBS". Über eine einfache *SELECT*-Anweisung läßt sich die Komponente alle Datensätze der Tabelle vom Server als Ergebnismenge zurückliefern.

```
SELECT * FROM person
ORDER BY name,vorname
```

Auch hier schreibe ich zur besseren Übersichtlichkeit alle SQL-Schlüsselwörter groß. Über das SQL-Jokerzeichen „*" fordern Sie alle Tabellenspalten der Tabelle „person" ab. Da keine *WHERE*-Klausel definiert wird, liefert der *IBS95* auch alle Datensätze aus der Tabelle zurück. Die letzte Zeile sortiert das Ergebnis nach dem Namen und Vornamen. Der SQL-Befehl wird über den Objektinspektor statisch der *TQuery*-Eigenschaft *SQL* zugewiesen.

Die zweite *TQuery*-Instanz im Formular mit dem Namen „QueryInsert" soll den in den beiden Eingabefeldern eingetragenen Namen in die Datenbanktabelle schreiben. Die beiden Eingabefelder sind normale *TEdit's*, verwenden also direkt keine Datenbankanbindung. In einem Client/Server-Datenbankprogramm sind die Datendialogelemente von Delphi (*TDBEdit* usw.) strengbetrachtet gar nicht notwendig, es reichen die Windows-typischen Controls aus.

```
INSERT INTO person VALUES (:Vorname, :Name)
```

Auch in der *TQuery*-Instanz für den *INSERT*-Befehl wird der SQL-Befehl statisch zur Entwicklungszeit per Objektinspektor zugewiesen. Nur mit dem Unterschied, daß die in die Datenbanktabelle einzufügenden Werte zur Programmlaufzeit als Parameter übergeben werden. Damit kann der Anwender beliebige Datensätze mit ein und der selben *INSERT*-Anweisung in die Datenbanktabelle schreiben. Damit dies von Delphi auch ohne Fehlermeldung toleriert wird, müssen Sie vorher die Eigenschaften – sprich den Typ – der Parameter festlegen.

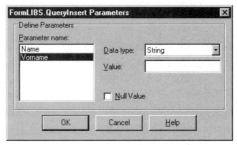

Abb. 9.15: Parameter für den INSERT-Befehl typisieren

Im zweiten Beispielprojekt habe ich auf die *TTable*-Komponente und damit auch auf ein Stück vom Delphi-Automatismus verzichtet. Die Programmfunktion muß daher von Hand implementiert werden, so daß Sie im Listing für die Formular-Unit einige Quelltextzeilen finden werden, die ich von Hand eingefügt habe.

Über die Ereignisbehandlungsmethode für das Anklicken des „Einfügen"-Buttons stoßen Sie das Absenden der beiden statischen SQL-Befehle an. Im ersten Schritt übergeben Sie die Eintragungen in den beiden *TEdit*-Eingabefeldern für den „Vornamen" und den „Namen" als Parameter an den SQL-INSERT-Befehl. Da der SQL-Befehl *INSERT* keine Ergebnismenge zurückliefert, darf die *TQuery*-Instanz nicht über *Open* aktiviert werden. Statt dessen schickt *ExecSQL* die SQL-Anweisung zur Borland Database Engine und damit zum Server. Der *IBS95* fügt den neuen Datensatz ein (wenn kein Schlüsselfehler auftritt), so daß die Anzeige im *TDBGrid* aktualisiert werden sollte. Am sichersten und einfachsten geht dies über das erneute Ausführen der SQL-Abfrage, dafür sind die Aufrufe „QueryLIBS.Close" und „QueryLIBS.Open" zuständig. Konnte der Datensatz nicht einfügt werden (Schlüsselfehler), so wird auch die TDBGrid-Anzeige nicht aktualisiert.

```
procedure TFormLIBS.BitBtnInsertClick(Sender: TObject);
begin
  with QueryInsert do begin
    Active := False;
    // Parameter des SQL-Befehls »INSERT« zuweisen
    Params[0].AsString := EditVorname.Text;
    Params[1].AsString := EditName.Text;
    try
      ExecSQL;
      // 2. TQuery für das TDBGrid abschalten
      QueryLIBS.Close;
      // 2. TQuery für das TDBGrid aktivieren -> Ergebnisanzeige
      QueryLIBS.Open
    finally
    end;
  end;
end;
```

9.4.6 Das dritte Beispiel: TQuery als „lebendige" Datenmenge

Im Verzeichnis „Kapitel 9\Beispiel 3" finden Sie das Projekt „libs3.dpr". Hier wird die *TQuery*-Instanz „live" betrieben, d.h. Sie können über diese *TQuery*-Instanz Änderungen beziehungsweise sogar neue Datensätze in die der SQL-Abfrage zugrundeliegende Tabelle schreiben. Beachten Sie, daß keine einzige Zeile im Quelltext von Hand eingefügt werden muß. Auch wenn *TQuery* (oder genauer gesagt die *BDE*) nur unter bestimmten Voraussetzungen eine „lebendige" Datenmenge bereitstellen kann, ist dies doch eine hilfreiche Option, die oft eingesetzt werden kann.

9.4.7 Beispiel 4: Delphi's Transaktionskontrolle

Im ersten Kapitel bin ich bereits auf die Transaktionsverwaltung innerhalb der *RDBMS* eingegangen. Da der *IBS95* ein „waschechtes" RDBMS bereitstellt, stehen damit auch die *Transaktionen* als nutzbares Element zur Verfügung. Delphi unterscheidet dabei zwischen zwei generell unterschiedlichen Mechanismen – der impliziten Transaktion und der expliziten Transaktion. Anweisungen zur Transaktionskontrolle werden nur auf einem SQL-Server wie zum Beispiel den *IBS95* wirksam, die *BDE* unterstützt diese Funktion für *dBASE*- und *Paradox*-Tabellen nur eingeschränkt (sie werden dort simuliert).

Implizite Transaktionskontrolle

Bei der *impliziten Transaktionsverwaltung* machen Sie sich das Standardverhalten von Delphi zunutze. Delphi selbst startet und bestätigt Transaktionen automatisch, wenn eine Anwendung zum Beispiel die Methode *Post* aufruft. Dies ist immer dann gegeben, wenn die Anwendung nur auf eingebauten Methoden der Delphi-Komponenten beruht. Dabei überträgt Delphi jede Schreibanweisung als eine *Transaktion*. Dies hat zwei Nachteile. Zum einen steigt damit im Netzwerk die Netzbelastung an (vorausgesetzt, die Datenbank läuft auf einem SQL-Server im Netzwerk) und zum anderen sind bestimmte logische Zusammenhänge verschiedener Datenzugriffe nicht definierbar. Die implizite Methode ist zwar für den Entwickler sehr bequem, verschenkt jedoch viel von der Flexibilität, die SQL-Datenbanken zur Verfügung stellen.

Explizite Transaktionskontrolle

Bei der expliziten Transaktionsverwaltung sind Sie als Entwickler für die Handhabung der *Transaktionen* wieder voll verantwortlich. Dafür steht eine vielseitige Schnittstelle zur Verfügung, um die Leistungsmöglichkeit des SQL-Servers auszunutzen. Delphi zwingt Sie hier nicht zu einer Entweder-Oder-Entscheidung. In der Praxis werden Sie nur dann die explizite Transaktionsverwaltung aktivieren, wenn eine derartige Funktion benötigt wird. Den Rest erledigt Delphi zuverlässig in eigener Regie.

Sie rufen dazu die von *TDatabase* geerbten Methoden *StartTransaction*, *Commit* oder *Rollback* auf.

Tabelle 9.3: TDatabase-Methoden zur expliziten Transaktionskontrolle

Methode	Verwendung
StartTransaction	Legt den Startpunkt der Transaktion fest, der IBS speichert eine Momentaufnahme des Datenbankzustandes ab. Damit können Sie jederzeit innerhalb einer Transaktion zu diesem definierten Zustand zurückwechseln.
Commit	Die aktuelle Transaktion wird für beendet erklärt, der IBS überträgt alle inzwischen stattgefundenen Aktionen auf die Datenbank.
Rollback	Die aktuelle Transaktion wird für beendet erklärt, alle seit dem letzten *Commit* vorgenommenen Änderungen an der Datenbank werden zurückgenommen.

Explizite Transaktionskontrolle im Beispiel

Im Unterverzeichnis „Beispiel 4" von „Kapitel 9" finden Sie auch ein viertes Beispielprogramm für den Zugriff auf eine *IBS95*-Datenbank. In diesem Projekt wird eine Kontoverwaltung simuliert. Von dem Konto kann ein Betrag auf ein anderes Konto gebucht werden. Mit einer Transaktionsverwaltung stellen Sie sicher, das entweder beide Buchungen erfolgreich abgeschlossen werden oder keine von den beiden.

Zur Vorbereitung dazu habe ich im Delphi-Tool InterBase Interactive SQL zwei neue Tabellen angelegt.

Tabelle »konto« verwaltet das Guthaben

Über den folgenden SQL-Befehl legen Sie zuerst die Guthabentabelle an:

```
CREATE TABLE konto (
dm DECIMAL (8,2) NOT NULL,
PRIMARY KEY (dm),
CHECK (dm > 10))
```

In der Tabelle „konto" ist nur eine Spalte „dm" vorhanden, die als Dezimalfeld mit zwei Nachkommastellen konfiguriert wird. Neu ist die Einschränkung *CHECK*, der Server weigert sich damit, das Konto unterhalb eines Mindestbetrages von 10,00 DM absinken zu lassen.

```
INSERT INTO konto VALUES ('585.50')
```

Mit der *INSERT*-Anweisung füllen Sie gleich Ihr Konto auf 585,50 DM auf. Beachten Sie, daß der *IBS95* einen Punkt als Dezimaltrennzeichen verlangt (ein Komma wird als Tausender-Trennzeichen interpretiert).

Tabelle »ausgabe« verwaltet den ausgegebenen Betrag

Jede Buchung wird von dem Kontobetrag abgezogen und dem Ausgabenbetrag hinzugezählt.

```
CREATE TABLE ausgabe (
dm DECIMAL (8,2) NOT NULL,
PRIMARY KEY (dm))
```

Auch hier wird ein definierter Ausgabenwert – 0,00 DM – per *INSERT*-Befehl eingesetzt.

```
INSERT INTO ausgabe VALUES(0.00)
```

Alle seit dem Start von InterBase Interactive SQL vorgenommenen Änderungen speichern Sie über den *Commit*-Aufruf permanent in der Datenbank ab.

COMMIT

Damit sind alle Vorbereitungen beendet, das Programm wird nun wieder geschlossen.

„libs4.dpr" – das Beispielprogramm

Jedesmal, wenn Sie die Schaltfläche „Umbuchen" anklicken, wird vom Konto der im Eingabefeld eingetragene Betrag abgezogen und dem Ausgabewert hinzugezählt. Eine Bedingung besteht dabei darin, daß der Kontostand nicht unter 10,00 DM absinken darf. Will der Anwender mutwillig sein Konto überziehen, so wird er mit einem Fehlerdialog konfrontiert. Wenn Sie sich dann einmal das Formular anschauen, werden Sie nur zwei Datenbankkomponenten vorfinden. Zum einen eine *TDatabase*-Instanz als Brückenkopf zur *IBS95*-Datenbank und zum anderen einen *TQuery*-Vertreter. Nur *TQuery* „spricht" SQL, so daß diese eine Komponente für alle beiden Datenbanktabellen zuständig sein muß.

Im Quelltext der Formular-Unit „transakt.pas" finden Sie dann auch nicht wenige Programmzeilen, die für die Implementierung der Programmfunktion zuständig sind.

Sofort nach der Aktivierung des Formular wird der jeweilige Kontostand aus beiden Tabellen ausgelesen. Als Anzeige dienen normale *TLabel*-Vertreter, so daß keine *TDataSource*-Instanz benötigt wird. Die Anzeigeaktualisierung muß noch von einer anderen Stelle aus aufgerufen werden, damit ist das Auslagern der eigentlichen Programmzeilen in die private Methode „FillLabelCaption" sinnvoll.

```
procedure TFormLibs3.FormActivate(Sender: TObject);
begin
   FillLabelCaption
end;
```

Die Ereignisbehandlungsmethode für das Anklicken des „Umbuchen"-Buttons im Formular leistet die Hauptarbeit. In der ersten Anweisung wird eine neue *Transaktion* begonnen. Der SQL-Text der *TQuery*-Instanz wird nicht per *Objektinspektor* zugewiesen, sondern hier völlig dynamisch erst zur Programmlaufzeit zusammengesetzt. Damit setzen Sie beide Befehle für die zwei Tabellen mit einem *TQuery* ab. Der *UPDATE*-Befehl rechnet gleich den jeweils neuen Kontostand für die Tabelle „konto" und „ausgabe" aus und schreibt den neuen Wert in die Tabellen. Jede Tabelle enthält zur Vereinfachung nur einen Datensatz, der immer neu überschrieben wird. Tritt irgendwo ein Fehler auf, so sorgt der *Rollback*-Aufruf im *Except*-Abschnitt dafür, daß alle Änderungen an beiden Tabelle rückgängig gemacht werden. Beim fehlerfreien Ablauf hingegen beendet der *COMMIT*-Aufruf die Transaktion, alle Änderungen werden permanent in der Datenbank gespeichert.

```
procedure TFormLibs3.BitBtnStartClick(Sender: TObject);
begin
   try
      DatabaseLIBS.StartTransaction;
      with QueryLIBS do begin
         Close;
         SQL.Clear;
         SQL.Add('UPDATE konto SET dm = dm - ' + EditDM.Text);
         ExecSQL;
         Close;
         SQL.Clear;
         SQL.Add('UPDATE ausgabe SET dm = dm + ' + EditDM.Text);
         ExecSQL
```

```
    end;
    DatabaseLIBS.Commit;
    FillLabelCaption
  except
    DatabaseLIBS.Rollback;
    raise
  end
end;
```

Die gleiche *TQuery*-Instanz liest anschließend auch die jeweils neuen Kontostände aus den beiden Tabellen aus. Da zur Entwicklungszeit der *SELECT*-Text nicht feststeht, können Sie auch keine persistenten TField's anlegen. Der Zugriff erfolgt daher über die *TQuery*-Methode *FieldByName*. Noch einmal zur Erinnerung, die Anzeige erfolgt über ganz normale *TLabel*-Instanzen, eine sehr ressourcenschonende Vorgehensweise.

```
procedure TFormLibs3.FillLabelCaption;
begin
  try
    with QueryLIBS do begin
      Close;
      SQL.Clear;
      SQL.Add('SELECT dm FROM konto');
      Open;
      LabelKonto.Caption := QueryLIBS.FieldByName('dm').AsString;
      Close;
      SQL.Clear;
      SQL.Add('SELECT dm FROM ausgabe');
      Open;
      LabelAusgabe.Caption := QueryLIBS.FieldByName('dm').AsString
    end
  except
    ShowMessage('Irgend etwas ging schief :-C');
    raise
  end
end;
```

9.4.8 Luxus schafft Probleme!

Durch das Zuweisen der Sprachtreiber für den *IBS95* beziehungsweise durch das Festlegen des Zeichensatzes für die Datenbank kann eine Delphi-Anwendung problemlos auch mit deutschen Umlauten auf die Datenbanktabellen zugreifen. Dies gilt so ohne weiteres jedoch nicht mehr für ein anderes – sehr nützliches – Programm. Das Tool InterBase Interactive SQL kann nichts mit deutschen Umlauten anfangen. Jeden Versuch, einen Datensatz mit Umlauten einzufügen, provoziert eine Fehlermeldung. Über einen speziellen Konfigurationsdialog gibt es jedoch auch dafür eine Lösung.

Bevor Sie sich an der Datenbank anmelden, rufen Sie über den Menüpunkt „[S]ession | Advanced Setting..." das Dialogfenster für die erweiterten Einstellungen auf. Dort synchronisieren Sie die aktuelle Sitzung mit dem zugewiesenen Zeichensatz für die Datenbank „franzis.gdb". Alle zur Auswahl stehenden Werte liegen in der Auswahlliste bereit. Da der Zeichensatz *ISO8859_1* (*WIN1252*) beim Anlegen der Datenbank zugewiesen wurde, wählen Sie auch diesen Wert aus. Nach dem Abspeichern können Sie nun die Verbindung zur Datenbank herstellen.

Der Zeichensatz muß ausgewählt werden, bevor die Session eröffnet wird. Sie dürfen daher noch nicht mit der Datenbank verbunden (connected) sein!

In diesem Dialogfenster konfigurieren Sie auch das Verhalten von InterBase Interactive SQL zu BLOB-Feldern in der Datenbank. Bei einer SQL-Datenbank muß eine BLOB-Feld nicht unbedingt binäre Daten oder Grafiken enthalten. SQL kennt kein Memo-Feld, so daß ein BLOB-Feld als Ersatz für lange Texteinträge verwendet wird. Der BLOB-Untertyp „1" kennzeichnet derartige Memo-Spalten in Datenbanktabellen, so daß InterBase Interactive SQL auch ein derartiges BLOB-Feld im Textformat ausgibt.

9.4.9 Resümee

Damit schließe ich die Vorstellung des InterBase SQL Servers for Windows95/NT ab. Betrachten Sie diesen Workshop nur als einen Streifzug in das Thema Client/Server-Datenbankentwicklung. Die Beispielanwendungen haben einen Überblick darüber vermittelt, welche Möglichkeiten der Server bereitstellt. Und so schwierig ist das Thema zudem auch nicht, erforschen Sie ruhig einmal den Inter-Base Server Manager, dieses Tool fungiert als universeller Werkzeugkasten für den *IBS95*.

9.5 InterBase – ein Blick hinter die Kulissen

Auch für den Fall, daß ich mich wiederhole, möchte ich trotzdem nochmals darauf hinweisen, daß Client/Server eine Größenordnung komplexer ist als die altbekannten Desktop-Datenbanken. Aus diesem Grund hole ich an dieser Stelle die noch fehlenden Theorie-Teile nach, die zum Verständnis notwendig sind. Dieses Verständnis ist bei der Anwendungsentwicklung entscheidend, nur dann sind Sie auch in der Lage, die sicherlich auftretenden Probleme schnell zu lösen.

9.5.1 InterBase-Transaktionen

Jede Transaktion auf dem *InterBase SQL Server* kann in vier Zuständen auftreten:

Tabelle 9.4: Zustände einer InterBase-Transaktion

Zustand	Bedeutung
Limbo	Der *InterBase-Server* unterstützt das automatische *2-Phasen-Commit*. Hinter dem Begriff verbergen sich Transaktionen über mehrere Datenbanken. Bestätigt das Programm eine derartige Transaktion über den *COMMIT*-Aufruf, so setzt der Server die jeweilige Transaktion auf den beteiligten Datenbanken in den *Limbo*-Zustand. Zu jeder Zeit kann eine *Limbo*-Transaktion bestätigt oder verworfen werden, alle bereits vorgenommenen Änderungen bleiben jedoch während dieses Zustands geschützt. Trat während dieser Phase kein Fehler auf, so versucht der Server, auf allen beteiligten Datenbanken den Zustand in *Committed* zu ändern. Tritt jedoch dabei irgendwo ein Fehler auf, so bleiben die Transaktionen im *Limbo*-Zustand.

Committed	Eine bestätigte Transaktion konnte erfolgreich alle Arbeiten durchführen. Eine aktive Transaktion wechselt in den *Committed*-Zustand, wenn einer der beiden folgenden Zustände eingetreten ist: Die Änderungen an der Datenbank wurden über den *COMMIT*-Aufruf bestätigt. Es wurde ein *ROLLBACK* aufgerufen, ohne daß überhaupt Änderungen an der Datenbank vorgenommen wurden.
Rolledback	Die verworfene Transaktion macht alle Änderungen an der Datenbank rückgängig. Eine Transaktion erreicht diesen Zustand entweder über den Aufruf von *ROLLBACK*, oder als Ergebnis der Aufräumarbeiten einer anderen Transaktion.
Active	Eine aktive Transaktion wurde entweder noch nicht beendet oder ist im Ergebnis eines Crash (Server- oder Client-Absturz, Netzwerkausfall usw.) übriggeblieben.

Der InterBase-Server verwaltet den Zustand jeder einzelnen Transaktion in der sogenannten *Transaction Inventory Page (TIP)*. Im Gegensatz zu anderen SQL-Servern beschränkt sich jeder Zustandswechsel nur auf eine Änderung in dieser Tabelle, der Datenbereich der Datenbank selbst bleibt dank dem *Versioning*-Prinzip (siehe Kapitel 3) völlig unberührt. Wird zum Beispiel für eine Transaktion *ROLLBACK* aufgerufen, prüft der Server nach, ob das *Update-Flag* für diese Transaktion gesetzt war. Ist das nicht der Fall, so wurden auch keine Änderungen in dieser Transaktion angestoßen, so daß der Server den *ROLLBACK*-Aufruf kurzerhand in einen *COMMIT*-Aufruf umwandelt. Der Grund für diese Eigenmächtigkeit liegt wiederum im *Versioning* – bei einem committeten Datensatz muß nicht erst ein gültiger Vorgänger gesucht werden.

Was macht der Server aber mit den Überresten eines Absturzes? Sobald eine Transaktion gestartet wird, versucht die Transaktion eine Exclusiv-Sperre auf die Datenbank zu setzen. Da jede aktive Transaktion eine gemeinsame Sperre setzt, schlägt dieser Versuch in der Regel fehl. Gelingt allerdings das Sperren der Datenbank, so konvertiert der Server automatisch alle aktiven Einträge in der *TIP* in den Zustand *Rolledback*.

9.5.2 InterBase Transaction Isolation Level

Die *TDatabase*-Komponente der *VCL* unterstützt drei verschiedene *Transaction Isolation Level (TIL)*. Mit diesem Begriff wird der Mechanismus umschrieben, den der Server intern für die Abschottung der einzelnen Transaktionen untereinander verwenden muß. Die Auswahl der richtigen *TIL* entscheidet maßgeblich über die Mehrbenutzerfähigkeit einer Client/Server-Lösung.

Abb. 9.16: TDataBase-Eigenschaft „TransIsolation"

Normalerweise handhabt Delphi die Datenbanktransaktionen in eigener Regie (implizit), d.h. jeder Lese- und Schreibzugriff wird in eine eigene Transaktion verpackt. Nicht immer ist dies eine brauchbare Lösung, daher stellt Delphi über die *TDatabase*-Komponente eine explizite Steuerung durch das Anwendungsprogramm bereit, wobei Delphi und die BDE davon Kenntnis nehmen. Alternativ dazu können Sie über *Passthrough-SQL* eigene Transaktionskommandos absetzen, die dann jedoch nicht im Blickfeld von Delphi und der BDE liegen.

Im BDE-Administrator können Sie für den Datenbanktreiber oder für jeden einzelnen Alias den SQLPASSTHRUMODE setzen. Für den Fall, daß Sie anstelle von TDatabase eigene Transaktionskommandos absetzen wollen, sollten Sie die Einstellungen SHARED AUTOCOMMIT oder SHARED NOAUTOCOMMIT nicht verwenden. Besser ist es, jedoch gleich auf derartige Eingriffe zu verzichten und statt dessen die Methoden von TDatabase (StartTransaction, Commit und Rollback) zu nutzen.

Tabelle 9.5: Die Transaction Isolation Level von Delphi

TIL	Bedeutung
tiDirtyRead	Unbestätigte Änderungen anderer Benutzer sind für die eigene Transaktion sichtbar (es hängt jedoch vom SQL-Server ab, ob dieser Level überhaupt unterstützt wird).
tiReadCommitted	Nur die bestätigten (committed) Änderungen anderer Transaktionen sind für die eigene Transaktion sichtbar. Soll zum Beispiel ein Datensatz eingelesen werden, der von einem anderen Benutzer zwar geändert, aber noch nicht via *Commit* oder *Rollback* abgeschlossen wurde, tritt ein sogenannter *Deadlock* ein. Damit „hängt" der Lesezugriff so lange, bis der andere Benutzer seine Aktion bestätigt hat. Damit verwendet die Datenbank ein pessimistisches Sperrverfahren. Dieses Verhalten wird auch der Grund dafür sein, warum Delphi als Vorgabewert den SQLPASSTHRUMODE *SHARED AUTOCOMMIT* verwendet. Eine Transaktion wird so schnell wie möglich automatisch bestätigt, so daß andere Lesezugriffe nicht beeinträchtigt werden.
tiRepeatableRead	Die eigene Transaktion macht einen „Schnappschuß" der Datenbank. Jede Änderung (ob bestätigt oder nicht) einer anderen Transaktion bleibt unsichtbar.

Delphi und die *BDE* stellen eine universelle Schnittstelle zu den verschiedensten Datenbank zur Verfügung. Damit bilden auch Delphi's *TIL* nur logische Konstrukte, die nicht von allen Datenbanken auch so unterstützt werden. Dies gilt auch für den *InterBase SQL Server*.

Tabelle 9.6: Unterschiede zwischen Delphi und InterBase

Delphi-TIL	InterBase-TIL
tiDirtyRead	READ COMMITTED NO RECORD VERSION NO WAIT
tiReadCommitted	READ COMMITTED NO RECORD VERSION NO WAIT
tiRepeatableRead	SNAPSHOT SNAPSHOT TABLE STABILITY

Der *InterBase-Server* unterstützt den Delphi-TIL „tiDirtyRead" nicht, und Delphi vermag nicht den InterBase-TIL „SNAPSHOT TABLE STABILITY" zu aktivieren. Ersters stellt keinen Verlust dar, in einer Client/Server-Umgebung ist es nicht sinnvoll, unbestätigte Daten zu lesen. Zu jeder Zeit könnten diese Daten via *ROLLBACK* zurückgenommen werden.

Etwas anders schaut es da schon mit dem *InterBase-TIL* „SNAPSHOT TABLE STABILITY" aus. Dieser *Isolation Level* verhindert jeden Schreibzugriff auf Daten, die von der eigenen Transaktion gelesen oder geschrieben wurden. Das führt in den meisten Fällen dazu, daß alle anderen Benutzer die relevanten Daten nur noch lesen können. Im Normalfall ist dies nicht zweckmäßig, Delphi verzichtet vermutlich aus diesem Grund auf diesen *TIL*.

Tabelle 9.7: Die InterBase-TIL

InterBase-TIL	Erklärung
SNAPSHOT	Der Standard-TIL *SNAPSHOT* macht wie der Name bereits sagt einen „Schnappschuß" des aktuellen Datenbankzustandes. Damit „sieht" die eigene Transaktion auch keine bestätigten Änderungen einer anderen Transaktion. Auf der anderen Seite behindert die eigene Transaktion auch keine anderen Benutzer (solange diese nicht zufällig den gleichen Datensatz bearbeiten wollen).
READ COMMITTED	Dieser TIL kann zusätzlich zum *SNAPSHOT-TIL* auch die bestätigten Änderungen einer anderen Transaktion „sehen". Der *InterBase-Server* unterstützt dabei noch zwei zusätzliche Optionen, über die der Server die Vorteile des Versioning ausnutzen kann (*RECORD_VERSION* oder *NO RECORD_VERSION*). Außerdem können Sie angeben, ob der Server auf die Freigabe der Sperre warten soll oder nicht (*WAIT* oder *NO WAIT*). Näheres dazu finden Sie in der Hilfe zum InterBase.
SNAPSHOT TABLE STABILITY	Dieser restriktive TIL sorgt dafür, daß nur die eigene Transaktion die Daten der angesprochenen Tabelle ändern kann. Jeder Schreibzugriff einer anderen Transaktion auf die eigenen gelesenen oder geschriebenen Daten wird verhindert. Eine andere Transaktion kann jedoch lesend auf die so gesperrten Daten zugreifen.

Nun wird auch klar, warum Delphi die InterBase-TIL „SNAPSHOT TABLE STABILITY" nicht unterstützt. Immer dann, wenn der Entwickler über eine TTable-Komponente auf die Server-Datenbank zugreift, generiert Delphi in Zusammenarbeit mit der *BDE* die SQL-Kommandos für den Datenzugriff. Die automatisch generierten Abfragen scannen oftmals die komplette Tabelle, dies würde beim TIL „SNAPSHOT TABLE STABILITY" verheerende Folgen für die anderen Benutzer haben. Im Gegensatz dazu sind die beiden anderen TIL wesentlich Mehrbenutzerfreundlicher. Dies bedeutet jedoch nicht, daß es für „SNAPSHOT TABLE STABILITY" gar keine Daseinsberechtigung gibt. Für spezielle Aufgaben wird jeder Datenbankadministrator gern auf diese Option zurückgreifen (zum Beispiel wenn einige Reparaturarbeiten am Datenbestand notwendig werden oder wenn umfangreiche Daten in die Datenbank zu importieren sind). Da derartige Aufgaben oftmals über „isql" oder „wisql" erledigt werden, kann der Administrator die TIL auch dort aktivieren.

Einschränkungen

Dank der Fähigkeiten der *BDE* sowie der *VCL* vereinfacht Delphi die Entwicklung von Client/Server-Datenbankanwendungen sehr. Allerdings gibt es da leider auch Einschränkungen, sobald der Zugriff über die *BDE/SQL-Links* erfolgt, können Sie nicht alle Leistungsmerkmale des *InterBase Servers* ausnutzen. Der Grund dafür liegt darin, daß die *BDE* eine völlig andere Voreinstellung verwendet als der *InterBase Server*. Dies bedeutet jedoch nicht, daß Delphi ungeeignet wäre. Sobald Sie auf den Komfort der BDE verzichten und statt dessen direkt das *InterBase-API* ansprechen, gelten die Einschränkungen nicht mehr. Entsprechende Komponenten finden Sie im *Internet* – wobei der Einsatz nur dann gerechtfertigt ist, wenn ein bestimmtes Problem tatsächlich nicht anders gelöst werden kann.

Das Problem soll an einem Beispiel aufgezeigt werden. Angenommen, Sie verwenden in Delphi die Einstellung *tiReadCommitted*. Damit kann der Anwender nur die Datensätze einlesen, die via *Commit* bestätigt wurden. Soll nun zum Beispiel ein Datensatz eingelesen werden, den ein anderer gerade neu geschrieben hat, so bleibt der Lesezugriff immer dann „hängen", wenn dieser Datensatz noch nicht via *Commit* bestätigt beziehungsweise via *Rollback* verworfen wurde. Der Delphi-*Transaction Isolation Level* „tiReadCommitted" wird in der BDE als InterBase-*Transaction Isolation Level* „READ COMMITTED NO RECORD VERSION NO WAIT" an den InterBase-Server weitergereicht. Damit wartet der *InterBase-Server* nicht auf den Abschluß der Schreib-Transaktion via *Commit/Rollback*, sondern liefert gleich einen *Deadlock* zurück. Dieses Verhalten widerspricht jedoch völlig dem *InterBase*-Grundprinzip, daß ein Schreibvorgang niemals einen Lesevorgang behindern darf!

Im Beispiel wäre es jedoch günstiger, den Server in den folgenden TIL-Varianten anzusprechen:

- SNAPSHOT RECORD VERSION WAIT
- READ COMMITTED RECORD VERSION WAIT
- READ COMMITTED NO RECORD VERSION WAIT

Im ersten Fall liest der Benutzer die Version ein, die zum Zeitpunkt des Starts der eigenen Lese-Transaktion bestätigt war. Der zweite Fall liefert hingegen die letzte bestätigte Version des Datensatzes zurück, ignoriert also damit den Schreibzugriff des anderen Benutzers. Im dritten Fall würde der Lesezugriff so lange warten, bis die Schreib-Transaktion des anderen Benutzers abgeschlossen ist.

Der Modus „READ COMMITTED NO RECORD VERSION NO WAIT" sollte daher aus Sicht des *InterBase Servers* niemals verwendet werden. Nun vergleichen Sie die folgende Gegenüberstellung der Voreinstellungen vom *InterBase Server* und der *BDE*:

Tabelle 9.8: Die unterschiedlichen Standardeinstellungen

Merkmal	InterBase-Standardwert	BDE-Standardwert
Transaction Isolation Level	SNAPSHOT	READ COMMITTED
Versioning	RECORD VERSION	NO RECORD VERSION
Deadlock	WAIT	NO WAIT

Sie sehen, daß die *BDE* und damit auch *Delphi* leider den aus Sicht des *InterBase Servers* ungünstigsten Modus gewählt hat. Nur diese ungünstige Kombination sorgt dafür, daß Delphi so viel wie möglich automatisch erledigen kann.

Im BDE-Administrator können Sie für den InterBase-Treiber den Wert „512" in die Spalte „DRIVER FLAGS" eintragen. Der Eintrag ändert die Standard-TIL der BDE von READ COMMITED NO RECORD VERSION NO WAIT auf SNAPSHOT WAIT. Damit verwendet die BDE als Standardwert „tiRepeatableRead". Dieser „undokumentierte" Tip ist abhängig von der BDE-Version und kann damit jederzeit hinfällig werden.

Der praktische Versuch

Grau ist alle Theorie – das gerade gelesene sollten Sie gleich in einem praktischen Versuch verarbeiten. Vorausgesetzt, der *InterBase SQL Server* ist bereits aktiv, starten Sie nun zwei Instanzen von *InterBase Windows ISQL*. In beiden Instanzen connecten Sie sich mit der InterBase-Beispieldatenbank „employee.gdb" (zu finden im InterBase-Unterverzeichnis „Examples").

Tabelle 9.9: Die einzelnen Schritte des praktischen Versuchs

1. Instanz	2. Instanz	Kommentar
1. SET TRANSACTION READ WRITE WAIT ISOLATION LEVEL SNAPSHOT TABLE STABILITY;		Für diese Instanz wird die TIL „SNAPSHOT TABLE STABILITY" aktiviert
2. SELECT * FROM country;		Die Abfrage liest alle Daten der Tabelle „country", damit wird eine Schreibsperre auf die komplette Tabelle gesetzt.
3.	INSERT INTO country VALUES ("ddr", "Mark");	In der Statuszeile erscheint "Working...", aber nichts passiert, bis in der 1. Instanz der *COMMIT*-Befehl abschickt wird.
4. COMMIT;		Die Schreibsperre wird entfernt, die 2. Instanz kann den Datensatz einfügen.
5. SET TRANSACTION READ WRITE WAIT ISOLATION LEVEL SNAPSHOT TABLE STABILITY;		Für diese Instanz wird die TIL „SNAPSHOT TABLE STABILITY" aktiviert
6.	SET TRANSACTION READ WRITE NO WAIT ISOLATION LEVEL SNAPSHOT;	Die zweite Instanz korrigiert den Standardwert für die TIL auf „NO WAIT". Damit meldet der Server sofort jeden Zugriffskonflikt.
7. SELECT * FROM country;		Die Abfrage liest alle Daten der Tabelle „country", damit wird eine Schreibsperre auf die komplette Tabelle gesetzt.
8.	INSERT INTO country VALUES ("Poland", "Sloty");	Die 2. Instanz erhält sofort den Fehler SQLCode -901 "lock conflict on no wait transaction".

In der folgenden Tabelle stelle ich die jeweils aus den einzelnen Instanzen abzuschickenden SQL-Befehle zusammen.

Im Beispiel machten Sie auch Bekanntschaft mit einer anderen InterBase-Eigenschaft – der sogenannten *Lock Resolution*. Immer dann, wenn der Server ein Zugriffskonflikt entdeckt, hat er zwei Möglichkeiten. Entweder der zweite Zugriff muß warten (Ampelprinzip), oder der zweite Zugriff erhält eine Fehlermeldung. Der *SET TRANSACTION*-Parameter „WAIT" oder „NO WAIT" aktiviert diese Optionen.

Außerdem können Sie dem Server bereits beim *SET TRANSACTION*-Aufruf mitteilen, ob Sie nur lesend (READ ONLY) oder lesend/schreibend (READ WRITE) auf die Datenbank zugreifen wollen.

Die einzelnen Befehle sind mit einem Semikolon abgeschlossen. Dies ist bei der manuellen Eingabe in WISQL nicht unbedingt notwendig, jedoch erwartet WISQL derartige Zeichen in einer Scriptdatei, die ausgeführt werden soll.

9.5.3 SQLPASSTHRU-Mode

Immer dann, wenn sogenannte *Pass-Through-SQL-Kommandos* im Anwendungsprogramm eingesetzt werden, gewinnt der *SQLPASSTHRU-Mode* der *Borland Database Engine* an Bedeutung.

Wie der Name schon sagt, sind mit diesen „durchgereichten SQL-Befehlen" alle eigenen SQL-Statements gemeint, die via *TQuery* (oder *IDAPI* beziehungsweise *InterBase-API*) abgesetzt werden. Normalerweise generiert Delphi beim Zugriff auf einen *SQL-Server* jeweils die SQL-Befehle für *TTable* (zum Beispiel *Insert* und *Append*) und einer lebenden *TQuery* in eigener Regie. Dabei behält Delphi in Zusammenarbeit mit der BDE auch die vollständige Kontrolle über die Datenbank-Transaktionen. Anders sieht es aus, wenn Sie eigene SQL-Kommandos über *TQuery* abschicken. Dabei ist von entscheidender Bedeutung, ob die durchgereichten SQL-Kommandos über eine eigene Datenbankverbindung laufen sollen oder ob der bereits von der BDE geöffnete Verbindungskanal mitgenutzt wird. Über den sogenannten *SQLPASSTHRU*-Mode legen Sie dies fest. Das erfolgt entweder via *BDE-Administrator* für den Datenbanktreiber oder für einen bereits bestehenden *Alias*, oder Sie überschreiben diesen Wert im Parameterblock einer *TDatabase*-Instanz.

Eine getrennte oder gemeinsam genutzte Verbindung hat auch Auswirkungen auf die Abschottungstiefe der einzelnen Transaktionen. Leider läßt sich hier keine generelle Empfehlung geben, welcher Modus der bessere ist. Die Entscheidung hängt vollständig vom Aufbau des Anwendungsprogramm und von der Art des Datenbankzugriffs ab.

Tabelle 9.10: SQLPASSTHRU-Mode

SQLPASSTHRU-Modus	Bedeutung
SHARED AUTOCOMMIT	Die via *TQuery* durchgereichten SQL-Kommandos verwenden die gleiche Sitzung, d.h. die gleiche Datenbankverbindung wie Delphi's Komponenten. Solange das Anwendungsprogramm keine explizite Transaktion startet, bestätigt die BDE über *COMMIT* alle durchgereichten SQL-Befehle genauso wie die eigenen Aktionen. Damit wird jeder einzelne Datenbankzugriff in eine Transaktion eingekapselt. Dies führt zu einer höheren Server- und Netzwerkbelastung, hat jedoch den Vorteil, daß es die wenigsten Probleme beim gemeinsamen Datenzugriff gibt (da jede einzelne Transaktion nur von sehr kurzer Dauer ist).

SHARED NOAUTOCOMMIT	Die via *TQuery* durchgereichten SQL-Kommandos verwenden die gleiche Sitzung, d.h. die gleiche Datenbankverbindung wie Delphi's Komponenten. Allerdings bestätigt die BDE nicht automatisch auch die durchgereichten SQL-Befehle. Die Transaktionsverwaltung muß das Anwendungsprogramm in eigener Regie vornehmen. Damit besteht die Gefahr, daß vorgenommene Änderungen über einen längeren Zeitraum nicht bestätigt werden und damit eventuell den gemeinsamen Datenzugriff behindern.
NOT SHARED	Die via *TQuery* durchgereichten SQL-Kommandos verwenden eine eigene Sitzung, d.h. eine eigenen Datenbankverbindung. Damit hat Delphi beziehungsweise die BDE keinerlei Kenntnis von den gestarteten Datenbankaktionen. Auch der SQL-Server wertet diese beiden Sitzungen als getrennte Benutzer.

Wollen Sie in Ihrer Anwendung die Transaktionssteuerung direkt über durchgereichte SQL-Kommandos implementieren, so muß der Modus *NOT SHARED* verwendet werden. Damit nutzen Sie eine zweite Datenbanksitzung und umgehen die Gefahr, mit der Delphi-internen Transaktionssteuerung zu kollidieren. Die direkte Steuerung greift nur für diese zweite Datenbankverbindung, die Delphi-internen Komponenten verwenden ihre eigene Sitzung mit der impliziten Transaktionssteuerung. Dies ist – meiner Auffassung nach – nur in den wenigsten Fällen sinnvoll, da sich unter Umständen beide Teile gegenseitig ins Gehege kommen.

Der *SQLPASSTHRU*-Mode *SHARED NOAUTOCOMMIT* in Verbindung mit der in eigener Regie vorgenommenen expliziten Transaktionssteuerung ist zwar für den Entwickler mühsamer, dafür aber für den Anwender besser (weil schneller). Im Gegensatz zu Delphi und der *BDE* kann der Anwendungsentwickler die Transaktionen dosiert einsetzen, während Delphi bei der impliziten Steuerung das Gießkannenprinzip verwendet. Da eine gemeinsame Sitzung (Datenbankverbindung) benutzt wird, behält Delphi und die *BDE* den Überblick.

Das Beispielprogramm zum Thema Transaktionen und SQLPASSTHRU

Im Verzeichnis „Kapitel 9\Transaktion" finden Sie das passende Beispielprojekt zum Thema. In diesem Client-Programm für die InterBase-Datenbank „sm.gdb" greifen Sie über drei *TDatabase*-Instanzen auf die Datenbank zu, die ihrerseite jeweils getrennte *TSession*-Verbindungen nutzen:

Tabelle 9.11: Verwendete Datenbankkomponenten

TSession	TDatabase	SQLPASSTHRU-Mode	TTable/TQuery
SessionA	DatabaseA	SHARED AUTOCOMMIT	TableMain, TableKurs, QueryTmp
SessionB	DatabaseB	NOT SHARED	– (direkter Zugriff über IDAPI)
SessionC	DatabaseC	NOT SHARED	QuerySQL

Die InterBase-Datenbank „sm.gdb" wird über den Alias „SM" angesprochen, Sie müssen also vor dem Öffnen der Projektdateien beziehungsweise vor dem Start der Anwendung diesen Alias einrichten. Vergessen Sie bitte auch nicht, den *InterBase SQL Server for Window95/NT* zu starten. Die Aufgabe des Beispielprogramms besteht darin, jewels über drei verschiedene Kanäle einen Wertpapierdatensatz mit allen Kursdaten zu löschen.

9.5 InterBase – ein Blick hinter die Kulissen 483

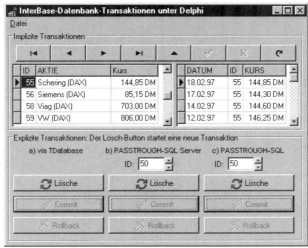

Abb. 9.17: Das Beispielprogramm „Transaktion.exe"

Unmittelbar nach dem Programmstart meldet der *InterBase SQL Server for Windows95/NT* auch drei *Attachments* in seinem Statusdialog.

Variante a) TDatabase-Methoden „StartTransaction/Commit/Rollback"
Diese Variante verwendet *explizite Transaktionen* über die gemeinsam mit den *TTable*-Instanzen verwendete *TDatabase*-Instanz mit dem *SQLPASSTHRU*-Modus *SHARED AUTOCOMMIT*. Damit wird der gleiche Verbindungskanal genutzt, den auch die VCL-Komponenten verwenden. Erwartungsgemäß gibt es dann auch keine Probleme durch die eingeschachtelten *expliziten* Transaktionskommandos.

```
procedure TFormMain.BitBtnStartClick(Sender: TObject);
var
   iID : Integer;
begin
   Screen.Cursor := crHourGlass;
   try
     with DataModuleMain do begin
       // Master-Detail-Verbindung der Tabellen nachbilden
       iID := TableMainID.Value;
       // Transaktionsbeginn festlegen
       DatabaseA.StartTransaction;
       // Button sperren/freigeben
       CheckButtonState;
       with QueryTmp do begin
         SQL.Clear;
         // Datensätze aus der Detail-Tabelle löschen
         SQL.Add(Format('DELETE FROM sm_kurs WHERE id = %d', [iID]));
         try
           ExecSQL;
         except
           // Löschen fehlgeschlagen -> Rollback
           DatabaseA.Rollback;
           CheckButtonState;
```

```
         raise;
      end;
      SQL.Clear;
      // Datensatz aus der Haupt-Tabelle löschen
      SQL.Add(Format('DELETE FROM sm_Main WHERE id = %d', [iID]));
      try
         ExecSQL;
      except
         // Löschen fehlgeschlagen -> Rollback
         DatabaseA.Rollback;
         CheckButtonState;
         raise;
      end;
      // Anzeige aktualisieren
      TableMain.Refresh;
    end;
   end;
  finally
    Screen.Cursor := crDefault;
  end
end;
```

Nach dem Löschen der Datensätze kann der Anwender über die Button „Commit" oder „Rollback" festlegen, ob diese Datenbankaktionen auch tatsächlich permanent im Bestand gespeichert werden sollen. Die *TDatabase*-Instanz stellt dazu die entsprechenden Methode zur Verfügung beziehungsweise informiert zudem über den aktuellen Zustand.

```
procedure TFormMain.BitBtnCommitClick(Sender: TObject);
begin
  with DataModuleMain.DatabaseA do
    if InTransaction then Commit;
  CheckButtonState;
end;

procedure TFormMain.BitBtnRollbackClick(Sender: TObject);
begin
  with DataModuleMain.DatabaseA do
    if InTransaction then Rollback;
  CheckButtonState;
end;
```

Variante b) Via DbiQExecDirect durchgereichte SQL-Kommandos
Diese Variante verwendete *explizite Transaktionen* über eine zusätzliche *TDatabase*-Instanz mit dem *SQLPASSTHRU*-Modus *NOT SHARED*. Diese Instanz öffnet einen zweiten Verbindungskanal zum InterBase-Server. Über diesen zweiten, unabhängigen Kanal werden die SQL-Befehle zur Transaktionssteuerung *COMMIT* bzw. *ROLLBACK* via *IDAPI* direkt zum InterBase-Server geschickt. Wie Sie über den *SQL-Monitor* mitverfolgen können, läuft jedoch im Hintergrund nichts anderes ab als bei der ersten Variante. Im Gegenteil, durch den zweiten Verbindungskanal haben die *VCL*-Komponenten keine Kenntnis über die konkurrierenden Transaktionskommandos.

Abb. 9.18: Der
SQL-Monitor
führt Protokoll

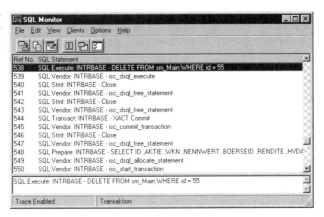

Empfehlung: Die zweite Variante nicht verwenden!

```
procedure TFormMain.BitBtnSQLStartClick(Sender: TObject);
begin
  with DataModuleMain do begin
    try
      // nach dem Verbindungsaufbau ist eine Transaktion aktiv
      bInServerTransaction := True;
      // Alternative zur zweiten TQuery-Instanz für DatabaseSQL
      Check(DbiQExecDirect(DatabaseB.Handle, qrylangSQL,
            PChar(Format('DELETE FROM sm_kurs WHERE id = %s',
                [EditB.Text])), nil));
      Check(DbiQExecDirect(DatabaseB.Handle, qrylangSQL,
            PChar(Format('DELETE FROM sm_Main WHERE id = %s',
                [EditB.Text])), nil));
    finally
      // Tabellen aktualisieren
      TableMain.Refresh;
      CheckButtonState;
    end;
  end;
end;
```

Über die IDAPI-Funktion *DbiQExecDirect* umgehen Sie die Syntaxprüfung der *BDE*, damit können Sie auch die SQL-Kommandos absenden, die normalerweise von der *Borland Database Engine* als unzulässig bemängelt werden (wie zum Beispiel die Zeichenketten „COMMIT" und „ROLLBACK").

```
procedure TFormMain.BitBtnSQLCommitClick(Sender: TObject);
begin
  with DataModuleMain do begin
    // privaten Merker auswerten
    if bInServerTransaction then begin
      Check(DbiQExecDirect(DatabaseB.Handle, qrylangSQL,
                       PChar('COMMIT'), nil));
      // privaten Merker setzen
      bInServerTransaction := False;
      CheckButtonState;
```

```
        TableMain.Refresh;
      end
   end
end;

procedure TFormMain.BitBtnSQLRollbackClick(Sender: TObject);
begin
   with DataModuleMain do begin
      // privaten Merker auswerten
      if bInServerTransaction then begin
         Check(DbiQExecDirect(DatabaseB.Handle, qrylangSQL,
                              PChar('ROLLBACK'), nil));
         // privaten Merker setzen
         bInServerTransaction := False;
         CheckButtonState;
         TableMain.Refresh;
      end
   end
end;
```

Variante c) TDatabase-Transaktionsmethoden über eine getrennte Verbindung
Die dritte Variante verwendet *explizite Transaktionen* über eine zusätzliche *TDatabase*-Instanz mit dem *SQLPASSTHRU*-Modus *NOT SHARED*. Diese Instanz öffnet einen dritten Verbindungskanal zum InterBase-Server. Anstelle der unmittelbar zum InterBase-Server übertragenen SQL-Befehle (*COMMIT* bzw. *ROLLBACK*) werden hier wieder die *TDatabase*-Methode (*StartTranscation*, *Commit* und *Rollback*) verwendet. Damit ist diese Variante mit der ersten Variante vergleichbar – allerdings mit dem gravierenden Unterschied, daß die *VCL*-Komponenten eine andere Datenbankverbindung nutzen. Wird über diese Variante eine Aktie gelöscht, so wird dieser Datensatz auch nach dem Commit noch im *TDBGrid* der anderen *TDatabase*-Verbindung angezeigt! Dies ändert sich erst dann, wenn die Datenbankverbindung geschlossen und neu aufgebaut wird. Doch dieser Anzeigefehler ist nicht der einzige Nachteil – beim Blättern im *TDBGrid* erhalten Sie immer dann eine *Deadlock*-Fehlermeldung, wenn ein gelöschter Datensatz tangiert wird.

```
procedure TFormMain.BitBtn1Click(Sender: TObject);
begin
   Screen.Cursor := crHourGlass;
   try
      with DataModuleMain do begin
         // Transaktionsbeginn setzen
         DatabaseC.StartTransaction;
         with QuerySQL do begin
            SQL.Clear;
            SQL.Add(Format('DELETE FROM sm_kurs WHERE id = %s',
                         [EditC.Text]));
            try
               ExecSQL;
            except
               DatabaseC.Rollback;
               raise;
            end;
            SQL.Clear;
            SQL.Add(Format('DELETE FROM sm_Main WHERE id = %s',
```

```
                     [EditC.Text]));
         try
            ExecSQL;
         except
            DatabaseC.Rollback;
            raise;
         end;
         // falsche Anzeige in den TDBGrid's !
         TableMain.Refresh;
      end;
   end;
 finally
   Screen.Cursor := crDefault;
   CheckButtonState;
 end
end;

procedure TFormMain.BitBtn2Click(Sender: TObject);
begin
  with DataModuleMain.DatabaseC do
     if InTransaction then Commit;
  CheckButtonState;
end;

procedure TFormMain.BitBtn3Click(Sender: TObject);
begin
  with DataModuleMain.DatabaseC do
     if InTransaction then Rollback;
  CheckButtonState;
end;
```

9.5.4 Delphi's UpdateMode-Varianten

Die *TTable*-Komponente kapselt den universellen Zugriff auf Tabellen einer Datenbank ein. Dabei bedient sich die Komponente beziehungsweise die *BDE* immer dann der Sprache *SQL*, wenn sich die Datenbank auf einem *SQL-Server* befindet. Die *UpdateMode*-Eigenschaft legt dabei fest, wie Delphi den *WHERE*-Bestandteil des generierten SQL-Befehls gestalten soll. Über den WHERE-Bestandteil eines SQL-Statements legen Sie die Datenmenge fest, auf die sich der Befehl bezieht. Ob und welche Auswirkungen ein anderer Wert für die Eigenschaft *UpdateMode* hat, hängt auch von dem unter *SQLPASSTHRU* festgelegten Modus ab.

Auch hier ist zur Veranschaulichung ein Beispiel sehr hilfreich. Angenommen, das Gehalt eines Angestellen soll erhöht werden. Dazu liest das fiktive Programm zuerst alle Daten der entsprechenden Tabelle „ANGST" aus, die interne Angestelltennummer wird programmintern aus einer tabellenbasierenden Listbox ausgelesen. Die Spalte „nr" bildet zudem den *Primärschlüssel* der Tabelle.

```
SELECT nr, vorname, name, gehalt FROM angst WHERE nr = 100
```

Mit der *TQuery*-Komponente ist ein *TDBGrid* verbunden, in dem der Anwender das Gehalt aktualisiert. Beim Abspeichern der Änderung generiert Delphi je nach der gewählten *UpdateMode*-Einstellung unterschiedliche SQL-Befehle.

Variante 1 – UpWhereAll

```
UPDATE angst SET gehalt = 5000
WHERE nr = 100
AND vorname = 'Manfred'
AND name = 'Mustermann'
AND gehalt = '4500'
```

Im *WHERE*-Part werden alle Spalten der Abfrage aufgeführt und zur Sicherheit mit den alten Werten verglichen. Damit wird in jedem Fall sichergestellt, daß keine Änderungen gespeichert werden, wenn zur gleichen Zeit ein anderer Benutzer ein beliebiges Feld geändert hat. Delphi verwendet diesen Modus als Voreinstellung und geht damit auf Nummer sicher. Bei umfangreichen *UPDATE*-Befehlen kann der WHERE-Abschnitt sehr groß werden, was wiederum die Ausführungsgeschwindigkeit negativ beeinflußt. Nicht in jedem Fall wird diese wasserdichte Prüfung benötigt. Ein Alternative ist zum Beispiel die zweite Option *UpWhereChanged*.

Variante 2 – UpWhereChanged

```
UPDATE angst SET gehalt = 5000
WHERE nr = 100
AND gehalt = '4500'
```

Im *WHERE*-Abschnitt wird nur das Schlüsselfeld „nr" der Tabelle sowie die geänderte Spalte für das Gehalt geprüft. Auch wenn ein anderer Benutzer das Gehalt zwischen dem Einlesen und dem Abspeichern verändert hat, wird dieser Konflikt erkannt. Ein Problem taucht zum Beispiel erst dann auf, wenn in der Zwischenzeit ein anderer Benutzer den Datensatz löscht und einen neuen Datensatz mit den gleichen Werten in der Spalte „nr" und „gehalt" anlegt. In diesem – vermutlich recht seltenen – Fall bekommt eine dritte Person eine unverhoffte Gehaltserhöhung.

Last – but not least – folgt noch die dritte und schnellste Option.

Variante 3 – UpWhereKeyOnly

```
UPDATE angst SET gehalt = 5000
WHERE nr = 100
```

Hier wird nur der Wert des *Primärschlüssels* der Tabelle geprüft. Können Sie davon ausgehen, daß andere Benutzer den Datensatz nicht ändern, so ist dieser Modus die richtige Wahl. Allerdings trifft diese Annahme für die meisten Anwendungen nicht zu, und trotzdem kann *UpWhereKeyOnly* auch dann eingesetzt werden. Allerdings dürfen Sie dann nicht den bequemen impliziten Transaktionen von Delphi vertrauen, sondern müssen bei der Transaktionssteuerung selbst Hand anlegen.

In der Tat spielt die Eigenschaft „UpdateMode" nur dann eine Rolle, wenn Sie im BDE-Administrator für diesen Datenbanktreiber den SQLPASSTHRU-Modus auf den Wert „SHARED AUTOCOMMIT" setzen. In diesem Fall definiert die BDE jede Datenbankaktion als eine eigenständige Transaktion, so daß über den UpdateMode-Mechanismus ein Zugriffskonflikt erkannt wird.

9.5.5 Deadlocks

Der *InterBase SQL Server* verwendet das *Versioning* (manchmal auch als *Multi-Generationen-Architektur* bezeichnet) für den Datenzugriff. Jedesmal, wenn ein Datensatz per *UPDATE* oder *DELETE* geändert wird, legt der Server eine neue Kopie davon an. Dabei wird die bereits gespeicherte alte Version mit der neuen Version verglichen, wobei der Server einen sogenannten *Back-Difference-Record* (BDR) für die Unterschiede anlegt. Dieser BDR wird neu in die Tabelle eingefügt, die komplette neue Version überschreibt dann den Bereich in der Tabelle, der vorher von der alten Version eingenommen wurde.

Jede Datenbankoperation – also auch jeder Lesezugriff – bekommt eine eindeutige Transaktionsnummer. Beim Updaten eines Datensatzes entscheidet der Server anhand dieser Transaktionsnummer, wie er sich verhalten soll. Dabei gelten die folgenden Regeln:

- Ist die eigene *Transaktionsnummer* kleiner als die Transaktionsnummer der aktuellsten Version des Datensatzes, kann die eigene Transaktion diese Version weder lesen noch updaten.
- Ist die eigene Transaktionsnummer mit der Transaktionsnummer der aktuellsten Version des Datensatzes identisch, so kann die eigene Transaktion diese Version lesen und updaten.
- Ist die eigene Transaktionsnummer größer als die Transaktionsnummer der aktuellsten Version des Datensatzes, und wurde diese Transaktion bestätigt bevor die eigene Transaktion gestartet wurde, kann die eigene Transaktion diese Version lesen und updaten.

Angenommen, der Benutzer A liest mit der Transaktionsnummer 100 einen Datensatz ein. Der Benutzer B ändert kurz darauf genau diesen Datensatz, so daß die neue Version die Transaktionsnummer 101 trägt. Damit ist dieser Datensatz effektiv für den Benutzer A gesperrt, der Benutzer A kann diesen Datensatz nicht mehr updaten. Ein Benutzer C hingegen, der später ein Update vornehmen will, kann ungehindert auf diesen Datensatz zugreifen, da seine aktuelle Transaktionsnummer größer als 101 sein wird. Der *InterBase SQL Server* kann also Dank seiner Multi-Generationen-Architektur einen Datensatz sperren, ohne daß eine exklusive Sperre für alle Benutzer notwendig wird.

Versuchen zwei Anwender auf den gleichen Datensatz zu schreiben, muß der zweite Anwender so lange warten, bis der erste die Transaktion über *COMMIT* bestätigt oder über *ROLLBACK* verwirft. Bestätigt der erste über den COMMIT-Aufruf die Transaktion, so erhält der zweite Anwender eine Fehlermeldung, da er diese aktualisierte Version nicht überschreiben darf. Verwirft der erste Anwender sein Update über einen *ROLLBACK*-Befehl, so kommt der wartende zweite Anwender zum Zuge, denn seine Transaktionsnummer ist nun wieder größer als die letzte bestätigte Version.

Mit dem Begriff *Deadlock* wird die Situation umschrieben, bei der zwei oder mehrere *Transaktionen* gegenseitig auf Datenbankobjekte zugreifen wollen, die von der jeweils anderen Transaktion gesperrt werden. Auch hier verdeutlicht ein Beispiel die Situation:

Tabelle 9.12: Deadlock-Situation

Schritt	Benutzer 1	Benutzer 2	Resultat
1.	SELECT...Table1		Benutzer 1 beginnt eine neue Transaktion.
2.		SELECT...Table2	Benutzer 2 beginnt eine neue Transaktion.
3.	UPDATE Table1...		Benutzer 1 aktualisiert einen Datensatz in der Tabelle „Table1".
4.		UPDATE Table2...	Benutzer 2 aktualisiert einen Datensatz in der Tabelle „Table2".
5.	UPDATE Table2...		Benutzer 1 wartet darauf, daß der Benutzer 2 das UPDATE für die Tabelle „Table2" bestätigt.
6		UPDATE Table1...	Benutzer 2 wartet darauf, daß der Benutzer 1 das UPDATE für die Tabelle „Table1" bestätigt.

An diesem Punkt warten beide Transaktionen gegenseitig auf ihr Ende. Der *InterBase SQL Server* erkennt diese Situation durch den alle 10 Sekunden neu gestarteten *Deadlock-Scan*. Eine der beiden Transaktionen bekommt vom Server daraufhin eine *Deadlock*-Fehlermeldung zugestellt, während die andere Transaktion darauf wartet, daß die fehlgeschlagene Transaktion über *ROLLBACK* alle Sperren freigibt. Dies bedeutet, daß auch die erste Transaktion „hängen" bleibt, wenn die fehlgeschlagene Transaktion auf die Deadlock-Fehlermeldung nicht mit einem *ROLLBACK* reagiert!

Da Delphi – oder genauer gesagt die Borland Database Engine – nicht alle Fähigkeiten des InterBase Servers ausnutzen kann, werden Sie es häufiger mit Deadlocks zu tun bekommen, auf die Ihr Programm reagieren muß.

9.5.6 Garbage collection

Der *InterBase SQL Server* verwendet das *Versioning*-Prinzip. Sobald ein Datensatz geändert wird, legt der Server eine Kopie mit den neuen Werten in der Datenbank ab. Für diesen Datensatz liegen somit mehrere Datensatz-Generationen vor. Die nicht mehr aktuelle Version wird als sogenannte „Back Version" bezeichnet, die im *ROLLBACK*-Fall wieder zur aktuellen Version wird. Eine lesende Transaktion kann je nachdem, welcher *Isolation level* aktiviert wurde, entweder die alte *Back Version* oder die aktuelle Version lesen.

Da bei jedem Update eine *Back Version* angelegt wird und in der Regel auch ein *COMMIT* diese Änderungen bestätigt, müßten sich mit der Zeit nicht wenige „überflüssige" *Back Versions* als *Garbage* (Müll) ansammeln. Um dem entgegenzuwirken, verwendet der *InterBase SQL Server* einen internen Müllsammler. Damit dieser effektiv arbeitet aber trotzdem die Datenbank-Anwender nicht stört, ist jede Transaktion auch gleich als Müllmann tätig. Bei einem *DELETE*-Aufruf ist es sehr einfach – der Server setzt einen speziellen Lösch-Marker auch gleich auf alle vorgefundenen Datensatz-Generationen. Wird der *DELETE*-Befehl committed, so entfernt der Server bei nächster Gelegenheit alle die so markierten Datensätze.

Aber auch eine einfache Lese-Transaktion räumt mit auf. Da der InterBase-Server die aktuellste Generation suchen muß, entfernt er bei dieser Gelegenheit alle überflüssigen Versionen. Dies passiert jedoch nur dann, wenn er tatsächlich die Tabelle durchscannen muß. Ist ein Index vorhanden, verwendet der Server diesen schnellen Zugriffspfad, so daß kein Müll eingesammelt wird. Das ist auch der Grund dafür, warum ein einfaches Backup alle überflüssigen Versionen entfernt, bei einem Backup wird die Tabelle ja Satz für Satz gelesen.

Das einfache Backup reicht dazu bereits aus, Sie müssen die Datenbank nicht erst über Restore zurückspielen.

9.5.7 Bedeutung von OIT und OAT

Jede *Transaktion* muß die verschiedenen Datensatz-Generationen berücksichtigen und zugleich zum Müllsammeln beitragen. Damit benötigt jede Transaktion die Informationen über den aktuellen Systemzustand, der beim Start der Transaktion vorlag. Diese sogenannte *Transaktions-Maske* speichert als Schnappschuß die Zustände aller Transaktionen, die von Interesse sind. Eine andere Transaktion ist immer dann „interessant", wenn sie auf die eigene Transaktion irgend einen Einfluß hat.

Wieviel Transaktionen in der Transaktion-Maske gespeichert werden, hängt von der Anzahl der Transaktionen ab, die nach der *Oldest Interesting Transaction* (OIT) gestartet wurden.

Die *Oldest Interesting Transaction* (OIT) ist die erste Transaktion in der *Transaction Inventory Page* (TIP), deren Zustand nicht *committed* ist. Die TIP wird in einer speziellen Systemtabelle gespeichert und enthält alle Transaktionsnummern mit dem aktuellen Zustand der Transaktion. Die TIP wird nur beim Erzeugen der Datenbank oder beim Backup/Restore zurückgesetzt.

Die *Oldest Active Transaction* (OAT) ist die erste Transaktion in der *TIP*, deren Zustand als *aktiv* markiert ist. Damit ist jede *Back Version* einer bestätigten Datensatz-Generation, die von einer Transaktion älter als die *Oldest Active Transaction* angelegt wurde, Müll und darf somit unbesorgt beseitigt werden.

Immer dann, wenn zum Beispiel über *StartTransaction* eine neue Transaktion gestartet wird, liest der *InterBase SQL Server* zuerst die sogenannte *Header-Page* der Datenbank ein. Dort liest er den Wert der nächsten Transaktionsnummer aus, erhöht diesen Wert und schreibt den Header zurück in die Datenbank. Außerdem liest er den Wert der *OIT* aus, beginnend von diesem Wert aus wird die *TIP* solange durchsucht, bis die *OAT* gefunden wird. Dieser Mechanismus gewinnt nur dann an Bedeutung, wenn während einer aktiven Transaktion weitere Transaktionen gestartet werden. Jede dieser Transaktionen muß für den Fall vorbereitet sein, daß irgendeine der früher gestarteten Transaktionen einen *ROLLBACK* durchführt.

Tabelle 9.13: Beispiel für OIT und OAT

Fall	Situation
a)	Die Transaktion mit der ID 100 liest einen Datensatz ein, der Server findet eine bestätigte Version vor, die von der Transaktion 70 angelegt wurde. Da die Transaktion 100 die einzige aktive Transaktion ist, spielen *OIT* und *OAT* keine Rolle (die Transaktion ist selbst sowohl OIT als auch OAT). Die Transaktion ändert den Datensatz und bestätigt diese Änderung mit dem COMMIT-Aufruf. Einige Zeit später startet die Transaktion 110 und liest den gleichen Datensatz ein, der Server ermittelt dabei die von der Transaktion 100 geschriebene Version als aktuelle Version. Da zur Zeit keine andere Transaktion aktiv ist, wird die Ursprungsversion der Transaktion-ID 70 nicht mehr benötigt, d.h. als Müll gekennzeichnet.
b)	Die Transaktion 101 hat den Datensatz geändert, aber noch nicht bestätigt (User macht vermutlich eine Pause!). Nun startet ein anderer Benutzer eine neue Transaktion mit der Nummer 103, für diese neue Transaktion ist die Transaktions-ID 101 die OIT und OAT. Solange 103 keine Daten manipuliert, die auch von 101 bearbeitet werden, läuft alles problemlos ab, so daß Transaktion 103 alle Änderungen über COMIT bestätigt. Angenommen, eine Stunde später ist die Transaktion 200 an der Reihe. Für diese neue Transaktion ist ebenfalls die 101 die OIT und OAT, damit darf die Transaktion mit der ID 200 keine Versionen als Müll kennzeichnen, die von einer späteren Transaktion als der OIT angelegt wurden. Eine Version mit der ID 150, die von der Transaktion 170 geändert wurde, ist zwar für die Transaktion 200 nicht mehr von Interesse, darf jedoch solange nicht als Müll markiert werden, solange die Transaktion 101 nicht beendet wurde. Außerdem muß die Transaktion 200 wesentlich mehr Informationen mitführen, als es noch im Fall a) notwendig war.

Damit in der Praxis die Transaktion-Maske nicht während der Datenbanklaufzeit unendlich groß wird, sorgt neben dem *Garbage Collection* mit dem *Sweeping* ein zweiter automatisierter Prozeß für Aufräumarbeiten im Datenbestand.

Über den InterBase Server Manager können Sie die aktuellen Werte für die OIT und OAT auslesen (Database Statistics).

9.5.8 InterBase Sweeping

Beim *Sweeping* versucht der *InterBase SQL Server* die *Oldest Interesting Transaction* (OIT) auf den maximal größten Wert zu erhöhen. Damit verringert sich zwangsläufig die Größe der benötigten Transaktions-Maske und damit der Aufwand, den der Server intern für eine neue Transaktion benötigt. Außerdem entfernt der Server während des Sweep-Prozesses auch alle überflüssigen Datensatz-Generationen.

Der Sweep-Prozeß kann auf verschiedenen Wegen gestartet werden:

1. Der Datenbankbenutzer startet das Kommandozeilentool „gfix" mit dem Parameter „-s".
2. Das Anwendungsprogramm ruft den Sweep-Prozeß auf.
3. Der *InterBase Server* startet automatisch den Sweep-Prozeß entsprechend der konfigurierten Auslöseschwelle. Als Standardwert verwendet der Server ein Sweep-Interval von 20000. Damit löst der Server automatisch immer dann den Sweep-Vorgang aus, wenn die Differenz zwischen *OIT* und *OAT* größer als 20000 wird.

Was macht aber nun der Sweep-Prozeß? Er ändert den Zustand einer Rolledback-Version in eine Committed-Version, indem er alle Änderungen der widerrufenen Version zurücknimmt. Damit ist diese korrigierte Version mit der letzten bestätigten Version identisch, somit darf der Server den Zustand auf *committed* setzen. Parallel dazu arbeitet auch der Sweep-Prozeß als Müllsammler, der überflüssige *Back Versions* aus der Datenbank entfernt.

Ab der InterBase Version 4.2 wird für den Sweep-Prozeß ein eigener Thread gestartet, somit dürfen die Datenbankbenutzer mehr oder weniger ungestört (ausgenommen I/O-Zugriffe sowie CPU-Belastung) weiterarbeiten. Allerdings wird nur dann die Differenz zwischen OAT und OIT auf 1 zurückgesetzt, wenn kein anderer Benutzer an der Datenbank angemeldet ist! Sie sollten daher darauf achten, daß der Sweep-Prozeß ungestört ablaufen kann.

Tabelle 9.14: Sweeping-Situationen

Fall	Beschreibung
a)	BDE-Standardbetrieb (SHARED AUTOCOMMIT): Jede Datenbankaktion wird von der BDE in eine eigene Transaktion gekapselt. Werden auf diese Art und Weise 50000 Datensätze eingefügt, ist immer nur eine Transaktion aktiv. Damit ist auch immer die aktuelle Transaktion gleichzeitig *OIT* und *OAT*, d.h. die Differenz zwischen beiden ist Null und damit wird kein *Sweeping* ausgelöst.
b)	SQL-Passthrought-Betrieb (SHARED NOAUTOCOMMIT): Ein Anwender startet eine Transaktion mit der ID 100 und macht sofort eine längere Pause. Parallel dazu importiert das Programm 25000 Datensätze in die Datenbank. Beim ersten Datensatz mit der Transaktions-ID 101 ist die ID 100 gleichzeitig OIT und OAT, die Transaktion fügt den Datensatz ein und bestätigt dies über COMMIT. Der letzte importierte Datensatz wird zum Beispiel von der Transaktion 25200 bearbeitet. Auch für diese Transaktion zeigen OIT und OAT noch auf die ID 101, damit ist die Differenz zwischen beiden Null und es findet trotz Import umfangreicher Daten kein Sweeping statt.

c) <u>Ein abgestürztes Programm:</u> Ein Anwender startet eine Transaktion mit der ID 100 und macht sofort eine längere Pause. Parallel dazu importiert ein anderer Anwender 25000 Datensätze in die Datenbank. Irgendwann kehrt der erste Anwender von seiner Raucherpause zurück und findet ein abgestürztes Programm vor. In der Zwischenzeit wurden bereits 15000 Datensätze importiert. Bis dahin war 100 sowohl die *OIT* als auch die *OAT*. Beim 15001 Datensatz kann der Server eine exklusive Datenbanksperre beim Start der neuen Transaktion setzen, erkennt damit die „verwaiste" Transaktion und setzt deren Status auf *Rolledback* zurück. Für diese aktuelle Transaktion 15001 ist die 100 die OIT, aber die 15001 die OAT. Da die Differenz zwischen OIT und OAT noch kleiner als 20000 ist, wird kein Sweep-Prozeß gestartet. Dies ändert sich jedoch beim Start der Transaktion mit der ID 20101, dort ist zwar die OIT immer noch 100, aber die OAT hat sich auf 20101 vergrößert. Die Differenz erreicht das Sweep-Interval, so daß der Server das Sweeping auslöst.

Ein Sweep wird also immer dann irgendwann fällig, wenn eine Änderung über *ROLLBACK* zurückgenommen wurde oder eine aktive Transaktion nicht ordnungsgemäß abgeschlossen werden konnte.

9.5.9 Der Optimizer des InterBase SQL Servers

Im SQL-Kapitel bin ich auf die einzelnen Phasen der Ausführung eines SQL-Befehls eingegangen. Dabei ist die Phase „Optimize" für die Datenbankleistung von entscheidender Bedeutung. In dieser Phase versucht der SQL-Server, den schnellsten Zugriffsweg auf die Daten zu ermitteln. Sie können sich sicherlich vorstellen, daß dies nicht zu den einfachen Aufgaben gehört. Auch wenn der *Optimizer* in den meisten Fällen Recht hat, gibt es doch Situationen, wo ein eigener Eingriff sinnvoll ist. Damit Sie derartige Situationen erkennen können, muß der Server auf irgend einem Weg seine Resultate der Zugriffsoptimierung offenbaren. Der einfachste Weg dazu führt über das InterBase-Tool *InterBase Interactive SQL*. Über den Menüpunkt „Session | Basic Settings..." aktivieren Sie dazu die Option „Display Query Plan". Markieren Sie zudem die Option „Display Statistics", so erhalten Sie zudem Informationen über die verbrauchte Ausführungszeit sowie über die Anzahl der einzelnen Lese- und Schreibzugriffe.

Wie kann aber nun ein SQL Server den Zugriff auf die Daten optimieren? Richtig – indem er zum Beispiel einen geeigneten *Index* auswählt.

Im Gegensatz zu den SQL-Servern der ersten Stunde sind die modernen SQL-Server (und der *InterBase SQL Server* in der Version 4.2 gehört wahrlich zu dieser Kategorie) wesentlich cleverer. Auch wenn zum Beispiel ein *Index* vorhanden ist, bedeutet dies nicht, daß der Index auch verwendet wird! Das hat damit zu tun, daß die Leistung moderner Festplatten bei weitem nicht so gestiegen ist wie die Prozessor- und Arbeitsspeicherleistung. Ein praktisches Beispiel soll dies verdeutlichen.

Angenommen, in der Datenbanktabelle sind 1000 Datensätze enthalten. Auf jede Seite der Tabelle passen 10 Datensätze, so daß die Tabelle aus 100 Seiten besteht. Ein SQL-Server speichert in Daten in chronologischer Reihenfolge, d.h. völlig ungeordnet. Nun sollen die Daten der Tabelle nach einem Kriterium sortiert werden. Wird ein *Index* verwendet, so liest der SQL Server zuerst den Index aus, dort ist die Information enthalten, wo der Datensatz in der Tabelle zu finden ist. Der Server kann jedoch keinen einzelnen Datensatz einlesen, sondern greift immer auf eine vollständige Seite zu. Im ungünstigsten Fall befindet sich jeder Datensatz in der Sortierreihenfolge auf einer anderen Seite. Damit muß der SQL Server im ungünstigsten Fall auch 1000 mal eine Seite aus der Datenbank einlesen (der Datenbank-Cache wird hierbei nicht berücksichtigt). Diesem Nachteil steht jedoch auch ein großer Vorteil gegenüber, der Anwender kann sehr schnell einen bestimmten Datensatz (zum Beispiel den ersten) einlesen.

Die Situation ist völlig anders, wenn der SQL Server auf den vorhandenen Index verzichtet. Er liest die komplette Tabelle ein und sortiert die Daten anschließend im Arbeitsspeicher. Anstelle der 1000 Lesevorgänge muß er dazu nur die 100 Seiten der Datenbank einlesen und erspart sich zudem die Suche im Index. Die modernen Prozessoren können wesentlich schneller sortieren als Daten über ein Massenspeichermedium einlesen. Diesem Vorteil steht allerdings der Nachteil gegenüber, daß der Server für den Zugriff auf einen bestimmten Datensatzes mehr Zeit benötigt.

Aufgabe 1: Auswahl der geeigneten Indizes

Der *Optimizer* des Server untersucht jeden *Index* auf die folgenden Verwendungszwecke:

Tabelle 9.15: Verwendungszwecke eines Index

Verwendungszweck	Beschreibung
Gleichheit und Ungleichheit	Wenn eine Tabellenspalte mit einer Konstante verglichen werden soll, wird geprüft, ob für diese Spalte ein geeigneter Index vorhanden ist. In diesem Fall muß der Server nur die Datensätze (Seiten) einlesen, die für die Abfrage benötigt werden.
Übereinstimmung der Streams	Kommen mehrere Abfragekriterien zum Einsatz, so generiert der Server getrennte *Streams*. Ein Stream ist eine Menge von Datensätzen. Diese müssen zusammengeführt werden, daher prüft der *Optimizer*, ob dafür ein Index herangezogen werden kann. Wenn ja, so wird der andere *Stream* linear gelesen und mit den Indexwert des indizierten *Streams* verglichen.
Sortierung und Gruppierung	Der Optimizer muß prüfen, ob beim Sortieren oder Gruppieren ein Index verwendet werden kann. Damit wird das *Result-Set* gleich in der korrekten Reihenfolge aufgebaut.
Datennavigation	Jedes Delphi-Datenbankprogramm greift in der Regel über die *Borland Database Engine* auf den *InterBase SQL Server* zu. Die *BDE* unterstützt das bi-direktionale Bewegen im *Result-Set*. Der *Optimizer* muß daher auch prüfen, ob Indizis für das Vorwärts- und Rückwärtsblättern im Result-Set genutzt werden können (die BDE muß dann weniger simulieren).

Für den *Optimizer* ist jedoch Index nicht gleich Index. Er macht da gewisse Unterschiede bei der Bewertung, wobei als Auswertungskriterien die Ausführungskosten herangezogen werden:

*Kosten = Kardinalität * Index-Selektivität + Overhead für den Indexzugriff*

Hier kommen also die Begriffe *Selektivität* und *Kardinalität* ins Spiel. Die *Selektivität* eines Indizies beschreibt die „Güte" der Daten im Index, d.h. wie treffsicher ein Index-Wert ist. Lassen Sie über einen *UNIQUE-Index* nur eindeutige Werte zu, so hat der Index eine hohe Selektivität. Findet der InterBase Server allerdings viele Werte mehrfach vor, so kann es passieren, daß der Server auf die Indizes vollständig verzichtet.

Tabelle 9.16: Kardinalität und Selektivität eines Index

Kriterium	Berechnung
Kardinalität	Anzahl der Daten-Seiten / max. Anzahl der Datensätze pro Seite
Selektivität	Anzahl der eindeutigen Index-Werte / Kardinalität

Damit ändert sich die *Kardinalität*, wenn neue Datensätze hinzugefügt oder gelöscht werden. Im Gegensatz dazu aktualisiert der Server die einmal ermittelte *Selektivität* nicht automatisch, so daß unter Umständen falsche Entscheidungsgrundlagen verwendet werden.

Um die Daten für die Selektivität aktualisieren zu lassen, müssen Sie eine der folgenden Optionen aufrufen:

- Der *SET STATISTICS INDEX*-Befehl ermittelt den aktuellen Wert für die *Selektivität* für den angegebenen Index.
- Ein *Backup* mit anschließendem *Restore* aktualisiert ebenfalls die Daten für alle Indizes. Außerdem ist ein Restore die einzige Möglichkeit, die Fragmentierung der Datenbank und damit „falsche" Kardinalitätswerte zu beseitigen.

Aufgabe 2: Gefundene Indizes kombinieren

Für jedes Auswahlkriterium, für das ein geeigneter Index gefunden wurde, generiert der Server eine Bitmap (in der Bedeutung von Bit-Arrays) der ausgewählten Datensätze. Diese Bitmaps können anschließend über logische Verknüpfungen (AND bzw. OR) ausgewertet werden, um die Abfragelogik nachzubilden. Im Ergebnis entsteht eine einzige Bitmap, in der alle Treffer aufgelistet sind. Dies ist immer dann von Vorteil, wenn der Server diese Daten in der gleichen Abfrage wiederholt durchsuchen muß.

Aufgabe 3: Join-Reihenfolge festlegen

Werden über einen *Join* mehrere Tabellen miteinander verbunden, generiert der Server verschiedene *Streams*. Dabei ist die Entscheidung wichtig, welcher *Stream* zuerst ausgewertet werden soll. Dabei gilt die Regel, der Stream mit der langsamsten Zugriffszeit wird zuerst bearbeitet, d.h. Satz für Satz gelesen. Jeder Datensatz aus diesem Stream wird dann mit allen Datensätzen des anderen Streams verglichen. Damit ist sichergestellt, daß der am häufigsten durchlaufene Stream auch derjenige mit der schnellsten Zugriffszeit ist.

Aufgabe 4: Streams in Rivers konvertieren

Stellt der Server die Daten über mehrere *Streams* bereits, so müssen diese im Laufe der Verarbeitung in ein einziges Result-Set überführt werden. Als Zwischenschritt dazu faßt der Server zwei oder mehrere *Streams* in sogenannte *River* zusammen. Dabei werden die sogenannten *Ausführungskosten* der einzelnen *Rivers* berechnet. Je besser die Zugriffszeit ist, um so länger ist der entstandene River.

Nicht jeder Index ist gleich gut, eine wesentliche Index-Eigenschaft ist die *Selektivität*. Damit wird erkennbar, wie effektiv die Daten über den Index gewonnen werden können. Verwendet eine auf Deutschland und Österreich begrenzte Firma in der Tabelle eine Spalte für das Herkunftsland der Kunden, so ist es nicht sinnvoll, dafür einen Index zu opfern. In der Tabelle können nur zwei unterschiedliche Werte vorkommen, damit ist ein Index Zeitverschwendung. Anders sieht es jedoch für die

Tabellenspalte für die Kundennummer aus. Da jeder Kunde eine eigene Nummer bekommt, kann der Server über eine Lesezugriff auf den Index den gesuchten Datensatz finden.

Aufgabe 5: Sort Merges

Diese Aufgabe muß immer dann erfüllt werden, wenn zwei Streams zusammenzuführen sind, bei denen kein Index zur Verfügung steht. Dazu muß der Server jeden Stream einzeln sortieren und dann gegenseitig vergleichen. Obwohl das Sortieren seine Zeit braucht, ist diese Lösung immer noch effizienter, als für jeden Datensatz eines Streams alle Datensätze des anderen zu durchsuchen.

Jetzt haben Sie auch die Erklärung dafür, warum die BDE bei der Abfrage über mehrere Paradox-Tabellen zuerst die Festplatte hörbar strapaziert, bevor die ersten Ergebnisse zurückgeliefert werden. Dies können Sie über eine Callback-Funktion gut mitverfolgen (ein Beispiel dafür finden Sie im Kapitel 3).

Optimizer-Ergebnis auswerten

Über das Programm *InterBase Interactive SQL* können Sie das *Optimizer*-Ergebnis für einzelne SQL-Abfragen anzeigen lassen. Damit für die Untersuchungen auch entsprechendes Datenmaterial vorhanden ist, habe ich über das Delphi-Tool „Data Pump Expert" die *Paradox*-Datenbank des Wertpapierverwaltungsprogramms „ShareMan" in eine *InterBase* Datenbank konvertieren lassen. Dazu waren keinerlei Anpassungen notwendig, die komplette Datenbank wurde ohne jeden Eingriff automatisch importiert. Sie finden diese Datenbank im Verzeichnis „Database" unter dem Namen „sm.gdb". Kopieren Sie auch diese Datenbank auf die Festplatte und connecten Sie sich anschließend aus *InterBase Interactive SQL* heraus mit der Datenbank. Über den Menüpunkt „Session | Basic Settings..." aktivieren Sie dann die Option „Display Query Plan".

Im Ausgabefenster quittiert *InterBase Interactive SQL* über die Zeichenkette „SET PLAN" die aktivierte Funktion.

Abb. 9.19: Anzeige des Optimizer-Ergebnisses aktivieren

Eine einfache SQL-Abfrage
Nun wird gleich die erste – sehr einfache – SQL-Abfrage gestartet:

SELECT * FROM sm_main

Diese Abfrage soll alle Datensätze der Tabelle „sm_main" auflisten. Da keinerlei Abfragekriterien oder Sortieranweisungen verwendet werden, sollte der Server die Daten auch so ausgeben, wie sie in der Datenbanktabelle gespeichert sind.

Im Output-Fenster von *InterBase Interactive SQL* taucht das Ergebnis der Optimizer-Untersuchungen auf:

PLAN (SM_MAIN NATURAL)

Abb. 9.20: Das Optimizer-Ergebnis wird sichtbar

Der Optimizer hat sich damit dafür entschieden, die Tabelle „sm_main" sequentiell auszulesen. Dies ist genau das, was auch zu Erwarten war.

Tabelle 9.17: Zugriffsarten

Zugriffsart	Beschreibung
NATURAL	Die Standardzugriffsart ist *NATURAL*, damit scannt der SQL-Server die Tabelle sequentiell durch. Alle Datensätze im *Result-Set* liegen unsortiert vor, d.h. in der Reihenfolge, wie sie auch in der Tabelle vorgefunden wurden.
INDEX	Das Schlüsselwort INDEX gibt an, daß der SQL-Server einen oder mehrere Indizes verwenden konnte, um logische Vergleiche oder Verknüpfungsausdrücke der Abfrage aufzulösen.
ORDER	Das Schlüsselwort ORDER gibt an, daß der SQL-Server das Result-Set unter Verwendung des Indexes sortiert hat.

Eine einfache, sortierte SQL-Abfrage
Als nächstes wird die letzte SQL-Abfrage um eine ORDER BY-Klausel erweitert:
```
SELECT * FROM sm_main
ORDER BY Aktie
```
Damit hat der Optimizer zwei Auswahlvarianten. Entweder er verwendet einen vorhandenen Index für die Tabellenspalte „Aktie", oder er liest die komplette Tabelle sequentiell ein und sortiert alles im Arbeitsspeicher.
```
PLAN (SM_MAIN ORDER AKTIE_IDX)
```
Aha – der Optimizer hat sich doch für den vorhandenen Index entschieden.

Sortierter Inner-Join
Die nächste SQL-Abfrage wird etwas komplexer, es werden zwei Tabellen über einen Inner-Join verknüpft, wobei das Ganze auch noch sortiert werden soll.
```
SELECT aktie,   Kaufkurs
FROM sm_main, sm_kauf
WHERE KaufVerkauf = 'K'
AND sm_main.id = sm_kauf.id
ORDER BY aktie
PLAN JOIN (SM_KAUF NATURAL,SM_MAIN INDEX (RDB$PRIMARY1,SM_MAIN0))
```
Der Optimizer hat sich dazu entschieden, die Tabelle „sm_kauf" sequentiell einzulesen und dabei jeden Datensatz mit dem Primärschlüssel der Tabelle „sm_main" zu vergleichen. Über den *SQL-Explorer* können Sie jederzeit nachschlagen, welche Tabellenspalte sich konkret hinter diesen Bezeichnungen verbirgt.

Komplexer Right Outer Join
Die folgende Abfrage liefert alle die für eine Vermögensaufstellung benötigten Daten. Damit kann der Anwender den täglichen Verlauf seiner Vermögensentwicklung abrufen.
```
SELECT x.Datum, k.Id, SUM(k.Anzahl * x.Kurs)
FROM sm_kurs x RIGHT OUTER JOIN sm_kauf k
  ON x.id = k.id
    AND x.id IN (SELECT id FROM sm_kauf) AND x.Datum IS NOT NULL
GROUP BY x.Datum, k.id
```

```
PLAN (SM_KAUF INDEX (RDB$FOREIGN3,ID))
PLAN JOIN (K NATURAL,X INDEX (RDB$FOREIGN4))
```

Da die Abfrage eine *Subquery* einsetzt, muß der Optimizer auch zwei Ausführungspläne berechnen. Die Subquery wird dabei zuerst ausgeführt, der SQL-Server greift dazu auf den *Fremdschlüssel* der Tabelle zu. Obwohl die Tabelle „sm_kauf" wesentlich weniger Datensätze enthält als „sm_kurs", wird Sie doch vom Server sequentiell gelesen und mit der größeren Tabelle „sm_kurs" verglichen. Der Optimizer hat ermittelt, daß der Server über den Fremdschlüssel schneller auf „sm_kurs" zugreifen kann.

Optimizer überstimmen

Der *InterBase SQL Server* unterstützt auch die explizite Angabe eines Ausführungsplans für eine bestimmte SQL-Abfrage. Allerdings führt dies dazu, daß der *Optimizer* sein Arbeit komplett einstellt und auf die Exaktheit der übergebenen Daten vertraut. Damit ist dieses Feature etwas für die ausgebufften Profis unter Ihnen.

> Im InterBase-Optimizer stecken noch einige „Wanzen" (Bugs) – Borland macht daraus kein Geheimnis. Im SQL-Kapitel bin ich beim Thema „Join" bereits kurz darauf eingegangen. Über das Auswerten der Optimizer-Ergebnisse verschaffen Sie sich schnell Gewissheit, ob der Server das Maximale aus der Datenbank herausholt.

9.5.10 InterBase UDF's – die User Defined Functions

Im Vergleich zu anderen SQL-Servern unterstützt der *InterBase SQL Server* nur wenige Funktionen, die der Anwendungsentwickler in SQL-Statements sofort anwenden kann.

Tabelle 9.18: Die vom InterBase SQL Server unterstützten Funktionen

Funktion	Kategorie	Beschreibung
AVG	Aggregatfunktion	Ermittelt den durchschnittlichen Wert aus einer Menge.
CAST	Typumwandlung	Konvertiert den Typ eines Wertes einer Tabellenspalte.
COUNT	Aggregatfunktion	Liefert die Anzahl der Treffer für das Suchkriterien zurück.
GEN_ID	Zahl	Liefert einen vom Server generierten numerischen Wert zurück.
MAX	Aggregatfunktion	Ermittelt den maximalen Wert aus einer Menge.
MIN	Aggregatfunktion	Ermittelt den minimalen Wert aus einer Menge.
SUM	Aggregatfunktion	Ermittelt die Summe aller Werte aus einer Menge.
UPPER	Konvertierung	Konvertiert eine Zeichenkette in Großbuchstaben.

Die SQL-Server der Konkurrenz bieten da schon eine Funktionsvielzahl an, wobei Dutzende Funktionen für die am häufigsten benötigten Einsatzfälle unterstützt werden. Ist das ein schwerwiegender Nachteil des *InterBase SQL Servers*? Auf diese Frage kann mit einem klaren Jein geantwortet werden. Der InterBase-Server stellt über die sogenannten *User Defined Functions (UDF)* ein wesentlich leistungsfähigeres Feature bereit, das allerdings nicht ohne entsprechenden Aufwand zu haben ist.

9.5 InterBase – ein Blick hinter die Kulissen

Was sind UDFs?

Von der Definition her sind die *User Defined Functions* auf dem SQL-Server laufende Funktionen, die in der Anwendung häufig benötigt werden. Damit stellen die *UDFs* eine erstklassige Möglichkeit dar, den Sprachumfang des SQL-Servers zu erweitern. Die UDFs werden immer auf dem Server ausgeführt, belasten also damit nicht die Netzwerkumgebung. Jetzt werden Sie vielleicht einwenden, daß derartige Vorteile auch den *Stored Procedures* zuzuschreiben sind. Da haben Sie vollkommen recht, allerdings dürfen Sie in einer Stored Procedure nur die vom SQL-Server unterstützte Syntax verwenden. Eine UDF ist hier völlig flexibel, in der UDF darf alles das aufgerufen werden, was das Betriebssystem für den SQL-Server hergibt. Der *InterBase SQL Server* ist für verschiedene Rechner-Plattformen zu haben, damit sind automatisch auch die UDFs betroffen. Haben Sie sich für *Windows95/NT* als Server-Plattform entschieden, sind Sie fein raus. Sowohl *Windows95* als auch *Windows NT* verwenden das *Win32-API*. Für dieses API können Sie mit Delphi ausführbare Programmodule im DLL-Format compilieren, so daß dem Einsatz von UDFs in eigenen Projekten nichts mehr im Wege steht.

Bei allen Vorteilen sind natürlich auch Nachteile mit den UDFs verbunden. Strengbetrachtet stellt jede UDF-DLL eine potentielle Gefahrenquelle für den Server dar, da ein Crash in der DLL durchaus auch auf den Server durchschlagen kann. Außerdem kann eine vorhandene Datenbank nur dann erfolgreich auf einem anderen Server angesprochen werden, wenn auch die UDF-DLL auf dem neuen Server vorgefunden wird.

Das Borland-Beispiel „udflib"

Im „Examples"-Unterverzeichnis des *InterBase SQL Servers for Windows95/NT* finden Sie die Projektdateien für die Beispiel-DLL. Allerdings wird dort nur der C-Compiler berücksichtigt, einen Bezug auf Delphi finden Sie dort nicht. Im „Include"-Unterverzeichnis stellt Borland zudem die C-Headerdatei für die InterBase-Datenstrukturen bereit. Außerdem gibt des dort noch das SQL-Script „udf.sql" für das Anmelden der UDFs in der Datenbank.

Das Delphi-Beispiel „OSUDF"

Im Verzeichnis „Kapitel 9\UDFs" finden Sie meine Beispiel-DLL für die Implementierung von eigenen UDF-Funktionen. Der *InterBase SQL Server* stellt die Funktion *UPPER* für die Konvertierung nach Großbuchstaben zur Verfügung, eine Funktion *LOWER* hingegen fehlt. Trotzdem zeigt doch die Abb. 9.19, wie die Funktion *LOWER* aufgerufen wird.

Abb. 9.21:
Die neue UDF-Funktion im praktischen Einsatz

Damit Sie dies gleich nachvollziehen können, sind nur vier Arbeitsschritte notwendig:

1. Falls noch nicht geschehen, kopieren Sie die Datenbank „sm.gdb" von der CD-ROM in ein Verzeichnis auf der Festplatte.
2. Passen Sie die SQL-Scriptdatei „osudf.sql" im Verzeichnis „Kapitel 9\UDFs" an das im ersten Schritt ausgewählte Festplattenverzeichnis an. Der Pfad für den CONNECT-Befehl muß auf Ihre Konfiguration geändert werden, gegebenenfalls auch der Benutzername und das Paßwort.
3. Kopieren Sie die UDF-DLL „osudf.dll" aus dem Verzeichnis „Kapitel 9\UDFs" in das *BIN*-Unterverzeichnis des *InterBase SQL Servers*.
4. Starten Sie das Programm *InterBase Interactive SQL* und arbeiten Sie diese SQL-Scriptdatei ab (Menüpunkt „File I Run a ISQL Script...").

Am Ende bestätigt *InterBase Interactive SQL* das erfolgreiche Abarbeiten des Scripts, so daß Sie sich gleich an der Datenbank anmelden können. Nun probieren Sie gleich eine der neuen Funktionen aus, zum Beispiel die Funktion *LOWER* für das Konvertieren in Kleinbuchstaben:

```
SELECT UPPER(Aktie), LOWER(Aktie) FROM sm_main
```

Der Server liefert das Ergebnis in der gewünschten Form zurück. Damit ist klar, daß die Sache funktioniert. Bleibt noch zu klären, wie die Sache funktioniert.

Die Projektdatei für die DLL

In der Projektdatei „osudf.dpr" werden nur die benötigten Units eingebunden sowie die UDF-Funktionen im *Exports*-Abschnitt exportiert. Das Schlüsselwort *Resident* sorgt dafür, daß die Funktionsnamen der DLL ständig von Windows im Speicher gehalten werden, damit ist ein schneller Zugriff auf die Funktionen über ihren Namen möglich.

```
library OSUDF;

uses
  SysUtils,                            // Delphi-Unit
  OSUDFUnit in 'OSUDFUnit.pas',        // UDF-Implementierung
  ibprocs in 'ibprocs.pas';            // Borland-Unit von BCD96

exports
  OSLOWER         name 'OSLOWER'   resident,
  OSYEAR          name 'OSYEAR'    resident,
  OSMONTH         name 'OSMONTH'   resident,
  OSDayOfWeek     name 'OSDOW'     resident;

begin
end.
```

In der zweiten eingebundenen Unit – „osudfunit.pas" – verbirgt sich die Implementierung der einzelnen UDF-Funktionen. Demgegenüber stellt „ibprocs.pas" als die dritte Unit das Gegenstück zur bereits erwähnten C-Headerdatei „ibase.h" dar. Diese Unit stellt *Borland* seit der *Borland Developer Converence 1996* der Entwicklergemeinde kostenlos zur Verfügung. Es muß daher niemand mehr mühsam die C-Headerdatei „ibase.h" nach Pascal umsetzen.

Die Implementierung der UDF-Funktionen

In der Unit „OSUDFUnit.pas" werden die einzelnen UDF-Funktionen implementiert. Da diese in der eigenen DLL abgelegten Funktionen vom InterBase-Server aufgerufen werden, muß sich die eigene DLL auch an die erwartete Aufrufkonvention halten. Über das Schlüsselwort *CDECL* teilen Sie dem *Delphi-Compiler* mit, daß er die unter *C/C++* übliche Aufrufkonvention verwenden soll.

```
function OSLOWER(pInput : PChar): PChar; cdecl; export;
function OSYEAR(pIBDate: PISC_QUAD): Integer; cdecl; export;
function OSMONTH(pIBDate : PISC_QUAD): Integer; cdecl; export;
function OSDayOfWeek(pIBDate: PISC_QUAD): Integer; cdecl; export;
```

Das nachfolgende Schlüsselwort *EXPORT* ist ab Delphi 2.0 nicht unbedingt notwendig, verbessert jedoch die Lesbarkeit des Quelltextes. Ich kennzeichne prinzipiell auch unter dem 32-bittigen Delphi jede zu exportierende Funktion auf diese Weise.

Die zu exportierenden Funktionen werden nur im EXPORTS-Abschnitt der Projektdatei festgelegt.

Der nächste kritische Punkt betrifft den Datentyp für die Strings. Die Funktion *OSLOWER* bekommt die zu konvertierende Zeichenkette als Parameter übergeben. Die Funktion soll diesen Parameter als klassischen *nullterminierten Zeiger auf eine Zeichenkette* interpretieren, daher wird als Datentyp *PChar* angegeben. Warum hier kein String verwendet werden darf, listet Delphi selbst als Warnung in jeden Projektrumpf einer DLL auf:

„Wichtiger Hinweis zur DLL-Speicherverwaltung: ShareMem muß die erste Unit im Uses-Anweisungsteil des Interface-Abschnitts Ihrer Unit sein, wenn Ihre DLL Prozeduren oder Funktionen exportiert, die String-Parameter oder Funktionsergebnisse übergeben. Dies gilt für alle Strings die an und von Ihrer DLL übergeben werden — selbst für diese, die in Records oder Klassen verschachtelt sind. ShareMem ist die Schnittstellen-Unit zur DELPHIMM.DLL, welche Sie mit Ihrer DLL weitergeben müssen. Um die Verwendung von DELPHIMM.DLL zu vermeiden, übergeben Sie String-Parameter unter Verwendung von PChar- oder ShortString-Parametern."

Stellvertretend führe ich nun die beiden folgenden Funktionen auf. Die erste wandelt alle Zeichen der übergebenen Zeichenkette in Kleinbuchstaben um. Dies ist sehr schnell erledigt, da nur die Delphi-Funktion *StrLower* aufgerufen wird. Sie sehen, eine *UDF* kann im Gegensatz zu einer *Stored Procedure* den Sprachumfang von Delphi vollständig ausnutzen.

```
function OSLOWER(pInput : PChar): PChar;
Begin
  result := StrLower(pInput);
end;

function OSYEAR(pIBDate: PISC_QUAD): Integer;
var
   aDateTimeRecord : TM;
begin
   isc_decode_date(pIBDate, @aDateTimeRecord);
   result := aDateTimeRecord.tm_year + 1900;
end;
```

Die zweite Funktion ist nicht sofort verständlich, sowohl der Datentyp des Parameters als auch der Record-Typ für die lokale Variable sind unter Delphi unbekannt.

Die Datenstrukturen des InterBase-API

Bis zum Erscheinen des 32-bittigen Delphi 2.0 mußten alle *UDFs* in der Sprache *C* geschrieben werden. Daher ist auch heute noch die Dokumentation fast ausschließlich nur auf *C* ausgerichtet. Das erklärt auch, warum die benötigten Datentypen erst nach Delphi migriert werden müssen. Aus diesem Grund ist die Unit „ibprocs.pas" auch so wichtig, ohne die Datentypen sowie die Deklaration der vom *InterBase-Server* verwendeten Datenstrukturen wäre die Implementierung bestimmter UFD-Funktionen nicht möglich. Dies betrifft zum Beispiel alle Datums-Funktionen.

Alle Daten werden der UDF-Funktion als Zeiger übergeben (engl. *passed by referenz*). Aus diesem Grund müssen Sie bei der Implementierung der einzelnen Funktionen diese Zeiger erst dereferenzieren, um an die Werte für die Parameter zu kommen.

Tabelle 9.19: Gegenüberstellung der InterBase-Datentypen mit der Delphi-Implementierung

InterBase	Delphi	Beschreibung
CSTRING	PChar	Ein nullterminierter String (Zeiger auf eine durch ein NULL-Zeichen abgeschlossene Zeichenkette im Speicher).
INTEGER	^Integer	Dereferenzierter Integer-Wert des Zeigers.
DOUBLE PRECISION	^Double	Dereferenzierter Double-Wert des Zeigers.
DATE	^ISC_QUAD	Dereferenzierte Record-Struktur vom Typ ISC_QUAD

Alle Datumswerte werden als *ISC-QUAD*-Record übergeben.

```
{Interbase Data/Time Record}
  ISC_QUAD =  record
    isc_quad_high: Integer;    // Date
    isc_quad_low: Cardinal;    // Time
  end ;
```

Die *ISC_QUAD*-Struktur kann über die InterBase-API-Funktionen *isc_encode_date* und *ics_decode_date* in die wesentlich übersichtlichere Struktur vom Typ *TM* konvertiert werden.

```
tm = record
  tm_sec   : integer;    // Seconds
  tm_min   : integer;    // Minutes
  tm_hour  : integer;    // Hour (0-23)
  tm_mday  : integer;    // Day of month (1-31)
  tm_mon   : integer;    // Month (0-11)
  tm_year  : integer;    // Year (calendar year minus 1900)
  tm_wday  : integer;    // Weekday (0-6) Sunday = 0)
  tm_yday  : integer;    // Day of year (0-365)
  tm_isdst : integer;    // 0 if daylight savings time is not in effect)
end;
```

Nun wird auch verständlich, warum die beiden folgenden Programmzeilen in der UDF-Funktion „OSYEAR" das Jahr aus einem Datumswert ermitteln.

```
isc_decode_date(pIBDate, @aDateTimeRecord);
result := aDateTimeRecord.tm_year + 1900;
```

Die Registrierung der UFD-Funktionen in der InterBase-Datenbank

Bei der Einführung des Beispiels „OSUDF" wurde im vierten Schritt die Registrierung der neuen UDF-Funktionen bereits vorgenommen. Die dort ausgeführte SQL-Scriptdatei für das Programm *InterBase Interactive SQL* hat den folgenden Inhalt:

```
CONNECT "C:\Buch\...\IBS95\sm.gdb" USER "SYSDBA" PASSWORD "masterkey";
DECLARE EXTERNAL FUNCTION LOWER CHAR(255)
        RETURNS CHAR(255)
        ENTRY_POINT "OSLOWER" MODULE_NAME "OSUDF.DLL";
DECLARE EXTERNAL FUNCTION YEAR Date
        RETURNS Integer BY VALUE
        ENTRY_POINT "OSYEAR" MODULE_NAME "OSUDF.DLL";
DECLARE EXTERNAL FUNCTION MONTH Date
        RETURNS Integer BY VALUE
        ENTRY_POINT "OSMONTH" MODULE_NAME "OSUDF.DLL";
DECLARE EXTERNAL FUNCTION DOW Date
        RETURNS Integer BY VALUE
        ENTRY_POINT "OSDOW" MODULE_NAME "OSUDF.DLL";
```

Alle diese Aufrufe können selbstverständlich von Hand nacheinander abgearbeitet werden. Nach dem Connecten mit der Datenbank sorgt der Aufruf des SQL-Befehls *DECLARE EXTERNAL FUNCTION* dafür, daß der Datenbank jede neue UDF-Funktion bekannt gemacht wird.

Die Syntax für diesen SQL-Befehl lautet dabei wie folgt:

```
DECLARE EXTERNAL FUNCTION name [<datatype> | CSTRING (int)
        [, <datatype> | CSTRING (int) ...]]
RETURNS {<datatype> [BY VALUE] | CSTRING (int)}
ENTRY_POINT "<entryname>"
MODULE_NAME "<modulename>";
```

Tabelle 9.20: Argumente des DECLARE EXTERNAL FUNCTION-Befehls

Argument	Beschreibung
name	Name der User Defined Funktion.
<datatype>	Legt den Datentyp des Input- oder Rückgabeparameters fest. Alle Input-Parameter werden generell als Referenz (Zeiger) übergeben, der Rückgabewert darf im Gegensatz dazu auch direkt als Wert definiert werden.
RETURNS	Legt den Rückgabewert der Funktion fest.
BY VALUE	Legt fest, daß der Rückgabewert der Funktion nicht als Zeiger auf den Wert, sondern gleich als Wert betrachtet wird.
CSTRING (int) Strings.	Definiert die Länge des als Rückgabewerts zurückgelieferten nullterminierten
"<entryname>"	Definiert den exportierten Namen der *User Defined Function*, über den diese Funktion in der DLL exportiert wird.
"<modulename>"	Definiert das ausführbare Modul, daß die Funktion exportiert.

Sobald die *UDFs* einmal in der Datenbank registriert wurden, stehen Sie für alle Tabellen in dieser Datenbank zur Verfügung. Beachten Sie dabei bitte, daß die eingebundene DLL dann auch jederzeit vorhanden sein muß.

Früher hatte das SQL-Script für die Registrierung der UDFs auch noch eine dokumentierende Funktion. Heute haben Sie es dank Delphi besser, der *SQL Explorer* listet im Abschnitt „Functions" alle aktivierten *User Defined Functions* auf.

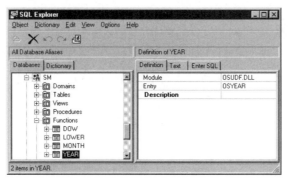

Abb. 9.22: Die UDF-Inventur über den SQL-Explorer

Der praktische Einsatz

Das bereits vorgestellte Beispiel bezog sich auf eine SQL-Abfrage, doch damit ist der Einsatz der UDFs nicht erschöpft. Sie können durchaus auch in DDL-Statements auf diese neue Funktionen zugreifen. Dazu ein weiteres Beispiel:

```
CREATE TABLE kurs_tmp (
  datum DATE,
  id INTEGER,
  kurs DOUBLE PRECISION,
  jahr COMPUTED BY (YEAR(datum)));
```

Die Tabelle „kurs_tmp" enthält das berechnete Feld „jahr". Dieses Feld ist nicht physikalisch in der Tabelle vorhanden, sondern die Werte für diese Tabellenspalte errechnet der SQL-Server zur Laufzeit. Dem Schlüsselwort *COMPUTED BY* wird dazu der zu verwendende Algorithmus als Parameter übergeben. Mit diesen Vorarbeiten können Sie zum Test die Daten der Tabelle „sm_kurs" in die neue Tabelle „kurs_tmp" importieren:

```
INSERT INTO kurs_tmp (datum, id, kurs)
  SELECT datum, id, kurs FROM sm_kurs
```

Beachten Sie dabei, daß tatsächlich nur drei der vier Tabellenspalten mit Daten gefüllt werden. Ist dies erledigt, so ermittelt die folgende Abfrage alle Datensätze aus dem Jahr 1997, obwohl nur das vollständige Datum tatsächlich in der Datenbanktabelle gespeichert wird.

```
SELECT * FROM kurs_tmp
WHERE jahr = 1997
```

9.6 Design einer InterBase-Datenbank

Das zweite Kapitel „Datenbankdesign" hat sich ausschließlich mit dem Thema des Design einer Datenbank befaßt. Obwohl die dort getroffenen Aussagen auch für Client/Server-Datenbanken zutreffen, gibt es doch Erweiterungen, die speziell nur für SQL-Server gültig sind. Dies gilt insbesondere dann, wenn Sie sich für das Konzept des „Fat Server" entschieden haben.

Tabelle 9.21: Die beiden Alternativen

Konzept	Beschreibung
Fat Client	Bei diesem Client/Server-Modell beschränkt sich der Datenbankteil auf dem SQL-Server nur auf das Notwendigste. Die sogenannten *business rules* werden fast vollständig im Client-Anwendungsprogramm implementiert.
Fat Server	Im Gegensatz zum *Fat Client* setzt das *Fat Server*-Modell fast vollständig auf die Implementierung der *business rules* direkt in der Datenbank des SQL-Servers. Das Client-Anwendungsprogramm beschränkt sich dabei nur noch auf die Benutzerschnittstelle sowie auf die allgemeine Programmsteuerung.

Generell überwiegen in den meisten Einsatzfällen die Vorteile des *Fat Server*-Modells. Nur bei diesem Modell kann der SQL-Server seine Möglichkeiten in Bezug auf *Datensicherheit* und *Datenkonsistenz* voll ausnutzen.

Delphi 3 stellt Schnittstellen zu den bedeutensten *CASE-Werkzeugen* bereit, über die Sie ein Datenmodell einer Datenbank visuell entwickeln können. Da derartige Werkzeuge durchaus Kosten in fünfstelliger Höhe verursachen, gehe ich nicht weiter auf sie ein.

9.6.1 Der schnelle Weg über den Data Pump Expert

Immer dann, wenn eine bereits vorhandene Datenbank auf den *InterBase SQL Server* portiert werden soll, leistet das Delphi-Tool *Data Pump Expert* gute Dienste. Allerdings kommen nur die Besitzer der Client/Server-Version von Delphi in den Genuß dieses Tools. Im Abschnitt über den InterBase-Optimizer wurde die *Paradox*-Datenbank „ShareMan" bereits über dieses Werkzeug problemlos in eine *InterBase*-Datenbank überführt. Sie erhalten dabei immer dann brauchbare Ergebnisse, wenn sich die Ursprungsdatenbank einigermaßen an die üblichen Regeln hält. Bei einer Paradox-Datenbank, die *Primär-* und *Fremdschlüssel*, *Eingabeprüfungen* und Beziehungen der *referenziellen Integrität* verwendet, ist dies meistens der Fall.

Abb. 9.23: Der Data Pump Experte im Einsatz

In der Abb. 9.21 wird die Situation vor der Konvertierung der ShareMan-Datenbank dargestellt. Alle vorhandenen Tabellen können unverändert übernommen werden, damit können Sie jederzeit nachprüfen, ob Ihr eigenes Datenmodell den kritischen Blicken des *Data Pump Experts* standhält. Für den Fall, daß Sie unter Umständen die Datenbank irgendwann auf einen SQL-Server portieren müssen, sollten Sie diesen Versuch so früh wie möglich unternehmen. In dieser Phase der Entwicklung verursachen Änderungen am Datenmodell noch die wenigsten Probleme.

Trotzdem ist die vom *Data Pump Experten* generierte Datenbank nicht die optimalste Version, jedes automatisierte Tool bleibt hinter den Ergebnisses eines exakten manuellen Designs zurück.

9.6.2 Der mühsame Weg des eigenen Designs

Das Designing einer Client/Server-Datenbank vollzieht sich in zwei grundlegenden Teilen, dem *logische Design* sowie dem *physikalische Design*. Beim logischen Design wird die Frage betrachtet, was in der Datenbank gespeichert werden soll. Dieser Teil ist theoretisch vollständig unabhängig vom verwendeten SQL-Server. Dem hingegen steht beim physikalischen Design das „Wie" im Vordergrund, wobei hier natürlich die Eigenschaften des ausgewählten Servers berücksichtigt werden müssen.

Zum logischen Design gehören die folgenden Arbeitsschritte:

1. Festlegen der *Entitäten*, der *Attribute* sowie der *Domains* für die Daten in der Datenbank.
2. Normalisierung des Datenmodells.
3. Festlegen der Primärschlüssel für jede Entität.
4. Implementierung der Beziehungen zwischen den einzelnen Tabellen über die Fremdschlüssel.
5. Skizzieren der wesentlichen Datenbankaktionen sowie des Datenflußes innerhalb der Datenbank.
6. Festlegen der Sicherheitsregeln (Benutzer- und Zugriffsrechte).

Ist das logische Design soweit abgeschlossen, kann das physikalische Design in Angriff genommen werden:

1. Prüfen, inwieweit das Datenmodell aus Performancegründen *de-normalisiert* werden muß.
2. Prüfen, welche *business rules* direkt in der Datenbank über *Stored Procedures, Domains* und *Trigger* implementiert werden können.
3. Prüfen, ob der Benutzer direkt auf die Tabellen zugreifen muß, oder ob alles über *Stored Procedures* laufen soll. In diesem Fall erhält der Anwender keine Rechte auf die Tabellen der Datenbank.
4. Es ist zu entscheiden, inwieweit die *business rules* zwischen Client und Server aufgeteilt werden.
5. Die benötigten *Domains, Generators, Trigger, Stored Procedures* und *Views* werden angelegt.
6. Die benötigten *User Defined Function* werden implementiert.
7. Das SQL-Script für die Generierung der Datenbank wird erstellt und ausgeführt.
8. Die Datenbank-Benutzer werden eingerichtet.
9. Das SQL-Script für die Rechtevergabe an die einzelnen Benutzer wird vorbereitet und ausgeführt.

9.6 Design einer InterBase-Datenbank

10. Die Datenbank wird mit Testdaten gefüllt und im praktischen Betrieb erprobt (dies gilt insbesondere für die *Trigger* und *Stored Procedures*).

Als Besitzer der *Client/Server-Suite* von Delphi müssen Sie nicht mehr den umständlichen Weg über die SQL-Scriptdatei gehen. Der *SQL Explorer* stellt eine visuelle Oberfläche zur Verfügung, über die Sie die Datenbankobjekte visuell anlegen können.

Ein praktisches Beispiel

Schauen Sie sich einmal die folgende Tabelle an. Welche Abfrage ist schneller?

Tabelle 9.22: Zwei Abfrage-Varianten

Variante 1	Variante 2
CREATE TABLE lookup(id INTEGER NOT NULL PRIMARY KEY, name VARCHAR(10));	CREATE TABLE lookup(id INTEGER NOT NULL PRIMARY KEY, name VARCHAR(10));
CREATE TABLE table1 (id INTEGER NOT NULL PRIMARY KEY, lookupid INTEGER);	CREATE TABLE table2 (id INTEGER NOT NULL PRIMARY KEY, lookupid INTEGER REFERENCES lookup ON (id));
Abfrage 1: SELECT T.id, L.name FROM table1 T, lookup L WHERE (T.lookupid = L.id);	Abfrage 2: SELECT T.id, L.name FROM table2 T, lookup L WHERE (T.lookupid = L.id);

Ohne einen praktischen Versuch kann gleich die Abfrage 2 als die schnellere benannt werden. Beim Anlegen der Tabelle „table2" wird ein *Fremdschlüssel* (REFERENCES ... ON) angegeben, damit richtet der *InterBase-Server* auch einen Index für diese Spalte implizit ein. Bevor die Abfrage ausgeführt wird, analysiert der *Optimizer* den Befehl und wird diesen bereits vorhandenen Index verwenden.

9.6.3 Domains

Eine *InterBase-Domain* ist ein benutzerdefinierter Datentyp. Anstelle immer wieder zum Beispiel für die Tabellenspalte „plz" den Typ mit *CHAR(5)* separat anzugeben, legt eine Domain den neuen Typ *PLZ* mit allen seinen Eigenschaften fest. Dabei beschränkt sich die Domain nicht nur auf den Typ und die Breite des Feldes, auch zusätzliche Prüfungen können einer Domain zugewiesen werden.

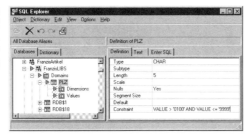

Abb. 9.24: Die Domain PLZ wird im SQL Explorer definiert

Dazu ein Beispiel. Die Domain „PLZ" soll als Zeichenfeld 5 Zeichen groß sein und zudem nur numerische Werte speichern. Daher bekommt die Domain gleiche eine Gültigkeitsprüfung verpaßt. Direkt über SQL müssen Sie dazu den folgenden SQL-Befehl absetzen.

```
CREATE DOMAIN PLZ AS CHAR(5)
  CHECK (CHECK (VALUE > '01000' AND VALUE <= '99999'))
```

Eleganter geht es im *SQL Explorer* zu, dort wählen Sie den Datentyp aus einer Listbox ein oder formulieren die *CHECK*-Klausel bequem im Eingabefeld. Der *SQL Explorer* generiert aus diesen Angaben selbst den SQL-Aufruf in eigener Regie, auf der Tab-Seite „Text" können Sie sich das Ergebnis vor dem Bestätigen der Eingabe vorab anschauen.

Legen Sie anschließend über den *SQL Explorer* eine neue Tabelle an, so können Sie die Domains aus einer Listbox auswählen.

> Immer dann, wenn Sie selbst keine Domains definieren, holt der InterBase SQL Server dies für Sie nach. Damit nutzen Sie jedoch die Vorteile der Domains nicht aus, so daß Sie selbst bei Bedarf Ihre eigenen Domains anlegen sollten. Außerdem verschwenden diese automatisch angelegten und nicht wiederverwendeten Domain-Einträge nur Platz in den gecachten Systemtabellen.

Weitere Beispiele

Ein Boolean-Feld soll als SMALLINT-Feld nur die Werte „0" und „1" für True und False speichern:

```
CREATE DOMAIN BoolInt AS SMALLINT DEFAULT 0
  CHECK(VALUE IN (0,1))
```

Ein Boolean-Feld soll als einstelliges Zeichenfeld nur die Werte „T,Y,F,N" speichern:

```
CREATE DOMAIN BoolChar AS CHAR(1)
  CHECK(VALUE IN ('T','Y','F','N'))
```

9.6.4 Generatoren

Die sogenannten *Generatoren* kommen in einer InterBase-Datenbank immer dann ins Spiel, wenn ein vergleichbares Gegenstück zu den selbstinkrementierenden Feldern einer *Paradox*-Tabelle benötigt wird. Sie müssen sich nicht mit einer Hilfstabelle herumschlagen, deren einziger Zweck darin besteht, einen Zugriff auf eine eindeutige Zahl bereitzustellen.

Die Generatoren gelten global für die ganze Datenbank. Über die beiden folgenden SQL-Befehle richten Sie zum Beispiel einen Generator mit dem Namen „TABLE1_GEN" ein und setzen gleich den Startwert auf „1000".

```
CREATE GENERATOR TABLE1_GEN;
SET GENERATOR TABLE1_GEN TO 1000
```

Wird nun der Generator zum ersten Mal aufgerufen, so liefert er den Wert „1001" zurück. Diese Behauptung soll gleich im praktischen Versuch nachgeprüft werden. Dazu verwende ich die in den zurückliegenden Teilen bereits mehrfach verwendete *InterBase*-Datenbank „sm.gdb". Sie können selbstverständlich den Test auch mit einer beliebigen anderen Datenbank nachvollziehen. Besitzer der *Client/Server-Suite* von Delphi sind hier im Vorteil, kommen Sie doch in den visuellen Genuß des *SQL Explorers*. Der *Generator* kann so zum Beispiel via rechten Mausklick angelegt werden, damit jedoch auch diejenigen unter Ihnen, die nur die *Professional*-Version Ihr eigenen nennen, nicht außen vor bleiben, beziehe ich mich auf die SQL-Syntax.

Zuerst legen Sie die Test-Tabelle „table1" in der Datenbank an:

```
CREATE TABLE TABLE1 (ID INTEGER NOT NULL,
                    USERNAME CHAR(8) NOT NULL,
                    LOGINTIME DATE NOT NULL)
```

Diese Tabelle erhält nur drei Spalten. Die Spalte „ID" soll als Primärschlüssel mit einem eindeutigen numerischen Wert gefüllt werden. Die beiden restlichen Tabellenspalten erfüllen eine Protokollfunktion, über den Benutzernamen sowie die Anmeldezeit führt die Datenbank Buch über jeden Zugriff.

```
ALTER TABLE TABLE1
  ADD CONSTRAINT PRIMARYKEY_ID PRIMARY KEY (ID)
```

Jede Tabelle soll einen *Primärschlüssel* verwenden, daher holt der *ALTER TABLE*-Aufruf dies nach. In die neu erstellte Tabelle wird gleich von Hand ein Datensatz eingefügt. Die InterBase-Schlüsselwörter *USER* und *NOW* tragen den aktuellen Benutzernamen sowie das aktuelle Datum mit der Uhrzeit ein:

```
INSERT INTO table1 VALUES(GEN_ID(table1_gen,1), USER, "NOW")
```

Der Wert für den *Primärschlüssel* „ID" muß eindeutig sein, daher holt sich der *INSERT*-Befehl diesen Wert vom Generator „table1_gen" ab. Der InterBase-Server stellt dazu die spezielle Funktion *GEN_ID* bereit. Als Parameter erwartet *GEN_ID* den Generatornamen sowie einen Deltawert, um den der aktuelle Zählerstand des Generators erhöht werden soll. Zur Kontrolle können Sie sich gleich einmal den Inhalt der Tabelle „table1" anschauen:

```
SELECT * FROM table1
```

Siehe da – alle Spalten der Tabelle sind gefüllt. Der Einsatz eines Generators beschränkt sich nicht auf diesen verschachtelten Aufruf aus einem anderen SQL-Befehl heraus. Sie können selbstverständlich den Generator auch in einer ganz normalen *SELECT*-Anweisung ansprechen:

```
SELECT GEN_ID(table1_gen,1) FROM table1
```

Da bislang der *Generator* nur einmal aktiviert wurde, liefert der *SELECT*-Befehl die Zahl „1002" zurück.

Ein *Generator* wird vom *InterBase SQL Server* nicht über normale Transaktionen verwaltet. Damit liefert ein Generator auch im *Rollback*-Fall bei jedem Aufruf eindeutige Werte zurück. Dies gilt zum Beispiel auch dann, wenn ein Benutzer einen Wert holt, die Transaktion nicht bestätigt und ein anderen Benutzer ebenfalls einen Generatorwert abfordert. Obwohl die erste Transaktion nicht abgeschlossen ist, erhält der zweite Anwender einen eindeutigen Wert. Trotzdem sollte ein Generatorwert nur in der jeweils aktuellen Transaktion verwendet werden. Der Grund dafür liegt darin, daß falls der Server „crasht" es passieren kann, daß dieser Generatorwert nach dem Wiederhochfahren des Servers in einer anderen Transaktion erneut verwendet wird.

9.6.5 Trigger

Ein *Trigger* ist eine direkt in der Datenbank abgelegte Routine, die automatisch bei bestimmten Datenbankereignissen aufgerufen wird. Die abzuarbeitende Routine wird über eine SQL-Serverbezogene Erweiterung der Sprache SQL implementiert, der sogenannten *Procedure and Trigger language*. Ein Trigger kann niemals direkt aufgerufen werden, dies ist der wesentliche Unterschied zu einer *Stored Procedure*. Damit habe ich auch gleich den Haken an der Sache angesprochen, mit dem

Einsatz von Triggern geben Sie ein Stück der Kontrolle über die Datenbank aus Ihrer Hand. Gerade in umfangreichen Datenbanken bedarf es schon einer sorgfältigen Planung, um ständig den Überblick über die „verborgenen" Funktionen in der Datenbank zu behalten.

Borland hat der Entwicklergemeinde noch nicht einen visuellen InterBase-Debugger beschert. Zur Fehlersuche können Sie sich damit behelfen, im Trigger einen EVENT auszulösen (zum Beispiel: POST_EVENT 'Der Trigger xyz hat gefeuert').

Die Vorteile eines Triggers sollen auch hier anhand eines Beispiels demonstriert werden.

Ein Anwendungsbeispiel

Angenommen, der Anwender greift im Normalfall über ein Delphi-Anwendungsprogramm auf die gerade erst angelegte Tabelle „table1" zu. Dabei können Sie im Anwendungsprogramm selbst den Aufruf des Generators implementierten, per *SELECT*-Befehl holen Sie sich dazu den ID-Wert ab und schreiben dann den vollständigen Datensatz über *INSERT* in die Tabelle. Alles kein Problem – solange der Anwender immer das Anwendungsprogramm verwendet. Was passiert aber, wenn jemand direkt per SQL einen neuen Datensatz in der Tabelle einfügt? Richtig, er muß entweder den Generator selbst aufrufen oder einen Wert direkt übergeben. Falls der Wert allerdings bereits vorhanden ist, hagelt es eine Fehlermeldung! Dieses potentielle Problem umgehen Sie, indem ein Trigger unmittelbar vor dem Einfügen des neuen Datensatzes „feuern" soll. Der Tigger mit dem Namen „before_insert" fordert immer dann über den Generator einen neuen Wert für die Spalte „ID" an, wenn im *INSERT*-Befehl kein Wert übergeben wird.

Im SQL-Explorere tragen Sie auf der Registerseite „Enter SQL" den folgenden Befehl ein:

```
CREATE TRIGGER before_insert FOR TABLE1
   ACTIVE BEFORE INSERT POSITION 0 AS
   BEGIN
      IF(NEW.id IS NULL) THEN
         NEW.id = GEN_ID(table1_gen,1);
   END
```

Mit dem „SQL-Explorer" ist es nicht mehr notwendig, spezielle Terminierungszeichen zu definieren. Wollen Sie diesen Aufruf aus dem Programm „Windows Interactive SQL" absetzen, müssen Sie SET TERM aufrufen. Näheres dazu finden Sie in der Hilfe zu WISQL.

Nachdem der *Trigger* aktiv ist, wird auch gleich seine Funktion getestet. Über einen zweiten *INSERT*-Befehl fügen Sie einen neuen Datensatz ein, wobei jedoch nur die zweite und dritte Tabellenspalte ausgefüllt wird.

```
INSERT INTO table1 (username, logintime) VALUES(USER, "NOW")
```

Auch hier überzeugen Sie sich über „SELECT * FROM table1" vom Ergebnis, der neue Datensatz hat einen eindeutigen ID-Wert über den Trigger bekommen.

Die gewählte Implementierung stellt sicher, daß die *Datenintegrität* in den beiden denkbaren Zugriffsalternativen gewahrt bleibt.

Delphi-Anwendungsprogramm
Im Delphi-Anwendungsprogramm können Sie sich über das Ereignis *OnNewRecord* per SQL einen neuen Wert direkt vom Generator abholen. Damit wird der Wert für den Primärschlüssel „ID" bereits im Anwendungsprogramm zugewiesen.

```
SELECT GEN_ID(table1_gen,1) FROM table1
WHERE ID = (SELECT MAX(id) FROM table1)
```

Da in diesem Fall bereits ein ID-Wert übergeben wird, hat der *Trigger* nichts zu tun, d.h. der von Delphi übergebene Wert wird unverändert gespeichert (solange er eindeutig ist).

Direkter SQL-Zugriff aus einem anderen Tool heraus
Fügt ein Benutzer über ein anderes Tool (SQL) einen neuen Datensatz hinzu, sorgt der *Trigger* dafür, daß die Spalte „ID" über den *Generator* einen eindeutigen Wert bekommt.

Einsatzfälle eines Triggers

Die in einer Datenbank eingerichteten *Trigger* decken die wesentlichen Aufgaben zur Gewährleistung der sogenannten *business rules* in der Datenbank ab. Immer dann, wenn Sie bestimmte Plausibilitätsregeln und Vorbelegungen in der Datenbank nachbilden müssen, sind die Trigger die erste Wahl. Der zweite Aufgabenschwerpunkt – das Zuweisen von eindeutigen Werten an eine Tabellenspalte – wurde bereits vorgestellt. Ein dritter Einsatzfall betrifft das Protokollieren bestimmter Datenbankaktionen. Müssen Sie Datenbankoperationen mitprotokollieren, so sind Trigger dazu sehr gut geeignet. Gehört auch die Datenreplikation zu Ihren Aufgaben, sorgen die Trigger dafür, daß immer alle Änderungen im Datenbestand auch in den vorgesehenen Export-Tabellen aufgenommen werden. Last – but not least – bilden die Trigger eine ideale Schnittstelle für das Implementieren des kaskadierten Löschens in einer Master-Detail-Beziehungen.

Implementation eines Triggers

Ein Trigger ist im einfachsten Fall eine Zusammenstellung von SQL-Befehlen, die bei einer bestimmten Aktion in der Datenbank automatisch ausgeführt werden. Dies betrifft das Einfügen (INSERT), Ändern (UPDATE) oder Löschen (DELETE) von Datensätzen, wobei ein Trigger entweder vor der Datenbankaktion oder auch danach auslösen kann.

SQL-Kontextvariablen
Ein Trigger wird erst dann erst richtig sinnvoll, wenn er in der Lage ist, den aktuellen Feldwert des Datensatzes zu lesen und auch zu ändern. Dabei taucht das Problem auf, daß es sich ja im Prinzip immer um zwei Werte handelt. Zum einen um den Wert, der vor dem Aufruf des Triggers in der Datenbank vorhanden ist und zum anderen um den eventuell vom Trigger neu gesetzten Wert. Der *InterBase SQL Server* löst dieses Problem, indem er die beiden sogenannten SQL-Kontextvariablen *OLD* und *NEW* ins Spiel bringt.

Tabelle 9.23: SQL-Kontextvariablen

Datenbankaktion	Vorgefundener Wert	Zu zu setzender Wert
INSERT	–	NEW.Spaltenname
UPDATE	OLD.Spaltenname	NEW. Spaltenname
DELETE	OLD.Spaltenname	–

Active und Inactive
Ein Trigger kann zu jeder Zeit zwei Zustände annehmen – *Active* oder *Inactive*. Legen Sie beim Erzeugen keinen Zustand fest, ist ein Trigger automatisch *Active*. Über den SQL-Befehl *ALTER* können Sie auch einen Trigger zeitweise deaktivieren:

```
ALTER TRIGGER before_insert INACTIVE;
ALTER TRIGGER before_insert ACTIVE
```

Dabei beschränkt sich ALTER jedoch nicht nur auf das Deaktivieren und Aktivieren, Sie können auch die vom Trigger auszuführenden Befehle nachträglich ändern. Mit dem Aufruf „DROP TRIGGER before_insert" entfernen Sie den Trigger wieder.

Trigger-Position
Der *InterBase SQL Server* läßt es zu, daß Sie mehrere Trigger für eine Aufgabe definieren. Dabei spielt natürlich die Reihenfolge des Aufrufs dieser Trigger eine wichtige Rolle. Über das Schlüsselwort *POSITION* legen Sie diese Reihenfolge fest. Die Position „0" wird dabei garantiert zuerst ausgeführt, danach ordnet der Server die Trigger in aufsteigender Reihenfolge ein. Sind Sie sich nicht sicher, ob eventuell noch ein zweiter Trigger benötigt wird, sollten Sie die Positionswerte als Vielfache von „5" vergeben. Damit haben Sie genügend Reserven, um bei einer späteren Erweiterung noch zusätzliche Trigger einzuschachteln.

Wollen Sie eventuell zwei Triggerversionen zum Vergleich testen? Dann vergeben Sie beiden eine unterschiedliche Position. Wird der jeweils „unerwünschte" Trigger deaktiviert, kommt immer nur der beabsichtigte Trigger zum Zug.

Zulässige Statements
In einem *Trigger* können Sie die gleichen SQL-Erweiterungen aufrufen, die auch eine *Stored Procedure* zuläßt. Neben den normalen SQL-Befehlen sind dies unter anderem:

Tabelle 9.24: SQL-Erweiterungen für Trigger und Stored Procedures

SQL-Spracherweiterung	Erläuterung
/* Kommentare */	Auch ein *Trigger* oder eine *Stored Procedure* sollte ausreichend kommentiert werden. Ein Kommentar ist dabei überall zulässig.
BEGIN...END	Über einen *BEGIN..END*-Block kapseln Sie mehrere Anweisungen ein, so daß der *InterBase SQL Server* diese Anweisungen als eine zusammengehörende Anwendung interpretiert.
DECLARE VARIABLE	Eine lokale Variable muß im Kopf des Triggers bzw. der Stored Procedure deklariert werden.
EXECUTE PROCEDURE	Ein *Trigger* oder eine *Stored Procedure* können eine andere Stored Procedure aufrufen.
FOR .. DO ...	Gleiche Bedeutung wie in *Object Pascal*.
IF .. THEN .. ELSE	Gleiche Bedeutung wie in *Object Pascal*.
SELECT ... INTO :variable	Das *Result-Set* einer SQL-Abfrage kann auch gleich direkt in Variablen abgelegt werden.
WHILE ... DO	Gleiche Bedeutung wie in *Object Pascal*.
Variable = Ausdruck	Eine Variable bekommt über „=" einen neuen Wert zugewiesen.

9.6.6 Stored Procedure

Die Routinen einer *Stored Procedure* hat der *SQL-Server* ebenfalls direkt in der Datenbank gespeichert, im Gegensatz zu den *Triggern* muß eine Stored Procedure jedoch von außen aufgerufen werden. Generell gibt es zwei Typen von Stored Procedures:

1. Die sogenannten *SELECT-Procedures* liefert wie eine *Tabelle* oder ein *View* ein *Result-Set* zurück. Sie können einer derartige Stored Procedure über ein normales *SELECT*-Statement aufrufen. Für ein Delphi-Anwendungsprogramm bedeutet dies, daß die *TQuery*-Komponente der richtige Ort dafür ist.
2. Eine sogenannte *executable Procedure* kann einen Wert zurückliefern, muß es jedoch nicht. Im Delphi-Anwendungsprogramm aktivieren Sie eine Stored Procedure von diesem Typ über die *TStoredProc*-Instanz.

Anwendungsbeispiel

Um beim bereits eingeführten Anwendungsbeispiel zu bleiben, könnten Sie die Aufgabe des Abrufens des neuen Wertes für den *Primärschlüssel* „ID" an eine *Stored Procedure* in der Datenbank übertragen. Das hat den Vorteil, daß nicht immer die gleichen SQL-Anweisungen über das Netzwerk zum SQL-Server geschickt werden müssen. Statt dessen rufen Sie gleich die bereits in compilierter Form abgespeicherte Prozedur auf. Die *Stored Procedure* selbst „wirft" den *Generator* an und liefert dessen Ergebnis als eigenes Ergebnis zurück.

```
CREATE PROCEDURE GET_NEXT_ID
 RETURNS (NEXT_ID INTEGER) AS
 BEGIN
    NEXT_ID = GEN_ID(table1_gen,1);
 END
```

Der Zugriff im Delphi-Anwendungsprogramm
Im Verzeichnis „Kapitel 9\TStoredProc" finden Sie das Beispielprogramm „StoredProcTest" zum Thema. Die Aufgabe besteht dabei darin, gleich mit dem Anfordern eines neuen Datensatzes über den „+"-Button im *TDBNavigator* alle benötigten Angaben vorzubelegen. Der Anwender kann also gleich den bereits automatisch ausgefüllten Datensatz speichern.

Abb. 9.25: Die Stored Procedure im praktischen Einsatz

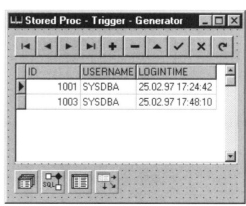

Im der Formular-Unit finden Sie nur eine Ereignisbehandlungsmethode für das *OnNewRecord*-Ereignis der *TTable*-Instanz. Dieses Ereignis wird immer dann von Delphi aufgerufen, wenn ein neuer (noch leerer) Datensatz im Datenpuffer bereitgestellt wird. Über den Aufruf der *Stored Procedure* holen Sie sich einen eindeutigen Wert für den *Primärschlüssel* „ID" ab.

```
procedure TForm1.Table1NewRecord(DataSet: TDataSet);
begin
  with StoredProc1 do begin
    Execproc;
    Table1ID.Value := Params[0].Value;
    Table1USERNAME.Value := 'Delphi';
    Table1LOGINTIME.Value := Now;
  end;
end;
```

Vor dem ersten Aufruf muß die *TStoredProc*-Instanz im *Objektinspektor* konfiguriert werden. Als erstes wählen Sie dazu über die Eigenschaft *StoredProcName* den Namen der *Stored Procedure* aus der Listbox aus. Die Komponente ist selbst in der Lage, alle in der Datenbank vorhandenen Stored Procedures auszulesen und über diese Auswahlliste zur Verfügung zu stellen. Ist das erledigt, schauen Sie sich zur Kontrolle über die Eigenschaft *Params* die Zuordnung des Rückgabewertes an. Mit der Auswahl der Prozedur „GET_NEXT_ID" an die Eigenschaft *StoredProcName* hat Delphi auch bereits die Daten des Rückgabeparameters übernommen.

Einsatzfälle einer Stored Procedure

Im Gegensatz zu den *Triggern* wird eine *Stored Procedure* nicht automatisch aufgerufen (es sei denn, Sie implementieren einen derartigen Aufruf in einen Trigger). Damit unterscheiden sich auch die Einsatzfälle, die folgende Aufstellung erhebt keinen Anspruch auf Vollständigkeit:

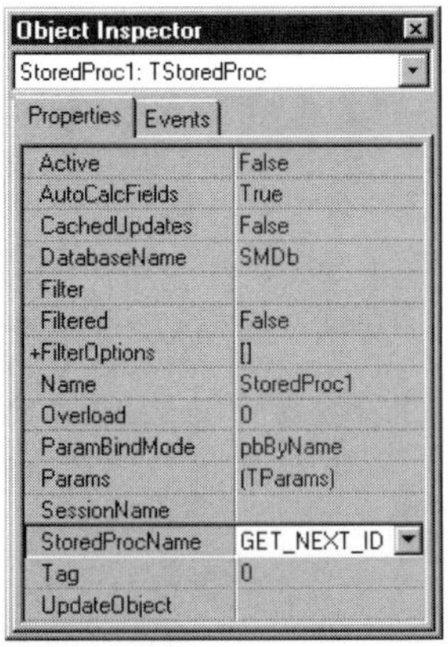

Abb. 9.26: Die TStoredProc-Instanz im Objektinspektor

- Abarbeiten von Aufgaben direkt auf dem Server, zu denen keine Interaktion mit dem Programmbenutzer notwendig ist (die Einschränkung betrifft nicht eventuell notwendige Parameter).

- Die Datenbankaktion betrifft eine Menge von Datensätzen. Durch den Einsatz einer *Stored Procedure* vermeiden Sie eine unnötige Netzbelastung, da keine Daten beziehungsweise Zwischenergebnisse über das Netzwerk übertragen werden.

- Die Datenbankaktion wird häufig vom Client aufgerufen. Eine *Stored Procedure* verbessert die Performance, da alle unnötigen Schritte (Netzwerkübertragung, Optimieren und Vorbereiten des kompletten SQL-Befehls) entfallen.

- Die Datenbankaktion wird von unterschiedlichen Anwendungsprogrammen aufgerufen. Anstatt in jedem Client-Anwendungsprogramm diese Aktionen aufs Neue zu implementieren, sollten alle Client's eine gemeinsam genutzte Stored Procedure aufrufen.

- Implementieren einer erweiterten Zugangskontrolle zur Datenbank. Jeder Benutzer kann nur über den Aufruf von *Stored Procedures* Daten auslesen oder Daten ändern.

9.6 Design einer InterBase-Datenbank

Implementation einer Stored Procedure

Das *CREATE PROCEDURE*-Statement beschreibt die anzulegende *Stored Procedure*. Der Name der Stored Procedure muß in der Datenbank eindeutig sein.

```
CREATE PROCEDURE ProcedureName
     (parameter list)
     RETURNS (return parameter list)
  AS
     <local variable declarations>
  BEGIN
     <body of procedure>
  END
```

Im Abschnitt „(parameter list)" muß jeder übergebene Parameter vorher mit dem entsprechenden Typ deklariert werden. Das gleiche gilt für die eventuell zurückgelieferten Werte. Die Syntax folgt dabei den Regeln, die auch für das *CREATE TABLE*-Statement gelten. Dem Parameter- beziehungsweise Variablen-Namen folgt durch Leerzeichen getrennt der Datentyp.

Lokale Variablen
Benötigt die Stored Procedure zur Speicherung von Zwischenergebnissen lokal gültige Variablen, so muß jede dieser Variablen über das *DECLARE VARIABLE*-Statement angemeldet werden.

```
DECLARE VARIABLE IsOK CHAR(1);
```

Der BEGIN...END-Block
Alle auszuführenden Aktionen kapselt auch der *InterBase SQL Server* in einen *BEGIN..END*-Block ein. Sie können natürlich mehrere dieser Blöcke ineinander schachteln, hier folgt der SQL-Server den gleichen Regeln wie *Object Pascal*. Dies gilt auch für das Semikolon als Trenner für jeden einzelnen SQL-Befehl.

> Mit dem „SQL-Explorer" ist es nicht mehr notwendig, spezielle Terminierungszeichen zu definieren. Wollen Sie diesen Aufruf aus dem Programm „Windows Interactive SQL" absetzen, müssen Sie SET TERM aufrufen. Näheres dazu finden Sie in der Hilfe zu WISQL.

SUSPEND
Der Aufruf von *SUSPEND* beendet die Ausführung der *Stored Procedure* nur zeitweise. Immer dann, wenn eine *SELECT*-Abfrage mehrere Datensätze im *Result Set* zurückliefert, muß der Client diese Daten Satz für Satz abholen können. Der SUSPEND-Aufruf gibt dabei dem Client das Signal, daß Daten bereitliegen.

Das folgende Beispiel stammt aus *Borland's InterBase-Tutorial* (Sie finden es im InterBase-Unterverzeichnis „Examples\Tutorial" in der Datei „procs.sql"). Die Stored Procedure liefert alle Werte der Tabellenspalte „proj_id" für einen Mitarbeiter zurück. Beachten Sie dabei, daß als INTO-Variable der im Prozedurkopf deklarierte Rückgabewert verwendet wird.

```
CREATE PROCEDURE GET_EMP_PROJ (EMP_NO SMALLINT)
RETURNS (PROJ_ID CHAR(5))
AS
BEGIN
  FOR SELECT PROJ_ID FROM EMPLOYEE_PROJECT
       WHERE EMP_NO = :EMP_NO INTO :PROJ_ID
```

```
DO
   SUSPEND;
END
```

EXIT
Der EXIT-Aufruf beendet die Ausführung der Stored Procedure. Damit können Sie zu jeder Zeit eine Stored Procedure definiert abbrechen.

9.6.7 Events

Der *InterBase SQL Server* stellt über die *Events* auch einen Weg zur Verfügung, über den die Datenbank die Clients über bestimmte Situationen benachrichtigen kann. In der Regel wird ein Event aus einem *Trigger* oder einer *Stored Procedure* heraus aufgerufen.

```
CREATE TRIGGER post_new_order FOR sales
AFTER INSERT AS
BEGIN
   POST_EVENT "Neue_Order";
END
```

Das entsprechende Client-Gegenstück in Form einer VCL-Komponente steht nur den Besitzern der *Client/Server-Suite* von Delphi zur Verfügung. Der Vorteil der *Events* liegt darin, daß damit ein Client auf das Eintreffen der Benachrichtigung warten kann. Es ist somit nicht notwendig, ständig die Datenbank abzufragen (sie schauen ja auch nicht ständig an der Tür nach, ob jemand Einlaß begehrt, sondern warten auf ein Klingelzeichen).

9.6.8 Exceptions

So leistungsfähig die *Trigger* und *Stored Procedures* auch sind, ein Problem taucht zusammen mit ihnen neu auf. Was passiert, wenn Sie in diesen Prozeduren bestimmte Fehlersituationen erkennen und abfangen müssen. Den Zugriff auf die Datenbank können Sie abfangen und damit verhindern, allerdings sollte davon auch der Client verständigt werden. Die *InterBase-Exceptions* sind „benannte" Fehlermeldungen, die global in der Datenbank gespeichert werden. Damit stellen die Exceptions eine gute Option dar, die Fehlermeldungen verschiedener Anwendungsprogramme zu vereinheitlichen.

Auch dazu führe ich ein Beispiel aus dem InterBase-Tutorial von Borland auf:

```
CREATE EXCEPTION UNKNOWN_EMP_ID "Ungültiger Mitarbeiter oder Proj.Nr."
CREATE PROCEDURE ADD_EMP_PROJ (EMP_NO SMALLINT, PROJ_ID CHAR(5))
AS
BEGIN
  BEGIN
    INSERT INTO EMPLOYEE_PROJECT (EMP_NO, PROJ_ID)
      VALUES (:EMP_NO, :PROJ_ID);
    WHEN SQLCODE -530 DO
      EXCEPTION UNKNOWN_EMP_ID;
  END
  SUSPEND;
END
```

Die im Beispiel gezeigte *Stored Procedure* „add_emp_id" soll einen neuen Datensatz in die Tabelle „employee_projekt" einfügen. Beide Spalten sind Pflichtfelder, d.h. müssen einen Wert erhalten. Wird diese Forderung nicht eingehalten, „beschwert" sich der SQL-Server mit der Fehlernummer „-530". Durch den Aufruf der Exception „unknown_emp_id" erhält der Benutzer jedoch die vorher deklarierte verbale Umschreibung für sein Versäumnisses.

Tabelle 9.25: SQLCODE-Systemvariable

SQLCODE	Erläuterung
0	SUCCESS. Der SQL-Befehl wurde fehlerfrei abgearbeitet.
1 .. 99	SQLWARNING. Warnung oder informativer Hinweis.
100 ...	NOT FOUND. In einer FOR SELECT...DO..Schleife wurde das Ende erreicht.
< 0	SQLERROR. Ausführungsfehler, das Kommando wurde nicht ausgeführt.

Eine vollständige Liste aller SQLCODE-Fehlerwerte finden Sie auf über 12 Seiten im Anhang „B" des Handbuchs „InterBase Language Reference".

9.7 Tips & Tricks zum Thema Client/Server

Für den Fall, daß ich Ihr Interesse für die Client/Server-Entwicklung wecken konnte, stelle ich Ihnen in loser Folge einige Tips&Tricks zum Thema vor.

9.7.1 Eine InterBase-Datenbank programmgesteuert anlegen

Die *TQuery*-Komponente geht davon aus, daß bereits eine Verbindung zur Datenbank selbst voreingestellt ist. Dies erledigt normalerweise das Duo *TSession* und *TDatabase* – und hier liegt das Problem. Die Datenbank soll ja erst neu angelegt werden, damit entfällt leider auch der bequeme Weg über TQuery. Trotzdem kann eine Delphi-Anwendung eine neue Datenbank auf dem *IBS95* einrichten – dank des direkten Zugriffs auf das *InterBase-API*. Dieses Gegenstück zu *IDAPI* ist die programmierseitige Schnittstelle zum *InterBase SQL Server* von Borland. Die Funktionen des *InterBase-API* gestatten einen direkten Zugriff auf den InterBase-Server, wobei die VCL-Komponenten für den Datenbankzugriff und auch die BDE nicht benötigt werden. Diese API-Funktionen verbergen sich in den Dateien „GDS.DLL" bzw. „GDS32.DLL".

Abb. 9.27: Ein Delphi-Programm legt die neue Datenbank auf dem LIBS95 an

Im Gegensatz zum *IDAPI* wird das *InterBase-API* unter Delphi nur sehr selten benötigt. Einen sinnvollen Einsatzfall – das programmgesteuerte Anlegen einer neuen Datenbank auf dem SQL-Server – stelle ich Ihnen nun vor.

Das Prinzip
Das Prinzip ist denkbar einfach – es reicht aus, den folgenden SQL-Befehl an den Server zu schicken:

```
CREATE DATABASE "c:\tmp\test.gdb "
USER "SYSDBA "
PASSWORD "masterkey "
DEFAULT CHARACTER SET ISO8859_1
```

Da die *VCL*-Komponenten nicht zur Verfügung stehen (weil noch keine Datenbankverbindung besteht), muß dieser SQL-Befehl direkt einer *InterBase-API*-Funktion übergeben werden. Das Problem besteht nun darin, daß Borland für Delphi diese API-Funktionen nicht dokumentiert hat.

Im „bin"-Unterverzeichnis des InterBase SQL Servers for Windows 95/NT finden Sie die Hilfedatei „ibapi32.hlp". Dort wird das InterBase-API aus der Sicht von C/C++ näher beschrieben.

Zwar gibt es da die C-Headerdatei „ibase.h" für C-Compiler, aber ohne zusätzliche Infos kommen Sie damit nicht weit. Borland hat da zwar noch ein Handbuch für das InterBase-API im Programm, aber nur wegen dieser einen Funktion das Buch bestellen? Es geht auch einfacher – auf Borland's Web-Seiten habe ich die Unit „ib.pas" gefunden. Dort werden alle die Funktionen und Strukturen deklariert, die für diese Aufgabe benötigt werden.

Die Implementierung im Beispielprogramm
Erst nachdem der Eingabefokus aus dem *TEdit*-Feld für den Datenbankpfad in das nächste Feld gewechselt ist und auch mindestens 4 Zeichen als Datenbankname eingetragen wurden, darf die Datenbank angelegt werden.

```
procedure TMainForm.EditDBPathExit(Sender: TObject);
begin
  if Length(EditDBPath.Text) > 4 then
    BtnCreateDB.Enabled := True;
end;
```

Die globale Prozedur „CreateDatabase" aus der Unit „IB" legt die Datenbank an. Der Rest der Methode „BtnCreateDBClick" verwaltet die Benutzeroberfläche des Programms.

```
procedure TMainForm.BtnCreateDBClick(Sender: TObject);
const
  cCreateTxt = ' %d. Versuch: Datenbank wird erstellt...';
  cReadyTxt  = 'Datenbank wurde erstellt!';
begin
  Screen.Cursor := crHourGlass;
  try
    try
      StatBar.SimpleText := Format(cCreateTxt, [1]);
      Refresh;
      CreateDatabase(EditDBPath.Text, EditUserName.Text,
                     EditPassword.Text);
      StatBar.SimpleText := cReadyTxt;
```

```
        BtnCreateTable.Enabled := True;
        BtnCreateDB.Enabled := False;
    except
      try
        StatBar.SimpleText := Format(cCreateTxt, [1]);
        Refresh;
        // manchmals "verschluckt" der IBS95 den ersten Aufruf
        CreateDatabase(EditDBPath.Text, EditUserName.Text,
                       EditPassword.Text);
        StatBar.SimpleText := cReadyTxt;
        BtnCreateTable.Enabled := True;
        BtnCreateDB.Enabled := False;
      except
        on E:EDatabaseError do
        begin
          MessageBeep(MB_ICONEXCLAMATION);
          MessageDlg(E.Message, mtError, [mbOk], 0);
        end;
      end;
    end;
  finally
    Screen.Cursor := crDefault;
  end;
end;
```

In der neu generierten Datenbank wird auch eine Tabelle neu angelegt. Um die Verbindung zwischen *TDatabase* und *TTable* beziehungsweise *TDatabase* und *TQuery* herzustellen, wird bei den drei Komponenten der fiktive Database-Name „DBLink" zugewiesen. Damit steht nach dem Aktivieren von TDatabase die Datenbankverbindungen auch den beiden anderen Komponenten im Formular zur Verfügung.

```
procedure TMainForm.BtnCreateTableClick(Sender: TObject);
begin
  Screen.Cursor := crHourGlass;
  try
    StatBar.SimpleText := 'TDatabase wird aktiviert...';
    Refresh;
    // Parameter der TDatabase-Instanz zuweisen
    IBDB.Params.Values['SERVER NAME'] := EditDBPath.Text;
    IBDB.Params.Values['USER NAME'] := EditUserName.Text;
    IBDB.Params.Values['PASSWORD'] := EditPassword.Text;
    // Verbindung zur neuen Datenbank herstellen
    IBDB.Open;
    // TQuery-Instanz erstellt die neue Tabelle
    QueryIB.SQL.Clear;
    QueryIB.SQL.Add('CREATE TABLE testtable ');
    QueryIB.SQL.Add('(KundenID INTEGER NOT NULL UNIQUE,');
    QueryIB.SQL.Add('Vorname CHAR(15), Nachname CHAR(30) NOT NULL)');
    StatBar.SimpleText := 'CREATE TABLE wird aufgerufen...';
    Refresh;
    QueryIB.ExecSQL;
    StatBar.SimpleText := 'CREATE TABLE war erfolgreich!';
    BtnCreateTable.Enabled := False;
```

```
    // TTable-Instanz zeigt den Inhalt der neuen (leeren) Tabelle
    TableIB.Open;
    BtnFillTable.Enabled := True;
  finally
    Screen.Cursor := crDefault;
  end
end;
```

Die von *TTable* geöffnete (leere) Tabelle wird zur Demonstration über *TQuery* mit 10 Datensätzen gefüllt.

```
procedure TMainForm.BtnFillTableClick(Sender: TObject);
const
  cINSERT   = 'INSERT INTO testtable VALUES';
  cVorname  = 'Manfred';
  cNachname = 'Mustermann';
var
  iRec : Integer;
begin
  Screen.Cursor := crHourGlass;
  try
    IBDB.StartTransaction;
    try
      for iRec := 1 to 10 do begin
        with QueryIB do begin
          SQL.Clear;
          SQL.Add(cINSERT);
          SQL.Add(Format('(%d, "%s", "%s")',
                         [iRec, cVorname, cNachname]));
          ExecSQL;
        end;
      end;
      IBDB.Commit;
    except
      IBDB.Rollback;
      raise
    end;
    TableIB.Refresh;
  finally
    Screen.Cursor := crDefault;
  end
end;
```

Das war schon alles. Die wirklich interessanten Stellen verbergen sich auch hinter der Unit „IB".

Die Implementierung in der Unit „IB"
Die Prozedure „CreateDatabase" erzeugt eine neue Datenbank auf dem InterBase-Server/LIBS. Als Parameter erwartet die Prozedur dabei den kompletter Pfadname für die neue Datenbank, den Benutzername für den Server sowie das Benutzerpaßwort für den Server, auf dem die neue Datenbank angelegt werden soll. Die Option „DEFAULT CHARACTER SET ISO8859_1" erzeugt eine für die deutschen Umlaute brauchbare Zeichensatzbehandlung. Dies wirkt sich auch auf die Sortierreihenfolge aus. Damit die Option wirksam wird, muß der *InterBase*-Treiber in der *BDE*-Konfiguration

auch entsprechend vorbereitet werden, dazu setzen Sie den Wert der Eigenschaft „LANGDRIVER" auf „Borland DEU Latin-1".

```
procedure CreateDatabase(DBName, User, Pswd: string);
var
  status: array[1..19] of longint;
  db, tran: plongint;
  rslt: longint;
  BaseSQL: string;
begin
  db := nil;
  tran := nil;
  BaseSQL := 'CREATE DATABASE "' + DBName + '" USER "' + User +
             '" PASSWORD ' + '"' + Pswd + '" ' +
             'DEFAULT CHARACTER SET ISO8859_1';
  // InterBase-API-Funktion aufrufen
  rslt := isc_dsql_execute_immediate(@status, db, tran, 0,
                                     PChar(BaseSQL), 1, nil);
  if rslt <> 0 then
    raise EDatabaseError.Create('Fehler beim ...);
  rslt := isc_detach_database(@status, db);
  if rslt <> 0 then
    raise EDatabaseError.Create('Fehler beim ....);
end;
```

Die *InterBase-API*-Funktion „isc_dsql_execute_immediate" sorgt dafür, daß der Server den SQL-Befehl ausführt. Gelingt dies, so ist das Programm gleichzeitig mit der neu erstellten Datenbank verbunden. Der zweite Aufruf „isc_detach_database" trennt die Verbindung wieder. Im Fehlerfall liefern die Funktionen einen Wert ungleich Null zurück. Im sogenannten *Status-Vector* in der Variablen „status" hat der InterBase-Server nähere Information zum Fehler abgelegt. Um diese Infos auszuwerten, stellt das *InterBase-API* gleich 5 Fehlerbehandlungsfunktionen bereit. Eine davon ist „isc_sql_interprete", die Funktion übersetzt einen InterBase-Fehlercode in einen Hinweistext. Weiteres entnehmen Sie bitte den Kommentarzeilen in den Projektdateien.

Selbstverständlich können Sie die neu erzeugte Datenbank auch wieder über das „DROP DATABASE"-Kommando löschen. Dazu müssen Sie sich vorher nur über die InterBase-API-Funktion „isc_attach_database" bei der Datenbank anmelden. Näheres dazu finden Sie in der Hilfedatei „ibapi32.hlp".

9.7.2 InterBase-Versioning in der Praxis

Im Kapitel 1 habe ich das Prinzip des *Versioning* bei der Beschreibung der Vorteile des *InterBase*-Servers bereits vorgestellt. Die Auswirkungen dieses Technik können Sie gleich einmal in der Praxis ausprobieren. Starten Sie dazu zwei Instanzen des im Workshop vorgestellten Beispielprogramms „libs1.exe". Dieses Programm greift über eine *TTable*-Instanz auf die Tabelle auf dem *InterBase SQL Server for Windows 95/NT* zu.

Ich gehe dabei davon aus, daß die BDE-Konfiguration für „SQLPASSTHRU MODE" noch auf dem Vorgabewert „SHARED AUTOCOMMIT" steht.

Fall 1: Der gleiche Datensatz wird nacheinander bearbeitet

In der Programminstanz „A" wird ein Datensatz geändert und über den Post-Button gespeichert. Das gleiche machen Sie nun für den gleichen Datensatz in der zweiten Programminstanz „B". Auch hier kann der Anwender die Änderung problemlos posten – obwohl doch seit dem Einlesen der Daten die Tabelle durch einen anderen Benutzer geändert wurde.

Fall 2: Der gleiche Datensatz wird gleichzeitig bearbeitet

In der Programminstanz „A" wird ein Datensatz geändert aber noch **nicht** über den Post-Button gespeichert! Intern „holt" sich die BDE beim Umschalten in den Editier-Modus den aktuellsten Stand des Datensatzes und speichert diesen im Datensatzpuffer auf dem Client-PC.

Nun ändern Sie in der Programminstanz „B" den gleichen Datensatz und speichern dies über den Post-Button ab. Dies gelingt problemlos – obwohl der Anwender „A" den gleichen Datensatz gerade bearbeit. Dies muß auch so sein, denn solange „A" nicht speichert, darf kein anderer Benutzer davon beeinflußt werden.

Versucht hingegen nun auch „A" zu speichern, so bekommt er die Fehlermeldung „Can't perform the edit because another user changed the record". Die BDE teilt ihm mit, daß bereits ein anderer Benutzer in der Zwischenzeit diesen Datensatz geändert hat. Damit verhindert der Server, daß ein Anwender die Änderungen eines anderen versehentlich überschreiben kann.

Nun will Benutzer „A" (also der, der die Fehlermeldung erhalten hat) den Datensatz aktualisieren, indem er den *Refresh*-Button im *TDBNavigator* aufruft. Auch dies gelingt nicht, da nunmehr die Fehlermeldung „Record/Key deleted" erscheint. Auch das ist völlig richtig, da die Tabelle einen zusammengesetzten Primärschlüssel verwendet, hat sich der Schlüssel für diesen Datensatz geändert. Der Anwender „A" kann somit nicht den „veralteten" Schlüsselwert verwenden, so daß er den zu ändernden Datensatz neu im Bestand suchen muß.

BDE im Hintergrund

Warum klappt der Fall 1 so problemlos, wenn es im zweiten Fall solche Schwierigkeiten gibt? Die Antwort auf diese Frage gibt die BDE (via *SQL Monitor*). Im Fall 1 kapselt die BDE das Einlesen der Daten sowie das Posten in jeweils getrennte Transaktionen. Damit tritt nur dann ein Zugriffsfehler auf, wenn zufällig zwei Anwender genau zum gleichen Zeitpunkt ihre Änderungen „posten". Beim Fall 2 ist es anders, mit dem Moduswechsel von TTable in den Edit-Modus „merkt" sich die BDE den gerade aktuellen Tabellenzustand und vergleicht dies beim Posten.

9.7.3 InterBase und die Fließkommazahlen

Nicht überall wo „NUMERIC" draufsteht ist auch „NUMERIC" drin. Auf diese kurze Formel kann man durchaus das Thema „InterBase und die Fließkommazahlen" bringen. Der *InterBase SQL Server* verhält sich hier eigenartig, wobei es sich allerdings keinesfalls um einen Bug handelt. Die bei *Borland* beschäftigen Entwickler scheinen nur etwas cleverer zu sein als andere. Das Problem verdeutlicht die folgende Tabelle:

Tabelle 9.26: Wie speichert der InterBase SQL Server bestimmte numerische Typen?

Deklarierter Datentyp	Vom Server verwendeter Datentyp
NUMERIC	INTEGER
NUMERIC(4)	SMALLINT
NUMERIC(9)	INTEGER
NUMERIC(9,2)	INTEGER
NUMERIC(10)	DOUBLE PRECISION
DECIMAL	INTEGER
DECIMAL(4)	INTEGER
DECIMAL(9)	INTEGER
DECIMAL(9,2)	INTEGER
DECIMAL(10)	DOUBLE PRECISION

Wie denn das? In einer als *DECIMAL(9,2)* deklarierten Tabellenspalte können Sie zum Beispiel den Wert „2,50" ablegen. Wie kann der Server diese Zahl als *INTEGER* speichern? Der Datentyp *INTEGER* verwaltet doch Ganzzahlen? Nun – der *InterBase SQL Server* macht genau das, was Computer am besten können – er rechnet! Über die Berechnungsformel „Wert dividiert durch (10 hoch Nachkommastellen)" ergibt sich der Rechenschritt „2,50 / 100". Vom Ergebnis werden nur die Nachkommastellen berücksicht – damit erhält der Server eine Ganzzahl. Beim Auslesen der Daten aus derartigen Tabellenspalten wird der Rechenschritt rückgängig gemacht. Dieser Aufwand hat gleich zwei Vorteile – zum einen wird kein Speicherplatz in der Datenbank verschwendet, der Server wählt automatisch den Datentyp mit dem geringsten Platzverbrauch aus. Und zum anderen umgeht der Server die gefürchteten Rundungsfehler, bei bei der Fließkommazahlen im *IEEE*-Format auftreten.

 Es gilt auch hier die Hausfrauenregel: „Fließkommazahlen zum Wiegen und Messen", und „Ganzzahlen zum Zählen" verwenden. Aus diesem Grund ist die Deklaration DECIMAL(9,2) auch gut für ein Währungsfeld geeignet (es sei denn, Sie müssen größere Geldbeträge als 21 Millionen DM verwalten).

Immer dann, wenn Sie „unerwartete" Zahlen beim *SELECT* zurückbekommen, sollten Sie ihre Tabellenstruktur prüfen. Sie können sich jederzeit über den *SQL Explorer* davon überzeugen, welchen Typ der SQL-Server für eine Tabellenspalte verwendet. Benötigen Sie unbedingt eine Tabellenspalte vom Typ *DOUBLE PRECISION*, sollten Sie bei Rundungsfehlern die *BDE*-Eigenschaft *BCD* für den jeweiligen Alias auf „True" setzen. Die *BDE* kann allerdings hier nicht zaubern, wurden erst einmal falsch gerundete Zahlen in der Tabelle gespeichert, wird auch dann das Ergebnis nicht hundertprozentig korrekt sein.

9.7.4 InterBase CHAR vs VARCHAR vs BLOB

Der *InterBase SQL Server* kennt nur zwei „vordefinierte" Feldtypen für alphanumerische Spalten einer Tabelle – *CHAR* und *VARCHAR*. Beide Typen können bis zu 32000 Zeichen Text aufnehmen, allerdings beschränkt die *BDE* die maximale Länge auf 255. Im Gegensatz zu anderen SQL-Servern werden beide Typen intern vom *InterBase SQL Server* gleich behandelt, nur das zurückgelieferte Ergebnis unterscheidet sich. Damit belegt ein *CHAR*-Feld genau den gleichen Platz in der Datenbank wie ein *VARCHAR*-Feld, so daß dieses Entscheidungskriterium wegfällt.

Tabelle 9.27: Unterschiede zwischen CHAR und VARCHAR in der Praxis

Deklaration	Inhalt	Zurückgelieferte Zeichenkette
CHAR(20)	„Test"	„Test_____" („_" steht für ein Leerzeichen)
VARCHAR(20)	„Test"	„Test"

Sollten die Daten in einem einfachen Listenausdruck zu Papier gebracht werden, so sorgen *CHAR*-Felder automatisch bei einer Nichtproportionalschrift für ausgerichtete Spalten. Benötigen Sie hingegen die Daten für ein Anschriftsfeld, so stören die Leerzeichen des *CHAR*-Feldes. Bei einem *VARCHAR* liefert der Server hingegen nur die tatsächlich gespeicherten Zeichen zurück.

Für den Fall, daß Sie keine Obergrenze für die Zeichenanzahl festlegen wollen, bleibt als Alternative der Datentyp *BLOB* übrig.

 InterBase kennt „offiziell" keinen MEMO-Datentyp. Umgangssprachlich wird immer dann der Begriff „MEMO" verwendet, wenn in VAR- bzw. VARCHAR-Feldern Text gespeichert werden soll, der länger als 255 Zeichen ist.

In der Beispieldatenbank „employee.gdb" des *InterBase SQL Servers for Windows95/NT* finden Sie die Tabelle „project". Über das Tool *InterBase Interactive SQL* rufen Sie die Meta-Informationen für diese Tabelle ab.

```
CREATE TABLE PROJECT (PROJ_ID PROJNO NOT NULL,
       PROJ_NAME VARCHAR(20) NOT NULL,
       PROJ_DESC BLOB SUB_TYPE TEXT SEGMENT SIZE 800,
       TEAM_LEADER EMPNO,
       PRODUCT PRODTYPE,
UNIQUE (PROJ_NAME),
PRIMARY KEY (PROJ_ID));
```

Die Spalte „proj_desc" ist als *BLOB*-Typ deklariert. Ein *BLOB* kann sowohl Text als auch binäre Daten enthalten, daher definiert das Schlüsselwort „SUB_TYPE TEXT" dieses *BLOB*-Feld als reines Zeichenfeld. Dieser Sub-Type legt nur fest, in welcher Form der SQL-Server die abgerufenen Daten zurückliefern soll.

Sie können selbstverständlich auch in derartigen BLOB-Feldern nach Daten suchen. Dazu stehen sogar zwei Alternativen zur Verfügung.

```
SELECT * FROM project WHERE proj_desc CONTAINING 'prototyp'
SELECT * FROM project WHERE proj_desc LIKE '%Prototyp%'
```

Die Suche über das Schlüsselwort *CONTAINING* findet alle Datensätze, in denen die angegebene Zeichenkette vorkommt. Dabei spielt die Groß-/Kleinschreibweise keine Rolle.

Im Gegensatz dazu unterscheidet *LIKE* sehr wohl zwischen der Schreibweise, so daß die zweite Abrage nur die Datensätze findet, in denen der Suchbegriff auch exakt so enthalten ist.

9.7.5 Datenbank-Constraint's über mehrere Spalten

In einer Client/Server-Umgebung sollte der Server für die Einhaltung der sogenannten *Business Rules* verantwortlich sein. Nur dann, wenn der *SQL-Server* das letzte Wort bei einer Plausibilitätsprüfung hat, stellen Sie sicher, daß die Datenintegrität auch dann gewahrt bleibt, wenn der Anwender mit einem anderen Tool (SQL) auf die Datenbank zugreift.

Einen solchen Fall demonstriert die Tabelle „test2" in der Datenbank „franzis.gdb". Diese Tabelle verwaltet zu einer Kundennummer die Zahlweise, wobei entweder die Spalte „VISA" oder die Spalte „MASTERCARD" ausgefüllt werden muß. Eine einfache spaltenbezogene Plausibilitätsprüfung reicht in diesem Fall nicht aus, da ja zwei Tabellenspalten auszuwerten sind. Diese Tabelle wurde über den *SQL-Explorer* vollständig visuell zusammengeklickt, wobei der SQL-Explorer die folgenden SQL-Befehle zum *InterBase SQL Server* schickte:

```
/*   Table TEST2    */
CREATE TABLE TEST2 (
   KNDID INTEGER NOT NULL,
   VISA CHAR(18),
   MASTERCARD CHAR(18)
)
/*   PrimaryKey PRIMARYKEY1    */
ALTER TABLE TEST2
   ADD CONSTRAINT PRIMARYKEY1
   PRIMARY KEY (KNDID)
```

Ohne weitere Eingriffe können zwei Fehlersituationen auftreten, die zu einem inkonsistenten Datenbestand führen:

1. Der Anwender füllt weder die Spalte „VISA" noch die Spalte „MASTERCARD" aus.
2. Der Anwender füllt sowohl die Spalte „VISA" als auch die Spalte „MASTERCARD" aus.

Über einen sogenannten *CHECK-CONSTRAINT* beauftragen Sie die Datenbank, auf die beiden Fehlersituationen mit einer Fehlermeldung zu reagieren.

```
ALTER TABLE test2 ADD CONSTRAINT c_zahlart
CHECK (((visa IS NOT NULL) AND (mastercard IS NULL))
   OR ((visa IS NULL) AND (mastercard IS NOT NULL)))
```

Ein Datensatz kann somit nur dann gespeichert werden, wenn nur eine der beiden Spalten für die Zahlweise vom Anwender ausgefüllt wurde.

Der InterBase SQL Server implementiert diesen CHECK-CONSTRAINT intern über einen Trigger. Im SQL-Explorer finden Sie daher auch diese Trigger-Deklaration vor, die der Server automatisch eingebunden hat: CREATE TRIGGER CHECK_3 FOR TEST2 BEFORE INSERT POSITION 0 CHECK (((visa IS NOT NULL) AND (mastercard IS NULL))   OR ((visa IS NULL) AND (mastercard IS NOT NULL)))

9.7.6 Datenbank-Benutzer auflisten

Möchten Sie zu jeder Zeit wissen, wer gerade mit der Datenbank arbeitet, so stehen auch dafür verschiedene Optionen offen. Zum einen bietet das *InterBase-API* die gleichen Informationen an, die Sie auch über den *InterBase Server Manager* abrufen können. Einfacher – und flexibler – ist die Lösung über eine zusätzliche Login-Tabelle in der Datenbank.

```
CREATE TABLE LOGINTBL (
  DATUM DATE NOT NULL,
  BENUTZER CHAR(8) NOT NULL)
```

Gleich beim Programmstart setzen Sie dann den folgenden SQL-Befehl ab.

```
INSERT INTO logintbl VALUES("Now", User)
```

Sowohl „Now" als auch „User" sind SQL-Schlüsselwörter, die zur Laufzeit automatisch mit ihren aktuellen Werten initialisiert werden. „Now" liefert das aktuelle Datum sowie die aktuelle Uhrzeit zurück, während „User" den Benutzernamen bereitstellt. Warum allerdings *Now* in Anführungszeichen gesetzt werden muß und *User* nicht, bleibt wohl für immer ein *InterBase*-Geheimnis.

Damit der Tabelleninhalt auch wirklich nur die angemeldeten Datenbankbenutzer auflistet, müssen Sie natürlich auch beim Programmende den Benutzer aus der Login-Tabelle entfernen.

```
DELETE FROM logintbl WHERE benutzer = User
```

Der *DELETE*-Aufruf entfernt alle Datensätze für den Benutzernamen, damit beseitigen Sie automatisch auch die Probleme, die nach einem Programmabsturz auftreten können. Wird das Anwendungsprogramm nicht ordnungsgemäß beendet, so bleiben „Benutzer-Leichen" in der Login-Tabelle zurück, die beim nachfolgenden Abmelden gleich mit beseitigt werden.

9.8 Performance Tips

Eine Client/Server-Datenbank auf einem *SQL-Server* wird in der Regel immer dann eingerichtet, wenn an die Leistungsfähigkeit und Systemstabilität höhere Anforderungen gestellt werden. Dabei erhält man eine optimale Leistung nicht einfach so – einige Aspekte muß der Entwickler schon selbst berücksichtigen. Obwohl ich alle Tips nur auf den *InterBase SQL Server* beziehe, gelten doch viele der Hinweise auch dann, wenn Sie einen anderen SQL Server verwenden.

9.8.1 Allgemeine Hinweise zur BDE

Unabhängig davon, auf welchen SQL-Server zugegriffen wird, gelten allgemeine Empfehlungen für das Erreichen der besten Datenbank-Performance:

1. Die BDE-Eigenschaft *LOCAL SHARE* (BDE-Adminstrator | Seite „Config" | Punkt „System INIT") sollte auf dem Standardwert „False" bleiben. Der Eintrag „True" ist nur dann gerechtfertigt, wenn Anwendungen nicht über die *Borland Database Engine* auf dBASE- oder *Paradox*-Tabellen zugreifen. Auch beim Zugriff auf SQL Server aus einem Delphi-Programm heraus legt die *Borland Database Engine* unter Umständen temporäre Tabellen im Paradox-Format an!

2. Nach Möglichkeit sollte die Alias-Konfigurationsoption *ENABLE SCHEMA CACHE* auf „True" geschaltet werden. Damit speichert die *BDE* Informationen über die Datenbankstruktur lokal in dem über *SCHEMA CACHE DIR* festgelegten Verzeichnis ab. Das hat den Vorteil, daß bei jedem Öffnen von *TTable* beziehungsweise *TQuery* die BDE nicht erst via SQL die Datenbankstruktur

jedesmal aufs Neue einlesen muß. Über den Eintrag *SCHEMA CACHE TIME* legen Sie fest, wie lange die gecachten Daten gültig sind. Der Vorgabewert „-1" sorgt dafür, daß die BDE die Datenbankstruktur bei jedem Programmstart neu einliest. Das Aktivieren ist jedoch nur dann sinnvoll, wenn die Datenbankstruktur nicht zur besten Bürostundenzeit häufig geändert wird.

3. Beim Import großer Datenmengen in die Datenbank sollten Sie einen Blick auf den Alias-Konfigurationsparameter *BATCH COUNT* werden. Dieser Wert legt fest, wieviel Datensätze über eine Transaktion importiert werden. Der Vorgabewert steht auf 200 Datensätze.

4. Der SQLPASSTHRU-Mode *SHARED NOAUTOCOMMIT* in Verbindung mit der in eigener Regie vorgenommenen expliziten Transaktionssteuerung ist zwar für den Entwickler mühsamer, dafür aber für den Anwender besser (weil schneller). Im Gegensatz zu Delphi und der BDE kann der Anwendungsentwickler die Transaktionen dosiert einsetzen, während Delphi bei der impliziten Steuerung das Gießkannenprinzip verwendet.

9.8.2 InterBase-Optimierung

InterBase-Parameter DATABASE CACHE

Der Parameter *DATABASE CACHE* gilt jeweils für jede verwendete Datenbank, auch hier unterscheidet sich der *InterBase SQL Server* von anderen SQL-Servern (die den Cache für alle aktiven Datenbanken gemeinsam verwenden). Der Standardwert beträgt daher auch nur 256 Seiten je Datenbank. Bei einer Seitengröße von 1 kByte ordnet der Server also nur 256 kByte Speicher für den Datenbank-Cache zu – ein Wert, der wohl in den meisten Fällen erhöht werden kann. Einen höheren Wert ordnen Sie über den *Properties*-Dialog zu. Ab der InterBase-Version 4.0 teilen sich jedoch alle Client-Sessions diesen Datenbank-Cache, so daß der belegte Speicher nur von der Anzahl der angesprochenen Datenbanken abhängt.

Disk-Cache

Die meisten Betriebssysteme bieten gepufferte Schreibzugriffe auf Festplatten an. Damit sammelt das Betriebssystem mehrere Zugriffe auf der Platte bis zu einem geeigneten Zeitpunkt. Jeder wird wohl bereits in eigener Erfahrung bemerkt haben, welche Leistungssteigerung diese Option für alle Softwareprogramme ermöglicht. Diese Leistungssteigerung hat allerdings auch einen Nachteil – beim plötzlichen Rechnerausfall werden sich mit hoher Wahrscheinlichkeit noch Daten im Cache befinden, die noch nicht auf die Festplatte geschrieben wurden. Die häufigste Ursache für derartige Ausfälle sind Stromversorgungsprobleme – dieses Risiko kann nur durch eine unterbrechungsfreie Stromversorgung (engl. *Uninterruptible Power Supply*) minimiert werden.

Betreiben Sie Ihren SQL Server an einer *UPS*, sollten Sie einen Leistungsvergleich bei aktiviertem Cache in Betracht ziehen. Über das InterBase-Tool „GFIX.EXE" legen Sie für eine InterBase-Datenbank fest, ob der Server den asynchronen I/O-Zugriff verwenden soll oder den synchronen I/O-Zugriff:

Tabelle 9.28: Schreib-Cache für eine Datenbank aktivieren

GFIX-Aufruf	Bedeutung
GFIX -WRITE SYNC c:\database\sm.gdb	Schaltet den Schreib-Cache ab, der InterBase-Server erzwingt das sofortige Schreiben.
GFIX -WRITE ASYNC c:\database\sm.gdb	Aktiviert den Schreib-Cache für diese Datenbank, d.h. der InterBase-Server übergibt alle Schreibzugriffe dem Cache des Betriebssystems.

Neben dem Kommandozeilen-Tool stehen Ihnen natürlich auch der *InterBase Server Manager* für diese Konfiguration zur Verfügung. Das entsprechende Dialogfenster finden Sie über den Menüaufruf „Maintenance I Database Properties...". Als Vorgabewert ist die Checkbox „Enabled Forced Writes" markiert, d.h. der Schreib-Cache ist abgeschaltet.

Auswahl des Betriebssystems

Wenn die Datenbankleistung das wichtigste Kriterium bildet, sollten Sie den *InterBase SQL Server* auf einer *UNIX*-Maschine laufen lassen. Das Betriebssystem *UNIX* ist in Hinsicht auf Multitasking scheller als *Windows NT* oder *Novell Netware*. Allerdings haben Sie unter *UNIX* keine Möglichkeit, mit Delphi eine *UDF*-Funktion für den InterBase-Server zu schreiben.

Die größten Leistungseinbußen erhalten Sie immer dann, wenn der SQL Server auf einem *Novell* Fileserver betrieben wird. Beim Betriebssystem *Novell Netware* werden die sogenannten *File Service* bevorzugt, damit wird ein *InterBase-NLM* wie alle anderen NLM's auch immer dann in den Hintergrund gedrängt, wenn irgend ein Novell-User einen Dateizugriff verursacht. Wenn es unbedingt ein Novell Netware-Server sein muß, sollten Sie unbedingt einen zweiten dezidierten Server für den *InterBase SQL Server* vorsehen.

Damit bleibt nur *Windows NT* als sinnvolle Alternative übrig. Beachten Sie jedoch dabei bitte, daß auch *NT* in der Voreinstellung die Dateidienste bevorzugt. Über das *Control-Panel* sollten Sie für die Einstellung „Network I Installed Network Software I Configure" die Einstellung „Database Server" auwählen.

9.8.3 Logische Datenbankstruktur

Die Optimierung der Datenbankleistung beginnt bereits beim Festlegen der logischen Datenbankstruktur, neben einem geeigneten (d.h. normalisierten) Datenmodell ist auch der effiziente Einsatz von Indizes von gravierender Bedeutung. Auch wenn Sie sich immer über die Anzeige des Ausführungsplans von der optimalen Variante überzeugen sollten, gelten doch in den meisten Fällen die folgenden allgemeinen Tips:

- Nur bei der *referenziellen Integrität* legt der *InterBase SQL Server* selber Indizes an. Dies betrifft den *Primärschlüssel* (UNIQUE INDEX) der Tabelle sowie die verwendeten *Fremdschlüssel*. Sie sollten daher für diese Tabellenspalten **keine** eigenen Indizes definieren.

- Legen Sie einen *Index* für alle die Tabellenspalten an, die für einen Tabellen-Join (ohne referenzielle Integrität) oder für eine Sortierung verwendet werden.

- Soll eine Tabellenspalte einmal aufsteigend und ein anderes Mal absteigend sortiert werden, so benötigen Sie zwei Indizies mit der entsprechenden Sortierordnung (ASCENDING und DESCENDING). Beachten Sie dabei unbedingt, daß die *Borland Database Engine* ein Browsen im *TDBGrid* für SQL Server in den meisten Fällen durch die Simulation der auf- und absteigenden Sortierreihenfolge nachbildet. Ist die Anwendung beim Blättern im TDBGrid langsam, sollten Sie für das Schlüsselfeld sowohl einen aufsteigenden als auch einen absteigenden Index anlegen.

9.8.4 Kurzzeitige Transaktionen

Neben dem *SQL Server* spielt natürlich auch der *Client* – also das Delphi-Anwendungsprogramm – eine wichtige Rolle. Generell sollte eine *Transaktion* so kurz wie möglich aktiv sein. Auch aus diesem Grund kapseln die *VCL*-Datenbankkomponenten alle Datenbankzugriffe in kurze Transaktionen (soweit der *SQLPASSTRUH*-Modus „SHARED AUTOCOMMIT" nicht geändert wurde).

9.8.5 Datenbankpflege

Eine SQL-Datenbank benötigt wie auch Ihr Auto regelmäßige Wartungstermine, wobei der Abstand zwischen diesen Terminen von der Beanspruchung abhängigt. Dabei zählen nur die *INSERT*-, *UPDATE*- oder *DELETE*-Zugriffe, damit sind also nur die Änderungen am Datenbankbestand kritisch.

Database Statistics

Am Anfang sollten Sie über den *InterBase Server Manager* die *Datenbank-Statistik* öfter abfragen. Dabei sind nur die detaillierten Informationen von Interesse, die Sie über den Menüpunkt „View | Database Analysis" aus dem Fenster „Database Statistics" abfordern.

Average Fill
In der Anzeige suchen Sie die Tabelle der Datenbank, die am häufigsten von Änderungen betroffen ist. Ist der für den Eintrag „Average Fill" angezeigte Wert kleiner als 60%, sollten Sie die Datenbank über *Backup* und *Restore* reorganisieren. Führt dies zu keiner nennenswerten Verbesserung, sollte die Erhöhung der Seitengröße auf den nächst höheren Wert versucht werden. In der Abb. 9.28 sehen Sie einen Auszug für die bereits vorgestellte Datenbank „sm.gdb".

```
SM_KURS (33)
    Primary pointer page: 222, Index root page: 223
    Data pages: 225, data page slots: 225, average fill: 69%
    Fill distribution:
       0 - 19% = 1
      20 - 39% = 0
      40 - 59% = 0
      60 - 79% = 224
      80 - 99% = 0
```

Die Tabelle „sm_kurs" belegt 225 Seiten in der Datenbank, wobei diese Seiten durchschnittlich zu 69 Prozent gefüllt sind. Von diesen 225 Seiten sind 224 Seiten zu 60...79% gefüllt, nur die aktuelle Seite ist noch fast leer.

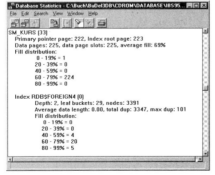

Abb. 9.28: Der Zustand der Datenbank wird untersucht

Indizes
Der *InterBase SQL Server* verwendet für die Indizes eine Variante der sogenannten *B-Tree-Indizies*. Über die Eigenschaft *Depth* wird die Tiefe des Verzweigungsbaums angegeben. Normalerweise sollte der hier angezeigte Wert kleiner als 3 sein. Finden Sie einen größeren Wert vor, wird es Zeit, den Index neu aufzubauen. Um einen *normalen Index* neu aufzubauen, setzen Sie die beiden folgenden SQL-Befehle ab.

```
ALTER INDEX indexname INACTIVE;
ALTER INDEX indexname ACTIVE;
```

Verringert sich der Wert in der Spalte *Depth* nach dem Neuaufbau nicht, sollten Sie auch hier die Größe der Datenbankseite auf den nächsten höheren Wert ändern.

```
Index RDB$FOREIGN4 (0)
        Depth: 2, leaf buckets: 29, nodes: 3391
        Average data length: 0.00, total dup: 3347, max dup: 101
        Fill distribution:
             0 - 19% = 0
            20 - 39% = 0
            40 - 59% = 4
            60 - 79% = 20
            80 - 99% = 5
```

Im Beispiel ist allerdings der Index „RDB$FOREIGN4" zu sehen, dieser Index gehört als Fremdschlüssel zur *referenziellen Integrität* der Datenbanktabelle und kann daher nicht über den *ALTER INDEX*-Befehl neu aufgebaut werden! Hier hilft ebenfalls nur ein *Backup* und *Restore* der kompletten Datenbank.

Backup und Restore

Von jeder Datenbank sollte regelmäßig ein *Backup* über die InterBase-Tools angelegt werden. Achten Sie dabei darauf, daß nach Möglichkeit kein anderer Benutzer mit der Datenbank arbeitet. Beim *Backup* wird die Datenbank sequentiell gelesen, damit tritt der *Garbage Collector* garantiert in Aktion. Ein *Backup* wird als einzelne Transaktion interpretiert, wobei nur die bestätigten Versionen (und damit nur eine Version pro Datensatz) gesichert werden.

Außerdem sollte jede stark beanspruchte Datenbank in regelmäßigen Abständen reorganisiert werden. Dazu fahren Sie die Datenbank herunter, legen ein *Backup* an und spielen dieses über *Restore* als neue Datenbank zurück. Damit beseitigen Sie nicht nur eine eventuell vorhandene *Fragmentierung* der Datenbank, sondern der *SQL Server* baut auch alle *Indizies* neu auf und aktualisiert die internen Statistikinformationen für den *Optimizer*. Dies gilt insbesondere immer dann, wenn relativ viele Daten gelöscht wurden. Damit nimmt auch der *Optimizer* von den eventuell in der Zwischenzeit geänderten Bewertungsgrundlagen Kenntniss.

Ein *Restore* erfüllt auch alle Aufgaben eines *Sweeps* der Datenbank, d.h. nach dem Restore existiert nur eine Version von jedem Datensatz.

Eine *Backup* mit anschließendem *Restore* sollte auch dann vorgenommen werden, wenn die Tabellenstruktur der Datenbank geändert wurde. Auch hier verwaltet der *InterBase SQL Server* die Daten in verschiedenen Versionen, d.h. eine Strukturänderung hat keine physikalische Konvertierung der Datensätze zur Folge! Statt dessen „berechnet" der Server die Daten für ein *ResultSet* bei jeder Abfrage neu. Erst bei einem Restore legt der Server die Daten gleich in der neuen Struktur auf den Datenbankseiten ab, so daß zur Laufzeit keine Umwandlungen notwendig sind.

9.9 Resümee

Damit haben Sie nun auch das letzte und schwierigste Kapitel in diesem Buch geschafft. Ich hoffe doch, daß die gewählte Mischung aus Theorie und Informationen und Tips aus der Praxis Ihren Erwartungen entsprochen hat. Möchten Sie mehr „Input" zu diesem Thema, so kommen Sie nicht umhin, andere Wissensquellen anzuzapfen. Die folgende Aufstellung soll Ihnen dazu als Anregung dienen:

1. Borland's Beispielprogramme aus den „Demos\DB"-Unterverzeichnissen.
2. Delphi-Handbuch „Borland Delphi – Handbuch Entwicklung von Datenbankanwendungen"
3. Delphi-Handbuch „Borland InterBase Server – Getting Started"
4. Delphi-Handbuch „Borland InterBase – Data Definition Guide"
5. Delphi-Handbuch „Borland InterBase – Language Reference". Die drei zuletzt genannten Bücher finden Sie im Handbuchsatz der *Client/Server-Suite* oder im gesondert bestellbaren *Doc-Pack* zu Delphi.
6. Borland's Homepage auf dem *WWW*: „http://www.borland.com"
7. Der halboffizielle Listserver „interbase@esunix1.emporia.edu" ist ein Insider-Tip. Neben den InterBase-Freaks melden sich regelmäßig auch die Entwickler aus der R&D-Abeilung (engl. *Research and Development*) von Borland zu Wort. Um sich in die eMail-Verteilerliste für diesen Listserver aufnehmen zu lassen, müssen Sie nur eine eMail an die folgende Adresse schicken: „LISTPROC@esunix1.emporia.edu". In dieser eMail muß weiterhin die Zeichenkette „subscribe INTERBASE *Ihr_Vorname Ihr_Nachname*" stehen.

Anhang

Fehlt da was ?

Dieses Buch ist ein Lösungsbuch und erhebt damit nicht den Anspruch, auf alle Aspekte der Datenbankentwicklung einzugehen. Es ist daher nur zu verständlich, wenn Sie das eine oder andere hier im Buch vergeblich gesucht haben. Für dieses Problem stehen nur drei Alternativen offen. Zum einen setzen Sie sich mit dem Verlag in Verbindung und teilen dort Ihre Anregung mit (eine passende Postkarte liegt sicherlich wieder bei), vielleicht wird das Problem in einer späteren Auflage behandelt. Da in der heutigen Zeit überall das Stichwort Datenautobahn und Internet in aller Munde ist, erwähne ich diese Begriffe auch hier in meinen Buch. Ihre Anregungen oder Fragen können Sie selbstverständlich auch über die Datenautobahn zum Internet – sprich meiner eMail-Adresse „OssiSoft@aol.com" – schicken. Die dritte Alternative ist die preiswerteste, sie verursacht keine zusätzlichen Kosten. Borland hat zusammen mit Delphi viele Beispielprojekte auch zum Thema Datenbankentwicklung ausgeliefert. Daher mein Vorschlag – schauen Sie sich einmal diese Beispiele etwas genauer an.

Neue Feature's von Delphi 3?

Beim Verfassen meiner Bücher versuche ich, nicht noch eine „Kopie" der Originalhandbücher zu schreiben. Derartige Bücher finden Sie leider zu oft im Bücherregal, so daß ich Sie einfach auf die Originaldokumentation von Delphi verweise. Sind Sie damit allerdings nicht zufriedengestellt, kann ich Ihnen nur anbieten, mein nächstes Buch mit dem Titel „Delphi 3 Lösungen" zu kaufen. Auch dieses Buch erscheint im Franzis-Verlag. Dort finden Sie viele der Themen vor, die aus Platzmangel im Datenbankbuch nicht angesprochen werden konnten.

Borland's Technische Informationen

Den Leuten bei Borland ist natürlich klar, daß es nicht ausreicht, einfach ein gutes Produkt zu entwickeln und zu verkaufen. Gerade die Käufer von Software-Entwicklungssystemen erwarten ein Mindestmaß an Hilfe und Unterstützung. Oftmals reicht im hektischen Alltagsgeschäft einfach die Zeit nicht aus, um gezielt nach bestimmten Lösungsmöglichkeiten zu suchen. Viele der dabei am häufigsten auftretenden Probleme berücksichtigt Borland durch die Herausgabe der sogenannten „Technischen Informationen" für Delphi-Anwender. Sie finden diese Info's auf den Web-Seiten von Borland, in den Mailboxen des „Borland NET" sowie auf den CD-ROMs der verschiedenen Programmierer-Fachzeitschriften am Markt. Damit Sie jedoch nicht unnötig viel Zeit bei der Suche vergeuden müssen, habe ich diese TI's in einer Delphi-Datenbankanwendung verpackt.
Diese Datenbankanwendung finden Sie im Verzeichnis „Kapitel 8\TechInfo" auf der CD-ROM. Das Programm greift über den Alias „TechInfo" auf die ca. 1 MByte große Datenbank zu, die Sie auf der CD-ROM im Verzeichnis „Database\TechInfo" finden. Vor dem ersten Zugriff sollten Sie die Datenbankdateien jedoch auf ein beschreibbares Medium kopieren.
Die Anwendung demonstriert zudem den Einsatz der neuen *TDBRichEdit*-Komponente.

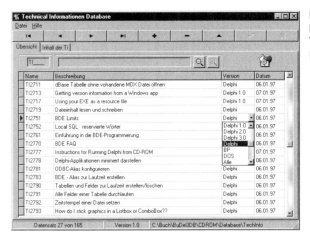

Die Wissensdatenbank zu Borland's Technischen Informationen

Die Datenbank soll dazu dienen, schnell Informationen zu einem bestimmten Begriff abzurufen. Zum einen können Sie direkt über die TI-Nummer suchen, dazu tippen Sie die vierstellige Zahl im linken Eingabefeld ein und drücke „Return". Die TI-Nummer bildet den Primärschlüssel der Tabelle, so daß der Datensatz sehr schnell gefunden wird.

Suchen Sie hingegen einen Begriff, so steht dazu das rechte, längere Eingabefeld zur Verfügung. Sobald Sie hier die Suche mit „Return" starten, durchsucht das Programm sowohl das alphanumerische Beschreibungsfeld als auch das Memo-Feld der Tabelle nach dem Suchbegriff.
Die im Programm verwendeten Techniken habe ich bereits im Buch weitgehend vorgestellt. Die neue *TDBRichEdit*-Komponente zur Darstellung von formatierten Memo-Text wird genau so einfach wie alle anderen Datendialogelemente eingebunden. Die Komponente kann Text aus einer Datei einlesen, den formatierten Text ausdrucken, auf die rechte Maustaste reagieren und vieles mehr.

Literaturquellen

Ich gebe es zu – vieles habe ich mir im Laufe meiner Beschäftigung mit diesem Gebiet angelesen. Glauben Sie niemanden, der dies leugnet. Für den Fall, daß Sie die Zeit finden, sich etwas tiefgründiger einzuarbeiten, stelle ich Ihnen die meiner Meinung nach ergiebigsten Wissensquellen vor.

Thema Win32

Microsoft Developer Network (MSDN)
Abonnenten des MSDN werden von Microsoft vierteljährlich mit einer Flut von CDROMs überschüttet, auf denen alles Wissenswerte zum Thema Windowsprogrammierung enthalten ist. Im April 1996 hat Microsoft dazu das Vertriebskonzept umgestellt:

Alte Bezeichnung	Neue Bezeichnung	Umfang
Level 1	Library Subscripton	2 CD-ROM + Zeitschrift
Level 2	Professional Subscription	15..20 CD-ROMs + Zeitschrift
Level 3	Enterprise Subscription	über 20 CD-ROMs + Zeitschrift

Obwohl Sie dort kein einziges Beispielprogramm in Pascal finden werden, bietet das MSDN auch für den Delphi-Entwickler ein wahres Füllhorn von Wissen. Sie müssen dabei nicht unbedingt gleich zum

Abo greifen, über das »MSDN Library Single Edition«-Paket erwerben Sie eine Einzelausgabe. Neben Microsoft sollen in Zukunft auch andere Softwarehändler das MSDN vertreiben.

Jeffrey Richter: Windows Programmierung für Experten
Microsoft Press Deutschland 1995; ISBN 3-86063-336-8; 98,00 DM
Der Entwicklerleitfaden zum Win32-API für Windows 95 und Windows NT.

Adrian King: Inside Windows 95
Microsoft Press Deutschland 1995; ISBN 3-86063-350-3; 59,00 DM
Verständliche Einführung in die Architektur von Windows 95. Dieses Buch beantwortet so manche Fragen, warum Windows 95 noch so sehr an das 16-bittige Windows und vor allem an MS-DOS angelehnt ist.

Thema Datenbanken und SQL

Gottfried Vossen: Datenmodelle, Datenbanksprachen und DBMS
Addison-Wesley 1994; ISBN 3-89319-566-1; 79,90 DM
Eine staubtrockene theoretische Abhandlung der Datenbankmanagementsysteme. Gut geeignet für Mathe-Freaks.

Gregor Kuhlmann, Friedrich Müllmerstadt: SQL – Eine strukturierte Einführung
rororo SYSTHEMA 1994; ISBN 3 634 19289 5; 19,90 DM
Ein kleines Taschenbuch mit großem Praxisnutzen (auch wenn dort Delphi, die BDE beziehungsweise Borland's InterBase-Server mit keinem Wort erwähnt werden).

Thema Delphi

bis 12. Platz: Die Handbücher zu Delphi
Neben den Standardhandbüchern vertreibt Borland auch zusätzliche Pakete für Datenbankentwickler (Sie müssen dazu nicht gleich die Client/Server-Suite mitkaufen). Näheres erfahren Sie beim Customer-Service von Borland.

Borland Deutschland GmbH (Hrsg): Borland Delphi 2.0 – Das Buch
tewi-Verlag 1995; ISBN 3-89362-408-2; 89,00 DM
Wegen Befangenheit verweigere ich hierzu die Ausage (bei einem beteiligten Co-Autor gehört sich das auch so).

Andreas Kosch: „Delphi – Lösungen 16-Bit"
Franzis Verlag 1995; ISBN 3-7723-5772-5; 78,00 DM

Andreas Kosch: „Delphi Lösungen – Datenbankentwicklung 16-Bit"
Franzis Verlag 1996; 416 Seiten; ISBN 3-7723-5792-X; 69,00 DM

Andreas Kosch: „Delphi Lösungen – Datenbankentwicklung 32-Bit"
Franzis Verlag 1996; 480 Seiten; ISBN 3-7723-5883-7; 78,00 DM

Andreas Kosch: „Delphi 2.0 Lösungen"
Franzis Verlag 1996; 441 Seiten; ISBN 3-7723-4172-1; 78,00 DM

SQL-Schlüsselwörter für die lokale SQL

Die Borland Database Engine definiert die folgenden Begriffe als Schlüsselwörter der lokalen SQL:

A ACTIVE, ADD, ALL, AFTER, ALTER, AND, ANY, AS, ASC, ASCENDING, AT, AUTO, AUTOINC, AVG

B BASE_NAME, BEFORE, BEGIN, BETWEEN, BLOB, BOOLEAN, BOTH, BY, BYTES

C CACHE, CAST, CHAR, CHARACTER, CHECK, CHECK_POINT_LENGTH, COLLATE, COLUMN, COMMIT, COMMITTED, COMPUTED, CONDITIONAL, CONSTRAINT, CONTAINING, COUNT, CREATE, CSTRING, CURRENT, CURSOR

D DATABASE, DATE, DAY, DEBUG, DEC, DECIMAL, DECLARE, DEFAULT, DELETE, DESC, DESCENDING, DISTINCT, DO, DOMAIN, DOUBLE, DROP

E ELSE, END, ENTRY_POINT, ESCAPE, EXCEPTION, EXECUTE, EXISTS, EXIT, EXTERNAL, EXTRACT

F FILE, FILTER, FLOAT, FOR, FOREIGN, FROM, FULL, FUNCTION

G GDSCODE, GENERATOR, GEN_ID, GRANT, GROUP, GROUP_COMMIT_WAIT_TIME

H HAVING, HOUR

I IF, IN, INT, INACTIVE, INDEX, INNER, INPUT_TYPE, INSERT, INTEGER, INTO, IS, ISOLATION

J JOIN

K KEY

L LONG, LENGTH, LOGFILE, LOWER, LEADING, LEFT, LEVEL, LIKE, LOG_BUFFER_SIZE

M MANUAL, MAX, MAXIMUM_SEGMENT, MERGE, MESSAGE, MIN, MINUTE, MODULE_NAME, MONEY, MONTH

N NAMES, NATIONAL, NATURAL, NCHAR, NO, NOT, NULL, NUM_LOG_BUFFERS, NUMERIC

O OF, ON, ONLY, OPTION, OR, ORDER, OUTER, OUTPUT_TYPE, OVERFLOW

P PAGE_SIZE, PAGE, PAGES, PARAMETER, PASSWORD, PLAN, POSITION, POST_EVENT, PRECISION, PROCEDURE, PROTECTED, PRIMARY, PRIVILEGES

R RAW_PARTITIONS, RDB$DB_KEY, READ, REAL, RECORD_VERSION, REFERENCES, RESERV, RESERVING, RETAIN, RETURNING_VALUES, RETURNS, REVOKE, RIGHT, ROLLBACK

S SECOND, SEGMENT, SELECT, SET, SHARED, SHADOW, SCHEMA, SINGULAR, SIZE, SMALLINT, SNAPSHOT, SOME, SORT, SQLCODE, STABILITY, STARTING, STARTS, STATISTICS, SUB_TYPE, SUBSTRING, SUM, SUSPEND

T TABLE, THEN, TIME, TIMESTAMP, TIMEZONE_HOUR, TIMEZONE_MINUTE, TO, TRAILING, TRANSACTION, TRIGGER, TRIM

U UNCOMMITTED, UNION, UNIQUE, UPDATE, UPPER, USER

V VALUE, VALUES, VARCHAR, VARIABLE, VARYING, VIEW

W WAIT, WHEN, WHERE, WHILE, WITH, WORK, WRITE

Y YEAR

Außerdem werden die folgenden Zeichen als Operatoren betrachtet:

||, -, *, /, <>, <, >, ,(Komma), =, <=, >=, ~=, !=, ^=, (,)

Sachverzeichnis

$R 372

_DBASELOCK 46

0 zu 1-Beziehung 109

A
Abort 167; 384
ActiveControl 214
ActiveX 287
AddIndex 368
AddPassword 380
AfterPost 407
Alias 123; 375
ALTER TABLE
 ADD CONSTRAINT 509
ALTER TRIGGER 511
ANSI SQL 89 324
ANSI SQL 92 324
Applications Server 35
ASCII-Tabelle 391

B
BDE 40; 85
 Alias-Eigenschaft BCD 523
 Callback 246
 Callback-Funktion 440
 Fehlernummer 442
 SCHEMA CACHE 453
BDE-Explorer 123
BOF 167
BorderStyle 133
Borland Database Engine 39; 85
Botschaftsbehandlungsmethode 138
BRCC32 182
BRCC32.EXE 372
Bug 258

C
Cached Updates 21
Callback 246

CBProgressDesc 246
Cdecl 250
ChangeFileExt 391
Check 96
CITATION 309
Clear 186
Client/Server 31
Client/Server-Suite 450
Column 23
Commit 471
ControlCount 269
Controls 269
CREATE DATABASE 463
CREATE EXCEPTION 516
CREATE GENERATOR 448; 508
CREATE PROCEDURE 515
CREATE TABLE 369; 465
CREATE TRIGGER 448; 510
CreateOLEObject 289
CreateTable 368
CRTblDesc 389
CURProps 389

D
Data Pump Expert 505
Datenbank 16
 Anforderungen 16
Datenbankoberfläche 124
Datenintegrität 16
Datenmodul 148
dBASE 41
 Indexe regenerieren 389
 Löschmarkierung anzeigen 385
 Tabelle packen 387
DBDesc 378
DBHandle 387
DbiAcqPersistTableLock 64
DbiCreateInMemTable 399
DbiDoRestructure 382; 389
DbiGetCursorProps 96; 389; 403
DbiGetDatabaseDesc 378

DbiGetDirectory 379
DbiGetErrorString 443
DbiGetFieldDescs 400
DbiGetNextRecord 90
DbiGetObjFormObj 382
DbiGetRecord 96; 165; 386
DbiGetSeqNo 95
DbiOpenDatabase 389
DbiOpenFieldTypesList 90
DbiPackTable 389
DbiQExecDirect 485
DbiRegenIndexes 390
DbiRegisterCallBack 247
DbiSaveChanges 407
DbiSetProp 386
Deadlock 489
DECLARE EXTERNAL FUNCTION 503
DEFAULT CHARACTER SET 461
DefaultExpression 161
Definitions-Referenz 308
Desktop-Datenbank 31
Developer Network 302
Dictionary 118
Direkthilfe 142
DisableControls 166; 384
DLL 445
   Schnittstellenprozedur 445
   UDF implementieren 500
Domain 507
DrawText 265
DROP TRIGGER 512

E
EDBEngineError 185; 187; 402
EditMask 184
Eingabemasken-Editor 184
Embedding 286
EnableControls 166
EncodeDate 222
Entität 26
EOF 167
ER-Modell 106
Exception-Handler 402
ExecSQL 168
ExtractFilePath 370

F
Feldverbindungs-Designer 158
FieldDefs 367
FindKey 413
FindNearest 177; 413
Format 189; 263
FoxPro 67
FreeLibrary 447
Fremdschlüssel 25
Fuzzy-Suche 421

G
GetProcAcress 447
GetTextMetrics 394
GetWindowLong 141
GotoKey 413
GotoNearest 413
GRANT 465
GWL_EXSTYLE 141

H
HDBIDB 389
Help Workshop 304
HelpCommand 318
HelpContext 319; 321
HelpJump 320
HPJ-Datei 305

I
IDAPI 40; 85; 88
Index 25
InstallSHIELD 198
   _deisreg.isr 297
   Alias-Pfad 299
   Gruppenname 295
   INSTALLDIR 295
   WINSYSDIR 297
InstallShield Express 292
InterBase
   API 502
   Backup und Restore 530
   BDE-Alias 467
   BDE-Konfiguration 466
   BDR 489
   BLOB-Felder 475
   Borland's Tutorial 515
   Datenbank einrichten 460

Datenbankdesign 505
Diagnose-Tool 458
Events 516
Exception 516
Fehler -803 465
Garbage collection 490
GEN_ID 509
Generator 508
GFIX.EXE 492; 527
Index-Verwendung 494
ISC_QUAD 502
ISC4.GDB 459
Konfiguration 458
Limbo 475
Lock Resolution 481
OIT und OAT 491
Optimizer 493
Optimizer auswerten 496
Performance-Tips 526
Server-Manager 458
Standard-Paßwort 458
Sweeping 492
Trigger 510
User anmelden 460
User Defined Function (UDF) 498
Versioning 521
InterBase SQL Server 73
InterBase SQL Server Win95/NT 73
InterBase-API 40; 451
IsAlias 163; 375
isc_detach_database 521
isc_dsql_execute_immediate 521
isc_sql_interprete 521
ISC4.GDB 79
ISO 9075/1989 323
ISO8859_1 461
Isolation Level 75
ISQL.EXE 463

J
Join 28

K
Key Violation 402
Kontext-String 307
Kontextstring 310
Kreuzreferenz 308

Kreuzreferenz-Kontextstring 310
Kreuzreferenz-Kontext-String 308

L
LANGDRIVER 461
Linking 286
LoadLibrary 447
Local InterBase Server 72
LOCAL SHARE 63
Locate 420
Lookup-Felder 439

M
MSACCESS 84
Multithreading 194; 425

N
n zu m-Beziehung 110
Normalisierung 26; 100
Novell Netware 528

O
OCX 197
  Lizenzierung 296
ODBC 40; 80
OLE Automation 286
OLE DB 70
OnAfterDelete 166
OnCalcFields 386
OnCloseQuery 176
OnDataChange 164; 426
OnEnter 214
OnException 185; 402
OnExit 214
OnFilterRecord 408
OnKeyDown 177
OnPostError 154; 403
OnServerYield 439
OnValidate 184

P
Paradox 48
  Indexe regenerieren 389
  Paßwortschutz 380
PARADOX.LCK 63
ParamStr 370
Paßwortschutz 56; 380

PDOXUSRS.LCK 63
PDOXUSRS.NET 61
Peer-To-Peer-Netzwerk 62
PlaySound 181
Position 134
PostMessage 214
Primärschlüssel 24
Printer 263
   BeginDoc 394
   EndDoc 394
Projektion 27

Q
QuickReport 216

R
RAD-Modell 98
Raise 369
RAM-Tabelle 399
Random 398
RC-Datei 372
RDBMS 17
Record/Key deleted 449
Referenzielle Integrität 25; 53
   kaskadiertes Löschen 166
Referenzintegrität
   kaskadiertes Löschen 382
Register 250
Registry 143
RemovePassword 381
ReportSmith 217
RES-Datei 372
Resource Workshop 373
Rollback 471
Row 23
RTF-Datei 305; 310

S
SCH-Datei 391
Selektion 27
Session 252
   GetDatabaseNames 252
   GetTablesNames 252
SET PLAN 496
SET STATISTICS INDEX 495
SET TRANSACTION 481
SetFocus 165

SetKey 413
SetRange 414
SetWindowLong 141
SHFileOperation 225
ShowWindow 142
Soundex-Suche 421
SQL 29
   AS 358
   AVG 341
   Befehlsausführung 331
   Bezeichner 332
   CHECK 472; 507; 525
   COMMIT 327
   COMPUTED BY 504
   CREATE TABLE 353
   Datenbank 328
   Datentypen 334
   DELETE 327
   Equi-Join 345
   EXTRACT 357
   GRANT 328
   GROUP BY 342; 357
   Index 328
   Inner-Join 497
   INSERT 353
   IS NULL 338
   JOIN 343
   Outer-Join 347; 497
   ROLLBACK 327
   Schlüsselwörter 336
   SELECT 327; 350; 355
   Self Join 348; 356
   Subselect 340
   Tabelle 328
   UPDATE 327; 358
   UPPER 357
   Vergleichsoperatoren 339
   View 329
   WHERE 337
SQL Explorer 464
SQL-Links 32; 39
SQL-Monitor 451
SQLPASSTHRU 481
   Beispiel 482
SQL-Server 32
StartTransaction 471
Stdcall 250

Stored Procedure 513
Stored Procedures 455
Systemtabellen 18; 330

T
Tabellen
 Filter 409
Table 23
TApplication 141; 318
 ShowException 402
TBatchMove 244
 Mappings 255
TBDEDataSet 440
TBlobStream 419
TBlobStream 435
TChart 197
TChartFX 197; 199
TDataBase 151
 Alias temporär einrichten 376
 InterBase-Konfiguration 467
TDataSet 147
TDataSetState 180
TDateTime 222
TDBEdit 173
TDBGrid 173
 Memoinhalt anzeigen 433
 OnDrawDataCell 434
TDBLookupComboBox 173
TDBNaviagtor 173
TDBNavigator
 DataSource ändern 385
TDUMP.EXE 297
TextOut 265
TField 159
 FieldByName 436
TFieldType 367
TGraphicsServer 233
Three-Tier 34
tiDirtyRead 477
TIndexDefs 367
TIniFile
 EraseSection 273
 WriteBool 274
TInPlaceEdit 441
tiReadCommitted 477; 479
tiRepeatableRead 477
TMaskEdit 221

TMessage 138
TMsg 138
TPageControl 141
TQuery 154; 369
 Einsatzfälle 450
 ExecSQL 437
 Live 471
 RequestLive 454
 RowsAffected 438
 SQL-Abfrage abbrechen 439
 UniDirectional 451
Transaktion 76
Transaktionen 19
 BDE-Verwaltung 20
 Delphi-Beispiele 471
 OLTP/DSS/OLCP 21
 Praktischer Versuch 480
TransIsolation 152
TRect 145
TRegistry 144; 443
TReport 217
TResourceStream 372
Trigger 510
TSaveDialog 245; 253
TSession 150; 381
 AddPassword 380
 AddStandardAlias 376
 GetAliasNames 378
 GetAliasParams 379
 GetTableNames 404
 IsAlias 375
 NetFileDir 62
 SaveConfigFile 376
TStatusBar 140
TStoredProc 455
 Anwendungsbeispiel 514
TTable 153
 BatchMove 391
 CreateHandle 399
 CreateTable 367; 390
 Einsatzfälle 450
 EmptyTable 398
 FieldDefs 367
 Filter 411
 Filtered 410
 FilterOptions 410
 LockTable 395

RenameTable 396
UnlockTable 395
TTabSheet 141
TThread 193; 194; 426
   Create 427
   FreeOnTerminate 426
   Resume 431
   Suspend 431
   Synchronize 428
   Terminate 432
TTreeNode 237
TTreeView 237; 403
TUpdateSQL 455
Tuple 23
TUtil32 66
Two-Tier 34
Typecasting 135

U
UNIX 528
Update-Anomalien 100
UpdateCursorPos 95; 386
UpdateMode 487
User Defined Function 78

V
Versioning 76

W
Wasserfallmodell 98
Windows NT 528
WinHelp 304; 320
   Bitmaps 312
   Fußnotenzeichen 307
   MAIN-Fenster 315
   Schlüsselwörter 311
   Suchsequenzen 314
   Textformatierung 308
   Titel 311
WM_GETMINMAXINFO 134
WM_NCHITTEST 134; 136
WS_EX_APPWINDOW 141